Verein Deutscher Eisenbahn-Verwaltungen

Deutsche Eisenbahn-Statistik für das Betriebs-Jahr 1863

Verein Deutscher Eisenbahn-Verwaltungen

Deutsche Eisenbahn-Statistik für das Betriebs-Jahr 1863

ISBN/EAN: 9783743364530

Hergestellt in Europa, USA, Kanada, Australien, Japan

Cover: Foto ©ninafisch / pixelio.de

Manufactured and distributed by brebook publishing software (www.brebook.com)

Verein Deutscher Eisenbahn-Verwaltungen

Deutsche Eisenbahn-Statistik für das Betriebs-Jahr 1863

Deutsche

Eisenbahn-Statistik

für das

Betriebs-Jahr 1863.

Herausgegeben

von der geschäftsführenden Direktion

des

Vereins Deutscher Eisenbahn-Verwaltungen.

XIV. Jahrgang.

Berlin, 1865.

Gedruckt in der Nauck'schen Buchdruckerei.

Inhalt.

Einleitung, enthaltend allgemeine Nachrichten über sämmtliche Eisenbahnen, sowie solche, welche zum Verständniß der Tabellen dienen.

Statistische Berichte, enthaltend weitere Nachrichten über die Verhältnisse und Einrichtungen der einzelnen Deutschen Eisenbahnen und

Erläuterungen zu den Tabellen.

Einleitung.

I. Die Maaße, Gewichte und Münzwährungen, welche den vorliegenden statistischen Notizen zum Grunde liegen, sind folgende:

a) 1 Fuß = 139,13 Pariser Linien = 0,96618 Pariser Fuß = 0,313853 Meter = 31,3853 Centimeter,

b) 1 Ruthe = 12 Preuß. Fuß = 3,766242 Meter (1 Meter = 3,1862 Preuß. Fuß),

c) 1 Meile = 2000 Preuß. Ruthen = 7532 Meter = 7,532 Kilometer,

(1 Kilometer = 1000 Meter, 1 Meter = 100 Centimeter = 1000 Millimeter),

d) 1 Kubikfuß = 0,030916 Kubikmeter,

e) 1 Klafter = 108 Kubikfuß = 3,338928 Kubikmeter,

f) 1 Zoll-Centner = 100 Pfund = 50 Kilogramm,

(1 Wiener Centner = 1,1200 Zoll-Centner = 56 Kilogramm),

g) 1 Thaler = 30 Sgr. = 360 Pfge. = 1 Fl. 50 Kr. Oesterr. Währ. = 1 Fl. 45 Kr. Rhein.

II. Das Rechnungs- und Betriebsjahr ist bei den meisten Eisenbahnen mit dem Kalenderjahre identisch. Da, wo dies nicht der Fall, ist in den statistischen Berichten der resp. Bahnen die betreffende Rechnungs-Periode angegeben.

III. Die Nachrichten über die allgemeine Beschreibung der Bahnen, d. h. ihrer baulichen Einrichtungen und Konstruktions-Verhältnisse (Abschnitt B. Abth. I), und die Notizen über das Beamten-Personal (Abschnitt F) werden der geringen Veränderungen wegen nicht jährlich wiederholt, sondern nur von Zeit zu Zeit mitgetheilt.

Der vorliegende Jahrgang enthält die allgemeine Beschreibung der Bahnen, wogegen die Nachrichten über das Beamten-Personal im Jahrgange 1859 enthalten sind.

IV. Solche Nachrichten, welche sich in tabellarischer Form nicht darstellen lassen, deren Kenntniß aber bei der Beurtheilung einer Bahn von wesentlichem Interesse ist, sind in besonderen statistischen Berichten mitgetheilt, welche den Tabellen angehängt sind.

V. Der vorliegende Jahrgang der Statistik enthält sämmtliche Eisenbahnen, welche im Jahre 1863 dem Vereine angehörten.

VI. Wo in den Tabellen Rubriken unausgefüllt geblieben, sind Seitens der betreffenden Verwaltungen keine Angaben gemacht worden resp. nicht zu machen gewesen. Wo in den Tabellen durch die Bemerkung „in Kol. . . .“ auf eine andere Stelle verwiesen wird, bedeutet dies, daß die hier fehlende Angabe in der allegirten Kolonne mitenthalten ist und eine Trennung (z. B. Reparaturkosten der Personenwagen von denen der Lastwagen) nach den einzelnen Rubriken nicht hat stattfinden können.

VII. Das Zeichen * neben den Zahlen in den Tabellen bedeutet, daß die bezüglichen Angaben in den statistischen Berichten (siehe ad IV) erläutert worden sind.

Abschnitt A.

Verwaltungs-Organe, Richtung, Länge und Betriebs-Eröffnung der Eisenbahnen.

	1		2			
	Firma und Sitz der dirigirenden Verwaltung.		**Mitglieder der Verwaltung.**			
I. Staatsbahnen.			a. unbesoldete.	b. besoldete.	c. Gehalt. Thlr.	d. Tantième. Thlr.
1 Badische	Direktion der Großherz. Badischen Verk.-Anstalten	Carlsruhe	—	10*	—	—
2 Bayerische (u. gepacht. Zwgb.)	Gen.-Direkt. der Königl. Bayerischen Verk.-Anst.	München	—	11*	—	—
3 Braunschweigische	Herzogl. Eisenbahn- und Post-Direktion	Braunschweig	2	5	1100—3000	—
4 Hannoversche	Königl. General-Direktion der Eisenb. u. Telegr.	Hannover	—	8	—	—
5 Main-Neckar	Direktion der Main-Neckar-Eisenbahn	Darmstadt	—	3	1372—1657	—
6 Main-Weser	Central-Direktion der Main-Weser-Bahn	Kassel	—	4	1000—1500	—
7 Nassauische	Herzogl. Nassauische Eisenbahn-Direktion	Wiesbaden	—	2	1600	—
8 Preuß. Niederschles.-Märk.	Königl. Direktion d. Niederschlesisch-Märkischen E.	Berlin	—	3*	1100—2400	—
9 " Ostbahn	Königl. Direktion der Ostbahn	Bromberg	—	5	800—2000	—
10 " Saarbrücker (u. Trier)	Königl. Eisenbahn-Direktion	Saarbrücken	—	4	600—2000	—
11 " Westfälische	Königl. Direktion der Westfälischen Eisenbahn	Münster	—	3	1200—1800	—
12 Sächsische östliche a. Sächsisch-Böhmische b. Sächsisch-Schlesische c. Tharandt-Freiberger	Königl. Staats-Eisenbahn-Direktion	Dresden	—	3	1700—2950	—
13 Sächsische westliche a. Niedererzgebirgische b. Obererzgebirgische c. Sächsisch-Bayerische	Königl. Staats-Eisenbahn-Direktion	Leipzig	1*	3	1750—2450	—
14 Württembergische	Königl. Württembergische Eisenbahn-Direktion	Stuttgart	1*	6	571—1429	—
II. Privatbahnen						
a) unter Staatsverwaltg.						
15 Aach.-Düss. Ruhrorter { a. Aach.-Düssel. b. Ruhrort-Crf.	Königl. Direktion d. Aachen-Düsseld.-Ruhrorter E.	Aachen	—	3*	1200—1400	—
16 Bergisch-Märkische	Königl. Eisenbahn-Direktion	Elberfeld	—	5	900—1900	—
17 a. Löbau-Zittauer b. Zittau-Reichenberger	Königl. Staats-Eisenbahn-Direktion	Dresden	— —	—* —*	—* —*	— —
18 a. Oberschlesische b. Breslau-Posen-Glogauer 19 Stargard-Posener	Königl. Direktion der Oberschlesischen Eisenbahn	Breslau	—	5	900—2000	—
20 Rhein-Nahe-E.	Königl. Eisenbahn-Direktion	Saarbrücken		4	600—2000	—
21 Wilhelms-Bahn	Königl. Direktion der Wilhelms-Bahn	Ratibor	—	2	1500—1600	—
b) in Privatverwaltung.						
22 Aachen-Mastrichter	Direktion der Aachen-Mastrichter E.-G.	Aachen Mastricht	5 5	— —	—*	—
23 Alberts-Bahn	Direktorium der Alberts-Bahn	Dresden	—	4*	180—600	405—810
24 a. Altona-Kieler	Direktion der Altona-Kieler E.-G.	Altona	—	5	525—2800	—
b. Rendsburg-Neumünster	Direktion der Rendsburg-Neumünsterschen E.-G.	Neumünster	2	1	1800	—
25 Aussig-Teplitzer	Direktion der K. K. priv. Aussig-Teplitzer E.-G.	Teplitz	12	—	—	—
26 Bayerische Ostbahnen	Verwaltungsrath d. K. priv. Bayerischen Ostbahnen	München	18	2	2857—6875	—
27 Berlin-Anhaltische	Direktion der Berlin-Anhaltischen E.-G.	Berlin	6	2	300—1500	1554—3108
28 a. Berlin-Hamburger	Direktion der Berlin-Hamburger E.-G.	Berlin	—	3	2000—5000	—
b. Hamburg-Bergedorfer	Direktion der Hamburg-Bergedorfer E.-G.	Hamburg	5	—	—	—
29 Berlin-Potsdam-Magdebg.	Direktorium der Berlin-Potsdam-Magdebg. E.-G.	Potsdam	2	5	800—4000	—

II. Privatbahnen. (Forts.)	1. Firma und Sitz der dirigirenden Verwaltung.		2. Mitglieder der Verwaltung. a. unbesoldete.	b. besoldete.	c. Gehalt. Thlr.	d. Tantième. Thlr.
30 Berlin-Stettiner a. Berlin-Stettin-Stargard b. Starg.-Cöslin-Colberg .	Direktorium der Berlin-Stettiner E.-G. . . .	Stettin . .	--	9	500—4000	—
31 Böhmische Westbahn . .	Verwaltungsrath d. K. K. priv. Böhm. Westbahn	Wien . . .	12	—	--	10 000
32 Breslau-Schweidnitz-Freib.	Direktorium der Breslau-Schweidnitz-Freib. E.-G.	Breslau . .	5*	—	—	—
33 Brünn-Rossitzer	Direktion der K. K. priv Brünn-Rossitzer Eisenbahn	Brünn . . .	6	--	—	—
34 Buschtěhrader {a. Lokom.-B. b. Pferde-B.	Direktion der K. K. priv. Buschtěhrader Eisenbahn	Prag . . .	8	—	--	1584
35 Frankfurt-Hanauer . . .	Verwaltungsrath der Frankfurt-Hanauer E.-G. .	Frankfurt a. M.	5	—	—	—
36 Galizische Carl-Ludwig-B. .	Verwaltungsr. d. K. K. priv. Galiz. Carl-Ludw.-B.	Wien . . .	20	—	—	33 334
37 Glückstadt-Elmshorner . .	Direktion der Glückstadt-Elmshorner E.-G. . .	Glückstadt .	2	1	900	525
38 Graz-Köflacher	Verwaltgsr d K K priv Graz-Köfl. E.-u.Bergb.-G.	Wien . . .	7	—	—	2455
39 Hessische Ludwigs-E. . .	Verwaltungsrath der Hessischen Ludwigs-E.-G. .	Mainz . . .	8	—	—	11 657
40 Homburger	Verwaltungsrath der Homburger E.	Homburg . .	7	—	—	—*
41 Kaiser Ferdinands-Nordb. .	Direktion der a. p. Kaiser Ferdinands Nordbahn	Wien . . .	10	—	—	28 000
42 Kaiserin Elisabeth {a. Lokom.-Bahn b. Pferde-Bahn .	Verwaltgsrth. d K. K priv. Kaiserin-Elisabeth-Bahn	Wien . . .	15	—	—	je 1650
43 Köln-Mindener (u. Gießener)	Direktion der Köln-Mindener E.-G.	Köln . . .	7	—	—	—
44 Kurf. Friedr. Wilh. Nordb.	Direktion der Kurf. Friedrich Wilhelms Nordbahn	Kassel . . .	4	3	1400—2000	—
45 Leipzig-Dresdener . . .	Direktorium der Leipzig-Dresdener Eisenb.-Komp.	Leipzig . .	5	5	1200—2000	—
46 Ludwigs-E. (Nürnb.-Fürth)	Direktiorium der Ludwigs-E.-G.	Nürnberg .	7	—	—	—
47 Lübeck-Büchener	Direktion der Lübeck-Büchener E.-G.	Lübeck . . .	3	2	600—2200	—
48 Magdb.-Cöthen-Halle-Leipz.	Direktorium d. Magdeb.-Cöthen-Halle-Leipzig. E.-G.	Magdeburg .	—	6	1000—4000	—
49 a. Magdeburg-Halberstädter	Direktorium der Magdeburg-Halberstädter E.-G. .	Magdeburg .	—	6	400—1600	—
b. Cöthen-Bernburger . .	Betriebs-Verwaltung der Cöthen-Bernburger E. .	Cöthen . .	—	1	1200	—
50 Magdeburg-Wittenbergesche	Verwaltung der Magdeburg-Wittenbergeschen E. .	Magdeburg .	—	3	8000—2500	—
51 Mecklenburgische	Direktion der Mecklenburgischen E.-G.	Schwerin .	—	5	300—2800*	—
52 Mohacs-Fünfkirchener . .	Admin. d. ersten K. K. priv. Donau-Dampfschifff.-G.	Wien . . .	6	—	—	—
53 Neisse-Brieger	Direktorium der Neisse-Brieger E.-G.	Breslau . .	6*	—	—	—
54 Niederländische Rhein-E. .	Direktion der Niederländischen Rhein-E.-G. . .	Utrecht . .	—	4	1428—4571	—
55 Niederschlesische Zweigbahn	Direktion der Niederschlesischen Zweigb.-Gesellsch. .	Glogau . .	2	3	100—250	--
56 a. Oesterreich. nördliche . b. Oesterreich. südöstliche . c. Wien-Neu-Szönyer . .	Verwaltungsr. d. K. K. priv. Oesterr. Staats-E.-G.	Wien . . .	20	—	—	—
57 Oppeln-Tarnowitzer . . .	Direktion der Oppeln-Tarnowitzer E.-G . . .	Breslau . .	4	—	—	—
58 a. Pfälzische Ludwigsbahn . b. Pfälzische Maximiliansb.	Direktion der Pfälzischen Eisenbahnen	Ludwigshafen a. Rh	24	2	2857—4572	—
59 Rheinische	Direktion der Rheinischen E.-G.	Köln . . .	5*	1	2000	—
60 a. Südbahn, Oesterreichische b. Nordtiroler . . . . c. Venetianische u. Südtirol.	Verwaltungsrath der K. K. priv. Südbahn-Ges. .	Wien . . .	21	—	—	1700—6600
61 Süd-Norddeutsche . . .	Verwaltgsr. der K K. priv Süd-Nordd. Verbindgsb.	Wien . . .	11	—	—	—
62 Taunus-Bahn	Verwaltungsrath der Taunus-Eisenbahn-Gesellsch.	Frankfurt a. M.	6	--	—*	—
63 Theiß-Bahn	Verwaltungsrath der K. K. priv. Theiß-E.-G. .	Wien . . .	15	—	—	28 000
64 Thüringische . . . . . 65 Werra-E	Direktion der Thüringischen E.-G.	Erfurt . .	3	4	400—1700	—

	3	4		5	
I. Staatsbahnen.	Kontrolirende Behörde.	Zahl der Mitglieder a. wirkliche.	b. stellvertretende.	Oberster ausführender Beamte (bei Privatbahnen). Amtstitel.	Gehalt. Thlr.
1 Badische	Großherzogl. Badisches Handels-Ministerium	—	—	—	—
2 Bayerische (u. gepcht. Zwgb.)	Königl. Ministerium des Handels und der öffentl. Arbeiten	—	—	—	—
3 Braunschweigische	Herzogl. Braunschweig-Lüneburgisches Staats-Ministerium	—	—	—	—
4 Hannoversche	Königl. Ministerium des Innern	—	—	—	—
5 Main-Neckar	Großherzogl. Hessisches Ministerium der Finanzen, Großherzogl. Badisches Handels-Ministerium u. Senat der freien Stadt Frankfurt	—	—	—	—
6 Main-Weser	Die Finanz-Ministerien von Kurhessen und dem Großherzogthum Hessen und der Senat der freien Stadt Frankfurt	—	—	—	—
7 Nassauische	Herzogl. Nassauische Landes-Regierung	—	—	—	—
8 Preuß. Niederschles.-Märk.					
9 „ Ostbahn					
10 „ Saarbrücker (u. Trier)	Königl. Preuß. Ministerium für Handel, Gewerbe und öffentliche Arbeiten	—	—	—	—
11 „ Westfälische					
12 Sächsische östliche					
a. Sächsisch-Böhmische					
b. Sächsisch-Schlesische					
c. Tharandt-Freiberger					
13 Sächsische westliche	Königl. Sächsisches Finanzministerium, Abtheilung für öffentliche Arbeiten und Verkehrsmittel	—	—	—	—
a. Niedererzgebirgische					
b. Obererzgebirgische					
c. Sächsisch-Bayerische					
14 Württembergische	Königl. Württembergisches Finanz-Ministerium	—	—	—	—
II. Privatbahnen					
a) unter Staatsverwaltg.					
15 Aach.-Düss. Ruhrorter a. Aach.-Düssel	Königl. Preuß. Ministerium für Handel, Gewerbe und öffentliche Arbeiten. — Gesellschafts-Deputation	5		—	—
b. Ruhrort-Crf.	Gesellschafts-Deputation	5		—	—
16 Bergisch-Märkische	Gesellschafts-Deputation	12	12	—	—
17 a. Löbau-Zittauer	Königl. Sächs. Finanz-Ministerium, Abtheilung für öffentliche Arbeiten etc. — Gesellschafts-Ausschuß	9	—	—	—
b. Zittau-Reichenberger	Gesellschafts-Ausschuß	9	—	—	—
18 a. Oberschlesische	Königl. Preuß. Ministerium für Handel, Gewerbe und öffentliche Arbeiten. — Verwaltungsrath d. Oberschlesischen E.-G.				
b. Breslau-Posen-Glogauer		15	6	—	—
19 Stargard-Posener	Verwaltgsr. d. Starg.-Pos.	5	—	—	—
20 Rhein-Nahe-E.	Verwaltungs-Ausschuß	7	—	—	—
21 Wilhelms-Bahn	Verwaltungsrath	6	3	—	—
b) in Privatverwaltung.					
22 Aachen-Mastrichter	Kontrol-Kommission	10*	-	Spezial-Direktor	1600
23 Alberts-Bahn	Gesellschafts-Ausschuß	12	—	Bevollm. u. Ober-Ingen.	1100*
24 a. Altona-Kieler	Ausschuß	25	—	—*	—
b. Rendsburg-Neumünster	Ausschuß	9	—	Geschäftsführd. Direktor	[illegible]
25 Aussig-Teplitzer	Revisions-Ausschuß	3	-	Administrativer Direktor Technischer Betriebs-Chef	2000 1550
26 Bayerische Ostbahnen	Ausschuß der General-Versammlung	18	--	Direktor	6875
27 Berlin-Anhaltische	Verwaltungsrath	13	—	Ober-Ingen. u. Betr.-Dir.	2500
28 a. Berlin-Hamburger	Ausschuß	30		—*	—
b. Hamburg-Bergedorfer	Ausschuß	20	—	Sub-Direktor	1020
29 Berlin-Potsdam-Magdebg.	Gesellschafts-Ausschuß	28	6	Betriebs-Direktor (zugleich Mitglied des Direktorii)	2400

II. Privatbahnen. (Forts.)	3 Kontrolirende Behörde.	4 Zahl der Mitglieder a. wirkliche.	b. stellvertretende.	5 Oberster ausführender Beamte (bei Privatbahnen). Amtstitel.	Gehalt. Thlr.
30 Berlin-Stettiner: a. Berlin-Stettin-Stargard, b. Stargard-Cöslin-Colberg	Verwaltungsrath	15	—	Ober-Ingen. u. Betr.-Dirkt.	3000
31 Böhmische Westbahn	Revisions-Ausschuß der General-Versammlung	3	3	General-Sekretär	3000
32 Breslau-Schweidnitz-Freib.	Ausschuß	9	7	Betriebs-Direktor General-Sekretär	2400* 1400
33 Brünn-Rossitzer	Ausschuß	6	—	Betriebs-Direktor	2667
34 Buschtiehrader a Locom.-B., b Pferde-B.	Revisions-Ausschuß der General-Versammlung	3	—	Betriebs-Direktor	2400
35 Frankfurt-Hanauer	Revisions-Ausschuß	5	—	Direktor	1600
36 Galizische Carl-Ludwig-B.	Revisions-Ausschuß der General-Versammlung	3	3	General-Inspektor General-Sekretär	5600 5600
37 Glückstadt-Elmshorner	Ausschuß	11		Ausführender Direktor	in Kol. 2c.
38 Graz-Köflacher	Revisions-Ausschuß der General-Versammlung	2		Sekretär der Gesellschaft	1400
39 Hessische Ludwigs-E.	Revisions-Ausschuß der General-Versammlung	5	—	Direktor	2857
40 Homburger	Revisions-Ausschuß der General-Versammlung	3	—	Betriebs-Direktor	1143
41 Kaiser Ferdinands Nordb.	Revisions-Ausschuß der General-Versammlung	3	—	General-Sekretär	7666
42 Kaiserin Elisabeth a. Locom.-Bahn, b. Pferde-Bahn	Revisions-Ausschuß der General-Versammlung	3	—	Betriebs-Direktor	7700
43 Köln-Mindener (u. Gießener)	Administrationsrath	18	—	Spezial-Direktor	2200
44 Kaiser Friedr. Wilh. Nordb.	Verwaltungsrath	12	—	. . .	
45 Leipzig-Dresdener	Gesellschafts-Ausschuß	30		Bevollmächtigter	1500*
46 Ludwigs-E. (Nürnb.-Fürth)	Ausschuß	7	—	Techn. Betriebs-Inspektor	630
47 Lübeck-Büchener	Ausschuß	15	—	—	—
48 Magdeb.-Cöth.-Halle-Leipz.	Gesellschafts-Ausschuß	24	12	Betriebs-Direktor	1700
49 a. Magdeburg-Halberstädter	Gesellschafts-Ausschuß	21	—	—*	—
b. Cöthen-Bernburger	Direktorium der Magdeburg-Halberstädter E.-G.	—		—	—
50 Magdeburg-Wittenberg'sche	Ausschuß der Magdeburg-Halberstädter E.	21		Ober-Ingen. u. Betr.-Dirkt.	1400
51 Mecklenburgische	Ausschuß	12		—*	
52 Mohacs-Fünfkirchener	—	—	—	Betriebs-Direktor Administrations-Sekretär	— —
53 Neisse-Brieger	Ausschuß	5	5	—*	
54 Niederländische Rhein-E.	Kommissarien der Gesellschaft	21	—	Ingenieur der Gesellschaft	3429
55 Niederschlesische Zweigbahn	Verwaltungsrath	9	3	Ober-Ingen. u. Betr.-Dirkt.	1200*
56 a. Oesterreich. nördliche, b. Oesterreich. südöstliche, c. Wien-Neu-Szönyer	Revisions-Ausschuß der General-Versammlung	3	—	General-Direktor	8000
57 Oppeln-Tarnowitzer	Ausschuß	5	3	Ober-Ingenieur, Spezial- u. Betriebs-Direktor	2000
58 a. Pfälzische Ludwigsbahn, b. Pfälzische Maximiliansb.	Verwaltungs-Ausschuß	6	—	Direktor	4572
59 Rheinische	Administrationsrath	24	9	Spezial-Direktor	3000
60 a. Südbahn, Oesterreichische, b. Lombardische, c. Venetianische u. Südtirol.	Revisions-Ausschuß der General-Versammlung	3	—	General-Direktor	13333
61 Süd-Norddeutsche	Revisions-Ausschuß der General-Versammlung	4	—	Direktor	3333
62 Taunus-Bahn	Rechnungs-Prüfungs-Ausschuß	5	—	Betriebs-Direktor	2729
63 Theiß-Bahn	Revisions-Ausschuß der General-Versammlung	3	—	Direktor	7000
64 Thüringische	Verwaltungsrath	12*		Ober-Ingen. u. Betr.-Dirkt.	2200
65 Werra-E.	Verwaltungsrath	12	—	Ober-Ingen. u. Betr.-Dirkt.	1500

I. Staatsbahnen.	6	7
	Die Bahn führt	
	von	über
1 Badische	Mannheim	Heidelberg (Zweigbahn nach Mosbach), Bruchsal, Durlach (Zweigbahn über Pforzheim nach Mühlacker), Carlsruhe (Zweigb. nach Maxau), Oos (Zweigb. nach Baden), Appenweier (Zweigb. nach Kehl), Offenburg, Freiburg, Basel (Zweigb. nach Schopfheim), Waldshut und Schaffhausen
2 Bayerische. a Ludw.-Südnordb.	Lindau (am Bodensee)	Kempten, Kaufbeuren, Augsburg, Nürnberg, Erlangen, Bamberg, Lichtenfels (Zweigbahn nach der Grenze bei Ebersdorf) und Hochstadt
b. Ludw.-Westbahn	Bamberg	Schweinfurt, Würzburg, Lohr und Aschaffenburg
c Maximiliansbahn	Ulm	Augsburg, München, Holzkirchen, Rosenheim (Zweigb. n. d. Tiroler Gr. bei Kufstein) u. Traunstein
d. Fürth. Kreuzung	Fürther Kreuzung	
e gep. Zweigbahnen:		
1. Bayreuther	Neuenmarkt	Trebgast und Harsdorf
2. Starnberger	Pasing	Planegg und Mühlthal
3. Ansbacher	Gunzenhausen	Triesdorf
4. Stockheimer	Hochstadt	Kronach und Gundelsdorf
5. Miesbacher	Holzkirchen	Darching und Thalham
6. Illerbahn	Neu-Ulm	Memmingen
3 Braunschweigische	d. Braunschw.-Hann.-Gr.	Braunschweig, Wolfenbüttel (Zweigb. über Börßum nach Harzburg und von Börßum nach Kreiensen), Jerxheim (Zweigbahn nach Helmstedt)
4 Hannoversche	Hannover	Lehrte Lehrte, Celle, Uelzen und Lüneburg Wunstorf, Verden, Bremen, Burg-Lesum (Zweigbahn nach Vegesack) Wunstorf, Minden, Löhne, Osnabrück und Rheine Nordstemmen (Zweigbahn über Hildesheim nach Lehrte) Kreiensen und Göttingen
5 Main-Neckar	Frankfurt a. M.	Langen, Darmstadt, Bensheim, Heppenheim, Weinheim, Ladenburg u. Friedrichsfeld
6 Main-Weser	Kassel	Guntershausen, Treysa, Marburg, Gießen und Friedberg
7 Nassauische	Wiesbaden	Biebrich, Eltville, Rüdesheim, Oberlahnstein, Ems, Nassau, Limburg und Weilburg
8 Preuß. Niederschles.-Märk.	Berlin	Fürstenwalde, Frankfurt a. O., Guben, Sorau, Hansdorf, Kohlfurt (Zweigbahn nach Görlitz), Bunzlau, Hainau, Liegnitz und Neumarkt
9 " Ostbahn	Frankfurt a. O.	Landsberg, Kreuz, Bromberg (Zweigbahn über Thorn nach Otloczyn), Dirschau (Zweigbahn nach Danzig), Königsberg, Insterburg und Gumbinnen
10 " Saarbrücker (u. Trier)	der Bayer. Gr. bei Bexbach St. Johann-Saarbrücken	Neunkirchen, Friedrichsthal und St. Johann-Saarbrücken Saarlouis, Merzig, Saarburg und Conz (Zweigbahn nach der Grenze bei Wasserbillig)
11 " Westfälische	der Kurh. Gr. b. Haueda	Warburg, Paderborn, Lippstadt, Soest, Hamm und Münster
12 Sächsische östliche		
a. Sächsisch-Böhmische	Dresden	Pirna, Königstein und Krippen (Schandau)
b. Sächsisch-Schlesische	Dresden	Radeberg, Bischofswerda, Bautzen, Löbau und Reichenbach
c. Tharandt-Freiberger	Tharandt	Klingenberg und Colmnitz
13 Sächsische westliche		
a. Niedererzgebirgische	Riesa	Döbeln, Waldheim, Mittweida, Oberlichtenau (Frankenberg), Chemnitz, Hohenstein und Glauchau
b. Obererzgebirgische	Zwickau	Wiesenburg, Stein, Niederschlema (Zweigbahn nach Neustädtel resp. Schneeberg) und Aue
c. Sächsisch-Bayerische	Leipzig	Kieritzsch, Altenburg, Gößnitz, Crimmitzschau, Werdau (Zweigb. n. Zwickau), Reichenbach u. Plauen
14 Württembergische	Bruchsal	Bietigheim (Zweigbahn über Heilbronn nach Hall), Stuttgart, Canstatt (Zweigbahn nach Wasseralfingen), Plochingen (Zweigbahn nach Rottenburg), Ulm und Biberach
II. Privatbahnen		
a) unter Staatsverwaltg.		
15 Aach.-Düss. Ruhrorter a Aach.-Düssel.	Aachen	Rheydt, Gladbach und Neuß
b Ruhrort-Crf.	Ruhrort	Uerdingen, Crefeld und Viersen
16 Bergisch-Märkische	Düsseldorf	Vohwinkel, Elberfeld, Hagen, Dortmund und Unna
	Hagen und Herdecke	Limburg, Altena und Altenhunden
	Dortmund u. Witten	Langendreer, Steele und Essen
	Vohwinkel	über Langenberg nach Steele (Zweigbahn nach Dahlhausen)
17 a Löbau-Zittauer	Löbau	Herrnhut und Oberoderwitz
b Zittau-Reichenberger	Zittau	Grottau, Kratzau und Machendorf
18 a. Oberschlesische	Breslau	Brieg, Oppeln, Kosel, Kattowitz und Myslowitz
b. Breslau-Posen-Glogauer	Breslau	Rawicz und Lissa (Zweigbahn über Fraustadt nach Glogau)
19 Stargard-Posener	Stargard	Arnswalde, Kreuz, Wronke und Samter
20 Rhein-Nahe-E.	Bingerbrück	Kreuznach, Staudernheim, Kirn, Oberstein, Birkenfeld und St. Wendel
21 Wilhelms-Bahn	Cosel	Rendza (Zweigbahn nach Nicolai), Ratibor (Zweigb. nach Leobschütz) und Annaberg
b) in Privatverwaltung.		
22 Aachen-Mastrichter	Aachen	Valkenburg, Mastricht, Hasselt und St. Trond
23 Alberts-Bahn	Dresden	Potschappel (3 größere Zweigbahnen nach Kohlenbergwerken)
24 a. Altona-Kieler	Altona	Elmshorn und Neumünster
b Rendsburg-Neumünster	Neumünster	Nortorf
25 Aussig-Teplitzer	Aussig	Karbitz (Zweigbahn nach Herbitz)
26 Bayerische Ostbahnen	München	Landshut, Geiselhöring (Zweigbahn über Straubing nach der Landesgr. bei Passau, Regensburg, Schwandorf (Zweigb. über Cham nach der Landesgrenze bei Furth i. W.), Amberg und Hersbruck
27 Berlin-Anhaltische	Berlin	Luckenwalde, Jüterbog (Zweigbahn nach Röderau), Wittenberg (Zweigbahn über Dessau nach Cöthen), Bitterfeld (Zweigbahn nach Dessau und Leipzig)
28 a. Berlin-Hamburger	Berlin	Wittenberge, Hagenow und Büchen (Zweigbahn nach Lauenburg
b Hamburg-Bergedorfer	Hamburg	
29 Berlin-Potsdam-Magdebgr.	Berlin	Potsdam, Brandenburg, Genthin und Burg

8	9	
nach	In die Bahn münden (innerhalb ihrer Endpunkte):	
Constanz	bei Friedrichsfeld und Heidelberg die Main-Neckar-Bahn, bei Bruchsal resp. Mühlacker die Königl. Württembergische Staats-E., bei Waldshut (Mitte Rheinbrücke) und bei Schaffhausen die Schweizerische Nordostbahn	1
Hof resp. b. d. Sächs. Grenze	bei Kempten die Illerbahn, bei Augsburg die Maximiliansbahn, bei Gunzenhausen die Zweigb. nach Ansbach, bei Nürnberg die Bayerischen Ostbahnen und die Nürnberg-Fürther E., bei Bamberg die Ludwigs-Westb., bei Hochstadt die Zweigb. nach Gundelsdorf und bei Neuenmarkt die Zweigbahn nach Bayreuth	2a
d. Bayr.-Hess. Gr. b. Kahl		b
Salzburg	bei Neu-Ulm die Illerbahn, bei Augsburg die Ludwigs-Südnordb., bei Pasing die Zweigbahn nach Starnberg, bei München die Bayerischen Ostbahnen und bei Holzkirchen die Zweigbahn nach Miesbach	c
Fürth		d
Bayreuth		e 1
Starnberg		2
Ansbach		3
Stockheim		4
Miesbach		5
Kempten		6
Oschersleben		3
Braunschweig, Harburg, Geestemünde, Emden, Kassel	bei Minden die Köln-Mindener Bahn, bei Rheine die Westfälische E. und bei Kreiensen die Braunschweigische Südbahn	4
Heidelberg	bei Frankfurt a. M. u. Darmstadt die Hessische Ludwigs-E. u. Offenbach-Frankfurter B., bei Friedrichsfeld die Großherzogl. Badische Staats-E.	5
Frankfurt a. M.	bei Guntershausen die Kurfürst Friedrich Wilhelms Nordbahn u. bei Gießen die Köln-Gießener Bahn	6
Wetzlar		7
Breslau	bei Frankfurt a. O. die Preuß. Ostbahn, bei Hansdorf die Niederschlesische Zweigbahn und bei Liegnitz die Breslau-Schweidnitz-Freiburger E.	8
d. Russ. Gr. b. Eydtkuhnen	bei Kreuz die Stargard-Posener E.	9
der Preuß. Grenze b. Herbesthal, Trier	bei Neunkirchen die Rhein-Nahe-E.	10
Rheine	bei Soest die Bergisch-Märkische E. (Linie Dortmund-Soest) bei Hamm die Köln-Mindener E.	11
Bodenbach		12a
Görlitz	bei Löbau die Löbau-Zittauer E.	b
Freiberg		c
Zwickau resp. Chemnitz	bei Wüstenbrand die Chemnitz-Würschnitzer E.	13a
Schwarzenberg		b
Hof	bei Gößnitz die Zweigbahn der Niedererzgebirgischen Staatsbahn nach Glauchau	c
Friedrichshafen	bei Ulm die Bayerische Staats- (Maximilians-) Bahn	14
Düsseldorf	bei Richterich (zwischen Aachen) die Aachen-Mastrichter, bei Gladbach die Ruhrort-Crefelder und bei Neuß die Köln-Crefelder E.	15a
Gladbach	bei Crefeld die Rheinische E.	b
Soest	bei Dortmund die Köln-Mindener E.	
Siegen		
Duisburg u. Oberhausen		16
Zittau		17a
Reichenberg i. B.		b
Oswiecim	bei Brieg die Neisse-Brieger, bei Oppeln und Tarnowitz die Oppeln-Tarnowitzer, bei Kosel und Emanuelsegen die Wilhelmsbahn, bei Kattowitz (Schoppinitz) die Warschau-Wiener E.	18a
[illegible]		b
Posen	bei Kreuz die Königl. Preuß. Ostbahn	19
Neunkirchen		20
der Preuß. Gr. b. Oderberg		21
Landen	bei Richterich die Aachen-Düsseldorf-Ruhrorter, bei Mastricht die Lüttich-Mastrichter E.	22
[illegible]		23
Kiel	bei Elmshorn die Glückstadt-Elmshorner und bei Neumünster die Rendsburg-Neumünstersche E.	24a
Rendsburg		b
Teplitz		25
Nürnberg		26
Halle	bei Roßlau die Herzogl. Anhaltische Leopolds-Eisenbahn	27
Bergedorf	bei Wittenberge die Magdeburg-Wittenbergesche, bei Hagenow die Mecklenburgische u. bei Büchen die Lübeck-Büchener E.	28a
Bergedorf		b
Magdeburg		29

II. Privatbahnen. (Forts.)	6 Die Bahn führt von	7 über
30 Berlin-Stettiner		
a. Berlin-Stettin-Stargard	Berlin	Neustadt-Eberswalde, Angermünde, Passow, Stettin und Damm
b. Stargard-Cöslin-Colberg	Stargard	Freienwalde, Wangerin, Labes, Schivelbein u. Belgard (Zwgb. über Cörlin n. Colberg)
31 Böhmische Westbahn	Prag	Beraun, Rokitzan, Chrast (Zweigb. nach Radnitz), Pilsen, Kürschau und Taus
32 Breslau-Schweidnitz-Freibg	Breslau	Canth, Königszelt und Freiburg
	Liegnitz	Jauer, Striegau, Schweidnitz und Reichenbach
33 Brünn-Rossitzer	Brünn	Ober-Gerspitz, Tetschitz und Rossitz
34 Buschtehrader a. Locom.-B.	Kralup	Brandeisl
b. Pferde-B.	Prag	Weihybla und Kimbolec
35 Frankfurt-Hanauer	Frankfurt a. M.	Mainkur, Hanau und Groß-Auheim
36 Galizische Carl-Ludwig-B.	Krakau	Bierzanow (Zweigbahn nach Wieliczka), Podlęże (Zweigb. nach Niepolomice), Bochnia, Tarnow, Rzeszow, Jaroslau und Przemysl
37 Glückstadt-Elmshorner	Elmshorn	Glückstadt nach Crempe
38 Graz-Köflacher	Graz	Voitsberg
39 Hessische Ludwigs-E.	Bingen	Ingelheim, Mainz, Oppenheim und Worms
	Mainz	Gustavsburg, Darmstadt und Dieburg
	Mainz (Bischofsheim)	Rüsselsheim, Raunheim und Kelsterbach
40 Homburger	Homburg	
41 Kaiser Ferdinands-Nordb.	Wien	Floridsdorf (Zweigb. nach Stockerau), Gänserndorf (Zweigb. n. Marchegg), Lundenburg (Zweigb. nach Brünn), Prerau (Zweigb. nach Olmütz), Schönbrunn (Zweigbahn nach Troppau), Oderau (Zweigb. nach Witkowitz), Oderberg (Zweigb. nach Annaberg), Dzieditz (Zweigb. nach Bielitz), Trzebinia (Zweigb. nach Myslowitz), Szczakowa (Zweigb. nach Granica)
42 Kaiserin Elisabeth a. Locom.-Bahn	Wien	St. Pölten, Enns, Linz, Wels (Zweigb. nach der Bayerischen Gr. bei Passau), Lambach (Zweigb. nach Gmunden), Vöcklabruck und Frankenmarkt
b. Pferde-Bahn	Linz (Urfahr)	St. Magdalena, Oberndorf, Leſt, Kerschbaum, Angern und Holtau
43 Köln-Mindener (u. Gießener)	Deutz (Köln)	Düsseldorf, Duisburg, Oberhausen (Zweigb. nach Ruhrort und über Wesel nach Emmerich), Dortmund, Hamm und Bielefeld
	Deutz (Köln)	Siegburg, Betzdorf (Zweig. nach Siegen), Dillenburg und Wetzlar
44 Kurf. Friedr. Wilh. Nordb.	Gerstungen	Bebra, Guntershausen, Kassel und Hümme (Zweigb. nach Carlshafen)
45 Leipzig-Dresdener	Leipzig	Riesa, Röderau und Coswig (Zweigb. nach Meißen)
46 Ludwigs-E. (Nürnb. Fürth)	Nürnberg	Muggenhof
47 Lübeck-Büchener	Lübeck	Ratzeburg und Mölln
48 Magdeb.-Cöth.-Halle-Leipz.	Magdeburg	Schönebeck (Zweigb. nach Staßfurt und Lödderburg), Cöthen und Halle
49 a. Magdeburg-Halberstädter	Magdeburg	Langenweddingen, Hadmersleben, Oschersleben, Halberstadt und Quedlinburg
b. Cöthen-Bernburger	Cöthen	Biendorf (Zweigb. nach den Kohlengruben Preußlitz, Körmigk und Gerlebogk)
50 Magdeburg-Wittenbergesche	Magdeburg	Wolmirstedt, Rothenſee, Tangerhütte (Zweigb. nach Bähen) Stendal, Osterburg und Seehausen
51 Mecklenburgische	Hagenow	Schwerin, Kleinen (Zweigb. nach Wismar), Bützow (Zweigb. nach Güstrow)
52 Mohacs-Fünfkirchener	Uszög (bei Fünfkirchen)	Villany
53 Neiſſe-Brieger	Brieg	Grottkau
54 Niederländische Rhein-E.	Amsterdam u. Rotterdam	Utrecht und Arnheim
55 Niederschlesische Zweigbahn	Glogau	Kloptschen, Sprottau und Sagan
56 a. Oesterreichische nördliche	Brünn und Olmütz	Böhmisch-Trübau, Pardubitz, Prag, Aussig und Bodenbach
b. Oesterreich. südöstliche	Marchegg	Preßburg, Pesth, Czegled, Szegedin, Temesvar u. Jassenova (Flügelb. nach Oravicza)
c. Wien-Neu-Szönyer	Wien	Bruck a. L. und Raab
57 Oppeln-Tarnowitzer	Oppeln	Malapane, Kl. Stanisch, Zawadzki und Tworog
58 a. Pfälzische Ludwigsbahn	d. Bayer. Gr. bei Bexbach	Homburg (Zweigb. nach Zweibrücken), Kaiserslautern, Neustadt, Schifferstadt (Zweigbahn nach Speyer), Ludwigshafen und Frankenthal
b. Pfälzische Maximiliansb.	Neustadt	Edenkoben und Landau
59 Rheinische	Köln	Düren und Aachen
	Cleve	Crefeld, Köln, Bonn und Koblenz
60 a. Südbahn, Oesterreichische	Wien	Mödling (Zweigb. n. Laxenburg), Wiener-Neustadt (Zweigb. n. Oedenburg), Bruck a. M., Graz, Marburg, Cilli, Steinbrück (Flügelb. über Agram nach Sissek), Laibach und Nabresina
	Pragerhof	Kanizsa und Stuhlweissenburg
b. Nordtiroler	d. Bayer. Gr. bei Kufstein	Wörgl, Brixlegg, Schwaz und Hall
c. Venetianische u. Südtirol.	Nabresina	Udine, Mestre (Zweigb. nach Venedig), Padua, Vicenza, Verona (Zweigb. n. Mantua)
	Verona	Roveredo und Trient
61 Süd-Norddeutsche	Pardubitz	Königgrätz, Josefstadt (Zweigb. nach Schwadowitz), Falgendorf und Turnau
62 Taunus-Bahn	Frankfurt a. M.	Höchst (Zweigbahn nach Soden), Hochheim und Castel (Mainz gegenüber)
63 Theiß-Bahn	Czegled	Szolnok (Flügelb. nach Arad), Püspök-Ladany (Flügelb. nach Großwardein), Debreczin, Nyiregyhaza, Tokay und Miskolcz
64 Thüringische	Halle	Merseburg, Corbetha (Zweigbahn nach Leipzig), Weißenfels (Zweigbahn nach Gera), Naumburg, Apolda, Weimar, Erfurt, Gotha und Eisenach
65 Werra-E.	Eisenach	Salzungen, Meiningen, Hildburghausen und Eisfeld

8	9	
nach	In die Bahn münden (innerhalb ihrer Endpunkte):	
Stargard		
Cöslin		30a
Furth am Walde		b
Waldenburg resp. Hermsdorf		31
Frankenstein		32
Segen Gottes resp. Zbeschau	bei Ober-Gerspitz die Kaiser Ferdinands Nordbahn	33
Kladno		34a
Lana (Pine)		b
der Kurh. Bayer. Gr. bei Kahl (resp. die Landesgrenze)		35
Lemberg		36
Itzehoe		37
Köflach		38
der Hess. Bayer. Grenze		
Aschaffenburg	bei Darmstadt die Main-Neckar-Bahn	39
Frankfurt a. M.		
Frankfurt a. M.		40
Krakau	bei Oderberg (Preuß. Grenze bei Annaberg) die Preuß. Wilhelmsb., bei Oswiecim die Oberschlesische E.	41
d. Bayer. Gr. b. Salzburg	bei Linz die Pferdebahn nach Budweis	42a
Budweis		
Minden		b
Giessen	bei Deutz (?) ..., Duisburg, Oberhausen und Dortmund die Bergisch-Märkische, bei Hamm die Westfälische und bei Löhne die Hannoversche Westbahn; bei Wetzlar die Herzogl. Nassauische Staatsbahn	43
der Kurh. Gr. bei Hauneda	bei Guntershausen die Main-Weser-Bahn und bei Kassel die Hannoversche Südbahn	
Dresden		44
Fürth	bei Riesa die Niedererzgebirgische Staatsb., bei Röderau die Berlin-Anhaltische E. u. b. Priestewitz d. Zweigb. n. Großenhain	45
Büchen	bei Nürnberg (Fürther Kreuzung) die Bayerische Ludwigs-Südnordbahn	46
Leipzig		47
Halle	bei Cöthen die Berlin-Anhaltische und Cöthen-Bernburger E., bei Halle die Thüringische und Berlin-Anhaltische E.	48
Bernburg	bei Oschersleben die Herzogl. Braunschweigische Staatsbahn	49a
Wittenberge		b
Rostock		50
Mohacs		51
Neisse		52
		53
d. Preuß. Gr. b. Emmerich	bei Utrecht die Niederländische Central-Eisenbahn	54
Hansdorf		55
der Böhm. Sächs. Grenze	bei Pardubitz die Süd-Norddeutsche Verbindungsbahn, bei Prag und Kralup die Buschtiehrader und bei Aussig die Aussig-Teplitzer E.	56a
Bazias	bei Czegled die Theißbahn	b
Neu-Szöny		c
Tarnowitz		57
Worms	bei Neustadt die Pfälzische Maximiliansbahn	58a
Weißenburg		b
Eutin an der Belg. Gr.	bei Aachen die Aachen-Mastrichter, bei Aachen und Neuß die Aachen-Düsseldorfer, bei Crefeld die	59
Bingerbrück	Ruhrort-Crefelder und bei Köln die Köln-Mindener E.	
Triest	bei Graz die Graz-Köflacher E., bei Nabresina die Venetianische Linie	60a
Ofen u. Neu-Szöny		
Innsbruck		b
Feldkirch resp. Landesgr.		c
Leoben		
Reichenberg i. Böhm.		61
Biebrich und Wiesbaden	bei der Haltestelle Biebricher Curve die Nassauische Staats-E.	62
Kaschau		63
Gerstungen	bei Eisenach die Werra-E., bei Fröttstedt die Pferdebahn nach Waltershausen	64
Coburg und Sonneberg		65

I. Staatsbahnen.	10. Länge der Bahn, Meilen (à 7500 Meter)	10. Länge der Bahn, Kilometer	11 a. Davon sind verpachtet, Meilen	11 b. Außerdem sind gepachtet, Meilen	12. Also Betriebslänge, Meilen	12. Also Betriebslänge, Kilometer	12. Mittlerer Jahresdurchschnitt, Meilen	12. Mittlerer Jahresdurchschnitt, Kilometer	13. In den Tarifen wird die Bahnlänge angenommen auf Meilen
1 Badische	74,[illegible]	560,[illegible]	–		74,[illegible]	560,[illegible]	68,[illegible]	515,[illegible]	74,[illegible]
2 Bayerische: a. Ludw.-Südnordb.	75,[illegible]	571,[illegible]	2,[illegible]	—	73,[illegible]	552,[illegible]	165,[illegible]	1249,[illegible]	170,[illegible]
b. Ludw.-Westbahn	27,[illegible]	206,[illegible]	2,[illegible]	—	25,[illegible]	191,[illegible]			
c. Maximiliansb.	44,[illegible]	333,[illegible]	—	1,[illegible]	45,[illegible]	341,[illegible]			
d. Fürth. Kreuzung	0,[illegible]	2,[illegible]		—	0,[illegible]	2,[illegible]			
e. gep. Zweigbahnen:									
1. Bayreuther	in Pos. 11b enthalten	–	—	2,[illegible]	2,[illegible]	20,[illegible]			
2. Starnberger		– –	—	2,[illegible]	2,[illegible]	20,[illegible]			
3. Ansbacher		– –	—	3,[illegible]	3,[illegible]	26,[illegible]			
4. Stockheimer		—	—	3,[illegible]	3,[illegible]	24,[illegible]			
5. Miesbacher		–	—	2,[illegible]	2,[illegible]	17,[illegible]			
6. Illerbahn			–	11,[illegible]	11,[illegible]	85,[illegible]			
(Summe)	147,[illegible]	1113,[illegible]	4,[illegible]	27,[illegible]	170,[illegible]	1281,[illegible]			
3 Braunschweigische	26,[illegible]	200,[illegible]	– –	—	26,[illegible]	200,[illegible]	....	—	27,[illegible]
4 Hannoversche	107,[illegible]*	810,[illegible]	—	10,[illegible]	117,[illegible]*	887,[illegible]	117,[illegible]	886,[illegible]	
5 Main-Neckar	11,[illegible]	87,[illegible]	—	—	11,[illegible]	87,[illegible]	—	– –	11,[illegible]
6 Main-Weser	26,[illegible]	200,[illegible]	—	– –	26,[illegible]	200,[illegible]	—	—	27,[illegible]*
7 Nassauische	25,[illegible]	188,[illegible]	—	—	25,[illegible]	188,[illegible]	24,[illegible]	188,[illegible]	25,[illegible]
8 Preuß. Niederschles.-Märk.	51,[illegible]	388,[illegible]	—	—	51,[illegible]	388,[illegible]		– –	51,[illegible]
9 „ Ostbahn	109,[illegible]	823,[illegible]	– –	–	109,[illegible]	823,[illegible]	—	—	109,[illegible]
10 „ Saarbrücker (u. Trier)	18,[illegible]	140,[illegible]	– –	0,[illegible]	19,[illegible]	145,[illegible]	—	—	19,[illegible]
11 „ Westfälische	27,[illegible]*	208,[illegible]	0,[illegible]	—	27,[illegible]	204,[illegible]	—	– –	27,[illegible]
12 Sächsische östliche									
a. Sächsisch-Böhmische	7,[illegible]	54,[illegible]	—	1,[illegible]	8,[illegible]	65,[illegible]	—	—	8,[illegible]
b. Sächsisch-Schlesische	13,[illegible]	102,[illegible]	– –	– –	13,[illegible]	102,[illegible]	—	—	13,[illegible]
c. Tharandt-Freiberger	3,[illegible]	26,[illegible]	—	—	3,[illegible]	26,[illegible]		– –	3,[illegible]
13 Sächsische westliche									
a. Niedererzgebirgische	16,[illegible]	126,[illegible]	—	1,[illegible]	18,[illegible]	139,[illegible]	—	—	19,[illegible]
b. Obererzgebirgische	6,[illegible]	45,[illegible]	—	—	6,[illegible]	45,[illegible]	—	—	6,[illegible]
c. Sächsisch-Bayerische	22,[illegible]	169,[illegible]	—	1,[illegible]	24,[illegible]	180,[illegible]	–	– –	23,[illegible] u. 25,[illegible]*
14 Württembergische	65,[illegible]	491,[illegible]	—	—	65,[illegible]	491,[illegible]	64,[illegible]	486,[illegible]	65,[illegible]
II. Privatbahnen									
a) unter Staatsverwaltg.									
15 Aach.-Düss.-Ruhrorter: a. Aach.-Düssel.	11,[illegible]	86,[illegible]	– –		11,[illegible]	86,[illegible]	—	—	11,[illegible]
b. Ruhrort-Crf.	5,[illegible]	42,[illegible]			5,[illegible]	42,[illegible]	—	—	5,[illegible]
16 Bergisch-Märkische	47,[illegible]	357,[illegible]			47,[illegible]	357,[illegible]	47,[illegible]	354,[illegible]	47,[illegible]*
17 a. Löbau-Zittauer	4,[illegible]	33,[illegible]		–	4,[illegible]	33,[illegible]	—	—	4,[illegible]
b. Zittau-Reichenberger	3,[illegible]	26,[illegible]	– –	– –	3,[illegible]	26,[illegible]	—	—	3,[illegible]
18 a. Oberschlesische	35,[illegible]	260,[illegible]	2,[illegible]	—	33,[illegible]*	253,[illegible]	—	– –	34,[illegible] resp. 33,[illegible]*
b. Breslau-Posen-Glogauer	27,[illegible]	209,[illegible]		– –	27,[illegible]	209,[illegible]	—	—	27,[illegible]
19 Stargard-Posener	22,[illegible]	170,[illegible]		–	22,[illegible]	170,[illegible]	—	—	22,[illegible]
20 Rhein-Nahe E.	16,[illegible]	120,[illegible]	– –	—	16,[illegible]	120,[illegible]	—	—	16,[illegible]
21 Wilhelms-Bahn	21,[illegible]	161,[illegible]	—	2,[illegible]	23,[illegible]	176,[illegible]	—	—	23,[illegible]
b) in Privatverwaltung.									
22 Aachen-Mastrichter	8,[illegible]	65,[illegible]	—	3,[illegible]	12,[illegible]	93,[illegible]	—	—	12,[illegible]
23 Alberts-Bahn: a. Hauptb.	1,[illegible]	13,[illegible]	—	—	5,[illegible]	38,[illegible]	—	—	2,[illegible]
b. Zweigb.	3,[illegible]	24,[illegible]	—	—					3,[illegible]
24 a. Altona-Kieler	14,[illegible]	106,[illegible]	—	—	14,[illegible]	106,[illegible]	—	—	14,[illegible]
b. Rendsburg-Neumünster	4,[illegible]	34,[illegible]	—	—	4,[illegible]	34,[illegible]	– –	—	4,[illegible]
25 Aussig-Teplitzer	2,[illegible]*	18,[illegible]	—	—	2,[illegible]	18,[illegible]	– –	—	3,[illegible]
26 Bayerische Ostbahnen	61,[illegible]	461,[illegible]	1,[illegible]	—	60,[illegible]	453,[illegible]	—	—	60,[illegible]
27 Berlin-Anhaltische	47,[illegible]	357,[illegible]	—	—	47,[illegible]	357,[illegible]	—		47,[illegible]
28 a. Berlin-Hamburger	37,[illegible]	282,[illegible]	—	2,[illegible]	39,[illegible]	298,[illegible]	—	–	39,[illegible]
b. Hamburg-Bergedorfer	2,[illegible]	15,[illegible]	2,[illegible]	– –	—	—	—	—	– –
29 Berlin-Potsdam-Magdeb.	19,[illegible]	147,[illegible]	—	—	19,[illegible]	147,[illegible]	—	—	20,[illegible]

14		15		
Von der Bahnlänge (Kol. 10) sind doppelgeleisig		Der Betrieb ist eröffnet		
Meilen	Kilom.	a. streckenweise zuerst am	b. auf der ganzen Bahn am	
36,40	274,18	12. September 1840 .	15. Juni 1863 . . .	1
2,86	21,54	1. Oktober 1844 . .	24. Januar 1859 . .	2a
1,95	14,69	1. August 1852 . .	1. Oktober 1854 . .	„ b
9,45	71,18	1. Juni 1838 . . .	15. August 1860 . .	„ c
—	—	. . . .	1. Oktober 1862 . .	„ d
—	—	. . . .	28. November 1863 .	„ e1
—	—	21. Mai 1854 . . .	15. Dezember 1854 .	„ „ 2
—	—	. . . .	1. Juli 1859 . . .	„ „ 3
—	—	20. Februar 1861 . .	1. März 1863 . . .	„ „ 4
—	—	. . . .	20. November 1861 .	„ „ 5
—	—	12. Oktober 1862 . .	1. Juni 1863 . .	„ „ 6
14,20	107,11			
11,03	83,53			
37,68	283,77	1. Dezember 1838* .	20. Juli 1858 . . .	3
10,28	77,40	19. Mai 1844 . . .	8. Dezember 1862	4
1,85	13,93	22. Juni 1846 . . .	1. August 1846 . .	5
—	—	19. Dezember 1849 . .	15. Mai 1852 . . .	6
51,21	380,41	11. August 1856* . .	10. Januar 1863 . .	7
—	—	23. Oktober 1842 . .	15. Oktober 1846 . .	8
4,36	32,44	27. Juli 1851* . . .	4. Dezember 1862 .	9
—	—	15. September 1850* .	29. August 1861 . .	10
	—	1. Oktober 1850 . .	23. Juni 1856 . . .	11
8,41	63,30	1. August 1848 . .	19. April 1852 . . .	12a
13,61	102,84	17. November 1845 .	1. September 1847 .	„ b
1,50	11,13	. . . .	11. August 1862 . .	„ c
15,14	114,24	30. August 1847 . .	15. November 1858 .	13a
0,97	7,31	1. November 1854 . .	15. Mai 1858	„ b
21,81	163,88	19. September 1842 .	16. Juli 1851 . . .	„ c
18,51	139,41	22. Oktober 1845 . .	4. August 1852 . .	14
0,63	4,75	12. August 1852 . .	17. Januar 1853 . .	15a
—	—	5. Oktober 1849 . .	15. Oktober 1851 . .	„ b
8,45	63,15	20. Dezember 1850 .	21. September 1853 .	16
0,04	0,30	. . . .	10. Juni 1848 . .	17a
—	—	. . . .	1. Dezember 1850 .	„ b
26,04	196,70	22. Mai 1842 . . .	16. März 1863 . .	18a
—	—	20. Oktober 1856 . .	18. Mai 1858 . . .	„ b
—	—	10. August 1847 . .	10. August 1848 . .	19
—	—	15. Juli 1858 . . .	26. Mai 1860 . . .	20
	—	1. Januar 1846* . .	20. Dezember 1858 . .	21
0,75	5,65	27. Januar 1853 . .	1. Oktober 1856 .	22
0,28	2,11	. . . .	28. Juni 1855 . . .	23a
—	—	. . . .	1. April 1857 . . .	„ b
1,89	14,24	. . . .	18. September 1844 .	24a
—	—	. . . .	18. September 1845 .	„ b
—	—	. . . .	20. Mai 1858 . . .	25
—	—	3. November 1858 .	20. September 1861 .	26
13,03	98,59	1. September 1840* .	3. August 1850 . .	27
22,75	171,30	15. Oktober 1846 . .	16. Dezember 1846 .	28a
2,09	15,74	. . . .	17. Mai 1842 . . .	„ b
18,84	141,911	22. September 1838 . .	7. August 1840* . .	29

II. Privatbahnen. (Forts.)	10 Länge der Bahn: Meilen (à 2000 Ruthen = 7532 Meter)	10 Länge der Bahn: Kilometer	11 a. Davon sind verpachtet: Meilen	11 b. Außerdem sind gepachtet: Meilen	12 Also Betriebslänge: Meilen	12 Also Betriebslänge: Kilometer	12 Mittlerer Jahresdurchschnitt: Meilen	12 Mittlerer Jahresdurchschnitt: Kilometer	13 In den Tarifen war die Bahnlänge angenommen auf Meilen
30 Berlin-Stettiner									
a. Berlin-Stettin-Stargard	22,49	169,39	—		22,49	169,39	—	—	22,49
b. Starg.-Cöslin-Colberg	22,80	171,73	—		22,80	171,73	—	—	22,80
31 Böhmische Westbahn	25,77	194,1	—	0,89	26,66	200,80	26,33	198,32	27,19
32 Breslau-Schweidnitz-Freib.	22,885	172,43	—		22,885	172,43			22,7
33 Brünn-Rossitzer	3,75	28,245	—	—	3,75	28,245	—	—	3,6*
34 Buschtěhrader a. Locom.-B.	3,42	25,86	—	0,41*	3,84	28,92	—	—	3,8
b. Pferde-B.	3,26* 4,20	24,55* 31,64	— —	— —	7,46	56,19	—	—	7,5
35 Frankfurt-Hanauer	3,29	24,78	—	2,17	5,46	41,126	—	—	5,55
36 Galizische Carl-Ludwig-B.	46,81	352,56	—	—	46,81	352,56	—	—	47,3
37 Glückstadt-Elmshorner	4,50	33,89	—	—	4,50	33,89		—	4,50
38 Graz-Köflacher	5,31	40,0	—	—	5,31	40,0	—	—	5,5
39 Hessische Ludwigs-E.	24,39	183,69	—	—	24,39	183,69		—	25,57
40 Homburger	2,41	18,15	—	—	2,41	18,15		—	2,50
41 Kaiser Ferdinands-Nordb.	80,77	608,36	0,42	—	80,35	605,17	—	—	82,1
42 Kaiserin Elisabeth a. Locom.-Bahn	57,41	432,46	0,75	0,23	56,92	428,66	—	—	56,93
b. Pferde-Bahn	17,37	130,82	—	—	17,37	130,82	—	—	17,37
43 Köln-Mindener (u. Gießener)	71,807	534,821	2,115	—	68,692	518,307	—	—	68,67
44 Kurf. Friedr. Wilh. Nordb.	19,30	144,41		0,41	19,41	149,71	—	—	20,35
45 Leipzig-Dresdener	16,53	124,50		—	16,53	124,50	—	—	16,50
46 Ludwigs-E. (Nürnb.-Fürth)	0,8	6,03			0,8	6,03	—	—	0,8
47 Lübeck-Büchener	6,30	47,45	—		6,30	47,45	—	—	6,3
48 Magdb.-Cöthen-Halle-Leipz.	17,87	134,97	—	1,54	19,26	145,09	—	—	19,5
49 a. Magdeburg-Halberstädter	11,65	88,05	—	—	11,69	88,05	—	—	11,75
b. Cöthen-Bernburger	4,0	30,128	—	—	4,0	30,128	—	—	2,75 resp. 4*
50 Magdeburg-Wittenbergesche	14,3*	107,71	—	—	14,3	107,71	—	—	14,3*
51 Mecklenburgische	19,27	145,14	—	—	19,27	145,14			19,8
52 Mohacs-Fünfkirchener	8,04	60,44	—	—	8,04	60,44		—	8,0
53 Neisse-Brieger	5,83	43,91		0,35	6,18	46,55	—		6,7
54 Niederländische Rhein-E.	21,70	163,44	—	1,54	23,24	175,04		—	24,50
55 Niederschlesische Zweigbahn	9,50	71,554	—	—	9,50	71,554	—	—	9,5
56 a. Oesterreich. nördliche	63,61	480,69	1,50	—	62,11	469,37		—	62,45
b. Oesterreich. südöstliche	92,15	694,07	—	—	92,15	694,07	—	—	92,15
c. Wien-Neu-Szönyer	20,93	157,66	—	—	20,93	157,66		—	21,15
57 Oppeln-Tarnowitzer	10,17	76,22	—	—	10,17	76,22	—		10,5
58 a. Pfälzische Ludwigsbahn	19,67	148,16	—	—	19,67	148,16	—	—	20,0
b. Pfälzische Maximiliansb.	6,214	46,82	—	—	6,214	46,82	—	—	6,33
59 Rheinische	47,62	358,71		—	47,62	358,71	46,11	347,53	47,75
60 a. Südbahn, Oesterreichische	153,00	1152,336	—	—	153,00	1152,336	—	—	156,0
b. Nordtiroler	10,04	75,62	0,29	—	9,75	73,44		—	10,0
c. Venetianische u. Südtirol.	70,60	531,74	1,06	—	69,54	523,76		—	68,60
61 Süd-Norddeutsche	26,18	197,19	—	—	26,18	197,19		—	27
62 Taunus-Bahn	6,72	50,62	—	—	6,72	50,62		—	6,77
63 Theiß-Bahn	77,31	582,30	—	—	77,31	582,30			79,08
64 Thüringische	37,26	280,64		—	37,26	280,64	—	—	37,50
65 Werra-E.	19,92	150,04	—	2,19	22,61	170,37	—	—	22,75

14		15		
Von der Bahnlänge (Kol. 10) sind doppelgeleisig		Der Betrieb ist eröffnet		
[illegible]	[illegible]	a. streckenweise zuerst am	b. auf der ganzen Bahn am	
0,44	74,11	1. August 1842	1. Mai 1846	30a
—	—	. . . .	1. Juni 1850	b
—	—	15. Oktober 1861	2. April 1863	31
—	—	29. Oktober 1843	1. November 1858	32
—	—	2. Januar 1850	10. August 1862	33
—	—	5. November 1855	30. Juli 1856	34a
—	—	im Jahre 1833	4. November 1863; im Jahre 1838	b
—	—	10. September 1848	22. Juni 1854	35
—	—	20. Februar 1856	5. November 1861	36
—	—	19. Juli 1845	15. Oktober 1857	37
—	—	. . . .	3. April 1860	38
1,83	13,74	23. März 1853*	3. Januar 1863	39
—	—	. . . .	10. September 1860	40
23,0	173,44	6. Januar 1838	1. Januar 1858	41
5,82	38,16	15. Dezember 1858	1. September 1861	42a
—	—	. . . .	1. Mai 1836	b
39,11	297,41	20. Dezember 1845	12. Januar 1862*	43
1,03	13,01	10. April 1848	25. September 1849	44
15,31	115,44	24. April 1847	7. April 1839	45
		. . . .	7. Dezember 1835	46
—	—	. . . .	16. Oktober 18[illegible]	47
15,51	118,74	2[illegible]. Juni 18[illegible]	[illegible] 18. August 18[illegible]; [illegible] 12. Mai 1857	48
4,733	36,116	17. Juli 1843	2. Juli 1862*	49a
—	—	1. September 1846	2. April 1857	b
0,10	0,744	7. Juli 1849	25. Oktober 1851	50
—		1. Mai 1847	13. Mai 1850	51
—		1. Dezember 1854	1. Dezember 1858	52
		25. Juli 1847	26. November 1848	53
8,41	6,30	28. Dezember 1843*	15. Februar 1850	54
		. . . .	1. November 1846	55
9,01	5,10	24. August 1845	8. April 1851	56a
0,34	4,07	16. Juli 1846	20. Juli 1858	b
—	—	13. September 1846	11. August 1856	c
—	—	16. Februar 1857	24. Januar 1858	57
16,11	123,43	11. Januar 1847	25. August 1840 [illegible]	58a
—	—	18. Juli 1855	26. November 1855	b
23,11	176,09	2. August 1839	5. März 1863	59
61,3	461,71	im Jahre 1840	1. Januar 1863	60a
—	—	. . . .	25. November 1858	b
11,03	89,14	13. Dezember 1842	3. Oktober 1860	c
		4. November 1857	1. Mai 1859	61
3,11	23,43	26. September 1839	3. August 1840 [illegible]	62
0,34	4,11	23. November 1857	14. August 1860	63
20,75	152,09	6. Juni 1846	10. März 1859	64
—	—	2. November 1858	20. Januar 1859	65

Abschnitt B.

Bahnbeschreibung und Anlage-Kapital.

I. Allgemeine Be-

A. Bahnkörper (bauliche

	16	17			18					19			
I. Staatsbahnen.	Der Bahndamm hat eine Kronenbreite von	Tunnels.			Brücken, größere (über 30 Fuß lichter Weite jeder Oeffnung).					Brücken, kleinere (unter 30 Fuß lichter Weite jed. Oeffn.).			
		a. Zahl derselben.	b. Gesammtlänge aller.	c. Länge des größten.	a. ganz massive.	b. eiserne.	c. hölzerne.	d. größte Weite einer Jochöffnung.	e. Länge der größten Brücke.	a. ganz massive.	b. eiserne.	c. hölzerne.	d. größte Weite einer Jochöffnung.
	Fuß		Rth.	Rth.	Anz.	Anz.	Anz.	Fuß	Fuß	Anz.	Anz.	Anz.	Fuß
1 Badische	23,65	14	1283	239	6	27	1	143	768	102	116	14	2
2 Bayerische a. Ludw.-Südnordb.	14,41 bis 25,37	3	146	78,7	25		27	167	550	91	—	31	20
b. Ludw.-Westbahn	14,41 bis 25,37	1	256	256	11		—	65	580	48	—	10	13
c. Maximiliansbahn	14,41 bis 25,37	1	—	—	14	6	2		640	36	7	17	11
d. Fürth-Kreuzung	12,744	—		—	—	—	·	—	—	1	..	--	—
e. gep. Zweigbahnen													
1. Bayreuther	14,41	-	..	—	1	—	-	32	160	2	—	—	15
2. Starnberger	14,41	—	—	—	—	—	—	—	—	—	—	—	—
3. Ansbacher	14,41	—	--	—	—	—		—	—	—	2	--	11
4. Stockheimer	14,41	—	--	—	—	4	—	106	152	—	6	—	19
5. Miesbacher	14,118	—	—	-	—	1	—	43	96	1	1	—	11
6. Illerbahn	10,5	—	—	—	1	—	—	33	206	4	6	2	9
3 Braunschweigische	12,7 und 24,1*	—	—	—	1	6	1	77,6	286	69	3	73	2,5
4 Hannoversche	26,04	1	—	83	—	32	—	116	--	—	56	—	9,7
5 Main-Neckar	23,9	—	—	—	2	—	--	108	900	4	2	—	12
6 Main-Weser	23,7 bis 26,9	-	—	—	8	—	—	54,97	459	61	1	—	5,6
7 Nassauische	25,5	20	1763	194	1	13	—	191	510	346	123	—	3,7
8 Preuß. Niederschles.-Märk.	25	—			23	8	—	—	543	428	61	49	12
9 „ Ostbahn	15	—	—	—	13	34	--	890	2068	790*	145	—	2
10 „ Saarbrücker u. Trier	29	3	499	317	8	1	—	70	716	222	9	53	2
11 „ Westfälische	24—27	—	..	—	-	2	—	50	92	23	31	—	8
12 Sächsische östliche													
a. Sächsisch-Böhmische	25	2	115	73	4	—	-	90	1301	118	8	2	6
b. Sächsisch-Schlesische	25	—	—	—	23	1	1	52	552	64	2	—	5
c. Tharandt-Freiberger	25	2	35	32	7	2		65	144	17	4	—	5
13 Sächsische westliche													
a. Niedererzgebirgische	14 und 25*	1	45		16	1	13	90	828	83	12	14	11
b. Obererzgebirgische	14 und 25*	—	—	—	5	4	--	66	203	11	14	1	7
c. Sächsisch-Bayerische	25	—	—	—	4	3	3	48	704	39	21	18	5
14 Württembergische	14,41, 23,11 u. 24,45	11	962	236	4	44	3	131,5	840	21	71	20	9,11
II. Privatbahnen													
a) unter Staatsverwaltg.													
15 Aach.-Düss. Ruhrorter a. Aach.-Düsseld.	25	--	—	—	1	—		45	340	79	10	3	12
b. Ruhrort-Cref	25	—	—	—	—	—	--	--	—	48	7	2	14
16 Bergisch-Märkische	12, 15 und 24	11	1130	248,53	12	22	—	100	488	116	35	15	6
17 a. Löbau-Zittauer	25	—	—	--	2	--	4	31	54	26	—	—	11
b. Zittau-Reichenberger	25	--	—	—	9	—	4	33	2386	32	7	—	5
18 a. Oberschlesische	26 bis 15	—	—	—	3	17	6	68	562	266	49	27	2
b. Breslau-Posen-Glogauer	16	—	—	—	2	23	—	100	1680	121	101	—	3
19 Stargard-Posener	15	—	--	--	3	—	--	72	600	122	22	--	3
20 Rhein-Nahe-E.	20	15	953,5	123,6	32	13	—	88,41	322	230	69	—	15
21 Wilhelms-Bahn	15 bis 24	1	192			17	—	76	321	132	27	4	4
b) in Privatverwaltung.													
22 Aachen-Mastrichter	14 bis 25	—		--	—	2	—	100	697	55*	2	22	11
23 Albertsbahn	25,76	..	--	—	3	2	—	50,51	144	17	5	---	5,41
24 a. Altona-Kieler	29	--	—	—	1	—	—	37	54	20	2	—	5,5
b. Rendsburg-Neumünster	20	—	—	—	—	2*	—	32	419	4	--	7	5,5
25 Aussig-Teplitzer	25	—		--	—	1	—	36	60	22	4	—	24
26 Bayerische Ostbahnen	30	2	83	57	18	12	-	288	1700	73	105	—	9
27 Berlin-Anhaltische	27	—		--	4	7	18	122,75	990	240	26	52	2
28 a. Berlin-Hamburger / b. Hamburg-Bergedorfer	26		--	-	7	11	--	60	440	99	9	7	10
29 Berlin-Potsdam-Magdeburg	24	--		—	—	13	5	68	700	1	30	5	8

[Be]schreibung der Bahn.

Beschaffenheit derselben, Kunstbauten x.

20	21								22		23		24			
Durchlässe	Viadukte								Dämme (von 5 Fß. u. darüber)		Einschnitte (von 3 Fß. u. tiefer)		Kommunikationswege x.			
	a. Zahl derselben	b. Gesammtlänge aller	c. Länge der größten Viadukte		d. Höhe der größten Viadukte		e. Bogenzahl		a. Gesammtlänge aller	b. größte Höhe	a. Gesammtlänge aller	b. größte Tiefe	a. die im Niveau der Bahn liegen, d. h. Uebergänge	b. die über die Bahn geführt sind (Ueberbrückungen, Wege-Ueberführungen)	c. die unter der Bahn durchgeführt sind (Wege-Unterführungen, Durchlässe)	
Stk.		Rth.	Fuß		Fuß				Rth.	Fuß	Rth.	Fuß	Stk.	Stk.	Stk.	
991	28	69	348	—	92,11	—	22	—	54 735	76	19 009	86	668	27	164	1
1224	—	—	—	—	—	—	—	—	56 800	168	55 700	98	635	12	247	2 a
490	—	—	—	—	—	—	—	—	30 000	103	9300	81	161	29	44	- b
315	—	—	—	—	—	—	—	—	31 893	93	25 480	84	424	10	27	- c
2	—	—	—	—	—	—	—	—	—	—	—	—	3	—	2	- d
74	—	—	—	—	—	—	—	—	2200	22	2600	35	31	1	2	- e1
1	—	—	—	—	—	—	—	—	800	10	200	20	21	—	—	- - 2
45	—	—	—	—	—	—	—	—	2984	98	1154	33	37	1	9	- - 3
32	—	—	—	—	—	—	—	—	2074	23	547	24	47	—	3	- - 4
42	—	—	—	—	—	—	—	—	1301	69	934	33	32	2	4	- - 5
60	—	—	—	—	—	—	—	—	5920	60	2039	31	115	4	—	- - 6
178	—	—	—	—	—	—	—	—	20 238	52	11 349	69	351	7	23	3
673	—	—	—	—	—	—	—	—	—	—	—	—	1422	27	85	4
122	13	723	308	—	24	..	8	—	11 981	26,..	4091	25,..	97	8	9	5
434	2	92,11	876	237	55,11	76,11	24	3	29 962	68	16 677	77	175	12	85	6
497	1	17,5	210	—	38	—	7	—	19 532	41	11 948	45	383*	5	271	7
669	4	328	1550	1606	82	112	35	30	28 500	80	17 000	70	641	24	70	8
in Rot. 19	—	—	—	—	—	—	—	—	105 704	79	25 100	54	1105	3	39	9
119	—	—	—	—	—	—	—	—	13 530	83,.	8826	90,.	177	8	45	10
363	4	259	1535	—	110	—	24	—	19 404	138	8083	72	345	3	38	11
210	7	430	2344	1489	38	20	59	32	9508	33	4586	31	70	2	81	12 a
440	7	212	707	[illegible]	61	[illegible]	11	[illegible]	840	54	950	47	106	22	67	- b
12	3	121	617	—	135	—	5	—	3457	74	3308	52	29	4	37	- c
301	16	550	804	—	158	—	15	—	18 747	130	2000	81	213	34	104	13 a
239	—	—	—	—	—	—	—	—	4031	40	1379	39	72	—	10	- b
760	9	302	8403	828	251*	2123	70	8	18 646	63	12 721	56	236	18	49	- c
1147	5	170	91	21	—	102	21	—	64 635	[illegible]	41 085	68	578	44	150	14
15	—	—	—	—	—	—	—	—	10 736	[illegible]	6038	39	117	11	31	15 a
4	—	—	—	—	—	—	—	—	2827	19,11	928	12	86	—	1	- b
695	—	—	—	—	—	—	—	—	49 391	121,05	17 607	115	712	23	163	16
96	1	31	371	—	65	—	6	—	4501	50	3400	53	63	5	29	17 a
35	8	182	368	—	63	—	7	—	3137	81	1068	49	30	4	35	- b
670	2	29	245	—	30	—	4	—	.*	55	8812	27	730	37	10	18 a
376	—	—	—	—	—	—	—	—	3400	30	769	34	460	4	9	- b
195	—	—	—	—	—	—	—	—	5876	41,.	11 083	38	286	—	3	19
166	—	—	—	—	—	—	—	—	19 235	100,..	42 331	83,.	169	10	26	20
15	—	—	—	—	—	—	—	—	10 328	40,5	10 182	30	274	1	11	21
234*	—	—	—	—	—	—	—	—	7924*	66	[illegible]	71	111*	13*	40*	22
22	—	—	—	—	—	—	—	—	902	21,..	4063	45,11	36	—	8	23
78	—	—	—	—	—	—	—	—	8000	31	41 225	31	142	2	22	24 a
19	—	—	—	—	—	—	—	—	1220	16,5	1263	8,11	47	—	2	- b
50	—	—	—	—	—	—	—	—	2423	25	604	24,5	28	—	18	25
504	1	40,5	483	—	24	—	14	—	34 407	62	11 463	70	593	12	88	26
20	—	—	—	—	—	—	—	—	19 625	31	11 420	36	527	9	39	27
536*	—	—	—	—	—	—	—	—	14 270	40	4600	45	424	5	13	28
74	—	—	—	—	—	—	—	—	9424	28	3420	33	274	2	2	29

6

I. Allgemeine Be-

A. Bahnkörper (bauliche

II. Privatbahnen. (Forts.)	16. Der Bahndamm hat eine Kronenbreite von	17. Tunnels a. Zahl derselben	17. b. Gesammtlänge aller	17. c. Länge des größten	18. Brücken, größere (über 30 Fuß lichter Weite jeder Oeffnung) a. ganz massive	18. b. eiserne	18. c. hölzerne	18. d. größte Weite einer Jochöffnung	18. e. Länge der größten Brücke	19. Brücken, kleinere (unter 30 Fuß lichter Weite jed. Oeffn.) a. ganz massive	19. b. eiserne	19. c. hölzerne	19. d. geringste Weite einer Jochöffnung
30 Berlin-Stettiner													
a. Berlin-Stettin-Stargard	14 bis 26	1	13,5	13,5	1	3	3	48	5971	65	15	2	3
b. Stargard-Cöslin-Colberg	18 bis 27	—		—	8	9	—	55	155	4	2	—	16
31 Böhmische Westbahn	12,00	—	—	—	7	7	—	96,40	536	111	21	11	12
32 Breslau-Schweidnitz-Freib.	15	—	—	—	2	16	—	69,31	156	20	22	16	4
33 Brünn-Rossitzer	13	—	—	—	2	—	3	36	180	4	3	5	18
34 Buschtiehrader a. Locom.-B.	25,11	—	—	—	—	—	—	—	—	8	—	—	9
34 Buschtiehrader b. Pferde-B.	14,10*	—	—		—	—	—		—	8	—	—	12
35 Frankfurt-Hanauer	25,49*	—		—		2	—	84,11	307	3	—	—	11
36 Galizische Carl-Ludwig-B.	14,1	—	—	—	6	31	4	54,4	1450	112	62	84	6
37 Glückstadt-Elmshorner	20 bis 14*	—	—	—	—	—	—		—	—	—	14	6,5
38 Graz-Köflacher	12,003	1	27	27	—	—	7	60,17	198	1	—	4	12
39 Hessische Ludwigs-E.	23,41	—	—	—	2	2	—	322	3281	28	13		6
40 Homburger	18	—	—	—	—	1	—	58	585	3	5	2	6,5
41 Kaiser Ferdinands Nordb.	12,05 bis 24,10	1	68	68	14	24	15	63,45	1300	99	34	17	3
42 Kaiserin Elisabeth a. Locomot.-B.	25,179	3	221,4	97,4	10	40	1	107	648	27	47	7	6
42 Kaiserin Elisabeth b. Pferde-B.	10—12	—	—	—	—	—	31	72	132	30	—	75	5
43 Köln-Mindener (u. Gießener)	25	13	725,15	100	53	29	3	100	556	716	94*	37	1
44 Kurf. Friedr. Wilh. Nordb.	28	4	495	262	4	—	—	52	931	59	—	—	10
45 Leipzig-Dresdener	22	1	136	136	5	—	3	91	1218	80	11	4	6
46 Ludwigs-E. (Nürnb.-Fürth.)	12,00	—	—	—	—	—	—	—	—	1	—	—	15,4
47 Lübeck-Büchener	15	—	—	—	—	—	—	—	—	—	—	—	—
48 Magdeb.-Cöth.-Halle-Leipz.	15, 22,5 und 24	—	—	—	3	1	6	55	1100	160	1	50	5
49 a. Magdeburg-Halberstädter	24 und 15*	—	—	—	—	1	—	40	120	12	36	—	4
b. Cöthen-Bernburger	16	—	—	—	—	—	2	44	136	2		—	20
50 Magdeburg-Wittenbergesche	24	—	—	—	2	8	1	171	3985	88	25	3	2
51 Mecklenburgische	20	—	—	—	—	4	—	40	240	35	10	2	4
52 Mohacs-Fünfkirchener	13,4	—	—	—	2	2	—	54,4	95	79	19	2	2
53 Neisse-Brieger	18	—	—	—	—		—		—	32	1	3	3
54 Niederländische Rhein-E.	28,34	—	—	—	3	3	—	154	868	96	89	35	6,3
55 Niederschlesische Zweigbahn	16	—	—	—	3	1	1	50	600	32	4	10	5
56 a. Oesterreich. nördliche	24 bis 25	19	1144	134,64	16	15	—	78,56	501	97	47	10	12
b. Oesterreich. südöstliche	12, 14 und 24*	1	187	187	15	21	1	181	1535	70	34	4	12
c. Wien-Neu Szönyer	12 bis 24*	—	—		—	2	—	50	111	1	8	14	9,66
57 Oppeln-Tarnowitzer	24	—			—	2	—	46	144	15	10	—	8
58 a. Pfälzische Ludwigsbahn	25,49	12	953	358	—	—	—		—	137	25		7
b. Pfälzische Maximiliansb.	25,49	—	—		1	—	—	38	82	60	2	—	7
59 Rheinische	26	8	1161	433	16	9	3	132	996	274	17	57	12
60 a. Südbahn, Oesterreich.	25,11	33	2611	380	48	83	7	181	785	105	208	19	6
b. Nordtiroler	26	1	48	48	2	4	—	144	471	3	8	—	10
c. Venetianische u. Südtirol.	15,41	7	166	38	43	12	2	92	11400	67	13	2	9,5
61 Süd-Norddeutsche	12	8	567	170	3	1	5	84,4	1510	101	13	8	6
62 Taunus-Bahn	12,11; 14,34 u. 23,55*	—	—		1	1	—	41	166	25	5	2	6,4
63 Theiß-Bahn	14	—	—		1	14	25	72	1632	—	38	5	15
64 Thüringische	26	2*	33	23	38	9	6	70	1080	58	7	6	10
65 Werra-E.	24	1	145	—	12	—	—	40	251	28	3	—	9

20 | 21 | 22 | 23 | 24

…schreibung der Bahn.

Beschaffenheit derselben, Kunstbauten etc.

Durchlässe Anz.	Viadukte a. Zahl derselben	Viadukte b. Gesammtlänge aller Met.	Viadukte c. Länge (der größten Viadukte) Met.		Viadukte d. Höhe (der größten Viadukte) Met.		Viadukte e. Bogenzahl (der größten Viadukte)		Dämme (von 3 Fß. u. darüber) a. Gesammtlänge aller Met.	Dämme b. größte Höhe Met.	Einschnitte (von 3 Fß. u. tiefer) a. Gesammtlänge aller Met.	Einschnitte b. größte Tiefe Met.	Kommunikationswege a. die im Niveau der Bahn liegen … (Wege-Übergänge) Anz.	Kommunikationswege b. die über die Bahn geführt … (Wege-Überbrückungen) Anz.	Kommunikationswege c. die unter der Bahn durchgeführt … (Wege-Unterführungen) Anz.	
104	—	—	—	—	—	—	—	--	22 595	51	9660	54	263	13	10	30a
145	—	—	—	--	--	—	—	—	15 571	37	7240	40	170	—	3	- b
312	1	456	456	—	121	—	3	--	23 173	121	11 652	60	257	11	75	31
219	2	247	1865	1095	32	29	20	34	16 655	32	8598	46	400	9	32	32
23	2	15	48	—	36	—	1	—	3340	45	2750	42	17	2	5	33
57	—	—	—	--	—	—	--	—	2403	28,1	1628	31,5	17	4	12	34a
74	—		—	—	—	—	—	—	666	25,15	941	31,2	22	—	7	- b
26	—	—	—	—	—	—	—	—	1135	12,1	830	18,6	46	—	—	35
150	4	38,4	150	—	68,1	—	3	—	73 400	68,05	12 953	36	208	3	240	36
79	—		—	—	—	--	--	—	1424	9	668	14,6	125	—	--	37
50	10	30,35	59	—	28	—	2	—	4695	28	1447	33	47	2	7	38
213	—	--	—	—	—	—	—	--	21 047	27	4042	25	200	4	39	39
38	—	—	—	—	—	—	—	—	1287	35,4	1138	22,4	85	2	6	40
537	10	—	2100	1680	32	65	72	40	—	—	—	—	705	42	160	41
504	3	124	500	—	72	—	9	—	73 499	77	24 688	62	644	12	207	42a
327	—	—	—	—	—	—	—	—	12 120	60	16 534	40	379	15	28	- b
im Abt. 19	1	100	1200	—	78	—	28	—	71 356*	68	19 918	102	902	25	132	43
245	1	85	417	—	30	—	12	—	22 153	75	12 146	60	167	6	29	44
235	2	184	2078	—	20	—	63	—	12 767	35	6755	46	115	18	61	45
6	—	—	—	—	—	—	—	—	1604	17	—	—	7	—	—	46
—	—	—	—	—	—	—	—	—	3485	54	2303	29	64	2	0	47
im Abt. 19	—	—	—	—	—	—	—	—	7091	29	8962	24,6	210	6	9	48
60	—	—	—	—	—	—	—	—	6104	26,1	2436	12,11	138	2	5	49a
40	—	—	—	—	—	—	—	—	1500	34	1000	20	20	1	6	- b
—	—	—	—	—	—	—	—	—	10 700	18	2370	27	130	5	7	50
138	—	—	—	—	—	—	—	—	12 552	44	8378	40	166	8	15	51
36	—	—	—	—	—	—	—	—	5615	47,1	3853	41,7	46	1	10	52
10	—	—	—	—	—	—	—	--	3284	[illegible]	1456	42	110	3	6	53
119	—	—	—	—	—	—	—	—	18 000	[illegible]	3854	86	177	3	13	54
17	—	—	—	—	—	—	—	—	5306	[illegible]	2328	13	185	—	6	55
90	31	731	3227	—	30	—	70	—	73 194	45	26 410	87,12	408	24	272	56a
382	6	122	537	—	60	—	9	—	104 037	48	223 200	57	474	3	54	- b
60	1	19	233	—	46	—	7	---	12 402	22	4705	25	80	1	12	- c
97	—	—	—	—	—	—	—	—	3910	17	11 050	13	102	—	2	57
365	—	—	—	—	—	—	—	—	9560	51	15 040	80	146	6	30	58a
112	—	—	—	--	—	--	—	—	6000	53	15 520	35	42	14	16	- b
171	4	[illegible]	888	668	120	70	19	17	37 986	86	[illegible]	93	726	17	115	59
1343	4	1670	2121	(1571) (1625)	123	(122) (117)	66,0	—	157 491	67	60 772	55	1067	379	in Abt. 24 b.	60a
7m	2	475	5692	—	30	—	174	—	14 716	30	[illegible]	42	71	4	87	- b
73k	1	59	606	—	68	—	6	—	80 822	64	[illegible]	50	746	17	106	- c
329	19	211	654	—	96,4	—	9	—	13 708	46,4	[illegible]	78,5	385	24	120	61
189	2	15	121,5	—	21,1	—	6	—	3970	20,4	[illegible]	17	78	—	7	62
240	—	—	—	—	—	—	—	—	61 748	31	[illegible]	29	512	1	21	63
644	4	91	380	—	35	—	9	—	35 940	70	[illegible]	64	369	32	111	64
631	—	—	—	—	—	—	—	—	21 978	69	14 176	59	201	10	55	65

(Fort.) I. Allgemeine Beschreibung der Bahn.

II. Oberbau (Konstruktion desselben)

I. Staatsbahnen.	25 Länge der Geleise: durchgehendes Hauptgeleise. Mtr.	26 zweites Geleise. Mtr.	27 Bahnhofs-, Ausweich-, Zweig- und sonstige Nebengeleise. Mtr.	28 zusammen. Mtr.	29 Namen und Ort der Fabriken, aus denen die Schienen bezogen sind.
					Aus den Fabriken:
1 Badische	148 059	74 620	17 716	240 395	ad 5. 13. 15.
2 Bayerische a. Ludw.-Südnordb.	146 600	5720	20 150	172 470	„ 5. 7. 14. 18.
b. Ludw.-Westbahn	51 960	3900	2170	58 030	2. 5. 7.
c. Maximiliansbahn	88 460	18 900	10 166	117 526	2 7. 16. 18. 30.
d. Fürther Kreuzung	550	—	1200	1750	„ 18.
e. gep. Zweigbahnen:					
1. Bayreuther	5619	—	665	6284	„ 14.
2. Starnberger	5314	—	346	5660	„ 14.
3. Ansbacher	6898	—	1156	8054	„ 2 3. 18.
4. Steckheimer	6496	—	1005	7501	„ 14 24.
5. Miesbacher	4602	—	676	5278	„ 33
6. Illerbahn	22 316	—	1405	23 721	„ 2. 16.
3 Braunschweigische	53 238	22 182	12 296	87 716	„ 1. 41.
4 Hannoversche	228 910	74 432	61 016	364 358	„ 1. 3. 8. 28 37.
5 Main-Neckar	23 260	20 500	5008	48 768	„ 13. 16 40. 44.
6 Main-Weser	53 193	3747	14 650	71 590	„ 2. 5. 33 34.*
7 Nassauische	50 270	—	15 907	66 177	„ 1. 2. 4. 5. 20. 24.
8 Preuß. Niederschles.-Märk.	102 620	102 612	28 812	234 044	„ 1. 3. 4. 6. 8. 10. 11. 17. 19. 20. 25. 26. 12. 56. 59.
9 „ Ostbahn	217 394	—	40 895	258 289	„ 1. 2. 4. 5. 6. 10 13. 23. 42.
10 „ Saarbrücken u. Trier)	37 228	8722	18 772	64 722	„ 13. 15. 24 26.
11 „ Westfälische	54 305	—	11 477	65 782	„ 1. 3 4 10.
12 Sächsische östliche					
a. Sächsisch-Böhmische	17 340	17 340	12 682	47 362	„ 1. 4. 6. 7. 9. 11.
b. Sächsisch-Schlesische	27 100	27 100	5132	59 332	„ 1. 6. 7. 11. 44. 58
c. Tharandt-Freiberger	7020	3120	2496	12 636	„ 7.
13 Sächsische westliche					
a. Niedererzgebirgische	36 980	30 340	10 909	78 229	„ 1. 7 11. 57.
b. Obererzgebirgische	12 200	1940	4536	18 676	„ 7.
c. Sächsisch-Bayerische	48 020	43 440	14 679	106 139	5. 7.
14 Württembergische	132 625	21 627	30 812	185 064	„ 1. 2. 4. 5. 10. 13. 15. 16. 21. 24. 31. 65.
II. Privatbahnen					
a) unter Staatsverwaltg.					
15 Aach.-Düss. Ruhrorter a. Aach.-Düsseld.	22 870	1230	10 883	34 983	„ 5. 21.
b. Ruhrort-Cref.	11 188	---	7055	18 243	„ 21. 40
16 Bergisch-Märkische	93 080	16 788	39 857	149 735	„ 1. 2. 3. 4. 10. 25. 31. 40. 66.
17 a. Löbau-Zittauer	9020	76	940	10 036	„ 6. 7. 58.
b. Zittau-Reichenberger	7100	—	4810	11 910	„ 6. 7. 9.
18 a. Oberschlesische	67 726	52 128	22 900	142 754	„ 6 17. 19. 23. 32.
b. Breslau-Posen-Glogauer	51 876	—	6589	61 465	„ 4. 6. 17. 19. 23.
19 Stargard-Posener	45 261	—	7088	52 349	1. 6. 17. 32.
20 Rhein-Nahe-E.	32 340	—	10372	42 712	„ 1. 2. 13 15.
21 Wilhelmsbahn	46 241	—	10 563	56 804	6.
b) in Privatverwaltung.					
22 Aachen-Mastrichter	24 800	2310*	8706*	35 816	„ 14. 51.
23 Albertsbahn	3594	586	3746	7926	1. 6.
24 a. Altona-Kieler	28 160	3783	3875	35 818	8. 22.
b. Rendsburg-Neumünster	9136	—	684	9820	„ 8. 22.
25 Aussig-Teplitzer	1840	—	5242*	10 082	27. 31.
26 Bayerische Ostbahnen	118 180	--	27 410	145 590	2. 4 10. 16. 18.
27 Berlin-Anhaltische	94 790	26 521	22 674	143 985	„ 1. 2. 3. 6. 10. 20. 28.
28 a. Berlin-Hamburger					
b. Hamburg-Bergedorfer	79 320	49 640	18 640	147 600	„ 3. 5. 17. 19. 20. 26. 27. 52.
29 Berlin-Potsdam-Magdebrg.	39 074	37 698	7921	84 693	„ 1 4. 5 41

Die verschiedenen Fabriken heißen

1) Hörder Bergw.- und Hüttenvere
2) Eberhard Hösch u. Söhne zu Dü
3) Gesellsch. „Phönix" in Laar b. Ruh
4) Jacoby, Haniel und Huyssen zu G
Hoffnungshü
5) Michiels u. Comp. (jetzt Gesell
Phönix) zu Eschweiler
6) Laurahütte in Oberschlesien
7) Königin Marienhütte bei Zwick
8) Boelckow u. Vaughan in Mi
borough in Eng
9) Wittkowitz u. Zöptau in Mäh
10) C. Ruetz u. Co. zu „rothe
bei A
11) Guest, Lewis u. Comp. zu
lais in
12) Gebr. Klein zu Stephanau in
13) A. Krämer auf der Quint b
14) Société J. Cockerill in Se
15) Gebrüder Stumm zu Ne
16) Gebrüder Krämer zu St.
17) Actien-Gesellschaft „Min
Ober
18) Maximilianshütte bei Hal
A
19) Pielahütte bei Rudzinitz
schlesien (Russe
20) Funke u. Elbers in Ha
21) J. Talbot u. Co. zu „r
22) Rhymnei Iron u. Co
23) Königshütte in Obersch
24) Saarbrücker Eisenhütte
25) Berg- und Hüttenverei
land" zu Horst
26) Dortmunder Bergbau
27) Bayley Brothers in
28) W. Bird und Comp
29) Prevali u. Neuberg
30) Lindheims Josephshü
31) Hermannshütte in Wi
ger Eisen-Industrie-G
32) Bayley Brothers i
33) Thompson u. Ferm
34) Piepenstock u. Com
h
35) Zwilchenbarth u.
36) Brezowa bei Otho
37) Ebbw Vale u. C

(Forts.) I. Allgemeine Beschreibung der Bahn.

B. Oberbau (Konstruktion desselben).

II. Privatbahnen. (Forts.)	25 durchgehendes Hauptgeleise. Mtr.	26 zweites Geleise. Mtr.	27 Bahnhofs-, Ausweichungs- und sonstige Nebengeleise. Mtr.	28 zusammen. Mtr.	29 Namen und Ort der Fabriken, aus denen die Schienen bezogen sind.
30) Berlin-Stettiner					Aus den Fabriken:
a. Berlin-Stettin-Stargard	44856	19779	11593	76228	ad 1. 4. 6. 10. 21. 25. 27.
b. Stargard-Cöslin-Colberg	45394	—	9712	55106	" 8.
31) Böhmische Westbahn	51524		9515	61039	" 12. 67.
32) Breslau-Schweidnitz-Freib.	45790	—	8069	53859	" 6. 11. 19. 32.
33) Brünn-Rossitzer	7500	—	815	8315	" 9. 46.
34) Buschtehrader a. Locom.-B.	6906	—	2401	9307	" 12. 31.
b. Pferde-B.	6520*	—	726	7246	" 8.
35) Frankfurt-Hanauer	6582	—	c. 800	c. 7382	" 3. 4.
36) Galizische Carl-Ludwig-B.	93612	—	18748	112360	" 9. 12. 36. 68.
37) Glückstadt-Elmshorner	8810	—	1810	10620	" 8. 22.
38) Graz-Köflacher	10550	—	3366	13916	" 22.
39) Hessische Ludwigs-E.	47911	3590	15093	66594	" 2. 3. 4. 5. 11. 15. 20. 24.
40) Homburger	4808	—	526	5334	" 3.
41) Kaiser Ferdinands-Nordb.	161540	46000	58000	265540	" 9. 12. 38.
42) Kaiserin Elisabeth a. Locomot.-B.	114355	10174	33590	158119	" 5. 30. 39.
b. Pferde-B.	24740	—	2402	37542	" 30. 60. 61.
43) Köln-Mindener (u. Gießener)	141820	79035	56901	277765	" 1. 2. 3. 4. 5. 21. 25. 34. 50.
44) Kurf. Friedr. Wilh. Nordb.	38392	3690	4740	46822	" 5. 14.
45) Leipzig-Dresdener	32400	30594	8162	71156	" 7. 11. 33. 35.
46) Ludwigs-E. (Nürnb.-Fürth)	1604	—	115	1719	" 2. 14. 18.
47) Lübeck-Büchener	12600	—	2620	15220	" 55.
48) Magdeb.-Cöth.-Halle-Leipz.	27970	[illegible]	12596	82105	" 1. 4. 10. 20.
49) a. Magdeburg-Halberstädter	23377	9590	6103	39070	" 1.
b. Cöthen-Bernburger	8000	—	560	8560	. . . .
50) Magdeburg-Wittenberger	28486	204	4662	33352	" 1. 27. 35.
51) Mecklenburgische	38778		7818	46596	" 8. 28. 53.
52) Münster-Hammer	16162		3886	20048	" 9. 12. 20. 36. 38. 43. 48.
53) Neisse-Brieger	11664	—	1211	12875	" 6. 17. 23.
54) Niederländische Rhein-E.	45583	17347	10000	73930	" 2. 4. 37. 69. 70.
55) Niederschlesische Zweigbahn	19000	—	3564	22564	" 6. 11. 23.
56) a. Oesterr. nördliche	127620	19800	40100	187520	" 3. 8. 9. 12. 39.
b. Oesterr. südöstliche	184300	1080	63460	248840	" 3. 8. 15. 20. 43. 45. 62. 71.
c. Wien-Neu-Szönyer	41860	—	16860	58720	" 3. 8. 39.
57) Oppeln-Tarnowitzer	20240	—	3312	23552	" 2. 17. 19.
58) a. Pfälzische Ludwigsbahn	39340	32880	8160	80380	" 2. 4. 5. 13. 15. 16.
b. Pfälzische Maximiliansb.	12100	—	2180	14280	" 16.
59) Rheinische	95240	46750	26698	168688	" 2. 3. 13. 22. 24. 25. 26. 40.
60) a. Südbahn, Oesterreich	307000	122600	71700	501300	" 9. 12. 22. 37. 45. 46. 47.
b. Karstroute	20050	—	6209	26255	" 30.
c. Venetianische u. Südtirol.	137842	23848	15792	177482	" 29. 47.
61) Süd-Norddeutsche	52310	. . .	9442	61752	" 9. 12. 18.
62) Taunus-Bahn	13440	6226	4076	23742	" 2. 3. 11. 22. 28. 54.
63) Theiß-Bahn	153929	1128	24670	179727	" 8. 9. 12. 36. 37. 38. 63. 64.
64) Thüringische	74566	40524	14472	129562	" 1. 3. 22.
65) Werra-E.	45500		9825	55325	" 2. 3. 4. 16. 17.

Die verschiedenen Fabriken heißen: (Forts.)

38) Industrie-Verwaltung Teschen in Schlesien.
39) Prager Eisen-Industrie-Gesellschaft zu Prag.
40) Heinrichshütte bei Hattingen.
41) Bagnal u. Comp. zu Staffordshire.
42) Lehrkind, Falkenroth u. Co. zu Haspe.
43) Eisenwerk Zeltweg in Steiermark.
44) Bailey Crothus u. Comp. zu Cardiff in England.
45) Eisenwerk Buchscheider in Kärnthen.
46) Rossitzer Eisenwerk.
47) Grazer Eisenwerk.
48) Ternitz in Nieder-Oesterreich.
49) Piedboeuf u. Comp. zu Aachen.
50) J. Baynad u. Cons. in Westbrommerich bei Birmingham.
51) Leudersdorf bei Düren.
52) Cargill u. Comp. zu Newcastle.
53) Losh, Wilson u. Bell daselbst.
54) Remy auf dem Rasselstein bei Neuwied.
55) Mountland u. Comp. in England.
56) Alvenslebenhütte bei Schwientochlowitz.
57) R. u. A. Hill zu Cardiff.
58) New-British Iron Comp. in Wales.
59) Bailey Brothers in South-Wales.
60) Eisenwerk Ebenau bei Salzburg.
61) Eisenwerk Adolphsthal bei Budweis.
62) Etablissement Reschitza in Ungarn.
63) Mounsey, Janson u. Comp. zu Sanderland in England.
64) Eisenwerk Wolfsberg in Kärnthen.
65) Königl. Württembergisches Hüttenwerk in Wasseralfingen.
66) Bochumer Verein für Bergbau und Gußstahl-Fabrikation.
67) Eisenwerk zu Wittischen u. Nürschan (d. Prager Eisen-Industrie-Ges. gehörig).
68) Carlshütte in Oesterr. Schlesien.
69) Société Montigny sur Sambre.
70) Société Seraing in Lüttich.
71) Etablissement „Anina" in Ungarn.

(Forts.) **I. Allgemeine Be=**

(Forts.) **B. Oberbau**

I. Staatsbahnen.	30 Gewicht der Schienen oder des größeren Theils derselben pro laufenden Fuß. Z.-Pf.	31 Gewicht des kleineren Theils der Schienen pro laufenden Fuß. Z.-Pf.	32 Zahl der Jahre, seit denen die Schienen liegen.	33 Procentsatz, bis zu welchem Theile a. die schweren Schienen	b. die leichten Schienen	c. die Schienenstühle	d. die Stoßverbindungen (Laschen)	e. die Nägel bis jetzt erneuert sind.	34 Material, aus dem die Schwellen bestehen.
1 Badische	21,5	14,5	(1½, 2⅞, 4, 12 u. 15)	0,05-2,14	—	—	—		Stoßschwellen aus Eichen-, Zwischenschwellen aus Erlen- oder Tannenholz
2 Bayerische a. Ludw.-Südnordb.	24	15	5-20	—	—	—	—		Eichen-, Föhren-, Fichten- und Tannenholz
b. Ludw.-Westbahn	21,34	24	10-12	—		—	--	--	Eichenholz
c. Maximiliansbahn	22,40	14,32	—	—	—	—	—	--	Eichen-, Föhren-, Fichten- und Tannenholz
d. Fürther Kreuzung	21,22	—	2	—	—	--	—		...*
e. gep. Zweigbahnen:									
1. Bayreuther	15	—	11	—	--	—	—		Eichen- und Föhrenholz
2. Starnberger	17,22	—	10	—	—	—	--		Eichen-, Föhren- u. Lärchenholz
3. Ansbacher	20	14	5	--	--	—	—	-	Eichen-, Föhren- u. Tannenholz
4. Stockheimer	14,20	21,0	2	—	—	—	—	—	Föhrenholz
5. Miesbacher	15,15	—	—	—	--	--	—	--	Föhrenholz
6. Illerbahn	21,6	21,6	1½-2	—	—	0,75	—	0,10	Tannenholz
3 Braunschweigische	21,29	19,0	—*	—*	--	—	--	-	Eichen-, Buchen- u. Kiefernholz
4 Hannoversche	22	24	12,35	—	66,55	—	—	ca. 70	Eichen- und Kiefernholz
5 Main-Neckar	21,7	—	17	75	—	--	--		Eichen- und Kiefernholz
6 Main-Weser	20,26*	24,26*	13,57	38,1	28,03	--	—	-	Eichenholz
7 Nassauische	22,11	21,57	1-7	—	1,44*	—	—	9,14*	Eichenholz
8 Preuß. Niederschles.-Märk.	20 22,50	14—17,00	7-20	94,75	5,20	—	—	—	Eichen- und Kiefernholz
9 „ Ostbahn	20,75	23,01*	1-12½	--*	—	—	—		⅓ aus Kiefern-, ⅔ aus Eichenholz
10 „ Saarbrücker (u. Trier)	23,0	20-21	11 resp. 4⅔*	29,20*	.	--	—		Eichenholz
11 „ Westfälische	23	16	16 resp. 1	—	57,11	—*	-*	--*	Eichen- und Kiefernholz
12 Sächsische östliche									
a. Sächsisch-Böhmische	16	14	7-17	16,75	81,26	--*	—	41,15	Kiefern- und Eichenholz
b. Sächsisch-Schlesische	16	17	5-17	44,23	44,23	0,55*	0,47	48,34	Kiefernholz
c. Tharandt-Freiberger	16	15	2	—	—	—	—	0,34	Kiefern- und Fichtenholz
13 Sächsische westliche									
a. Niedererzgebirgische	16	15	1-17	158,09*	158,09	193,06	0,30	32,10	Kiefern-, Fichten- u. Tannenholz
b. Obererzgebirgische	16	15	1-6	26,50	14,07	—	6,74	5,11	Kiefern-, Fichten- u. Tannenholz
c. Sächsisch-Bayerische	16	11	1-20	113,50	47,13	94,30	31,78	23,44	Eichen-, Kiefern- u. Tannenholz
14 Württembergische	18,0	20,25	2-19	—	--	—	—	—	Eichen- und Tannenholz
II. Privatbahnen									
a) unter Staatsverwaltg.									
15 Aach.-Düss.-Ruhrorter a. Aach.-Düsseld.	21	23	13	15	15	--	—	—	Eichen- u. Tannenholz
b. Ruhrort-Cref.	20,1	23	ca. 16	—	26,66	—	—		Eichenholz
16 Bergisch-Märkische	22,07	14-20	—*	—*	—	—	—	—	Eichenholz
17 a. Löbau-Zittauer	17	16	15,5	29,13*	18,24	—	—	10,44	Kiefernholz
b. Zittau-Reichenberger	16	18	5	2,07	--	—	—	4,34	Kiefern-, Fichten- u. Tannenholz
18 a. Oberschlesische	22,93	20,57	1-22	1,41	36,5*	100	-		Kiefern- und Eichenholz
b. Breslau-Posen-Glogauer	20,51	22,93	1-8	1,15	3,09	—	--		Kiefern- und Eichenholz
19 Stargard-Posener	21,13	22,95	1-16	0,346	16	—	—	.	Eichen- und Kiefernholz
20 Rhein-Nahe-E.	23	—	4,35	6,05	—	--	0,44	13,54	Eichenholz
21 Wilhelmsbahn	22	17	—	10,25	--	—	12,0	25,15	Kiefern- und Eichenholz
b) in Privatverwaltung.									
22 Aachen-Mastrichter	22-24	—	6-11*	12,34		—	-	10	Eichenholz
23 Albertsbahn	17	17,5	—	8,5	10	13	--	7,5	Kiefernholz
24 a. Altona-Kieler	17,50	19,41	20 resp. 1	--	8,44	10,07	--	17,44	Eichen-, Buchen- u. Tannenholz
b. Rendsburg-Neumünster	17,50	19,41	1 resp. 18		2,14	26,41	—	23,55	Eichen- und Tannenholz
25 Aussig-Teplitzer	22	18	5	7	5	—	0,1	0,4	Tannen-, Kiefern-, Fichten-, Lärchen- und Eichenholz
26 Bayerische Ostbahnen	22,5	...	4,01 resp. 2	—*	—	—	—		a. größere Theil weiches, fast durchweg Föhren-, b. kleinere Theil Eichenholz
27 Berlin-Anhaltische	22,9	17-19	18,15	—*		—			Kiefern-, einige ältere Eichenhol
28 a. Berlin-Hamburger b. Hamburg-Bergedorfer	21,05*	22,5	—	--			—	—	Eichen- und Kiefernholz
29 Berlin-Potsdam-Magdeburg	22	20	—				—	...	Kiefern- und Eichenholz

35	36	37	38			39			40	41	
[illegible]reibung der Bahn. ([illegible] Konstruktion derselben).											
Präparirt sind die Schwellen:	Material, aus dem die Bettung besteht	Gewöhnliche Stärke der Bettung, in der die Schwellen liegen.	a. Länge	b. Breite	c. Höhe	a. Länge	b. Breite	c. Höhe	Zahl der Jahre, seit denen die Schwellen durchschnittlich liegen.	Procent-[illegible], in welchem Theile der Schwellen [illegible]	
			der Mittelschwellen.			der Schluß- oder Stoßschwellen.					
		Fuß.	Zoll.	Zoll.	Zoll.	Fuß.	Zoll.	Zoll.			
mit Quecksilbersublimat	[illegible]	1	8	8	5	8	10	6	1½, 2½ u. 1	10,..-5,.. u. 2,..	1
mit Kupfervitriol	Sand, Kies u. [illegible] Steine	1,1	8,37	10	5	8,37	11	6	—	—	2 a
nicht	Sand, Kies u. [illegible] Steine	1,4	8,31	10	5	8,37	11	6	10-12	—	- b
mit Kupfervitriol	Kies und Sand	1,4	8,31	10-12	5-6	8,37	11-14	6-7		—	- c
	Sand		—*	—	—	—*	—		—	—	- d
nicht											
nicht	Sand und Kies	1,1	8,37	10	5	8,37	11	6	11	—	- e1
nicht	Ungereinigter Kies	1,4	8,37	10	5	8,37	11	6	10	—	- - 2
nicht	Schotter, Sand u. [illegible] Steine	1,3	8,37	11	5,5	8,37	13	6,13	5	—	- - 3
nicht	Kies	1,65	8,36	10	5	8,36	12	6	8	9,5	- - 4
nicht	Kies	1,656	7,44	11,5	5,5	7,44	12,7	5,7	3		- - 5
mit Zinkchlorid, die kiefernen, eichenen aber nicht	Kies	1,37	7,64	9-11	5,37	7,61	12-14	6,19	14-2	—	- - 6
zum Theil mit Zinkchlorid	Kies u. Steinschlag	1,26	7,21-7,13	7,..-10,..	5,15	8,..-9,..	9,..-12,..	5,65	—*	—*	3
mit Doppel-Chlor-Quecksilber	Kies	1,4	7,5	9,2	5,3	8,4	11,5	5,7	8,0*	1,13*	4
nicht	Schotter und Kies	1,5	9	9	6	9	12	6	5	98	5
[illegible] der Gesammt-Anz. mit Doppel-Chlorquecksilb., [illegible] ders. nicht	Kies u. kleingeschl. Steine	0,..-1,..	7,94	10,64	5,52	7,94	11,..	5,52	7,132	61,25	6
mit Zinkchlorid	[illegible]	1,6	7,5	10	6	8	12	6	1-3 u. 5*	11,19	7
[illegible] derselben mit Kupfervitriol, [illegible] Kreosot, [illegible] derselben nicht	Kies	[illegible]	8	10	6	8-9	12	8	—	—	8
nicht	Kies	1	8	10-12	6	9	13-14	6	1-12½	44,63	9
die eichenen mit Kupfervitriol, die kiefernen mit Zinkchlorid	Steinschotter und Kies	1,35	8	10	6	9	11	6	11 resp. 4½*	23,80*	10
	Kalksteinbruchsteine u. Kies	0,75	8	10-12	6	8	12	12	11 resp. 5	—*	11
nicht											
mit Kupfervitriol u. Zinkchlorid	[illegible]	1	7	7	6	7	9	6	6	101,..	12 a
mit Zinkchlorid	Steinschutt und Kies	1	7	7	6	7	9	6	12-13	143,11	- b
	Kalkschotter u. Kiessand	1	5	7	5	7	9	5	2	0,61	- c
mit Kupfervitriol u. Zinkchlorid	Steinschutt und Kies	1	7	7	5	7	9	5	6	100,..*	13 a
und Zinkchlorid	Steinschutt und Kies	1	7	5-8	5	5	9	5	6	48,17	- b
mit Kupfervitriol u. Zinkchlorid	Steinschutt und Kies	0,..-1	7	7	5	7	9	5	8	70,..	- c
nicht	[illegible]	1,37	7,76	9	6	7,76	11	6	2-12	—	14
[illegible] Kreosot u. Quecksilberchlorid [illegible]	Kies	1,...	8	12	6	9	14	6	10	74	15 a
[illegible]	Kies	1,...	8	12	6	8	14	6	14	28	- b
nicht	Stein, Kies u. Schlacken	1,.. u. 1,5	8	10-12	6	8	12-13	6-6,5	—*	—*	16
nicht	Granit und Feldsteine	1	7	6 u. 7	5	7	9 u. 6	5	6	131,..*	17 a
mit Zinkchlorid	Thonschiefer, Gneis u. Granit	1	7	6 u. 7	5	7	9	5	4	6,..	- b
mit Zinkchlorid u. Kreosot	Kies	1	8	10	6	8 u. 9	10-12	6	—*	—*	18 a
die kiefernen mit Zinkchlorid, die eichenen mit Kreosot	Kies	1	8	10	6	8 u. 9	10-12	6	7	51	- b
die kiefernen mit Zinkchlorid	Kies	1	8-8½	10	6	8-9,5	10-12	6	—*	—*	19
nicht	Kies und Steinschlag	1	8	10	6	9	11	6	4,75	6,05	20
nicht	Kies	1	8	9	6	8	10	6	10	40	21
[illegible]	Kies u. Sand m. Kiesdecke	1,..	8	11-13	5,..-6,..	8	13	5½, 2½	6-11	50-60	22
nicht	Granit und Steinschlag	0,..	7,11	7,5	5,5	7,21	9,2	5,55	8,5	17	23
mit Kupfervitriol u. Zinkchlorid	Kies und Sand	1	7,3-8,2	7,3-11	5,..-7,..	7,3-8,2	7,3-11	5,..-7,..	1-20	80,21	24 a
theilweise mit Kupfervitriol	Sand und Kies	1	7,3-8,2	7,3-11	5,..-7,..	7,3-8,2	7,3-11	5,..-7,..	1 resp. 18	37,1.	- b
nicht	Phonolith u. Porphyrschotter	1	7,5	9	6	7,5	12	6	5	15	25
die [illegible] mit Kupfervitriol	[illegible]	1,1	8	8	5	8	9	5	4,.. resp. 2	*	26
[illegible]	Kies	0,75	8	10	6	9	12	6	12	183,95	27
die kiefernen mit Kupfervitriol, die eichenen nicht	Kies	0,66	7,75-8	10-12	6-7	9,75	12-14	6-7	13,5	68,70	28
[illegible]	Kies	1	8,5	10-12	5-6	9	12	6	—	—	29

(Forts.) **I. Allgemeine Be-**

(Forts.) **II. Oberbau**

II. Privatbahnen. (Forts.)	30 Gewicht der Schienen oder des größeren Theils derselben pro laufenden Fuß. Z.-Pf.	31 Gewicht des kleineren Theils der Schienen pro laufenden Fuß. Z.-Pf.	32 Zahl der Jahre, seit denen die Schienen liegen.	33 Procentsatz, bis zu welchem Theile a. die schweren Schienen bis jetzt erneuert sind.	b. die leichten Schienen	c. die Schienenstühle	d. die Verbindungen (Laschen)	e. die Nägel	34 Material, aus dem die Schwellen bestehen.
30 Berlin-Stettiner									
a. Berlin-Stettin-Stargard	21 u. 23	15, 18,[illegible] u. 22,[illegible]	21 resp. 8	0,45	1,44	—	41,30	78,[illegible]	Kiefern- und Eichenholz
b. Stargard-Cöslin-Colberg	23	15	5	0,11	1,44	—	0,04	2,[illegible]	Kiefernholz
31 Böhmische Westbahn	22,4	—	0,[illegible], 1,[illegible] u. 2,[illegible]	4,4	—	0,35	0,0[illegible]	2,[illegible]	Kiefern- und Tannenholz
32 Breslau-Schweidnitz-Freib.	23,4	20,4	12	30,45	l. u. 33[illegible]	46,38	21,41	50,[illegible]	Eichen- und Kiefernholz
33 Brünn-Rossitzer	22,4	—	7,25	—	—		—	—	Eichenholz
34 Buschtiehrader a. Locom.-B.	22,44	—	9	32,04	—	—	2,0[illegible]	8,[illegible]	Eichen-, Kiefern- u. Tannenholz
34 Buschtiehrader b. Pferde-B.	18	—	—	—	—	—	—	—	Kiefern- und Tannenholz
35 Frankfurt-Hanauer	19,333	17,33	—	—	—	—	—	—	Eichen-, Buchen- u. Kiefernholz
36 Galizische Carl-Ludwig-B.	23,7	—	5	2,7	—		—	—	Kienföhren- und Eichenholz
37 Glückstadt-Elmshorner	15,65	15,[illegible] resp. 16,[illegible]	6 resp. 18 u. 1	—	2,50	—	—	14,[illegible]	Eichen- und Föhrenholz
38 Graz-Köflacher	19,4		6	1,2	—	—	—	0,3	Lärchenholz
39 Hessische Ludwigs-E.	21,3 u. 20,1*	13,8	10*	3,10*	—	—	—	7,5*	Eichen- und Kiefernholz
40 Homburger	19	—	3,33	—*	—	—	—	—	der größere Theil Eichenholz, der kleinere Theil Kiefernholz
41 Kaiser Ferdinands Nordb.	22,4	11,3	9	13	—	—		—	Eichen-, Buchen- u. Kiefernholz
42 Kaiserin Elisabeth a. Locomot.-B.	20	8	5	5,41	1,07	—	0,14	3,71	Eichen-, Lärchen-, Föhren- und Fichtenholz
42 Kaiserin Elisabeth b. Pferde-B.	4,45	3,50	10-20	—	53	—	—	—	Fichten-, Tannen- u. Kiefernholz
43 Köln-Mindener (u. Gießener)	22,75-22,75	18,75-18,75	12,31 resp. 3,4[illegible]	13,[illegible] resp. 0,[illegible]*	77,35*	—	—	—	Eichen-, Buchen- u. Kiefernholz
44 Kurf. Friedr. Wilh. Nordb.	16	19,30	16	—	4,5	—	—	80	Eichen- und Buchenholz
45 Leipzig-Dresdener	19,75	16,41	8,50	3,13	3,13	—	0,03	2,[illegible]	Kiefernholz
46 Ludwigs-E. (Nürnb.-Fürth.)	9,0	15,0	5 u. 1	—	20	3,50	100	105	Eichen- und Föhrenholz
47 Lübeck-Büchener	22	—	12	13	—	—	—	—	Kiefern- und Eichenholz
48 Magdeb.-Cöth.-Halle-Leipz.	21	18	—*	—*	—	-	—	—	Kiefernholz
49 a. Magdeburg-Halberstädter	20,71	15,49	—	—	—	—	—	—	Eichen- und Kiefernholz
b. Cöthen-Bernburger	20	18	17	1,0	—	—	—	—	Eichen- und Kiefernholz
50 Magdeburg-Wittenbergesche	18,66	21,50	13,50	15,94	11,95	4,71	—	17,7[illegible]	Kiefernholz
51 Mecklenburgische	18*	16	1-16	14	14	—	—	—	Kiefernholz
52 Mohacs-Fünfkirchener	23,10	—	9 resp. 7	—	—	—	—	—	Eichenholz
53 Neisse-Brieger	16,43	20,31 u. 22,17	16 resp. 7 u. 5	—	30	—	—	—	Eichenholz
54 Niederländische Rhein-E.	23,3	19,5	1-20	20	80	—	78	30	Tannen-, Buchen- u. Eichenholz
55 Niederschlesische Zweigbahn	18	22,3	—	0,78	7,01	—		—	Eichenholz
56 a. Oesterreich. nördliche	23,37 u. 22,10	17,93 u. 13,44	2, 8, 6 u. 10	30	90	200	100	90	Eichenholz
b. Oesterreich. südöstliche	23,47, 22,40 u. 17,01	17,92	2, 8 u. 12	30	90		100	90	Eichenholz
c. Wien-Neu-Szönyer	21,34	—	4 u. 8	13	—		10	15	Eichenholz
57 Oppeln-Tarnowitzer	22,22	16,5*	6-7	0,22	—	—	—	0,0	Kiefernholz, e. gering. Theil Eichenholz
58 a. Pfälzische Ludwigsbahn	21	—	15 u. 7*	8	—			-	Eichenholz
b. Pfälzische Maximiliansb.	21	—	9	2,30	—			—	Eichenholz
59 Rheinische	22,4	17,41-19	24 resp. 1	5,30	30,0	2,10	1,0	50	Eichenholz
60 a. Südbahn, Oesterreich.	20	15 u. 21	1-10	—	—	—		-	Eichen-, Lärchen- und ein geringer Theil Buchenholz
b. Nordtiroler	22,4		6	—	—	—			Lärchenholz
c. Venetianische u. Südtirol.	22,4	15,3	5,5	4,11	6,40	0,44	0,27	1,31	Tannen-, Buchen-, Lärchen- und Eichenholz
61 Süd-Norddeutsche	22,40	—	4-5	26,4	—	—	2,00	15,70	[illegible] Eichen- u. Tannenholz, ein geringer Theil Kiefern-, [illegible]
62 Taunus-Bahn	22	18,5 resp. 12,7	13-25	—*	—	—		—	Eichen- und Kiefernholz
63 Theiß-Bahn	22,3	17,4	4,15	2,15	—*	0,67	0,45	3,67	Eichenholz
64 Thüringische	20-22	17	13*	21,45	79,55	20,55	19,10	38,15	Eichen- und Kiefernholz
65 Werra-E.	22	17	6	2,45	0,25	2,11	0,75	7,5[illegible]	Eichen- und Kiefernholz

[illegible]hreibung der Bahn.

(... Konstruktion derselben.)

35 Präparirt sind die Schwellen:	36 Material, aus dem die Bettung besteht.	37 Gewöhnliche Stärke der Bettung, in der die Schwellen liegen. Fuß	38 a. Länge Fuß	b. Breite Zoll	c. Höhe Zoll	39 a. Länge Fuß	b. Breite Zoll	c. Höhe Zoll	40 Zahl der Jahre, seit denen die Schwellen durchschnittlich liegen.	41 Procentsatz, bis zu welchem Theile die Schwellen bis jetzt erneuert sind.	
			der Mittelschwellen.			der Schluß- oder Stoßschwellen.					
mit Eisen- und Kupfervitriol	Kies	0,66	7,75	10	6	9,75	12	6	7-13	(6,. — 101,..)	30a
mit Kupfervitriol	Kies	0,50	8	12	6	9	14	6	5	0,..	- b
nicht	Steingrundlage mit einer Schotterschicht darüber	1,5	7,55	9	6	7,55	12	6	1,40	0,..	31
die kiefernen mit Kupfervitriol, die eichenen nicht	Kies und Steinschlag	0,75	8	10	6	8	12-14	6	12,5	80,..	32
nicht	Schlägelschotter u. Sand	1	7,5	6,7	6	7,5	16	6	7,05	—	33
nicht	Steinschlag	1,..	7,55	9-10	6	7,55	11-13	6	8,75	80,..	34a
mit Kupfervitriol, Zinkchlorid und Kreosot	Steinschlag	1,..	7,..	9-10	6	7,55	11-13	6			- b
nicht	Kies und Sand	1,..-1,..	8,5	10,1	5,..	8,4	12,..	6,5		-	35
	Fluß-, Gruben- u. Schlägelschotter	1,5	7,55	10,..	6,..	7,55	12,..	6,..	5	—	36
mit Zinkchlorid u. Kupfervitriol	Sand	1,0	8,..	7,5-9,5	5,5-6,.	8,..	10-11	5,5-6,5	1,5-18	40,..	37
nicht	Kieselschotter	1,5	7,5	6-12	6	7,5	8 u. 16	6	5	93,..	38
theilweise mit Sublimat u. Kreosot	grober Kies	1,0	7,..	11	6	7,..	12	7	10*	36,..*	39
die kiefernen mit Kupfervitriol	Kies	0,..	8	8	6	8	12	6	3,..	*	40
z. Theil d. kiefernen m. Zinkchlorid, m. Schwefelbaryum u. Eisenvitr.	grober Schotter	1,..-1,5	7,..	12	6	9,..	14	6	10 resp. 8 u. 6	50-60	41
nicht	Schotter	2,0	7,5-8	6-12	6	7,5-8	12	6	4,..	4,..	42a
	Schotter	1,5	12 u. 18	6	7	6	8	6	4 resp. 8		- b
mit Kreosot, Schwefelbaryum, Zinkchlorid u. Eisenvitriol	Kies und Steinschlag [illegible]	[illegible]	8	10-12	6	8	12	6	12,.. resp. 3,..	62,..*	43
die buchenen mit Kupfervitriol	Kies, theilw. auch [illegible]	2,0	7,..	8-9	5-6	7,..	8-9	5-6	5	100	44
mit Kupfervitriol	Kies	1,0	7,..	8-10	6-8	7,..	10-12	7	8,..	11,..*	45
nicht	Steinschlag und Sand	1,0	9,0	12	5-6	9,0	12	6	6	100	46
mit Kupfervitriol u. Zinkchlorid	Kies	1,0	8	10	6	8	10	6	–		47
mit Kupfervitriol	Kies	1,0	8	9	6	8	12	6	12	*	48
mit Kupfervitriol	Kies	0,..	8	9	6	9	12	6			49a
nicht	Kies	2,..	8	10	6	8	12	7	17	25	- b
mit Kupfervitriol, [illegible]	Kies	1,0	8	9 u. 10	6	9	12	6	10	25	50
mit [illegible]	Kies	0,..-1,0	7,..	10	6	9,..	12	6	1-16	25	51
nicht	[illegible] u. Schlägelschotter	1,..	7,..	[illegible]	6	7,5	[illegible]	6	7,2	34,..	52
nicht	Kies	0,..	8	10	6	8	12	6	6	100,..	53
[illegible]	Sand und Kies	1,..	8,..-8,..	10 [illegible]	5,..	8,..-8,..	11,5	6,..	10	30	54
nicht	Kies und Kiessand	0,..-0,..	8	10	6	8-9	10-12	6	10	93,..	55
nicht	Fluß- und Grubenschotter	1,..	8,..	8,..	5,..	8,..	12,..	5,..	9	200,..	56a
nicht	Fluß- und Grubenschotter	1,..	8,..	8,..	5,..	8,..	12,..	5,..	9	150,..	- b
nicht	Grubenschotter	1,..	8,..	8,..	5,..	8,..	12,..	5,..	10	150,..	- c
nicht	Kies u. geklopfte Kalksteine	1-1,..	8	[illegible]	[illegible]	8-9	[illegible]	[illegible]	7	58,..*	57
nicht	Kiessand u. kleingekl. Sandst.	1,0	7,5	9	[illegible]	7,..	12	6	15	7* 58,..	58a
nicht	Kies u. Schotter a. Sandst.	1,0	8	11	[illegible]	8	12	6	9	7,..	- b
[illegible]	Kies, auch Steinschlag	[illegible]	8	11-12	[illegible]	8	13-14	6-7	24 [illegible] 1	10,..	59
die buchenen mit Kupfervitriol	Fluß- u. Schlägelschotter	1,..	7½-8	[illegible]	6	7,..-8	[illegible]	6	1-10		60a
nicht	Grubenschotter	1,..	7,5	6-12	5 [illegible]	7,5	9-15	6	6		- b
[illegible] u. Kreosot	Gruben- u. Flußschotter	1	8	9,5	[illegible]	8	11	5,5	6	40,..	- c
zu geringem Theil m. Kreosot	Kies, Gruben- u. Schlägelschotter	1,.	7,..	6	6	7,5	9	6	5,..	76,..	61
zu geringem Theil m. Kupfervitriol	Kies	1,0	8	10-11	5,5	8	12	6	1-15	*	62
nicht	Gruben- u. Schlägelschotter	1,..	7,..	9	6	7,..	12	6	4,..	7,..	63
nicht	Kies	1,0	8	9-10	5-1½	9-10	12-14	5-6	13*	54,..	64
	Steinpackung m. Kiesbed.	1,5	8	9 u. 10	5-6½	9	11	6	6	[illegible]	65

6

(Forts.) **I. Allgemeine**

C. Neigungs-Verhältnisse,

I. Staatsbahnen.	42 Länge der horizontalen Strecken. Rth.	43 Das Steigen beträgt im Ganzen. Fuß.	44 Das Fallen beträgt im Ganzen. Fuß.	45 Länge der geraden Strecken. Rth.	46 Länge der Strecken mit Steigung: bis 1/1000. Ruthen.	47 von 1/1000 bis 1/500.	48 von 1/500 bis 1/300. Ruthen.	49 von 1/300 bis 1/200.	50 von 1/200 bis 1/100. Ruthen	51 von 1/100 bis 1/50.	52 von 1/50 u. stärker. Rth.	53 Die stärkste Steigung auf der Bahn beträgt:
1 Badische	55 869	3134,71	1484,87	115 433	2782	7800	7694	22 977	23 806	2037	—	1:79,1
2 Bayerische: a. Ludw.-Südnordb.	24 506	3629,5	3643,5	96 008	2620	4642	4186	13 714	37 900	2843	1431	1:40
b. Ludw.-Westbahn	8146	679	1091,2	34 588	1123	600	1305	2209	9272	—	—	1:181
c. Maximiliansbahn	13 538	1948,12	2299,73	60 276	1932	4250	4044	7214	19 652	—	—	1:100
d. Fürth.-Kreuzung	255	—	7,87	468	—	—	—	—	—	—	—	—
e. gep. Zweigbahnen												
1. Bayreuther	660	144,5	158,1	2835	636	—	—	1082	1627	—	—	1:119
2. Starnberger	390	330	4	4177	—	—	—	—	4170	654	—	1:100
3. Ansbacher	2218	—	—	5505	—	—	—	—	2292	—	—	1:100
4. Stockheimer	1728	337,20	22,43	4426	301	133	263	1186	2175	499	—	1:93
5. Miesbacher	1467	198,6	196,74	2951	—	—	—	—	150	1347	—	1:90
6. Illerbahn	3638	739,74	93,14	17 876	310	150	369	6123	9836	—	—	1:130
3 Braunschweigische	11 663	529,48	349,91	32 786	3881	966	3409	6705	11 419	1471	—	1:53
4 Hannoversche	74 853	968,22	—	172 930	—	—	55 684*	84 086	14 405*	—	—	1:64
5 Main-Neckar	4095	2122,18	1885,43	21 374	2383	2322	2126	3950	48	—	—	1:333
6 Main-Weser	11 255	890,7	1158,3	33 801	932	108	853	2157	12 528	—	—	1:100
7 Nassauische	14 946	539,42	386,33	24 092	6130	2636	1322	8155	3809	—	—	1:160
8 Preuß. Niederschles.-Märk.	21 896	1513,82	1149,01	51 965	16 593	2005	2180	7215	25 250	—		1:116
9 „ Ostbahn	59 426	3061,44	3050,98	173 645	11 784	2982	11 709	22 575	34 055	—	—	1:150
10 „ Saarbrücker u. Trier	11 746	185,31	553,56	19 290	580	680	650	4467	1818	—	—	1:100* 1:72*
11 „ Westfälische	9019	906	457	40 919	2317	2107	1388	4120	10 478	6412	—	1:90
12 Sächsische östliche												
a. Sächsisch-Böhmische	5748	107,65	37,03	10 710	3066	3498	460	766	—	72	—	1:77
b. Sächsisch-Schlesische	5351	973,70	623,83	16 221	—	—	—	990	9796	1479	—	1:55
c. Tharandt-Freiberger	2518	797,43	146,02	3510	—	—	—	—	102	1089	2089	1:40
13 Sächsische westliche												
a. Niedererzgebirgische	7262	1599,74	1063,04	22 243	—	—	105	709	10 056	6568	—	1:100
b. Obererzgebirgische	4935	818,72	66,77	5550	—	—	—	240	2436	2977	996	1:40
c. Sächsisch-Bayerische	12 000	2092,40	956,35	23 637	95	150	150	4128	10 765	11 180	—	1:100
14 Württembergische	27 752	5121,96	2404,92	77 575	467	—	18 330	6930	35 381	11 285	1352	1:45
II. Privatbahnen												
a) unter Staatsverwaltg.												
15 Aach.-Düss. Ruhrorter: a. Aach.-Düsseld.	5177	192,77	679,35	16 717	680	1199	—	656	2093	—	—	1:200
b. Ruhrort-Cref.	4271	58,85	157,74	9133	921	—	—	1258	380	—	—	1:240
16 Bergisch-Märkische	16 048	3114,55	2343,07	51 505	462	1006	806	6485	29 637	5607	650	1:30
17 a. Löbau-Zittauer	1974	302,88	302,93	4187	—	—	—	90	3087	—	—	1:100
b. Zittau-Reichenberger	1351	447,01	90,33	3033	—	—	—	883	3693	—	—	1:100
18 a. Oberschlesische	16 112*	810,53	653,70	46 542	1997*	2550	2225	5965	14 339	345	—	1:100
b. Breslau-Posen-Glogauer	21 210	644,76	805,24	48 967	2070	661	550	2907	8033	783	—	1:80
19 Stargard-Posener	11 108	684,4	522,3	36 652	1860	805	1070	5399	9362	—	—	1:190
20 Rhein-Nahe-E.	9391	958,03	409,44	17 519	—	415	483	3253	12 380	—	—	1:100
21 Wilhelms-Bahn	12 256	1180,94	551,42	29 627	1250	1110	1634	5711	9869	1517	—	1:80
b) in Privatverwaltung.												
22 Aachen-Mastrichter	4077	358,44	691,01	16 408	154	53	260	3150	5117	—	—	1:125
23 Albertsbahn	637	201,34	—	2636	—	—	—	330	2345	296	—	1:95
24 a. Altona-Kieler	6778	240,0	316,9	22 361	2074	1154	1935	6199	—	—	—	1:400
b. Rendsburg-Neumünster	3050	104,07	56,41	7378	194	—	558	2930	—	—	—	1:300
25 Aussig-Teplitzer	989	367,55	39,23	3090	—	—	—	392	3099	—	—	1:120
26 Bayerische Ostbahnen	33 826	1143,30	1939,01	84 858	2481	1801	1853	6650	19 848	—	—	1:100
27 Berlin-Anhaltische	19 203	990,10	670,57	71 810	15 096	2360	5390	17 889	6280	-	—	1:150
28 a. Berlin-Hamburger b. Hamburg-Bergedorfer	27 631	336,70	426,31	66 408	2422	5853	7994	3443	46		—	1:128
29 Berlin-Potsdam-Magdebrg.	8875	197,19	162,47	31 747	11 134	2675	1155	182	150	—	—	1:200

Beschreibung der Bahn.

gerade Strecken und Curven.

54	55	56	57	58	59	60	61	62	63	64	65	66	67	68	69	
Länge der Strecken mit Fall:							Der stärkste Fall auf der Bahn beträgt:	Länge der Strecken in Curven:							Der kleinste Radius der Curven beträgt.	
bis 1/1000	von 1/1000 bis 1/500.	von 1/500 bis 1/300.	von 1/300 bis 1/200.	von 1/200 bis 1/100.	von 1/100 bis 1/50.	von 1/50 und stärker.		bis 1000 Ruthen Radius	v. 1000 — 800 Ruthen Radius	von 800 — 600 Ruthen Radius.	von 600 — 400 Ruthen Radius.	von 400 — 200 Ruthen Radius.	von 200 — 100 Ruthen Radius.	von 100 Ruthen Radius und weniger.		
Ruthen.		Ruthen.		Ruthen.		Ruthen		Ruthen.		Ruthen		Ruthen		Ruthen.	Ruthen.	
2532	1643	3585	8509	8825	—	—	1:62,5	2050	955	2950	2694	13568	8193	1616	52,33	1
6517	3310	7516	16182	18953	2250	—	1:95	5457	928	5196	7965	17173	8093	5760	48,15	2a
15095	1613	1627	1596	6967	840	1356	1:50	1273	1309	2227	4334	9054	1977	181	62	- b
2040	326	2269	10149	20523	2388	—	1:90	3246	1708	2166	3583	9345	7384	762	77,10	- c
—	—	—	295	—	...	--	--	—	—		—	—	87	—	—	- d
—	—	--	—	1614	—	—	1:100	--	183	346	910	1035	310	—	85,25	- e1
—	—	—	—	100	—	—	1:250	278	—	100	185	577	—	—	250,0	- - 2
216	116	144	95	2117	—	--	1:100	...	--	—	--	681	900	141	77,5	- - 3
—	—	—	67	271	--	—	1:139	—	31		625	343	848	350	77,11	- - 4
—	—	—	—	1629	--	—	1:100	—	--	—	—	438	1213	—	116,3	- - 5
—	101	232	402	1015	—	--	1:150	—	–	1258	1324	1185	534	—	116,24	- - 6
2777	658	504	4733	5041	—	--	1:140	454	1899	1672	7840	8098	476	—	151,55	3
—	—	—	—	--			...	..	—	28590*	—	22000*	6525*	536	94,12	4
1350	1773	997	4115		--	--	1:333	--	103	202	646	211	1259	77	31,54	5
4320	1199	423	4324	15068	—	—	1:100	--	—	715	1037	11638	5843	163	92,8	6
2165	1333	687	6296	2791	—	—	1:160	—	93	—	1819	8351	10336	5579	79,43	7
—	500	1964	6485	19174	—	—	1:114	173	4130	989	7110	8331	388	162	50,0	8
5570	2205	7233	19760	37095	—	—	1:150	7390	1734	14221	12503	7665	233	—	150,0	9
3340	60	1804	6150	5493	440	—	(1:100* / 1:60*)	—	30	61	2009	9203	5560	1066	(90* / 50*)	10
2532	1940	918	2713	5399	4653	—	1:60	740	580	—	2260	9786	20	--	150	11
1203	737	590	165	135	—		1:200	—	231	171	1460	8318	1450	—	112,79	12a
—	271	—	764	8449	—	--	1:140	—	—	502	1988	7456	933	—	120,30	- b
—	—	—	—	—	1222	—	1:100	—	..	—	71	440	2030	969	60	- c
–	270	221	997	4891	5878		1:100	—	408	—	582	6886	4655	1666	45	13a
–	—	—	—	180	436	—	1:100	66	—	—	—	604	1876	4102	45	- b
–	300	197	102	3807	5146	—	1:100	597	90	1046	1041	6292	12123	2294	12,11	- c
—	151	2200	675	22287	4975	--	1:70	990	2327	4877	9320	22732	13584	569	72,0	14
60	—	1180	3009	7065	1133	—	1:68	284	—	400	2674	2529	267	—	115	15a
791	—	3141	333	108	—	—	1:250	—	10	378	800	867	—	—	257	- b
2239	623	—	3428	18707	7332	--	1:72	763	624	1343	3844	18934	13364	2713	50	16
--	—	—	612	2907	350	–	1:90	—	--	499	698	3127	511	—	120,3	17a
—	—	—	301	872		--	1:100	—	...	473	351	1525	1718	—	105,27	- b
537*	400	300	3450	9153	540	—	1:100	—	2775*	3952	2650	1827	430	57	90	18a
100	2928	661	3514	9930	1520	...	1:100		—	—	3480	1732	431	246	62,5	- b
950	2024	721	4101	7660	—	—	1:200	--	672	96	3583	4191	66	—	200	19
—	—	760	2038	3620	—		1:100	317	—	208	613	3605	10078	—	100	20
791	--	1081	2000	4687	900	—	1:80	942	1127	583	4776	6967	1295	...	150	21
598	203	639	2835	7805	—	—	1:100	353	.	892	1600	4465	975	218	100	22
—	—	—	—	—	--	—	--	—	—	—	—	42	600	—	75,14	23
–	—	902	8221	875	--	—	1:150	—	—	485	3070	2244	—	—	213	24a
113	—	834	1457	—	--	—	1:400	--	468	70	263	714	213	—	112,12	- b
--	—	—	—	360	—	—	1:110	.	—	—	230	705	515	207	75,15	25
3303	1961	8280	16191	21990	—	—	1:100	34	113	1663	2105	14587	13550	1279	77,8	26
7982	600	3967	7227	6797	—	—	1:150	436	8369	2347	3808	3195	4577	255	68	27
10405	5083	9775	5771	—	—	—	1:300	3475	616	1194	6515	1116	—	—	250	28
1711	888	1905	4239	--	—	—	1:300	828	—	2949	2734	716	90	—	150	29

(Forts.) I. Allgemeine

C. Neigungs-Verhältnisse.

II. Privatbahnen (Forts.)	42 Länge der horizontalen Strecken. Mtr.	43 Das Steigen beträgt im Ganzen. Mtr.	44 Das Fallen beträgt im Ganzen. Mtr.	45 Länge der geraden Strecken. Mtr.	46 Länge der Strecken mit Steigung: bis [illegible]	47 von [illegible] bis [illegible]	48 von [illegible] bis [illegible]	49 von [illegible] bis [illegible]	50 von [illegible] bis [illegible]	51 von [illegible] bis [illegible]	52 von [illegible] u. stärker.	53 Die stärkste Steigung auf der Bahn beträgt
30 Berlin-Stettiner												
a. Berlin-Stettin-Stargard	11 093	479,[illegible]	484,[illegible]	36 053	1800	210	2660	11 350	1402			1:288
b. Stargard-Cöslin-Colberg	10 690	752,[illegible]	816,[illegible]	34 333	790	700	1015	5286	10 119			1:150
31 Böhmische Westbahn	10 547	1832,[illegible]	694,[illegible]	31 114	1880	2012	1795	5946	9925	6973		1:60
32 Breslau-Schwb.-Frb. a. Bresl.-Hermsd.	3476	1113,[illegible]	47,[illegible]	15 126	1510	530	1250	2360	7229	2105	910	1:50
b. Liegn.-Frankf.	7119	857,[illegible]	332,[illegible]	19 586	910	100	360	2727	7650	1825	—	1:85
33 Brünn-Rossitzer	1079	604,[illegible]	138,[illegible]	4515	—	—	—	110	2009	2237	566	1:38
34 Buschtěhrader a. Locom.-B.	1146	570,[illegible]	29,[illegible]	3005	—	—	—	732	1611	3182	—	1:72
b. Pferde-B.	225*	537,[illegible]	—	3111	—	—	76	1171	4051	148	849	1:42
35 Frankfurt-Hanauer	1926	36,[illegible]	4,[illegible]	5375	3116	935	—	467		—		1:500
36 Galizische Carl-Ludwig-B.	31 591	1025,[illegible]	652,[illegible]	78 413	2851	3093	5164	15 079	6550		—	1:150
37 Glückstadt-Elmshorner	5235	50,[illegible]	61,[illegible]	6297	426		986	340	511			1:200
38 Graz-Köflacher	800	366,[illegible]	90,[illegible]	7866	295	—	—	876	4409	875	—	1:95
39 Hessische Ludwigs-E.	27 043	491,[illegible]	254,[illegible]	38 136	2875	1460	239	2405	6514	193		1:75
40 Homburger	1227	85,[illegible]	312,[illegible]	3622	585	—	—	—	264	347	—	1:66
41 Kaiser Ferdinands Nordb.	32 288	1914,[illegible]	1586,[illegible]	126 479	13 252	5546	15 072	16 357	23 501	392	—	1:100
42 Kaiserin Elisabeth a. Locomot.-B.	20 369	3501,[illegible]	2353,[illegible]	80 783	353	3912	1300	15 309	30 656	7404	—	1:100
b. Pferde-B.	1962	1767,[illegible]	1348,[illegible]	13 463	—		746	1504	4936	4379	2323	1:46
43 Köln-Mindener (u. Gießener)	44 261	2159,[illegible]	1701,[illegible]	106 020	4928	3125	1961	15 886	19 505	3367	—	1:80
44 Kurf. Friedr. Wilh. Nordb.	8685	1235,[illegible]	966,[illegible]	21 088	—	1070	366	462	2292	12 600	—	1:100
45 Leipzig-Dresdener	10 797	507,[illegible]	500,[illegible]	24 466	346	782	406	1227	8230	—		1:200
46 Ludwigs-E. (Nürnb.-Fürth)	287	—	22,[illegible]	1449	—	—	—		—	—	—	..
47 Lübeck-Büchener	1875	195,[illegible]	138,[illegible]	7508	825	—	600	4558	110	—	—	1:200
48 Magdeb.-Cöth.-Halle-Leipz.	4790	518,[illegible]	313,[illegible]	29 831	6606	2401	2026	9855	2601			1:170
49 a. Magdeburg-Halberstädter	1513	506,[illegible]	158,[illegible]	17 292	3105	780	1040	9071	2794	260	—	1:60
b. Cöthen-Bernburger	900	110,[illegible]	111,[illegible]	2750		—	360	760	2890			1:200
50 Magdeburg-Wittenbergesche	6805	164,[illegible]	256,[illegible]	23 386	2270		930	4105	440			1:204
51 Mecklenburgische	8702	320,[illegible]	376,[illegible]	25 165		2810	1030	1940	2320			1:200
52 Mohacs-Fünfkirchener	3059	138,[illegible]	535,[illegible]	12 510	378		—		2266		—	1:200
53 Neisse-Brieger	3189	281,[illegible]	83,[illegible]	9039	500		300	4775	1340			1:150
54 Niederländische Rhein-E.	33 916	122,[illegible]	94,[illegible]	38 213			120	6070	810			1:150
55 Niederschlesische Zweigbahn	2535	473,[illegible]	282,[illegible]	12 772	100	—	110	3560	5455			1:120
56 a. Oesterreich. nördliche	35 121	1479,[illegible]	1073,[illegible]	90 167	1559	3297	4317	14 921	20 413			1:150
b. Oesterreich. südöstliche	60 916	280,[illegible]	511,[illegible]	119 813	20 641	1831	5629	11 529	6953	—	—	1:140
c. Wien-Neu-Szönyer	14 353	139,[illegible]	461,[illegible]	35 992	738	3416	1281	1500	914	—	—	1:200
57 Oppeln-Tarnowitzer	4433	604,[illegible]	108,[illegible]	16 926	2194	760	2291	2606	6044	—	—	1:120
58 a. Pfälzische Ludwigsbahn	6922	317,[illegible]	766,[illegible]	27 742	1880	418	27	4665	3399	—	—	1:200
b. Pfälzische Maximiliansb.	2592	203,[illegible]	237,[illegible]	8611	146	132	79	158	3112	—	—	1:200
59 Rheinische	30 825	1306,[illegible]	668,[illegible]	69 894	9083	1859	2542	8124	15 616	40	554	1:38
60 a. Südbahn, Oesterreich.	77 630	1928,[illegible]	6513,[illegible]	223 214	3561	4772	1852	21 329	37 417	6305	3966	1:40
b. Nordtiroler	5613	336,[illegible]	12,[illegible]	16 143	1373	1136	4234	4166	4078		—	1:240
c. Venetianische u. Südtirol.	27 611	2632,[illegible]	2408,[illegible]	114 988	15 470	1147	8292	13 909	22 269			1:250
61 Süd-Norddeutsche	6996	2317,[illegible]	1316,[illegible]	31 422	885	2797	2557	4227	8255	10 301	—	1:70
62 Taunus-Bahn	759	126,[illegible]	91,[illegible]	8784	869		398	2356	2628	—		1:10[illegible]
63 Theiß-Bahn	84 034	900,[illegible]	321,[illegible]	141 669	10 769	2 369	14 389	13 616	1613	—		1:200
64 Thüringische	13 925	2014,[illegible]	1868,[illegible]	49 263	3771	2214	3098	2910	25 733	—	—	1:100
65 Werra-E.	8967	718,[illegible]	610,[illegible]	25 570	580	520	550	1620	9193	7853	—	1:50

Beschreibung der Bahn.

Gerade Strecken und Curven.

54	55	56	57	58	59	60	61	62	63	64	65	66	67	68	69	
Länge der Strecken mit Fall: bis ¹/₁₀₀₀	von [illegible] bis [illegible]	von [illegible] bis [illegible]	von [illegible] bis [illegible]	von [illegible] bis ¹/₁₀₀	von ¹/₁₀₀ bis ¹/₅₀	von ¹/₅₀ und stärker	Der stärkste Fall auf der Bahn beträgt:	Länge der Strecken in Curven: bis 1000 Ruthen Radius	v. 1000 — 800 Ruthen Radius	von 800 — 600 Ruthen Radius	von 600 — 400 Ruthen Radius	von 400 — 200 Ruthen Radius	von 200 — 100 Ruthen Radius	von 100 Ruthen Radius und weniger	Der kleinste Radius der Curven beträgt	
Ruthen	Ruthen	Ruthen	Ruthen	Ruthen	Ruthen	Ruthen		Ruthen	Ruthen	Ruthen	Ruthen	Ruthen	Ruthen	Ruthen	Ruthen	
2580	740	2192	3556	7243	…	—	1:240	557	1680	555	3390	3454	164	—	120,0	30a
30	701	401	3241	12421	—	—	1:150	58	325	1205	2220	7223	—	—	300,0	b
1120	630	625	2169	6442	1260	—	1:95	71	35	—	644	3316	15817	327	75,34	31
—	—	—	—	631	—	—	1:150	—	280	—	2751	—	432	1445	50,0	32
—	—	150	1450	2305	1100	—	1:65	44	—	—	2205	3246	675	—	200,0	
—	—	—	—	845	515	—	1:65	—	—	—	—	590	1395	950	50	33
—	—	—	—	55	134	—	1:80	—	—	197	—	632	2309	717	50,34	34a
—	—		—	—	—		—	—	—	104	55	359	1760	1105	75,34	b
—	—		139	—	—	—	1:352	245	—	575	341	—	23	23	79,63	35
6569	2623	6438	12340	1312	—	—	1:200	3169	1767	2401	4982	2579	297	—	65,34	36
—		267	571	474	—	—	1:200	—	—	—	1174	1227	152	—	182,55	37
—	—	—	2299	995	—	—	1:200	—	—	—	—	—	1276	1412	50,0	38
405	133	1540	1522	2957	164		1:74	470	—	798	2200	4572	1275	114	95,50	39
—	—	202	90	744	1348	—	1:67	—	—	148	—	233	715	88	67	40
5801	4399	8726	19772	14242	547	—	1:100	1944	1829	3080	14555	9600	2435	85	47,63	41
554	2544	823	3534	20022	5571	290	1: 22°	—	—	2065	4001	9188	14481	4422	—	42a
—	326	219	4156	12536	[illegible] 305	—	1:70	—	—	—	—	827	3349	17101	10	b
9950	4282	3687	14634	10457	[illegible] 940	—	1:80	477	1606	488	4928	13560	13894	1042	40	43
—	—	296	2317	10172	—	—	1:100	—	—	—	—	12036	4900	366	53,08	44
496	—	255	1842	8080	—	—	1:200	1090	180	1615	1101	3757	257	—	105,27	45
—	—	—	1317	—	—	—	1:350	—	—	—	—	—	—	155	30,99	46
960	—	—	3672	—	—	—	1:300	—	348	1570	2473	484	219	—	100,0	47
661	733	950	4319	1155	—	—	1:175	—	13	5347	470	2103	699	—	140,0	48
—	511	352	517	580	—	—	1:200	—	—	2439	1013	2519	—	114	95,0	49a
—	—	—	700	2300	—	—	1:200	—	—	228	1023	800	710	140	50,0	b
6420	1100	1180	5600	—	—	—	1:227	—	—	—	3290	1460	155	27	50,0	50
1435	2210	860	3640	9585	—	—	1:200	—	2745	1917	5474	3203	215	194	100,0	51
200	572	2564	242	4469	1157	—	1:70	—	—	—	96	1189	2203	184	50,34	52
—	—	—	1130	620	—	—	1:200	—	64	455	1791	972	—	—	300,0	53
636	—	1037	2220	1410	—	—	1:150	—	—	6340	1050	900	80	—	175,0	54
7444	148	100	2540	3830	—	—	1:150	393	—	—	3407	2055	373	—	200,0	55
17495	6275	8656	12257	10022	—	—	1:150	3401	2205	2305	12173	13915	2252	319	55,99	56a
3293	4500	3629	15943	10331	—	—	1:115	6579	6588	4008	9977	3038	2880	107	50,34	b
—	6647	2641	3541	3665	—	—	1:200	5001	301	—	267	—	—	—	201,44	c
1466	—	—	—	1012	—	—	1:160	—	—	865	1370	750	310	16	70	57
138	1503	1294	5744	7064	—	—	1:130	690	79	752	1368	3573	4333	33	79,99	58a
5449	106	212	2562	2562	—	—	1:200	158	—	178	1567	823	93	—	159,27	b
10241	2523	9355	4735	7894	—	—	1:115	1276	970	[illegible] 77	4179	6764	8005	974	42,0	59
—	15417	7743	43117	53702	9454	1952	1:41,6	1817	2117	13 [illegible] 9	10501	16754	17580	24320	50,4	60a
7211	8236	—	451	—	—	—	1:400	72	—	—	673	1708	1268	191	75,4	b
960	1216	7362	9030	14180	20592	—	1:75	—	—	5 [illegible] 2	1012	12566	8416	278	41,0	c
2232	1606	204	2076	5764	5952	—	1:70	121	—	—	679	3298	10603	6160	72,44	61
2726	2225	549	1806	216	—	—	1:117	151	895	0 [illegible] 2	1497	383	518	242	47,1	62
621	50	4067	8091	—	—	—	1:400	1614	—	957	1793	7296	600	—	176,34	63
—	160	690	2404	19002	—	—	1:100	800	617	21 [illegible] 5	4617	14340	2658	—	150,0	64
		—	1333	6565	8139	~	1:70	—	—	1 [illegible] 2	13	4055	15698	63	100,0	65

(Forts.) I. Allgemeine Beschreibung der Bahn.

D. Telegraphen.

	I. Staatsbahnen.	70 Name des Begründers des Systems, nach welchem die electromagnetischen Telegraphen eingerichtet sind.	71 Anzahl der electromagnetischen Telegraphen-Leitungen.	72 Anzahl der a. Sprech- Apparate.	72 b. Glocken- Apparate.	73 Länge der a. kupfernen Drähte der Hauptleitungen.	73 b. eisernen Drähte der Hauptleitungen.	74 Telegraphen-Stationen.	75 Optische Telegraphen.
1	Badische	Morse*	1*	81	27	—	151 600	69*	
2	Bayerische. a. Ludw.-Süd-Nordb.	Stöhrer	2	84			291 756	66	515
	b. Ludw.-Westbahn	Morse	2	30			106 504	28	187
	c. Maximiliansbahn	Stöhrer und Morse	2 resp. 1	62		—	156 509	55	353
	d. Fürth. Kreuzung		—		—			—	3
	e. der Zweigbahnen:								
	α. Bayreuther	Stöhrer	1	4			5906	3	18
	β. Starnberger		1	5			6890	4	19
	γ. Ansbacher		1	4		—	7481	4	22
	δ. Stockheimer	Siemens und Halske	1	5		—	6890	4	21
	ε. Miesbacher	Siemens und Halske	1	4		4602	—	4	20
	ζ. Illerbahn		1	12		—	23 622	10	61
3	Braunschweigische	Morse	2—4*	26	239	5673	110 204	19	227
4	Hannoversche	Morse	1	104	103		241 527	76	923
5	Main-Neckar	Morse	1*	16			23 240	16	—
6	Main-Weser	Kramer und Morse	2	33*			108 000	23	—
7	Nassauische	Morse	3	39	291	5390	111 786	33	—
8	Preuß. Niederschles.-Märk.	Kramer und Morse	3	98*	455	4000	301 598	40*	437
9	„ Ostbahn	Morse, Siemens und Halske	2	107		—	435 600	56	795
10	„ Saarbrücker (u. Trier)	Morse, Kramer, Breguet u. Fardely	3	19	170		87 220	31	121
11	„ Westfälische	Siemens und Halske und Morse	2	53	221		108 400	18	252
12	Sächsische östliche								
	a. Sächsisch-Böhmische	Morse	5	7	8	—	46 360	5	100
	b. Sächsisch-Schlesische	Morse	2	9	—	—	54 215	8	113
	c. Tharandt-Freiberger	Morse	3	5	30		21 024	4	4
13	Sächsische westliche								
	a. Niedererzgebirgische	Morse	2	17		164	47 230	17	183
	b. Obererzgebirgische	Morse	1	6	58	—	12 132	6	9
	c. Sächsisch-Bayerische	Morse	1	18	—	—	47 557	14	209
14	Württembergische	Morse	4*	52*	12*	53 200*	80 600*	45*	10
	II. Privatbahnen								
	a) unter Staatsverwaltg.								
15	Aach.-Düss.-Ruhrorter a. Aach.-Düssel	Kramer	2	42	119		46 280	14	105
	b. Ruhrort-Crf.	Kramer und Morse	2	20	58		23 020	7	51
16	Bergisch-Märkische	Morse, Siemens und Kramer	2	91	452		188 400	50*	431
17	a. Löbau-Zittauer	Morse	3	3			8911	3	37
	b. Zittau-Reichenberger	Morse	2	4		5748	1383	4	34
18	a. Oberschlesische	Siemens, Morse und Kramer	2	90	255	—	124 410	28	322
	b. Breslau-Posen-Glogauer	Kramer und Morse	2	49	234	—	112 600	17	237
19	Stargard-Posener	Kramer und Morse	2	34	182	—	90 600	16	154
20	Rhein-Nahe-E.	Morse	2	31	167	711	63 406	19	179
21	Wilhelms-Bahn	Kramer und Morse	2	31	180		65 000	20	186
	b) in Privatverwaltung.								
22	Aachen-Mastrichter	Schreiber u. Hereld, Siemens u. Halske und Morse	2	22	100	900	49 500	15	96*
23	Alberts-Bahn	Morse	2	3	—		3609	3	23
24	a. Altona-Kieler	Morse und Siemens und Halske	1	16			28 160	6	82
	b. Rendsburg-Neumünster	Siemens und Halske	1	3	18		9200	2	27
25	Aussig-Teplitzer	Morse	2	5	—		4840	5	25
26	Bayerische Ostbahnen	Siemens und Halske	2	94	—	—	244 000	64	
27	Berlin-Anhaltische	Kramer, Siemens und Morse	2	49	449	5506	130 000	32	352
28	a. Berlin-Hamburger b. Hamburg-Bergedorfer	Siemens und Halske und Morse*	2*	57*	281	1160*	158 880	25	274*
29	Berlin-Potsdam-Magdebgr.	Kramer	2	16	176	[illegible]	98 640	6	180

I. Allgemeine Beschreibung der Bahn. (Forts.)

D. Telegraphen.

II. Privatbahnen. (Forts.)	70. Name des Begründers des Systems, nach welchem die electromagnetischen Telegraphen eingerichtet sind.	71. Anzahl der electromagnetischen Telegraphen-Leitungen.	72. Anzahl der Apparate: a. Sprech-	b. Glocken-	73. Länge der Drähte der Hauptleitungen: a. kupfernen Rth.	b. eisernen Rth.	74. Telegraphen-Stationen. Anz.	75. Optische Telegraphen. Anz.
30 Berlin-Stettiner								
a. Berlin-Stettin-Stargard	Morsé und Kramer	2	43	174	—	89 700	13	167
b. Stargard-Cöslin-Colberg	Morsé und Kramer	2	39	154	—	91 000	11	160
31 Böhmische Westbahn	Morsé	1	18	—	—	53 330	18	106
32 Breslau-Schweidnitz-Freib.	Kramer und Morsé	1 resp. 2	51	208	—	68 200	35	231
33 Brünn-Rossitzer	Morsé	1	4	—	—	7845	4	34
34 Buschtěhrader a. Locom.-B. b. Pferde-B.	Bain	1	11	—	543	27 205	11	—
35 Frankfurt-Hanauer	Kramer	1	10	—		10 920	9	21
36 Galizische Carl-Ludwig-B.	Morsé	1	28	—		93 612	25	356
37 Glückstadt-Elmshorner	Morsé	1	3	—		9000	3	29
38 Graz-Köflacher	Morsé	1	4	—	—	10 558	4	30
39 Hessische Ludwigs-E.	Fardely*	—*	52	55*	…*	…*	32	—
40 Homburger	Siemens und Halske	1	5	—	—	4833	5	—
41 Kaiser Ferdinands-Nordb.	Bain	1	55	1	—	166 000	49	—
42 Kaiserin Elisabeth a. Locom.-Bahn	Morsé	2	64	578	—	230 600	59	228
b. Pferde-Bahn		—	—	—	—	—	—	—
43 Köln-Mindener (u. Gießener)	Kramer und Morsé	3	184*	695	—	413 762*	64	609
44 Kurf. Friedr. Wilh. Nordb.	Kramer	1	22	165	—	40 375	18	—
45 Leipzig-Dresdener	Morsé	2	12	127	—	67 032	9	112
46 Ludwigs-E. (Nürnb.-Fürth)		—	—	—		—		6
47 Lübeck-Büchener	Morsé	1	4	40	—	12 600	4	36
48 Magdeb.-Cöth.-Halle-Leipz. E.	Kramer	2	16	169	—	69 720	11	162
49 a. Magdeburg-Halberstädter E.	Kramer und Morsé	3 resp. 2	34	103	—	57 875	15	104
b. Cöthen-Bernburger	Morsé	1	4	3	—	5300	3	24
50 Magdeburg-Wittenbergesche	Kramer und Morsé	2	23	162	—	63 400	14	116
51 Mecklenburgische	Siemens und Halske	1	16	136	—	39 400	9	132
52 [illegible] Münster-Hammer	Siemens und Halske	1	9	—	—	18 257	7	78
53 Neisse-Brieger	Siemens und Halske	1	7	44	—	13 254	4	47
54 Niederländische Rhein-E.	Morsé	2	32	118	93	93 073	21	—
55 Niederschlesische Zweigbahn	Kramer	1	8	34	—	19 000	8	85
56 a. Oesterreich. nördliche	Morsé	1 resp. 2	59	65	97 780	90 040	51	567
b. Oesterreich. südöstliche	Morsé	1	66	137	80 960	146 800	59	572
c. Wien-Raab-Szőnyer	Morsé	1	18	—		42 300	17	140
57 Oppeln-Tarnowitzer	Kramer	1	8*	90		20 500	5	61
58 a. Pfälzische Ludwigsbahn	Fardely	1	29	—	34 951	6000	16	—
b. Pfälzische Maximiliansb.	Fardely	1	7	—	—	11 760	—	—
59 Rheinische	Kramer	2	71	96	—	208 732	58	460
60 a. Südbahn, Oesterreichische	Morsé	1, 2 resp. 3*	174	659	150 000	503 778	134	748
b. Nordtiroler	Morsé	1	10	—	—	20 460	10	85
c. Venetianische u. Südtirol	Morsé	1	62	—	—	137 360	42	—
61 Süd-Norddeutsche Verbindungsbahn	Morsé	1	25	8	52 300	—	18	238
62 Taunus-Bahn	Fardely und Kramer	2 resp. 3	17	7	9625	22 222	10	5
63 Theiß-Bahn	Morsé	1	559	—	57 772	87 190	36	—
64 Thüringische	Morsé	1	41	252	—	77 722	26	13
65 Werra-E.	Morsé	1	31	177		45 500	15	158*

	76	77	78	79					
				II. Anlage- Von dem (verwendeten) Anlage- Bahnkörper					
I. Staatsbahnen.	Im Ganzen sind concessionirt. Thlr.	Vorarbeiten. Thlr.	Grunderwerb. Thlr.	a. Erdarbeiten. Thlr.	b. Böschungen und Futtermauern. Thlr.	c. Einfriedigungen. Thlr.	d. Wege-Uebergänge. Thlr.	e. Kleine Brücken (bis 30 Fuß Spannweite) und Durchlässe. Thlr.	f. Große Brücken und Viadukte. Thlr.
1 Badische	—	168 822	3 962 101	7 035 346	in Col. 79a	164 989	in Col. 79a	2 008 539	2 205 077
2 Bayerische a. Ludw.-Südnordb.	—	in Col. 79a	in Col. 79a	25 460 240	in Col. 79a	in Col. 79a	in Col. 79a	in Col. 79a	in Col. 79a
b. Ludw.-Westbahn				10 458 222					
c. Maximiliansb.				16 033 083					
d. Fürth. Kreuzung				93 749					
				52 045 294					
e. 6 gep. Zweigb.	—	—		—	—	—	—	—	—
3 Braunschweigische	—	in Col. 85	718 417	1 500 834	in Col. 79a	in Col. 79a	105 543	in Col. 79f	590 910
4 Hannoversche	—	—*	—	—	—	—	—	—	—
5 Main-Neckar	—	202 064	978 648	838 636	in Col. 79a	in Col. 79a	in Col. 79a	in Col. 79a	995 177
6 Main-Weser	—	40 365	2 245 723	3 423 345	„ „ 79a	123 935	„ „ 79f	„ „ 79f	1 662 408
7 Nassauische	—	—*	—	—	—	—	—	—	—
8 Preuß. Niederschles.-Märk.	20 975 000*	111 000	2 736 533	3 010 235	in Col. 79a	82 959	391 775	in Col. 79f	3 130 224
9 „ Ostbahn	—	1 268 225	2 772 624	5 347 519	„ „ 79a	94 654	388 128	1 458 750	7 577 450*
10 „ Saarbrücker (u Trier)	—	in Col. 85	1 163 547	2 632 873	112 381	41 509	149 553	451 931	650 764
11 „ Westfälische	—	222 064	981 339	2 186 167	263 864	75 545	64 024	in Col. 79f	1 943 780
12 Sächsische östliche									
a. Sächsisch-Böhmische	—	14 366	850 614	3 921 201	in Col. 79a mitenthalten.	in Col. 79a mitenthalten.	in Col. 79a mitenthalten.	in Col. 79a mitenthalten.	in Col. 79a mitenthalten.
b. Sächsisch-Schlesische	—	20 045	483 535	5 679 649					
c. Tharandt-Freiberger	—	19 215	106 953	2 250 843					
13 Sächsische westliche									
a. Niedererzgebirgische	—	31 325	656 386	8 035 206					
b. Obererzgebirgische	—	10 150	219 694	1 898 774					
c. Sächsisch-Bayerische	—	31 328	739 317	11 739 004					
14 Württembergische	—	191 965	4 305 369	6 107 672	898 091	277 701	49 053	in Col. 79f	3 727 954
II. Privatbahnen									
a) unter Staatsverwaltg.									
15 Aach.-Düss.-Ruhrorter a. Aach.-Düssel	7 950 000	90 037	877 455	1 091 714	80 282	40 343	271 660	269 131	249 22
b. Ruhrort-Crf.	3 512 000	41 718	383 501	102 610	7330	10 218	36 708	35 731	15 87
16 Bergisch-Märkische	44 420 000	in Col. 85	3 413 860	5 955 065	in Col. 79a miteuth.	in Col. 85	654 069	2 740 318	in Col. 79
17 a. Löbau-Zittauer	2 500 000	8347	227 138	1 840 337		„ „ 79a	in Col. 79a	in Col. 79a	„ „ 79
b. Zittau-Reichenberger	3 750 000	8552	231 967	2 706 754		„ „ 79a	„ „ 79a	„ „ 79a	„ „ 79
18 a. Oberschlesische	21 753 106*	225 612*	637 857	1 519 298		166 423	„ 79f	„ „ 79f	1 425 92
b. Breslau-Posen-Glogauer	12 250 000	in Col. 85	587 816	732 208		844	121 576	202 073	1 493 31
19 Stargard-Posener	7 300 000	„ „ 85	235 981	516 550	34 088	1622	50 656	73 915	333 77
20 Rhein-Nahe E.	18 000 000	--	2 071 446	3 542 978	545 780	29 423	62 512	538 438	1 873 5
21 Wilhelms-Bahn	8 500 000	25 578	334 936	1 425 158	in Col. 79a	in Col. 79a	101 573	in Col. 79f	470 9
b) in Privatverwaltung.									
22 Aachen-Mastrichter	5 550 000	—*	--	—	—		—	...	—
23 Alberts-Bahn	2 300 000	10 453	226 083	273 700	in Col. 79a	in Col. 79a	in Col. 79a	163 087	in Col. 7
24 a. Altona-Kieler	3 295 000	156 654	415 172	826 305*	in Col. 79a enth.	„ „ 79a	„ „ 79a	in Col. 79a	„ 7
b. Rendsburg-Neumünster	622 500	8000	30 306	199 512		„ „ 79a	„ „ 79a	„ „ 79a	„ „ 7
25 Aussig-Teplitzer	2 000 000	15 000	259 755	678 667		„ „ 79a	„ „ 79a	„ „ 79a	„ „ 7
26 Bayerische Ostbahnen	34 285 714	152 318	2 615 215	3 317 484		21 246	164 093	1 691 408	1 114 8
27 Berlin-Anhaltische	15 500 000	334 105	1 289 221	1 685 088	90 528	36 290	189 053	in Col. 79f	1 471 7
28 a. Berlin-Hamburger	14 000 000*	839 749	1 130 408	1 793 056	109 781	51 880	35 969	„ 79f	1 422 9
b. Hamburg-Bergedorfer	2 298 000	87 887	327 322	231 814	127 845	12 981	19 227	79f	191 7
29 Berlin-Potsdam-Magdeb.	14 866 400	53 831	1 210 789	862 200	163 482	—	67 813	„ 79f	1 679 8

Kapital.

Kapitale kommen auf:

	80	81		82	83	84	85	86	87		
e. Tunnels.	Oberbau (Schienen, Schwellen, Drehscheiben u. s. w.).	Signal-Vorrichtungen a. optische.	b. electro-magnetische.	Bahnhöfe und Wärterhäuser.	Sonstige Anlagen: (z. B. fortificatorische, Hebevorrichtungen, schiefe Ebenen, Einrichtung der Werkstätten rc.)	Betriebsmittel.	Insgemein (Verwaltungskosten, Zinsen während der Bauzeit, Coursverlust u. s. w.)	Summe des verwendeten Anlage-Kapitals.	Das Anlage-Kapital beträgt pro Meile Bahnlänge.	pro Kilometer Bahnlänge.	
Thlr.	Thlr.	Thlr.	Thlr.	Thlr.	Thlr.	Thlr.	Thlr.	Thlr.	Thlr.	Thlr.	
1 841 459	9 974 067	—	—	4 326 026	804 583	5 943 824	981 333	40 076 168	538 240	71 461	1
in Kol. 79a	in Kol. 79a	in Kol. 47	in Kol. 47	3 377 872	—	4 020 669	1 272 762	34 140 513*	419 810*	59 720*	2a
				1 409 190	—	1 740 176	598 893	14 206 481	517 163	68 663	- b
				1 808 394	—	2 008 263	995 193	20 841 933	471 285	62 571	- c
				48 571	—		2123	141 443	—	—	- d
—	—	—	—	6 644 027	—	7 779 108	2 868 971	69 336 400	409 901	62 255	
—	2 971 420	in Kol. 41b	29 426	—	—	—	—	3 548 371	213 901	28 399	- e
—	—	—		859 149	—	1 003 074	618 763	8 406 542	315 798	41 928	3
—	1 829 558	—	—		—	—	—	30 540 010*	428 996*	56 956*	4
—	2 959 443	in Kol. 47	in Kol. 47	1 399 465		655 779	—	6 089 357	601 493	79 860	5
—	—	—	—	1 699 758	—	1 210 969	625 227	14 021 160*	527 310	70 008	6
—	9 262 257	in Kol. 47	in Kol. 47	—	—	—	—	16 635 000*	663 278	88 718	7
-	10 011 285	„ „ 41b	903 102	3 776 892	335 125*	6 929 353	2 014 660*	32 681 246	633 112	84 056	8
704 952	2 866 243	„ „ 41b	80 394*	3 503 207	1 116 674	6 438 515	842 666	43 722 838	399 916*	53 096*	9
—	2 917 316	„ „ 41b	130 621	1 466 257	7627	2 582 766	704 288	13 615 375	731 459	97 111	10
				1 198 702	116 695	1 495 811	577 890	12 173 818	439 329	58 329	11
in Kol. 79a	in Kol. 79a	in Kol. 79a	in Kol. 79a	444 067		782 773	65 992	6 079 013	813 136	111 932	12a
—	„ „ 79a	„ „ 79a	„ „ 79a	549 062	—	995 253	439 543	8 167 987	602 803	80 031	- b
in Kol. 79a	„ „ 79a	„ „ 79a	„ „ 79a	194 680	—	402 777	154 450	3 128 918	891 430	118 340	- c
„ 79a	„ „ 79a	„ „ 79a	„ „ 79a	1 137 642	—	1 499 664	638 067	12 808 200*	765 477	101 633	13a
—	„ „ 79a	„ „ 79a	„ „ 79a	361 936	—	455 785	96 717	3 043 036	498 862	66 225	- b
—	„ „ 79a	„ „ 79a	„ „ 79a	1 006 534	—	3 040 559	469 280	17 023 972	757 383	100 555	- c
130 051	8 135 091	„ „ 41b	10 975	3 876 022	203 474	4 137 173	1 580 842	34 732 068	532 109	70 617	14
—	1 324 527	in Kol. 41b	43 997	389 549	36 091	1 197 357	779 493	7 442 839	651 169	86 454	15a
—	654 771	„ „ 41b	26 329	449 222	552 662*	634 433	497 650	3 448 632	615 721	81 743	- b
3 104 347	6 409 916	„ „ 41	in Kol. 41	2 230 011	1 179 600	5 237 155	3 722 305	33 805 625	712 898	94 649	16
—	in Kol. 79a	„ „ 79a	— „ 79a	216 734	—	219 529	196 339	2 708 423	600 537	79 730	17a
—	„ „ 79a	„ „ 79a	— „ 79a	824 315	—	248 391	104 207	3 624 189	1020 898	135 534	- b
—	5 359 769	„ „ 41b	215 806	1 653 739	266 468	4 509 813	1 209 265	17 119 978*	479 263*	63 633	18a
—	2 671 040	16 009	49 708	1 623 914	153 680	1 422 104	3 040 646	12 157 931*	436 707	57 979	- b
—	2 228 565	in Kol. 41b	79 972	530 136	115 470	1 458 932	799 987	6 539 651	289 865	38 484	19
1 342 243	2 343 140	„ „ 41b	115 503*	622 358*	301 070	1 297 715	1 816 865	16 703 018	1042 635	138 128	20
649 120	1 480 520	„ „ 41b	13 546	721 345	115 312	1 523 733	1 062 466	8 361 202	391 220	51 942	21
—	—	—	—		—	—	—	3 550 000	639 475	81 901	22
—	536 249	in Kol. 79a	in Kol. 79a	134 251	—	664 402	711 212	2 440 337	477 561	63 402	23
—	755 436	„ „ 40	„ „ 40	1 038 659	—	581 006	—	3 743 432	265 869	35 299	24a
—	201 602	„ „ 42	5304	62 922	—	106 686	44 905	660 007	142 755	18 953	- b
—	549 671	„ „ 44	in Kol. 40	215 714	—	404 655	85 707*	2 239 220	891 068*	118 906*	25
51 199	3 560 248	—	51 725	2 237 911	-	3 989 480	387 193*	24 857 113	405 490	53 836	26
—	3 439 710	65 272	26 879	1 480 034	455 453	1 810 020	1 335 676	13 500 000	327 001	43 415	27
—	3 816 246	in Kol. 41b	108 457	1 558 286	-	1 581 084	1 148 697	13 807 532	369 911	49 111	28a
—	414 052	—	—	616 246	-	—	268 874	2 298 000	1089 522	145 979	- b
	3 830 957	27 402	33 997	1 405 137	111 126	2 801 715	2 346 212	14 129 202	723 202	96 017	29

II. Privatbahnen. (Forts.)	76 Im Ganzen sind concessionirt. Thlr.	77 Vorarbeiten. Thlr.	78 Grunderwerb. Thlr.	79 II. Anlage= Von dem (verwendeten) Anlage- Bahnkörper a. Erdarbeiten. Thlr.	b. Böschungen und Futtermauern. Thlr.	c. Einfriedigungen. Thlr.	d. Wege-Uebergänge. Thlr.	e. Kleine Brücken (bis 30 Fuß Spannweite) und Durchlässe. Thlr.	f. Große Brücken und Viadukte. Thlr.
30 Berlin-Stettiner									
a. Berlin-Stettin-Stargard	6 824 000	21 896	463 642	1 060 705	42 619	12 069	10 858	211 211	521 46
b. Stargard-Cöslin-Colberg	11 500 000	84 956	172 947	1 479 521	82 282	8220	54 405	354 433	487 89
31 Böhmische Westbahn	16 000 000	1 066 666*	570 710	1 635 114	88 041	88 789	35 186	562 397	747 12
32 Breslau-Schweidnitz-Freib.	9 100 000*	in Col. 44	776 666	1 182 738	in Col. 79a	17 313	258 247	in Col. 79f	431 14
33 Brünn-Rossitzer	1 761 600	—*	—	—	—	—	—	—	—
34 Buschtěhrader a. Locom.-B.	1 848 000*	44 394	99 612	345 626	in Col. 79a	in Col. 79a	in Col. 79a	in Col. 79a	—
b. Pferde-B.		—	59 123	76 074	„ „ 79a	„ „ 79a	„ „ 79a	„ „ 79a	—
35 Frankfurt-Hanauer	2 571 429	12 483	604 850	631 114	„ „ 79a	„ „ 79a	„ „ 79a	„ „ 79a	in Col. 79a
36 Galizische Carl-Ludwig-B.	14 000 000*	209 020	1 009 164	9 081 981	„ „ 79a	„ „ 79a	„ „ 79a	„ „ 79a	„ „ 79a
37 Glückstadt-Elmshorner	1 071 750	9444	212 254	196 432	„ „ 80	„ „ 80	„ „ 80	„ „ 80	—
38 Graz-Köflacher	2 933 333*	—	111 623	254 351	28 122	3741	19 792	48 968	77 02
39 Hessische Ludwigs-E.	10 857 143	203 447	1 569 851	1 310 560	195 743	61 214	38 156	294 611	1 290 04
40 Homburger	1 600 000	28 571	289 170	438 948	in Col. 79a	in Col. 79a	in Col. 79a	in Col. 79a	in Col. 79a
41 Kaiser Ferdinands Nordb.	52 896 474	176 089	2 625 516	10 133 201	„ „ 79a	„ „ 79a	„ „ 79a	„ „ 79a	„ „ 79a
42 Kaiserin Elisabeth a. Locom.-Bahn	—*	851 050*	2 757 454	12 834 543	262 004	„ „ 79a	„ „ 79a	828 549	6 257 40
b. Pferde-Bahn		—*	—	—	—	—	—	—	—
43 Köln-Mindener (u. Gießener)	62 274 500	1 394 445	4 480 370	7 309 516	in Col. 79a	140 484	378 316	in Col. 79f	8 197 20
44 Kurf. Friedr. Wilh. Nordb.	11 600 000	205 648	912 162	4 430 757	„ „ 79a	in Col. 79a	in Col. 79a	„ „ 79a	in Col. 79a
45 Leipzig-Dresdener	9 000 000	in Col. 85*	in Col. 79a	6 305 866*	„ „ 79a	„ „ 79a	„ „ 79a	„ „ 79a	„ „ 79a
46 Ludwigs-E. (Nürnb.-Fürth)	124 000	—	19 901	15 908	„ „ 79a	„ „ 79a	„ „ 79a	„ „ 79a	—
47 Lübeck-Büchener	2 558 000	22 613	239 650	411 965	103 380	21 916	11 521	84 652	—
48 Magdeb.-Cöth.-Halle-Leipz.	9 200 000	in Col. 80	in Col. 80	in Col. 80	in Col. 80	in Col. 80	in Col. 80	in Col. 80	in Col. 80
49 a. Magdeburg-Halberstädter	4 900 000	—	443 754	340 113	9041	2467	63 929	132 536	„ „ 79e
b. Cöthen-Bernburger	650 000	—*	—	—	—	—	—	—	—
50 Magdeburg-Wittenbergesche	6 500 000	91 858*	375 446	474 709	in Col. 79a	43 305	in Col. 79e	in Col. 79f	1 855 56
51 Mecklenburgische	6 298 000	37 722	415 224	1 209 896	47 860	12 504	14 968	400 113	135 60
52 Mohacs-Fünfkirchener	4 520 291*	207 605	147 035	950 849	6944	23 206	6324	355 310	82 42
53 Neisse-Brieger	1 200 000	7181	122 550	201 802	in Col. 79a	in Col. 81	27 297	50 783	—
54 Niederländische Rhein-E.	18 857 143	in Col. 79a	2 214 626*	7 711 721	„ „ 79a	„ „ 79a	in Col. 79a	in Col. 79a	in Col. 79a
55 Niederschlesische Zweigbahn	2 500 000	9166	147 151	198 646	66	639	8192	106 548	205 97
56 a. Oesterreich. nördliche	106 066 666*	—*	—	—	—	—	—	—	—
b. Oesterreich. südöstliche		—*	—	—	—	—	—	—	—
c. Wien-Neu-Szönyer		—*	—	—	—	—	—	—	—
57 Oppeln-Tarnowitzer	2 500 000	58 562	117 412	158 029	20 470	31	26 119	49 004	110 54
58 a. Pfälzische Ludwigsbahn	10 364 500	116 500	1 153 397	1 474 583	in Col. 79a	2764	34 244	in Col. 79f	428 92
b. Pfälzische Maximiliansb.	2 514 286	36 336	366 608	311 428	„ „ 79a	725	17 276	„ „ 79f	150 37
59 Rheinische	33 350 000*	1 118 856*	4 497 549	3 783 044	„ „ 79a	142 935	312 722	512 607	1 654 87
60 a. Südbahn, Oesterreichische	100 000 000*	—*	—	—	—	—	—	—	—
b. Nordtiroler									
c. Venetianische u. Südtirol.									
61 Süd-Norddeutsche	14 000 000	122 500	720 661	2 520 995	349 841	17 307	105 217	in Col. 79f	2 418 37
62 Taunus-Bahn	2 342 857	5495	373 039	1 243 702	in Col. 79a	in Col. 79a	in Col. 79a	in Col. 79a	in Col. 79a
63 Theiß-Bahn	37 800 000	6 196 586*	542 444	2 034 563	15	„ „ 79a	260 070	in Col. 79f	945 63
64 Thüringische	20 900 000	60 400	2 267 690	3 220 076	266 834	11 029	667 467	410 914	2 219 25
65 Werra E.	8 256 900	30 107	705 617	1 853 306	71 505	4254	368 930	250 890	241 34

Kapital.

Kapitale kommen auf:

… m. Tunnels.	80. Oberbau (Schienen, Schwellen, Verbindungsstücke u. s. w.).	81. Signal-Vorrichtungen a. optische.	81. Signal-Vorrichtungen b. electro-magnetische.	82. Bahnhöfe und Wärterhäuser.	83. Sonstige Anlagen: (z. B. artesische, Hebevorrichtungen, schiefe Ebenen, Einrichtung der Werkstätten etc.)	84. Betriebsmittel.	85. Insgemein (Verwaltungskosten, Zinsen während der Bauzeit, Coursverlust u. s. w.)	86. Summe des verwendeten Anlage-Kapitals.	87. Das Anlage-Kapital beträgt pro Meile Bahnlänge.	87. Das Anlage-Kapital beträgt pro Kilometer Bahnlänge.	
Thlr.	Thlr.	Thlr.	Thlr.	Thlr.	Thlr.	Thlr.	Thlr.	Thlr.	Thlr.	Thlr.	
8300	2 231 732	8713	28 500	1 114 082	123 704	1 301 454	075 695	7 837 328*	348 480	46 267	30a
—	2 414 896	10 286	36 783	1 249 071	72 625	1 314 141	1 202 574	8 975 046	393 642	52 263	- b
—	3 179 288	9808	5640	1 029 732	294 064	1 540 773	4 546 666	16 000 000*	620 877	82 432	31
—	2 061 980	in Col. 41b	91 799	1 018 544	523 641	1 944 204	859 871	9 166 130*	400 443	53 159	32
—	—	—	—	—	—	—	—	1 768 296	471 545	62 605	33
—	503 002	in Col. 97	in Col. 97	149 868	21 045	272 718	52 012	1 488 277	433 900	57 608	34a
—	234 898	" " 97	" " 97	54 488	2146	84 274	27 840	538 343	72 164	9594	- b
—	in Col. 19a	in Col. 19a	" " 19a	383 232	—	326 055	261 593	2 219 327	674 570	89 560	35
—	6 879 328	" " 97	" " 97	3 208 699	289 158	4 411 415	947 642	26 127 316	558 157	74 111	36
—	235 757	" " 99	" " 40	167 781	—	73 500	107 067	1 002 235	222 719	29 570	37
53 326	695 145	1989	3333	201 749	21 247	126 810	264 376	1 811 594	341 166	45 296	38
—	2 105 784	in Col. 41b	30 120	1 229 353	173 419	1 563 483	506 328	10 662 109	437 151	58 040	39
—	320 958	—	5678	150 263	45 606	149 385	161 617	1 390 286	659 870	87 619	40
in Col. 79a	16 259 117	in Col. 80	in Col. 10	7 148 785	—	12 023 908	3 105 537	31 462 153	637 146	84 591	41
400 500	9 702 241	15 542	117 928	7 200 056	—	4 715 684	5 692 725	31 793 387	901 263	119 660	42a
—	—	—	—	—	—	—	—	3 003 933*	173 053	22 976	- b
[illegible] 499	10 764 658	in Col. 61b	183 144	4 829 048	1 481 235	10 781 781	10 308 820	61 560 718*	866 967*	115 104	43
in Col. 79a	2 282 169	" " 83	in Col. 91	791 449	—	992 841	1 777 948	11 392 974	593 384	78 782	44
" " 79a	in Col. 79a	" " 79a	" " 19a	879 908	..	1 426 063	276 120	8 977 966	513 132	72 110	45
—	80 402	—	—	11 836	—	80 396	9467	124 000	124 000*	20 564	46
—	504 033	in Col. 11b	23 844	358 006	127 199	207 920	350 083	2 558 000	406 032	53 909	47
—	5 101 544	" " 10	26 891	1 192 640	87 904	2 353 081	—	8 772 060	492 259	65 356	48
—	1 321 195	" " 61b	42 761	506 529	28 012	1 374 894	244 291	4 570 122	390 942	51 904	49a
—	—	—	—	—	—	—	—	630 000*	236 364*	31 381	- b
—	1 390 679	in Col. 41b	33 964*	2 396 807	188 651	1 328 162	829 950	6 264 836	438 100	58 164	50
—	1 425 466	" " 41b	61 732	574 800	—	725 193	1 115 916	6 298 000	326 829	43 393	51
—	1 407 789	3822	7946	1 347 556	6928	524 053	442 506	4 520 291	559 412	74 271	52
—	326 839	1492	7113	530 909	27 873	214 405	122 087	1 200 000	205 761	27 320	53
—	2 479 144	in Col. 17a	in Col. 14a	in Col. 19a	in Col. 19a	2 201 019	411 190	13 078 600	691 866	92 235	54
—	705 308	8870	5071	242 252	—	442 025	353 532	2 493 531	262 687	31 876	55
—	—	—	—	—	—	6 742 276	—	38 625 793	605 325	80 367	56a
—	—	—	—	—	—	6 002 823	—	42 009 695	455 884	60 527	- b
—	—	—	—	—	—	1 021 860	—	9 933 376	475 535	63 140	- c
—	1 063 134	18 765*	14 734	1 013 505	82 932	404 516	2 232 118	2 459 881	213 071	32 273	57
37 648	1 574 390	449	13 812	806 963	98 522	1 989 723	2 203 965	10 245 388	520 861	69 123	58a
—	455 324										

(Forts.) II. Anlage-Kapital.

I. Staatsbahnen.	88. Von dem Gesammt-Anlage-Kapitale (Kol. 76) bestehen: a. in Stamm-Actien. Thlr.	88. b. in Prioritäts-Stamm-Actien. Thlr.	88. c. in Prioritäts-Obligationen. Thlr.	89. Von den Stamm-Actien sind vom Staate garantirt Thlr.	89. mit Proc.	90. Außer dem in Kol. 86 aufgeführten Anlage-Kapitale sind zur Erweiterung und Verbesserung der Bahn-Anlagen und zur Vermehrung der Betriebsmittel aus den Betriebs-Ueberschüssen verwendet: a. in den früheren Jahren bis Ende 1862. Thlr.	90. b. im Betriebs-Jahre 1863. Thlr.
1 Badische	—	—			—	—	—
2 Bayerische (u. gepacht. Zwgb.)		—			—	—	—
3 Braunschweigische	—	—	—	—	—	2 257 822	317 742
4 Hannoversche	—	—	—	—	—	881 292	73 720
5 Main-Neckar	—	—	—	—	—	380 374	140 188
6 Main-Weser	—	—	—	—	—	747 159*	270*
7 Nassauische	—	—	—	—	—	—	—
8 Preuß. Niederschles.-Märk.	10 000 000	4 175 000*	6 800 000	10 000 000	4	3 081 800*	317 675*
9 " Ostbahn		—	—	—	—	—	—
10 " Saarbrücker (u. Trier)	—	—	—	—	—	—	—
11 " Westfälische	—	—	—	—	—	463 531	121 636
12 Sächsische östliche							
a. Sächsisch-Böhmische	—	—	—	—	—	—	—
b. Sächsisch-Schlesische	—	—	—	—	—	—	
c. Tharandt-Freiberger	—	—	—	—	—	—	—
13 Sächsische westliche							
a. Niedererzgebirgische	—	—		—	—	—	—
b. Obererzgebirgische	—	—	—		—	—	—
c. Sächsisch-Bayerische	—	—	—	—	—	—	—
14 Württembergische	—	—	—	—	—	1 511 496	137 192
II. Privatbahnen							
a) unter Staatsverwaltg.							
15 Aach.-Düss. Ruhrorter: a. Aach.-Düssel.	4 000 000	—	3 950 000	4 000 000	3½	272 267	—
b. Ruhrort-Crf.	1 500 000	—	2 012 000	1 500 000	3½	97 571	—
16 Bergisch-Märkische	13 000 000	—	31 420 000	—*	*	283 154	—
17 a. Löbau-Zittauer	2 000 000	500 000	—	—	—	—	—
b. Zittau-Reichenberger	3 750 000	—	—	3 750 000	4	—	—
18 a. Oberschlesische	12 606 200	—	9 146 900	2 400 000	3½	—	—
b. Breslau-Posen-Glogauer	—	—	12 250 000	—	—	—	—
19 Stargard-Posener	5 000 000	—	2 300 000	5 000 000	3½	—	—
20 Rhein-Nahe E.	9 000 000	—	9 000 000	8 250 000*	4½	—	—
21 Wilhelms Bahn	2 400 000	2 066 750	3 133 250	—	—	199 902	—
b) in Privatverwaltung.							
22 Aachen-Mastrichter	2 750 000	—	2 800 000	—	—	—	—
23 Alberts-Bahn	900 000		1 400 000	—	—	140 337*	—
24 a. Altona-Kieler	3 075 000	—	220 000	—	—	478 107*	14 614*
b. Rendsburg-Neumünster	390 000	—	232 500	—	—	1070	—
25 Aussig-Teplitzer	1 400 000	—	600 000	—	—	—	—
26 Bayerische Ostbahnen	34 285 714		—	34 285 714	4½	—	—
27 Berlin-Anhaltische	8 500 000		7 000 000	—	—	266 050	47 803
28 a. Berlin-Hamburger	8 000 000	—	6 000 000	—		1 050 408*	207 806
b. Hamburg-Bergedorfer	1 548 000		750 000	—	—		—
29 Berlin-Potsdam-Magdebg.	5 000 000		9 866 400		—	30 422	—

(Forts.) II. Anlage-Kapital.

II. Privatbahnen. (Forts.)	88. Von dem Gesammt-Anlage-Kapitale (Kol. 76) bestehen: a. in Stamm-Actien. Thlr.	88. b. in Prioritäts-Stamm-Actien. Thlr.	88. c. in Prioritäts-Obligationen. Thlr.	89. Von den Stamm-Actien sind vom Staate garantirt Thlr.	89. mit Proc.	90. Außer dem in Kol. 76 aufgeführten Anlage-Kapitale sind zur Erweiterung und Verbesserung der Bahn-Anlagen und zur Vermehrung der Betriebsmittel aus den Betriebs-Ueberschüssen verwendet: a. in den früheren Jahren bis Ende 1862. Thlr.	90. b. im Betriebs-Jahre 1863. Thlr.
30 Berlin-Stettiner							
a. Berlin-Stettin-Stargard	6 024 000	—	800 000	—	—	885 610	35 700
b. Stargard-Cöslin-Colberg	—	—	11 500 000	—*	3½*	—	—
31 Böhmische Westbahn	8 000 000	—	8 000 000	16 000 000*	5,2	—	—
32 Breslau-Schweidnitz-Freibg.	5 100 000	—	4 000 000	—	—	3814	9000
33 Brünn-Rossitzer	89 600	1 372 000	300 000	—	—	—	—
34 Buschtěhrader a. Locom.-B. b. Pferde-B.	1 848 000	—	—	—	—	—	—
35 Frankfurt-Hanauer	1 714 285	—	857 144	—	—	—	—
36 Galizische Carl-Ludwig-B.	14 000 000	—	2 661 000*	14 000 000	5,2	—	—
37 Glückstadt-Elmshorner	450 000	408 000	213 750	—	—	10 367	—
38 Graz-Köflacher	2 133 333*	—	800 000	—	—	—	—
39 Hessische Ludwigs-E.	6 857 143	—	4 000 000	—	—	—	—
40 Homburger	914 286	—	685 714	—	—	892	703
41 Kaiser Ferdinands Nordb.	39 116 984	—	13 779 490	—	—	—	—
42 Kaiserin Elisabeth a. Locom.-Bahn b. Pferde-Bahn	21 000 000	—	33 732 567	—*	5,2	—	—
43 Köln-Mindener (u. Gießener)	13 000 000	—	49 274 500	13 000 000	3½	1 661 755	143 845
44 Kurf. Friedr. Wilh. Nordb.	8 000 000	—	3 600 000	—	—	177 947	28 859
45 Leipzig-Dresdener	5 000 000	—	4 000 000*	—	—	1 439 509	33 021
46 Ludwigs-E. (Nürnb.-Fürth)	101 143	—	—*	—	—	94 801	13 045
47 Lübeck-Büchener	2 558 000	—	—	—	—	92 520	17 096
48 Magdeb.-Cöth.-Halle-Leipz.	23 500 000	—	5 700 000	—	—	471 054	—
49 a Magdeburg-Halberstädter	1 700 000	—	3 200 000	—	—	—	—
b. Cöthen-Bernburger	500 000	—	150 000	—	—	—	—
50 Magdeburg-Wittenbergesche	4 540 000	—	2 000 000	—	—	—	—
51 Mecklenburgische	4 235 000	—	1 948 000*	—	—	174 935	23 706
52 Mohacs-Fünfkirchener	—*	—	—	—	—	—	—
53 Neisse-Brieger	1 150 000	—	1 000 000	—	—	197 536	20 758
54 Niederländische Rhein-E.	13 714 286	—	5 142 857	5 142 857*	4½	—	—
55 Niederschlesische Zweigbahn	1 412 200	87 800	1 000 000	—	—	3812	—
56 a Oesterreichische nördliche b Oesterreich. südöstliche c. Wien-Neu Szönyer	53 333 333	—	53 333 333	52 920 598	5,2	—	—
57 Oppeln-Tarnowitzer	2 500 000	—	—	—	—	—	—
58 a Pfälzische Ludwigsbahn	6 662 286	—	3 702 214	6 662 286	4	49 064	57 521
b Pfälzische Maximiliansb.	2 514 286	—	—	2 514 286	4½	—	—
59 Rheinische	15 107 500	2 042 500	16 200 000	——*	—*	700 258	—
60 a Südbahn, Oesterreichische b. Nordtiroler c. Venetianische u. Südtirol.	100 000 000	—	93 213 810*	—*	5,2	—	—
61 Süd-Norddeutsche	10 500 000	2 100 000*	1 400 000	12 600 000*	5,2	—	—
62 Taunus-Bahn	1 714 286	—	628 571*	—	—	280 282	39 737
63 Theiß-Bahn	16 800 000	—	21 000 000*	37 800 000*	5,2	—	—
64 Thüringische	9 000 000	—	11 900 000	—	—	261 064*	29 822
65 Werra-E.	5 000 000	—	3 250 000	8 000 000*	4	—	—
							11

Abschnitt C.

Transportmittel.

	91					92		93				94	95											
	Lokomotiven							Davon sind					I. Bestand der Firma der											
I. Staatsbahnen.	a. 4- rädrige.	b. 6- rädrige.	c. 8- rädrige.	d. Tender-Lokomotiven.	e. zusammen.	pro Meile Bahnlänge.	pro Kilometer Bahnlänge.	a. gekuppelte.	b. mit Expansion versehen.	c. ohne Expansion versehen.	d. mit Kondensation versehen.	Tender.	1	2	3	4	5	6	7	8	9	10	11	12
	Anz.	Anz.	Anz.	Anz.	Anz.	Anz.	Anz.	Anz.	Anz.	Anz.	Anz.	Anz.												
1 Badische	—	112	24	4	140	1,[illegible]	0,[illegible]	45	140	-	-	136										37		74
2 Bayerische (u. gep. Zweigb.)	—	265	—	—	268	1,[illegible]	0,[illegible]	195	205	63	109	268		225					14			21		
3 Braunschweigische	1	57	-	2	60	2,[illegible]	0,[illegible]	40	60	—		55						47						
4 Hannoversche	—	194	—	16	210	1,[illegible]	0,[illegible]	154	210	—	210	151	12					137			6	6		
5 Main-Neckar	—	28	—	—	28	2,[illegible]*	0,[illegible]	8	28			27										10		5
6 Main-Weser	—	48	—	—	48	1,[illegible]	0,[illegible]	45	45	—	24	38				5		6				21		
7 Nassauische	—	30	—	2	32	1,[illegible]	0,[illegible]	22	32	--	-	30				26								4
8 Preuß. Niederschles.-Märk.	—	159		—	159	3,[illegible]	0,[illegible]	73*	151	8	48	159	101								6			
9 „ Ostbahn	—	125	—	—	125	1,[illegible]	0,[illegible]	57	125	—	60	125	90					3						
10 „ Saarbrücker (u. Trier)	...	45	—	3	51	2,[illegible]	0,[illegible]	43	51	—	17	48	26											22
11 „ Westfälische	—	51	—	—	51	1,[illegible]	0,[illegible]	41	41	10	—	51	40											
12 Sächsische östliche a. Sächsisch-Böhmische, b. Sächsisch-Schlesische, c. Tharandt-Freiberger	..	53	—	—	53	2,[illegible]	0,[illegible]	53	53	—	6	48							36					
13 Sächsische westliche a. Niedererzgebirgische, b. Obererzgebirgische, c. Sächsisch-Bayerische		84	—	22	106	2,[illegible]	0,[illegible]	106	106	—	—	73	13						82			2		
14 Württembergische	—	—	129	—	129	1,[illegible]	0,[illegible]	129	129	—	129	129		3		106						3		
II. Privatbahnen																								
a) unter Staatsverwaltg.																								
15 Aach.-Düss.-Ruhrorter a. Aach.-Düsseld., b. Ruhrort-Cref.		34	—		34	2,[illegible]	0,[illegible]	20	34	—	10	35	19								4	7		
16 Bergisch-Märkische		106	8	9	123	2,[illegible]	0,[illegible]	112	120	3	5	103	93								14	5		
17 a. Löbau-Zittauer	—	6			6	1,[illegible]	0,[illegible]	6	6	—		5							2		4			
b. Zittau-Reichenberger	—	5	—		5	1,[illegible]	0,[illegible]	5	5	—	—	5							5					
18 a. Oberschlesische, b. Breslau-Posen-Glogauer	—	109	—	8	117	1,[illegible]	0,[illegible]	97	117		99	109	111											
19 Stargard-Posener		31	—	—	31	1,[illegible]	0,[illegible]	15	31		19	31	31											
20 Rhein-Nahe-E.	—	27	—		27	1,[illegible]	0,[illegible]	21	2	25	23	27	27											
21 Wilhelmsbahn	—	23	--	-	23	0,[illegible]	0,[illegible]	17	23			23	17											
b) in Privatverwaltung.																								
22 Aachen-Mastrichter		17	—		17	1,[illegible]	0,[illegible]	13	17		5	17	7								10			
23 Albertsbahn		5		1	9	1,[illegible]	0,[illegible]	9	9			5							8					
24 a. Altona-Kieler	—	17			17	1,[illegible]	0,[illegible]	10	17		17	13						7			1			
b. Rendsburg-Neumünster	—	5	—		5	1,[illegible]	0,[illegible]	—	5		5	4												
25 Aussig-Teplitzer	—	5			5	2,[illegible]	0,[illegible]	5	5			5	5											
26 Bayerische Ostbahnen	—	81			81	1,[illegible]	0,[illegible]	60	81			81		81										
27 Berlin-Anhaltische		66			66	1,[illegible]	0,[illegible]	21	60	6	5	66	78											
28 a. Berlin-Hamburger, b. Hamburg-Bergedorfer	3	82			85	2,[illegible]	0,[illegible]	13	85		51	85	76											
29 Berlin-Potsdam-Magdebrg.	-	55			55	2,[illegible]	0,[illegible]	—	24	31		55	12											
zu übertragen	4	1804	161	70	2169								768	112		137		200	117		48	112		102

Transportmittel.

Fabriken, welche die Lokomotiven geliefert haben:

12	14	15	16	17	18	20	21	23	24	28	29	34	36	38	42	43	44	45	48	52	54	56	
9	3	.	.	4	9	.	.	.	.	.	.	.	.	.	3	.	.	.	.	1	.	.	1
.	.	.	.	.	5	.	.	.	.	.	.	.	.	.	.	.	.	.	.	.	.	.	2
5	.	.	.	.	.	.	.	.	.	.	.	.	5	.	.	2	.	.	.	.	1	.	3
.	13	19	9	.	.	.	.	.	.	.	.	.	.	.	.	.	.	.	.	.	.	.	4
.	8	.	1	.	.	.	.	.	.	.	8	.	.	.	.	.	.	.	.	.	.	1	5
.	.	.	16	.	.	.	.	.	.	.	.	.	.	.	.	.	.	.	.	.	.	.	6
.	.	.	.	.	.	.	2	.	.	.	.	.	.	.	.	.	.	.	.	.	.	.	7
10	2	16	.	8	.	.	.	.	2	.	.	.	.	.	.	.	1	2	.	.	.	.	8
1	.	18	.	.	.	.	.	2	.	9	.	.	.	.	.	.	.	.	2	.	.	.	9
.	.	3	.	.	.	.	.	.	.	.	.	.	.	.	.	.	.	.	.	.	.	.	10
.	.	5	6	.	.	.	.	.	.	.	.	.	.	.	.	.	.	.	.	.	.	.	11
15	.	2	.	.	.	.	.	.	.	.	.	.	.	.	.	.	.	.	.	.	.	.	12
6	3	.	.	.	.	.	.	.	.	.	.	.	.	.	.	.	.	.	.	.	.	.	13
.	.	.	.	.	.	.	17	.	.	.	.	.	.	.	.	.	.	.	.	.	.	.	14
4	.	.	.	.	.	.	.	.	.	.	.	.	.	.	.	.	.	.	.	.	.	.	15
2	2	2	.	.	.	.	.	.	.	.	.	.	.	.	.	.	.	.	.	.	.	.	16
.	.	.	.	.	.	.	.	.	.	.	.	.	.	.	.	.	.	.	.	.	.	.	17a
.	.	.	.	.	.	.	.	.	.	.	.	.	.	.	.	.	.	.	.	.	.	.	« b
.	.	.	.	.	.	5	.	.	.	.	.	.	.	1	.	.	.	.	.	.	.	.	18
.	.	.	.	.	.	.	.	.	.	.	.	.	.	.	.	.	.	.	.	.	.	.	19
.	.	.	.	.	.	.	.	.	.	.	.	.	.	.	.	.	.	.	.	.	.	.	20
6	.	.	.	.	.	.	.	.	.	.	.	.	.	.	.	.	.	.	.	.	.	.	21
.	.	.	.	.	.	.	.	.	.	.	.	.	.	.	.	.	.	.	.	.	.	.	22
.	.	.	.	.	.	.	.	.	.	.	.	.	.	.	.	.	.	.	.	.	.	.	23
.	.	.	.	.	6	.	.	.	.	.	.	.	.	.	.	.	.	.	.	.	.	.	24a
.	.	.	.	.	.	.	.	.	.	.	.	5	.	.	.	.	.	.	.	.	.	.	« b
.	.	.	.	.	.	.	.	.	.	.	.	.	.	.	.	.	.	.	.	.	.	.	25
7	.	.	.	.	.	.	.	.	.	.	.	.	.	.	.	.	.	.	.	.	.	.	26

91 | 92 | 93 | 94 | 95

I. Bestand der

II. Privatbahnen. (Forts.)	Lokomotiven a. 4-rädrige	b. 6-rädrige	c. 8-rädrige	d. Tender-Lokomotiven	e. zusammen	pro Meile Bahnlänge	pro Kilometer Bahnlänge	Davon sind a. gekuppelt	b. mit Expansion versehen	c. ohne Expansion versehen	d. mit Kondensation versehen	Tender	Firma der 1	2	3	4	5	6	7	8	9	10	11	12
übertragen	4	1931	161	70	2169	—	—	—	—	—	—	—	768	312	.	137	.	200	147	.	48	112	.	116
30 Berlin-Stettiner																								
a. Berlin-Stettin-Stargard	—	37	—	2	39	1,10	0,23	35	39	—	35	37	35											
b. Stargard-Cöslin-Colberg	—	28	—	—	28	1,21	0,16	13	28	—	28	28	19											
31 Böhmische Westbahn	—	27	—	—	27	1,01	0,13	27	27	—	—	27	.	4									23	
32 Breslau-Schweidnitz-Freib.	—	39	—	—	39*	1,10	0,124	37	36	3	—	39	30											
33 Brünn-Rossitzer	—	5	—	—	5	1,33	0,173	5	5	—	—	5								1			1	
34 Buschtěhrader a. Lokom.-B.	—	2	—	5	7*	0,77*	0,13	7	7	—	—	2			7									
34 Buschtěhrader b. Pferde-B.	—*	—	—	—	—	—	—	—	—	—	—	—												
35 Frankfurt-Hanauer	—	11	—	—	11	2,01	0,26	3	11	—	—	11										4		5
36 Galizische Carl-Ludwig-B.	—	65	—	3	68	1,45	0,19	68	68	—	—	65	5				20			1			32	
37 Glückstadt-Elmshorner	—	3	—	—	3	0,66	0,09	3	3	—	3	3												
38 Graz-Köflacher	—	2	5	—	7*	1,32	0,16	7	—	7	—	7*								7				
39 Hessische Ludwigs-E.	—	50	—	2*	52	2,13	0,28	19	52	—	—	50				50								
40 Homburger	—	4	—	—	4	1,66	0,22	4	4	—	—	4												
41 Kaiser Ferdinands Nordb.		202	21	—	223	2,77	0,37	180	205	18		223	12	2?	110	.	6				25	2	27	
42 Kaiserin Elisabeth a. Lokomot.-B.		54	—	14*	98*	1,73	0,23	100	86	14	11	80	.				41			36			12	
42 Kaiserin Elisabeth b. Pferde-B.	—	—	—	—	—*	—	—	—	—	—	—	—												
43 Köln-Mindener (u. Gießener)	3	213	—	28	244	3,34	0,45	167	213	1		216	197						12		12	14		
44 Kurf. Friedr. Wilh. Nordb.	—	30	6	—	36	1,09	0,14	36	36	—	31	29										10		
45 Leipzig-Dresdener	—	15	—	—	15	2,18	0,34	15	15	—	15	15	37						6					
46 Ludwigs-E. (Nürnb.-Fürth.)	—	3	—	—	3	3,75	0,50	—	3	—	—	3	.	2										
47 Lübeck-Büchener	—	7	—	—	7	1,11	0,15	3	7	—	3	7	6											
48 Magdeb.-Cöth.-Halle-Leipz.	—	54	—	—	54	2,19	0,27	36	46	8	7	51	36					6						1
49 a. Magdeburg-Halberstädter	—	29	—	—	29	2,48	0,33	—	17	12	—	29	20											
b. Cöthen-Bernburger	—	6	—	—	6	1,50	0,20	—	—	—	—	6	2											
50 Magdeburg-Wittenbergesche	—	16	—	4	20	1,40	0,19	12	18	1	7	17	16											
51 Mecklenburgische	—	25	—	—	25	1,30	0,17	6	25	—	—	25	23					1						
52 Mohacs-Fünfkirchener	—	2	6	—	8	0,99	0,13	5	8	—	—	8					2			6				
53 Neisse-Brieger	—	7	—	—	7	1,13	0,15	4	7	—	2	7	7											
54 Niederländische Rhein-E.	—	43	—	—	43	1,05	0,14	37	13	—	6	13	.											
55 Niederschlesische Zweigbahn	—	10	—	—	10	1,05	0,14	10	10	—	—	11	1											
56 a. Oesterreich. nördliche	—	43	72	26	141	2,34	0,30	112	119	20	—	109	.	6	27	11	23			16	17	.		
b. Oesterreich. südöstliche	1	118	7	49	175	1,80	0,25	160	170	—		123	.	22	35	.	38			36	13	6	.	
c. Wien-Neu-Szönyer	—	8	11	6	25	1,15	0,16	25	25			19		.	8	.				17				
57 Oppeln-Tarnowitzer		8	—	—	8	0,79	0,10	8	1	1	—	8	1											
58 a. Pfälzische Ludwigsbahn	—	41	—	—	41	2,09	0,28	21	11	—		10		21		1						9		
b. Pfälzische Maximiliansb.	12	—	—	—	12	1,03	0,14	6	12	—		12	.	6		6								
59 Rheinische		91	—	13	104	2,18	0,29	56	102	2	41	91	75								2	4	.	12
60 a. Südbahn, Oesterreich.		256	26	51	333	2,16	0,29	333	330	—	—	282	.	6	121	76	58			.	22	.	47	.
b. Nordtiroler	—	1	—	10	11	1,13	0,15	10	11			1	.	2		8								
c. Venetianische u. Südtirol.	—	105	—	—	108	1,55	0,21	71	108		—	108	.	12	7	.	3							
61 Süd-Norddeutsche		28	12	—	40	1,52	0,20	10	10			10		12					28					
62 Taunus-Bahn		18	—	—	18	2,66	0,35	1	18			18	.			2						1		1
63 Theiß-Bahn		77	—	—	77	1,0	0,13	73	77			77					13			60				
64 Thüringische		76	—		76*	2,04	0,27	59	76	—	3	73	60								1			

93

Transportmittel.

Fabriken, welche die Lokomotiven geliefert haben:

18	19	20	21	22	23	24	25	26	27	28	29	30	31	32	33	34	35	36	37	38	39	40	41	42	43	44	45	46	47	48	49	50	51	52	53	54	55	56	57	58
89	33	50	37	12	17	8	17	7	6	9	8	6	5	5	1	4	1	1	3	2	1	2	2	1	1	1	1	1												

Nr.	Werte (von links nach rechts, Spaltenzuordnung unleserlich)
30a	2 · 2
b	9
31	
32	1 · 3
33	1 · 1
34a	
b	
35	2
36	
37	
38	3
39	2
40	
41	3 · 1
42a	1
b	6
43	2
44	20 · 2 · 2 · 3 · 2
45	
46	1 · 2
47	1
48	1
49a	2 · 1 · 2 · 2
b	
50	2
51	1
52	
53	
54	6
55	1
56a	2 · 5
b	
c	
57	2 · 2
58a	1

(Forts.) I. Bestand der

I. Staatsbahnen.	96 Personenwagen: a. 4-	b. 6-rädrige.	c. 8-	d. zusammen.	97 Achsen unter denselben: a. überhaupt.	b. pro Meile Bahnlänge.	pro Kilometer Bahnlänge.	98 Die Personenwagen enthalten Plätze: a. I. Klasse.	b. II. Klasse.	c. III. Klasse.	d. IV. Klasse.	e. zusammen.	99 Durchschnittlich a. pro Meile Bahnlänge.	pro Kilometer Bahnlänge.	b. pro Achse.
	Stck.	Stck.	Stck.	Stck.	Stck.	Stck.							Plätze		Plätze
1 Badische	490	63	—	553	1109	15,10	2,00	1590	5590	13653	--	20833	279,79	37,11	17,01
2 Bayerische (u. gep. Zweigb.)	294	458	1	753	1966	11,55	1,54	1565	7914	16630	—	26109	153,50	20,35	13,0
3 Braunschweigische	3	76	—	79*	234	8,29	1,11	270	876	2825	—	3971	149,17	19,91	16,9
4 Hannoversche	—	319	—	319*	957	8,11	1,08	632	3272	9572	—	13476	114,55	15,21	14,0
5 Main-Neckar	39	61	—	100	261	20,30*	2,70	332	928	2580	—	3840	298,00*	39,64	14,71
6 Main-Weser	3	83*	—	86	255	9,59	1,21	258	948	2590	—	3796	142,14	18,95	14,81
7 Nassauische	121	—	—	121	242	9,45	1,26	412	736	3080	—	4228	168,56	22,36	17,41
8 Preuß. Niederschles.-Märk.	—	189	1	190	571	11,88	1,61	532	2084	4564	3144	10324	200,0	26,55	18,01
9 " Ostbahn	—	250	—	250*	750	6,44	0,91	504	3184	6820	3072	13580	124,21	16,45	18,11
10 " Saarbrücker u. Trier)	81	—	—	81	162	8,41	1,12	204	528	1650	1125	3507	182,16	24,30	21,6
11 " Westfälische	1	65	—	66	197	7,27	0,97	150	576	1590	1384	3700	136,58	18,11	18,7
12 Sächsische östliche															
a. Sächsisch-Böhmische b. Sächsisch-Schlesische c. Tharandt-Freiberger	36	88	—	124	336	15,04	1,13	339	1074	3860	—	5273	204,94	27,21	15,7
13 Sächsische westliche															
a. Niedererzgebirgische b. Obererzgebirgische c. Sächsisch-Bayerische	121	81	—	202	485	9,38	1,25	370	2040	4800	—	7210	148,56	19,70	14,8
14 Württembergische	36	--	207	243	900	13,57	1,84	486	4276	9968	--	14730	227,97	30,25	16,3
II. Privatbahnen															
a) unter Staatsverwaltg.															
15 Aach.-Düss.-Ruhrorter (a. Aach.-Düsseld., b. Ruhrort-Cref.)	18	51	—	69	189	11,10	1,47	298	672	1480	1188	3638	213,61	28,36	19,2
16 Bergisch-Märkische	35	83	—	118*	319	6,73	0,89	310	1188	2710	2340	6548	138,04	18,32	20,5
17 a. Löbau-Zittauer	4	10	—	14	38	8,43	1,17	24	128	480	—	632	140,22	18,60	16,6
b. Zittau-Reichenberger	14	—	—	14	28	7,49	1,05	24	112	360	—	516	145,55	19,30	18,4
18 a. Oberschlesische b. Breslau-Posen-Glogauer	18	123	—	141	405	6,74*	0,89	362	1452	3755	1523	7092	118,43*	15,72	17,5
19 Stargard-Posener	—	46	—	46	138	6,10	0,81	126	584	1200	600	2510	110,91	14,79	18,1
20 Rhein-Nahe-E.	40	—	—	40	80	4,98	0,66	95	264	1380	—	1730	108,33	14,41	21,6
21 Wilhelmsbahn	3	23	--	26	75	3,18	0,42	60	222	590	300	1172	49,94	6,63	15,6
b) in Privatverwaltung.															
22 Aachen-Mastrichter	—	24	—	24	72	3,08	0,11	114	324	800	--	1238	99,41	13,25	17,1
23 Albertsbahn	3	13	—	16	45	21,84*	3,20*	32	168	500	—	700	386,74*	51,35*	15,5
24 a. Altona-Kieler	—	41	--	41	123	8,16	1,16	100	392	1650	--	2142	152,10	20,20	17,4
b. Rendsburg-Neumünster	—	7	—	7	21	4,54	0,60	18	48	316	—	382	82,66	10,94	18,1
25 Aussig-Teplitzer	—	20	--	20	60	24,19	3,19	120	276	320	—	716	293,67	39,27	11,9
26 Bayerische Ostbahnen	267	—	—	267	534	8,47	1,15	384	1920	7600	—	9904	161,52	21,44	18,5
27 Berlin-Anhaltische	29	95	—	124	343	7,11	0,94	438	1480	3520	—	5438	114,10	15,25	15,8
28 a. Berlin-Hamburger b. Hamburg-Bergedorfer	—	144	—	144	432	10,85	1,45	306	1808	4460	1080	7654	192,33	25,49	17,7
29 Berlin-Potsdam-Magdeburg.	5	114	—	119	352	18,01	2,39	411	1472	3270	600	5753	294,47	39,10	16,3

Transportmittel.

100				101			102							103			
Gepäckwagen:				Achsen unter denselben:			Güterwagen (incl. Equipage- u. Viehwagen):							Achsen unter denselben:			
a. 4rädrige	b. 6rädrige	c. 8rädrige	d. zusammen	a. überhaupt	b. pro Meile Bahnlänge	pro Kilometer Bahnlänge	a. 4rädrige offene	b. 4rädrige bedeckte	c. 6rädrige offene	d. 6rädrige bedeckte	e. 8rädrige offene	f. 8rädrige bedeckte	g. zusammen	a. überhaupt	b. pro Meile Bahnlänge	pro Kilometer Bahnlänge	
111	19	—	130	270	3,75	0,50	876	841	58	234	.	—	2009	4310	57,00	7,69	1
203	—	—	203	406	2,39	0,31	1746	1384	872	703	—	—	4705	10 985	61,33	8,31	2
—	22	—	22*	66	2,40	0,33	408	378	30	—	7	49	872	1886	70,43	9,41	3
—	76	—	76*	228	1,94	0,26	2401	677	110	17	35	323	3763	8560	71,44	9,44	4
24	10	—	34	78	6,00*	0,80	102	138	—	7	—	—	247	501	38,94*	5,17	5
—	19*	—	19	57	2,14	0,29	252	299	—	—	—	9	560	1138	42,60	5,60	6
21	—	—	21	42	1,61	0,22	437	63	—	—	—	—	500	1000	39,21	5,22	7
22*	28	—	50	128	2,44	0,33	1201	916	131	32	45	155	2540	5703	110,44	14,67	8
—	56	—	56	168	1,34	0,20	487	1317	124	230	—	—	2188	4730	43,28	5,74	9
22	—		22	44	2,29	0,30	1488	218		—	—	—	1706	3412	177,31	23,33	10
—	19	—	19	57	2,10	0,28	657	67		22	3	6	755	1550	57,70	7,59	11
[illegible]	[illegible]	—	[illegible]	[illegible]	[illegible]	[illegible]	750	445	34	22	—	5	1306	2008	101,44	13,33	12
[illegible]	—	—	[illegible]	[illegible]	[illegible]	[illegible]	3603	795	1	1	4	4	4408	8834	181,01	24,14	13
2	—	30	32	124	1,91	0,21	560*	624	—	—	126	355	1665	4202	66,10	8,01	14
4	12	—	16	44	2,34	0,31	853	253	2		—	—	1138	2278	133,74	17,70	15
25	26*	—	51	128	2,70	0,36	3331	319	65	34	16	-	3845	7821	161,33	21,98	16
[illegible]	[illegible]	[illegible]	[illegible]	[illegible]	[illegible]	[illegible]	35	1	-	2	--	2	57	120	26,01	3,53	17a
[illegible]	—	—	[illegible]	[illegible]	[illegible]	[illegible]	81	3	—	—	—		115	230	61,79	8,60	b
2	31	—	40	118	1,97	0,26	1205	771	1037	167	50	-	3238	7780	126,36	16,15	18
—	16	—	16	48	2,08	0,24	115	226	8	62	5	10	431	962	42,51	5,44	19
4	—	—	8	16	1,03	0,13	481	90	—	--	--		574	1148	71,66	9,51	20
—	16	--	10	30	1,200	0,17	828	130	145	3	2	2	991	2022	85,44	11,17	21
1	4	—	9	24	1,34	0,18	230	139	—	——	2	.	380	704	61,41	8,14	22
-	—	—	—	——	--	—	625	13	—	——	—	-	638	1276	219,11	33,35	23
4	—	—	6	12	0,85	0,11	128	160	—	——	2	5	295	604	42,90	5,70	24a
2	—	--	2	4	0,84	0,11	18	20	—	——		—	38	76	16,45	2,20	b
3	—		3	6	2,40	0,33	200	12	—	——	--		212	424	175,31	23,34	25
40	9	—	50	100	1,34	0,17	625	902	--	——	--	—	1527	3054	50,19	6,11	26
12	30	—	21	71	1,40	0,16	558	247	30	52	4	26	917	1976	11,00	5,50	27
\	35	—	20	*430	1,31	0,20	151	230	85	337	17	159	979	2732	68,09	9,13	28
\		—	28	84	3,10	0,41	305	61	11	212	—	2	594	1415	72,44	9,01	29

(Fort.) **I. Bestand der**

	96				97			98					99		
II. Privatbahnen (Fort.)	Personenwagen:				Achsen unter denselben:			Die Personenwagen enthalten Plätze:					Durchschnittlich		
	a.	b.	c.	d.	a.	b.		a.	b.	c.	d.	e.	a.		b.
	4-	6-	8-rädrige.	zusammen.	überhaupt.	pro Meile	pro Kilometer Bahnlänge.	I. Klasse.	II. Klasse.	III. Klasse.	IV. Klasse.	zusammen.	pro Meile	pro Kilometer Bahnlänge.	pro Achse
30 Berlin-Stettiner															
a. Berlin-Stettin-Stargard	10	71	–	81	233	10,36	1,38	156	896	2530	470	4052	180,11	23,89	17,39
b. Stargard-Cöslin-Colberg	—	50	–	50	150	6,58	0,87	60	544	1680	550	2834	124,30	16,38	18,89
31 Böhmische Westbahn	80	–	–	80	160	6,0	0,80	114	912	2300	—	3326	123,8	16,34	20,79
32 Breslau-Schweidnitz-Freib.	23	74	1	98	272	11,66	1,55	78	736	3040	720	4574	189,52	26,31	16,81
33 Brünn-Rossitzer	4	2	—	6	14	3,73	0,495	12	32	176		220	58,67	7,79	15,71
34 Buschtěhrader a. Locom.-B.	4	–	3	7	20	2,11	0,27	42	80	128	60	310	43,68	5,80	15,50
b. Pferde-B.	9*	—	—	9	18	4,29	0,57	6	24	48	72	150	35,71	4,74	8,33
35 Frankfurt-Hanauer	44	5	—	49*	103	18,86	2,50	100	420	1260	–	1780	326,0	43,30	17,28
36 Galizische Carl-Ludwig-B.	67	37	—	104	245	5,21	0,69	264	1024	3380	—	4668	99,32	13,20	19,05
37 Glückstadt-Elmshorner	–	6		6	18	4,0	0,53	12	48	270	–	330	73,33	9,74	18,33
38 Graz-Köflacher	7	—	5	12	34	6,40	0,85	9	115	416	—	570	107,34	14,25	16,7
39 Hessische Ludwigs-E.	97	21	—	118	257	10,55	1,40	364	1250	3170	–	4784	196,35	26,07	18,61
40 Homburger	31	–	—	31	62	25,18	3,42	136	220	720	–	1076	446,47	59,26	17,35
41 Kaiser Ferdinands-Nordb.	386	—	—	386	772	9,61	1,27	882	3576	6016		10474	130,37	17,31	13,57
42 Kaiserin Elisabeth a. Locomot.-B.	381	—	3	384*	774	13,59	1,80	717	2873	8726		12340*	216,64	28,75	15,95
b. Pferde-B.	29	—	–	29	58	3,34	0,44		76	187		263	15,14	2,01	4,53
43 Köln-Mindener (u. Gießener)	51	151	–	202*	555	8,04	1,07	567	1908	4210	1900	11585*	168,14	22,33	20,87
44 Kurf. Friedr. Wilh. Nordb.	—	56		56*	168	8,10	1,13	96	544	1890	—	2530	127,45	16,94	15,06
45 Leipzig-Dresdener	79	51	-	130	311	18,81	2,50	225	1235	3498	–	4962	300,15	39,86	15,95
46 Ludwigs-E. (Nürnb.-Fürth)	11	15	—	26	67	83,75	11,11	52	280	495	—	827	1033,75	137,21	12,34
47 Lübeck-Büchener	—	13	—	13	39	6,19	0,82	30	160	480	–	670	106,35	14,12	17,18
48 Magdeb.-Cöth.-Halle-Leipz.	71	48	—	119	286	14,17	1,88	198	966	3310		4474	221,70	30,60	15,61
49 a. Magdeburg-Halberstädter	2	62	—	64	190	16,25	2,16	141	744	2360	–	3248*	277,61	36,89	17,09
b. Cöthen-Bernburger	2	7	–	9	25	9,09*	1,21*	18	56	350	–	424	154,18*	20,47*	16,96
50 Magdeburg-Wittenbergesche	—	31	–	31	93	6,50	0,86	54	352	1240	–	1646	115,10	15,29	17,70
51 Mecklenburgische	—	31	9	40	129	6,49	0,86	102	536	1310	—	1948	101,09	13,42	15,10
52 Mohacs-Fünfkirchener	10	—	–	10	20	2,18	0,33	18	112	184	—	314	38,44	5,14	15,70
53 Neisse-Brieger	–	10	—	10	30	4,65	0,61	18	104	224	135	481	77,83	10,33	16,03
54 Niederländische Rhein-E.	160	—	—	160*	320	13,73	1,82	1150	1986	3674	—	6810	293,02	38,90	21,28
55 Niederschlesische Zweigbahn	2	10	13	25	86	9,05	1,20	94	416	550	296	1356	142,74	18,95	15,77
56 a. Oesterreich. nördliche	141		72	216	576	9,25	1,23	978	2854	5216	…	9078	145,65	19,33	15,76
b. Oesterreich. südöstliche	175	1	85	261	683	7,57	1,0	1010	4054	5241	—	10305	114,65	14,85	14,9
c. Wien-Neu-Szönyer	17	18	23	58	180	8,40	1,11	176	716	1900		2792	132,03	17,71	15,51
57 Oppeln-Tarnowitzer	–	5*	—	5*	15	1,16	0,20	32	32	80	120	264*	26,03	3,46	22,0*
58 a. Pfälzische Ludwigsbahn	119	—	–	119	238	12,10	1,61	218	916	2920	—	4054	206,10	27,36	17,0
b. Pfälzische Maximiliansb.	36	—	—	36	72	11,56	1,54	128	240	800	—	1168	187,50	24,88	16,2
59 Rheinische	123	113	—	236	585	12,20	1,63	1794	3074	4020	540	9428	197,29	26,21	16,1
60 a. Südbahn, Oesterreich.	285	—	300	585	1770	11,56	1,53	1952	6860	16336		25148	164,24	21,81	14,2
b. Nordtiroler	—	32	7	39*	124	12,72	1,69	114	588	1116		1848	189,54	25,16	15,6
c. Venetianische u. Südtirol	220	9	43	272	639	9,19	1,22	682	2381	7440		10503	151,08	20,05	16,4
61 Süd-Norddeutsche	88	—		88	176	6,18	0,82	160	881	1920		2964	113,72	15,09	16,8
62 Taunus-Bahn	96	20	—	116	252	37,50	4,98	506	1150	2180		4136	615,50	81,71	16,4
63 Theiß-Bahn		145	–	145	435	5,63	0,75	351	2164	4200		7015	90,81	12,05	16,1
64 Thüringische		106		106*	318	8,50	1,13	280	1476	3596	—	5352	143,04	19,00	16,8
65 Werra-E.		40		40	120	5,30	0,70	120	576	1320	–	2016	89,05	11,82	16,8

Transportmittel.

100 Gepäckwagen: a. 4-	b. 6-	c. 8- rädrige.	d. zusammen.	101 Achsen unter denselben: a. überhaupt.	b. pro Meile Bahnlänge.	pro Kilometer Bahnlänge.	102 Güterwagen (incl. Equipage- u. Viehwagen): a. 4rädrige offene	b. 4rädrige bedeckte	c. 6rädrige offene.	d. 6rädrige bedeckte.	e. 8rädrige offene.	f. 8rädrige bedeckte.	g. zusammen.	103 Achsen unter denselben: a. überhaupt.	b. pro Meile Bahnlänge.	pro Kilometer Bahnlänge.	
—	15	—	15	45	2,0	0,27	68	64	26	60	35	68	321	934	41,19	5,51	30a
—	12	—	12	36	1,54	0,21	122	126	30	12	—	—	320	712	31,23	4,15	-b
10	—	—	10	20	0,75	0,14	591	191	—	—	—	—	788	1576	59,11	7,85	31
11	—	2	13	30	1,31	0,17	608	177	21	3	99	2	910	2046	89,26	11,86	32
2	—	—	2	4	1,00	0,14	92	4	—	—	—	—	96	192	51,2	6,79	33
3	—	—	3	6	0,85	0,11	118	—	—	—	—	—	118	236	33,24	4,41	34a
4	—	—	4	8	1,90	0,25	103	—	—	—	—	—	103*	206	49,05	6,51	-b
6	—	—	6	12	2,10	0,29	26	20	—	—	—	—	46	92	16,05	2,21	35
36*	3	—	39	81*	1,13	0,15	508	780	5	1	33	46	1373	2910	62,11	8,25	36
—	1	—	1	3	0,27	0,05	13	20	—	—		—	33	66	14,61	1,95	37
—	—	3	3*	12	2,16	0,30	131	—	—	—		4	138*	284	53,10	7,18	38
39*	8	—	47	102	4,15	0,56	349	296	—	—		—	645	1290	52,69	7,02	39
4	—	—	4	8	3,33	0,44	16	4	—	—	—	—	20	40	16,53	2,20	40
127	—	—	127	254	3,14	0,42	2400	2703	—	—	110	220	5433	11 526	143,46	19,05	41
54	—	1	55*	112	1,91	0,26	663	893	1	—	4	—	1561*	3131	54,77	7,30	42a
4	—	—	4	8	0,46	0,06	602	111	—	—	29*	—	775	1598	82,51	12,19	-b
23	40	—	63*	166	2,41	0,33	1123	660	375	254	30	—	5442	11 573	107,80	22,10	43
13	5	—	18*	31	1,16	0,21	206	90	—	—	—	5	304*	624	31,11	4,11	44
15	—	—	15	30	1,92	0,26	286	206	220	139	—	8	859	2003	126,47	16,61	45
—	…	—	—	—	—	—	1	—	—	—	—	—	1	2	—	—	46
1	2	—	3	8	1,21	0,17	31	27	65	21	2	—	146	382	60,43	8,05	47
—	10	—	10	30	1,55	0,21	303	680	—	8	3	58	1202	2534	130,41	17,30	48
—	17	—	17	51	4,24	0,58	223	62	4	172	—	25	486	1198	102,50	13,65	49a
—	—	—	—	—	—	—	63	22	4	3	—	—	92	191	17,75	6,56	-b
—	4	—	4	12	0,44	0,11	41	63	13	79	2	—	198	402	31,41	4,51	50
—	5	6*	11	30	2,01	0,27	93	57	9	30	21	62	274	733	39,06	5,15	51
3	—	—	3	6	0,74	0,10	205	18	—	—	—	—	223	446	55,20	7,13	52
—	3	—	3	9	1,49	0,15	9	35	12	9	4	—	69	167	27,03	3,59	53
8	—	—	46	92	2,54	0,33	398	487	—	—	—	—	885	1770	76,14	10,11	54
1	3	—	4	11	1,16	0,15	27	57	—	—	11	6	101	248	26,11	3,47	55
35	—	32	67	198	2,14	0,17	1195	503	30	—	264	519	2511	6738	108,18	14,34	56a
51	10	12	103	240	2,65	0,35	846	1302	152	88	369	698	3255	8884	96,41	12,80	-b
16	—	5	21	52	2,21	0,33	91	617	—	9	19	5	741	1539	73,53	9,74	-c
—	4	—	4	12	1,11	0,14	116	31	14	4	—	—	165	348	31,55	4,37	57
33	—	—	33	66	3,54	0,45	1265	130	25	—	—	—	1420	2865	115,65	19,16	58a
5	—	—	8	16	2,57	0,34	301	90	—	—	—	—	391	782	125,50	16,18	-b
16	17	—	63	143	3,0	0,40	1136	681	5	—	6	—	1828	3673	77,13	10,34	59
100	—	30	130	320	2,09	0,28	2319	2760	—	—	25	20	5124	10 338	67,58	8,97	60a
11	—	—	11	22	2,35	0,30	52	70	—	—	—	—	122	244	25,63	3,32	-b
90	—	—	90	180	2,59	0,34	637	684	—	—	—		1321	2642	38,0	5,04	-c
13	—	—	13	26	1,0	0,13	265	202	—	—	—	—	467	934	35,63	4,73	61
9	8	—	17	42	6,25	0,83	101	77	12	14	—	—	204	434	61,56	8,57	62
38	15	—	53	121	1,41	0,21	391	850	—	—	—	—	1241	2482	32,10	4,14	63
—	26	—	26*	78	2,09	0,28	589	606	10	4	—	36	1245	2576	69,14	9,14	64
—	12	—	12	36	1,59	0,21	192	103	—	—	—	—	295	590	26,06	3,46	65

(Forts.) I. Bestand der

I. Staatsbahnen.	104 Arbeitswagen: a. 4- rädrige. Anz.	b. 6- rädrige. Anz.	c. 8- rädrige. Anz.	d. zusammen. Anz.	105 Schneepflüge. Anz.	106 Draisinen. Anz.	107 Sonstige Transportmittel.
1 Badische	24	—	—	24	9	4	16 Briefpost- und 8 Postpackwagen
2 Bayerische (u. gepcht. Zwgb.)	279	32	—	311	27	74	. . . . . .
3 Braunschweigische	14	—	—	14	—	—	. . . . .
4 Hannoversche	417	—	—	417	—	12	. . . . . .
5 Main-Neckar	4		—	4	4	4	. . . .
6 Main-Weser	32	—	—	32	—	6	. . . .
7 Nassauische	—	—	—	—	—	1	. . . .
8 Preuß. Niederschles.-Märk.	95	46	—	141	—	8	43 Bahnmeisterwagen
9 „ Ostbahn	21	65	—	86	8	14	142 Bahnmeisterwagen
10 „ Saarbrücker (u. Trier)	101	—	—	101	—	2	. . . .
11 „ Westfälische	64		—	64		4	7 Umlade- und 19 Bahnmeisterwagen
12 Sächsische östliche a. Sächsisch-Böhmische b. Sächsisch-Schlesische c. Tharandt-Freiberger	68	—	—	68	—	6	
13 Sächsische westliche a. Niedererzgebirgische b. Obererzgebirgische c. Sächsisch-Bayerische	85	—	—	85	—	9	
14 Württembergische	261*	—	—	261	4	—	5 Kranken- und Gefangenenwagen, 16 Postwagen
II. Privatbahnen							
a) unter Staatsverwaltg.							
15 Aach.-Düss.-Ruhrorter: a. Aach.-Düssel.; b. Ruhrort-Crf.	24	—	—	24	1	3	1 Dampfboot („Delphin"), 13 Bahnmeisterwagen, 1 Schwellen- und 2 alte Kieswagen für die Imprägnir-Anstalt in Saal; 1 Dampfboot („Ruhr"), 1 Dampffähre („Rhein"), 2 hydraulische Hebemaschinen und 2 stehende Dampfmaschinen
16 Bergisch-Märkische	—	—	—	—	—	1	1 stehende Maschine zur Ueberwindung von Steigungen
17 a. Löbau-Zittauer	5	—	—	5	—	—	. . . .
b. Zittau-Reichenberger	8	—	—	8	—	—	. . . .
18 a. Oberschlesische b. Breslau-Posen-Glogauer	—	—	—	—	—	—	
19 Stargard-Posener	18	9	1	28		2	. . . .
20 Rhein-Nahe-E.	37			37	—	1	2* Dampfschiffe, 3* Schalden und ein Ausgleichungswagen
21 Wilhelms-Bahn	—	—		—		1	. . . .
b) in Privatverwaltung.							
22 Aachen-Mastrichter	15	—	—	15	—	2	. . . .
23 Alberts-Bahn	8		—	8	—	—	. . . .
24 a. Altona-Kieler	24	—	—	24	3	3	1 stehende Maschine am Quai, 10 Drehwagen für Oberbahnwärter und 5 vierrädrige Postwagen
b. Rendsburg-Neumünster	6	—	—	6	1	—	2 vierrädrige Postwagen u. 2 Drehwagen für Oberbahnwärter
25 Aussig-Teplitzer	12		—	12	1	2	. . . .
26 Bayerische Ostbahnen	50	—		50	3	8	18 vierrädrige Postwagen
27 Berlin-Anhaltische	125*	—		125	3	—	. . . .
28 a. Berlin-Hamburger b. Hamburg-Bergedorfer	45	—		45	1	6	1 Dampfdraisine und 11 vierrädrige Transportwagen der Coaksbrennereien, Schwellentränkanstalt ꝛc.
29 Berlin-Potsdam-Magdebgr.	44	8		52	—	3	. .

Transportmittel.

108		109					110		111	112	
Anzahl der in Reserve vorhandenen		Gesammt-Ladungsfähigkeit					Durchschnittlich		Größte zulässige (Netto-) Belastung einer Güterwagen-Achse.	Durchmesser derselben (in der Nabe).	
a. eisernen	b. stählernen	a. der Gepäckwagen.	b. der Güterwagen.	c. der Equipage- und Viehwagen.	d. der Arbeitswagen.	e. zusammen.	pro Meile	pro Kilometer			
Achsen.		Z.-Ctr.	Z.-Ctr.	Z.-Ctr.	Z.-Ctr.	Z.-Ctr.	Bahnlänge. Z.-Ctr.		Z.-Ctr.	Zoll	
304	—	12 675	336 435	7740	1840*	358 690	4817	640	100	5½	1
—	—	21 040	706 555	3530*	29 430	760 555	4469	593	175*	[illegible]*	2
—	—	3900	114 700	3800	420	122 220	4591	610	100	4 13/16	3
813	—	8120	511 320	in Col. b enth.	33 360	552 800	4699	624	100	5 [illegible]	4
212	—	-	28 590	3040	320	31 950	2185*	330	100	—	5
303	—	3450	71 980	in Col. b enth.	2880	78 310	2945	391	100	4½—6 [illegible]	6
110	.	2100	95 900	3000	—	101 000	4027	535	100	4 13/16	7
5	16	4720	454 719	7169	11 876	478 484	9269	1231	105	3½—5	8
663	—	9385	343 450	33 612	18 965	405 412	3708	492	105	3 9/10—5	9
114	—	2200	275 400	1680	9680	288 960	15008	1993	100	3½—5	10
289	—	2560	82 820	3900	5120	94 400	3483	462	100	5	11
230	—	in Col. b enth.	166 830	in Col. b enth.	in Col. b enth.	166 830	6484	861	100	3½—5½	12
342	312	in Col. b enth.	566 620	in Col. b enth.	in Col. b enth.	566 620	11661	1548	100 u. 200	3½—5½	13
615	—	6200	280 460	1580*	—*	288 240	4459	592	100*	4 [illegible]	14
302	—	2400	[illegible] 37 190	5700	2400	147 350	8652	1149	100	eiserne 5, stählerne 1½	15
353	—	4640	[illegible] 33 000	7500	—	625 230	13 185	1751	100	3½—5½	16
16	—	in Col. b enth.	8140	in Col. b enth.	in Col. b enth.	8140	1065	240	50 u. 100	3½—5½	17a
15	—	in Col. b enth.	[illegible] 650	—	in Col. b enth.	1[illegible] 500	4648	617	50 u. 100	4½—5½	b
1349	12	7500	5[illegible] 980	in Col. b enth.		53[illegible] 480	8666	1151	110	4½	18
99	in Col. a enth.	3410	63 464	[illegible] 072	2520	7[illegible] 466	3467	460	113	4½	19
46	—	1200	100 749	[illegible] 780	3700	108 429	6768	899	155,1	4½ u. 5	20
302	—	1800	158 832	[illegible]		161 712	6893	915	79,1	4½—5½	21
98											
80	—	1050	38 210	2840	1500	43 510	5749	166	75	3½—4½	22
136	—	—	69 300	—	—	69 300	1[illegible] 562	1800	75	stählerne 4	23
17	—	4800	30 720	in Col. b enth.	1920	42 120	2991	397	75	4½	24a
40	—	150	[illegible]	in Col. b enth.	100	5200	1126	149	60	4½	b
282	—	800	42 400	in Col. b enth.	in Col. b enth.	43 000	17 769	2359	100	4½	25
1183	in Col. a enth.	5440*	30[illegible] 000	3400	10000	31[illegible] 840	[illegible]	705	100	5½	26
191		2040	131 440	4290	8200	145 970	[illegible]	109	141	eiserne 5, stählerne 4½	27
436	56	2250	147 541	8475*	3600	161 866	[illegible]	342	100	5½	28
—	—	4200	108 056	in Col. b enth.	in Col. b enth.	11[illegible] 256	[illegible]	749	100	3½—5	29

II. Privatbahnen. (Forts.)	104 Arbeitswagen: a. 4- rädrige	b. 6- rädrige	c. 8- rädrige	d. zusammen	105 Schneepflüge	106 Draisinen	107 (Forts.) I. Bestand der — Sonstige Transportmittel.
30 Berlin-Stettiner							
a. Berlin-Stettin-Stargard	38	12	–	50	—	3	1 Teil- u. 1 Kippenwagen für die geneigte Ebene bei Neustadt
b. Stargard-Cöslin-Colberg	—	—	—	—	—	8	
31 Böhmische Westbahn	77	—	—	77	5	10	2 vierrädrige Postwagen
32 Breslau-Schweidnitz-Freib.	—	—	—	—	—	1	
33 Brünn-Rossitzer	—	—	—	—	1	3	21 kleine Bahnwagen
34 Buschtiehrader a. Locom.-B.	18	—	—	18	2	1	
b. Pferde-B.	15	—	—	15	—	—	
35 Frankfurt-Hanauer	—	—	—	—	—	2	
36 Galizische Carl-Ludwig-B.	81	—	—	81	8	7	
37 Glückstadt-Elmshorner	3	—	—	3	—	—	1 Postwagen und 2 Drehwagen
38 Graz-Köflacher	—	—	—	—	1*	—	
39 Hessische Ludwigs-E.	s. S. 107	—	—	—	1	5	1 Dampfboot
40 Homburger	—	—	—	—	—	—	
41 Kaiser Ferdinands Nordb.	s. S. 100	240	s. S. 100	240	16	32	
42 Kaiserin Elisabeth a. Locom.-Bahn	111	—	—	111	16	8	
b. Pferde-Bahn	67	—	—	67	10	4	
43 Köln-Mindener (u. Gießener)	218	2	—	220	—	7	
44 Kurf. Friedr. Wilh. Nordb.	21	—	—	21		2	
45 Leipzig-Dresdener	—	—	—			—	1 vierrädriger und 8 sechsrädrige Postwagen
46 Ludwigs-E. (Nürnb.-Fürth)	2	—	—	2			
47 Lübeck-Büchener	—	—	—	—	—	—	
48 Magdeb.-Cöth.-Halle-Leipz.	39	—	—	39	1	3	
49 a. Magdeburg-Halberstädter	—	—	—	—	—	1	
b. Cöthen-Bernburger	4	—	—	4	—	1	
50 Magdeburg-Wittenbergesche	12	—	—	12	—	2	
51 Mecklenburgische		—	—	—	—	3	
52 Mohacs-Fünfkirchener	24	—	—	24	1	1	
53 Neisse-Brieger	—	—	—	—	—	1	7 Bahnmeisterwagen
54 Niederländische Rhein-E.	40	—	—	40	—	2	
55 Niederschlesische Zweigbahn	16	—	—	16	—	—	
56 a. Oesterreich. nördliche	—	—	—	—	14	7	
b. Oesterreich. südöstliche	46	—	—	46	12	13	
c. Wien-Neu-Szönyer		—	—	—	6	5	
57 Oppeln-Tarnowitzer	—	—	—	—	1		
58 a. Pfälzische Ludwigsbahn	3	—	—	3	3	2	
b. Pfälzische Maximiliansb.	—	—	—	—	1	—	
59 Rheinische	172	—		172	—	4	9 Bergbremswagen u. 2 Möbelwagen (zugleich für Straßenfahrt)
60 a. Südbahn, Oesterreichische	80		110	190	52	—	
b. Nordtiroler	—	—	—	—	2	—	
c. Venetianische u. Südtirol.	80	—	—	80	10	—	
61 Süd-Norddeutsche	—	—	—	—	6	3	
62 Taunus-Bahn	2	3	—	5	1	3	1 stehende Maschine und 2 Dampfboote
63 Theiß-Bahn	200	—		200	8	3	21 vierrädrige Postwagen
64 Thüringische	79	—		79		1	
65 Werra-E.	20	—		20	—	—	

Transportmittel.

108 a. Anzahl der in Reserve vorhandenen eisernen Achsen	108 b. hölzernen Achsen	109 Gesammt-Ladungsfähigkeit a. der Gepäckwagen Z.-Ctr.	b. der Güterwagen Z.-Ctr.	c. der Equipage- und Viehwagen Z.-Ctr.	d. der Arbeitswagen Z.-Ctr.	e. zusammen Z.-Ctr.	110 Durchschnittlich pro Meile Bahnlänge Z.-Ctr.	pro Kilometer Bahnlänge Z.-Ctr.	111 Größte zulässige (Netto-) Belastung einer Güterwagen-Achse Z.-Ctr.	112 Durchmesser derselben (in der Nabe) Zoll	
76	55	1500	45 230	420	4570	51 720	2300	305	110	3¾—5¼	30a
58	—	1440	54 500	2430	—	58 370	2560	340	110	4½—5½	- b
80	—	1000	128 320	27 610	—	156 930	5886	782	100	4½	31
186	10	1620	167 996	1600	—	171 216	7478	993	130	5	32
12	—	160	16 326	—	—	16 486	4396	581	90	4	33
30	—	450	20 860	—	—	21 310	3001	399	100	4½	34a
274	—	280	7210	—	450	7940*	1890	251	42	2½	- b
33	—	480	2880	2000	—	5360	982	130	40 u. 100	3½ u. 4½	35
70	—	6708*	160 006	111 020	16 200	294 690	6295	836	100	4½	36
2	—	120	4260	in Bef. 1875	120	4500	1000	133	90	4½	37
28	—	600	27 680	—	—	28 310	5337	708	100	4—4½	38
245		7950*	121 380	in Bef. 1875	in Bef. 1875	129 330	5303	704	100	3¾—4½	39
10	—	480	3680	—	—	4160	1726	229	100	5½	40
310	—	11 938	746 405	11 340	—	769 683	9580	1272	118	4—4½	41
185	—	6960	179 400	82 040	—	268 400	4714	626	98,7	5½	42a
32	—	160	36 000	—	670	36 830	2120	281	25	2½	- b
174*	—	6640	886 940	14 480	22 100	930 160	13 502	1793	100	eiserne 5, hölzerne 4	43
67		1240	29 660	—	1680	32 580	1642	218	100	3½—5	44
232*	—	1200	114 040	in Bef. 1875	—	115 240	6971	926	40 u. 100	4½—5½	45
22	1	—	90	—	100	190	237	32	50	3½	46
5	11	in Bef. 1875	20 040	720	—	20 760	3295	438	100	5	47
307	3	1500	174 710	1490	2925	180 625	9330	1239	112,5	5	48
367		2040	71 665	in Bef. 1875	—	73 705	6305	837	100	3½—7	49a
18	—	—	14 320	—	200	14 520	3630	482	100	3½	- b
143	—	540	20 967	530	480	22 517	1571	209	50	4½	50
74	—	2100	34 080	3020	—	39 200	2031	270	100	5 (max.)	51
54		504	35 448	1488	2880	40 320	4990	662	84	4½	52
32	—	—	8150	280	—	8430	1361	181	50,5	3½, 3½ u. 4½	53
517	10	5400	108 810	12 830	6000	133 040	5724	760	160	5 (max.)	54
6		700	16 940	312	1152	19 104	1912	254	90	5	55
69	87	13 150	405 605	104 680	—	523 435	8402	1115	105	3½—4½	56a
136	114	18 470	550 660	116 175	3190	688 495	7471	992	105	3½—4½	- b
—	—	3845	128 935	18 040	—	150 820	7206	957	105	3½—4½	- c
114	—	720	26 430	1000	—	28 230	2790	370	90	4 11/16	57
90	—	3480	167 390	5250		176 120	8951	1190	150	4½	58a
6		800	40 960	2500	—	44 260	7120	945	150	4½	- b
30	154	10 160	308 150	14 000	17 200	349 510	7340	975	100	5	59
41	—	18 900	1 024 300	in Bef. 1875	37 300	1 080 500	7058	937	100	4½	60a
544	—	550	13 200	11 200	—	24 950	2559	340	100	4½ (max.)	- b
—	—	14 400	141 920	77 960	12 800	247 080	1293	172	100	3½	- c
110		2600	73 600	19 800	—	96 000	1407	187	100	4 11/16	61
215	—	1680	28 870	in Bef. 1875	520	31 070	4621	611	100	5½	62
192	—	4800*	137 110	42 540	40 000	254 540	1022	137	84	4½	63
25	—	3180	133 050	2400	—	138 630	3721	191	100	3½—5	64
		1440	31 900	in Bef. 1875	—	33 340	1172	195	60	4 11/16—4 15/16	65

	113			114			115		
	II. Anschaffungskosten der								
	Lokomotiven und Tender			Personenwagen			Gepäckwagen		
I. Staatsbahnen.	a. überhaupt.	b. durchschnittlich pro Meile Bahnlänge.	b. durchschnittlich pro Kilometer Bahnlänge.	a. überhaupt.	b. durchschnittlich pro Meile Bahnlänge.	b. durchschnittlich pro Kilometer Bahnlänge.	a. überhaupt.	b. durchschnittlich pro Meile Bahnlänge.	b. durchschnittlich pro Kilometer Bahnlänge.
	Thlr.	Thlr.	Thlr.	Thlr.	Thlr.	Thlr.	Thlr.	Thlr.	Thlr.
1 Badische	2 258 907	30 337	4028	1 079 621	14 499	1925	172 653	2319	308
2 Bayerische (u. gep. Zweigb.)	4 373 910	25 700	3413	1 095 831	6439	855	207 096	1217	162
3 Braunschweigische	969 471	36 419	4835	252 295	9476	1258	45 083	1694	225
4 Hannoversche	3 040 632	25 847	3432	831 554*	7069	939	146 332*	1244	165
5 Main-Neckar	341 808	29 415	3906	178 202	15 335	2036	s. Col. 114a	s. Col. 114b	s. Col. 114c
6 Main-Weser	750 244	28 554	3791	261 167	9822	1304	44 351	1668	221
7 Nassauische	458 350	18 276	2427	223 340	8905	1182	31 819	1269	168
8 Preuß. Niederschles.-Märk.	2 311 144	44 772	5944	568 750	11 018	1463	101 391	1964	261
9 „ Ostbahn	1 047 907	17 817	2366	779 693	7132	947	134 530	1230	163
10 „ Saarbrücker (u. Trier)	876 571	45 527	6044	179 180	9306	1236	39 504	2052	272
11 „ Westfälische	880 469	32 490	4314	184 895	6823	906	33 650	1242	165
12 Sächsische östliche: a. Sächsisch-Böhmische, b. Sächsisch-Schlesische, c. Tharandt-Freiberger	860 624	33 448	4441	325 575	12 654	1680	s. Col. 114a	s. Col. 114b	s. Col. 114c
13 Sächsische westliche: a. Niedererzgebirgische, b. Obererzgebirgische, c. Sächsisch-Bayerische	1 685 852	34 835	4625	428 508	9125	1211	s. Col. 114a	s. Col. 114b	s. Col. 114c
14 Württembergische	1 825 678	28 244	3750	601 013	9298	1234	69 291	1072	142
II. Privatbahnen									
a) unter Staatsverwaltg.									
15 Aach.-Düss.-Ruhrorter: a. Aach.-Düsseld., b. Ruhrort-Cref.	570 874	34 045	4520	191 864	11 266	1496	28 490	1673	222
16 Bergisch-Märkische	2 033 778	12 880	5691	309 015	6517	865	76 544	1614	214
17 a. Löbau-Zittauer	80 738	17 902	2377	29 681	6551	874	s. Col. 114a	s. Col. 114b	s. Col. 114c
b. Zittau-Reichenberger	116 800	32 904	1368	32 788	9236	1226	„ „ 114a	„ „ 114b	„ „ 114c
18 a. Oberschlesische, b. Breslau-Posen-Glogauer	1 897 050	30 816	4091	379 016	6330*	840	80 821	1350*	179
19 Stargard-Posener	588 332	22 374	2971	151 452	6692	888	35 841	1584	210
20 Rhein-Nahe-E.	473 863	29 579	3927	90 086	5623	747	14 556	909	120
21 Wilhelmsbahn	369 480	15 746	2091	65 286	2783	369	20 200	861	114
b) in Privatverwaltung.									
22 Aachen-Mastrichter	280 100	22 588	2999	66 230	5341	709	15 417	1243	165
23 Albertsbahn	126 858	24 825	3296	42 564	8330	1106		.	--
24 a. Altona-Kieler	240 567	17 086	2268	93 383	6632	881	s. Col. 114a	s. Col. 114b	s. Col. 114c
b. Rendsburg-Neumünster	48 862	10 576	1401	15 740	3407	452	2103	455	60
25 Aussig-Teplitzer	106 080	43 835	5820	64 800	26 777	3555	3780	1599	207
26 Bayerische Ostbahnen	1 478 850	24 566	3262	567 840	9433	1252	119 630*	1987	264
27 Berlin-Anhaltische	1 041 086	21 963	2916	343 401	7245	962	30 639	646	86
28 a. Berlin-Hamburger, b. Hamburg-Bergedorfer	1 241 869	31 313	4157	441 450	11 131	1478	37 200	938	125
29 Berlin-Potsdam-Magdeburg	778 000	39 822	5288	392 345	20 082	2660	66 780	3418	454

116			117	118	119	120	
Transportmittel.							
Güterwagen (incl. Equipage- und Viehwagen)			Arbeits-wagen.	Schneepflüge und Draisinen.	Sonstige Transport-mittel.	Achsen und Räder für die Postwagen (soweit solche die Bahnverwaltung zu liefern hat).	
a. überhaupt	b. durchschnittlich pro Meile Bahnlänge	b. durchschnittlich pro Kilometer Bahnlänge					
Thlr.	Thlr.	Thlr.	Thlr.	Thlr.	Thlr.	Thlr.	
2 193 469	29 158	3011	4943	in Col. 117	32 379	—	1
4 453 960	26 170	3475	26 977	37 200	124 079*	—	2
1 004 498	41 116	5450	1520	—	—	—	3
3 448 452	29 271	3887	131 803	—	—	—	4
2 336 098	28 924	3840	in Col. 116	2472	—	223	5
658 880	24 779	3290	19 363	1500	—	—	6
476 594	19 003	2523	—	250	—	—	7
8 104 230	60 136	7984	100 700	in Col. 117	in Col. 117	—	8
2 941 415	26 904	3572	98 211	10 122	20 451	—	9
1 545 257	82 853	11 060	50 360	115	—	—	10
680 418	25 108	3334	34 048	1102	4300	2898	11
1 065 964	41 430	5500	7235	1313		—	12
2 778 511	59 168	7856	3957	1705		—	13
1 042 567	29 124	3867	26 772	751	6199	44 601*	14
1 031 803	60 584	8023	18 000	in Col. 117	in Col. 111 125 068	—	15
3 504 220	75 795	10063	—	200	3500	in Col. 116a	16
51 346	11 385	1522	4041	—	—	—	17a
98 595	27 773	3687	200	—	—	—	b
3 546 312	57 607	7648	—	—	—	—	18
566 117	25 900	3438	91 863	—	—	—	19
365 860	36 552	4853	23 684	—	49 467*	—	20
467 970	36 985	4012	—	360	—	—	21
300 518	24 235	3218	6045	400	—	—	22
688 036	85 897	11 404	600		—	—	23
210 848	14 975	1988	in Col. 116	941	231	50 323	24a
33 900	7355	976	1660	861	220	29 423**	b
1 869 140	88 727	11 780	2400	2080	—	—	25
1 115 719	30 853	4100	45 000	3880	—	in Col. 1 1	26
1 546 050	23 540	3125	in Col. 116a	in Col. 116a	—	—	27
945 779	38 053	5176	36 000	2100	553		28
	48 400	6427	25 321			—	29

15

II. Privatbahnen. (Forts.)	113			114			115		
	II. Anschaffungskosten der								
	Lokomotiven und Tender			Personenwagen			Gepäckwagen		
	a. überhaupt.	b. durchschnittlich pro Meile Bahnlänge.	b. durchschnittlich pro Kilometer Bahnlänge.	a. überhaupt.	b. durchschnittlich pro Meile Bahnlänge.	b. durchschnittlich pro Kilometer Bahnlänge.	a. überhaupt.	b. durchschnittlich pro Meile Bahnlänge.	b. durchschnittlich pro Kilometer Bahnlänge.
	Thlr.	Thlr.	Thlr.	Thlr.	Thlr.	Thlr.	Thlr.	Thlr.	Thlr.
30 Berlin-Stettiner									
a. Berlin-Stettin-Stargard	606 200	26 951	3579	221 778	9861	1300	34 952	1551	206
b. Stargard-Cöslin-Colberg	481 000	21 096	2801	163 668	7178	953	17 705	777	103
31 Böhmische Westbahn	405 320	18 579	2467	226 100	8481	1126	21 840*	819	109
32 Breslau-Schweidnitz-Freib.	674 583	29 464	3912	218 979	9564	1269	15 915	695	92
33 Brünn-Rossitzer	85 770	22 872	3037	15 050	1013	533	1680	448	59
34 Buschtiehrader a. Locom.-B.	141 481*	19 927*	2646	15 305	2156	286	3344	471	63
b. Pferde-B.	—*		—	2303*	563	75	s. Pos. 116a	s. Pos. 116b	s. Pos. 116c
35 Frankfurt-Hanauer	181 997	33 333	1425	97 443	17 817	2369	„ „ 116a	„ „ 116b	„ „ 116c
36 Galizische Carl-Ludwig-B.	1 059 180	41 854	5558	336 566	7190	955	„ „ 116a	„ „ 116b	„ „ 116c
37 Glückstadt-Elmshorner	28 589	6353	844	12 092	2687	357	2068	460	61
38 Graz-Köflacher	44 133*		—	18 289	3144	457	s. Pos. 116a	—	—
39 Hessische Ludwigs-E.	649 137	26 615	3534	s. Pos. 116a	s. Pos. 116b	s. Pos. 116c	„ „ 116a	s. Pos. 116b	s. Pos. 116c
40 Homburger	58 057	24 090	3199	53 670	22 269	2957	4934	2047	272
41 Kaiser Ferdinands Nordb.	4 154 425	51 710	6865	717 367	8929	1185	161 559	2011	267
42 Kaiserin Elisabeth a. Locomot.-B.	2 088 334*	36 657	4870	1 072 905*	18 846	2502	s. Pos. 116a	s. Pos. 116b	s. Pos. 116c
b. Pferde-B.	—	—	—	— *		—	—	—	—
43 Köln-Mindener (u. Gießener)	3 781 558	54 890	7288	562 613	8167	1084	140 328	2037	270
44 Kurf. Friedr. Wilh. Nordb.	613 435	30 866	1111	163 944	8276	1099	20 800	1050	140
45 Leipzig-Dresdener	733 371	44 366	5891	s. Pos. 116a	s. Pos. 116b	s. Pos. 116c	s. Pos. 116a	s. Pos. 116b	s. Pos. 116c
46 Ludwigs-E. (Nürnb.-Fürth)	29 350	36 888	4867	25 378	31 723	4209		—	—
47 Lübeck-Büchener	103 112	16 367	2173	34 989	5554	737	4900	778	103
48 Magdeb.-Cöth.-Halle-Leipz.	818 317	12 268	5612	275 542	14 233	1890	s. Pos. 116a	s. Pos. 116b	s. Pos. 116c
49 a. Magdeburg-Halberstädter	343 333	29 370	3899	194 200	18 618	2206	„ „ 116a	„ „ 116b	„ „ 116c
b. Cöthen-Bernburger	64 000	16 000	2124	11 550	4200*	558*	—	—	—
50 Magdeburg-Wittenbergesche	284 802	19 916	2644	87 576	6124	813	8280	579	77
51 Mecklenburgische	798 046*	41 414	5498	s. Pos. 116a	—		s. Pos. 116a	—	
52 Mohacs-Fünfkirchener	197 221	24 408	3241	27 712	3430	455	5813	172	63
53 Neisse-Brieger	99 470	16 095	2137	28 178	1560	605	—	—	—
54 Niederländische Rhein-E.	737 222	31 722	1212	360 900	15 529	2062	73 486	3162	420
55 Niederschlesische Zweigbahn	166 248	17 500	2323	58 224	6129	811	6618	697	92
56 a. Oesterr. nördliche	2 470 227	39 644	5263	587 980	9136	1253	134 717	2162	287
b. Oesterr. südöstliche	3 381 629	36 690	4871	734 804	7971	1059	196 725	2135	283
c. Wien-Neu-Szönyer	692 742	28 798	3823	163 930	7832	1039	41 083	1963	261
57 Oppeln-Tarnowitzer	147 900	14 616	1910	13 503	1331	177	9440	933	124
58 a. Pfälzische Ludwigsbahn	505 990	30 299	1027	182 150	9261	1231	38 015	1933	257
b. Pfälzische Maximiliansb.	184 457	29 671	3910	51 175	8243	1093	8850	1424	189
59 Rheinische	1 692 217	35 536	1717	573 780	12 049	1599	99 278	2085	277
60 a. Südbahn, Oesterreich	5 781 808	37 770	5015	1 240 529	8104	1076	s. Pos. 116a	s. Pos. 116b	s. Pos. 116c
b. Nordtiroler	—			—			—	—	
c. Venetianische u. Südtirol.	1 821 066	26 187	3477	474 581	6825	906	162 547	2337	310
61 Süd-Norddeutsche	967 895	36 971	1909	226 249	8612	1147	21 918	837	111
62 Taunus-Bahn	242 249	36 050	1786	177 598	26 428	3508	s. Pos. 116a	s. Pos. 116b	s. Pos. 116c
63 Theiß-Bahn	1 816 914	23 502	3120	511 811	6620	879	107 880*	1395	185
64 Thüringische	1 248 273	33 502	1418	318 726	8554	1136	47 421	1273	169
65 Werra-E.	446 400	19 718	2618	122 750	5122	720	25 050	1107	147

Transportmittel.

116			117	118	119	120	
Güterwagen (incl. Equipage- und Viehwagen) a. Überhaupt.	b. durchschnittlich pro Meile Bahnlänge.	b. durchschnittlich pro Kilometer Bahnlänge.	Arbeitswagen.	Schneepflüge und Draisinen.	Sonstige Transportmittel.	Achsen und Räder für die Postwagen (soweit solche die Bahnverwaltung zu liefern hat).	
Thlr.	Thlr.	Thlr.	Thlr.	Thlr.	Thlr.	Thlr.	
524 963	23 342	3099	36 284	1230	31 418*	—	30a
441 736	19 371	2572	4388	1468	—	—	- b
780 780	29 287	3888	6933	9800	in Col. 113a	—	31
1 137 656	40 600	6597	—	490	--	—	32
84 808	22 639	3006	—	1362	1756	—	33
98 981	13 941	1851	1212	2150	9945	—	34a
13 627*	3244	431	950		7368	—	- b
40 171	8156	1122	—	443	...	—	35
2 005 524*	41 767	5944	in Col. 116a	13 157	6988	—	36
29 101	6467	858	510	—	216	894	37
64 388*		—	—		—	—	38
914 246	37 464	4965	in Col. 116a	—	—	—	39
19 566	8119	1078	—	—	--	—	40
6 023 264	74 972	9951	28 891	39 853	--	—	41
1 425 668*	25 012	3325	109 037	in Col. 117	19 640	—	42a
—	—	--	—	—	—	—	- b
5 671 306	82 307	10 927	80 306	2900	—	—	43
284 349	14 354	1906	7280	270	--	—	44
[illegible] 502	66 334	8507	—	—	in Col. 116a	—	45
[illegible] 350	438	58	250	—	--	—	46
[illegible] 450	30 071	34 393	—	—	—	—	47
[illegible] 318	64 996	84 330	in Col. 116a	904	—	—	48
630 120	53 902	[illegible]	—	—	—	—	49a
62 225	15 556	20 635	1600	100	—	—	- b
275 170	19 243	[illegible]	in Col. 116a	in Col. 114a	—	--	50
in Col. 113a	--	——		416	-	—	51
264 544	32 741	4347	15 731	2932	—	—	52
76 230	12 335	16 288	—	574	1897	—	53
819 833	35 277	4684	11 822	355	—	—	54
158 623	11 592	1937	171 548	—	--	—	55
[illegible] 904	55 992	7434	—	21 774	38 674*	—	56a
[illegible] 630	50 921	6761	14 075	20 315	53 243*	—	- b
[illegible] 292	51 992	6903	--	10 901	15 011*	--	- c
19 349	18 611	2471	—	80	-	--	57
29 612	17 260	6281	600	500	900	—	58a
39 619	49 971	6635	150		--	---	- b
165 924	35 446	4705	68 800	500	12 730	---	59
500 786	32 668	4336	in Col. 116a	in Col. 116a	—	—	60a
—	---	—	—	—	—	—	- b
1 297 506	18 658	2477	40 000	7613	—		- c
545 927	20 853	2769	7430	6877	—	—	61
222 599	33 125	4397	*	—	—*	—	62
1 440 467	18 749	2189	132 957	13 907		—	63
1 069 476	28 703	3811	10 850	158	—	—	64
280 720	12 399	1616	11 560	—	--	—	65

Abschnitt D.

Betriebs-Resultate.

121 | 122

I. Leistungen der Transportmittel im Betriebsjahre 1863.

A. Lokomotiven.

I. Staatsbahnen.	a. vor Courier- u. Schnell- (Eil-) Zügen. Meilen.	b. vor Personen- (Post-) Zügen. Meilen.	c. vor Güter- Zügen. Meilen.	d. vor gemischten Zügen. Meilen.	e. als vorgelegte Reserve-Maschinen. Meilen.	f. vor Material- und Arbeits-zügen. Meilen.	g. leer. Meilen.	h. zusammen. Meilen.	122 Davon Nutzmeilen.
1 Badische	56 551	250 154	104 341	3400	1701	4470	2345	422 963	416 150*
2 Bayerische (u. gepcht. Zweigb.)	146 882	159 848	82 820	379 175	in Kol. 121e	2270	88 050*	859 454	768 225*
3 Braunschweigische	33 360	62 282	67 068	—	13 525*	-	8224	184 468	176 241
4 Hannoversche	in Kol. 121c	in Kol. 121c	548 765	in Kol. 121c	in Kol. 121c	15 351		364 116	364 116
5 Main-Neckar	15 788	50 305	8626	8614	—	1361	1509	86 203	84 691
6 Main-Weser	39 420	23 202	39 429	22 920	1686	1119	841	128 617	127 776*
7. Nassauische	—	85 448	23 474	-	992	—	1919	111 833	109 914
8 Preuß. Niederschles.-Märk.	43 053	131 008	212 678	--	—*	11 542	35 499	433 780	389 281
9 „ Ostbahn	113 390	109 273	118 090	—	17 784	19 317	31 074	408 928	377 854
10 „ Saarbrücker (u Trier)	—	60 720	57 067	in Kol. 121e	11 953	5463	2804	138 010	135 206
11 „ Westfälische	--	37 726	56 813	-	3869	5748	7190	113 335	106 156
12 Sächsische östliche									
a. Sächsisch-Böhmische	13 816	18 535	7504	6063	22	185	1113	47 208	46 095
b. Sächsisch-Schlesische	15 209	45 345	21 379	—	7856	1788	8962	100 539	91 577
c. Tharandt-Freiberger	—	10 2[illegible]	2748	586	157	6	6[illegible]	14 333	13 715
13 Sächsische westliche									
a. Niedererzgebirgische	5055	42 566	45 418	12 061	385	1784	3094	111 263	108 169
b. Obererzgebirgische	—	13 843	11 531	2785	—	154	1906	30 219	28 313
c. Sächsisch-Bayerische	16 982	73 086	110 813	in Kol. 121e	834	931	12 613	215 259	202 646
14 Württembergische	33 872	168 270	72 074	36 624	54 062	101	29 173	393 076	365 903
II. Privatbahnen									
a) unter Staatsverwaltg.									
15 Aach.-Düss. Ruhrorter (a. Aach.-Düssel, b. Ruhrort-Crf.)	12 400	37 424	17 146	12 410	3298	23	5757	88 467	54 782* / 5951 / 27 928
16 Bergisch-Märkische	13 552	131 132	151 700	—	16 211	4647	23 801	341 073	317 272
17 a. Löbau-Zittauer	—	—	—	13 282	227	225	419	14 153	13 734
b. Zittau-Reichenberger	—	--	358	10 761	521	37	604	12 281	11 677
18 a. Oberschlesische, b. Breslau-Posen-Glogauer	19 134	68 514	246 653	in Kol. 121e	21 497	3345	27 580	386 723	359 143*
19 Stargard-Posener	--	25 283	in Kol. 121d	38 083	8390	3243	7611	82 610	74 999
20 Rhein-Nahe E.	–	20 055	41 211	6890	4187	1453	3483	77 579	74 096
21 Wilhelms-Bahn	5548	5723	in Kol. 121d	44 521	140	1517	95	57 550	57 455
b) in Privatverwaltung.									
22 Aachen-Mastrichter	9455	4506	25 843	--	237	--	4425	44 466	40 041
23 Alberts-Bahn	—	8330	24 784	in Kol. 121c	—	in Kol. 121c	--	33 114	33 114
24 a. Altona-Kieler	—	32 087	11 724	„ „ 121c	—	„ „ 121c	722	44 533	43 811
b. Rendsburg-Neumünster	--	6920	4105	—	—	—	511	11 536	11 025
25 Aussig-Teplitzer		1885	3303	4797	—	315	95	10 395	10 300
26 Bayerische Ostbahnen	51 514	70 839	in Kol. 121d	135 742	12 163	4880	875	276 013	275 138
27 Berlin-Anhaltische	63 710	51 618	32 416	25 735	1782	2634	6719	184 614	177 255 / 610
28 a. Berlin-Hamburger, b. Hamburg-Bergedorfer	27 740	34 340	70 039	43 216	18 241	14 444	19 543	227 563	208 020
29 Berlin-Potsdam-Magdebg.	27 839	63 369	42 800	--	10	2308	5734	142 169	136 435

I. Leistungen der Transportmittel im Betriebsjahre 1863.

A. Lokomotiven.

II. Privatbahnen. (Forts.)	a. vor Courier- u. Schnell- (Eil-) Zügen. Meilen.	b. vor Personen- (Post-) Zügen. Meilen.	c. vor Güter- Zügen. Meilen.	d. vor gemischten Zügen. Meilen.	e. als vorgelegte Reserve-Maschinen. Meilen.	f. vor Material- und Arbeitszügen. Meilen.	g. leer. Meilen.	h. zusammen. Meilen.	Davon Nutzmeilen.
30. Berlin-Stettiner									
a. Berlin-Stettin-Stargard	–	52 987	28 980	– –	19 830	5061	10 812	118 270	107 458
b. Starg.-Cöslin-Colberg	—	36 224	16 491	—	2731	2037	4628	62 111	57 483
31 Böhmische Westbahn	–	38 005	19 612	1068	7594	5807	3721	73 867	72 146
32 Breslau-Schweidnitz-Freib.	—	48 340	36 455	—	—	32 855*	4465	122 121	117 656
33 Brünn-Rossitzer	– –	25	678	4538	—	30	24	5293	5271
34 Buschtěhrader a. Locom.-B.	—	—	4901	6313	74	390	—	11 678*	11 678*
b. Pferde-B.	. .*	—	– –	—	—	—	—	—	—*
35 Frankfurt-Hanauer	in Col. 1 b	30 835	in Col. 1 b	in Col. 1 b	– –	—	385	31 220	30 835*
36 Galizische Carl-Ludwig-B.	—	83 764	56 215	87 096	—	3825	914	132 414	131 500
37 Glückstadt-Elmshorner	—	in Col. 1 b	—	6767	—	867	59	7693	7634
38 Graz-Köflacher	—	4457	6299	4015	1	– –	2899	17 671	14 772
39 Hessische Ludwigs-E.	in Col. 1 b	131 595	41 469	in Col. 1 b	861	– –	in Col. 1 b	173 925	173 064
40 Homburger	3077	9233	20	1825	873	—	—	14 528	14 528
41 Kaiser Ferdinands Nordb.	6018	126 527	250 497	53 362	29 768	8247	718	477 137*	476 419
42 Kaiserin Elisabeth a. Locom.-Bahn	51 615	84 262	26 947	60 028	9500	3179	6118	242 307	236 189
b. Pferde-Bahn	—	—	—	—	—	—	—	—	– –
43 Köln-Mindener (u. Giessener)	98 634	174 738	328 709	—	in Col. 1 b u. c	15 682	29 488	647 261	617 778
44 Kurf. Friedr. Wilh. Nordb.	in Col. 1 c	in Col. 1 b	93 276	in Col. 1 c	in Col. 1 b	706	—	93 982	93 982
45 Leipzig-Dresdener	24 908	49 640	49 475	16 059	4504	– –	4504	149 085	144 581
46 Ludwigs-E. (Nürnb.-Fürth)		8432		—	—	—	—	8432	8432
47 Lübeck-Büchener	– –	13 807	3711	in Col. 1 b	—	1205	in Col. 1 b	18 723	17 518
48 Magdb.-Cöthen-Halle-Leipz.	1 534	36 350	60 811	4380	5890	—	2014	120 983	118 971
49 a Magdeburg-Halberstädter	23 199	19 453	41 000	—	4	670	2528	76 914	74 385
b. Cöthen-Bernburger	—	– –	—	9107	—	—	—	9107	9107
50 Magdeburg-Wittenbergesche	—	10 301	—	34 2350	2480	497	1792	49 432	47 640
51 Mecklenburgische	—	25 631	6867	25 404	1345	2593	890	62 733	61 843
52 Mohács-Fünfkirchener	—		6621	[illegible]	—	—	—	16 310	16 510
53 Neisse-Brieger	—	103	295	[illegible]	268	338	487	10 693	10 206
54 Niederländische Rhein-E.	27 159	[illegible] 896	31 040	[illegible]	—	4895	28 470*	170 910	137 569
55 Niederschlesische Zweigbahn	—	7211	6085	[illegible]	653	886	1002	23 628	22 626
56 a Oesterreich. nördliche	10 646	81 [illegible] 62	133 855	49 307	5723	2534	6580	289 703	277 394
b Oesterreich. südöstliche	10 681	75 2371	118 081	52 894	3217	2528	4196	271 523	264 080
c Wien-Neu Szönyer	– –	23 195	16 087	3241	296	377	280	43 802	43 480
57 Oppeln-Tarnowitzer		1562	110	17 979	19	10	255	18 725	18 470
58 a Pfälzische Ludwigsbahn	19 435	64 802	81 976		[illegible] 470	1628	3740	181 147	166 303
b Pfälzische Maximiliansb.	6935	17 298	18 020		270	–	269	42 796	42 257
59 Rheinische	65 716	162 095	80 410	– –	—	5555	94 310*	408 085	313 775*
60 a Südbahn, Oesterreichische	20 213	198 843	315 010	40 298	[illegible]	13 535	14 226	618 738	604 532
b Nordtiroler	—	357	1146	16 438	—	326	90	18 317	17 267
c Venetianische u. Südtirol.	– – –	162 936	61 890	—	123 061	1540	2880	231 352	228 672
61 Süd-Norddeutsche	—	32 356	16 874	19 720	14 448	1599	1913	73 010	71 997
62 Taunus-Bahn	12 234	—	3657	20 182	4400	—	– –	41 303	41 303
63 Theiß-Bahn	—	50 472	16 324	45 820	70	2390	389	115 463	115 076
64 Thüringische	43 052	81 841	65 730	in Col. 1 c	20 701	4092	16 441	232 777	216 336
65 Werra-E.	—	31 400	—	20 [illegible]	9816	474	4915	60 666	55 721

I. Staatsbahnen.	123				124				125		126		
	(Forts.) I. Leistungen der Transportmittel (Forts.) A. Loko-												
	Im Betriebs-Jahre 1863 wurden abgelassen				Durchschnittliche Anzahl der Wagen-Achsen in den				Zur Feuerung der Lokomotiven: Holz z. Anheizen		Holz zur Feuerung während der Fahrt		
	a. Courier- und Schnell- Züge	b. Personen- Züge	c. Güter- u. gemischte Züge	d. Mater.- und Arbeits- Züge	a. Courier- und Schnell- Zügen	b. Personen- Zügen	c. Güter- und gemischten Zügen	d. Mater.- und Arbeits- Zügen	a. überhaupt	b. pro Nutzmeile	a. bei Nutzmeilen	b. überhaupt	c. per Nutzmeile
	Anz.	Anz.	Anz.	Anz.	Achsen.	Achsen.	Achsen.	Achsen.	Klftr.	Cbff.		Klftr.	Cbff.
1 Badische	7338	30 743	6239	1278	17	20	41	59	565	0,15	—	—	—
2 Bayerische (u. gepacht. Zwgb.)	..*	—	—	—	—*	—	...	—	3544	0,150	—	—	—
3 Braunschweigische	3236	10 200	12 517	—	20	20	68	—	596,04	0,37	—	—	—
4 Hannoversche	[illegible]	in Sum. [illegible]	59 424*	—	[illegible]	[illegible]	40,44*	26,33	1823	0,33	—	—	—
5 Main-Neckar	1338	4228	1461	189	—	—	—	—	163	0,21	—	—	—
6 Main-Weser	1460	1118	2555	224	25,[illegible]	26,[illegible]	54,35	23,15	331,[illegible]	0,[illegible]	—	—	—
7 Nassauische	—	5956	1158	...		15	30	—	194	0,13	—	—	—
8 Preuß. Niederschles.-Märk.	2265	6410	7274	[illegible]	20,34	22,17	101,[illegible]	48,[illegible]	1056,3	0,33	—	—	—
9 „ Ostbahn	1460	5034	4193	—*	18	25	79	32	865	0,23	—	—	—
10 „ Saarbrücker (u. Trier)	—	8409	26 835			15	50	42	192,4	0,134	—	—	—
11 „ Westfälische	—	2607	5713			20	51	46	203,10	0,807	—	—	—
12 Sächsische östliche													
a. Sächsisch-Böhmische	1504	2355	4072*	85	21	33	94	23	100	0,24	—	—	—
b. Sächsisch-Schlesische	365	4040	1990	243	17	30	130	24	72	0,04	—	—	—
c. Tharandt-Freiberger		2038	661	3	—	28	54	30	28	0,37	—	—	—
13 Sächsische westliche													
a. Niedererzgebg. 1. Hauptb.	400	2516	3354*	150	17	27	72*	41	38	0,04	—	—	—
a. Niedererzgebg. 2. Zweigb.	73	1825	1861	—	16	25	32	—					
b. Obererzgebirgische	—	2065	2626	600	—	34	57	29	16	0,07	—	—	—
c. Sächsisch-Bayerische	—*	—*	—*	—*	—*	—*	*	—*	76	0,04	—	—	—
14 Württembergische	1488	5282*	6304	155	20	30	60	16	432,33	0,187	—	—	—
II. Privatbahnen													
a) unter Staatsverwaltg.													
15 Aach.-Düss.-Ruhrorter a. Aach.-Düsseld.	731	2200	1409	—	18	20	80	7	19,27*	0,035	—	—	—
15 Aach.-Düss.-Ruhrorter b. Ruhrort-Crf.	732	2202	1863	—									
16 Bergisch-Märkische	942	15 534	28 582	1800	18	19	65	35	462	0,157	—	—	—
17 a. Löbau-Zittauer		—	2974	62	—	—	45	12	20	0,14	—	—	—
b. Zittau-Reichenberger	—	—	3203	10	—		40	10	14	0,11	—	—	—
18 a. Oberschlesische / b. Breslau-Posen-Glogauer	730	1578	9203	308	17,33	19,14	87,24	30,35	453,65	0,14	—	—	—
19 Stargard-Posener	—	1016	1664	286	—	20,11	75,04	32,13	177,8	0,236	—	—	—
20 Rhein-Nahe-E.	—	2575	4678	—		11,32	27,14	—	85,51	0,17	—	—	—
21 Wilhelms-Bahn	730	748	6435	1350	12	15-17	65	20	190,75	0,36		—	—
b) in Privatverwaltung.													
22 Aachen-Mastrichter	852	644	5776	—	12	14	61	—	38,1	0,10	—	—	—
23 Alberts-Bahn	—	4015	2190	100	.	28	85	20	26,11	0,044	—	—	—
24 a. Altona-Kieler		1566	1535	183	—	22	52		107	0,24	—	—	—
b. Rendsburg-Neumünster	—	in Sum. [illegible]	2219	—	—	23,53	23,53	—	40	0,4	—	—	—
25 Aussig-Teplitzer	—	754	3714	65	—	16	48	14	71,2	0,75	—	—	—
26 Bayerische Ostbahnen	ca. 1160	ca. 3650	ca. 10 220	—	12	18	50	18	441	0,17	—	—	—
27 Berlin-Anhaltische	4015	5111	6517	519	19	21	63	36	619,3	0,315	—	—	
28 a. Berlin-Hamburger / b. Hamburg-Bergedorfer	741	809	6188*	2407	14	29	69*	22	782	0,404	—	—	—
29 Berlin-Potsdam-Magdebg.	1466	7041	2818	—	19,0	20	94,1	—	193	0,133	—	—	—

im Betriebs-Jahre 1863.

motiven.

(einschließlich der Reservemaschinen) sind an Brennmaterial verbraucht:

127. Coaks, ungemischt mit anderen Brennstoffen. a. bei Nutzmeilen.	b. überhaupt brutto (d. h. incl. Anheiz., Stationir. etc.)	b. überhaupt netto (d. h. excl. Anheiz., Stationir. u. Leerfahrt.)	c. pro Nutzmeile brutto.	c. pro Nutzmeile netto.	128. Coaks als Zusatz zu a. Steinkohlen.	b. Braunkohlen.	129. Steinkohlen, ungemischt. a. bei Nutzmeilen.	b. überhaupt brutto (d. h. incl. Anheiz., Stationir. etc.)	b. überhaupt netto (d. h. excl. Anheiz., Stationir. u. Leerfahrt.)	c. pro Nutzmeile brutto.	c. pro Nutzmeile netto.	
—	—		—	—	—	—	416 150	482 518	449 923	115,95	108,11	1
—			—	—	—	—	305 919	798 649*	603 786*	—*	—*	2
—	—	—	—	—	in Rel. 13a	—	—		—	—	—	3
—	—	—	—	—	310 712	—	—	—	—	—	—	4
—	—	—	—	—	—	—	84 094	100 865	-	129,11	—	5
—	—	—	—	—	—	—	127 776	192 304	—	150,55	—	6
—	—	—	—	—	—	—	109 914	123 904	98 164	112,15	89,31	7
—	—	—	—	—	38 975*	—	—	—	—	—	....	8
—	—	—	—	—	—	—	377 854	559 021	454 403	137,95	120,34	9
—	—	—	—	—	—	—	135 200	284 459	203 475	210,39	150,09	10
—	—	—	—	—	—	—	106 156	242 532	124 905	228,41	117,84	11
—	—	—	—	—	25 018	in Rel. 17a	—	—	—	—	—	12a
—	—	—	—	—	13 968	—	—	—	—	—	—	- b
—	—	—	—	—	—	—	13 715	35 099	—	245,11	—	- c
—	—	—	—	—	—	—	—	—	—	—	—	13a
—	—	—	—	—	36	—	—	—	—	—	—	- b
—	—	—	—	—	18	—	—	—	—	201,90	—	- c
—	—	—	—	—	—	—	202 046	409 308	—	154,77	122,31	14
—	—	—	—	—	—	—	300 818	478 725	378 013			
—	18*	—	0,030	—	—	—	82 710	135 638	98 916	161,0	119,59	15
—	—	—	—	—	785*	—	317 272	590 469	324 820	188,94	102,31	16
—	—	—	—	—	2050	—	—	—	—	—	—	17a
—	—	—	—	—	2102	—	—	—	—	—	—	- b
—	—	—	—	—	—	—	259 143	650 230	*466 400	181,05	129,44	18
—	—	—	—	—	—	—	74 000	108 163	70 873	111,07	91,6	19
—	—	—	—	—	—	—	74 026	148 149	123 518	199,14	166,41	20
—	—	—	—	—	—	—	57 455	143 780	97 137	250,85	169,07	21
—	—	—	—	—	825*	—	—	—	—		—	22
2 794	23 825	—	—	—	—	—	33 114	39 464	—	119,31	—	23
—	—	—	107,01	—	—	—	22 017	31 145	—	141,46	—	24a
—	—	—	—	—	—	—	11 025	11 690		106,85	—	- b
—	—	—	—	—	—	—	—	-	—	—	—	25
—	—	—	—	—	—	—	275 124	301 232	—	131,75	—	26
35 106	—	—	—	—	11 711	—	153 193	278 894	—	182,85	—	27
—	40 602	33 220	115,66	91,01	—	—	168 912	265 863	217 582	157,31	128,19	28
	—	—	—	—	—	—	130 435	257 327	228 344	188,43	167,34	29

(Forts.) I. Leistungen der Transportmittel

(Forts.) A. Loko-

II. Privatbahnen. (Forts.)	123. Im Betriebs-Jahre 1863 wurden abgelassen: a. Courier- und Schnell-Züge (Anz.)	b. Personen-Züge (Anz.)	c. Güter- u. gemischte Züge (Anz.)	d. Mater.- und Arbeits-Züge (Anz.)	124. Durchschnittliche Anzahl der Wagen-Achsen in den: a. Courier- und Schnell-Zügen (Achsen)	b. Personen-Zügen (Achsen)	c. Güter- und gemischten Zügen (Achsen)	d. Mater.- und Arbeits-Zügen (Achsen)	125. Zur Feuerung der Lokomotiven: Holz z. Anheizen: a. überhaupt (Klftr.)	b. pro Nutzmeile (Klftr.)	126. Holz zur Feuerung während der Fahrt: a. bei Nutzmeilen	b. überhaupt (Klftr.)	c. pro Nutzmeile (Klftr.)
30 Berlin-Stettiner													
a. Berlin-Stettin-Stargard	—	3960	3285	687	—	23	80	23	222,[illegible]	0,27			
b. Stargard-Cöslin-Colberg	—	3438	1825	258	—	18	43	13	95,03	0,114			
31 Böhmische Westbahn	—	1460	831	579	—		—	—	288,01	0,44		—	—
32 Breslau-Schweidnitz-Freibg.	—	4564	3332	—		28	68		401	0,37	—	—	—
33 Brünn-Rossitzer		8	1460	22	—	10	44	30	197,2*	4,01	in Kol. 125a	—	—
34 Buschtěhrader a. Locom.-B.	—	—	2478	97		—	64	24	50	0,55	—	—	—
b. Pferde-B.	—	—	—		—	—		—	—	—	—	—	—
35 Frankfurt-Hanauer	1460	4088	1460	—	15	25	75	—	37	0,13	—	—	—
36 Galizische Carl-Ludwig-B.	—	754	3365	397		20,4	67,2	34,3	—	—	—	*11211,9**	—
37 Glückstadt-Elmshorner	—	—	1561	360		—	24	25	17,55	0,33	—	—	—
38 Graz-Köflacher	—	811	1937	—	—	26,3	42,1	—	44,8	0,33	—	—	—
39 Hessische Ludwigs-E.	—*	—	—	—	14,99	14,99	58,33	—	655	0,41	—	—	—
40 Homburger	1231	3693	740	—	16	16	16	—	14	0,104	—	—	—
41 Kaiser Ferdinands Nordb.	972	9125	19 775	5486	10	22,1	83,0	20	1823,4	0,41	—	—	—
42 Kaiserin Elisabeth a. Locom.-Bahn	2005	5586	6667	875	12	28	58	32	1865	0,52	—	—	—
b. Pferde-Bahn	—	856*	1448		—	6	50	—	—		—	—	—
43 Köln-Mindener (u. Gießener)	4246	18 357	25 868	ca. 2500	15	23	74	66	804	0,14	—	—	—
44 Kurf. Friedr. Wilh. Nordb.	1460	1095	2555	67	—		—	—	249	0,20	—	—	—
45 Leipzig-Dresdener	1825	6935	3285	—	24	44	120	—	157	0,19	—	—	—
46 Ludwigs-E. (Nürnb.-Fürth)	—	10 220	—	—		17	—	—	34	0,44	—	—	—
47 Lübeck-Büchener	—	1460	1270	—		21	61	—	75	0,44	—	—	—
48 Magdeb.-Cöth.-Halle-Leipz.	730	2410	7880	—	18	24	96		76	0,07	—	—	—
49 a. Magdeburg-Halberstädter	1462	1764	7562	—	21,3	24,4	63,9	—	111	0,119	—	—	—
b. Cöthen-Bernburger	—	—	—	—	—	—	—	—	22	0,26	—	—	—
50 Magdeburg-Wittenbergesche	—	730	2221*	—	—	21	56	—	108	0,20	—	—	—
51 Mecklenburgische	—	—	—	—	—	21	35	12	195	0,34	—	—	—
52 Mohacs-Fünfkirchener		—	2041	—	—	—	53	—	450	2,04	5477	*1020,8*	*20,17*
53 Neisse-Brieger	—	18	1507	71	—	31	42	25	25	0,27	—	—	—
54 Niederländische Rhein-E.	2587	4281	5600	981	11	18	50,8	60	—	—	—	—	—
55 Niederschlesische Zweigbahn	—	750	1467	61	—	21	43	17	8,11	0,012	—	—	—
56 a. Oesterreichische nördliche	—	—	—	—	10,01	24,01	64,44	41,32	1467	0,33	1121	*139*	*13,31*
b. Oesterreich. südöstliche	—	—	—	—	11,31	24,97	77,15	48,09	1350	0,55	—	—	
c. Wien-Neu-Szönyer		—	—	—	—	17,52	80,64	18,29	300	0,15	1505	*277*	*19,0*
57 Oppeln-Tarnowitzer	—	40	1801	6			27,8	18	22,71	0,13	—	—	
58 a. Pfälzische Ludwigsbahn		—		—	14	18	58		253	0,16	—		—
b. Pfälzische Maximiliansb.	—	—			12	10	43		50	0,13		—	—
59 Rheinische	4534	12 276	5776	1634	15,60	19,14	58,11	24,0	—*	*		—	—
60 a. Südbahn, Oesterreichische	266	16 265	21 076	160	13	33	49	33	1338	0,239	—	—	—
b. Nordtiroler		816	1460	49	—	12	32	31	160	1,0	17 267	*3042*	*19,01*
c. Venetianische u. Südtirol.	—	10 933	2820	336	—	24	61	40	—		—	—	
61 Süd-Norddeutsche		1482	2621	224	—	15	38	22	318,6	0,10		—	
62 Taunus-Bahn	2190	6055*	736*	—	26,1*	26,1	26,1	—	145,1	0,37		—	
63 Theiß-Bahn		1589	2661	328		31	57	26			115 076*	*20016*	*18,5*
64 Thüringische	1460	2190	2920	—	21	28	78	27	602	0,30	—	—	
65 Werra-E.		ca. 1460	ca. 1460			18	66	15	150,24	0,28		—	

	127					128		129				
	im Betriebs-Jahre 1863. motiven. (einschließlich der Reservemaschinen) sind an Brennmaterial verbraucht: Coaks, ungemischt mit anderen Brennstoffen.					Coaks als Zusatz zu		Steinkohlen, ungemischt.				
	a.	b. überhaupt		c. pro Nutzmeile		a.	b.	a.	b. überhaupt		c. pro Nutzmeile	
	bei Nutzmeilen.	brutto (d. h. incl. Anheiz., Stationir.)	netto (d. h. excl. u. Vorfahrt.)	brutto.	netto.	Steinkohlen.	Braunkohlen.	bei Nutzmeilen.	brutto (d. h. incl. Anheiz., Stationir.)	netto (d. h. excl. u. Vorfahrt.)	brutto.	netto.
30a	386	2148	562	556,8	145,6	—	—	107 072	202 806	172 173	189,3	160,8
b	—	—	—	—	—	—	—	57 483	78 303	66 000	136,3	114,9
31	—	—	—	—	—	—	—	72 140	173 092	—	239,94	—
32	—	—	—	—	—	—	—	117 656	282 240	—	239,88	—
33	—	—	—	—	—	—	—	5271	18 172*	13 266*	344,15*	251,6[illegible]*
34a	—	—	—	—	—	—	—	11 078	48 115	40 278	434,[illegible]	396,37
b	—	—	—	—	—	—	—	—	—	—	—	—
35	—	—	—	—	—	1540	—	30 835	49 747*	—	161,38*	—
36	—	—	—	—	—	—	—		254 738*	—	—	—
37	—	—	—	—	—	—	—	7634	7977	7612	104,49	99,71
38	—	—	—	—	—	—	—	—	—	—	—	—
39	—	—	—	—	—	—	—	175 064	175 057	—	100,0	—
40	—	—	—	—	—	1815	—	—	—	—	—	—
41	3850	71967	—	267,0	—	218 583	—	73 820	256 206	—	347,80	—
42a	—	—	—	—	—	—	—	410	1142	—	278,54	—
b	—	—	—	—	—	—	—	—	—	—	—	—
43	—	—	—	—	—	209 008	—	—	—	—	—	—
44	—	—	—	—	—	—	—	93 982	130 705	113 000	139,37	120,8
45	—	—	—	—	—	—	—	144 581	242 004	—	167,45	—
46	41322	4035	—	—	—	—	—	—	—	—	—	—
47	—	10563	—	47,55	—	—	—	—	18 551	—	—	—
48	—	—	—	—	—	3864	—	118 971	276 646	—	232,51	—
49a	—	—	—	—	—	—	—	74 385	158 430	—	212,99	—
b	—	—	—	—	—	—	—	9107	21 763	16 930	238,97	185,96
50	—	—	—	—	—	—	—	47 640	62 395	45 230	130,91	94,94
51	2285	1838	—	80,50	—	—	—	4674	4006	—	98,35	—
52	11033	2516	—*	227,11	—*	—	—	—	—	—	—	—
53	—	—	—	—	—	—	—	10 206	22 205	10 846	218,05	165,04
54	—	—	—	—	—	—	—	137 569	225 510*	—	163,93	—
55	—	—	—	—	—	—	—	22 620	44 137	35 910	195,01	158,11
56a	—	—	—	—	—	—	—	233 028	414 875	365 340	178,02	152,19
b	—	—	—	—	—	—	—	264 080	417 240	353 221	158,0	133,78
c	—	—	—	—	—	—	—	—	—	—	—	—
57	—	—	—	—	—	20 350	—	18 470	33 011	20 222	178,71	158,21
58a	—	—	—	—	—	—	—	166 [illegible]	216 143	193 625	130,0	116,43
b	—	—	—	—	—	—	—	42 257	50 448	48 912	119,38	115,74
59	9064	220030	198 703	272,10	245,21	20 440	—	—	—	—	—	—
60a	—	—	—	—	—	—	—	—	—	—	—	—
b	—	—	—	—	—	—	—	—	—		—	—
c	—	—	—	—	—	—	—	—	—	—	—	—
61	—	—	—	—	—	—	—	71 907	177 615	157 849	246,10	219,54
62	—	—	—	—	—	—	—	41 303	43 855*	84 826*	106,10	84,11
63	—	—	—	—	—	—	—	—	—	—	—	—
64	—	—	—	—	—	33 872	—	—	—	—	—	—
65	—	—	—	—	—	—	—	55 721	211 140	107 415	235,65	192,77

(Forts.) **I. Leistungen der**

(Forts.) A. Loko-

I. Staatsbahnen.	130. Zur Feuerung der Lokomotiven Steinkohlen, gemischt mit Coaks. a. Mischungs-Verhältniß.	b. bei Nutzmeilen.	c. überhaupt brutto.	netto.	131. Braunkohlen, ungemischt. a. bei Nutzmeilen.	b. überhaupt. brutto.	netto.	c. per Nutzmeile brutto.	netto.	132. (einschließlich der) Braunkohlen, ge- a. Mischungs-Verhältniß.	b. bei Nutzmeilen.
1 Badische	—		—				—	—	—		—
2 Bayerische (u. gep. Zweigb.)	—	—	—	—	25 536	139 610	112 421	—*	—*	1 : 0,[illegible]	1042*
3 Braunschweigische	—	176 214	362 659*	270 087		—	—	—	—	—	—
4 Hannoversche	—	564 116	619 301	—		—		—	—	—	—
5 Main-Neckar	—	—		—		—		—	—	—	—
6 Main-Weser	—	—		—		—	—	—	—	—	—
7 Nassauische	—	—		—	—	—	—	—	—	—	—
8 Preuß. Niederschles.-Märk.	—	398 281	765 796*	—		—	—	—		—	—
9 „ Ostbahn	—	—	—	—	—	—	—	—	—	—	—
10 „ Saarbrücker u. Trier	—	—	—	—	—	—	—	—	—	—	—
11 „ Westfälische	—	—	—	—	—	—	—	—	—	—	
12 Sächsische östliche											
a. Sächsisch-Böhmische	verschieden	—*	19 431	—		—	—	—	—	verschieden	—*
b. Sächsisch-Schlesische	verschieden	91 577	175 507	—	—	—	—	—	—	—	—
c. Tharandt-Freiberger	—	—	—	—	—	—	—	—	—	—	—
13. Sächsische westliche											
a. Niedererzgebirgische	verschieden	108 189	197 318	—	—	—	—	—	—	—	—
b. Obererzgebirgische	verschieden	28 313	53 214	—	—	—	—	—	—	—	—
c. Sächsisch-Bayerische	—	—	—	—	—	—	—	—	—	—	—
14 Württembergische	—		—	—	—	—	—	—	—	—	—
II. Privatbahnen											
a) unter Staatsverwaltg.											
15. Aach.-Düss.-Ruhrorter a. Aach.-Düsseld. b. Ruhrort-Cref.	—	—	—	—	—	—	—	—	—	—	—
16 Bergisch-Märkische	—	—	—	—	—	—	—	—	—	—	—
17 a. Löbau-Zittauer	verschieden	13 734	27 721	—	—	—	—	—	—	—	—
b. Zittau-Reichenberger	verschieden	11 677	10 753	—	—	—	—	—	—	—	—
18 a. Oberschlesische b. Breslau-Posen-Glogauer	—	—	—	—	—	—	—	—	—	—	
19 Stargard-Posener	—	—	—	—	—	—	—	—	—	—	—
20 Rhein-Nahe-E.	—	—	—	—	—	—	—	—	—	—	—
21 Wilhelms-Bahn		—		—		—			—		—
b) in Privatverwaltung											
22 Aachen-Mastrichter	—	40 040*	73 230	55 761		—	—			—	—
23 Albertsbahn	—		—	—			—	—		—	—
24 a. Altona-Kieler				—	—		—		—	—	—
b. Rendsburg-Neumünster			—	—		—	—	—	—	—	—
25 Aussig-Teplitzer		—		—	10 300	69 646	46 337	676,[illegible]	449,[illegible]	—	—
26 Bayerische Ostbahnen	—	—	—	—	—	—	—			—	
27 Berlin-Anhaltische	16 : 1	21 702	18 820	—			—		—	—	—
28 a. Berlin-Hamburger b. Hamburg-Bergedorfer	—			—	4012	17 562	14 342	[illegible]	[illegible]	—	—
29 Berlin-Potsdam-Magdeburg		—			—	—	—	—	—	—	

132		133					134				135		
Transportmittel im Betriebsjahre 1863. ...motiven. ...Reservemaschinen) sind an Brennmaterial verbraucht: ...mischt m. Steinkohlen.		Torf, ungemischt.					Torf, gemischt mit Coaks oder Kohlen.				An Brennmaterial (Steinkohlen, Coaks u. s. w.) sind pro Achsmeile verbraucht		
e. überhaupt.		a. bei Nutzmeilen.	b. überhaupt.		c. pro Nutzmeile.		a. Mischungs-Verhältniß.	b. bei Nutzmeilen.	c. überhaupt.				
brutto. Z.-Ctr.	netto. Z.-Ctr.		Z.-Ctr.	Klft.	Z.-Ctr.	Klft.			Z.-Ctr.	Klft.	brutto. Z.-Ctr.	netto. Z.-Ctr.	
—	—	—	—	—	—	—	—	—	—	—	4,[illegible]	3,[illegible]	1
3120	2511	303 350*	—*	68 217	—*	—*	([illegible])	66 304*	—	11 350*	—*	—*	2
—	—	—	—	—	—	—	—	—	—	—	4,[illegible]	3,[illegible]	3
—	—	—	—	—	—	—	—	564 116	39 390	—	4,[illegible]*	—	4
—	—	—	—	—	—	—	—	—	—	—	4,[illegible]	—	5
—	—	—	—	—	—	—	—	—	—	—	3,[illegible]	—	6
—	—	—	—	—	—	—	—	—	—	—	5,[illegible]	4,[illegible]	7
—	—	—	—	—	—	—	—	—	—	—	3,[illegible]*	2,[illegible]	8
—	—	—	—	—	—	—	—	—	—	—	3,[illegible]	3,[illegible]	9
—	—	—	—	—	—	—	—	—	—	—	7,[illegible]	5,[illegible]	10
—	—	—	—	—	—	—	—	—	—	—	5,[illegible]	2,[illegible]	11
61 235	—	—	—	—	—	—	—	—	—	—	5,[illegible]	—	12a
—	—	—	—	—	—	—	—	—	—	—	3,[illegible]	—	" b
—	—	—	—	—	—	—	—	—	—	—	7,[illegible]	—	" c
—	—	—	—	—	—	—	—	—	—	—	3,[illegible]	—	13a
—	—	—	—	—	—	—	—	—	—	—	4,[illegible]	—	" b
—	—	—	—	—	—	—	—	—	—	—	3,[illegible]	—	" c
—	—	56590	—	6245	—	11,[illegible]	—	—	—	—	3,[illegible]	2,[illegible]	14
—	—	—	—	—	—	—	—	—	—	—	4,[illegible]	2,[illegible]	15
—	—	—	—	—	—	—	—	—	—	—	5,[illegible]	2,[illegible]	16
—	—	—	—	—	—	—	—	—	—	—	4,[illegible]	—	17a
—	—	—	—	—	—	—	—	—	—	—	4,[illegible]	—	" b
—	—	—	—	—	—	—	—	—	—	—	2,[illegible]	2,[illegible]	18
—	—	—	—	—	—	—	—	—	—	—	3,[illegible]	2,[illegible]	19
—	—	—	—	—	—	—	—	—	—	—	5,[illegible]	4,[illegible]	20
—	—	—	—	—	—	—	—	—	—	—	5,[illegible]	3,[illegible]	21
—	—	—	—	—	—	—	—	—	—	—	6,[illegible]	5,[illegible]	22
—	—	—	—	—	—	—	—	—	—	—	5,[illegible]	—	23
—	—	—	—	—	—	—	—	—	—	—	3,[illegible]	—	24a
—	—	—	—	—	—	—	—	—	—	—	4,[illegible]	—	" b
—	—	—	—	—	—	—	—	—	—	—	24,[illegible] Cubikf.	16,[illegible] Cubikf.	25
—	—	—	—	—	—	—	—	—	—	—	4,[illegible]	—	26
—	—	—	—	—	—	—	—	—	—	—	4,[illegible]	4,[illegible]	27
—	—	—	—	—	—	—	—	—	—	—	2,[illegible]*	1,[illegible]*	28
—	—	—	—	—	—	—	—	—	—	—	4,[illegible]	3,[illegible]	29

(Forts.) **I. Leistungen der** (Forts.) **A. Loko-**

II. Privatbahnen (Forts.)	130. Steinkohlen, gemischt mit Coaks. a. Mischungs-Verhältniß	b. bei Nutzmeilen	c. überhaupt brutto Ctr.	netto Ctr.	131. Zur Feuerung der Lokomotiven Braunkohlen, ungemischt. a. bei Nutzmeilen	b. überhaupt brutto Ctr.	netto Ctr.	c. pro Nutzmeile brutto Pfd.	netto Pfd.	132. (einschließlich der Braunkohlen, ge- a. Mischungs-Verhältniß	b. bei Nutzmeilen
30 Berlin-Stettiner											
a. Berlin-Stettin-Stargard	—	—	—	—	—	—	—	—	—	—	—
b. Stargard-Cöslin-Colberg	—	—	—	—	—	—	—	—	—	—	—
31 Böhmische Westbahn	—	—	—	—	—	—	—	—	—	—	—
32 Breslau-Schweidnitz-Freib.	—	—	—	—	—	—		—	—	—	—
33 Brünn-Rossitzer		—	—	—	—	—	—	—	—	—	—
34 Buschtěhrader a. Lokom.-B.	—	—	—	—	—	—	—	—	—	—	—
34 Buschtěhrader b. Pferde-B.	—	—	—	—	—	—	—	—	—	—	—
35 Frankfurt-Hanauer	—	—	—	—	—	—	—	—	—	—	—
36 Galizische Carl-Ludwig-B.		—	—	—	—	—	—	—	—	—	—
37 Glückstadt-Elmshorner	—	—	—	—	—	—	—	—	—		—
38 Graz-Köflacher	—	—	—	—	14 772	61 033	52 319	413,17	354,18	—	
39 Hessische Ludwigs-E.	—		—	—	—	—	—			—	—
40 Homburger	8:1	14 526	14 826	—	—	—		—	—	—	—
41 Kaiser Ferdinands Nordb.	4:1	598 749	935 418	—	—	—	—	—	—	—	—
42 Kaiserin Elisabeth a. Lokomot.-B.	—	—	—	—	235 779	1 367 439		579,27		—	—
42 Kaiserin Elisabeth b. Pferde-B.	—	—	—	—	—	—		—		—	—
43 Köln-Mindener (u. Gießener)	10:2	617 773	1 031 917	712 376	—	—	—	—	—	—	—
44 Kurf. Friedr. Wilh. Nordb.	—	—	—	—	—	—	—	—	—	—	—
45 Leipzig-Dresdener	—	—	—	—	—	—	—	—	—	—	—
46 Ludwigs-E. (Nürnb.-Fürth)	—	—	—	—	—	—	—	—	—	—	—
47 Lübeck-Büchener	—	—	—	—	—	—	—	—	—	—	—
48 Magdeb.-Cöth.-Halle-Leipz.	—	—	—	—	—	—	—	—	—	—	—
49 a. Magdeburg-Halberstädter	—	—	—	—	—	—	—	—	—	—	—
b. Cöthen-Bernburger	—	—	—	—	—	—	—	—	—	—	—
50 Magdeburg-Wittenbergesche	—	—	—	—	—	—	—	—	—	—	—
51 Mecklenburgische	2:1	54 884	48 991	—		—	—	—	—	—	—
52 Mohács-Fünfkirchener	—	—	—		—	—	—	—	—	—	—
53 Neisse-Brieger		—	—	—	—	—	—	—	—	—	—
54 Niederländische Rhein-E.	—	—	—	—	—	—	—	—	—	—	—
55 Niederschlesische Zweigbahn	—	—	—	—	—	—	—		—	—	—
56 a. Oesterreich. nördliche	—	—	—	—	43 246	186 991	123 653	432,37	285,33	—	
b. Oesterreich. südöstliche		—	—	—	—		—		—	—	—
c. Wien-Neu-Szönyer	3:1	41 975	89 565	77 575	—	—	—	—	—	—	—
57 Oppeln-Tarnowitzer	—	—	—	—	—	—	—	—	—	—	—
58 a. Pfälzische Ludwigsbahn	—	—	—	—		—		—	—	—	—
b. Pfälzische Maximiliansb.	—	—	—	—		—		—	—	—	—
59 Rheinische	16:1	313 775	477 755	357 283	—	—	—	—	—		
60 a. Südbahn, Oesterreich.		—	—		523 668	2 217 381	1 960 748	423,13	375,51	—	—
b. Nordtiroler		—	—	—		—		—	—	—	—
c. Venetianische u. Südtirol.		—		—	228 672	514 542	—	225,6	—	—	—
61 Süd-Norddeutsche		—	—	—		—	—	—	—	—	
62 Taunus-Bahn		—				—			—	—	
63 Theiß-Bahn	—	—	—	—		—		—	—	—	—
64 Thüringische	unbestimmt	210 336	364 804	282 061		—	—	—		—	—
65 Werra-E.	—	—		—	—	—	—	—	—	—	

Transportmittel im Betriebsjahre 1863.

motiven.

(…Lieferdemaschinen) sind an Brennmaterial verbraucht:

132		133					134				135		
(…mischt m. Steinkohlen) c. überhaupt		Torf, ungemischt. a.	b.		c.		Torf, gemischt mit Coaks oder Kohlen. a.	b.	c.		An Brennmaterial (Steinkohlen, Coaks u. s. w.) sind pro Achsmeile verbraucht		
brutto. Z.-Ctr.	netto. Z.-Ctr.	bei Nutzmeilen.	überhaupt. Z.-Ctr.	Pfd.	pro Nutzmeile. Z.-Pfd.	Loth.	Mischungs-Verhältniß.	bei Nutzmeilen.	überhaupt. Z.-Ctr.	Pfd.	brutto. Z.-Pfd.	netto. Z.-Pfd.	
—	—	—	—	—	—	—	—	—	—	—	4,[illegible]	4,[illegible]	30a
—	—	—	—	—	—	—	—	—	—	—	5,[illegible]	4,[illegible]	- b
—	—	—	—	—	—	—	—	—	—	—	9,[illegible]	—	31
—	—	—	—	—	—	—	—	—	—	—	6,[illegible]	—	32
—	—	—	—	—	—	—	—	—	—	—	7,[illegible]	5,[illegible]	33
—	—	—	—	—	—	—	—	—	—	—	9,[illegible]	8,[illegible]	34a
—	—	—	—	—	—	—	—	—	—	—	—	—	- b
—	—	—	—	—	—	—	—	—	—	—	4,[illegible]*	—	35
—	—	—	—	—	—	—	—	—	—	—	3,[illegible] Pfd. Kohlen 0,[illegible] Cbfß. Holz	2,[illegible] Pfd. Kohlen, 0,[illegible] Cbfß. Holz	36
—	—	—	—	—	—	—	—	—	—	—	4,[illegible]	4,[illegible]	37
—	—	—	—	—	—	—	—	—	—	—	14,[illegible] Cbfßl.	12,[illegible] Cbfßl.	38
—	—	—	—	—	—	—	—	—	—	—	3,[illegible]	—	39
—	—	—	—	—	—	—	—	—	—	—	7,[illegible]	—	40
—	—	—	—	—	—	—	—	—	—	—	4,[illegible]	—	41
—	—	—	—	—	—	—	—	—	—	—	17,[illegible] Cbfßl.	—	42a
—	—	—	—	—	—	—	—	—	—	—	—	—	- b
—	—	—	—	—	—	—	—	—	—	—	4,[illegible]	2,[illegible]	43
—	—	—	—	—	—	—	—	—	—	—	4,[illegible]	3,[illegible]	44
—	—	—	—	—	—	—	—	—	—	—	3,[illegible]	—	45
—	—	—	—	—	—	—	—	—	—	—	2,[illegible]	—	46
—	—	—	—	—	—	—	—	—	—	—	4,[illegible]	—	47
—	—	—	—	—	—	—	—	—	—	—	4,[illegible]	—	48
—	—	—	—	—	—	—	—	—	—	—	4,[illegible]	—	49a
—	—	—	—	—	—	—	—	—	—	—	11,[illegible]	8,[illegible]	- b
—	—	—	—	—	—	—	—	—	—	—	3,[illegible]	2,[illegible]	50
—	—	—	—	—	—	—	—	—	—	—	3,[illegible]	—	51
—	—	—	—	—	—	—	—	—	—	—	4,[illegible]*	—	52
—	—	—	—	—	—	—	—	—	—	—	5,[illegible]	4,[illegible]	53
—	—	—	—	—	—	—	—	—	—	—	5,[illegible]	—	54
—	—	—	—	—	—	—	—	—	—	—	5,[illegible]	4,[illegible]	55
—	—	—	—	—	—	—	—	—	—	—	4,[illegible]	3,[illegible]	56a
—	—	—	—	—	—	—	—	—	—	—	2,[illegible]	2,[illegible]	- b
—	—	—	—	—	—	—	—	—	—	—	5,[illegible]	5,[illegible]	- c
—	—	—	—	—	—	—	—	—	—	—	6,[illegible]	5,[illegible]	57
—	—	—	—	—	—	—	—	—	—	—	3,[illegible]	3,[illegible]	58a
—	—	—	—	—	—	—	—	—	—	—	4,[illegible]	4,[illegible]	- b
—	—	—	—	—	—	—	—	—	—	—	5,[illegible]	4,[illegible]	59
—	—	—	—	—	—	—	—	—	—	—	9,[illegible]	8,[illegible]	60a
—	—	—	—	—	—	—	—	—	—	—	0,[illegible] Cbfß. Holz	—	- b
—	—	—	—	—	—	—	—	—	—	—	7,[illegible]	—	- c
—	—	—	—	—	—	—	—	—	—	—	9,[illegible]	8,[illegible]	61
—	—	—	—	—	—	—	—	—	—	—	3,[illegible]	3,[illegible]	62
—	—	—	—	—	—	—	—	—	—	—	0,[illegible] Cbfß. Holz	—	63
—	—	—	—	—	—	—	—	—	—	—	4,[illegible]	3,[illegible]	64
—	—	—	—	—	—	—	—	—	—	—	6,[illegible]	5,[illegible]	65

(Forts.) I. Leistungen der Transportmittel im Betriebsjahre 1863.

(Forts.) A. Lokomotiven.

I. Staatsbahnen.	Durchschnittspreis der Brennmaterialien. a. pro Cbfß. Holz. Sgr.	b. pro 100 Z.-Pfd. Coaks. Sgr.	c. pro 100 Z.-Pfd. Steinkohlen. Sgr.	d. pro 100 Z.-Pfd. Braunkohlen. Sgr.	e. pro 100 Z.-Pfd. Torf. Sgr.	f. pro Cbfß. Torf. Sgr.	Kosten des im Betriebsjahre 1863 verbrauchten Brennmaterials. a. überhaupt. Thlr.	b. pro Nutzmeile. Sgr.	c. pro Achsmeile. Pf.
1 Badische	0,78	—	6,42	—	—		108 013	7,19	3,33
2 Bayerische (u. gepcht. Zwgb.)	—	—	—	—	—		520 295	20,31	4,41
3 Braunschweigische	0,118	18 Sgl. 1346	9,128	—	—		119 501	20,34	5,44
4 Hannoversche	0,77	9,27	7,31	—	3,00	—	256 064	13,42	4,01
5 Main-Neckar	1,25	—	7,8	—	—	—	25 015	8,44	3,92
6 Main-Weser	1,43	—	7,141	—	—	—	50 367	11,43	3,47
7 Nassauische	1,40	—	6,92	—	—	—	29 580	8,07	4,53
8 Preuß. Niederschles.-Märk.	1,39	8,21	6,92	—			197 099*	11,53	3,16
9 „ Ostbahn	0,88	—	8,1	—	—	—	164 972	13,10	3,91
10 „ Saarbrücker (u. Trier)	1,36	—	4,97	—	—	—	48 436	10,75	4,11
11 „ Westfälische	1,52	—	5,14	—	—	—	33 756	9,34	2,44
12 Sächsische östliche									
a. Sächsisch-Böhmische	2	12	5	3	—	—	22 217	14,46	3,61
b. Sächsisch-Schlesische	2,4	12	6	—	—	—	41 020	13,44	3,61
c. Tharandt-Freiberger	2,6	—	6,0	—	—	—	6885	15,84	5,30
13 Sächsische westliche									
a. Niedererzgebirgische	2	16	4	—	—	—	27 614	7,44	1,44
b. Obererzgebirgische	2	16	4	—	-	—	7502	7,93	2,11
c. Sächsisch-Bayerische	2	—	4	—	—	—	57 218	8,67	1,44
14 Württembergische	1,51	—	9,66	—	—	0,17	172 897	14,18	4,30
II. Privatbahnen									
a) unter Staatsverwaltg.									
15 Aach.-Düss. Ruhrorter (a. Aach.-Düssel, b. Ruhrort-Crf.)	1,30*	7,44	4,94	—	—	—	19 350	7,02	2,11
16 Bergisch-Märkische	1,54	3,42	2,97	—	—	—	69 350	6,58	2,26
17 a. Löbau-Zittauer	3,0	13,0	6,0	—	—	—	7408	16,14	4,0
b. Zittau-Reichenberger	3,0	13,0	6,0	—	—	—	6279	17,58	4,0
18 a. Oberschlesische, b. Breslau-Posen-Glogauer	0,98		5,14	—	—	—	134 052	11,19	2,01
19 Stargard-Posener	1,43	—	7,90	—	—	—	34 171*	13,67	3,53
20 Rhein-Nahe-E.	1,554	—	5,191	—	—	—	25 498	10,39	3,65
21 Wilhelms-Bahn	0,28	—	2,0	—			9809	5,12	1,39
b) in Privatverwaltung.									
22 Aachen-Maastrichter	2,11	9,25	5,12	7,17*	—		16 373	12,27	5,00
23 Alberts-Bahn	1,0	—	4,7	—	—		6186	5,60	2,95
24 a. Altona-Kieler	1,41	14,31	9,44	—	—	—	21 678	14,44	4,51
b. Rendsburg-Neumünster	1,25	—	10,78	—	—	-	4396	11,98	5,13
25 Aussig-Teplitzer	—	—	--	—	—		3561	10,37	4,52
26 Bayerische Ostbahnen	1,15	—	8,05	—	—	--	98 800	10,77	4,00
27 Berlin-Anhaltische	1,68	13,47	7,84	—	—		93 974	15,85	4,10
28 a. Berlin-Hamburger, b. Hamburg-Bergedorfer	1,16	12,54	8,31	4,24	—	-	104 388	15,05	3,78
29 Berlin-Potsdam-Magdebgr.	1,73		9,44	—	--		75 829	16,37	4,83

136 | 137

(Forts.) I. Leistungen der Transportmittel im Betriebsjahre 1863.

(Forts.) A. Lokomotiven.

II. Privatbahnen. (Forts.)	Durchschnittspreis der Brennmaterialien. a. pro Cbfß. Holz.	b. pro 100 Z.-Pfd. Coaks.	c. pro 100 Z.-Pfd. Steinkohlen.	d. pro 100 Z.-Pfd. Braunkohlen.	e. pro 100 Z.-Pfd. Torf.	f. pro Cbfß. Torf.	Kosten des im Betriebsjahre 1863 verbrauchten Brennmaterials. a. überhaupt.	b. pro Nutzmeile.	c. pro Achsmeile.
	Sgr.	Sgr.	Sgr.	Sgr.	Sgr.	Sgr.	Thlr.	Sgr.	Pfg.
30 Berlin-Stettiner									
a. Berlin-Stettin-Stargard	1,47	22,31	9,77	—	—	—	70 679	19,13	5,90
b. Stargard-Cöslin-Colberg	1,47	—	10,0	—	—	—	26 836	11,01	6,44
31 Böhmische Westbahn	1,72	—	4,05	—	—	—	25 236	10,49	5,90
32 Breslau-Schweidnitz-Freib.	2,0	—	5,0	—	—	—	50 802	12,95	4,19
33 Brünn-Rossitzer	1,54	—	7,10	—	—	—	5624	32,01	8,11
34 Buschtěhrader a. Lokom.-B.	1,43	—	4,70	—	—	—	8279	21,31	5,67
b. Pferde-B.	—	—		—	—	—	—	—	—
35 Frankfurt-Hanauer	1,76	12,44	8,70	—	—	—	15 720	15,79	5,09
36 Galizische Carl-Ludwig-B.	1,125	—	6,66	—	—	—	99 127	22,51	4,66
37 Glückstadt-Elmshorner	1,40		8,66	—	—	—	2574	10,12	4,97
38 Graz-Köflacher	0,944	—	—	1,479	—	—	3989	8,10	3,64
39 Hessische Ludwigs-E.	1,0		7,01	—	—	—	44 652	7,14	3,82
40 Homburger	0,47	11,44	7,56	—	—	—	4205	8,64	6,99
41 Kaiser Ferdinands Nordb.	2,0	9,0	6,0	—	—	—	332 667	20,95	3,91
42 Kaiserin Elisabeth a. Lokom.-Bahn	1,977	—	20,0	4,311	—	—	209 067	26,85	9,55
b. Pferde-Bahn	—	—	—		—	—	—	—	—
43 Cöln-Mindener (u. Gießener)	1,5	6,7	3,5	—	—	—	156 904	7,09	1,94
44 Kurf. Friedr. Wilh. Nordb.	1,15	—	6,75	—	—	—	31 059	9,01	3,60
45 Leipzig-Dresdener	2,0	—	8,23	—	—	—	58 011	12,84	3,07
46 Ludwigs-E. (Nürnb.-Fürth)	2,32	13,44	—	—	—	—	2143	7,08	4,04
47 Lübeck-Büchener	1,07	14,15	9,66	—	—	—	11 652	19,05	6,17
48 Magdeb.-Cöth.-Halle-Leipz.	2,33	13,5	5,93	—	—	—	57 092	14,60	3,60
49 a. Magdeburg-Halberstädter	2,01	—	8,43	—	—	—	46 537	18,33	4,00
b. Cöthen-Bernburger	2,07	—	8,05	—	—	—	5915	19,34	11,01
50 Magdeburg-Wittenbergesche	2,71	—	8,30	—	—	—	28 608	11,66	5,03
51 Mecklenburgische	0,71	13,81	8,61	—	—	—	17 767	8,07	3,78
52 Mohacs-Fünfkirchener	1,34	8,0*	—	—	—	—	14 080	25,38	5,78
53 Neisse-Brieger	0,71	—	5,81	—	—	—	4387	12,13	3,63
54 Niederländische Rhein-E.	—	13,84	5,54	—	—	—	42 945	9,37	3,16
55 Niederschlesische Zweigbahn	0,0427	—	7,0	—	—	—	11 397	15,11	5,19
56 a. Oesterreich. nördliche	1,82	—	6,8	3,0	—	—	115 631	12,51	3,17
b. Oesterreich. südöstliche	1,87	—	12,20	—	—	—	170 464	19,36	4,31
c. Wien-Neu-Szönyer	2,11	14,57	18,0	—	—	—	58 889	10,63	12,46
57 Oppeln-Tarnowitzer	1,11	—	3,57	—	—	—	5132	8,84	3,63
58 a. Pfälzische Ludwigsbahn	1,35	—	5,25	—	—	—	38 515	6,75	2,75
b. Pfälzische Maximiliansb.	1,31	—	5,85	—	—	—	8989	6,26	2,98
59 Rheinische	1,1*	8,1	5,6	3,1	—	—	72 562*	7,04	2,95
60 a. Südbahn, Oesterreichische	1,04	18,05	—	4,19	—	—	498 896	21,16	7,20
b. Lombardische	1,452	—	—	—	—	—	19 506	33,09	11,85
c. Venetianische u. Südtirol.	—	—	—	5,20	—	—	122 187	16,03	6,29
61 Süd-Norddeutsche	1,28	—	5,13	—	—	—	27 874	11,61	5,47
62 Taunus-Bahn	0,80	8,75	8,75	—	—	—	20 765	15,64	6,51
63 Theiß-Bahn	—	—	—	—	—	—	117 880	30,13	7,16
64 Thüringische	1,47	9,42	7,30	—	—	—	102 813	14,18	4,35
65 Werra-E.	1,71	—	7,44	—	—	—	31 706	17,07	5,69

(Forts.) I. Leistungen der

B. Wagen.

I. Staatsbahnen.	Die Personenwagen haben durchlaufen a. auf der eigenen Bahn	b. auf fremden Bahnen	Jede Personenwagen-Achse hat durchschnittlich zurückgelegt	Die Postwagen haben auf der Bahn durchlaufen	Die Gepäckwagen haben durchlaufen a. auf der eigenen Bahn	b. auf fremden Bahnen	Jede Gepäckwagen-Achse hat durchschnittlich zurückgelegt
	138		139	140	141		142
	Kilometer		Kilometer	Kilometer	Kilometer		Kilometer
1 Badische	3 239 261	348 748	*3069*	144 466	956 445	120 208	*3859*
2 Bayerische (u. gepacht. Zwgb.)	8 156 710	in Col. 138a	*1150*	893 632	2 094 854	in Col. 141a	*5135*
3 Braunschweigische	701 972	263 358	*4382*	—	in Col. 143a	„ „ 143b	i. C. 144
4 Hannoversche	3 659 541	241 848	*4077*	413 270	1 239 105	108 835	*5912*
5 Main-Neckar	793 949	66 348	*3296*	—	in Col. 147a	in Col. 147b	i. C. 144
6 Main-Weser	1 030 656	196 953	*1814*	78 840*	315 150	128 220	*7778*
7 Nassauische	864 627	29 831	*3696*	—	233 653	438	*5574*
8 Preuß. Niederschles.-Märk.	2 049 056	285 531	*4089*	519 396*	792 725	43 477	*6533*
9 „ Ostbahn	3 219 112	275 740	*4660*	606 328	1 027 363	85 991	*6627*
10 „ Saarbrücker (u. Trier)	199 864	215 086	*2561*	68 997	142 148	91 820	*5315*
11 „ Westfälische	657 359	139 043	*4043*	115 284*	252 284	66 282	*5589*
12 Sächsische östliche							
a. Sächsisch-Böhmische	577 969	8340	*4523*	in Colonne 142a enthalten.	in Colonne 43a enthalten.	in Col. 143b	in Colonne 144 enthalten.
b. Sächsisch-Schlesische	775 101	34 874				„ „ 143b	
c. Tharandt-Freiberger	82 403	41 154				„ „ 143b	
13 Sächsische westliche							
a. Niedererzgebirgische	962 515	24 978	*5690*			in Col. 143b	
b. Obererzgebirgische	235 853	—				—	
c. Sächsisch-Bayerische	1 435 194	101 205				in Col. 143b	
14 Württembergische	3 801 342	43 299	*4272*	295 346	1 140 464	32 965	*9157*
II. Privatbahnen							
a) unter Staatsverwaltg.							
15 Aach.-Düss. Ruhrorter (a. Aach.-Düssel. b. Ruhrort-Crf.)	755 349	6431	*4031*	126 294	241 053	405	*5488*
16 Bergisch-Märkische	1 648 796	30 633	*5265*	in Col. 141	714 719	84 180	*6241*
17 a. Löbau-Zittauer	129 146	4420	*3515*	„ „ 143a	in Col. 143a	in Col. 143b	i. C. 144
b. Zittau-Reichenberger	107 674	1298	*3692*	„ „ 143a	„ „ 143a	„ „ 143b	„ „ 144
18 a. Oberschlesische / b. Breslau-Posen-Glogauer	1 096 816	295 928	*3439*	327 830	886 435	97 792	*8341*
19 Stargard-Posener	279 389	164 771	*3219*	106 503	151 975	50 585	*4220*
20 Rhein-Nahe-E.	204 526	224 700	*5366*	60 171	70 446	51 638	*8193*
21 Wilhelms-Bahn	284 587	11 119	*3943*	33 953	144 526		*4818*
b) in Privatverwaltung.							
22 Aachen-Maastrichter	272 259	1956	*3809*		100 441	—	*4310*
23 Alberts-Bahn	211 650	4645	*1807*		—	—	
24 a. Altona-Kieler	449 850	47 227	*4011*	in Col. 143a	in Col. 143a	in Col. 143b	i. C. 144
b. Rendsburg-Neumünster	98 102	in Col. 138a	*1671*	22 650	27 792	„ „ 141a	*6948*
25 Aussig-Teplitzer	49 426	186	*827*	—	31 334	—	*5222*
26 Bayerische Ostbahnen	2 429 472*	102 058*	*3995**	202 250	in Col. 139a	in Col. 139b	i. C. 139
27 Berlin-Anhaltische	1 116 621	271 657	*4017*	227 207	305 095	77 635	*7465*
28 a. Berlin-Hamburger / b. Hamburg-Bergedorfer	1 752 049	16 952	*4095*	167 446	494 852	641	*8258*
29 Berlin-Potsdam-Magdebg.	886 203	488 197	*3903*	438 465	in Col. 147a	in Col. 143b	i. C. 144

Transportmittel im Betriebsjahre 1863.

(Forts.) II. Wagen.

143		144	145	146	147			
Die Güterwagen (incl. Equipage- und Viehwagen) haben durchlaufen		Jede Güterwagen-Achse hat durchschnittlich zurückgelegt	Die Arbeitswagen haben auf der Bahn durchlaufen	Zusammen haben die eigenen Wagen zurückgelegt	Fremde			
a. auf der eigenen Bahn	b. auf fremden Bahnen				a. Personenwagen	b. Gepäckwagen	c. Güterwagen (incl. Equipage- und Viehwagen)	
					haben auf der Bahn durchlaufen			
Achsmeilen		Achsmeilen.	Achsmeilen.	Achsmeilen	Achsmeilen.	Achsmeilen.	Achsmeilen.	
6 000 886	2 177 802	1912		13 047 906	293 107	122 302	1 221 201	1
21 968 231	in Rbr. 147a	1999		33 103 427	in Rbr. 147c	in Rbr. 147c enth.	6 831 224	2
1 857 730	3 316 778	2651		6 199 847	485 384		4 236 854	3
10 683 050	7 214 502	2139	494 355	24 034 518	in Rbr. 147c		6 228 725*	4
548 803	556 380	1935	—	1 905 480	74 450		882 825	5
1 000 448	911 660	1680	25 904	3 609 000	222 800	138 881	2 200 632	6
880 156	398 085	1278	..	2 406 790	—	—	230 460	7
10 143 207	5 151 619	2682	551 972	19 017 587*	358 238	115 727	8 465 175	8
6 770 312	1 780 408	1810	619 346	14 393 600	221 388	2522	2 430 977	9
1 164 734	4 659 172	1707	86 819	6 628 140	212 464	68 302	1 711 398	10
1 028 448	1 296 080	1500	123 125	3 677 911	91 356	63 711	1 919 804	11
934 493	793 500	1913	4238	2 318 630	24 303	in Rbr. 147c	632 365	12a
2 042 648	780 563		47 333	3 680 519	50 849	„ „ 147c	1 073 241	„ b
313 001	308 224		89	744 871	5147	—	67 043	„ c
3 401 950	2 144 240	2169	72 248	6 605 940	21 207	in Rbr. 147c	870 000	13a
1 024 640	—		4464	1 244 957	—	—	—	„ b
5 904 272	3 210 303		27 094	14 177 028	103 020	in Rbr. 147c	1 314 900	„ c
5 094 833	443 779	1131	—	11 435 268	62 360	35 152	1 656 112	14
1 633 754	832 436	1083	16 249	3 611 811	—		587 134	15
616 227	4 086 809	1311*	152 870*	12 883 234	100 307	288 926*	1 962 914	16
26 277	141 219	302	4095	505 757	2530	in Rbr. 147c	304 324	17a
173 234	224 120	178	1089	507 424	1886	„ „ 147c	191 386	„ b
1 436 602	11 141 804	306	101 529	26 496 423	304 627	104 398	6 232 802	18
528 002	2 450 630	2680	74 917	3 406 772	171 304	50 271	2 124 080	19
414 728	1 587 312	1741	17 421	2 640 002	183 512	85 750	1 473 194	20
1 464 286	2 007 807	1728	—	3 946 278	16 208	30	504 377	21
92 404	347 818	720		927 878	7026	—	467 150	22
62 471	514 848	719	1921	1 135 338	40 164	—	97 777	23
90 436	99 722	1585	in Rbr. 143a	1 565 235	38 684	in Rbr. 147c	272 448	24a
147 009	in Rbr. 147a	1312	„ „ 143a	296 162*	in Rbr. 147c	„ „ 147c	180 458	„ b
92 888	2425	225	4410	180 669	736	—	104 805	25
3 314 237	1 548 503	1599		7 706 619	87 046	in Rbr. 147c	1 266 822	26
2 653 528	1 092 976	1897	95 035	5 838 841	223 100		2 568 497	27
4 863 592	2 936 411	2852	2 322 471	10 546 334	64 770	1038	2 333 358	28
1 090 390	2 543 700	2802	in Rbr. 147a	6 337 085	520 472	in Rbr. 147c	2 053 373	29

(Forts.) I. Leistungen der

B. Wagen.

II. Privatbahnen. (Forts.)	138 Die Personenwagen haben durchlaufen a. auf der eigenen Bahn (Achsmeilen)	138 b. auf fremden Bahnen (Achsmeilen)	139 Jede Personenwagen-Achse hat durchschnittlich zurückgelegt (Achsmeilen)	140 Die Postwagen haben auf der Bahn durchlaufen (Achsmeilen)	141 Die Gepäckwagen haben durchlaufen a. auf der eigenen Bahn (Achsmeilen)	141 b. auf fremden Bahnen (Achsmeilen)	142 Jede Gepäckwagen-Achse hat durchschnittlich zurückgelegt (Achsmeilen)
30 Berlin-Stettiner							
a. Berlin-Stettin-Stargard	560 174	345 357	3886	167 841	178 898	98 245	6159
b. Starg.-Cöslin-Colberg	231 257	152 771	2560	78 840	112 388	37 956	4176
31 Böhmische Westbahn	395 354	—	2471	in Kol. 141a	190 123	—	7922*
32 Breslau-Schweidnitz-Freib.	813 656	511	2893	135 851	191 597	—	6986
33 Brünn-Rossitzer	31 626	—	2259	—	in Kol. 141a	—	—
34 Buschtěhrader a. Locom.-B.	42 112*	—	2106	—	10 590	—	1765
b. Pferde-B.	—*	—	—	—	—	—	—
35 Frankfurt-Hanauer	145 975	1335	1430	—	in Kol. 143a	in Kol. 143b	s. K. 144
36 Galizische Carl-Ludwig-B.	1 002 770	—	4093	—	„ „ 141a	—	—
37 Glückstadt-Elmshorner	60 985	771	3431	12 533	19 796	—	6599
38 Graz-Köflacher	72 264	—	2125	in Kol. 141	33 736	—	2812
39 Hessische Ludwigs-E.	895 256	274 404	4551	„ „ 141	in Kol. 143a	in Kol. 143b	s. K. 144
40 Homburger	187 285	—	3021	—	28 410	—	3551
41 Kaiser Ferdinands Nordb.	2 998 710	498 916	4531	—	1 164 769	8188	4678
42 Kaiserin Elisabeth a. Locom.-Bahn	1 864 432	46 489	2169	in Kol. 141	614 567	—	5487
b. Pferde-Bahn	47 169	—	813	—	in Kol. 141a	—	—
43 Köln-Mindener (u. Gießener)	2 729 849	225 454	5325	415 309	1 071 796	27 254	6621
44 Kurf. Friedr. Wilh. Nordb.	244 430	385 871	3167	—	in Kol. 139a	in Kol. 139b	s. K. 131
45 Leipzig-Dresdener	1 141 383	130 126	4108	164 067	167 900	—	5597
46 Ludwigs-E. (Nürnb.-Fürth)	154 994	—	2313	—	—	—	—
47 Lübeck-Büchener	144 760	2840	3785	in Kol. 141	43 715	674	5549
48 Magdb.-Cöthen-Halle-Leipz.	906 301	50 122	3744	138 240	234 430	—	7814
49 a. Magdeburg-Halberstädter	445 062	66 761	2694	82 793	in Kol. 143a	in Kol. 143b	s. K. 144
b. Cöthen-Bernburger	42 773	923	1748	—	—	—	—
50 Magdeburg-Wittenbergesche	313 688	1747	3392	61 908	90 396	—	7533
51 Mecklenburgische	555 760	8817	4377	109 850	201 504	75	5171
52 Mohacs-Fünfkirchener	53 157	—	2658	—	19 859	—	3310
53 Neisse-Brieger	78 729	1254	2066	in Kol. 141a	30 831	—	3426
54 Niederländische Rhein-E.	896 027	16 170	2851	67 088	360 718	457	3926
55 Niederschlesische Zweigbahn	122 810	36 234	1849	42 114	41 140	16 142	5207
56 a. Oesterreich. nördliche	1 583 065	373 404	3397	297 500	903 056	70 982	4919
b. Oesterreich. südöstliche	1 707 851	186 006	2733	181 394	866 598	20 134	3719
c. Wien-Neu-Szönyer	265 836	54 869	1782	—	108 944	16 928	2421
57 Oppeln-Tarnowitzer	58 264	683	3930	—	59 300	42	4950
58 a. Pfälzische Ludwigsbahn	801 945	226 895	4323	—	278 308	51 774	5001
b Pfälzische Maximiliansb.	148 892	171 541	4150	—	60 141	7010	4197
59 Rheinische	2 347 981	501 264	4870	368 598	767 890	135 990	6321
60 a Südbahn, Oesterreichische	5 614 922	93 542	3225	507 730*	1 522 436	31 974	5255*
b Nordtiroler	270 041	297	2782	14 600	30 828	—	1401
c. Venetianische u. Südtirol	2 335 048	—	3654	336 500	420 598	—	2337
61 Süd-Norddeutsche	393 520	10 250	2294	—	68 947	—	2652
62 Taunus-Bahn	615 835	—	2141	—	132 687	—	3159
63 Theiß-Bahn	1 134 258	7844	2625	196 795	287 217	81	2374
64 Thüringische	1 498 034	364 466	5857	176 095	350 558	156 148	6496
65 Werra-E.	364 344	11 419	3131	58 400	167 102	26 700	5383

Transportmittel im Betriebsjahre 1863.

(Forts.) II. Wagen.

143 a. Die Güterwagen (incl. Equipage und Viehwagen) haben durchlaufen auf der eigenen Bahn (Kilometer)	143 b. auf fremden Bahnen (Kilometer)	144 Jede Güterwagen-Achse hat durchschnittlich zurückgelegt (Kilometer)	145 Die Arbeitswagen haben auf der Bahn durchlaufen (Kilometer)	146 Zusammen haben die eigenen Wagen zurückgelegt (Kilometer)	147 Fremde a. Personenwagen haben auf der Bahn durchlaufen (Kilometer)	147 Fremde b. Gepäckwagen haben auf der Bahn durchlaufen (Kilometer)	147 Fremde c. Güterwagen (incl. Equipage- und Viehwagen) haben auf der Bahn durchlaufen (Kilometer)	
1 110 026	793 205	2098	124 805	3 378 530	354 097	93 009	1 722 580	30a
437 343	924 180	1912	—	1 974 735	207 477	43 407	843 017	b
1 005 208	455 325	984	—	2 136 100	—	—	67 130	31
2 242 077	782 733	1178	—	4 166 425	319	—	779 537	32
147 349	16 422	836	—	193 397	—	—	70 752	33
123 003	3257	535	—	178 962*	—	—	349 063	34a
—	—	—	—	—*	—	—	—	b
105 859	12 204	1135	—	265 373	222 617	in Col. 147c	654 535	35
4 453 136	3 525 662	2668	—	8 981 568	—	—	2 101 273	36
84 173	54 428	1312	21 166	203 832	837	—	36 780	37
148 006	19 633	390	—	273 639	—	—	161 100	38
1 157 877	1 398 658	1837	346 000	4 072 195	474 564	in Col. 147c	1 552 050	39
11 017	4734	394	—	231 446	—	—	13 995	40
17 319 050	6 842 850	2096	—	28 832 174	520 792	—	8 178 854	41
4 755 916	1 156 006	1888	—	8 437 410	55 682	—	607 510	42a
1 102 031	—	678	—	1 140 800	—	—	—	b
6 110 288	6 180 859	1650	818 087	21 387 986	765 000*	364 920*	9 008 402	43
6 229 490	981 026	2581	—	2 241 021	336 764	in Col. 147c	2 031 148	44
2093 109	2 508 775	2458	—	6 754 360	171 306	—	2 641 922	45
1220[illegible]	—	600	2400	138 594	—	—	18 432	46
297 731	303 190	1562	—	788 080	5035	in Col. 147c	102 588	47
1966 874	1 800 941	1188	—	3 098 894	60 610	11 712	2 381 254	48
962 138	2 632 395	2880	—	4 180 149	226 492	—	1 704 476	49a
99 860	55 816	815		1 910 372	1837	—	49 336	b
504 345	399 867	1899	—	1 401 955	7150	—	676 287	50
966 116	516 834	1530	—	2 073 526	4208	—	141 489	51
791 504	—	1775	14 869	871 980	—	—	—	52
97 440	288 664	2312	—	496 918	1580	—	201 715	53
2322 273	2 262 078	2330	225 847	6 130 458	—	—	214 759	54
196 114	334 073	1656	17 829	736 156	39 833	15 708	395 447	55
6811 449	3 364 587	1512	104 707	13 308 700	587 870	2655	2 832 307	56a
4967 026	2 843 088	1321	122 215	14 910 912	52 357	4043	2 336 459	b
128 669	112 813	865	9004	1 817 983	80 816	34 060	277 614	c
30 053	426 737	2100	—	819 119	—	—	87 247	57
297 087	1 824 289	1620	—	6 000 206	214 162	34 902	2 017 373	58a
11 525	1 322 609	1846	—	1 823 508	99 935	15 636	667 541	b
261 237	1 542 156	1147	1 333 300	8 468 416	208 253	71 234	2 160 609	59
1831 624	1 982 266	1722	4 611 504	26 046 067	39 420	7884	695 368	60a
216 366	106 139	1522	10 000	618 171	1916	—	83 402	b
186 016		1463	317 056	6 994 254	—	—	—	c
88 932	519 858	1508	—	1 881 480	706	—	588 890	61
206 679	304 834	1217	—	1 320 035	—	—	128 161	62
240 015	1 028 276	1463	1 034 226	5 367 512	10 155	—	1 600 887	63
2560 701	2 548 472	1985	1 111 207	7 760 602	403 085	220 734	3 075 560	64
58 292	736 626	2105	7155	1 876 658*	—	—	802 170	65
							20	

	I. Staatsbahnen.	148: Eigene u. fremde Personenwagen haben auf der Bahn zurückgelegt — a. überhaupt (Achsmeilen)	b. pro Meile Bahnlänge (Achsmeilen)	b. pro Kilometer Bahnlänge	149 (Forts.) B. Wagen. (Forts.): Eigene und fremde Gepäckwagen haben auf der Bahn zurückgelegt — a. überhaupt (Achsmeilen)	b. pro Meile Bahnlänge (Achsmeilen)	b. pro Kilometer Bahnlänge	150: I. Leistungen der … Eigene und fremde Güterwagen (incl. Equipage- und Viehwagen) haben auf der Bahn zurückgelegt — a. überhaupt (Achsmeilen)	b. pro Meile Bahnlänge (Achsmeilen)	b. pro Kilometer Bahnlänge
1	Badische	3 532 368	51 613	6853	1 078 747	15 762	2093	7 282 177	106 402	14 127
2	Bayerische (u. gep. Zweigb.)	in Kol. 150a	—	—	in Kol. 150a	—	—	39 041 019*	235 415	31 255
3	Braunschweigische	1 247 356	46 858	6221	" " 150a	in Kol. 150b	in Kol. 150b	6 094 593	228 918	30 397
4	Hannoversche	in Kol. 150	—	—	" " 150	—	—	21 551 565*	183 200	24 326
5	Main-Neckar	868 399	71 733	9922	" " 150a	in Kol. 150b	in Kol. 150b	1 431 628	123 203	16 358
6	Main-Weser	1 253 456	47 140	6258	454 031	17 075	2267	3 201 080	120 387	15 983
7	Nassauische	864 627	34 475	4576	233 653	9316	1237	1 110 616	44 283	5887
8	Preuß. Niederschles. Märk.	2 407 294	46 635	6192	908 452	17 599	2337	18 608 382	360 488	47 861
9	" Ostbahn	3 440 500	31 469	4178	1 020 885	9420	1251	9 219 289	84 325	11 196
10	" Saarbrücker (u. Trier)	412 328	21 413	2843	210 450	10 930	1451	2 876 072	149 375	19 832
11	" Westfälische	748 715	27 628	3668	315 995	11 660	1548	2 948 252	108 792	14 441
12	Sächsische östliche									
	a. Sächsisch-Böhmische	602 272	69 466	9223	in Kol. 150a enthalten	in Kol. 150b enthalten	in Kol. 150b enthalten	1 566 858	180 722	23 993
	b. Sächsisch-Schlesische	834 950	61 620	8181				4 015 889	296 376	39 318
	c. Tharandt-Freiberger	87 550	24 943	3311				380 044	108 275	14 371
13	Sächsische westliche									
	a. Niedererzgebirgische	983 782	53 235	7068				4 278 550	231 524	30 739
	b. Obererzgebirgische	235 853	38 661	5133				1 004 640	164 695	21 864
	c. Sächsisch-Bayerische	1 538 220	64 066	8506				10 711 172	446 113	59 230
14	Württembergische	3 863 708	59 773	7936	1 175 016	18 187	2415	7 354 945	113 783	15 107
	II. Privatbahnen									
	a) unter Staatsverwaltg.									
15	Aach.-Düss. Ruhrorter { a. Aach.-Düsseld. b. Ruhrort-Cref. }	755 349	44 351	5888	241 053	14 154	1880	2 170 728	127 457	16 922
16	Bergisch-Märkische	1 749 103	38 374*	5095*	1 003 645	22 019*	2923*	8 128 141	172 902*	22 956*
17	a. Löbau-Zittauer	131 685	29 198	3877	in Kol. 150a	in Kol. 150b	in Kol. 150b	530 601	117 650	15 620
	b. Zittau-Reichenberger	109 560	30 862	4097	" " 150a	" " 150b	" " 150b	364 620	102 709	13 636
18	a. Oberschlesische / b. Breslau-Posen-Glogauer	1 401 443	23 401*	3107	990 833	16 547*	2197	20 481 494	332 708	44 173
19	Stargard-Posener	450 693	19 916	2644	202 246	8937	1186	2 652 092	117 193	15 559
20	Rhein-Nahe E.	388 038	21 222	3216	165 196	10 312	1369	1 887 922	117 848	15 646
21	Wilhelmsbahn	300 795	12 822	1702	144 556	6162	818	2 058 663	87 752	11 651
	b) in Privatverwaltung.									
22	Aachen-Mastrichter	279 285	22 523	2990	103 441	8342	1107	669 554	53 996	7169
23	Altonabahn	251 814	139 124*	18 475*	—	—		500 251	97 896	12 997
24	a. Altona-Kieler	488 534	34 697	4607	in Kol. 150a	in Kol. 150b	in Kol. 150b	1 240 884	88 131	11 701
	b. Rendsburg-Neumünster	—	—	—		—		—	—	—
25	Aussig-Teplitzer	60 162	20 728	2753	31 334	12 918	1719	197 093	81 691	10 846
26	Bayerische Ostbahnen	2 516 518*	41 803	5550	in Kol. 148a	in Kol. 148b	in Kol. 148b	4 601 059	76 429	10 147
27	Berlin-Anhaltische	1 349 811	28 477	3781	303 095	6394	849	5 223 025	110 190	14 630
28	a. Berlin-Hamburger / b. Hamburg-Bergedorfer	1 816 819	45 810	6082	495 890	12 504	1660	7 188 870	181 262	24 0[illegible]
29	Berlin-Potsdam-Magdebrg.	1 425 675	72 973	9690	in Kol. 150a	in Kol. 150b	in Kol. 150b	4 034 763	206 520	27 [illegible]

Transportmittel im Betriebsjahre 1863.

(Fortf.) B. Wagen.

Die eigenen und fremden Personen-, Gepäck- und Güter- rc. Wagen, sowie die Post- und Arbeitswagen haben auf der Bahn zurückgelegt: a. überhaupt (Achsmeilen)	b. pro Meile Bahnlänge (Achsmeilen)	b. pro Kilometer Bahnlänge (Achsmeilen)	Größte von einer Achse (seit der Anschaffung) zurückgelegte Meilenzahl: a. eisernen	Größte von einer Achse: b. stählernen	Größte von einem Radreifen: a. eisernen	Größte von einem Radreifen: b. stählernen	An Miethe für fremde Wagen sind gezahlt (Thlr.)	An Miethe für die eigenen, auf fremden Bahnen benutzten Wagen sind eingenommen (Thlr.)
2 037 758	*175 888*	*23 353*	—	—	—	—	51 753	75 315
9 934 651	*240 802*	*31 971*	—	—	—	—	179 041	4995
7 341 949	*275 806*	*36 618*	—	—	—	—	137 361	120 161
2 718 058	*193 115*	*25 643*	—	—	—	—	185 059	230 304
2 300 027	*197 936*	*26 280*	—	—	—	—	20 381	12 714
5 013 311	*188 541*	*25 032*	—	—	—	—	52 929	22 074
2 208 896	*88 074*	*11 695*	12 476	—	11 835	12 474	5714	13 357
2 948 370*	*441 563*	*59 023*	91 762	77 126	—	27 665	181 207	122 620
4 915 348	*136 425*	*18 113*	45 527	32 429	39 018	31 712	69 710	60 095
3 654 166	*189 787*	*25 198*	—	—	—	—	90 578	156 716
4 251 371	*156 877*	*20 829*	35 700	—	24 000	—	48 924	34 012
2 173 368	*250 677*	*33 283*	—	—	—	—	11 311	17 869
4 898 172	*361 489*	*47 993*	—	—	—	—	49 873	17 868
467 683	*133 243*	*17 688*	—	—	—	—	1320	7749
5 334 389	*288 668*	*38 326*	—	—	—	—	22 984	55 204
1 244 957	*204 091*	*27 094*	—	—	—	—	—	...
2 277 386	*511 345*	*67 891*	—	—	—	—	37 859	86 083
2 689 615	*196 312*	*26 064*	—	—	—	—	55 765	17 631
3 309 673*	*194 332*	*25 800*	46 968	—	16 229	34 831	6061	13 912
							3607	6956
1 033 730	*234 711**	*31 162**	—	—	—	—	65 732	101 882
666 981	*147 889*	*19 631*	—	—		—	8202	3773
475 269	*133 879*	*17 774*	—	—	—	—	5411	5852
3 303 138*	*378 484*	*50 250*	54 166	38 182	41 759	39 096	173 452	240 492
							59 682	69 580
3 486 451	*154 063*	*20 454*	47 668	5859	34 789	5859	56 264	57 996
2 518 748	*157 225*	*20 874*	—	—	—	—	58 429	52 359
2 537 967	*108 183*	*14 363*	23 570	—	7495	18 744	15 437	46 927
1 052 280	*84 862*	*11 266*	53 192	—	47 657	5535	10 152	9788
753 986	*147 551*	*19 590*	9500	13 060	9000	12 400	4474	13 128
1 729 418	*122 828*	*16 308*	31 567	25 195	25 000	—	10 056	4630
271 378	*58 740*	*7798*	22 397	—	21 622			—
283 599	*117 189*	*15 559*	31 786	—	31 786	—	9316	—
7 409 836	*123 087*	*16 342*	—	—	—	—	6244	30 649
7 198 263	*151 862*	*20 162*	77 833	73 876	36 447	34 419	69 070	27 398
9 901 406	*251 928*	*33 447*	—	—	—		33 088	48 505
5 898 903	*301 935*	*40 087*	48 870	19 930	38 683	21 776	93 720	102 364

II. Privatbahnen. (Forts.)	148 Eigene u. fremde Personenwagen haben auf der Bahn zurückgelegt a. überhaupt Achsmeilen	b. pro Meile Bahnlänge Achsmeilen	b. pro Kilometer Bahnlänge	(Forts.) B. Wagen. 149 Eigene und fremde Gepäckwagen haben auf der Bahn zurückgelegt a. überhaupt Achsmeilen	b. pro Meile Bahnlänge Achsmeilen	b. pro Kilometer Bahnlänge	(Forts.) I. Leistungen der 150 Eigene und fremde Güterwagen (incl. Equipage- und Viehwagen) haben auf der Bahn zurückgelegt a. überhaupt Achsmeilen	b. pro Meile Bahnlänge Achsmeilen	b. pro Kilometer Bahnlänge
30 Berlin-Stettiner									
a. Berlin-Stettin-Stargard	914 271	40 652	5397	271 997	12 094	1606	2 832 606	125 950	16 722
b. Stargard-Cöslin-Colberg	438 734	19 243	2555	155 795	6833	907	780 369	34 226	4544
31 Böhmische Westbahn	305 354	14 829	1969	190 123	7131	947	1 162 428	43 602	5789
32 Breslau-Schweidnitz-Freib.	813 975	35 552	4721	191 597	8368	1111	3 021 614	131 977	17 524
33 Brünn-Rossitzer	31 626	8433	1120	s. Bem. 150a	s. Bem. 150b	s. Bem. 150b	218 101	58 160	7722
34 Buschtěhrader a. Locom.-B.	42 112	5931	787	10 590	1492	198	472 966	66 615	5814
b. Pferde-B.	—	—	—	—	—	—	—	—	—
35 Frankfurt-Hanauer	368 502	67 508	8962	s. Bem. 150a	s. Bem. 150b	s. Bem. 150b	660 394	120 951	16 055
36 Galizische Carl-Ludwig-B.	1 002 770	21 422	2844	„ „ 150a	„ „ 150b	„ „ 150b	6 644 409	141 944	18 848
37 Glückstadt-Elmshorner	61 822	13 738	1824	19 796	4399	584	70 953	15 767	2093
38 Graz-Köflacher	72 264	13 609	1807	33 736	6353	843	309 166	58 223	7730
39 Hessische Ludwigs-E.	1 369 820	56 163	7457	s. Bem. 150a	s. Bem. 150b	s. Bem. 150b	2 710 527	111 133	14 755
40 Homburger	187 285	77 712	10 317	28 410	11 788	1565	25 012	10 378	1378
41 Kaiser Ferdinands Nordb.	3 528 502	43 920	5831	1 164 760	14 498	1925	25 497 904	317 375	42 136
42 Kaiserin Elisabeth a. Locomot.-B.	1 920 114	33 728	4477	614 567	10 795	1433	5 363 426	94 210	12 508
Kaiserin Elisabeth b. Pferde-B.	47 169	2715	361	s. Bem. 150a	s. Bem. 150b	s. Bem. 150b	1 102 631	63 480	8428
43 Köln-Mindener (u. Gießener).	3 494 939	50 730	6735	1 436 725	20 854	2768	22 608 690	328 171	43 570
44 Kurf. Friedr. Wilh. Nordb.	581 194	29 338	3895	s. Bem. 148a	s. Bem. 148b	s. Bem. 148b	2 660 842	134 318	17 833
45 Leipzig-Dresdener	1 312 689	79 413	10 544	167 900	10 158	1349	5 278 031	319 300	42 391
46 Ludwigs-E. (Nürnb.-Fürth).	154 994	193 743	25 704	—	—	—	19 632	24 540	3255
47 Lübeck-Büchener	150 695	23 920	3176	43 715	6939	921	485 269	77 027	10 227
48 Magdeb.-Cöth.-Halle-Leipz.	966 911	49 944	6631	246 142	12 714	1688	4 350 088	224 695	29 832
49 a. Magdeburg-Halberstädter	671 554	57 447	7627	s. Bem. 150a	s. Bem. 150b	s. Bem. 150b	2 666 614	228 111	30 285
b. Cöthen-Bernburger	44 610	16 222*	2154*	—	—	—	149 196	37 299	4952
50 Magdeburg-Wittenbergesche	320 838	22 436	2979	90 396	6321	839	1 210 636	84 660	11 240
51 Mecklenburgische	559 968	29 059	3858	201 594	10 461	1389	822 105	42 662	5664
52 Mohacs-Fünfkirchener	53 157	6579	873	19 850	2458	326	791 504	97 958	13 005
53 Neisse-Brieger	80 309	12 995	1725	30 831	4989	662	299 155	48 407	6426
54 Niederländische Rhein-E.	896 027	38 555	5119	360 718	15 521	2061	2 537 032	109 171	14 494
55 Niederschlesische Zweigbahn	162 643	17 420	2273	56 938	5993	796	521 561	54 901	7289
56 a. Oesterr. nördliche	2 170 944	34 841	4626	905 111	14 526	1928	9 643 756	154 771	20 549
b. Oesterr. südöstliche	1 760 208	19 102	2536	870 641	9448	1255	11 313 485	122 772	16 300
c. Wien-Neu-Szönyer	346 652	16 562	2199	143 004	6832	907	1 526 303	72 924	9682
57 Oppeln-Tarnowitzer	58 264	5757	761	59 360	5866	779	391 310	38 667	5134
58 a. Pfälzische Ludwigsbahn	1 016 107	51 658	6866	313 208	15 923	2116	4 834 460	245 778	32 636
b. Pfälzische Maximiliansb.	248 827	40 030	5315	75 777	12 191	1618	780 766	125 606	16 676
59 Rheinische	2 646 234	57 352	7614	839 124	18 186	2414	4 837 846	104 851	13 921
60 a. Südbahn, Oesterreichische	5 654 342	36 938	4906	1 530 320	9997	1327	16 526 992	107 963	14 331
b. Nordtiroler	271 957	27 893	3703	30 828	3162	420	269 668	27 658	3672
c. Venetianische u. Südtirol.	2 335 048	33 578	4458	420 598	6018	803	3 864 146	55 567	7377
61 Süd-Norddeutsche	394 226	15 058	1999	68 947	2633	349	1 477 795	56 447	7194
62 Taunus-Bahn	615 835	91 642	12 166	132 687	19 745	2622	394 840	58 756	7805
63 Theiß-Bahn	1 143 613	14 792	1964	287 217	3715	493	4 209 702	54 452	7229
64 Thüringische	1 961 119	52 633	6988	571 292	15 333	2036	5 640 272	151 376	20 098
65 Werra-E.	364 344	16 093	2136	167 102	7381	980	1 307 382	57 716	7667

Transportmittel im Betriebsjahre 1863.

(Fortl.) B. Wagen.

151			152		153		154	155	
Die eigenen und fremden Personen-, Gepäck- und Güter- etc. Wagen, sowie die Post- und Arbeitswagen haben auf der Bahn zurückgelegt			Größte von einer		Größte von einem		An Miethe		
a. überhaupt	b. pro Meile	b. pro Kilometer Bahnlänge	a. eisernen	b. stählernen	a. eisernen	b. stählernen	für fremde Wagen sind gezahlt	für die eigenen, auf fremden Bahnen benutzten Wagen sind eingenommen	
			Achse (seit der Anschaffung) zurückgelegte Meilenzahl		Radreifen (seit der Anschaffung) zurückgelegte Meilenzahl				
Achsmeilen	Achsmeilen						Thlr.	Thlr.	
4 311 520	191 708	25 453	22 194	51 589	37 720	38 890	30 463	20 228	30a
1 453 729	63 760	8465	20 610	—	20 616	10 400	11 254	19 757	b
1 747 905	65 563	8705	14 817	—	4100	—	4209	20 386	31
4 163 037	181 832	24 144	25 000	6500	—	—	19 530	20 338	32
249 727	66 594	8842		—	—	—	2196	624	33
525 668*	74 038	9830	—	—	—	—	23 061*	234*	34a
—*	—	—	—	—	—	—	—*	—*	b
1 028 986*	188 459	25 020	—	—	—	—	14 753	1323	35
7 647 179	163 366	21 691	—	—	—	—	34 869	43 815	36
186 270	41 393	5496	—*	—	—	—	43	539	37
415 166	78 186	10 380	—	—	—	9100	11 645	1336	38
1 426 347	181 186	24 095	—	—	—	—	8065	3270	39
240 707	99 878	13 262	—	—	—	—	167	14	40
10 191 166	375 793	48 893	—	—	—	—	62 888	78 171	41
7 898 107	138 733	18 419	—	—	—	—	—	—	42a
1 149 800	66 195	8789	—	—	—	—		—	b
28 773 840	417 660	55 451	42 373	45 746	—	—	304 371	208 635	43
3 212 036	163 656	21 728	—	—	—	—	56 780	30 713	44
6 922 687	418 795	55 604	—	—	—	—	87 723	69 135	45
177 026	221 283	29 358	104 990	—	77 600	4979	—	—	46
679 679	107 885	14 324	63 037	25 502	33 000	—	4986	7737	47
3 701 387	294 493	39 099	53 431	13 012	46 346	13 012	40 103	31 032	48
3 420 961	292 640	38 852	32 309	19 515	28 579	7703	62 052	92 191	49a
193 806	48 451	6433	—	—	—	—	3122	2940	b
1 683 778	117 747	15 633	58 260	21 220	—	—	16 796	11 178	50
1 693 407	87 882	11 668	51 424*	—	—	—	3664	13 198	51
879 389	108 835	14 449	30 429	—	—	—	—	—	52
410 293	66 391	8814	—	—	—	—	5149	7298	53
4 086 712	175 848	23 347	—	—	—	—	7146	70 662	54
801 085	84 325	11 196	39 579	—	10 051	—	10 282	8502	55
13 122 018	210 592	27 960	—	—	—	—	2676	43 092	56a
14 217 943	154 617	20 527	—	—	—	—	39	1530	b
2 023 863	96 792	12 851	—	—	—	—	854	—	c
508 934	50 290	6677	28 140	—	28 140	—	2194	10 808	57
6 103 775	313 359	41 618	49 000	—	42 000	—	—		58a
1 105 370	177 827	23 609	2700	—	2700	—	—	—	b
8 825 102	191 268	25 394	37 560	38 350	14 000	25 000	21 383	37 911	59
24 680 937	161 229	21 406	—	—	—	—		—	60a
397 033	61 236	8129	—	—	—	—	—	1877	b
6 994 254	100 579	13 353	49 547	—	34 237	16 152	10 223	8506	c
1 910 968	74 139	9843	—	—	—	—	506	3509	61
1 143 362	170 143	22 587	—	—	—	—	4839	12 535	62
5 941 553	76 854	10 203	—	—	—	—	36 042	38 933	63
8 459 985	227 053	30 145	56 080	31 998	56 080	31 998	74 274	65 559	64
1 901 383	84 116	11 168	45 000	—	45 000	—	21 229	20 785	65

II. Personen- und

A. Im Betriebsjahre 1868

	I. Staatsbahnen.	156	157	158	159	160	161	162			
		Personen in der I. Klasse	Personen in der II. Klasse	Personen in der III. Klasse	Personen in der IV. Klasse	Personen zu ermäßigten Fahrpreisen (Militairs, Auswanderer, mit Extrazügen u. s. w.)	Ueberhaupt Personen.	Davon a. im Binnenverkehre abgegangen (und angekommen). Personen.	b. im direkten Verkehre abgegangen nach Stationen fremder Bahnen. Personen.	c. angekommen von Stationen fremder Bahnen. Personen.	d. im Durchgangs-Verkehre befördert. Pers.
1	Badische	79 798	847 791	4 515 929	—	34 278	5 477 796	4 790 822	316 012	325 850	45 112
2	Bayerische (u. gep. Zweigb.)	36 272	889 077	4 135 947	—	19 880	5 081 176	4 976 081*	i. Kol. 162c	93 939	11 153
3	Braunschweigische	14 831	233 152	836 682	—	28 253	1 112 918	757 741	111 483	102 314	141 380
4	Hannoversche	41 734	478 706	1 876 284	—	50 492	2 447 216	2 238 892	208 324	i. Kol. 162b	i. Kol. 162c
5	Main-Neckar	32 878	248 769	799 702	—	7076	1 088 425	857 541	102 790	98 207	29 887
6	Main-Weser	13 359	155 111	620 616	—	28 790	817 876	709 717	43 907	46 933	17 319
7	Nassauische	26 393	242 623	849 001	—	28 971	1 146 988	1 023 919	62 038	55 545	5486
8	Preuß. Niederschles.-Märk.	21 899	235 188	573 593	927 720	36 791	1 795 191	1 549 925	114 417	130 852	i. Kol. 162c
9	„ Ostbahn	17 437	347 108	633 503	859 315	133 146	1 990 309	1 767 785	108 007	100 857	13 560
10	„ Saarbrücker u. Trier	8082	91 542	519 092	282 751	21 453	922 920	693 483	105 990	109 458	13 989
11	„ Westfälische	4534	59 333	211 067	450 059	25 177	733 190	670 696	in Kolonne 162c enthalten	65 587	16 907
12	Sächsische östliche										
	a. Sächsisch-Böhmische	9218	134 624	484 549	—	5210	633 601*	578 195		55 406	i. Kol. 162c
	b. Sächsisch-Schlesische	4419	136 602	614 936	—	23 141	779 098*	691 321		87 777	„ „ 162c
	c. Tharandt-Freiberger	418	25 943	159 944	—	4854	191 139*	91 038		100 101	—
13	Sächsische westliche										
	a. Niedererzgebirgische	3995	176 071	899 673	—	22 960	1 102 699*	1 008 797		93 902	i. Kol. 162c
	b. Obererzgebirgische	1912	45 875	213 519	—	3033	264 339*	259 012		5347	—
	c. Sächsisch-Bayerische	8956	206 084	909 245	—	11 426	1 133 711*	1 092 076		41 635	i. Kol. 162c
14	Württembergische	49 290	894 212	3 536 876	—	2419	4 482 797	—	—	—	—
	II. Privatbahnen										
	a) unter Staatsverwaltg.										
15	Aach.-Düss. Ruhrorter a. Aach.-Düsseld.	10 577	189 667	382 363	513 588	2481	1 098 676	776 636	i. Kol. 162c	322 040	—
	b. Ruhrort-Cref.	2878	96 463	199 417	280 896	1547	581 201	442 457	„ „ 162c	138 744	i. Kol. 162c
16	Bergisch-Märkische	13 932	358 007	1 305 052	1 879 570	17 743	3 574 304	3 451 829	56 992	61 688	795
17	a. Löbau-Zittauer	351	23 305	158 291	—	3234	185 181*	144 392	i. Kol. 162c	40 789	i. Kol. 162c
	b. Zittau-Reichenberger	259	20 110	123 497	—	179	144 045	138 558	„ „ 162c	5487	„ „ 162c
18	a. Oberschlesische	7919	157 790	309 789	378 536	61 502	915 536	802 960	110 416	i. Kol. 162b	2160
	b. Breslau-Posen-Glogauer	3092	59 568	243 664	125 570	57 233	490 036	446 545	43 491	„ „ 162b	—
19	Stargard-Posener	2294	44 228	112 633	108 824	60 633	328 612	205 978	107 341	„ „ 162b	15 290
20	Rhein-Nahe-E	14 282	86 331	368 357	111 704	20 156	600 830	410 184	87 040	84 952	18 651
21	Wilhelms-Bahn	2301	39 932	92 407	180 068	2532	317 240	282 623	17 744	15 169	1704
	b) in Privatverwaltung.										
22	Aachen-Mastrichter	13 994	81 913	262 582	—	30 191	388 680	259 781	60 467	67 402	1047
23	Albertsbahn	1443	66 082	338 389	—	5393	411 309	313 209	44 717	53 353	—
24	a. Altona-Kieler	3173	58 887	499 194	—	6327	567 881	501 372	i. Kol. 162c	56 509	i. Kol. 162c
	b. Rendsburg-Neumünster	560	12 012	106 799	—	475	119 846	119 846*	„ „ 162a	i. Kol. 162a	„ „ 162a
25	Aussig-Teplitzer	2854	31 018	126 206	—	1351	161 429	161 429	„ „ 162a	„ „ 162a	—
26	Bayerische Ostbahnen	6403	201 473	1 511 914	—	34 700	1 754 490	1 736 653	6863	5953	502
27	Berlin-Anhaltische	10 639	173 311	654 427	—	45 191	876 975 / 6506*	720 733	82 195	79 585	105
28	a. Berlin-Hamburger	11 369	232 792	591 925	194 813	88 408	1 122 307	938 925	80 016	93 094	967
	b. Hamburg-Bergedorfer	[illegible]	[illegible]	[illegible]	[illegible]	—	382 729	—	—	—	—
29	Berlin-Potsdam-Magdebrg	27 293	238 533	700 195	116 477	63 436	1 145 937	1 027 117	i. Kol. 162a	115 790	i. Kol. 1[illegible]

Güter = Verkehr.

163	164		165	166				167	168				
wurden befördert:	Davon sind:			Eilgüter					Frachtgüter der Normalklasse (und sperrige)				
Reisegepäck überhaupt.	a. Gepäck-Ueberfracht	b. Freigewicht.	Hunde der Reisenden.	a. im Binnenverkehre aufgegeben und angekommen.	b. im direkten Verkehre aufgegeben nach Stationen fremder Bahnen.	c. im direkten Verkehre angekommen von Stationen fremder Bahnen.	d. im Durchgangs-Verkehre befördert.	Postgüter.	a. im Binnenverkehre aufgegeben (und angekommen).	b. im direkten Verkehre aufgegeben nach Stationen fremder Bahnen.	c. im direkten Verkehre angekommen von Stationen fremder Bahnen.	d. im Durchgangs-Verkehre befördert.	
Z.-Ctr.	Z.-Ctr.	Z.-Ctr.	Std.	Z.-Ctr.	Z.-Ctr.	Z.-Ctr.	Z.-Ctr.	Z.-Ctr.	Z.-Ctr.	Z.-Ctr.	Z.-Ctr.	Z.-Ctr.	
238 742	218 280	20 462	23 473	135 801	56 245	77 379	41 111	64 318	767 042*	753 560	560 191	317 110	1
249 593	249 593	—*	38 395	201 266	66 887	82 873	25 812	—	1 597 912*	766 075	961 743	392 343	2
165 468	—	—	2775	28 641	24 921	27 676	113 918	—	357 406	556 065	571 277	1 925 623	3
806 475	—	—	8421	193 118	30 119	54 741	75 000	—	7 765 431	1 794 113	938 016	1 213 175	4
80 600	80 600	—*	5589	29 689	38 170	31 280	55 125	—	372 036	605 404	131 462	834 504	5
79 928*	53 736*	26 192*	3109	22 806	19 352	25 493	40 469	—*	283 493	307 104	313 102	311 087	6
57 523	48 455	9068	2699	12 606	4320	3298	1628	227 828*	175 623	64 621	57 600	26 408	7
187 680	45 379	142 301	5278	63 131	121 916	L. Kol. 166b	5917	9087	785 344	2 159 561	in Kol. 168b	284 039	8
211 804	—	—*	7727	36 258	10 471	38 944	3153	1163*	999 806	332 055	649 489	83 253	9
42 885	[illegible]	—	3980	7391	6349	13 600	10 555	—*	30 445	78 461	104 042	36 470	10
46 516	31 011	15 505	3026	11 632	L. Kol. 166c	17 398	30 592	5800	442 364	in Kolonne 168c enthalten	325 104	347 565	11
37 080	11 302	25 728	1655	39 960	—	—	—	—*	447 285		920 669	L. Kol. 166c	12a
62 239	15 524	46 715	2301	60 634	L. Kol. 166c	19 299	L. Kol. 166c	—*	894 636		055 419	. . 166c	- b
8740	1792	6954	805	119	. . 166c	3412	—	—*	17 658		57 010	—	- c
6 132	21 538	41 284	3079	88 693	L. Kol. 166c	41 472	L. Kol. 166c	—*	853 671		554 580	L. Kol. 166c	13a
8 028	6566	15 182	1118	23 679	. . 166c	4102	—	—*	231 395		33 318	—	- b
4 462	23 017	61 451	3427	129 402	. . 166c	59 814	L. Kol. 166c	—*	1 474 604		843 508	L. Kol. 166c	- c
—	—	—	4096	222 000	67 943	53 393	. . 166c	—*	10 582 853	1 634 750	3 808 793	. . 166c	14
34 187	1951	26 236	29[illegible]	10 180	34 795	19 756	19 277	54 937	114 139	156 197	187 161	83 906	15a
15 223	4750	10 473	87[illegible]	13 247	20 437	25 425	1616	29 988	96 813	75 325	144 005	22 056	- b
87 539	29 924	57 615	060[illegible]	175 111	40 383	29 838	3503	101 122	2 844 092	390 947	374 805	60 230	16
12 851	2376	10 475	38 7	15 767	L. Kol. 166c	994	L. Kol. 1[illegible]	—	368 397	L. Kol. 166c	124 091	L. Kol. 166c	17a
3761	1009	2752	43 9	10 759	— . 166c	594	. . 1[illegible]	—	157 009	. . 166c	69 429	. . 166c	- b
67 945	22 415	45 500	1903	12 135	23 767	L. Kol. 166b	3051*	—	234 709	449 556	in Kol. 166b	94 302	18a
43 776	10 268	33 511	1631	6363	8346	. . 166b	842	—	146 082	200 454	. . 166b	49 895	- b
45 508	10 108	13 400	1570	5557	9246	. . 166b	7481	—	31 393	254 970	. . 166b	211 516	19
36 939	[illegible]	—	2950	4745	8962	12 491	17 365	7557	16 375	36 738	71 923	125 941	20
19 468*	—	—	737	2964	3051	2825	—	—	109 276	101 147	116 636	85 121	21
19 629	19 628	[illegible]	—	29 293	19 300	45 126	2073	61	77 611	319 690	155 965	5099	22
10 296	2246	8344	15 108	1512	2170	1242	—	100 416	22 774	36 011	20 969	—	23
34 321	11 234	43 057	12 415	50 918	L. Kol. 166c	9308	L. Kol. 166c	—	905 958*	L. Kol. 166c	285 534	L. Kol. 166c	24a
16 415	3704	11 711	26	16 096*	. — 166c	L. Kol. 166c	. . 166c	—	285 036*	. . 166c	in Kol. 169a	. . 166c	- b
[illegible]	—	—	—	L. Kol. 149a	. . 167a	. . 149a	—	—	in Kol. 149a	. . 169a	. . 169a	—	25
46 324	46 324	[illegible]	13 642	61 481	59 364	14 335	8061	—*	2 145 989	353 403	348 183	202 767	26
151 262	34 126	91 281	3775	73 684	34 156	45 770	1244	19 736	605 722	415 292	557 930	412 298	27
127 296	3469	93 237	L. Kol. 174b	67 406	41 385	38 441	14 497	—*	1 028 757	1 528 328	805 592	201 315	28a
—	—	—	. . 174b	—	114 741	—	—	—	—	2 251 551	—	—*	- b
[illegible]	—	—	2603	52 965	L. Kol. 166c	138 173	L. Kol. 166c	—	1 370 449	L. Kol. 166c	1 359 062	L. Kol. 166c	29

II. Personen- und

A. Im Betriebsjahre 1863

II. Privatbahnen (Forts.)	156 Personen in der I. Klasse	157 Personen in der II. Klasse	158 Personen in der III. Klasse	159 Personen in der IV. Klasse	160 Personen zu ermäßigten Fahrpreisen (Militairs, Auswanderer, mit Extrazügen u. s. w.)	161 Ueberhaupt Personen	162 Davon a. im Binnenverkehre abgegangen und angekommen. Personen	b. im directen Verkehre abgegangen nach Stationen fremder Bahnen. Personen	c. im directen Verkehre angekommen von Stationen fremder Bahnen. Personen	d. im Durchgangs-Verkehre befördert. Pers.
30 Berlin-Stettiner										
a. Berlin-Stettin-Stargard	5070	115 959	453 652	135 856	55 263	763 806	602 145	79 094	81 775	2792
b. Stargard-Cöslin-Colberg	620	32 739	123 724	76 394	24 618	258 095	193 814	32 911	31 370	—
31 Böhmische Westbahn	5791	40 250	218 970	—	13 707	278 718	274 865	1875	1978	—
32 Breslau-Schweidnitz-Freib.	4411	80 236	355 622	243 925	136 414	820 638	801 930	10 042	8066	—
33 Brünn-Rossitzer	558	9310	43 924	—	225	54 017	54 017	—	—	—
34 Buschtěhrader a. Locom.-B.	418	8814	45 351	—	—	54 583	15 749	20 102	18 732	—
Buschtěhrader b. Pferde-B.	2533	13 152	13 176	2062*	—	30 923	30 923	—	—	—
35 Frankfurt-Hanauer	6292	125 870	445 837	—	1540	584 339	531 744	28 522	24 273	—
36 Galizische Carl Ludwig-B.	6525	67 962	189 807	—	64 678	328 972	309 388	11 607	7977	—
37 Glückstadt-Elmshorner	337	12 532	115 405	—	1059	129 333	56 185	36 188	36 960	—
38 Graz-Köflacher	40*	10 333	103 278	—	1041	114 692	114 692	—	—	—
39 Hessische Ludwigs-E.	35 418	399 477	1 179 330	—	59 763	1 676 988	1 271 437	181 173	196 865	27 513
40 Homburger	31 756	157 020	319 851	—	—	508 627	497 248	5689	5690	—
41 Kaiser Ferdinands Nordb.	44 032	316 785	1 102 071	—	401 163	1 864 051	1 482 574	170 392	198 197	35[illegible]
42 Kaiserin Elisabeth a. Locomot.-B.	21 644	191 377	759 800	—	233 442	1 206 263	1 179 509	12 956	13 798	—
Kaiserin Elisabeth b. Pferde-B.	—	1598	19 977	—	4024	25 599	25 599	—	—	—
43 Cöln-Mindener (u. Gießener)	36 067	427 856	738 637	2 255 753	64 692	3 523 005	3 263 073	108 417	103 047	47 56[illegible]
44 Kurf. Friedr. Wilh. Nordb.	7374	96 667	246 917	—	7935	358 893	251 828	107 065	[illegible]	[illegible]
45 Leipzig-Dresdener	16 531	237 908	940 476	—	33 614	1 228 529	935 413	134 776	142 175	16 165
46 Ludwigs-E. (Nürnb.-Fürth)	5241	171 706	670 237	—	—	847 184	847 184	—	—	—
47 Lübeck-Büchener	1379	44 220	120 455	—	1853	167 907	77 516	45 890	44 501	—
48 Magdeb.-Cöth.-Halle-Leipz.	4535	131 146	841 659	—	29 023	1 006 363	902 210	22 319	50 910	30 924
49 a. Magdeburg-Halberstädter	10 982	167 611	542 004	—	34 412	755 009	514 928	240 081	[illegible]	[illegible]
b. Cöthen-Bernburger	403	14 307	59 800	—	1628	76 138	76 138	—	—	—
50 Magdeburg-Wittenbergesche	883	30 568	139 415	—	15 438	186 304	163 958	11 219	11 127	—
51 Mecklenburgische	3368	98 644	204 339	—	15 826	322 177	246 839	39 637	35 701	—
52 Mohacs-Fünfkirchener	603	12 522	23 313	—	7212	43 650	43 650		—	—
53 Neisse-Brieger	1109	13 800	29 908	64 327	19 098	128 332	84 421	22 845	21 066	—
54 Niederländische Rhein-E.	102 662	227 718	607 911	—	222 580	1 160 871	1 105 974	28 380	28 259	25[illegible]
55 Niederschlesische Zweigbahn	927	17 467	66 840	48 713	24 393	158 310	116 460	16 999	20 170	4711
56 a. Oesterreich. nördliche	21 629	167 694	714 545	—	310 907	1 214 775	970 495	77 609	145 158	21 513
b. Oesterreich. südöstliche	27 928	218 349	447 548	—	198 551	892 376	569 428	144 217	174 987	3744
c. Wien-Neu-Szönyer	3171	39 095	166 935	—	41 955	251 156	240 447	6667	7042	—
57 Oppeln-Tarnowitzer	411	5216	20 401	35 423	12 117	73 571	69 942	1640	1989	—
58 a. Pfälzische Ludwigsbahn	7220	212 064	806 210	—	29 111	1 054 905	778 622	276 283	[illegible]	[illegible]
b. Pfälzische Maximiliansb.	2972	64 886	231 323	—	11 291	310 473	294 062	16 413	[illegible]	[illegible]
59 Rheinische	262 559	945 319	1 823 843	169 663	76 080	3 277 464	2 695 781	276 992	254 727	59 964
60 a. Südbahn, Oesterreichische	81 729	689 998	2 435 750	—	376 588	3 587 065	3 340 932	113 946	132 187	—
b. Nordtiroler	2072	30 410	205 853	—	36 893	273 228	268 171	6382	675	—
c. Venetianische u. Südtirol.	48 729	463 788	1 137 024	—	301 802	1 951 343	1 951 343	[illegible]	[illegible]	—
61 Süd-Norddeutsche	1478	33 607	236 471	—	21 315	292 901	226 932	35 713	30 256	—
62 Taunus-Bahn	34 536	306 103	777 817	—	*	1 118 456	1 043 059	30 409	44 988	
63 Theiß-Bahn	7183	95 561	218 538	—	77 912	399 224	243 820	79 421	75 983	
64 Thüringische	9591	257 892	1 026 874	—	42 692	1 337 052	1 149 167	79 052	77 054	31 7[illegible]
65 Werra-E.	1814	67 948	340 216	—	6442	416 420	379 843	18 252	16 032	[illegible]

Güter-Verkehr.

wurden befördert:

163 Reisegepäck überhaupt (Ctr.)	164 Davon sind: a. Gepäck-Ueberfracht (Ctr.)	164 b. Freigewicht (Ctr.)	165 Hunde (der Reisenden) (Anz.)	166 Eilgüter a. im Binnenverkehre aufgegeben und angekommen (Ctr.)	166 b. im directen Verkehre aufgegeben nach Stationen fremder Bahnen (Ctr.)	166 c. im directen Verkehre angekommen von fremder Bahnen (Ctr.)	166 d. im Durchgangs-Verkehre befördert (Ctr.)	167 Postgüter (Ctr.)	168 Frachtgüter der Normalklasse (und sperrige) a. im Binnenverkehre aufgegeben (und angekommen) (Ctr.)	168 b. im directen Verkehre aufgegeben nach Stationen fremder Bahnen (Ctr.)	168 c. im directen Verkehre angekommen von Stationen fremder Bahnen (Ctr.)	168 d. im Durchgangs-Verkehre befördert (Ctr.)	
92 752	23 580	69 172	4147	41 135	14 330	11 058	141	20 420	300 998	138 427	114 530	1452	30a
28 745	6897	21 848	1801	3313	3156	3156		6437	17 624	39 792	37 951	--	- b
22 163*	—	—	370	4650	575	1151	—	-	1 439 119	71 894	96 005	—	31
53 763	wird nicht ver.	---	2036	19 379	4218	3138	--	—	418 150	178 678	101 299	—	32
2055	952	1103	12	---	—	—	---	--	6870	2922	7179	—	33
4206	990	3306	10	351	84	258	--	--	95 508	17 427	31 666	—	34a
819	250	569	10	—	---	—	--	--	6057	---	---	—	- b
--	24 802	—	1707	12 323	13 535	10 777	1045	32 294	106 355	163 605	134 379	16 143	35
43 373*	13 831	29 542	426	3876	434	5990	—	—	153 019	128 976	241 206	--	36
10 433	1525	8908	131	1556	3319	3909	—	-	22 408	42 041	41 963	—	37
1005	935	670	45	904		---	—	—*	378 390*	---	—	—	38
83 100	--	w. nicht gew.	10 521	49 587	59 283	50 113	32 370	—	568 252	829 733	801 950	565 579	39
17 797	—	—	1854	6877	i. Rel. 166a	i. Rel. 166a	—	6011	37 477	in Rel. 168a	in Rel. 168a	—	40
48 926	100 084	115 812	2168	71 219	40 655	31 434	—		978 573	965 555	1 204 103	539 314	41
83 678	34 241	49 437	1578	73 698	7132	16 497	--	—	in Rel. 168a	in Rel. 149b	in Rel. 149c	--	42a
1352	439	913	—	695	—	—	—	—	» » 168a	—	---	—	- b
76 589	wird nicht ver.	—	7840	79 135	102 758	99 577	26 880	—*	1 911 198	1 230 997	915 873	326 727	43
62 106	—	—	1160	10 506	7072	7620	68 977	—*	131 501	139 368	130 211	944 305	44
48 280	31 030	117 250	3301	92 011	47 827	43 267	12 736	73 270	571 345	836 826	929 959	449 014	45
—	—	—	—	---	—	—	—	---	--	—	—	—	46
28 221	—	—	453	2226	11 201	30 521	-	--	16 158	253 719	594 692	—	47
97 230	23 157	74 073	1987	96 510	40 914	39 112	16 503	17 910	851 685	479 664	578 602	473 054	48
15 291	—	—	2540	65 843	131 433	i. Rel. 166b	i. Rel. 166b	--	1 552 657	3 174 057	in Rel. 168b	i. Rel. 168b	49a
7718	1924	5794	240	7355	—	—	—	710	88 769	—	—	--	- b
25 866	—	---	1276	34 166	22 103	24 420	—	5163	241 545	1 225 332	in Rel. 168b	i. Rel. 168b	50
70 855	—*	—	1751	15 432	6015	11 422	--	—*	201 815	155 471	293 236	--	51
4484	1719	2765	139	922	---	—	--	—	32 741	—	--	—	52
8898	2179	6729	277	269	2524	2006	--	-*	5493	22 272	30 599	—	53
81 448	71 349	10 099	51	155 837	57 879	12 295	---	—	1 503 551	210 998	113 727	---	54
16 443	3662	12 781	355	5851	5491	6937	1918	698	55 611	51 702	86 611	51 534	55
11 090*	wird nicht ver.	—	1214	35 963	23 325	15 921	5162	--	2 538 009	1 793 591	1 815 629	884 593	56a
02 835*	wird nicht ver.	—	1338	15 778	17 650	19 202	2591	--	1 656 795	2 354 792	1 651 166	152 821	- b
13 532*	wird nicht ver.	—	385	63 709	1158	773	--	—	326 513	116 020	386 738	45 905	- c
3734	854	2880	269	201	261	1127	668	880	51 498	10 355	92 891	12 472	57
46 198	46 198	—	5710	18 800	61 088	i. Rel. 166b	i. Rel. 166b		78 563	378 570	in Rel. 168b	i. Rel. 168b	58a
13 284	13 281		1775	8112	12 615	» » 166b	» » 166b	—	31 449	94 263	» » 168b	» » 168b	- b
29 502	110 715	118 787	7662	91 950	60 305	67 516	45 611	122 380	216 581	415 424	358 983	289 382	59
01 735	87 015	114 720	3739	142 490	17 617	17 621	--	—	6 891 749	854 264	417 217	--	60a
13 052	4650	9302	321	10 168		—	—	—	131 218	---	—	—	- b
15 941	—	—	2176	157 454	i. Rel. 166a	i. Rel. 166a	--	—	2 796 262	in Rel. 168a	in Rel. 168a	--	- c
19 665	19 665	---	—	4014	1982	5203	—		209 160	271 380	210 710	---	61
52 172	49 334	2838	2166	17 161	13 493	i. Rel. 166b	i. Rel. 166b	31 635	169 539	380 312	in Rel. 168b	i. Rel. 168b	62
46 114	21 971	24 143	564	4202	3196	8126	—	—	195 100	96 039	233 861	—	63
52 682	38 090	114 592	3797	106 055	47 118	40 021	31 922	11 989*	755 050	672 942	557 249	559 845	64
33 569	21 991	6748*	1829	98 051	11 571	11 100	4703	—*	159 551	228 430	206 071	117 138	65

(Forts.) **II. Personen- und**

(Forts.) A. **Im Betriebs-Jahre 1868**

I. Staatsbahnen.	169 Frachtgüter der ermäßigten Klasse (excl. Kohlen) a. im Binnenverkehre aufgegeben und angekommen. Z.-Ctr.	b. im direkten Verkehre aufgegeben nach Stationen fremder Bahnen Z.-Ctr.	c. im direkten Verkehre angekommen von Stationen fremder Bahnen Z.-Ctr.	d. im Durchgangs-Verkehre befördert. Z.-Ctr.	170 Kohlen und Coaks a. im Binnenverkehre aufgegeben und angekommen. Z.-Ctr.	b. im direkten Verkehre aufgegeben nach Stationen fremder Bahnen Z.-Ctr.	c. im direkten Verkehre angekommen von Stationen fremder Bahnen Z.-Ctr.	d. im Durchgangs-Verkehre befördert. Z.-Ctr.	171 Ueber- a. im Binnenverkehr aufgegeben u. angekommen (incl. Postgüter) Z.-Ctr.
1 Badische	1 541 893*	1 058 584	676 364	253 715	4 512 878*	1 806 433	2 101 715	800 554	7 021 932
2 Bayerische (u. gepcht. Zweigb.)	10 403 882*	1 858 291	3 891 190	1 238 221	2 498 768	763 098	1 934 239	2000	14 701 828
3 Braunschweigische	3 064 510	1 684 625	1 153 191	4 228 067	1 073 087	5000	2 501 400	2 417 787	4 523 646
4 Hannoversche	5 890 076	1 264 347	1 346 074	3 370 532	4 838 947	85 470	3 117 183	3 247 600	18 687 672
5 Main-Neckar	817 415	185 360	302 750	81 535	in Kol. 169a	in Kol. 169b	in Kol. 169c	in Kol. 169d	1 219 140
6 Main-Weser	938 676	466 979	472 549	461 440	532 094*	234 321	907 690	215 354	1 729 069
7 Nassauische	2 378 600	815 808	369 312	171 400	217 262	700	15 187	2100	3 012 209
8 Preuß. Niederschles.-Märk.	3 455 369	8 652 244	in Kol. 169b	772 366	1748	7 514 960	in Kol. 170b	454 804	4 314 979
9 „ Ostbahn	7 056 907	1 431 238	688 080	245 905	480 148	3402	204 548	—	8 576 402
10 „ Saarbrücker (u. Trier)	1 215 156	1 365 847	4 957 324	210 669	15 542 310*	15 643 740*	in Kol. 169c	—	16 795 302
11 „ Westfälische	1 589 561	in Kol. 169a	1 613 386	1 986 432	620 070	in Kol. 170a	1 589 970	1 488 210	2 669 427
12 Sächsische östliche									
a. Sächsisch-Böhmische	3 908 397	in Kolonne 169c mitenthalten.	556 605	in Kol. 169c	in Kol. 169a*	in Kolonne 169c mitenthalten.	in Kolonne 169c mitenthalten.	in Kol. 169c	4 395 642
b. Sächsisch-Schlesische	4 450 604		2 016 066		„ 169a*			„ „ 169c	5 405 874
c. Tharandt-Freiberger	1 464 586		422 512		„ „ 169a*			—	1 482 363
13 Sächsische westliche									
a. Niedererzgebirgische	9 428 194		1 847 522	in Kol. 169c	in Kol. 169a*			in Kol. 169c	10 370 559
b. Obererzgebirgische	14 583 132		3 920 571	—	„ „ 169a*				14 838 208
c. Sächsisch-Bayerische	13 824 136		5 102 807	in Kol. 169c	„ „ 169a*			in Kol. 169c	15 429 143
14 Württembergische	in Kol. 169a	in Kol. 169b	in Kol. 169c	„ „ 169c	„ „ 169a	in Kol. 169b	in Kol. 169c	„ „ 169c	10 504 853
II. Privatbahnen									
a) unter Staatsverwaltg.									
15 Aach.-Düss. a. Aach.-Düssel	1 128 294	821 104	835 599	244 214	1 519 638	1 362 194	890 673	—	2 827 18
Ruhrorter b. Ruhrort-Crf.	523 512	771 880	718 658	69 927	2 005 283	1 677 814	32 200		2 668 84
16 Bergisch-Märkische	16 402 700	2 374 650	5 074 304	57 979	26 497 826	6 331 807	—	—	46 020 94
17 a. Löbau-Zittauer	1 616 068	in Kol. 169c	202 106	in Kol. 169c	in Kol. 169a*	in Kol. 169c	in Kol. 169c	in Kol. 169c	2 003 43
b. Zittau-Reichenberger	1 509 101	„ „ 169c	47 839	„ „ 169c	„ „ 169a*	„ „ 169c	„ „ 169c	„ „ 169c	1 676 86
18 a. Oberschlesische	6 100 071	6 361 616	in Kol. 169b	965 720	10 474 793	9 896 381	„ „ 170b	174 831	16 821 80
b. Breslau-Posen-Glogauer	1 423 582	1 734 866		1 242 263	–	1 583 577	„ „ 170b	1 106 726	1 577 92
19 Stargard-Posener	337 287	1 582 193		1 810 315		1 003 984	„ „ 170b	102 741	377 53
20 Rhein-Nahe-E.	377 143	1 013 785	1 144 808	1 146 459			1 232 075	697 425	406 05
21 Wilhelms-Bahn	1 263 075	696 774	642 504	626 574	4 166 584	818 272	110 632	—	5 542 79
b) in Privatverwaltung.									
22 Aachen-Mastrichter	688 559	390 036	1 326 733	30 441	792 874	—	1 199 362		1 588 40
23 Alberts-Bahn	103 238	275 994	146 519	—	5 886 435*	—	—	—	6 024 00
24 a. Altona-Kieler	1 869 285	in Kol. 169c	200 346	in Kol. 169c	in Kol. 169a	in Kol. 169c	in Kol. 169c	in Kol. 169c	2 826 1
b. Rendsburg-Neumünster	538 002*	„ 169a	in Kol. 169a	„ „ 169a	—	—	—	—	839 73
25 Aussig-Teplitzer	931 058*	„ „ 169a	„ „ 169a	—	6 877 607	in Kol. 170a	in Kol. 170a	—	7 808 6
26 Bayerische Ostbahnen	3 188 564	1 355 347	527 222	286 573	697 840	12 720	521 664	8200	5 099 8
27 Berlin-Anhaltische	2 950 304	604 606	615 100	550 832	3 609 151	—	502 329	—	7 360 5
28 a. Berlin-Hamburger	1 579 078	908 472	2 049 753	50 549	234 038	40 131	65 331	—	3 809 2
b. Hamburg-Bergedorfer		1 324 196	-	—	—	18 442		—	—
29 Berlin-Potsdam-Magdebg.	954 744	in Kol. 169c	2 026 107	in Kol. 169c	271 805	in Kol. 170c	678 247	in Kol. 170c	2 655 9

171			172	173		174	
Güter = Verkehr. wurden befördert: Haupt-Güter							
b. im direkten Verkehre aufgegeben nach Stationen fremder Bahnen. Z.-Ctr.	c. im direkten Verkehre angekommen von Stationen fremder Bahnen. Z.-Ctr.	d. im Durchgangs-Verkehre befördert. Z.-Ctr.	Zusammen. Z.-Ctr.	Außerdem Betriebsdienst- und Baugüter a. tarifirte. Z.-Ctr.	b. frachtfrei beförderte. Z.-Ctr.	Benennung derjenigen Arten von Gütern, welche den Hauptverkehr auf der Bahn bildeten:	
3 704 842	3 415 649	1 418 490	15 560 913	—	1 028 633	Abfälle, Bau- u. Nutzholz, rohe Baumwolle und Baumwollenwaaren	1
3 454 351	6 873 045	1 657 876	26 687 100	886 936*	3 258 309	Getreide, Brennholz, Kohlen, Baumaterialien, Hopfen, Bier, Zucker, rc.	2
2 301 221	4 253 544	8 685 975	19 764 386	—	1 332 214	Bau- u. Nutzholz, Braunkohlen, Brennholz, Chemikalien, Droguen rc.	3
3 188 049	5 456 014	7 906 610	35 233 343	—	—	Kohlen, Getreide, Kartoffeln, Taback, Eisen, Spiritus, Baumwolle rc.	4
828 934	765 492	971 164	3 781 730	—	—	Manufakturwaaren aller Art, Getreide, Taback (roh u. fabr.), Wein rc.	5
1 027 756	1 718 834	1 228 350	5 704 009	—	22 708*	Bier, Kolonial-, Eisen- u. Eisengußw., Eisensteine, Getreide, Gyps rc.	6
885 449	445 397	201 545	4 344 600	—	19 219	Bauholz, Bier, Cement (Traß, Gyps), Eisen (roh u. Bruch-) rc.	7
18 451 684*	in Kol. 171b	1 517 156	24 283 819	—	1 109 801	Steinkohlen, Getreide, Mehl rc., Manufakture., Wolle (thierische) rc.	8
1 777 166	1 580 061	332 401	12 266 030	691 665	921 856	Getreide, Bau- u. Nutzholz, Steinkohl., Sämereien, Spiritus, Heringe rc.	9
17 096 397	5 074 966	257 694	39 221 339	412 681	311 842	Steinkohlen, Coaks, Erze, Steine, Roheisen, Nutz- u. Bauholz rc.	10
in Kolonne 171e miteinbegriffen	3 545 858	3 852 799	10 068 084	276 114	989 881	Kohlen, Coaks, Erze, Mineralien, grobe Eisenwaaren, Blei, Getreide rc.	11
	1 477 274	in Kol. 171e	5 872 916	64 189*	—*	Baumwolle, Braunkohlen, Bausteine, Kolonialw., Droguen, Eisen rc.	12a
	2 690 774	" " 171e	8 096 618	1 056 210*	—*	Baumwolle, baumwollene Waaren, Bier, Braunkohlen, Droguen rc.	b
	482 934	—	1 063 297	2 960*	—*	Steinkohlen, Braunkohlen, Getreide, Flachs, Salpeter, Erze, Spiritus rc.	c
	2 473 574	in Kol. 171e	12 844 132	310 575*	—*	Steinkohlen, Coaks, Getreide, Kalk, Steine, Mehl, Manufakturwaaren rc.	13a
	3 966 091	—	18 805 197	50 450*	—*	Steinkohlen, Coaks, Bau-, Brenn- u. Nutzholz, Sägew., Bausteine rc.	b
	6 096 120	in Kol. 171e	21 524 271	222 525*	—*	Steinkohl., Coaks, Holz (Bau-, Brenn-, Nutzholz u. Sägew.), Getreide rc.	c
1762 6933	862 186	" " 171e	16 369 732	in Kol. 171b	—	Holz, Kohlen, Getreide, Wolle, Baumwolle, Eisen, Leder u. Schuhm. rc.	14
2 334 290	1 933 189	347 3[illegible]7	7 482 064	38 548	100 477	Steinkohlen, Erze, Steine, Manufakturwaaren, Getreide rc.	15a
2 545 45[illegible]	920 288	935[illegible]9	6 228 186	12 383	225 015	Kohlen, Holz, Eisen, Erze, Getreide, Steine, Manufakturwaaren rc.	b
9 137 787	5 178 947	1217[illegible]	60 730 387	1 375 269	3 233 843	Steinkohlen, Roheisen, Kalksteine, Eisenerze, Bau- u. Werksteine, Sand rc.	16
in Kol. 171a	327 191	in Kol. 171e	2 330 [illegible]23	86 075*	—*	Baumwolle, baumwoll. Waaren, Braunkohlen, Düngemittel, Eisen rc.	17a
" " 171a	117 862	" " 171e	1 794 731	11 575*	—*	Baumwolle, baumw. Waaren, Braunkohlen, Düngemittel, Eisen rc.	b
16 721 320	in Kol. 171b	1 237 912	34 781 [illegible]40	371 022	190 186*	Steinkohlen, Getreide, Kalk, Bau- u. Nutzholz, Roheisen, verarb. Eisen rc.	18a
3 527 143		2 390 726	7 303 [illegible]16	88 653	38 278*	Steinkohlen, Getreide, Kalk, Bau- u. Nutzholz, Zink, Hülsenfrüchte rc.	b
2 850 393		2 132 083	3 360 [illegible]3	18 904	150 153*	Steinkohlen, Getreide, Heringe, Kalk, Zink in Barren, Spiritus rc.	19
1 059 485	2 461 297	1 987 193	3 913 [illegible]5	115 721	141 672	Steinkohlen, Erze, Coaks, Steine rc., Roheisen, Getreide u. Sämereien rc.	20
1 619 277	872 597	711 695	8 746 [illegible]8	—	215 050	Steinkohlen, landwirthschaftliche Producte, Roh- und Gußeisen rc.	21
179 056	2 727 486	37 613				Kohlen, Holz, Kolonialwaaren, Erde, Erze, Steine, Spiritus rc.	22
314 205	168 730	—	5 082 556	—	38 007	Kohlen, Coaks, Papier, Lumpen, Getreide, Oelfrüchte, Steine, Blei rc.	23
in Kol. 171e	495 188	in Kol. 171e	6 506 910	38 420	—	Kolonial- u. Manufakturwaaren, Getreide u. andere Feldfrüchte, Holz rc.	24a
" " 171e	in Kol. 171e	" " 171e	3 321 379	—	124 979	Manufaktur- u. Kolonialw., Feldfrüchte, Butter, Bau- u. Brennholz rc.	b
" " 171e	" " 171e	—	839 73[illegible]	—	4 808	Kohlen, Baumwolle, Schafwollwaaren, Bausteine und Ziegel rc.	25
1 736 457	1 411 404	505 601	7 808 665	157 891	—	Getreide, Holz, Kohlen	26
1 054 081	1 841 129	961 374	8 717 722	—	927 110	Baumwollene Waaren, Bier, Chemikalien, Droguen u. Farbewaaren rc.	27
1 518 316	2 962 420	266 391	11 191 563	—	307 501	Baumwolle, Kolonialwaaren, Droguen, Getreide, Alaun, Holz rc.	28
6 [illegible]	—	—	9 536 403	—	402 600		
in Kol. 171e	4 201 679	in Kol. 171e	6 769 353	—	—	Eisen, Getreide, Garten- u. Feldfrüchte, Metalle, Bier rc.	29
			6 857 642		—		

(Forts.) II. Personen- und

(Forts.) A. Im Betriebs-Jahre 1868

II. Privatbahnen. (Forts.)	169 Frachtgüter der ermäßigten Klasse (excl. Kohlen) a. im Binnenverkehre aufgegeben (und angekommen). Z.-Ctr.	169 b. im direkten Verkehre aufgegeben nach Stationen fremder Bahnen Z.-Ctr.	169 c. im direkten Verkehre angekommen von Stationen fremder Bahnen Z.-Ctr.	169 d. im Durchgangs-Verkehr befördert. Z.-Ctr.	170 Kohlen und Coaks a. im Binnenverkehre aufgegeben (und angekommen). Z.-Ctr.	170 b. im direkten Verkehre aufgegeben nach Stationen fremder Bahnen Z.-Ctr.	170 c. im direkten Verkehre angekommen von Stationen fremder Bahnen Z.-Ctr.	170 d. im Durchgangs-Verkehre befördert. Z.-Ctr.	171 Ueber a. im Binnenverkehre aufgegeben u. angekommen (incl. Beilagen...) Z.-Ctr.
30 Berlin-Stettiner									
a. Berlin-Stettin-Stargard	3 370 471	1 765 586	2 632 809	30 049	297 527		—	—	3 030 55[illegible]
b. Stargard-Cöslin-Colberg	709 852	746 428	289 406	—	53 816	—	7780	—	791 04[illegible]
31 Böhmische Westbahn	1 006 496*	63 439*	5806*	—	1 515 156	148 807	—	—	3 965 421
32 Breslau-Schweidnitz-Freib.	3 803 198	263 305	224 740	—	7 451 280	2 787 104	—	—	11 692 007
33 Brünn-Rossitzer	100 605*	147 233*	170 228*	—	1 332 623	587 700	112	—	1 509 09[illegible]
34 Buschtěhrader a. Locom.-B.	54 387	—	22 773	—	4 759 236	4 952 292	—	—	4 909 48[illegible]
34 Buschtěhrader b. Pferde-B.	77 894	—	—	—	1 116 098		—	—	1 200 049
35 Frankfurt-Hanauer	720 028	311 654	205 828	115 213	80*	6898*	19 404*	18 425*	871 08[illegible]
36 Galizische Carl-Ludwig-B.	1 532 315*	2 626 210*	830 129*	—	25 390	2	5074	—	1 714 540*
37 Glückstadt-Elmshorner	207 747	254 908	127 964	—	in Col. 169a	in Col. 169b	in Col. 169c	—	231 711
38 Graz-Köflacher	138 631	—	—	—	1 867 646	—	—	—	2 385 571
39 Hessische Ludwigs-E.	2 191 809	1 510 443	2 429 198	1 094 071	in Col. 169a	in Col. 169b	in Col. 169c	in Col. 169d	2 809 64[illegible]
40 Homburger	261 833	in Col. 169a	in Col. 169a	—	„ „ 169a	„ „ 169a	„ „ 169a	—	312 19[illegible]
41 Kaiser Ferdinands Nordb.	7 846 849*	2 809 326*	6 014 318*	1550889*	8 168 082	823 730	571 590	78 700	17 064 72[illegible]
42 Kaiserin Elisabeth a. Locom.-Bahn	6 207 490*	1 173 612*	1 091 826*	—	592 619	—	13 949	—	6 873 80[illegible]
42 Kaiserin Elisabeth b. Pferde-Bahn	1 056 300	—	—	—	in Col. 169a	—	—	—	1 056 99[illegible]
43 Köln-Mindener (u. Gießener)	16 098 759	6 979 786	5 107 571	1 071 524	41 236 267	12 539 763	3 732 252	684 456	59 325 65[illegible]
44 Kurf. Friedr. Wilh. Nordb.	926 843	462 557	833 406	2 658 052	in Col. 169a	in Col. 169b	in Col. 169c	in Col. 169d	1 071 85[illegible]
45 Leipzig-Dresdener	3 673 682	1 584 341	2 490 720	801 614	1 169 240	374 654	295 886	121 520	5 579 54[illegible]
46 Ludwigs-E. (Nürnb.-Fürth)	—	—	—	—	64 857	—	—	—	64 85[illegible]
47 Lübeck-Büchener	57 227	1 019 713	131 006	—	—	—	—	—	75 61[illegible]
48 Magdeb.-Cöth.-Halle-Leipz.	4 894 000	752 550	913 746	755 954	7 194 274	—	280 252	—	13 054 38[illegible]
49 a. Magdeburg-Halberstädter	894 064	4 272 484	in Col. 169b	in Col. 169b	593 954	2 504 387	in Col. 170b	in Col. 170b	3 106 51[illegible]
b. Cöthen-Bernburger	537 322	—	—	—	1 281 201	—	—	—	1 915 35[illegible]
50 Magdeburg-Wittenbergesche	635 601	174 255	in Col. 169b	in Col. 169b	651 027	—	—	—	1 567 50[illegible]
51 Mecklenburgische	745 662	547 006	89 122	—	342 183	30	1800	—	1 305 09[illegible]
52 Mohacs-Fünfkirchener	367 496	—	—	—	3 795 853	—	—	—	4 197 01
53 Neisse-Brieger	123 908	268 381	239 846	—	9898	—	874 211	—	139 56
54 Niederländische Rhein-E.	in Col. 169a	812 414	324 807	—	in Col. 169a	—	2 184 750	—	1 779 38
55 Niederschlesische Zweigbahn	646 894	343 296	392 828	279 670	36 042	—	218 741	—	745 09
56 a. Oesterreich. nördliche	2 321 296	548 055	743 858	49 083	271 633	3519	8 293 409	442 284	5 166 99
b. Oesterreich. südöstliche	2 416 091	2 368 492	1 517 013	44 764	626 543	17 811	224 111	76	4 715 2[illegible]
c. Wien-Neu-Szönyer	2 575 495	630 473	44 669	2456	182 912		4960	—	3 148 71
57 Oppeln-Tarnowitzer	949 651	231 683	197 335	86 797	395 726	—	551 863	—	1 400 9[illegible]
58 a. Pfälzische Ludwigsbahn	3 209 847	4 109 303	in Col. 169b	in Col. 169b	6 818 835	2 579 828	in Col. 170b	in Col. 170b	10 126 0[illegible]
b. Pfälzische Maximiliansb.	946 303	1 081 292	„ „ 169b	„ „ 169b	1 382 830	—	—	1 492 540	2 371 9[illegible]
59 Rheinische	5 248 687	2 503 748	1 771 734	1 209 351	4 056 305	12 399	2 995 330	252 470	9 735 9[illegible]
60 a. Südbahn, Oesterreichische	9 639 049	2 550 583	1 663 052	—	3 718 748	110 357	20 915	—	20 395 [illegible]
b. Nordtiroler	922 824	—	—	—	121 990	—	—	—	1 189 2[illegible]
c. Venetianische u. Südtirol.	3 083 390	in Col. 169a	in Col. 169a	—	10 146	in Col. 170a	in Col. 170a	—	6 077 2[illegible]
61 Süd-Norddeutsche	1 372 218*	304 413*	562 911*	—	1 087 995	69 990	3548	—	2 673 3[illegible]
62 Taunus-Bahn	147 933	326 289	in Col. 169b	in Col. 169b	51 563*	416 477*	in Col. 170b	in Col. 170b	417 8[illegible]
63 Theiß-Bahn	1 626 807*	2 379 254*	647 208*	—	41 513	6514	16 534		1 867 6[illegible]
64 Thüringische	4 252 657	1 443 369	2 117 968	910 326	in Col. 169a	in Col. 169b	in Col. 169c	in Col. 169d	5 128 7[illegible]
65 Werra E.	1 292 263	386 884	418 902	311 946	„ „ 169a	„ „ 169b	„ „ 169c	„ „ 169d	1 502 8[illegible]

171				172	173		174	
Güter-Verkehr. wurden befördert: haupt-Güter								
b. im direkten Verkehr aufgegeben nach Stationen fremder Bahnen. Z.-Ctr.	c. im direkten Verkehr angekommen von fremden Bahnen. Z.-Ctr.	d. im Durchgangs-Verkehr befördert. Z.-Ctr.	Zusammen. Z.-Ctr.	Außerdem Betriebsdienst- und Baugüter a. tarifirte. Z.-Ctr.	b. frachtfrei beförderte. Z.-Ctr.	Benennung derjenigen Arten von Gütern, welche den Hauptverkehr auf der Bahn bildeten:		
1 918 343	2 758 397	31 645	7 738 939	—	121 214	Getreide, Heringe, Hülsenfrüchte u. Sämereien, Bau- u. Nutzholz etc.		30a
789 376	338 293	—	1 918 711	—	21 548	Getreide, Bauholz, Brennholz, Spiritus, Hülsenfrüchte, Kalk etc.		b
264 715	102 962	—	4 333 098*	—	267 020	Kohlen, Holz, Roheisen, Eisen, Ziegel, Steine, Bier, Zucker etc.		31
3 233 595	329 177	—	15 234 779	—	726 621	Steinkohlen, Coaks, Steine, Erden, Feld- u. Garten-Erzeugnisse etc.		32
737 855	188 520	—	2 430 473	—	—	Kohlen u. Coaks, Eisen u. Eisenwaaren, Brennholz, Getreide u. Zucker		33
4 969 803	57 697	—	9 936 982	252 800	128 066	Steinkohlen, Coaks, Bau- u. Grubenholz, Viktualien, Eisen u. Eisenerze		34a
—	—	—	1 200 049	90 587	3468	Steinkohlen, Brennholz, Steine und Viktualien		b
495 602	430 858	151 126	1 948 286	—	—	Hölzer aller Art, Steine, Getreide, Hülsenfrüchte, Eisen etc.		35
2 755 622	588 399	—	3 058 561*	—	619 192	Getreide, Salz, Horn- u. Borstenvieh, Bau- u. Werkholz, Oel etc.		36
800 298	176 836	—	708 843	—	51 580	Zucker, Syrup, Kolonialwaaren, Getreide, Steinkohlen, Cichorien etc.		37
—	—	—	2 383 571	—	153 562	Braunkohlen, Eisen und Steine		38
2 899 459	3 281 297	1 712 020	10 202 424	—	—	Steinkohlen, Coaks, Erze, Eisen, Steine, Holz, Wein, Leder, Glas etc.		39
in Col. 171a	in Col. 171a	—	312 198	—	12 931	Baumaterialien und Steinkohlen		40
4 729 469	8 721 445	2 168 903	32 684 340*	—	2 968 828	Kohlen, Südfrüchte, Hornvieh, Eisen u. Eisenwaaren, Getränke etc.		41
1 180 744	1 122 272	—	9 176 823*	—	1 956 404	Abfälle, Baumwolle, chemische Produkte, Eisen, Getreide, Holz, Mehl etc.		42a
—	—	—	1 036 993	—	121 961	Eisen u. Eisenw., chem. Produkte, Getränke, Getreide, Gyps, Glas etc.		b
653 299	9 914 978	2 109 596	92 203 527	2 252 839	—	Kohlen, Erze, Roheisen, Getreide u. Hülsenfrüchte, Eisen- u. Stahlw. etc.		43
609 017	971 237	3 671 334	6 323 438	—*	—	Steinkohlen, Coaks, Eisen u. Eisenw., Getreide u. Hülsenfrüchte, Holz etc.		44
2 793 648	3 759 852	1 384 884	13 517 932	—	—	Kohlen und Coaks, Eisen und Eisenwaaren, Manufakturwaaren		45
—	—	—	64 957	—	—	Kohlen und Coaks		46
1 246 633	756 219	—	2 116 463	—	—	Rohprodukte und Handelsgüter		47
1 273 128	1 809 712	1 246 141	17 383 363	—	—	Baumwolle, Eisen u. Eisenw., Farbehölzer, Farbew., Felle, Getreide etc.		48
10 175 361	in Col. 171b	in Col. 171b	13 281 879	—	—	Rohzucker, Syrup, Spiritus, Oel, Getreide, Mühlenfabrikate, Bauholz etc.		49a
—	—	—	1 915 337	—	—	Kohlen		b
729 313	717 097	in Col. 171b	3 013 912	8731	—	Getreide, Hülsenfrüchte, Wolle, Braun- u. Steinkohlen, Hüttenprod. etc.		50
708 522	395 550	—	2 400 194	—	173 523	Getreide, Hülsenfrüchte, Coaks, Steinkohlen, Bau- und Nutzholz etc.		51
—	—	—	1 197 012	—	47 435	Steinkohlen, Getreide, Wein, Taback, Salz, Mehl, Holz u. Hülsenfrüchte		52
293 477	1 146 662	—	1 370 707	—	270 300	Steinkohlen, Salz, Getreide u. Hülsenfrüchte, Mühlenfabrikate, Salz etc.		53
1 081 291	2 035 579	—	3 496 238	413 944	—	Getreide, Gemüse, Holz, Baumwolle, Kaffee, Mehl, Oel, Steinkohlen etc.		54
400 489	705 117	333 122	2 183 824	—	17 820	Getreide		55
2 365 400	10 898 817	1 381 422	19 815 720	744 508	578 738	Mehl etc., Zucker, Spiritus, Getreide, Mahlprodukte, Manufakturw. etc.		56a
4 758 745	3 411 492	500 252	13 383 596	531 800	1 258 062	Bauholz, Steinkohlen, Wein, Getreide, Raps, Mehl, Salz, Wolle etc.		b
717 951	437 140	48 361	4 382 171	19 271	147 786	Brennholz, Steinkohlen, Zucker, Wein, Getreide, Hülsenfrüchte, Salz etc.		c
351 299	842 419	99 937	2 594 614	54 855	—	Kohlen, Roheisen, Bretter u. Hölzer aller Art, Schmiedeeisen, Erze etc.		57
7 131 789	in Col. 171b	in Col. 171b	17 257 834	—	—	Kohlen, Coaks, Erze, Roheisen, Schienen, Holz u. Bretter, Steine etc.		58a
1 680 740	"	"	3 052 734	—	—	Kohlen, Coaks, Erze, Roheisen, Schienen, Holz u. Bretter, Steine etc.		b
2 991 676	5 193 593	1 856 844	19 808 216	106 091	327 299	Bauholz, Baumwolle, Bier, Blei, Eisen, Erze, Getreide, Hafer etc.		59
1 532 521	2 118 805	—	26 040 671	—	3 100 460	Getreide, [illegible], Kohlen, Eisen, Eisen- u. Stahlw., Wein, Mahlprod. etc.		60a
—	—	—	1 189 200	—	148 523	Getreide, Steinkohlen, Holz, Zucker, Cement, Salz, Pech und Schwefel		b
in Col. 171a	in Col. 171a	—	6 077 261	156 238	406 806	Getreide, Dielen, Nutzholz, Eisen u. Stahl, Zucker, Branntweine u. Wein		
650 765	782 372	—	4 106 524*	—	355 706	Mineralien etc., mineral. Produkte, Bodenerzeugnisse, Manufakturen etc.		61
1 180 371	in Col. 171a	in Col. 171a	1 554 402	—	—	Kolonialw., Wein, Feldfrüchte, Steinkohlen, Eisenerze, Farbehölzer etc.		62
2 485 303	906 029	—	5 258 954*	—	721 070	Getreide aller Art, Salz, Bauholz, Hornvieh, Borstenvieh, Schafwolle etc.		63
1 073 429	2 715 238	1 502 093	11 509 311	41 023	217 632	Holz, Salz, Getreide, Mühlenfabrikate, Eisen und Eisenwaaren		64
621 555	636 978	438 785	3 203 541	—	—	Kohlen, Steine und Vieh		65

23

	173			176		177		178		
	(Forts.) II. Personen- und									
	(Forts.) A. Im Betriebsjahre 1863 wurden befördert:									
	Fahrzeuge aller Art.			Thiere.		Gewicht		a.	b.	c.
	a.	b.	c.	a.	b.	a.	b.	Sämmtliche Personen in der		
I. Staatsbahnen.	Equipagen.	Eisenbahn-Fahrzeuge (Lokomotiven, Tender u. Wagen).	Sonstige Fahrzeuge	Pferde (Luxus-, Koppel- etc.)	Rindvieh, Schweine u. sonstige Thiere.	der in Kol. 176a u. b. aufgeführten Thiere.	der außerdem beförderten Thiere.	I. Klasse	II. Klasse	III. Klasse
								haben zurückgelegt		
	Anz.	Anz.	Anz.	Stück.	Stück.	Ctr.	Ctr.	Meilen.	Meilen.	Meilen.
1 Badische	441	in Col. 168, 169 u. 170		2970	169 014	738 660	4604*	732 250	4 717 708	11 710 739
2 Bayerische (u. gepcht. Jwgb.)	718	in Col. 168 u. 169		9760	280 835*	—	—	714 398	8 786 506	18 422 355
3 Braunschweigische	283	160	8	7219	162 959	201 130	833*	120 125	1 450 243	3 156 141
4 Hannoversche	1174	in Col. 175a	in Col. 175a	1632*	10 009*	—	—	445 645	4 099 139	10 118 758
5 Main-Neckar	174	166	12*	1785	26 776	—*	—	—	—	—
6 Main-Weser	152	12*	676	368	1178	4145	162 313	219 577	2 007 376	3 274 430
7 Nassauische	17	131	1	385	11 098	1672	4647	101 251	806 765	2 164 159
8 Preuß. Niederschles.-Märk.	407	484	—	7192	504 053	386 349	in Col. 177a	379 414	3 481 333	4 862 023
9 " Ostbahn	623	361	178	16 467	775 305	798 969	1545*	663 358	5 751 089	6 244 290
10 " Saarbrücker (u. Trier)	54	—	—	3387	85 190	96 985	229	36 354	314 900	1 198 871
11 " Westfälische	40	35	96	2685	19 513	92 504	757	29 607	376 765	1 019 110
12 Sächsische östliche										
a. Sächsisch-Böhmische	6	1	40	232	409	—*	69 021	50 672	554 959	1 394 959
b. Sächsisch-Schlesische	3	136	75	177	1229	—*	189 914	40 442	862 963	2 660 354
c. Tharandt-Freiberger	—	—	46	7	306	—*	9545	1427	73 514	383 390
13 Sächsische westliche										
a. Niedererzgebirgische	—	18	98	125	1018	—*	150 251	26 976	774 087	2 816 036
b. Obererzgebirgische	3	—	20	31	229	—*	14 574	9042	152 227	522 802
c. Sächsisch-Bayerische	115	43	—	248	1072	—*	162 843	68 230	1 446 421	3 638 202
14 Württembergische	—	—	—	—	—	—	—	—	—	—
II. Privatbahnen										
a) unter Staatsverwaltg.										
15 Aach.-Düss.-Ruhrorter a. Aach.-Düsseld.	65	—		4412	102 440	39 978	134 001	43 112	510 513	841 120
b. Ruhrort-Crf.	15	14	—	684	37 444	6156	56 257	7767	167 610	343 163
16 Bergisch-Märkische	7	—	192	538	51 122	220 201	-	48 921	1 073 898	3 049 358
17 a. Löbau-Zittauer	—	—	20	22	290	—*	22 726	1455	76 118	302 544
b. Zittau-Reichenberger	—	—	10	8	220	—*	24 287	889	51 202	252 457
18 a. Oberschlesische	213		—	3605	41 846	96 407	380	90 244	1 249 201	1 715 681
b. Breslau-Posen-Glogauer	130	-	—	1876	154 321	104 782	326	41 005	572 306	1 639 788
19 Stargard-Posener	89	—	-	4376	346 736	216 918	314	21 630	397 030	874 860
20 Rhein-Nahe-E.	60	783	—	2320	84 410	126 605	190	67 038	383 804	1 050 614
21 Wilhelms-Bahn	76	116	-	782	27 758	47 596	—	12 153	175 701	812 913
b) in Privatverwaltung.										
22 Aachen-Mastrichter	15	2		2571	91 338	160 111	-	52 659	256 701	650 434
23 Alberts-Bahn	16	-	—	7*	140*	—*	22,1	2702	109 173	481 739
24 a. Altona-Kieler	187		-	5010	88 962	351 876	—	37 235	478 453	2 030 894
b. Rendsburg-Neumünster	40	—	-	5689	32 856	198 459	—	—	—	—
25 Aussig-Teplitzer	i. C. 149a*		-	—	in C. 149a*	in Col. 149a	—	—	—	—
26 Bayerische Ostbahnen	426	--	—	2111	189 365	—*	—	81 007	1 710 055	6 725 580
27 Berlin-Anhaltische	143	13	16	3233	99 935	228 604	390	197 356	2 391 935	4 902 976
28 a. Berlin-Hamburger	223	60	147	12 192	360 900*	570 622	—	165 525	2 306 701	3 407 008
b. Hamburg-Bergedorfer	117	—	—	4011	118 741	—	—	—	—	—
29 Berlin-Potsdam-Magdebgr.	144		—	3016	59 455	135 868	—	225 476	2 064 663	4 313 15.

Güter-Verkehr.

B. Durchschnitts-Verhältnisse.

178 d. Sämmtliche in der IV. Klasse haben zurückgelegt (Meilen)	178 e. Personen zu ermäßigten Fahrpreisen (Militairs etc.) haben zurückgelegt (Meilen)	179 Zusammen. (Personenmeilen)	180 a. Sämmtliche Eilgüter haben zurückgelegt (Meilen)	180 b. Sämmtliche Postgüter haben zurückgelegt (Meilen)	180 c. Sämmtliche Frachtgüter der Normalklasse (u. sperrige) haben zurückgelegt (Meilen)	180 d. Sämmtliche Frachtgüter der ermäßigten Klasse (excl. Kohlen) haben zurückgelegt (Meilen)	180 e. Sämmtliche Kohlen und Coaks haben zurückgelegt (Meilen)	180 f. Sämmtliche Betriebsdienst- und Baugüter haben zurückgelegt (Meilen)	181 Zusammen. (Centnermeilen)	
—	365 382	17 326 079	3 610 963	846 567	27 130 919	37 095 074	96 028 342*	13 303 886	178 924 331	1
—	393 252	28 316 301	—	—	—	—	—	—	832 484 270	2
—	300 298	5 033 807	1 761 496	--	31 567 001	in Kol. 1404	123 044 448	3 740 632	160 117 472	3
—	—*	13 263 542	—	—	—	—	—	—	430 708 441*	4
—	—	4 212 384	—	—	—	—	—	—	27 733 761	5
—	363 315	3 934 698	1 995 400	—*	27 377 403	32 876 975	17 350 644*	2 019 168	81 619 599	6
—	81 397	3 133 572	—*	—	—	—	—	—	—*	7
6 849 073	547 011	16 118 834	3 424 345	143 519	69 599 070	265 136 750	267 509 732	24 369 810	630 273 233	8
6 078 232	2 220 976	20 437 943	3 451 483	—*	59 052 637	146 067 278	4 776 075	32 099 655	246 047 128	9
716 507	190 485	2 437 126	177 208	—	1 442 652	41 837 818	84 397 437	1 277 571	129 132 686	10
1 948 755	103 210	3 573 447	626 031	34 800	9 481 310	42 656 695	35 022 427	4 087 536	91 908 799	11
—	21 785	2 022 375	326 179	—*	11 719 502	15 235 836	in Kolonne 1904 mitenthalten.	28 093	27 309 530	12a
—	135 880	3 719 130	782 522	—*	16 187 403	58 066 346		546 605	74 182 936	- b
—	15 816	474 147	11 907	—*	235 942	6 418 223		1714	6 667 876	- c
—	138 900	3 736 005	754 227	—*	9 562 997	71 748 971		1 721 980	83 788 181	13a
—	12 662	696 733	112 450	—*	1 084 970	26 481 217		37 694	27 716 331	- b
—	86 158	3 234 011	2 240 469	—*	28 739 809	196 523 201		491 368	228 000 997	- c
—	—	[illegible] 3 017 370	—	–	—	—	...	—	207 240 807	14
1 254 449	6202	263[illegible]86	552 702	222 565	2 789 [illegible]	16 489 649	11 761 737	544 657	32 361 238	15a
580 640	6036	1 073 [illegible]	208 414	76 613	1 227 [illegible]	8 647 500	13 879 461	833 554	24 873 235	- b
4 379 959	77 345	8 622 [illegible]	1 882 293	410 553	24 170 740	150 081 404	153 850 322	20 747 277	331 142 589	16
–	10 771	480 [illegible]	82 291	—	1 749 510	7 302 496	in Kol. 1404	69 011	9 203 308	17a
–	423	304 [illegible] 71	37 500	--	783 867	5 009 403	„ „ 1404	11 445	3 932 303	- b
1 827 685	748 348	5 631 [illegible]	400 430	—	12 726 590	176 254 197	334 930 898	2 561 116*	326 873 231	18a
604 429	637 802	3 604 830	234 032	—	6 465 518	63 907 084	50 753 004	1 208 854*	122 630 502	- b
641 823	767 805	2 743 134	241 020	—	6 288 023	55 345 [illegible]	15 730 280	356 028*	77 964 322	19
300 245	266 374	2 068 075	361 104	63 837	2 602 965	36 089 [illegible]	22 896 334	1 032 448	63 946 060	20
521 765	12 293	1 034 915	62 756	—	2 561 182	20 510 [illegible]	38 316 100	1 644 020	63 003 761	21
–	108 150	1 063 914	317 449	288	1 602 905	9 244 [illegible]	2 034 558	128 133	13 387 943	22
–	10 733	604 347	9208	18 988	142 496	902 [illegible]	6 083 043	38 420	7 285 076	23
–	[illegible]	3 150 382	658 836	—	11 708 515*	17 723 850	in Kol. 1404	743 120	30 793 827	24a
–	—	—*	—	—	—	—	—	—	—*	- b
–	—	403 486	—	--	--	—	—	—	—	25
–	303 000	8 820 602	1 547 800	—	13 446 876	169 236 970	in Kol. 1404	--	184 231 646	26
171 546	524 763	8 107 024	2 704 761	201 014	37 138 351	56 354 813	33 177 203	3 658 946	133 293 088	27
–	936 016	8 086 796	3 034 053	—	97 685 912	66 255 015	2 224 655	6 448 380	173 648 015	28a
351 012	—	799 901	—	—	—	—	...	—	14 147 948	- b
	503 332	7 547 637	2 402 353	—	50 477 000	46 801 340	10 741 520	–	110 312 213	29

(Forts.) II. Personen- und

(Forts.) A. Im Betriebsjahre 1863 wurden befördert:

	II. Privatbahnen. (Forts.)	175 Fahrzeuge aller Art. a. Equipagen.	175 b. Eisenbahn-Fahrzeuge (Lokomotiven, Tender u. Wagen).	175 c. Sonstige Fahrzeuge	176 Thiere. a. Pferde (Luxus-, Koppel- rc.)	176 b. Rindvieh, Schweine u. sonstige Thiere.	177 Gewicht a. der in Pos. 176a u. b. aufgeführten Thiere.	177 b. der außerdem beförderten Thiere.	178 a. Sämmtliche Personen in der I. Klasse	178 b. II. Klasse	178 c. III. Klasse haben zurückgelegt
		Anz.	Anz.	Anz.	Stck.	Stck.	Z.-Ctr.	Z.-Ctr.	Meilen.	Meilen.	Meilen.
30	Berlin-Stettiner										
	a. Berlin-Stettin-Stargard	448	503	—	3114	265 402	363 725	—	53 701	1 140 974	3 474 654
	b. Starg.-Cöslin-Colberg	64	—	—	1467	92 424	100 660	—	6583	287 755	860 012
31	Böhmische Westbahn	76	—	—	175	38 501	44 720	—	45 850	318 905	1 501 395
32	Breslau-Schweidnitz-Freib.	183	—	—	311	24 211	45 818	170	33 619	531 163	1 738 993
33	Brünn-Rossitzer	6	—	—	1	1509	3854	—	1596	26 008	110 373
34	Buschtěhrader a. Lokom.-B.	—	—	—	2	1067	1812	—	1023	18 226	87 801
	b. Pferde-B.	—	—	—	—	—	—	—	10 100	54 052	48 493
35	Frankfurt-Hanauer	52	25	—	676	20 376	—	—	28 290	360 258	920 000
36	Galizische Carl-Ludwig-B.	325	1	45	2544	282 316	812 781	—	106 357	1 073 799	2 393 890
37	Glückstadt-Elmshorner	36	—	—	164	5340	16 965	—	1299	37 847	318 608
38	Graz-Köflacher	8	—	3	27	234	1989	in Pos. 177a	194	29 210	268 902
39	Hessische Ludwigs-E.	157	—	—	8840	50 776	—	—	263 982	2 013 364	3 785 649
40	Homburger		—	—	—	—	—	—	81 065	339 728	552 778
41	Kaiser Ferdinands Nordb.	1220	179	—	9464	926 291	2 259 308	7074	568 748	3 789 490	9 285 756
42	Kaiserin Elisabeth a. Lokom.-Bahn	380*	24	in Pos. 175a	3800*	242 291	377 469	—	—	—	—
	b. Pferde-Bahn	—	—	—	—	—	—	—	—	—	—
43	Köln-Mindener (u. Gießener)	156	436	208	9181	217 554	401 618	—	836 579	3 967 955	3 641 626
44	Kurf. Friedr. Wilh. Nordb.	66	102	51	190*	920*	—	—	—	—	—
45	Leipzig-Dresdener	160	220	6	4197	75 867	126 516	3766*	147 968	1 787 278	5 053 004
46	Ludwigs-E. (Nürnb.-Fürth)	—	—	—	—	2859	—	—	4193	131 896	586 190
47	Lübeck-Büchener	56	—	—	619	16 233	—	—	8101	214 092	462 295
48	Magdb.-Cöthen-Halle-Leipz.	442	49	—	9698	100 784	334 408	397	49 300	1 023 741	3 053 244
49	a. Magdeburg-Halberstädter	177	—	—	4046	76 245	192 695	—	56 980	774 644	1 949 477
	b. Cöthen-Bernburger	14	—	—	102	7255	13 835	60	1088	39 782	163 183
50	Magdeburg-Wittenbergesche	192	—	—	5474	62 288	210 504	—	9915	268 079	1 409 726
51	Mecklenburgische	152	—	—	2417	48 723	87 277	—	24 076	643 710	1 133 966
52	Mohacs-Fünfkirchener	27	—	—	10	626	1413	—	4058	73 480	115 137
53	Neisse-Brieger	17	—	56	750	7121	15 239	55	5428	70 892	139 797
54	Niederländische Rhein-E.	186	—	—	1855	82 127	304 216	—	817 417	1 565 714	2 804 982
55	Niederschlesische Zweigbahn	30	—	—	383	36 598	37 987	—	5062	102 987	287 348
56	a. Oesterreich. nördliche	885*	—	—*	3503*	193 908	332 230	4971	425 107	2 186 383	5 621 641
	b. Oesterreich. südöstliche	757*	—	—*	5172*	635 265	1 756 212	14 695	545 349	3 148 225	4 959 853
	c. Wien-Neu-Szönyer	80*	—	—*	1971*	128 031	342 390	3668	33 012	313 520	1 012 024
57	Oppeln-Tarnowitzer	43	—	—	356	1249	1958	1844	2939	19 731	93 844
58	a. Pfälzische Ludwigsbahn	54	—	—	1967	60 726		—	31 704	737 030	2 176 767
	b. Pfälzische Maximiliansb.	11	—	—	71	15 251	—	—	11 266	183 109	326 165
59	Rheinische	268	87	—	4021	34 889	202 092	766	1 921 685	4 640 514	6 417 563
60	a. Südbahn, Oesterreichische	1323	—	in Pos. 175a	7621	371 735	—	—	1 235 817	4 082 042	11 668 520
	b. Nordtiroler	73	—	—	99	4584	23 495	1413	14 972	147 443	588 118
	c. Venetianische u. Südtirol	382	—	—	1532	47 571	—	—	504 272	2 974 257	5 155 423
61	Süd-Norddeutsche	60	—	—	416	23 785	39 136	420	7833	178 017	1 254 027
62	Taunus-Bahn	42	in Pos. 175a	in Pos. 175a	244	5205	—	—	124 626	807 120	1 618 387
63	Theiß-Bahn	35	—	347	2708	260 754	582 320	1068	102 074	1 101 206	2 446 741
64	Thüringische	250	27	—	7022	51 735	270 138	—	159 404	2 330 135	4 803 867
65	Werra-E.	106	—	—	805	21 384	92 781	—	16 040	381 103	1 206 162

Güter-Verkehr.

B. Durchschnitts-Verhältnisse.

178 d. Sämmtliche in der IV. Klasse haben zurückgelegt (Meilen)	178 e. Personen zu ermäßigten Fahrpreisen (Militairs ꝛc.) haben zurückgelegt (Meilen)	179 Zusammen. (Achsmeilen)	180 a. Sämmtliche Eilgüter haben zurückgelegt (Meilen)	180 b. Sämmtliche Postgüter haben zurückgelegt (Meilen)	180 c. Sämmtliche Frachtgüter der Normalklasse (u. sperrige) haben zurückgelegt (Meilen)	180 d. Sämmtliche Frachtgüter der ermäßigten Klasse (excl. Kohlen) haben zurückgelegt (Meilen)	180 e. Sämmtliche Kohlen und Coaks haben zurückgelegt (Meilen)	180 f. Sämmtliche Betriebsdienst- und Baugüter haben zurückgelegt (Meilen)	181 Zusammen. (Centnermeilen)	
887 350	371 639	5 928 318	832 969	231 942	6 730 732	59 007 457	1 024 297	808 319	69 241 716	30a
349 367	327 621	1 840 288	103 086	73 726	1 310 137	15 413 008	622 462	139 355	17 661 774	- b
—	168 380	2 034 330	88 140	—	18 512 947	14 522 503	16 794 000	2 210 340	52 127 930	31
1 097 663	827 315	4 228 733	226 190	—	5 455 677	28 155 377	81 373 598	2 850 135	118 060 977	32
—	618	147 655	—	—	47 519	1 400 310	6 433 457	—	7 881 286	33
—	—	107 050	1744	—	297 327	155 431	21 883 096	161 850	22 499 448	34a
5944*	—	118 598	—	—	27 101	348 736	3 939 582	363 289	4 678 708	- b
—	8334	1 316 822	109 412	86 204	1 824 531	5 305 643	197 925	—	7 583 715	35
—	1 160 904	4 734 950	350 200	—	in Col. 140d	122 923 032	in Col. 140d	—	123 273 232	36
—	3364	361 118	29 036	—	379 978	1 810 453	„ „ 140d	—	2 219 467	37
—	4781	303 093	3336	—	1 719 691	698 547	9 092 918	—	11 514 492	38
—	332 880	6 395 825	1 420 948	—	22 376 366	51 871 472	in Col. 140d	—	75 668 786	39
—	—	973 571	15 845	15 028	90 323	176 566	373 337	32 328	702 427	40
—	5 034 384	18 078 378	2 747 625	—	77 500 190	311 568 662	221 076 964	45 927 634	658 821 075	41
—	—	9 090 432	—	—	—	—	—	—	171 510 517	42a
—	—	128 123	—	—	—	—	—	—	16 874 664	- b
7 655 248	948 657	16 730 065	5 272 000	—	62 855 895	276 524 160	450 041 098	22 729 777	817 422 930	43
—	—	2 034 168	1 007 775	—	14 294 478	55 852 314	in Col. 140d	—	71 154 362	44
—	271 029	7 260 196	1 953 541	656 891	27 328 138	72 436 940	12 435 400	—	114 810 910	45
—	—	672 279	—	—	—	—	51 886	—	51 886	46
—	—	684 488	—	—	—	—	—	—	12 427 472	47
—	321 490	5 047 775	2 023 803	152 390	28 115 145	57 000 499	21 617 782	—	108 909 619	48
—	178 985	2 960 086	1 025 316	—	20 994 079	27 702 958	15 821 334	—	65 543 687	49a
—	in Col. 178e	204 053	20 086	2130	in Col. 140d	4 143 705	in Col. 140d	—	4 165 921	- b
—	158 525	1 936 245	984 026	43 657	20 550 694	8 010 822	1 663 108	24 168	31 276 475	50
—	101 820	1 903 572	272 260	—*	6 313 883	11 451 436*	in Col. 140d	772 869	18 810 448	51
—	45 400	238 085	6638	—	221 085	2 502 327	30 267 806	222 757	33 220 613	52
238 569	105 781	560 467	29 104	—*	341 491	3 373 271	4 020 854	158 561	8 523 281	53
—	1 387 554	6 575 067	2 636 200	—	21 129 036	19 185 003	34 555 328	3 582 952	81 089 119	54
264 278	195 505	855 200	145 100	4397	1 713 259	10 734 539	1 101 604	123 421	13 822 320	55
—	3 512 604	11 745 735	1 876 807	—	153 858 830	49 576 500	87 089 358	20 828 195	313 829 690	56a
—	3 081 517	11 734 924	1 336 179	—	171 447 719	106 782 597	22 926 062	45 851 049	348 343 606	- b
—	403 084	1 822 540	710 136	—	10 802 408	41 368 072	1 464 901	1 534 366	55 939 883	- c
141 692	93 301	351 507	15 407	4227	827 430	11 547 380	5 783 089	349 565	18 527 698	57
—	—	2 946 401	512 253	—	3 067 366	48 601 509	109 588 387	—	161 769 515	58a
—	—	520 630	99 178	—	683 464	10 021 654	14 951 924	—	25 756 220	- b
499 934	795 803	14 281 499	2 634 969	1 126 075	14 169 734	88 938 228	25 922 604	3 943 663	136 734 703	59
—	12 522 906	30 409 891	4 994 153	—	229 262 558	439 340 894	in Col. 140d	—	673 597 605	60a
—	223 708	974 241	70 314	—	1 069 440	6 398 118	854 030	804 551	9 196 453	- b
—	4 361 671	12 995 625	1 965 700	—	40 923 482	44 988 104	in Col. 140d	9 921 782	97 799 068	- c
—	95 157	1 535 030	144 969	—	6 186 087	20 039 977	10 395 720	—	36 767 353	61
—	—	2 330 133	—	—	—	—	—	—	6 940 214	62
	1 624 865	5 324 946	296 614	—	9 864 298	72 068 428	1 204 210	14 516 403	97 949 983	63
	367 113	7 660 319	2 916 091	158 966	37 235 030	93 160 857	in Col. 140d	2 281 969	135 752 013	64
	50 103	1 653 505	493 309		9 355 222	22 883 631	„ „ 140d	—	32 732 162	65

(Forts.) II. Personen- und

(Forts.) B. Durchschnitts-

	182				183		184						185
	Durchschnittlich haben durchfahren:												
I. Staatsbahnen.	a. jede Person in der I. Klasse	b. II. Klasse	c. III. Klasse	d. IV. Klasse	e. jeder Militair rc.	jede Person (ohne Unterschied der Klasse)	a. jeder Zoll-Centner Eilgut	b. Postgut	c. Frachtgut d. Normalklasse (und sperrigen)	d. Frachtgut d. ermäßigten Klasse (excl. Kohlen)	e. Kohlen und Coaks	f. Betriebsdienst- und Baugut	jeder Zoll-Centner der Güter überhaupt
	Meilen.		Meilen.		Meilen.		Meilen.		Meilen.		Meilen.		Meilen.
1 Badische	9,14	5,36	2,59	—	10,66	3,21	10,60	13,16	11,22	10,74	10,81*	12,93	10,71*
2 Bayerische (u. gep. Zweigb.)	19,60	9,66	4,45	—	19,78	5,57	—	—	—	—	—	—	23,7
3 Braunschweigische	8,71	6,92	3,71	—	10,63	4,52	9,64	—	9,17	[illegible]	7,63	2,81	7,19
4 Hannoversche	10,60	9,62	5,39	—	—	6,37		—	—	—	—	—	12,16
5 Main-Neckar	—	—	—	—	—	3,61	—	—		—	—	—	7,33
6 Main-Weser	16,44	13,59	5,78	—	12,61	7,98	18,46	—*	20,03	14,05	9,18*	—	13,31
7 Nassauische	3,44	3,31	2,55	—	2,41	2,75	—*	—	—	—	—	—	—*
8 Preuß. Niederschles.-Märk.	17,93	14,80	8,60	7,26	14,67	8,95	17,87	15,79	21,55	21,36	33,57	21,94	21,41
9 „ Ostbahn	38,01	16,57	9,56	7,07	16,64	10,53	37,99	—*	28,61	15,50	6,94	20,27	17,31
10 „ Saarbrücker (u. Trier)	4,30	3,44	2,31	2,55	8,99	2,64	4,44	—	5,78	5,40	2,11	1,14	3,23
11 Westfälische	6,53	6,35	4,23	4,23	7,07	1,74	10,30	6,0	9,00	8,22	9,67	3,73	8,11
12 Sächsische östliche													
a. Sächsisch-Böhmische	5,30	4,12	2,44	—	4,14	3,19	8,19	—*	5,57	3,61	[illegible] Sind enthalten	0,44	4,60
b. Sächsisch-Schlesische	9,15	6,22	4,33	—	6,71	4,77	9,19	—*	10,44	8,74		0,59	8,10
c. Tharandt-Freiberger	3,11	2,83	2,10	—	3,26	2,68	3,10	—*	3,16	3,10		0,58	3,19
13 Sächsische westliche													
a. Niedererzgebirgische	6,75	4,00	3,13	—	6,05	3,61	5,79	—*	6,65	6,36		5,54	6,31
b. Obererzgebirgische	4,13	3,27	2,45	—	4,55	2,64	4,05	—*	4,61	1,49		0,15	1,61*
c. Sächsisch-Bayerische	9,09	7,07	4,00	—	7,54	4,63	11,07	—*	12,00	10,33		2,21	10,19
14 Württembergische		—	—	—	—	3,33	—	—	—	—	—	—	12,41
II. Privatbahnen													
a) unter Staatsverwaltg.													
15 Aach.-Düss.-Ruhrorter a. Aach.-Düsseld.	4,1	2,7	2,9	2,1	2,5	2,6	6,54	4,05	5,15	5,66	3,12	3,92	4,75
b. Ruhrort-Cref.	2,11	2,10	1,91	1,10	3,90	1,94	3,45	2,72	3,63	4,15	3,74	3,51	3,42
16 Bergisch-Märkische	3,51	3,00	2,34	2,33	4,38	2,61	7,54	4,04	6,59	6,29	4,49	4,58	5,36
17 a. Löbau-Zittauer	4,15	3,27	2,44		3,33	2,40	4,17	—	3,55	4,09	[illegible]	0,80	3,41
b. Zittau-Reichenberger	3,43	2,55	2,01		2,36	2,12	3,31	—	3,14	3,29	[illegible]	1,00	3,16
18 a. Oberschlesische	11,69	7,97	5,53	4,03	12,17	6,14	13,78	—	16,55	13,03	16,31	6,90	14,90
b. Breslau-Posen-Glogauer	11,10	9,55	6,72	6,40	11,13	7,53	13,29	—	16,31	14,52	18,47	13,64	16,15
19 Stargard-Posener	9,82	8,94	7,77	6,76	12,44	8,35	10,41	—	12,55	14,04	14,21	18,07	14,31
20 Rhein-Nahe-E.	4,69	4,12	2,85	2,69	13,92	3,64	8,29	8,65	10,36	9,40	11,97	7,69	10,11
21 Wilhelmsbahn	5,24	4,10	3,39	2,90	4,96	3,76	7,02	—	5,94	6,74	7,52	7,19	7,61
b) in Privatverwaltung.													
22 Aachen-Mastrichter	3,17	3,13	2,44	—	3,45	2,74	3,30	4,50	2,98	3,00	—	3,32	2,61
23 Albertsbahn	1,57	1,55	1,49	—	1,99	1,67	1,64	1,69	1,18	1,00	1,02	1,0	1,11
24 a. Altona-Kieler	10,11	7,99	5,23	—	[illegible]	5,55	9,21	—	9,00*	8,56	[illegible]	5,05	8,41
b. Rendsburg-Neumünster	—	—	—	—	—	—*	—	—	—	—	—	—	—*
25 Aussig-Teplitzer	—	—	—	—	—	2,199	—	—	—		—	—	—
26 Bayerische Ostbahnen	19,32	8,79	4,45	—	8,14	5,50	16,04	—	15,96	21,63	[illegible]		21,07
27 Berlin-Anhaltische	18,55	13,00	7,63	—	11,61	9,14	17,13	13,23	18,35	11,21	7,75	9,61	11,01
28 a. Berlin-Hamburger	14,56	9,91	5,72	6,53	10,59	7,20	18,26	—	21,41	14,44	6,55	13,04	17,01
b. Hamburg-Bergedorfer	—	—	—	—	—	7,04	—	—	—	—	—	—	2,14
29 Berlin-Potsdam-Magdeburg	8,74	8,65	6,16	3,01	9,05	6,55	13,03		18,17	15,67	11,30	—	16,11

Güter-Verkehr.

186		187		188					189	190					191	
Verhältnisse. Auf eine (d. h. jede) Meile Bahnlänge kommen durchschnittlich		Uebersichtl. Verhältnißzahlen zur leicht. Vergleich. d.		Eingenommen					sind	durchschnittlich pro Meile:						
a. beim Personen-Verkehre	b. beim Güter-Verkehre	a. Personen-Frequenz	b. Güter-Frequenz	a. für jede Person in der I. Klasse	b. für jede Person in der II. Klasse	c. für jede Person in der III. Klasse	d. für jede Person in der IV. Klasse	e. für jeden Militair rc.	für jede Person (ohne Rücksicht d. Klasse)	a. für jeden Zoll-Centner Eilgut	b. für jeden Zoll-Centner Postgut	c. für jeden Zoll-Centner Frachtgut d. Normalklasse und sperrigen	d. für jeden Zoll-Centner Frachtgut d. ermäßigten Klasse (excl. Kohlen)	e. für jeden Zoll-Centner Kohlen und Coaks	für jeden Z.-Centner Gut überhaupt	
Person.-Meilen.	Ctr.-Meilen.			Sgr.		Sgr.		Sgr.		Pfge.		Pfge.		Pfge.		
256 079	2 614 327	25,6	261	5,90	4,00	2,74	—	2,03	2,64	9,21	13,67	i. Kol. 190d	3,37	i. Kol. 190d	3,36	1
170 745	3 813 822	17,1	381	6,05	3,90	2,34	—	1,71	2,90	—	—	—	—	—	2,07	2
189 174	6 014 931	18,9	601	i. K. 188c	i. K. 188c	3,99	—	1,63	3,14	9,90	—	4,14	i. Kol. 190e	2,19	2,19	3
129 748	3 661 241	13,0	366	6,77	4,64	3,08	—	—	3,66	—	—	—	—	—	2,01	4
362 511	2 386 898	36,2	239	—	—	—	—	—	3,0	—	—	—	—	—	4,01	5
223 937	3 069 560	22,4	307	6,78	4,50	2,61	—	1,45	3,31	10,21	—*	5,15	3,07	2,39*	4,12	6
126 250	—	12,6	—	5,50	3,15	2,10	—	—	2,30	—*	—	—	—	—	—*	7
312 260	12 209 865	31,2	1221	6,90	4,00	2,97	1,30	1,39	2,75	10,47	10,19	4,92	2,47	1,07	2,16	8
192 398	2 258 761	19,2	226	6,43	4,44	3,05	1,37	1,24	3,04	10,91	—*	5,47	2,60	1,11	3,31	9
127 616	6 706 798	12,8	671	6,34	4,74	2,65	1,50	1,94	2,56	12,10	—	5,72	2,21	2,25	2,23	10
131 862	3 391 468	13,2	339	6,50	4,30	3,0	1,50	1,17	2,29	10,0	12,0	5,0	2,00	1,90	2,05	11
233 261	3 149 890	23,3	315	4,32	3,34	2,36	—	1,46	2,61	12,84	—*	4,27	3,05	in Kolonne 190d enthalten	3,47	12a
274 475	5 474 754	27,4	547	4,05	3,65	2,66	—	1,57	2,97	12,66	—*	3,61	2,97		3,65	- b
135 085	1 899 680	13,6	190	5,00	4,03	2,11	—	1,59	2,99	17,20	—*	7,44	3,11		3,32	- c
203 247	4 533 992	20,3	453	5,10	3,70	2,57	—	1,61	2,81	12,35	—*	5,90	2,09		3,21	13a
114 219	4 543 661	11,4	454	4,86	3,65	2,36	—	1,66	2,42	12,56	—*	6,07	2,44		2,69	- b
217 993	9 496 085	21,8	950	5,97	4,05	2,55	—	1,64	2,09	11,66	—*	5,15	2,31		2,04	- c
232 323	3 206 076	23,2	321	—	—	—	—	—	2,39	—	—	—	—	—	3,47	14
231 183	2 838 705	23,1	281	5,41	4,25	3,33	1,43	1,42	2,93	11,92	10,00	7,21	2,53	1,79	3,50	15a
192 004	4 441 619	19,2	444	6,0	4,25	3,42	2,0	1,50	2,43	15,01	10,0	7,93	2,69	2,44	3,12	- b
189 172*	7 469 530*	18,9	747	6,61	4,44	3,29	1,44	1,63	2,78	9,18	11,51	5,96	2,49	2,65	2,72	16
106 627	2 040 645	10,1	204	5,05	3,70	2,64	—	1,50	2,42	13,99	—	5,41	2,52	i. Kol. 190d	3,18	17a
85 907	1 671 072	8,6	167	7,32	4,18	2,81	—	1,24	2,94	15,59	—	7,59	3,20	„ „ 190d	3,05	- b
175 974*	15 634 221	17,6	1563	6,55	4,44	2,91	1,58	1,17	2,75	13,11	—	6,04	2,43	1,49	2,01	18a
132 908	4 411 173	13,3	441	6,0	4,03	2,95	1,57	1,42	2,66	12,52	—	5,21	2,60	1,25	2,19	- b
120 844	3 437 673	12,1	344	6,10	4,65	3,09	1,60	1,19	2,44	11,24	—	5,33	2,52	1,11	2,31	19
129 093	3 991 639	12,9	399	6,42	4,07	2,44	1,50	1,25	2,47	10,44	10,05	4,62	2,15	1,64	2,19	20
44 114	2 685 582	4,4	269	8,42	4,44	2,33	1,47	1,45	2,62	14,16	—	8,22	3,05	2,25	2,70	21
85 802	1 079 672	8,6	108	5,44	4,16	2,67	—	1,74	3,05	14,29	109,30	4,25	2,85	3,65	3,51	22

(Forts.) II. Personen- und

(Forts.) B. Durchschnitts-

II. Privatbahnen. (Forts.)	182 a. jede Person in der I. Klasse (Meilen)	182 b. II. Klasse	182 c. III. Klasse	182 d. IV. Klasse	182 e. jeder Militair ꝛc.	183 jede Person (ohne Unterschied der Klasse) (Meilen)	184 a. jeder Zoll-Centner Eilgut	184 b. Postgut	184 c. Frachtgut d. Normalklasse (und sperrigen)	184 d. Frachtgut d. ermäßigten Klasse (excl. Kohlen)	184 e. Kohlen und Coaks	184 f. Betriebsdienst- und Baugut	185 jeder Zoll-Centner überhaupt (Meilen)
30 Berlin-Stettiner													
a. Berlin-Stettin-Stargard	10,54	9,44	7,04	6,58	6,79	7,74	12,47	11,34	12,13	6,64	5,46	6,67	8,95
b. Stargard-Cöslin-Colberg	10,34	8,79	7,02	4,57	13,91	7,13	10,31	11,65	13,74	8,43	10,11	6,41	9,10
31 Böhmische Westbahn	7,97	7,92	6,46	—	12,20	7,90	13,42	—	11,53	13,30	10,09	8,95	11,74
32 Breslau-Schweidnitz-Freib.	7,57	6,42	4,09	4,50	7,09	5,15	8,14	—	7,60	6,52	7,94	3,92	7,14
33 Brünn-Rossitzer	2,64	2,40	2,79	—	2,74	2,15	—	—	2,40	2,04	3,35	—	3,17
34 Buschtěhrader a. Locom.-B.	2,44	2,01	1,93	—	—	1,96	2,57	—	2,01	2,02	2,25	0,12	2,16
34 Buschtěhrader b. Pferde-B.	3,90	4,11	3,40	2,67	—	3,42	—	—	4,63	4,48	3,59	3,59	3,55
35 Frankfurt-Hanauer	3,68	2,79	2,06	—	5,41	2,25	4,50	2,67	4,23	3,75	4,43		3,90
36 Galizische Carl-Ludwig-B.	16,33	15,45	10,67	—	33,99	11,34	30,36	—	10,45	23,07	7,22	—	21,31
37 Glückstadt-Elmshorner	3,00	2,99	2,74	—	2,47	3,05	3,29	—	3,47	3,07	s. Kol. 184 d	—	3,13
38 Graz-Köflacher	4,85	2,42	2,43	—	4,59	2,64	3,24	—	4,54	5,39	4,44	—	4,01
39 Hessische Ludwigs-E.	6,87	5,04	3,21	—	5,57	3,14	7,87	—	8,03	7,21	s. Kol. 184 d	—	7,41
40 Homburger	2,11	2,16	1,71	—	—	1,81	2,30	2,30	2,41	2,22	2,26	2,50	2,25
41 Kaiser Ferdinands Nordb.	12,97	11,94	8,42	—	12,55	10,07	19,14	—	21,02	16,71	22,93	15,45	18,07
42 Kaiserin Elisabeth a. Locomot.-B.		—	—	—	—	7,53	—	—	—	—	—	—	18,55
42 Kaiserin Elisabeth b. Pferde-B.	—	—	—	—	—	5,01	—	—	—	—	—	—	15,96
43 Köln-Mindener (u. Gießener)	14,64	9,27	4,91	3,15	14,66	4,75	17,04	—	14,34	9,63	7,72	10,09	8,65
44 Kurf. Friedr. Wilh. Nordb.	—	—	—	—	—	5,77	10,78	—	10,66	11,44	s. Kol. 184 d	—	11,25
45 Leipzig-Dresdener	8,05	7,51	5,27	—	8,09	5,91	9,27	8,96	9,40	8,53	6,34	—	8,49
46 Ludwigs-E. (Nürnb.-Fürth.)	0,80	0,77	0,80	—	—	0,79	—	—	—	—	0,80	—	0,80
47 Lübeck-Büchener	5,47	4,84	3,04	—	—	4,19	—	—	—	—	—	—	5,87
48 Magdeb.-Cöth.-Halle-Leipz.	10,46	7,74	4,34	—	11,04	5,07	10,41	5,51	11,50	7,79	2,49	—	6,27
49 a. Magdeburg-Halberstädter	5,19	4,67	3,60	—	5,11	3,92	5,11	—	4,60	5,27	4,96	—	4,93
b. Cöthen-Bernburger	2,70	2,47	2,41	—	2,75	2,48	2,77	2,75	s. Kol. 184 d	2,17	s. Kol. 184 d	—	2,17
50 Magdeburg-Wittenbergesche	10,10	8,77	10,32	—	10,22	10,10	10,65	8,35	14,14	15,41	2,76	2,45	10,11
51 Mecklenburgische	7,15	6,53	5,55	—	6,47	5,91	8,24	—*	9,71	6,47*	s. Kol. 184 d	4,45	7,24
52 Mohacs-Fünfkirchener	6,75	5,47	4,94	—	6,29	5,45	7,19	—	6,75	6,41	7,31	4,49	7,21
53 Neisse-Brieger	4,83	5,14	4,67	3,71	5,54	4,37	5,71	—*	5,45	5,14	5,97	5,44	5,90
54 Niederländische Rhein-E.	7,94	6,67	4,61	—	6,33	5,64	10,29	—	11,01	16,07	15,41	8,61	13,72
55 Niederschlesische Zweigbahn	5,44	5,30	4,36	5,47	8,01	5,40	7,14	6,30	6,94	5,51	s. Kol. 184 d	6,93	6,24
56 a. Oesterreich. nördliche	19,37	13,04	7,47	—	11,71	9,67	23,37	—	21,35	10,21	9,73	15,74	14,65
b. Oesterreich. südöstliche	19,33	14,49	11,04	—	15,54	13,15	24,70	—	27,72	11,45	26,40	25,67	22,95
c. Wien-Neu-Szönyer	10,49	8,67	6,04	—	10,30	7,17	10,74	—	12,41	12,17	7,80	9,14	12,77
57 Oppeln-Tarnowitzer	7,1	5,7	4,6	4,0	7,7	4,4	7,0	4,9	4,6	7,7	6,1	6,7	7,0
58 a. Pfälzische Ludwigsbahn	4,10	3,14	2,70	—	—	2,47	6,14	—	6,71	6,14	11,66	—	9,34
b. Pfälzische Maximiliansb.	3,79	2,49	1,41	—	—	1,14	4,71	—	5,31	4,93	5,90	—	5,10
59 Rheinische	7,12	4,92	3,57	2,95	10,52	4,36	9,07	9,70	11,06	8,22	3,54	9,10	6,75

186		187		188					189	190					191	
Güter-Verkehr.																
Verhältnisse.				Eingenommen sind durchschnittlich pro Meile:												
Auf eine (d. h. jede) Meile Bahnlänge kommen durchschnittlich		Ueberschläg. Verhältnißzahlen zur leicht. Vergleich. d. Frequenz		a. für jede Person in der I. Klasse	b. II. Klasse	c. III. Klasse	d. IV. Klasse	e. für jeden Militair etc.	für jede Person (erbl. Unterschied, f. Klasse)	a. für jeden Zoll-Centner Eilgut	b. Postgut	c. Frachtgut d. Normalklasse und sperrigem	d. Frachtgut d. ermäßigten Klasse (excl. Kohlen)	e. Kohlen und Coaks	für jeden Z.-Centner Gut überhaupt	
a. beim Personen-Verkehre	b. beim Güter-Verkehre	a. Personen-	b. Güter-													
Person.-Meilen	Ctr.-Meilen			Sgr.					Sgr.	Pfg.		Pfg.			Pfg.	
263 598	3 078 778	26,4	308	6,10	4,07	2,14	1,49	1,15	2,03	12,51	13,04	6,24	3,07	3,10	3,54	30a
80 714	774 639	8,1	77	6,88	4,02	2,88	1,72	1,03	2,65	12,69	13,02	6,56	2,88	2,25	3,22	- b
77 270	1 979 702	7,7	198	9,66	7,55	3,76	—	2,02	4,25	21,60	—	7,60	5,11	4,50	4,64	31
184 701	5 156 627	18,5	516	5,41	3,99	2,91	1,79	1,02	2,62	11,45	—	6,22	2,49	2,11	2,66	32
39 374	2 101 676	3,9	210	6,85	3,42	2,55	—	1,30	2,92	—	—	9,99	7,02	9,11	7,65	33
27 877	5 859 231	2,8	586	—	—	—	—	—	3,21	67,40	—	8,79	5,0	5,84	6,12	34a
15 898	627 172	1,6	63	—	—	—	—	—	3,18	—	—	10,55	6,04	6,31	6,18	- b
241 176	1 888 959	24,1	189	6,12	4,01	2,64	—	1,09	3,26	10,11	10,39	7,22	3,61	s. Kol. 190d	4,70	35
101 153	2 633 481	10,1	263	7,94	5,97	3,88	—	1,32	4,80	19,44	—	7,24	5,85	7,58	5,14	36
80 248	493 215	8,0	49	5,94	4,38	2,78	—	1,90	2,96	16,44	—	6,57	2,77	s. Kol. 190d	3,65	37
57 079	2 168 454	5,7	217	8,09	6,95	4,11	—	2,95	4,16	40,71	—	7,21	5,21	4,97	5,42	38
262 231	3 102 451	26,2	310	6,50	3,41	2,04	—	1,62	2,61	9,07	—	4,15	2,20	s. Kol. 190d	5,02	39
389 426	250 971	38,9	28	6,55	3,98	1,67	—	—	2,34	18,21	7,44	5,29	s. Kol. 190c	s. Kol. 190c	5,69	40
232 491	8 200 412	23,2	820	7,16	5,44	3,84	—	1,25	4,90	16,57	—	5,59	4,76	3,09	4,35	41
159 678	3 012 656	16,0	301	—	—	—	—	—	4,67	—		—	—	—	3,84	42a
7376	971 483	0,7	97	—	—	—	—	—	3,90	—	—	—	—	—	6,21	- b
243 132	11 865 109	24,3	1187	7,13	4,43	3,19	1,56	1,69	2,99	10,11	–	5,43	2,49	1,73	2,51	43
103 693	3 591 851	10,4	359	—	—	—	—	—	3,02	9,75	–	3,07	s. Kol. 190c	s. Kol. 190c	3,18	44
440 012	6 958 237	44,0	696	5,40	4,09	2,57	—	1,46	2,91	11,98	10,21	6,92	3,03	1,73	3,44	45
840 349	64 857	84,0	6,5	4,26	3,95	2,14	—	—	2,37	—	—	—	—	5,99	5,99	46
108 649	1 972 615	10,9	197	—	—	—	—	—	3,52	—	—	—	—	—	3,09	47
260 732	5 625 497	26,1	563	6,54	4,15	2,46	—	1,41	2,19	10,86	10,81	5,07	3,55	2,41	3,02	48
251 922	5 578 187	25,2	558	7,16	4,22	2,67	—	1,15	3,16	8,21	—	5,04	3,26	1,66	3,52	49a
74 201*	1 041 480	7,4	104	—	—	—	—	—	3,47	12,54	—	—	—	—	4,70	- b
135 402	2 187 166	13,5	219	5,80	4,50	1,15	—	1,50	2,30	9,0	11,0	3,0	2,0	1,15	2,95	50
98 784	976 152	9,9	98	—	—	—	—	—	3,65	—	—	—	—	—	4,38	51
29 466	4 111 462	2,9	411	7,20	5,43	3,64	—	1,35	3,79	24,41	—	7,79	5,09	4,18	4,95	52
90 398	1 374 723	9,0	137	6,64	4,98	3,21	1,83	1,26	2,56	12,50	—*	6,41	3,41	2,34	3,03	53
282 946	3 489 205	28,3	349	7,09	5,59	3,32	—	1,60	3,01	18,13	—	3,02	2,07	1,02	2,40	54
90 021	1 454 981	9,0	115	6,05	4,92	3,35	1,41	1,68	2,71	11,58	10,26	7,09	3,45	s. Kol. 190d	3,40	55
188 505	5 036 586	18,9	504	7,26	6,85	3,95	—	2,09	3,98	21,50	—	4,58	s. Kol. 190c	2,75	4,14	56a
127 346	3 780 180	12,7	378	7,41	6,36	4,04	—	1,50	4,17	22,77	—	3,60		2,90	3,41	- b
87 078	2 672 713	8,7	267	7,99	6,0	4,07	—	1,72	3,84	12,64	—	3,99		4,41	4,11	- c
34 734	1 830 800	3,5	183	6,0	4,5	3,0	2,0	1,08	2,32	13,0	12,0	6,50	3,10	2,10	2,74	57
147 320	8 088 476	14,7	809	6,51	3,60	2,24	—	—	2,60	8,57	—	4,38	2,68	1,71	2,07	58a
82 378	4 075 351	8,2	408	6,72	3,63	2,24	—	—	3,43	8,57	—	4,24	2,17	1,71	2,60	- b
309 772	2 966 055	31,0	297	7,75	3,56	2,43	1,69	1,25	3,50	10,49	14,88	5,01	3,74	2,79	3,60	59
198 654	4 400 298	19,9	440	7,67	5,42	3,34	—	1,19	3,10	14,16		5,79	2,74	s. Kol. 190d	3,83	60a
99 922	943 226	10,0	94	7,76	5,53	4,06	—	2,01	3,41	18,48	—	8,49	4,69	3,48	5,16	- b
186 580	1 406 371	18,7	141	7,08	5,77	3,55	—	1,34	3,34	12,68	—	6,26	3,49	s. Kol. 190d	5,38	- c
58 634	1 404 406	5,9	140	7,30	5,0	3,10	—	1,30	3,51	21,77	—	—	—	—	4,42	61
379 481	1 032 919	37,9	103	7,37	3,44	2,59	—	—	3,25	—	—	—	—	—	4,69	62
68 577	1 266 976	6,9	127	8,0	5,40	3,40	—	1,20	3,60	23,03	—	6,73	4,10	3,09	4,61	63
205 596	8 643 395	20,6	364	7,52	4,56	3,0	—	1,47	3,53	10,91	8,07	5,90	3,19	s. Kol. 190d	3,72	64
73 035	1 445 767	7,3	145	7,67	4,05	2,[illegible]	[illegible]	[illegible]	2,59	10,05	—	s. Kol. 190d	3,79	s. Kol. 190d	3,90	65

III. Finanz=

A. Einnahmen.

I. Staatsbahnen.	192 Für Personen a. in der I. Klasse. Thlr.	192 b. in der II. Klasse.	192 c. in der III. Klasse. Thlr.	192 d. IV. Klasse.	192 e. zu ermäßigten Fahrpreisen (Militairs, Auswanderer, mit Pferdescheinen u.) Thlr.	193 Zusammen für Personen-Beförderung Thlr.	194 Davon kommen a. auf den Binnen-Verkehr Thlr.	194 b. auf den direkten u. Durchgangs-Verkehr	195 Für Reisegepäck Thlr.	196 Für Hunde (der Reisenden.) Thlr.
1 Badische	144 124	628 910	874 927	—	24 701	1 672 662	1 219 198	453 464	150 659	2024
2 Bayerische (u gepacht. Zwgb.)	144 022	1 142 754	1 437 400	—	15 816	2 739 992	2 385 930	354 062	147 325	in Col. 195
3 Braunschweigische	in Col. 192c	in Col. 192c	517 199	—	16 322	533 521	190 928	342 593	21 242	„ „ 195
4 Hannoversche	99 967	727 281	1 032 776	—	54 529	1 914 553	1 443 226	471 327	75 881	1883
5 Main-Neckar	—		—	—	—	420 958	420 958	in Col. 194a	48 771	629
6 Main-Weser	51 113	314 581	285 172	—	17 564	668 430	358 683	309 747	44 466	692
7 Nassauische	26 005	112 660	130 314	—	2721	271 700	209 514	62 186	10 931	328
8 Preuß. Niederschles.-Märk.	81 565	557 383	482 600	347 210	24 919	1 493 677	1 089 369	404 308	42 934	1818
9 „ Ostbahn	142 268	935 351	635 185	318 532	95 028	2 126 364	1 165 630	960 734	106 287	3325
10 „ Saarbrücker (u. Trier)	7685	45 539	114 057	35 825	8519	211 625	132 191	79 434	4363	416
11 „ Westfälische	6411	56 551	101 967	97 763	7782	270 474	199 036	71 438	5371	478
12 Sächsische östliche										
a. Sächsisch-Böhmische	7640	61 873	105 254	—	1057	175 824	139 908	35 916	5930	168
b. Sächsisch-Schlesische	6533	105 020	236 175	—	8107	355 835	255 324	100 511	8066	346
c. Tharandt-Freiberger	238	9853	35 413	—	840	46 344	14 966	31 378	411	50
13 Sächsische westliche										
a. Niedererzgebirgische	4584	97 619	241 591	—	7467	351 261	260 081	91 180	7303	324
b. Obererzgebirgische	1470	18 667	44 569	—	701	65 407	61 991	3416	1892	77
c. Sächsisch-Bayerische	12 497	195 302	308 763	—	4700	521 262	434 901	86 361	14 598	452
14 Württembergische	in Col. 192c	in Col. 192c	1 290 559		13 014	1 303 573	1 089 237	214 336	76 819	3872
II. Privatbahnen										
a) unter Staatsverwaltg.										
15 Aach.-Düss. Ruhrorter a. Aach.-Düssel	8561	74 318	96 050	76 416	293	255 638	169 230	86 408	5285	288
b. Ruhrort-Cref	1581	24 939	39 705	36 282	311	102 818	66 688	36 130	1006	54
16 Bergisch-Märkische	10 450	165 976	334 831	274 129	4213	789 599	715 226	74 373	8187 2618*)	690
17 a. Löbau-Zittauer	245	9399	35 048	—	537	45 229	27 374	17 855	774	25
b. Zittau-Reichenberger	217	7107	22 572	—	18	29 914	26 998	2916	227	30
18 a. Oberschlesische	19 109	201 816	168 175	93 978	28 942	511 520	388 165	123 355	12 531	505
b. Breslau-Posen-Glogauer	8244	85 607	161 276	42 099	30 461	327 687	269 860	57 827	8183	415
19 Stargard-Posener	4404	61 575	90 379	36 370	30 623	223 351	100 143	123 208	6435	425
20 Rhein-Nahe E.	14 341	56 664	100 071	15 012	11 987	198 075	92 528	105 547	5713	290
21 Wilhelms-Bahn	2603	28 351	30 510	28 330	593	90 387	63 889	26 498	2233	100
b) in Privatverwaltung.										
22 Aachen-Mastrichter	9552	36 247	57 859		4436	108 094	67 931	40 163	6326	—
23 Alberts-Bahn	469	13 300	43 994	—	1187	58 950	39 201	19 749	719	79
24 a. Altona-Kieler	in Col. 192c	in Col. 192c	272 659		2641	275 300	213 207	62 093	7801	206
b. Rendsburg-Neumünster		—	—		—	50 278*	50 278	in Col. 194a	1197	30
25 Aussig-Teplitzer	—			—	—	52 782	40 431	12 351	1328	
26 Bayerische Ostbahnen	15 504	213 500	512 426	—	11 546	752 976	—	—	31 966	in Col. 195
27 Berlin-Anhaltische	45 710	366 919	539 621	—	26 261	978 511	601 104	377 407	31 350	1261
28 a. Berlin-Hamburger	38 257	360 867	363 231	69 165	53 927	685 447	677 922	207 525	27 940	in Col. 195
b. Hamburg-Bergedorfer	—	—		—	—	86 970	—	—	7636*	„ „
29 Berlin-Potsdam-Magdebg.	53 026	327 294	405 032	20 058	32 427	837 847	526 303	311 544	23 964	799

Ergebnisse.

(Forts.) A. Einnahmen.

197	198		199		200	201		202		203		204	
Zusammen im Personen-Verkehre.	Durchschnittlich		Für Eilgüter		Für Postgüter.	Für Frachtgüter der Normalklasse (u. sperr.)		Für Frachtgüter d. erm. Klasse (excl. Kohlen)		Für Kohlen u. Coaks		Für Betriebsdienst- und Baugüter	
	a. pro Meile	b. pro Kilometer	a. im Binnen-	b. im direkten u. Durchgangs-		a. im Binnen-	b. im direkten u. Durchgangs-	a. im Binnen-	b. im direkten und Durchgangs	a. im Binnen-	b. im direkten u. Durchgangs-		
	Bahnlänge.		Verkehre.			Verkehre.		Verkehre.		Verkehre.			
Thlr.	Thlr.		Thlr.		Thlr.	Thlr.		Thlr.		Thlr.		Thlr.	
1 826 245	*26 684*	*3543*	38 187	60 193	32 127	in Kol. 201a	in Kol. 201b	783 407*	722 193	in Kol. 201a	in Kol. 201b	—	1
2 887 317	*17 410*	*2311*	in Kol. 202a	in Kol. 202a	---	„ „ 202a	„ „ 202a	5 003 382	in Kol. 202a	„ „ 202a	„ „ 202a	—	2
554 763	*20 840*	*2767*	4943	43 958	19 378	30 061	385 103	150 831	508 821	„ „ 202a	„ „ 202b	--	3
1 992 317	*16 686*	*2249*	59 459	79 241	27 908	925 072	752 942	236 847	685 969	125 669	394 031	29 737	4
470 358	*40 478*	*5376*	in Kol. 201b	in Kol. 201b	7129	in Kol. 201b	343 629*	in Kol. 201b	in Kol. 201b	in Kol. 201b	in Kol. 201b	—	5
713 588	*26 837*	*3563*	6594	50 014	19 053	42 925	348 470	93 738	259 265	26 148*	86 331	—	6
282 959	*11 323*	*1504*	in Kol. 202a	in Kol. 202b	15 362	in Kol. 202a	in Kol. 202b	137 451	97 625	in Kol. 202a	in Kol. 202b	—	7
1 538 429	*29 803*	*3957*	32 878	66 255	4064	234 879	717 777	400 975	1 387 618	25	790 207	—	8
2 235 976	*20 452*	*2715*	16 710	87 910	8904*	200 486	636 311	637 983	417 514	18 953	3673	51 961	9
216 404	*11 239*	*1492*	1151	4807	641	3414	19 562	40 172	223 064	293 475	240 196	4505	10
276 323	*10 196*	*1354*	2611	14 809	1165	45 911	100 566	82 446	242 557	19 852	161 650	4942	11
183 113	*21 120*	*2804*	11 637	—	—*	55 707	81 612	93 818	35 287	in Kolonne 202a mitenthalten	in Kolonne 202b mitenthalten	141	12a
365 746	*26 992*	*3584*	18 820	8698	—*	133 268	119 019	279 218	187 892			2745	„ b
46 919	*13 367*	*1775*	24	549	—*	750	4387	38 054	17 399			9	„ c
359 098	*19 431*	*2580*	13 013	12 855	—*	70 060	86 687	414 999	160 765			7915	13a
67 438	*11 055*	*1468*	3247	681	—*	15 626	2681	155 142	24 409			192	„ b
537 155	*22 372*	*2970*	30 251	34 755	—*	235 287	223 468	795 578	466 982			1079	„ c
1 384 264	*21 415*	*2843*	in Kol. 201a	in Kol. 201b	43 886*	1 526 329	454 772	in Kol. 201a	in Kol. 201b	in Kol. 201a	in Kol. 201b	—	14
261 211	*22 853*	*3037*	2458	15 914	6182	13 725	42 171	47 084	82 347	56 075	30 194	1136	15a
104 478	*18 656*	*2478*	3411	5282	2128	8850	16 141	16 968	47 546	63 001	38 847	237	„ b
801 394	*17 582**	*2334**	29 044	18 957	13 124	245 959	113 885	681 186	355 620	839 046	207 740	33 438	16
46 076	*10 216*	*1356*	2893	145	—	20 067	6530	45 776	5548	in Kol. 102a	in Kol. 202b	346	17a
30 171	*8499*	*1128*	1522	104	—	12 028	4356	43 635	1758	„ „ 202a	„ „ 202b	58	„ b
524 556	*16 372**	*2173*	5719	8929	1405	62 081	151 358	513 157	674 933	748 694	760 137	14 069	18a
336 283	*12 079*	*1604*	3123	5235	785	36 284	71 015	104 276	336 044	—	176 648	6494	„ b
230 211	*10 173*	*1351*	937	6749	2065	4541	88 620	17 297	371 081	—	48 594	1607	19
204 078*	*12 739*	*1691*	752	9719	1782	2045	31 375	18 075	197 742	—	106 725	3298	20
92 720	*3952*	*525*	797	1672	973	10 800	35 131	55 054	117 247	200 159	39 712		21
114 420	*9227*	*1230*	3453	9763	152	3894	18 047	23 999	49 189	11 599	9198	—	22
59 748	*33 080**	*4384**	237	427	418	1325	3255	2932	15 130	123 818	—	514	23
283 807	*20 121*	*2671*	16 581	2450	5837	130 402*	34 130	113 191	10 430	in Kol. 202a	in Kol. 202b	—	24a
51 505	*11 150*	*1480*	2883*	in Kol. 199a	1628	15 720*	in Kol. 201a	15 441*	in Kol. 202a		--	—	„ b
54 110	*22 360*	*2969*	981	828	—	in Kol. 202a	„ „ 202b	in Kol. 203a	„ „ 203b	119 006*	60 280	4009	25
784 942	*13 039*	*1731*	33 166	in Kol. 199a	10 497	192 098	„ „ 201a	830 447	„ „ 202a	in Kol. 202a	in Kol. 202a	—	26
(1 009 453) 1021*	*21 296*	*2827*	41 990	53 217	9370	182 056	422 822	282 202	286 045	127 309	36 583	—	27
913 387	*23 030*	*3058*	44 095	36 736	18 805	483 120	539 007	139 276	308 319	8581	1756	—	28a
91 606	45 266	6010	—	in Kol. 201b	5144	—	107 256	—	in Kol. 201b	—	in Kol. 201b	—	„ b
862 610	*44 153*	*5862*	24 246	38 051	7538	317 036	322 788	90 274	251 032	11 502	36 946	—	29

III. Finanz-

A. Einnahmen.

II. Privatbahnen. (Forts.)	192 Für Personen a. in der I. Klasse. Thlr.	b. in der II. Klasse.	c. in der III. Klasse. Thlr.	d. in der IV. Klasse.	e. zu ermäßigten Fahrpreisen (Militairs, Auswanderer, mit Retourbillets u.) Thlr.	193 Zusammen für Personen-Beförderung. Thlr.	194 Davon kommen a. auf den Binnen-Verkehr. Thlr.	b. auf den direkten u. Durchgangs-Verkehr.	195 Für Reisegepäck. Thlr.	196 Für Hunde (der Reisenden.) Thlr.
30 Berlin-Stettiner										
a. Berlin-Stettin-Stargard	11 994	177 676	317 668	49 841	21 617	578 796	423 850	154 946	16 878	1030
b. Stargard-Cöslin-Colberg	1464	46 216	86 316	19 975	21 036	174 907	90 376	84 021	4710	432
31 Böhmische Westbahn . .	14 766	80 288	188 394	—	11 315	294 763	278 519	16 244	9130	118
32 Breslau-Schweidnitz-Freibg.	6056	70 825	168 693	65 533	43 686	354 593	338 011	16 582	8657	340
33 Brünn-Rossitzer . . .	364	3145	10 962	—	26	14 497	14 497	—	388	2
34 Buschtěhrader a. Locom.-B.	—	—	—	—	—	11 462	3244	8218	443	1
b. Pferde-B.	1073	7108	4743	495	—	13 419	13 419	—	274	1
35 Frankfurt-Hanauer . . .	5773	48 201	87 216	—	1315	142 505	109 017	33 488	5317	146
36 Galizische Carl-Ludwig-B. .	28 196	199 875	319 326	—	51 229	598 626	507 476	91 150	25 919*	in Col. 195
37 Glückstadt-Elmshorner .	258	5780	29 329	—	213	35 580	11 511	24 069	753	20
38 Graz-Köflacher	51	5482	34 694	—	347	40 574	40 574	—	348	in Col. 195
39 Hessische Ludwigs-E. . .	53 787	228 462	253 487	—	19 663	555 399	318 646	236 753	41 306	930
40 Homburger	17 454	46 685	44 436	—	—	108 575	108 820	4755	4358	97
41 Kaiser Ferdinands Nordb.	143 667	689 418	1 128 265	—	302 473	2 263 823	1 515 655	748 168	85 911	326
42 Kaiserin Elisabeth a. Locom.-Bahn .	131 769	539 866	584 567	—	161 558	1 417 760	1 194 542	223 218	47 431*	747
b. Pferde-Bahn	—	3682	11 524	—	1469	16 675	16 675	—	443	—
43 Köln-Mindener (u. Gießener)	127 462	612 433	378 834	398 900	58 932	1 576 621	960 531	616 090	62 451	1381
44 Kurf. Friedr. Wilh. Nordb.	—	—	—	—	—	260 273	102 968	157 305	10 782	225
45 Leipzig-Dresdener . . .	28 611	243 666	433 875	—	13 448	719 600	416 892	302 708	20 137	645
46 Ludwigs-E. (Nürnb.-Fürth)	599	14 327	38 299	—	—	53 225	53 225	—	—	—
47 Lübeck-Büchener	—	—	—	—	—	81 073	21 089	59 984	2023	—
48 Magdeb.-Cöth.-Halle-Leipz.	10 772	141 602	299 848	—	16 763	468 985	323 844	145 141	10 146	356
49 a. Magdeburg-Halberstädter	13 375	111 801	176 547	—	9969	311 692	153 734	157 958	10 331	372
b. Cöthen-Bernburger . .	231	5746	16 768	—	432	23 177	23 177	—	320	23
50 Magdeburg-Wittenbergesche	2146	45 094	87 803	—	8252	143 295	104 755	38 540	3541	313
51 Mecklenburgische	—	—	—	—	—	232 427	157 628	74 799	8117	in Col. 194b
52 Mohacs-Fünfkirchener . .	977	13 299	13 972	—	1893	30 141	30 141	—	693	30
53 Neisse-Brieger	1204	11 777	15 433	14 570	4877	47 861	27 197	20 664	1190	52
54 Niederländische Rhein-E. .	103 184	291 791	311 031	—	74 435	870 441	753 259	117 182	33 561 21 402*)	87
55 Niederschlesische Zweigbahn	1212	16 954	32 055	15 936	10 938	77 095	45 822	31 273	1712	70
56 a. Oesterreichische nördliche	102 903*	462 463	740 482	—	249 059*	1 554 907*	942 232*	612 675	62 483	808
b. Oesterreich. südöstliche .	142 026*	667 204	668 404	—	161 011*	1 638 645*	903 018*	735 627	61 185	933
c. Wien-Neu-Szöny er .	9029*	62 708	137 414	—	26 615*	235 766*	226 067*	9699	7401	139
57 Oppeln-Tarnowitzer . . .	587	4439	9419	9426	3366	27 237	23 898	3339	472	94
58 a. Pfälzische Ludwigsbahn .	6890	93 582	166 194	—	7008	273 674	172 162	101 512	11 720	418
b. Pfälzische Maximiliansb.	2523	23 674	34 330	—	1361	61 888	55 081	6807	2837	118
59 Rheinische	165 675	568 273	532 257	19 505	33 828	1 619 538	916 535	703 003	80 101	1113
60 a. Südbahn, Oesterreichische	316 048	900 512	1 395 554	—	531 126	3 143 240	2 980 488	162 752	92 367	in Col. 1[illegible]
b. Nordtiroler . .	3881	27 179	79 652	—	14 971	125 683	113 406	12 277	3352	83
c. Venetianische u. Südtirol	118 761	522 845	609 760	—	194 111	1 445 477	1 445 477	in Col. 194a	40 677	in Col. 1[illegible]
61 Süd-Norddeutsche . .	3473	39 387	135 531	—	4104	182 495	112 196	70 299	5155	—
62 Taunus-Bahn	30 607	104 333	139 546	—	346*	274 832	274 832	in Col. 194a	14 599	210
63 Theiß-Bahn	27 905	233 196	305 989	—	71 781	638 271	309 542	328 729	24 194*	371
64 Thüringische	39 973	354 029	480 925	—	24 984	899 911	548 094	351 817	30 496	786
Werra-E.	4100	51 500	100 545	—	4487	160 632	116 706	43 926	11 017	in Col. [illegible]

197	198		199		200	201		202		203		204	
Ergebnisse.													
(Forts.) A. **Einnahmen.**													
Zusammen im Personen-Verkehre.	Durchschnittlich		Für Eilgüter		Für Postgüter.	Für Frachtgüter der Normalklasse (u. sperr.)		Für Frachtgüter d. erm. Klasse (excl. Kohlen)		Für Kohlen u. Coaks		Für Betriebs-dienst- und Baugüter	
	a. pro Meile	b. pro Kilometer	a. im Binnen-	b. im direkten u. Durchgangs-		a. im Binnen-	b. im direkten u. Durchgangs-	a. im Binnen-	b. im direkten und Durchgangs	a. im Binnen-	b. im direkten u. Durchgangs-		
	Bahnlänge.		Verkehre.			Verkehre.		Verkehre.		Verkehre.			
Thlr.	Thlr.		Thlr.		Thlr.	Thlr.		Thlr.		Thlr.		Thlr.	
595 704	*26 488*	*3517*	18 648	10 308	8404	64 777	54 254	237 611	204 725	14 008	—	—	30a
180 148	*7901*	*1049*	974	2659	2666	4292	19 566	38 669	84 535	3520	370	—	b
304 020	*11 546*	*1533*	5296	842	—	192 609	96 182	98 184	8094	120 746	11 515	—	31
363 590	*15 881*	*2109*	5247	2198	—	53 309	42 322	188 399	37 344	352 754	123 739	—	32
14 887	*3970*	*527*	—	—	—	1591	in Col. 201a	25 410	in Col. 202a	159 806	in Col. 203a	—	33
11 906	*3100*	*413*	256	73	—	3602	3659	1264	898	103 488	254 279	2349	34a
13 694	*1836*	*244*	—	—	—	795	—	5857	—	71 238	—	2462	b
147 968	*27 100*	*3598*	1430	3332	2489	9103	28 642	17 439	37 771	in Col. 202a	in Col. 202b	—	35
624 545	*13 342*	*1771*	4417	14 509	—	30 699	61 979	402 036*	1234 902*	3894	779	—	36
86 353	*8078*	*1072*	209	1117	306	1580	5350	3869	10 083	in Col. 202a	in Col. 202b	—	37
40 922	*7707*	*1023*	393	—	—	35 217	—	11 834	—	126 432	—	—	38
597 635	*21 503*	*3254*	8176	28 874	8502	45 018	225 516	76 204	250 039	in Col. 202a	in Col. 202b	20 408	39
113 025	*46 898*	*6227*	902	—	286	10 676	in Col. 201a	in Col. 201a	in Col. 201a	in Col. 201a	in Col. 201a	—	40
2 350 060	*29 251*	*3883*	57 401	69 094	7000*	322 208	882 776	1 205 416	2 203 352	1 653 522	246 582	—	41
1 465 938	*25 750*	*3419*	37 118*	22 587*	—	in Col. 202a	in Col. 202b	771 137	795 204	in Col. 202a	in Col. 202b	—	42a
17 118	*986*	*131*	691	—	—	„ „ 202a	„ „	286 391	—	„ „ 202a	—	—	b
1 640 453	*23 812*	*3161*	24 400	123 642	7424*	279 577	668 703	744 962	1 113 576	1 208 355	951 129	64 052	43
271 280	*13 694*	*1818*	2287	25 008	13 282	70 053	531 188	in Col. 201a	in Col. 201b	in Col. 201a	in Col. 201b	—	44
740 382	*44 790*	*5947*	34 211	30 676	18 629	147 129	324 633	245 767	863 582	39 421	20 420	—	45
53 225	*66 531*	*8827*	—	—	—	—	—	—	—	863	—	—	46
83 996	*13 333*	*1770*	in Col. 201a	in Col. 201b	703	3481	130 955	in Col. 201a	in Col. 201b	—	—	-	47
479 487	*24 767*	*3288*	20 540	40 528	4576	112 850	282 841	271 280	290 416	142 527	26 157	—	48
322 395	*27 578*	*3661*	5841	17 913	3506	136 810	154 832	70 877	174 615	12 091	61 140	—	49a
23 520	*8551**	*1136**	969	—	—	5918	—	26 866	—	21 323	—	—	b
147 149	*10 290*	*1366*	6032	17 002	1250	59 176	128 519	43 114	7587	16 752		—	50
240 544	*12 483*	*1657*	in Col. 201a	in Col. 201b	1240	84 584	133 720	in Col. 201a	in Col. 201b	in Col. 201a	in Col. 201b	—	51
30 864	*3820*	*507*	450	—	—	4786	—	34 922	—	351 857	—	—	52
49 103	*7945*	*1055*	57	953	in Col. 201	600	5478	7474	24 764	185	30 360	—	53
928 491	*39 952*	*5304*	109 125	23 683	14 307	126 409	51 089	in Col. 201a	108 403	in Col. 201a	98 290	10 011	54
78 877	*8303*	*1102*	986	3601	126	6192	29 966	28 267	67 270	931	5589	—	55
1 618 198	*25 970*	*3448*	59 488	51 571	—	767 801	1 712 970			695 428		17 675	56a
1 700 763	*18 456*	*2450*	32 109	52 394	—	1 029 377	1 305 829	in Col. 201a	in Col. 201b	184 922	in Col. 203a	20 107	b
243 306	*11 625*	*1543*	21 811	2720	—	245 133	207 658			17 942		566	c
27 803	*2747*	*365*	98	476	141	3062	11 878	36 708	30 404	11 587	19 758	981	57
285 812	*11 530*	*1930*	3387	8813	—	8086	27 839	117 265	214 863	394 722	127 400	—	58a
64 843	*10 432*	*1385*	789	1673	—	1872	6274	23 104	43 883	32 381	38 713	—	b
1 700 752	*36 861*	*4894*	25 882	52 420	46 892	37 591	181 954	323 390	495 676	87 243	76 494	4659	59
3 235 607	*21 137*	*2806*	170 205	28 899	—	3 157 719	212 464	3 404 463	186 849	in Col. 202a	in Col. 202b	—	60a
129 118	*13 243*	*1758*	3619	—	—	25 216	—	83 294	—	8217	—	—	b
1 492 154	*21 458*	*2849*	103 721	in Col. 199a	—	664 485	in Col. 201a	392 455	in Col. 202a	in Col. 202a	in Col. 202a	—	c
187 646	*7168*	*952*	2004	7809	—	30 872	107 215	126 471	128 136	51 916	3863	—	61
289 641	*43 101*	*5722*	in Col. 201b	in Col. 201b	2841	in Col. 201b	74 585	in Col. 201b	in Col. 201b	in Col. 201b	13 373	—	62
662 836	*8573*	*1138*	3146	14 607	—	32 485	152 174	288 101	377 006	4535	2694	—	63
931 193	*24 992*	*3318*	27 557	60 817	3565	128 000	409 839	299 215	525 558	in Col. 202a	in Col. 202b	3524	64
171 649	*7582*	*1007*	4253	10 890	691	in Col. 202a	in Col. 202b	87 018	252 861	„ „ 202a	„ „ 202b	—	65

III. Finanz- (Forts.)

A. Einnahmen. (Forts.)

I. Staatsbahnen.	205 a. für Equipagen. Thlr.	205 b. für Eisenbahn-Fahrzeuge. Thlr.	205 c. für sonstige Fahrzeuge (Möbelwagen, Schlitten rc.) Thlr.	206 a. für Pferde. Thlr.	206 b. für Rindvieh, Schweine und sonstige Thiere. Thlr.	207 Neben-Erträge (Lagergeld, Provision, Frachtzuschlag rc.). Thlr.	208 Zusammen im Güter-Verkehre. Thlr.	209 Durchschnittlich pro Meile Bahnlänge. Thlr.	209 Durchschnittlich pro Kilometer Bahnlänge. Thlr.	210 Aus sonstigen Quellen (Pacht, Wagenmiethe, Erlös für verkaufte Materialien u. s. w.) Thlr.
1 Badische	5035	s. Col. 201	s. Col. 201	6303	47 488	20 298	1 715 231	25 062	3327	102 289
2 Bayerische (u. gep. Zweigb.)	6652	s. Col. 207a	s. Col. 207a	s. Col. 206b	142 958	s. Col. 207a	5 152 992	31 072	4125	245 355
3 Braunschweigische	1412	3230	s. Col. 206b	s. Col. 206b	38 130	18 939	1 294 306	48 622	6455	12 240
4 Hannoversche	17 370	s. Col. 203a	s. Col. 203a	47 376	89 965	38 576	3 420 162	29 073	3860	174 758*
5 Main-Neckar	1377	s. Col. 201b	s. Col. 201b	s. Col. 206b	11 836	s. Col. 201b	363 971	31 323	4159	79 255
6 Main-Weser	1978	1272	3372	11 459	8976	23 498	983 123	36 973	4909	40 856
7 Nassauische	s. Col. 202	s. Col. 202	s. Col. 202	s. Col. 202	s. Col. 202	s. Col. 202	250 438	10 026	1331	36 845
8 Preuß. Niederschles.-Märk.	5434	10 345	—	25 780	67 193	73 087	3 816 517	73 935	9816	107 448
9 " Ostbahn	11 686	7420	1937	57 324	177 022	19 239	2 415 083	22 090	2933	320 284
10 " Saarbrücker u. Trier	284	—	—	2628	6831	5378	840 111	43 945	5834	220 944
11 " Westfälische	650	864	209	3722	12 284	3701	697 939	25 754	3419	64 257
12 Sächsische östliche										
a. Sächsisch-Böhmische	54	18	354	1146	4635	27 997	312 406	36 033	4784	32 315
b. Sächsisch-Schlesische	13	647	583	1679	15 449	5548	773 574	57 090	7580	22 441
c. Tharandt-Freiberger	—	—	157	27	413	891	62 300	17 767	2359	60 965
13 Sächsische westliche										
a. Niedererzgebirgische	—	336	723	797	9836	6298	784 284	42 440	5635	64 956
b. Obererzgebirgische	16	—	98	66	539	627	203 324	33 332	4425	2542
c. Sächsisch-Bayerische	36	124	1015	2801	12 600	26 038	1 839 614	76 619	10 173	96 208
14 Württembergische	1164	s. Col. 205a	s. Col. 205a	s. Col. 206b	85 548	16 506	2 128 205	32 921	4371	114 761
II. Privatbahnen										
a) unter Staatsverwaltg.										
15 Aach.-Düss.-Ruhrorter a. Aach.-Düsseld.	354	—	—	376*	11 988	14 241	327 258	28 631	3805	82 047
b. Ruhrort-Cref.	57	16	—	27*	3326	80 690*	286 583	51 167	6793	19 206
16 Bergisch-Märkische	26	s. Col. 205c	812	s. Col. 206b	19 152	101 310	2 659 329	56 569*	7511*	200 575
17 a. Löbau-Zittauer	—	—	83	142	896	679	83 105	18 427	2446	6756
b. Zittau-Reichenberger	—	—	25	27	711	451	64 675	18 218	2419	8455
18 a. Oberschlesische	1808	935	—	6892	10 255	35 689	2 991 061	88 703	11 777	367 748
b. Breslau-Posen-Glogauer	1163	142	—	3521	12 970	8163	765 863	27 509	3652	83 645
19 Stargard-Posener	714	137	—	4406	16 498	4203	567 449	25 075	3329	82 572
20 Rhein-Nahe E.	321	1044	—	2455	12 064	2497	389 804*	24 338	3231	62 184
21 Wilhelms-Bahn	399	295	—	837	2638	2306	468 080	19 953	2649	97 027
b) in Privatverwaltung.										
22 Aachen-Mastrichter	109	56	—	s. Col. 206b	13 446	10 900	153 805	12 401	1647	48 861*
23 Albertsbahn	43	—	—	23	336	19 533	167 991	32 875	4365	16 431
24 a. Altona-Kieler	663	—	—	s. Col. 206b	41 995	21 029	379 708	26 968	3580	21 200
b. Rendsburg-Neumünster	139	—	—	s. Col. 206b	9760	—	45 571	9861	1310	7733
25 Aussig-Teplitzer	s. Col. 203a	—	—	—	s. Col. 203a	2476	187 580	77 512	10 291	29 270
26 Bayerische Ostbahnen	2902	—	—	s. Col. 206b	45 974	7343	1 122 427	18 645	2475	312 138*
27 Berlin-Anhaltische	1890	1056	352	12 111	39 140	10 425	1 505 952, 609*)	31 771	4218	62 459
28 a. Berlin-Hamburger	1864	s. Col. 202	s. Col. 202	s. Col. 206b	192 106	22 286	1 790 951	45 158	5995	94 980
b. Hamburg-Bergedorfer	156	—	—	s. Col. 206b	13 194		135 400	60 135	7991	67 775
29 Berlin-Potsdam-Magdebrg.	1711	—	—	9279	16 301	—	1 131 704	57 926	7691	192 633

Ergebnisse.

211	212			213	214	215	216	217	218	219	220	221	
				B. Ausgaben. 1) Für die Bahn-Verwaltung.									
Summe aller Einnahmen.	Durchschnittlich a. pro Meile Bahnlänge.	Durchschnittlich a. pro Kilometer Bahnlänge.	Durchschnittlich b. pro Nutzmeile.	Besoldung der Bahn-Beamten incl. Dienstkleidung rc.	Unterhaltung des Bahndamms, d. Schienen und Schwellen.	Unterhaltung der Brücken und Durchlässe.	Unterhaltung der Gebäude.	Unterhaltung der Telegraphen.	Unterhaltung der übrigen Anlagen.	Unterhaltung des Inventars u. der Geräthe.	Heizung der Wärterlokale.	Grundsteuer, Feuerversicherung rc.	
Thlr.	Thlr.	Thlr.	Thlr.	Thlr.	Thlr.	Thlr.	Thlr.	Thlr.	Thlr.	Thlr.	Thlr.	Thlr.	
3 643 765	53 240	7068	8,74	170 933	220 003	9211	23 308	—*	6838	12 481	9820	1092	1
8 283 661*	49 962	6633	10,19	381 267	757 850	17 253	105 372*	8200	32 851	17 313*	6244	—	2
1 861 309	69 921	9283	10,56	133 270	171 745	s. Col. 214	34 421*	1688	8250	4201	4038	1120	3
3 587 237*	47 494	6306	9,90	250 818	505 069	„ „ 214	49 001	10 509	s. Col. 217	12 220	14 478*	1218	4
913 584	78 621	10 438	10,19	38 985	101 915	835	13 190	964	575	907	1564	470	5
1 743 567	65 572	8706	13,45	62 631*	170 936*	1450	11 171	539	4816	2905	2286	1591	6
370 242	22 828	3031	5,19	45 760	31 568	120	284	57	1140	842	713	16	7
5 552 394	107 563	14 281	13,94	284 438	143 357	12 455	38 836	7537	31 212	17 824	59 232*	2561	8
4 071 343	45 471	6037	13,16	294 174	473 279	20 149	54 020	33 557	130 447	13 359	10 598	1649	9
1 283 459	66 659	8850	9,49	78 645	223 160	3286	5381	4866	22 839	6506	635	170	10
1 036 049*	37 411	5079	9,11	98 254	112 520*	4874	6501	6767*	16 312*	1521	1366	—	11
527 834	60 880	8083	11,45	31 001	109 979	698	2211	420	2813	828	—	528	12a
1 161 761	85 739	11 383	12,69	30 297	242 263*	1238	8973	1228	3234	1079	—	547	- b
179 184	51 050	6777	13,06	7520	5154	27	508	156	765	135	—	42	- c
1 208 338	65 386	8682	11,17	47 824	58 530	11 783	5655	4248	5920	955	—	1277	13a
273 304	44 804	5948	9,45	17 745	41 915	846	2375	1871	1909	671	—	143	- b
2 472 977	102 998	13 675	12,90	68 908	232 449	5090	18 905	1059	9574	2329	—	1515	- c
3 627 230	56 111	7450	9,91	131 631	301 643	8683	21 824	*	27 937	14 725	s. Col. 221	3069	14
620 516	54 288	7208	10,32	39 746	18 100	276	2593	1410	1663	905	1334	1706	15a
410 217	73 251	9725	11,69	24 894	9478	157	843	978	1035	567	521	1147	- b
3 751 298	79 798*	10 594*	11,62	229 184	130 495	1956	39 399	30 680	70 428	11 093	2077	13 256	16
134 937	29 920	3972	9,53	10 596	15 715	329	613	246	979	370	—	1412	17a
103 301	29 099	3863	8,45	9669	5420	415	1130	220	1840	194	—	3517	- b
3 883 365	115 165	15 290	15,14	155 313	80 252	9084	35 312	11 572	35 358	7309	1019	6750	18a
1 185 793	42 593	5655	11,50	77 906	42 383	3030	18 657	3192	18 783	2349	786	5642	- b
880 232	38 897	5164	11,74	52 949	21 260	375	7703	2458	9191	1876	s. Col. 221	2672	19
636 156	40 959	5438	8,86	60 125	57 807	7611	3764	3534	11 078	3281	555	980	20
637 827	28 040	3723	11,45	40 450	21 042	2049	2482	2232	6058	1298	—	4649	21
317 086	25 571	3395	7,92	26 663	38 707	1066	3773	1888	12 407	725	76	1394	22
244 170	47 783	6344	7,37	12 333	22 309	1124	2798	267	1572	1020	425	2247	23
684 224	48 595	6452	15,67	43 253	17 987	172	12 588	238	9069	2071	326	2921	24a
104 809	22 686	3012	9,10	8512	3549	210	885	309	300	212	83	530	- b
270 900	111 967	14 866	26,11	2071	16 234	s. Col. 214	1207	41	2369	322	238	447*	25
2 219 507*	36 869	4895	8,01	168 735	45 758	2426	9551	35	460	643	11 155*	s. Col. 220	26
2 377 864 } 2233* }	54 385	7220	11,50	170 018	51 771	6588	67 164*	7160	s. Col. 216	2838	1704	10 305	27
2 799 328	70 583	9371	13,16	114 762	150 065	19 221	93 358	16 165	6924	7171	10 816	6081	28a
288 181	137 886	18 306	—	—	—	—	—	—	—	—	—	—	- b
2 186 947	111 939	14 862	16,03	106 478	114 650	6462	23 625	7223	20 004	1808	1623	937	29

(Forts.) III. Finanz-

(Forts.) A. Einnahmen.

II. Privatbahnen (Forts.)	205 Für Fahrzeuge aller Art a. für Equipagen. Thlr.	b. für Eisenbahn-Fahrzeuge. Thlr.	c. für sonstige Fahrzeuge (Wagen der Schausteller u.) Thlr.	206 Für Thiere. a. für Pferde. Thlr.	b. für Rindvieh, Schweine und sonstige Thiere. Thlr.	207 Neben-Erträge (Lagergeld, Provision, Frachtzuschlag rc.). Thlr.	208 Zusammen im Güter-Verkehre. Thlr.	209 Durchschnittlich pro Meile Bahnlänge. Thlr.	pro Kilometer Bahnlänge. Thlr.	210 Aus sonstigen Quellen (Pacht, Wagenmiethe, Erlös für verkaufte Materialien u. s. w.) Thlr.
30 Berlin-Stettiner										
a. Berlin-Stettin-Stargard	3726	2692	–	5962	53 196	37 957	770 268	34 516	4583	64 051*
b. Stargard-Cöslin-Colberg	594	—	–	1872	10 740	3145	173 002	7614	1011	14 872*
31 Böhmische Westbahn	645	—	—	579	8069	7709	160 940	21 306	2829	25 586
32 Breslau-Schweidnitz-Freib.	813	—	—	894	5943	3950	817 102	35 685	4738	70 825
33 Brünn-Rossitzer	4		– –	2	187	911	187 911	50 109	6653	2141
34 Buschtěhrader a. Locom.-B.	—	—	—	2	116	12 631	382 617	99 639	13 230	5775
b. Pferde-B.	—	—	—	—		16	80 398	10 777	1431	157
35 Frankfurt-Hanauer	171	—	—	i. Pos. 206b	6287	609	107 273	19 650	2609	7701*
36 Galizische Carl-Ludwig-B.	i. Pos. 207	i. Pos. 207	i. Pos. 207	„ 207	in Pos. 207	29 445	1 782 600	38 083	5057	62 590
37 Glückstadt-Elmshorner	46	—	—	246	922	—	23 728	5273	700	4849
38 Graz-Köflacher	i. Pos. [illegible]		i. Pos. [illegible]	i. Pos. 183	in Pos. [illegible]	2701	176 577	33 254	4416	2213
39 Hessische Ludwigs-E.	827		—	„ „ 206b	17 188	5808	680 560	28 149	3737	37 847
40 Homburger	—		—	—		268	12 132	5034	668	3011
41 Kaiser Ferdinands Nordb.	13 692	25 351	19 841	25 301	624 942	180 274	7 530 792	93 811	12 455	295 860*
42 Kaiserin Elisabeth a. Locomot.-B.	i. Pos. 207	i. Pos. 207	-	i. Pos. 206b	106 881	59 426	1 732 353	30 429	8040	74 858
b. Pferde-B.	—	—	—	—	—	3784	290 860	16 751	2223	2521
43 Köln-Mindener (u. Gießener)	2016	7064	1626	5856*	96 975	27 981	5 327 140	77 325	10 266	780 912*
44 Kurf. Friedr. Wilh. Nordb.	1887	i. Pos. 205a	i. Pos. 205a	3509	4715	4726	656 625	33 146	4401	37 551
45 Leipzig-Dresdener	1251	1872	10	7546	17 344	59 232	1 311 723	79 351	10 536	170 287*
46 Ludwigs-E. (Nürnb.-Fürth.)	– –	—	– –	—	161		1027	1284	170	3967
47 Lübeck-Büchener	237			i. Pos. 206b	2498	6271	144 145	22 880	3038	12 566
48 Magdeb.-Cöth.-Halle-Leipz.	4276	958	—	16 555	25 255	60 450	1 200 218	67 108	8910	112 102
49 a. Magdeburg-Halberstädter	735	—	—	3942	10 860		653 202	55 862	7419	96 568
b. Cöthen-Bernburger	40		—	45	480	– –	55 641	13 910	1847	14 544
50 Magdeburg-Wittenbergesche	2208	—	– –	i. Pos. 206b	23 566	17 530	323 336	22 611	3002	30 099
51 Mecklenburgische	781			„ 206b	17 762	477	238 570	12 380	1644	19 898
52 Mohacs-Fünfkirchener	280	—	-	20	153		302 468	48 573	6449	941
53 Neisse-Brieger	61		187	549	863	2147	73 678	11 922	1583	11 445
54 Niederländische Rhein-E.	1991		-	4198	28 879	65 775	642 106	27 632	3669	89 433
55 Niederschlesische Zweigbahn	138	—		581	3862	1708	140 217	15 707	2085	15 071
56 a. Oesterreich. nördliche	9605			16 195	83 683	[illegible]	3 384 416	54 316	7211	64 216
b. Oesterreich. südöstliche	9086	—	—	21 193	566 218	[illegible]	3 221 235	34 956	4641	18 434
c. Wien-Neu-Szöny	437			5736	59 614	[illegible]	621 617	29 700	3943	15 379
57 Oppeln-Tarnowitzer	173	—		624	227	5320	121 377	11 994	1592	20 340
58 a. Pfälzische Ludwigsbahn	239			i. Pos. 206b	10 778	4080	918 072	46 671	6203	114 112
b. Pfälzische Maximiliansb.	23	—	—	„ „ 206b	1634	1328	151 664	24 399	3239	33 406
59 Rheinische	2549	2129		9396	28 816	28 273	1403364	30 415	4038	126 068
60 a. Südbahn, Oesterreichische	18 344	i. Pos. 207a	i. Pos. 207a	39 825	121 604	i. Pos. 199-200	7 340 462	47 952	6366	92 510
b. Nordtiroler	619	—	—	308	3243	2481	126 986	13 025	1729	1223
c. Venetianische u. Südtirol.	3253	—	—	5397	10 497	i. Pos. 199-200	1 170 808	16 966	2252	16 197
61 Süd-Norddeutsche	245	—	—	481	3998	12 682	475 785	18 171	2413	26 462
62 Taunus-Bahn	171	i. Pos. 205a	i. Pos. 205a	i. Pos. 206b	3482	1537	95 989	14 284	1896	18 342
63 Theiß-Bahn	i. Pos. 205c	—	3577	6760	152 961	24 629	1 082 675	13 745	1825	33 347
64 Thüringische	2502	1041	—	8222	28 436	11 768	1 510 086	40 528	5381	150 532
65 Werra-E.	816	—		i. Pos. 206b	14 037	2566	372 732	16 463	2186	3865

Ergebnisse.

B. Ausgaben. 1) Für die Bahn-Verwaltung.

211	212			213	214	215	216	217	218	219	220	221	
Summe aller Einnahmen.	Durchschnittlich a. pro Meile Bahnlänge.	a. pro Kilometer Bahnlänge.	b. pro Nutzmeile.	Besoldung der Bahn-Beamten incl. Dienstkleidung etc.	Unterhaltung des Bahndamms, d. Schienen und Schwellen.	Unterhaltung der Brücken und Durchlässe.	Unterhaltung der Gebäude.	Unterhaltung der Telegraphen.	Unterhaltung der übrigen Anlagen.	Unterhaltung des Inventars u. der Geräthe.	Heizung der Wärterlokale.	Grundsteuer, Feuerversicherung etc.	
Thlr.	Thlr.	Thlr.	Thlr.	Thlr.	Thlr.	Thlr.	Thlr.	Thlr.	Thlr.	Thlr.	Thlr.	Thlr.	
1 426 023	63 407	8418	13,97	74 768	66 270	38 954	14 095	5209	s. Col. 217	5208	—	5769	30a
368 622	16 168	2147	6,41	42 446	21 579	278	7301	2599	„ „ 217	1362	—	1024	b
890 360	33 823	4491	12,14	59 426	49 049	430	5613	1078	1305	3713	s. Col. 219	5116	31
1 251 425	54 659	7258	10,44	65 272	54 281	2669	11 686	4617	19 109	4829	1200	4536	32
204 939	54 650	7255	38,..	18 449	17 561	232	3740	115	599	1340	567		33
400 208	104 244	13 840	34,..	8732	25 334	846	2487	64	914	1558	443	540	34a
94 240	12 634	1677		4855	11 191	117	1053	55	239	987	23	591	b
262 912	48 158	6393	8,..	1982*	8077	s. Col. 214	1059*	s. Col. 214	s. Col. 214	250	s. Col. 214	1269	35
2 469 795	52 762	7006	18,..	160 406	84 375	10 168	15 945	„ „ 219	11 158	s. Col. 218	20 291*	s. Col. 224	36
64 930	14 429	1916	8,..	10 681	4295	106	1245	619	418	278	60	966	37
219 742	41 382	5494	14,..	11 758	7241	1260	2878	212	108	1029	1632	1342	38
1 322 042	54 204	7197	7,..	57 249	16 367	1120	5061	2925	543	540	4606*	13 008	39
129 068	53 5..	7111	8,..	5422	2049	110	1435	926	s. Col. 217	s. Col. 217	1365	2472	40
10 172 661	126 620	16 811	21,..	390 193	617 510	92 082	111 330	14 307	2968	31 056	2821	8000	41
3 273 112	57 491	7633	13,..	162 206	128 477	2852	34 635	17 770*	7487	—		s. Col. 221	42a
310 303	17 876	2373		16 601	27 799	3381	5296		705	s. Col. 217	s. Col. 223	in Verbindung	b
7 748 303	112 172	14 932	12,..	367 671	728 311*	10 218	25 228	25 853	49 760	12 033	8452	2906	43
963 430	48 736	6471	10,21	72 123	51 528	3171	8868	680	9853	4071	4855	932	44
2 291 392	134 990	17 922	15,..	51 907	161 303	6497	27 382	s. Col. 214	12 129	15 542	898	30 192*	45
38 159	72 639	964.	6,..	1634	1989		1930	198	—	218	70	763	46
210 707	78 207	10 3..	13,..	10 895	12 780	1741	5127	616	1613	452	611	558	47
1 900 207	97 666	12 967	15,..	73 714	60 686	s. Col. 2..	12 385	5422	-	3234	7042*	5155	48
1 072 225	91 721	12 17.	11,..	60 167	37 902	811	9639	3692	1737	1174	751	206	49a
93 705	23 427	3110	10,..	5247	15 010*	255	741	270	279	178	371		b
300 584	35 006	4647	10,..	57 516*	41 757	3713	1880	1721	5201	1120	847	7081*	50
480 012	25 865	3338	8,..	37 817	21 821	23 453	8580	1547	6143	1699	785	936	51
421 273	52 509	6971	25,..	19 762	30 611	8.1.4	2492	10	360	2533	1053	638	52
134 226	21 710	2883	13,..	10 880	4031	s. Col. 214	1175	570	312	472	196	106	53
1 840 030	71 132	9481	12,..	6508	87 595	3822	9466	1886		1800		5019	54
243 165	25 206	3398	10,..	15 852	6001	970	2630	1161	5110	963	271	256	55
3 666 830	81 216	10 796	18,..	125 665	222 453	12 116	23 232	6266	15 592	16 338*	*	13 569*	56a
1 910 432	53 013	7118	18,..	171 648	220 079	15 255	37 425	10 450	13 030	29 923*	*		b
880 302	121 629	1.. 87	20,..	35 522	77 217	1118	10 542	1799	5207	5061*	*		c
169 520	16 7..	2224	9,..	14 121	7201	161	2322	149	10	528	73	58*	57
1 318 032	67 007	8895	7,..	72 622	50 236		7518	208	865	1038	2990	4907	58a
249 910	40 201	5337	5,..	19 255	11 126		15 102	68	207	249	1031	1226	b
3 240 171	70 068	9291	10,..	123 356	85 504	3615	12 158	17 132	6788	6973	1753	6632	59
10 668 385	69 693	9257	7,..	107 248	121 903	23 514	51 516	7776	15 932	39 218			60a
282 110	26 916	3571	5,..	20 136	8995	3134	6017	592	2679	308		554	b
2 688 150	28 636	3432	4,..	128 913	129 431	443	8739	1247	11 137			4557	c
689 908	20 352	2700	9,..	47 102	41 015	6665	7871	1820	6302	783		4424	61
183 972	60 115	7980	9,..	15 150	7636	59	3048	245	890	347	440*	2661	62
1 758 853	22 751	3021	15,..	163 828	99 261	12 551	24 958	63 146	3938	18 624	9146	12 997	63
2 600 781	69 801	9265	12,..	117 388	193 547*	2725	11 431	22 4341	10 215	7398	2286	1121	64
382 985	25 750	3419	10,..	56 587	29 696	883	1962	452	1116	2680	1257	1114	65

21

	222	223	224	225	226		227	228	229	230
	(Forts.) II. **Ausgaben.** 1) Für die Bahn-Verwaltung.						(Forts.) **III. Finanz-**		2) Für Kosten der	
I. Staatsbahnen.	Reinigen der Bahn vom Schnee.	Büreau-bedürfnisse, Drucksachen und Formulare.	Sonstige Ausgaben.	Zusammen.	Durchschnittlich pro Meile Bahnlänge.	Durchschnittlich pro Kilometer Bahnlänge.	Besoldung der Betriebs-Beamten incl. Dienstkleidung ꝛc.	Feuerung der Lokomotiven.	Schmieren der Maschinen und Tender.	Putzen der Maschinen und Tender.
	Thlr.	Thlr.	Thlr.	Thlr.	Thlr.		Thlr.	Thlr.	Thlr.	
1 Badische	8	2425	10 155	466 274	*6813*	*904*	366 920	106 895	12 473	13 239
2 Bayerische (u. gepcht. Zweigb.)	72 430*	in Col. 224	23 559*	1 372 399*	*8275*	*1099*	750 174	520 295	84 543	in Col. 229
3 Braunschweigische	87	3900	5520	368 246	*13 833*	*1837*	99 330	119 501	10 022*	in Col. 229
4 Hannoversche	1200	4445	588	879 541	*7477*	*992*	371 700	267 738	86 641	in Col. 229
5 Main-Neckar	—	810	3934	164 149	*14 126*	*1875*	78 959	25 016	10 491	6695
6 Main-Weser	755	2048	—	281 128	*10 573*	*1403*	121 065	53 694	7654	9956
7 Nassauische	—	116	643	81 259	*3253*	*432*	80 220	30 912	9729	7126
8 Preuß. Niederschles.-Märk.	1345	3282	5315	607 394	*11 767*	*1562*	340 211	169 381	17 652	35 105
9 „ Ostbahn	12 809	2792	14 487	1 061 350	*9708*	*1289*	346 874	166 080	14 577	35 991
10 „ Saarbrücker (u. Trier)	12	552	14 241	360 613	*18 729*	*2487*	92 911	48 436	13 169	22 362
11 „ Westfälische	28	841	12 719	261 703	*9657*	*1282*	90 876	33 756	5791	16 402
12 Sächsische östliche										
a. Sächsisch-Böhmische	43*	223	2056	150 800	*17 393*	*2309*	83 074	22 217	1026*	300*
b. Sächsisch-Schlesische		324	2288	298 471	*22 028*	*2924*	121 202	41 019	2419*	929*
c. Tharandt-Freiberger		141	241	14 689	*4185*	*556*	25 683	6885	744*	23*
13 Sächsische westliche										
a. Niedererzgebirgische	64*	415	2041	141 712	*7668*	*1018*	132 143	27 614	3118*	1074*
b. Obererzgebirgische	—	151	825	68 456	*11 222*	*1490*	43 496	7502	1071*	292*
c. Sächsisch-Bayerische	756*	509	3669	345 692	*14 398*	*1912*	211 124	57 218	7400*	2078*
14 Württembergische	1060	431	2676	516 688	*7993*	*1061*	272 671	218 536	30 262	57 861
II. Privatbahnen										
a) unter Staatsverwaltg.										
15 Aach.-Düss.-Ruhrorter: a. Aach.-Düssel	—	741	1021	70 185	*6140*	*815*	65 264	11 557	3497	2555
b. Ruhrort-Crf.		488	862	42 170	*7529*	*1000*	45 827	6993	2117	1546
16 Bergisch-Märkische		1489	26 741	565 798	*12 035**	*1598*	336 998	69 850	30 646*	37 093
17 a. Löbau-Zittauer		72	441	30 773	*6823*	*906*	24 644	7408	649*	196*
b. Zittau-Reichenberger	11*	80	376	22 902	*6451*	*856*	26 010	5279	402*	140*
18 a. Oberschlesische	1887	2981	14 792	361 629	*10 724*	*1424*	198 633	103 572	7736	25 066
b. Breslau-Posen-Glogauer	379	1548	8790	183 445	*6589*	*875*	70 760	35 637	2662	8831
19 Stargard-Posener	679	583	3772	103 564	*4576*	*608*	53 632	34 868	3574	7582
20 Rhein-Nahe-E.	—	406	3877	153 018	*9552*	*1268*	46 825	25 498	4819	9440
21 Wilhelms-Bahn	254	321	3321	87 186	*3716*	*493*	28 698	9800	3262	3253
b) in Privatverwaltung.										
22 Aachen-Mastrichter	—	146	1121	87 989	*7096*	*912*	26 237	16 373	3020	4211
23 Alberts-Bahn	1	in Col. 224	1794	45 890	*8980*	*1192*	15 418	6668	833*	1546
24 a. Altona-Kieler	1	122	3478	93 126	*6614*	*878*	67 877	21 678	1588	in Col. 229
b. Rendsburg-Neumünster	1	12	7033*	21 636	*4683*	*622*	3823	4396	282	110
25 Aussig-Teplitzer		53		26 644	*11 100*	*1462*	30 558	3561	1028	in Col. 229
26 Bayerische Ostbahnen	575	1898	8151	252 387	*4192*	*557*	171 472	99 808	6086	8652
27 Berlin-Anhaltische	782	7914	—	325 854	*6875*	*913*	182 750	94 103	23 472	in Col. 229
28 a. Berlin-Hamburger	9834	665		435 042	*10 069*	*1156*	176 098	108 388	10 370	14 941
b. Hamburg-Bergedorfer	—	—		33 767	*16 156*	*2145*	—	—	—	—
29 Berlin-Potsdam-Magdebg.	—	—	17 479	300 289	*15 370*	*2041*	128 452	75 829	5555	7672

Ergebnisse.

die Transport-Verwaltung.

Transportkräfte:

231	232	233	234	235	236				237	238	239	
Schmieren	Reinigen	Beleuchtung der Züge.	Güterverladung.	Sonstige Kosten.	Reparaturkosten a. der Lokomotiven und Tender.	b. der Personenwagen.	c. der Lastwagen.	d. der sonstigen Transportmittel.	Ergänzung der Transportmittel (d. h. soweit dies aus den laufenden Betriebs-Einnahmen [illegible] geschehen ist).	Heizung und Reinigung der Betriebs-Lokale.	Wagenmiethe (und Konventional-strafen).	
der Wagen. Thlr.		Thlr.	Thlr.	Thlr.	Thlr.	Thlr.	Thlr.	Thlr.	Thlr.	Thlr.	Thlr.	
6340	7064	5332	57 049	30 427	201 980	in Rubr. 236c	180 798	in Rubr. 236c	—	29 841	4856	1
27 043	in Rubr. 231	19 080	160 069	—	244 739	„ „ 236c	308 086	88 842	154 461*	120 781*	179 941	2
5337*	in Rubr. 231 u. 234	12 855*	in Rubr. 237	—	101 052	20 759	36 128	—	13 836	--	in Rubr. 242	3
14 028	in Rubr. 231	4368	163 364*	26 387*	303 314	84 191	275 200	--	43 193	28 087	2844*	4
2280	2876	1782	13 914	3440	241	in Rubr. 236c	525	—	140 188	6129	20 381	5
3246	2188	1294	18 581	21 969	75 209*	11 953	25 530	—	270	8070	52 929	6
1081	1705	1080	1757	10 147	9977	4685	2647	—	—	1384	10 181	7
19 317	8190	14 061	153 919	88 761	138 706	in Rubr. 236c	118 580	10 390	—	12 870	181 207	8
13 348	5495	8848	23 235	2515	158 484	„ „ 236c	166 525	—	—	33 610	69 710	9
11 975	2526	2025	7520	1201	45 032	8057	53 513	7327	32 923	17 444	90 578	10
1578	12 495	1965	9540	4885	36 060	6069	25 274	6175	55 787	—	48 924	11
3123*	124*	2027	18 852	2207	10 581	4860	7798	in Rubr. 236c	—	1333	11 311	12a
8517*	352*	3045	18 443	5168	32 224	4563	12 972		—	2379	49 873	- b
811*	146*	583	1551	975	2254	260	2077		—	417	1320	- c
4473*	182*	25 517	13 332	6705	13 598	3372	15 386	21	--	1670	22 984	13a
1360*	42*	[illegible]	2778	1128	3704	787	3588	11		578	--	- b
2400*	418*	[illegible]	25 408	10 076	26 380	7758	35 392	32	—	1934	37 859	- c
3361	3002	[illegible]	29 485	14 626	103 685	in Rubr. 236c	106 871	in Rubr. 236c	—	72 476	38 475*	14
1124	272	1188	[illegible] 362	315	5541	in Rubr. 236c	12 544	114	1109	3620	6060	15a
1043	165	719	[illegible] 923*	9382*	3357		7501	2422	782	2100	3668	- b
5011*	689*	6783	[illegible] 469	2000	104 204		99 419	295	25 250	—	65 732	16
954*	37*	846	[illegible] 107	1196	519[illegible]	2409	3550	in Rubr. 236c enthalten.	—	583	8202	17a
680*	20*	533	[illegible] 830	841	3704	1781	2530		—	696	5411	- b
8513	3033	8192	[illegible]	45 396	84 279	in Rubr. 236c	88 352		—	14 382	173 452	18a
2403	1322	2819	10 428	15 622	28 000		25 562		—	12 169	60 682	- b
1703	1211	2729	3768	13 300	17 150		15 850		—	12 977	57 996	19
4598	1388	1004	6415	4422	27 451	5046	8857	2594	—	8113	58 429	20
5121	239	1067	1286	16 154	12 941	in Rubr. 236c	16 297		—	2350	15 437	21
3119	915	661	3784	6795	30 570	5071	13 611	323	--	1512	10 152	22
2286*	in Rubr. 231	1499*	1840	—	10 706	in Rubr. 236c	17 759	in Rubr. 236c	—	186	4474	23
905	„ „ 231	609	[illegible]	4924	14 125	7860	15 908	415	—	2069	10 056	24a
90	7	62	[illegible]	—	4170	2084	2202	in Rubr. 236c	—	341		- b
in Rubr. [illegible]	in Rubr. [illegible]	332	in Rubr. [illegible]	1008	6004	1235	4656	15	—	2769*	9316	25
7313	„ „ 242	in Rubr. 242	[illegible]	20 561	52 310	in Rubr. 236c	29 515	77	3279	4025	6244	26
19 022	„ „ 231	17 913	33 781	67 477*	43 874	„ „ 236c	38 544	18 714	—	7793	41 673*	27
9917	7620	20 538*	[illegible]	233 897*	121 540	35 122	101 985	——	120 173	7739	33 688	28a
—	—	—	—	—	—	—	—	——	—	--	—	- b
665	737	3572	337 699	7272	72 686	32 486	60 223	in Rubr. [illegible]	—	8807	103 720	29

II. Privatbahnen. (Forts.)	222	223	224	225	226		227	228	229	230
	(Forts.) B. Ausgaben. 1) Für die Bahn-Verwaltung						(Forts.) III. Finanz-		2) Für Kosten der	
	Reinigen der Bahn vom Schnee.	Bureaubedürfnisse, Drucksachen und Formulare.	Sonstige Ausgaben.	Zusammen.	Durchschnittlich pro Meile Bahnlänge.	pro Kilometer Bahnlänge.	Besoldung der Betriebs-Beamten incl. Dienstkleidung ꝛc.	Feuerung der Locomotiven.	Schmieren der Maschinen und Tender.	Putzen der Maschinen und Tender.
	Thlr.	Thlr.	Thlr.	Thlr.	Thlr.	Thlr.	Thlr.	Thlr.	Thlr.	Thlr.
30 Berlin-Stettiner										
a. Berlin-Stettin-Stargard		837	20 515	231 625	*10 299*	*1367*	68 290*	71 208*	8157**	10 769*
b. Stargard-Cöslin-Colberg		504	11 027	91 743	*4024*	*534*	25 208*	26 307*	3014**	397**
31 Böhmische Westbahn	1630	780	283	127 832	*4836*	*642*	57 095	28 739	7963	2507
32 Breslau-Schweidnitz-Freibg.	832	236	3169	175 248	*7654*	*1016*	45 962	50 802	13 473	9944
33 Brünn-Rossitzer	811	343	294	42 060	*11216*	*1490*	11 526	5690	957	[illegible]
34 Buschtěhrader a. Locom.-B.	50	31	2317	43 816	*11283*	*1498*	10 565	8290	3899	[illegible]
b. Pferde-B.	948	1220		21 808	*2860*	*379*	9711	—	—	—
35 Frankfurt-Hanauer	—	[illegible]		12 637	*2314*	*307*	48 288*	16 180	3556	[illegible]
36 Galizische Carl-Ludwig-B.	4580	5747	40 404	363 074	*7756*	*1030*	148 271	103 634	13 617*	16 200*
37 Glückstadt-Elmshorner	—	45	659	19 872	*4305*	*571*	5212	2583	361	30
38 Graz-Köflacher	975	594	231	29 260	*5510*	*732*	13 347	3992	1301	307
39 Hessische Ludwigs-E.		100	34 095	135 524	*5556*	*738*	110 066	57 420*	22 395	10 402
40 Homburger	—		3519*	17 298	*7178*	*953*	11 848	5100	511	857
41 Kaiser Ferdinands Nordb.	20 497	25 838	67 534	1 384 143	*17 228*	*2287*	600 550	352 067	86 485	34 399
42 Kaiserin Elisabeth a. Locom.-Bahn	308	8673	15 673	378 141	*6642*	*882*	316 883	200 067	25 164*	[illegible]
b. Pferde-Bahn	705*	571	—	55 058	*3169*	*421*	49 862*	—		—
43 Köln-Mindener (u. Gießener)	189	3337	224 850	1 456 841*	*21 146**	*2807**	551 016	160 168	43 201	53 954
44 Kurf. Friedr. Wilh. Nordb.	340	1575	145	160 643	*8110*	*1077*	79 657	30 475	12 145	[illegible]
45 Leipzig-Dresdener	84	12 050	892	318 866	*19 290*	*2561*	260 857	58 011	17 084	[illegible]
46 Ludwigs-E. (Nürnb.-Fürth)		[illegible]	620	7402	*9252*	*1228*	5138	2140	582	258
47 Lübeck-Büchener		55	647	35 120	*5575*	*740*	23 454	11 652	710	1273
48 Magdeb.-Cöth.-Halle-Leipz.	446	[illegible]	11 779	179 893	*9292*	*1233*	84 990	57 092	7400	8564
49 a. Magdeburg-Halberstädter			15 947	135 056	*11 553*	*1534*	76 852	46 619	4006	4113
b. Cöthen-Bernburger		—	463	22 847	*5712*	*758*	4330	5045	580	820
50 Magdeburg-Wittenbergesche			9081	102 870	*7191*	*955*	17 920	23 003	2334	3307
51 Mecklenburgische	18	220	1443	83 884	*4327*	*574*	47 705	20 222	2351	670
52 Mohacs-Fünfkirchener		8	2852	61 136	*7566*	*1005*	18 330	14 080	4175	779
53 Neisse-Brieger	3	88	645	18 787	*3222**	*428**	8252	4398	513	772
54 Niederländische Rhein-E.		1142	27 610	144 847	*6211*	*824*	118 238	52 195	9086	[illegible]
55 Niederschlesische Zweigbahn	25	28	2033	25 280	*3714*	*493*	16 205	11 431	1347	1137
56 a. Oesterreichische nördliche	2405	3007	12 122	455 756	*7314*	*971*	428 414	115 031*	20 249*	1687
b. Oesterreich. südöstliche	285	6820	10 742	521 488	*5659*	*751*	114 514	170 104*	16 020*	1968
c. Wien-Neu-Szönyer	17	1282	2125	140 191	*6698*	*889*	104 201	58 880*	2798*	335
57 Oppeln-Tarnowitzer	29	108	751	25 811	*2550*	*339*	14 026	5132	1080	922
58 a. Pfälzische Ludwigsbahn			579	140 963	*7166*	*952*	94 887	39 900	6532	12 541
b. Pfälzische Maximiliansb.			94	84 651	*5607*	*744*	26 486	9275	1450	1964
59 Rheinische		2121	5747	271 809	*5891*	*782*	301 307	76 450	19 276	35 164
60 a. Südbahn, Oesterreichische	3216	19 874		996 227	*6508*	*864*	1 063 587	507 059	63 031	27 07[illegible]
b. Nordtiroler	732	198	20	44 859	*4604*	*611*	35 951	20 675	1208	76[illegible]
c. Venetianische u. Südtirol.		1953	22 505	508 925	*4442*	*590*	306 946	188 211	17 083	[illegible]
61 Süd-Norddeutsche	437	412	3420	123 290	*4709*	*626*	78 335	28 869	6224	7588
62 Taunus-Bahn		150	698	31 624	*4706*	*625*	47 184	33 232*	4004	[illegible]
63 Theiß-Bahn	3029	4087	891	360 059	*4657*	*618*	64 822	178 998	89 057	[illegible]
64 Thüringische	27	1343	3573	356 154	*9558*	*1269*	130 841	104 879	10 959	17 08[illegible]
65 Werra-E.		391	1508	98 326	*4343*	*577*	36 641	32 435	2541	572

Ergebnisse.

die Transport-Verwaltung.

231	232	233	234	235	236				237	238	239	
Transportkräfte:					Reparaturkosten							
Schmieren der Wagen. Thlr.	Reinigen der Wagen. Thlr.	Beleuchtung der Züge. Thlr.	Güterverladung. Thlr.	Sonstige Kosten. Thlr.	a. der Lokomotiven und Tender. Thlr.	b. der Personenwagen. Thlr.	c. der Lastwagen. Thlr.	d. der sonstigen Transportmittel. Thlr.	Ergänzung der Transportmittel, d. h. soweit dies aus den laufenden Betriebs-Einnahmen und nicht aus dem Erneuerungs-Fonds bestritten ist. Thlr.	Heizung und Reinigung der Betriebs-Lokale. Thlr.	Wagenmiethe (und Konventionalstrafen). Thlr.	
										in Col. 242	30 468*	30a
9613*	3145*	in Col. 242	66 669*	in Col. 242	48 112	21 271	36 484	—	85 000	„ „ 242	11 254*	- b
3551*	1162*	„ „ 242	24 629*	„ „ 242	23 208	3948	7783	—	—	12 490	4200	31
in Col. 229	in Col. 230	2201	11 431	4216	18 452	6647	20 462	1120	—	949	19 590	32
13 443	8002	1565	7477	—	43 221	13 136	51 730	—	—	222	2100	33
891	i. C. 229 u. 231	132	6607	528	9047	611	2793	2093	—	1108	23 061	34a
855	in Col. 231	2196	6134	—	8478	2079	5203	—	—	705	—	- b
598	„ „ 231	49	—	26 970*	--	485	12 082	371	—	4282	13 430*	35
in Col. 229	„ „ 229	in Col. 234	in Col. 231	2239	12 752	in Col. 236c	3721	2507*	—	20 138	34 880	36
24 177*	12 590*	„ „ 234	11 500	12 829	76 310	19 948	93 058	1812	—	in Col. 248	43	37
57	34	30	972	1606	1549	1157	552	—	—	414	11 645	38
883	429	870	12 146	258	3702	1024	2187	—	—	16 500*	5364	39
in Col. 229	in Col. 230	1405	82 343	5612	18 422	in Col. 236c	19 080	816	—	1387	107	40
190	104	in Col. 234	852	476	4630	3714	in Col. 236b	—	—	11 309	62 888	41
in Col. 229	81 073*	13 840	209 481	67 233*	367 737	71 953	266 599	67 745*	—	in Col. 241	—	42a
12 918*	in Col. 231*	4605	79 815	46 323*	86 708	43 162	55 407	—	—	„ „ 241	—	- b
1489	—	—	12 235	112 628*	—	1540	14 905	—	7434*	30 464	304 371	43
26 081	13 681	13 638	116 735	100 967	244 140*	in Col. 236c	275 188*	77 864*	—	5600	56 780	44
5066	in Col. 231	1648	1940	673	43 904	10 146	17 675	—	28 859	5796	87 723	45
in Col. 229	„ 229	12 653*	in Col. 231	—	35 695	in Col. 236c	46 484	in Col. 236c	38 021	184	—	46
581	167	80	—	—	1888	1686	—	—	2439	2100*	4980	47
254	3823	—	9200	—	7947	1672	6044	—	—	1446	40 103	48
8494	41 354	5889	60 246	3863	29 161	123 883	23 471	—	—	5005	62 982	49a
5877	454	2672	13 981	3942	30 816	6356	12 892	in Col. 236c	—	556	3122	- b
510	12	17	3104	6541	4144	in Col. 236c	1706	12	369	—	7301	50
2740	2020	1069	12 027	8201	13 253	23 023	7055	—	—	840	—	51
643	31	794	2390	286	18 832	7187	13 961	—	—	739	—	52
5540	200	203	28 897	2706	10 900	9859	11 217	766	—	209	5140	53
1226*	in Col. 231	346	1086	476	2607	in Col. 236c	1500	976	—	734	—	54
5675	„ „ 231	994	107 446*	33 000	50 227	96 385	33 365	—	—	204	10 282	55
571	910	327	7513*	104	5944	1232	3690	—	458	29 031*	2076	56a
20 930	3302	14 317	100 652	17 198	202 032	28 901	100 101	67	—	28 631*	39	- b
19 599	4787	13 720	94 574	23 026	212 101	48 618	186 734	131	—	7369*	854	- c
1769	1586	1051	210 214	4580	29 741	4833	20 180	29	—	318	2195	57
667	32	144	4502	1939	5731	536	3951	425	—	7769	—	58a
8297	3288	1147	11 097	—	25 742	7330	242 378	—	—	2350	—	- b
1190	740	416	5395	—	6071	2016	7575	—	—	23 807	21 583	59
1768	in Col. 231	7133	54 891	27 611*	42 198	14 015	35 331	—	—	54 300	—	60a
41 795	11 589	20 601	191 109	69 534	247 821	73 070	94 017	in Col. 236c	—	1245	—	- b
1531	193	434	11 524	11 938	7324	1336	4646		—	19 893	10 223	- c
2987	in Col. 231	—	—	—	52 511	16 583	20 887	—	—	4508	506	61
in Col. 229	„ „ 230	3202	10 606	8661	39 110	5065	19 965	683	—	2694	4880	62
3791	„ „ 231	750	9062	9243	7710	in Col. 236c	8860	821	—	14 032	—	63
in Col. 229	„ „ 229	3754	30 821	8905	91 207	3567 1	45 801	—	—	22 062*	74 274	64
2704	4508	4070	71 509*	9810	118 305*	28 709*	73 707*	—	—	4746*	21 229	65
475	318	1600	12 714*	12 301	90 912	in Col. 236c	12 265	—	—			28

(Forts.) III. Finanz-

(Forts.) B. Ausgaben. 2. Für die Transport-Verwaltung. | 3. Für die allgemeine

I. Staatsbahnen.	240 Entschädigungen im Güter-Verkehre. Thlr.	241 Drucksachen und Büreaubedürfnisse Thlr.	242 Sonstige Ausgaben Thlr.	243 Zusammen. Thlr.	244 Durchschnittlich a. pro Nutzmeile. Thlr.	244 Durchschnittlich b. pro Achsmeile. Sgr.	245 Besoldung rc. der Verwaltungs-Vorstände rc. Thlr.	246 Besoldung der Büreau- und Kassenbeamten. Thlr.	247 Gerichtskosten, Stempel, Porto und Inserate. Thlr.	248 Drucksachen, Schreibmaterialien u. sonstige Büreaubedürfnisse. Thlr.	249 Heizung, Reinigung u. Beleuchtung der Verwaltungs-Gebäude Thlr.
1 Badische	6713	31 693	56 907	1 121 136	2,49	2,19	2800	23 229	589	5373	1091
2 Bayerische (u. gep. Zweigb.)	27 323	43 766	1322	2 740 375*	3,11	2,04	26 799	i. Rbr. 245	784	15 137	932
3 Braunschweigische	1095	7800	23 430*	451 154	2,56	1,84	6000	53 272	--	3635	—
4 Hannoversche	11 455	20 820	12 964	1 717 104	3,04	2,17	i. Rbr. 246	141 167	5501	32 778	i. Rbr. 248
5 Main-Neckar	2383*	7350	2386	325 043	3,03	1,24	12 185	i. Rbr. 245	—	1946	—
6 Main-Weser	865	6447	23 091	444 011	3,17	2,65	6247	30 507	683	3463	1380
7 Nassauische	227	9211	5599	188 278	1,71	2,56	4148	6623	60	1312	869
8 Preuß. Niederschles. Märk.	699	31 131	24 934	1 361 720	3,07	1,10	6171	67 495	212	6871	2503
9 Ostbahn	3988	15 560	182 402	1 244 842	3,29	2,30	i. Rbr. 246	110 525	761	11 394	i. Rbr. 248
10 Saarbrücker (u. Trier)	355	5451	7911	470 725	3,44	3,54	3434	22 451	982	4117	599
11 Westfälische	613	5845	19 947	381 982	3,40	2,10	4934	25 265	i. Rbr. 248	2253	1105
12 Sächsische östliche											
a. Sächsisch-Böhmische	848	2192	14 516	186 423	1,04	2,51	in Rubrik 246 enthalten	9134	64	747	229
b. Sächsisch-Schlesische	456	3936	25 138	382 695	3,43	2,04		14 675	205	2637	709
c. Tharandt-Freiberger	24	574	2843	47 385	3,15	3,04		5332	41	473	148
13 Sächsische westliche											
a. Niedererzgebirgische	55	5004	11 235	264 483	2,15	1,49		12 578	358	520	214
b. Obererzgebirgische	124	1520	3288	71 872	2,54	1,79		5774	34	560	111
c. Sächsisch-Bayerische	144	6734	32 939	477 182	2,35	1,17		18 410	131	977	481
14 Württembergische	2837	18 550	13 019	1 053 447	2,44	2,49	7604	10 967	127	4261	1280
II. Privatbahnen											
a) unter Staatsverwaltg.											
15 Aach.-Düss. Ruhrorter a. Aach.-Düsseld.	696	4211	6294	139 923	2,10	2,01	3482	16 197	1165	2066	606
b. Ruhrort-Cref.	1681	2559	985	99 946	3,94	2,33	2107	9649	965	1353	367
16 Bergisch-Märkische	3395	18 566	21 190	885 294	2,19	2,41	in Rbr. 246	69 382	2207	6582	1110
17 a. Löbau-Zittauer	107	1328	1185	61 489	4,65	2,11		2306	110	297	22
b. Zittau-Reichenberger	40	1296	2404	55 563	4,74	3,31		2146	5	414	49
18 a. Oberschlesische	6750	7581	29 831	834 835	3,08	1,59	4758	39 801	159	5137	1016
b. Breslau-Posen-Glogauer	2068	2608	9712	290 750	2,87	1,664	3480	32 474	155	4303	836
19 Stargard-Posener	1174	2006	2590	232 215	3,034	1,554	3133	24 815	113	5034	i. Rbr. 248
20 Rhein-Nahe-E.	621	3403	14 394	233 317	3,15	2,11	6210	22 507	248	5142	521
21 Wilhelmsbahn	873	2187	20 265	139 207	2,41	1,65	3356	11 522	325	1929	274
b) in Privatverwaltung.											
22 Aachen-Maſtrichter	100	2193	5732	143 129	3,57	1,00		4643	364	359	223
23 Albertsbahn	11	375	21 161*	98 332	2,41	3,71	1377	2440	211	471	98
24 a. Altona-Kieler	125	1077	10 765	191 954	1,34	3,33	5275	7722	931	1337	517
b. Rendsburg-Neumünster	335	167	1799	21 116	1,89	2,33	3303	2405	538	194	37
25 Aussig-Teplitzer		292	1939	66 703	6,48	7,06	i. Rbr. 246	11 971	1314	2509	297
26 Bayerische Ostbahnen	7	4598	106 475*	538 782	1,96	2,18	8353	18 395	53	7258	1212
27 Berlin-Anhaltische	1162	9581	3927	{586 733 / 21350}	3,31	2,45	23 410	31 323	1134	3773	i. Rbr. 2..
28 a. Berlin-Hamburger	1273	7350	22 740	984 759	1,73	2,96	13 141	32 085	357	5687	2407
b. Hamburg-Bergedorfer		--	--	76 436			—	—	—		—
29 Berlin-Potsdam-Magdebrg.	514	1182	16 915	580 006	4,10	2,55	i. Rbr. 246	40 251	341	2984	106

Ergebnisse.

Verwaltung. (Forts.) B. Ausgaben.

250	251	252		253	254	255			256			257	
Sonstige Ausgaben.	Zusammen.	Durchschnittlich		Zins für gepachtete Bahnstrecken.	Summe aller Ausgaben.	Durchschnittlich			Von den Ausgaben (excl. Kol. 253) kommen			Sämmtliche Ausgaben betragen Procente der Brutto-Einnahme.	
		pro Meile	pro Kilometer			a. pro Meile	a. pro Kilometer	b. pro Nutzmeile.	a. auf die Bahn-	b. auf die Transport-	c. auf die allgemeine		
		Bahnlänge.				Bahnlänge.			Verwaltung.				
Thlr.	Thlr.	Thlr.		Thlr.	Thlr.	Thlr.		Thlr.	Proc.	Proc.	Proc.		
2883	35 958	526	70	—	1 623 378	23 720	3149	3,96	28,71	69,06	2,22	44,55	1
10 285*	53 037	325	43	254 786	4 421 497*	26 661	3539	5,16	32,91	65,76	1,90	53,34	2
9555	73 362	2756	366	—	892 762	33 537	4453	5,07	41,25	50,52	8,23	47,96	3
12 691	102 137	1633	217	—	2 788 872	23 707	3147	4,94	31,54	61,57	6,89	49,22	4
595	14 726	1267	168	—	303 918	43 366	5758	5,95	32,57	64,51	2,92	55,16	5
439	42 719	1607	213		787 838	28 878	3834	6,01	36,41	57,65	5,56	44,64	6
906	18 918	557	74	—	283 155	11 317	1507	2,58	28,67	66,42	4,01	49,71	7
9893	83 145	1611	214	—	2 032 259	39 757	5278	5,55	29,60	66,35	4,05	36,96	8
14 083	186 763	1251	166	—	2 442 955	22 345	2967	6,47	43,44	50,96	5,60	49,14	9
5532	37 115	1928	256	41 094	909 347	47 239	6272	6,78	41,59	54,79	4,74	70,87	10
17 608	51 195	1889	251	—	691 880	25 641	3404	6,65	37,66	54,97	7,31	67,03	11
451	10 655	1229	163	27 326	375 201	43 276	5746	8,14	43,35	53,59	3,06	71,06	12a
1855	20 111	1481	197		631 217	48 060	6381	7,35	45,03	51,90	3,07	56,05	- b
159	6153	1753	233	—	68 227	19 498	2580	4,27	21,33	69,65	9,02	36,06	- c
1780	16 480	838	111	43 547	463 231	25 175	3342	4,30	33,20	62,13	3,67	38,30	13a
631	7110	1166	155	—	147 438	24 170	3209	5,91	46,15	48,75	4,62	53,96	- b
1283	21 312	1013	134	24 426	871 362	36 300	4820	4,31	40,61	56,89	2,07	85,34	- c
2414	35 653	552	73	—	1 603 788	24 842	3298	4,39	32,11	65,60	2,22	44,91	14
3686	27 182	2378	316		237 290	20 760	2756	3,73	29,54	58,94	11,44	36,84	15a
3651	18 302	3263	431	—	160 418	28 646	3803	5,14	26,27	62,30	11,41	39,11	- b
30 857	110 138	2347	311	—	1 361 230	33 211	4409	4,33	36,24	56,71	7,05	41,67	16
1315	4080	965	120	—	96 312	21 362	2836	7,05	31,84	63,69	4,24	71,40	17a
178	3116	878	117	—	81 581	22 921	3051	6,77	28,07	68,11	3,82	78,91	- b
7715	56 611	1738	231	—	1 255 080	37 221	4912	4,60	28,91	66,59	4,67	32,81	18a
6122	47 670	1712	227	—	521 865	18 745	2489	5,84	35,15	55,71	9,14	44,01	- b
1351	37 461	1655	220	—	373 225	16 497	2190	4,94	27,75	62,22	10,03	42,40	19
5710	30 258	2487	330	—	426 173	26 603	3532	5,75	35,91	54,75	9,14	64,35	20
9132	26 959	1149	152	5446	258 798	11 031	1465	1,50	34,01	54,55	10,44	30,34	21
44	6464	521	69	46 254	283 836	22 890	3039	7,09	37,03	60,95	2,19	89,11	22
122	5019	982	130	—	141 241	28 227	3748	4,38	31,01	64,71	3,68	59,07	23
3029	18 892	1335	177	—	303 882	21 582	2866	6,34	30,44	63,17	6,19	44,41	24a
2786	9253	2005	266		52 015	11 257	1495	4,11	41,59	40,60	17,81	49,65	- b
906	16 987	7023	933	—	110 344	45 507	6054	11,31	24,15	60,45	15,40	40,77	25
2748	37 960	631	84	—	829 129*	13 773	1829	2,02	30,44	64,99	4,58	37,36	26
2119	62 059	1310	174	—	974 046	20 562	2730	2,44	33,43	60,26	6,31	37,01	27
3339	57 616	1453	193	120 303*	263*) 1 307 720	10 285	3319	7,44	29,45	66,65	3,90	57,07	28a
—	4000	1918	255		111 212	54 627	7255	—	29,57	66,97	3,51	39,63	- b
3790	48 430	2479	329		908 731	46 514	6176	6,44	33,05	61,42	5,53	41,55	29

II. Privatbahnen. (Forts.)	240	241	242	243	244		245	246	247	248	249
	(Forts.) B. Ausgaben. 2. Für die Transport-Verwaltung.						(Forts.) III. Finanz- 3. Für die allgemeine				
	Entschädigungen im Güter-Verkehre.	Drucksachen und Büreaubedürfnisse	Sonstige Ausgaben	Zusammen.	Durchschnittlich a. pro Nutzmeile.	b. pro Achsmeile.	Besoldung &c. der Verwaltungs-Vorstände &c.	Besoldung der Büreau- und Kassenbeamten.	Gerichtskosten, Stempel, Porto und Inserate.	Drucksachen, Schreibmaterialien u. sonstige Büreaubedürfnisse.	Heizung, Reinigung u. Erleuchtung der Verwaltungs-Gebäude.
	Thlr.	Thlr.	Thlr.	Thlr.	Thlr.	Sgr.	Thlr.	Thlr.	Thlr.	Thlr.	Thlr.
30 Berlin-Stettiner											
a. Berlin-Stettin-Stargard	s. Anl. 242	5233*	41 196*	455 500	4,24	3,17	5972	20 974	218	2664	720
b. Stargard-Cöslin-Colberg	s. Anl. 242	1933*	23 893**	150 863	2,14	3,29	6055	21 262	220	2700	731
31 Böhmische Westbahn	4938	5556	301	183 933	2,55	3,14	19 335	31 540	6950	5146	3899
32 Breslau-Schweidnitz-Freib.	121	2328	13 120	295 423	2,51	2,13	s. Anl. 244	16 717	1158	1562	s. Anl. 249
33 Brünn-Rossitzer	41	602	91	45 027	8,54	5,41	—	s. Anl. 245	796	115	s. Anl. 274
34 Buschtěhrader a. Locom.-B.	--	936	8032	79 886	6,44	4,56	2400	3854	721	1182	433
34 Buschtěhrader b. Pferde-B.	--	2934	2384	56 889	—	—	—	1333	69	906	67
35 Frankfurt-Hanauer	250	2508	725	110 828	3,60	3,04	5198	s. Anl. 245	s. Anl. 245	752	s. Anl. 250
36 Galizische Carl-Ludwig-B.	115	s. Anl. 250	13 658	602 256	4,54	2,34	33 334	87 662	1527	9137	8783
37 Glückstadt-Elmshorner	—	495	883	16 812	2,47	2,55	1375	1392	596	240	97
38 Graz-Köflacher	—	700	306	54 591	3,45	3,04	1100	5761	1331	1008	431
39 Hessische Ludwigs-E.	4617	17 755	57 719	370 922	2,90	2,57	s. Anl. 244	15 070	3052	477	625
40 Homburger	26	378	1809	32 018	2,70	3,99	1971	1274	338	504	s. Anl. 231
41 Kaiser Ferdinands Nordb.	2256	21 300	69 459	2 353 968	4,01	2,34	14 700	115 561	12 358	10 573	1191
42 Kaiserin Elisabeth a. Locomot.-B.		34 042*	24 588*	938 682	3,94	3,51	56 966	98 044	s. Anl. 249	18 113	s. Anl. 25
42 Kaiserin Elisabeth b. Pferde-B.	—	2125	1880*	203 906	—	—	s. d. Loco.-Betr.	1820	[illegible]	1266	[illegible]
43 Köln-Mindener (u. Gießener)	2058	20 511	107 890*	2 136 887*	3,44*	2,22	*	65 204	1922	6908	1627
44 Kurf. Friedr. Wilh. Nordb.	358	4316	3078	308 220	3,51	2,53	5573	13 310	568	648	647
45 Leipzig-Dresdener	775	—	68 968	637 287	4,41	2,18	s. Anl. 246	31 105	1954	1934	s. Anl. 25
46 Ludwigs-E. (Nürnb.-Fürth.)		s. Anl. 243	327	15 476	1,44	2,47		434	143	142	107
47 Lübeck-Büchener		803	3220	76 327	4,34	3,37	2600	4780	514	329	427
48 Magdeb.-Cöth.-Halle-Leipz.	2300	s. Anl. 244	4839	397 640*	3,31	2,49	12 500	19 307	1405	6955	3006
49 a. Magdeburg-Halberstädter	99	906	13 828	296 590	3,33	2,80	s. Anl. 246	21 445	209	1562	860
b. Cöthen-Bernburger		250	1316	33 403	3,67	5,17	1500	1669	73	105	157
50 Magdeburg-Wittenbergesche	2	60	457	103 672	2,18	1,43	4100	9249	s. Anl. 248	3261	s. Anl. 25
51 Mecklenburgische	52	2311	9514	128 589	2,09	2,81	9971	8907	307	1122	370
52 Mohacs-Fünfkirchener	54	606	15	90 281	5,47	3,09	7516	2271	181	511	686
53 Neisse-Brieger	1350	676	40	29 726	2,91	2,17	—	5607	458	251	45
54 Niederländische Rhein-E.	s. Anl. 234	5000	1400	444 546	3,33	3,26	17 785	17 622	4003	1032	875
55 Niederschlesische Zweigbahn	91	1287	281	60 383	2,61	2,26	2348	5496	210	736	811
56 a. Oesterreich. nördliche	—	22 039	969	1 114 090	4,07	2,55	s. A. 246	372 693*	s. Anl. 246	38 086	s. Anl. 25
b. Oesterreich. südöstliche	—	21 392	1476	1 287 803	4,65	2,71					
c. Wien-Neu-Szönyer	—	4609	1511	274 589	6,31	4,06					
57 Oppeln-Tarnowitzer	8	567	3588	45 137	2,15	2,44	2312	4981	406	517	622
58 a. Pfälzische Ludwigsbahn	11 552	11 949	51 499	318 438	1,91	1,55	8736	11 208	1544	1948	1496
b. Pfälzische Maximiliansb.	763	3513	22 709*	89 865	2,13	2,44	2644	3896	490	876	376
59 Rheinische	2098	11 781	51 241*	741 495	2,36	2,59	s. Anl. 248	46 157	3223	3850	6754
60 a. Südbahn, Oesterreichische	--	89 859	76 278	2 634 305	4,36	3,20	s. Anl. 244	93 231*	s. Anl. 249	94 370*	s. Anl. 2[illegible]
b. Nordtiroler	—	1616	2217	92 028	5,86	4,65	6350	7414	411	204	249
c. Venetianische u. Südtirol.	—	23 766	7207	666 087	2,91	2,44	s. Anl. 246	63 498*	s. Anl. 244	6509*	s. Anl. 2[illegible]
61 Süd-Norddeutsche	296	4989	8460	225 290	3,13	3,14	3333	22 843	9619	3376	70
62 Taunus-Bahn	2143	6523	1712	143 684	3,44	3,77	s. Anl. 246	9861	229	906	s. Anl. 2[illegible]
63 Theiß-Bahn	16 471	4437	6362	587 173	5,16	2,96	28 000	35 506	15 412	7070	353
64 Thüringische	4243	11 643	17 414	717 873	3,57	2,55	6521	21 560	1802	2771	71
65 Werra-E.	780	3659	5514	183 868	3,36	2,[illegible]	4385	12 508	780	1716	81

Ergebnisse.

Verwaltung. (Forts.) II. Ausgaben.

250	251	252		253	254	255			256			257	
Sonstige Ausgaben.	Zusammen.	Durchschnittlich pro Meile Bahnlänge.	Durchschnittlich pro Kilometer Bahnlänge.	Zins für gepachtete Bahnstrecken.	Summe aller Ausgaben.	Durchschnittlich a. pro Meile Bahnlänge.	Durchschnittlich a. pro Kilometer Bahnlänge.	Durchschnittlich b. pro Nutzmeile.	Von den Ausgaben (excl. Rol. 253) kommen a. auf die Bahn-Verwaltung.	b. auf die Transport-Verwaltung.	c. auf die allgemeine Verwaltung.	Sämmtliche Ausgaben betragen Procente der Brutto-Einnahme.	
Thlr.	Thlr.	Thlr.	Thlr.	Thlr.	Thlr.	Thlr.	Thlr.	Thlr.	Proc.	Proc.	Proc.		
5540*	36 088	1605	213	—	723 263	32 159	4270	6,73	32,01	62,00	4,99	50,19	30a
7534*	88 502	1689	224	—	290 108	12 721	1689	5,64	31,07	55,11	13,07	78,16	- b
858	67 718	2572	341	51 916	430 899	16 365	2173	5,07	33,60	48,53	17,87	48,36	31
5518	24 955	1090	145	—	493 626	21 618	2874	4,11	35,98	59,66	5,04	39,66	32
2848	3739	1002	133	—	90 846	24 225	3216	17,94	46,38	49,56	4,16	44,03	33
9093	17 683	4605	611	—	140 905	36 694	4872	12,07	30,74	56,73	12,55	55,90	34a
—	2895	321	43	–	80 392	10 803	1434	—	26,44	70,95	2,97	85,50	- b
—	5950	1090	144	17 463	146 878	26 901	3571	4,74	9,74*	85,64	4,60	55,66	35
16 832	156 775	3349	445	—	1 122 105	23 971	3183	8,60	32,38	53,67	13,97	45,63	36
968*	4868	1082	144	—	40 032	8900	1182	5,93	48,37	39,45	12,15	61,60	37
780*	10 734	2021	268	—	94 585	17 812	2365	6,40	30,93	57,73	11,33	43,05	38
5041	24 265	995	132	—	539 711	22 128	2937	3,12	25,11	70,39	4,50	40,03	39
4308	8480	3519	467	—	57 796	23 982	3184	3,00	29,98	55,60	14,47	44,76	40
9454	163 857	2039	271	—	3 901 963	48 568	6448	8,19	35,46	60,35	4,19	38,39	41
23 388	104 511	3417	454	—	1 311 334	26 547	3524	6,40	25,02	62,11	12,07	46,17	42a
3736	6822	398	52	--	263 878	15 307	2032	—	20,71	76,72	2,56	85,40	- b
52 767*	128 428	1864	247	—	3 722 136*	54 028	7173	6,03	39,14*	57,41	3,45	48,60*	43
4886	25 632	1294	172	10 288	304 783	25 481	3383	5,31	32,49	62,33	5,18	52,90	44
3431	88 424	2324	309	--	994 377	60 168	7989	6,64	32,06	64,00	3,94	44,37	45
726	1552	1910	257	—	24 430	30 538	4051	2,90	30,30	63,35	6,35	42,01	46
564	9214	1462	194	—	120 661	19 152	2543	6,98	29,11	63,35	7,04	50,13	47
15 247	58 420	3018	401	58 436	749 192	38 698	5138	6,30	28,99	62,64	9,11	39,03	48
2890	26 966	2307	306	—	458 612	39 231	5209	6,17	29,41	64,07	5,44	42,12	49a
405	3909	977	129	—	60 159	15 040	1997	6,01	37,33	55,37	6,30	64,36	- b
698	17 218	1205	160	—	223 760	15 647	2077	4,70	45,90	46,83	7,01	44,10	50
675	21 352	1108	147	—	233 325	12 108	1608	3,77	35,74	55,11	9,13	40,14	51
393	11 558	1430	190	—	162 973	20 170	2678	9,07	37,51	55,40	7,03	38,41	52
290	6720	1087	144	1456*	56 680	9173	1218	5,56	34,01	53,87	12,11	42,73	53
330	4618	1920	255	20 005	633 516	28 120	3734	4,15	22,78	70,17	7,04	39,37	54
114	9748	1026	136	--	103 411	11 096	1473	4,00	33,47	57,58	9,35	43,05	55
4230*	180 306	2894	384	—	1 730 251	28 089	3729	6,31	26,04	63,65	10,31	34,54	56a
	220 535	2393	318	---	2 020 826	22 027	2921	7,09	25,49	63,45	10,66	41,09	- b
	52 156	2192	291	—	406 858	22 306	2961	10,74	30,09	58,90	11,17	53,03	- c
684	9462	935	124	---	80 410	7946	1055	1,35	32,14	56,13	11,77	47,43	57
3065	83 947	1726	229	—	493 348	25 081	3330	2,96	28,37	64,55	6,66	37,43	58a
1584	10 006	1610	214	—	134 723	21 673	2877	3,19	25,07	66,70	7,63	53,90	- b
9647*	64 637	1401	186	—	1 077 941	23 362	3102	3,35	25,31	68,79	6,0	33,27	59
—	157 601*	1225	163	—	3 818 193	24 943	3312	6,81	26,09	68,99	4,92	35,78	60a
390	15 918	1540	205	—	132 333	15 644	2077	8,03	29,63	60,79	9,05	58,17	- b
-	70 007	1007	134	—	1 045 029	15 028	1995	4,37	29,33	63,73	6,70	38,64	- c
20 965	60 507	2322	308	—	409 386	15 637	2076	5,49	30,11	55,61	14,03	59,84	61
1114	12 110	1802	239	—	187 418	27 890	3702	4,56	16,07	76,67	6,40	46,89	62
2077	92 200	1193	158	—	1 039 132	13 445	1785	9,03	34,44	56,69	8,87	60,16	63
17 496*	50 855	1365	181	—	1 124 882	30 190	4008	5,30	31,44	63,09	4,59	43,95	64
4067	24 915	1100	146	63 428	370 322	16 366	2173	6,75	32,03	59,67	8,11	63,56	65

(Forts.) III. Finanz-

C. Ueberschuß.

I. Staatsbahnen.	258 Der Ueberschuß beträgt: a. überhaupt. Thlr.	b. pro Meile Bahnlänge. Thlr.	b. pro Kilometer Bahnlänge. Thlr.	c. Procente des Gesammt-Anlage-Kapitals.	259 Außerdem Bestand aus dem Vorjahre. Thlr.	260 Der Ueberschuß a. zur Verzinsung der Anleihen. Thlr.	b. zur Amortisation der Anleihen. Thlr.	261 zur Entrichtung der Eisenbahn-Steuer. Thlr.	262 a. zu Zinsen und Dividenden für die Stamm-Actien. Proc.	b. zu Zinsen und Dividenden für die Stamm-Actien. Thlr.
1 Badische	2 020 387	29 520	3919	5,91	—	—	—	—	—	—
2 Bayerische (u. gepcht. Zwgb.)	3 864 167*	23 301	3094	5,01*	—	—	—	—	—	—
3 Braunschweigische	968 547	36 384	4830	11,55	755 889	—*	—	—	—	—
4 Hannoversche	2 798 365	23 787	3159	5,01	—	—*	—	—	—	—
5 Main-Neckar	409 666	35 255	4680	5,84	—	—	—	—	—	—
6 Main-Weser	975 709	36 694	4872	6,08	—	—	—	—	—	—
7 Nassauische	286 787	11 481	1524	1,72	—	—	—	—	—	—
8 Preuß. Niederschles.-Märk.	3 500 135	67 806	9003	10,71	—	583 108	77 650	—	4*	389 368
9 " Ostbahn	2 528 388	23 126	3070	5,74*	—	—	—	—	—	—
10 " Saarbrücker (u. Trier)	373 912	19 420	2578	2,75	—	—	—	—	—	—
11 " Westfälische	341 503*	12 324	1673	2,41	—	—	—	—	—	—
12 Sächsische östliche										
a. Sächsisch-Böhmische	132 630	17 604	2337	2,84	—	—	—	—	—	—
b. Sächsisch-Schlesische	510 344*	37 679	5002	6,35	—	—	—	—	—	—
c. Tharandt-Freiberger	110 957	31 612	4197	3,55	—	—	—	—	—	—
13 Sächsische westliche										
a. Niedererzgebirgische	743 107	40 211	5340	5,72:v6,40*	—	—	—	—	—	—
b. Obererzgebirgische	125 866	20 634	2739	4,14	—	—	—	—	—	—
c. Sächsisch-Bayerische	1 601 415	66 698	8855	9,15	—	—	—	—	—	—
14 Württembergische	2 021 442	31 272	4152	5,02	—	—	—	—	—	—
II. Privatbahnen										
a) unter Staatsverwaltg.										
15 Aach.-Düss. Ruhrorter a. Aach.-Düssel	383 226	33 528	4452	5,15	—	142 011	26 500	—	2,70*	108 058
b. Ruhrort-Crf.	249 709	44 605	5922	7,84	78	83 758	13 700	2551	5	75 000
16 Bergisch-Märkische	2 190 068	46 587*	6185	6,49	—	821 183	55 262	56 771	6 %	843 460
17 a. Löbau-Zittauer	38 593	8558	1136	1,41	—	9040	6000	—	—	—
b. Zittau-Reichenberger	21 720	6119	812	0,60	—	—	—	—	—	—
18 a. Oberschlesische	2 628 283	77 944	10 348	15,31	1430	341 190*	63 894	153 454	10 %	1 120 707
b. Breslau-Posen-Glogauer	663 028	23 848	3166	5,04	—	408 838		—	—	—
19 Stargard-Posener	307 007	22 404	2971	7,12	3838	61 712	14 788	7333	4 %	241 687
20 Rhein-Nahe-E.	229 083	14 356	1906	1,34	—	229 083*		—	—	—
21 Wilhelms-Bahn	309 029	17 009	2258	4,11	—	252 012	28 334	—	1 %	36 000
b) in Privatverwaltung.										
22 Aachen-Mastrichter	33 250	2681	356	0,40	—	33 250	—	—	—	—
23 Alberts-Bahn	90 929	19 556	2596	4,09	—	62 064	8800	—	2 %	20 25
24 a. Altona-Kieler	380 342	27 013	3586	10,16	—	5400	—	—	10	307 50
b. Rendsburg-Neumünster	32 794	11 429	1517	8,6	—	9611	1400	—	10	30 00
25 Aussig-Teplitzer	160 616	66 370	8812	7,11	—	28 800	6000*	12 084*	7,5	100 00
26 Bayerische Ostbahnen	1 390 378	23 086	3066	5,57	—	—	—	—	5	1 290 00
27 Berlin-Anhaltische	1 602 588	33 810	4491	10,34	3152	307 500	42 500	106 250	9 %	828 75
28 a. Berlin-Hamburger	1 261 608	30 298	4022	8,65	—	334 108	72 500	—*	6,875*	550 00
b. Hamburg-Bergedorfer	173 969	83 239	11 051	7,51	1036*	24 143*	3783*	7807*	8 %	135 27
29 Berlin-Potsdam-Magdebgr.	1 278 213	65 425	8686	9,05	76 755	306 948	70 000	115 625	14	700 00

263		264	263				

Ergebnisse.

(Forts.) C. Ueberschuß.

(und die früheren Bestände) sind verwendet:

zur Einlage a. in den Reserve-Fonds. Thlr.	zur Einlage b. in den Erneuerungs-fonds. Thlr.	Zuschuß zum Pensions-fonds. Thlr.	zu sonstigen Zwecken: a.	Thlr.	zu sonstigen Zwecken: b.	Thlr.	
—	—	—	. . . .	—	. . . .	—	1
—	—	—	. . . .	—	. . . .	—	2
—	—	—	. . . .	—	. . . .	—	3
—	—	—	. . . .	—	. . . .	—	4
—	—	—	. . . .	—	. . . .	—	5
—	—	—	an die Staatskassen abgeliefert . .	409 666	. . . .	—	6
—	—	—	zur Ablieferung an die Staatskassen .	975 709	. . . .	—	7
—	—	—	. . . .	—	. . . .	—	
24 103	287 483	in Kol. 110	zu Erweiterungen u. Vervollständ. d. Bahn	279 075	der Reservverwaltung überwiesen an die General-Staatskasse abgeführt	71 282 1 508 706	8
—	—	—	. . . .	—	. . . .	—	9
—	—	—	. . . .	—	. . . .	—	10
—	—	—	. . . .	—	. . . .	—	11
—	6177	867	.	—	.	—	12a
—	—*	1136	.	—	.	—	- b
—	41 028	274	.	—	.	—	- c
—	161 835	1492	.	—	.	—	13a
—	11 688	535	.	—	.	—	- b
—	194 495	2074	.	—	.	—	- c
—	—	—	.	—	.	—	14
7950	98 707	in Kol. 150	. . . .	—	. . . . . .	—	15a
3512	56 485	in Kol. 150	Staats-Präcipuum .	14 333	Auf die Betr.-Rechn. pro 1864 übertr.	533	- b
8071	378 321	—	. . . .	—	. . . . . .	—	16
—	—	286	. . . .	—	. . . . . .	—	17a
—	—	313	. . . .	—	. . . . . .	—	- b
14 033	607 808	7560	Superdividende des Staats	370 294	Auf die Betr.-Rechn. pro 1864 übertr.	1142	18a
—	195 090	—	. . . .	—	. . . . . .	—	- b
125	183 750	—	Auf die Betr.-Rechnung pro 1864 übertragen	1470	. . . . . .	—	19
—	—	—	. . . .	—	. . . . . .	—	20
7300	—	—	An die Bergb.-Hilfskasse auf deren Forderung	8814	. . . . . .	. .	21
—	—	—				—	22
—	—	—	. . . .	—	. . . . . .	—	23
6882	—	—	zur Ausgleichung schwed. Frachtdifferenzen rc.	8815	. . . . . .	—	24a
—	—	1500	. . . .	—	. . . . . .	—	- b
6627	—	—	Honorare und Gratifikationen . .	2783	. . . . . .	—	25
17 144	7149	400	zur Verzinsung einer schwebenden Schuld	1550	Aus allgemeinen Ausgaben Dem Divid.-Conto von 1863/64 überwiesen	19 063 1717	26
—	—	14 286	Zur Berichtigung des Staats-Antheils	49 714		—	27
30 000	310 400	5687	Auf die Betr.-Rechnung pro 1864 übertragen	4644	. . . . . .	—	28a
—	—	5000	. . . .	—	. . . . . .	—	- b
—	—	—	. . . .	—			
	—	in Kol. 154	Zu Abgaben, [illegible] Renten rc. .	8000	auf die Betr.-Rechnung pro 1864 sind einschl. 16974 Thlr. Bestand des Jahres 1863 übertr.	152 720	29

(Forts.) III. Finanz-

C. Ueberschuß.

II. Privatbahnen. (Forts.)	258. Der Ueberschuß beträgt: a. überhaupt. Thlr.	b. pro Meile Bahnlänge. Thlr.	pro Kilometer Bahnlänge. Thlr.	c. Procente des Gesammt-Anlage-Kapitals.	259. Außerdem Bestand aus dem Vorjahre. Thlr.	260. a. zur Verzinsung der Anleihen. Thlr.	b. zur Amortisation der Anleihen. Thlr.	261. zur Entrichtung der Eisenbahn-Steuer. Thlr.	262. Der Ueberschuß a. zu Zinsen und Dividenden für die Stamm-Actien. Proc.	b. Thlr.
30 Berlin-Stettiner										
a. Berlin-Stettin-Stargard	702 760	31 248	4149	8,97	561	32 423	7577	53 981	8 ½	502 000
b. Stargard-Cöslin-Colberg	78 514	3444	457	0,66	—	—	—	—	—	—
31 Böhmische Westbahn	439 667	17 458	2318	2,07	—	439 667*	—	—	—	—
32 Breslau-Schweidnitz-Freib.	733 799	33 011	4384	8,95	..	166 262	10 000	35 002	7 ½	382 500
33 Brünn-Rossitzer	114 093	30 425	4039	6,65	—	18 381	1740	10 552*	—	—
34 Buschtěhrader a Locom.-B.	259 393	67 550	8968	17,63	—	—	14 036*	19 574	10	165 532
b Pferde-B.	13 637	1831	243	2,56	—					
35 Frankfurt-Hanauer	116 064	21 257	2822	5,21	2068*	20 706	7343	—	5 ½	83 554
36 Galizische Carl-Ludwig-B.	1 347 690	28 791	3823	5,14	282 166*	71 772	9240*	119 846	5,66	832 899
37 Glückstadt-Elmshorner	24 878	5529	734	2,40	—	19 015	—	—	—	—
38 Graz-Köflacher	123 157	23 570	3129	6,01	—	42 053	—	21 511	5*	46 552*
39 Hessische Ludwigs-E.	782 331	32 076	4260	7,34	—	177 703	21 571	—	7	480 000
40 Homburger	71 272	29 573	3926	4,60	1025	29 908	7200	in Abs. 121	6,50*	29 714
41 Kaiser Ferdinands Nordb.	6 270 698	78 052	10 363	12,56	100 000	680 783	26 950	532 586*	11,66	4 571 814
42 Kaiserin Elisabeth a. Locom.-Bahn	1 761 808	30 947	4109	3,40	—	1 607 280*	—	199 155	—	—
b. Pferde-Bahn	44 627	2569	341	1,66	—					
43 Köln-Mindener (u. Gießener)	4 668 031*	67 758	8996	7,30*	—	1 207 783*	76 400	360 000	12 ½	1 679 167
44 Kurf. Friedr. Wilh. Nordb.	460 073	23 255	3088	4,04	912	118 744	25 200	—	3 ½	286 667
45 Leipzig-Dresdener	1 236 815	74 822	9934	13,70	—*	132 500	37 500	—	20	1 000 000
46 Ludwigs-E. (Nürnb.-Fürth)	33 729	42 161	5594	27,30	3714	343	6857*	—	15	15 171
47 Lübeck-Büchener	120 046	19 055	2530	4,69	—	—	—	—	3,50	89 530
48 Magdeb.-Cöth.-Halle-Leipz.	1 111 615	58 968	7829	13,01	—	218 497	47 000	107 188	17	595 000
49 a. Magdeburg-Halberstädter	613 613	52 490	6969	13,42	—	81 724*	5000	74 906	22 ½	380 375
b. Cöthen-Bernburger	33 546	8387	1113	—*	—	6000	—	—	2 ½	10 875
50 Magdeburg-Wittenbergesche	276 824	19 359	2570	4,12	—	82 656	17 000	—	3	96 81
51 Mecklenburgische	263 687	13 787	1830	4,22	962	71 970	20 904	—	2,5	108 75
52 Mohacs-Fünfkirchener	261 298	32 339	4293	5,16	—	211 711*	—	20 047	—	—
53 Neisse-Brieger	77 537	12 546	1666	6,46	655	4500	500	1327	4 ½	47 66
54 Niederländische Rhein-E.	1 006 574	43 312	5750	6,41		214 579	—	14 849	6,55*	740 72
55 Niederschlesische Zweigbahn	137 734	14 500	1925	3,52	114	49 371	10 839	965	2 ½	37 6
56 a. Oesterreich. nördliche	3 316 579*	53 227	7066	8,52	184 651	3 080 586	343 307*	905 315	5	3 039 3
b. Oesterreich. südöstliche	2 910 606*	31 586	4194	6,93						
c. Wien-Neu-Szönyer	413 444*	19 753	2623	4,15						
57 Oppeln-Tarnowitzer	89 110	8805	1169	3,47	2853	—	—	1967	2 ½	62 4
58 a. Pfälzische Ludwigsbahn	821 684	41 926	5572	8,05	—	127 628	13 143	—	9	599 1
b. Pfälzische Maximiliansb.	113 187	18 531	2460	4,46	—	—	—	—	4,457	112 0
59 Rheinische	2 132 233	46 646	6193	6,57	—	549 844	45 156	53 504	6	1 029 0
60 a. Südbahn, Oesterreichische	6 830 392*	44 750	5941	—*	2 677 534	5 209 334	65 788	—	8	8 000 0
b. Nordtiroler	109 903	11 272	1497							
c. Venetianische u. Südtirol.	1 643 130	23 628	3137							
61 Süd-Norddeutsche	280 514	10 715	1423	2,01	—	155 853	27 533	36 285	—*	61 3
62 Taunus-Bahn	216 354	32 225	4278	7,18	—	26 398	6286	—*	6 ½	116 5
63 Theiß-Bahn	719 421	9306	1236	2,56	—	705 585*		13 836	—	—
64 Thüringische	1 473 809	39 611	5259	7,06	65 626	558 158*	94 800	65 625*	7,40	684
65 Werra-E.	212 463	9384	1246	2,11	442	165 004*	—	—	2,40	130

263	264		265				

Ergebnisse.

(Forts.) C. Ueberschuß.

(und die früheren Bestände) sind verwendet: zur Einlage a. in den Reserve-Fonds. Thlr.	b. in den Erneuerungsfonds. Thlr.	Zuschuß zum Pensionsfonds. Thlr.	a. zu sonstigen Zwecken:	Thlr.	b.	Thlr.	
48 651	—*	in Art. 250	½ Proc. zur Verzins. d. Oblig. d. Hinterpom. Bahn / an die Postverwaltung	53 933 / 130*	Tantième für den Verwaltungsrath / Auf die Betr.-Rechnung pro 1864 übertragen	4000 / 620	30a
—	66 793	„ „ 250	Dem Reservebaufonds auf die Rückstände pro 1860 bis 1862 überwiesen	11 721	.	—	-b
—	—	—	.	—	.	—	31
—	140 000	4000	Dem Betriebsdirektor kontraktliche Tantième	638	Asservirt für noch festzustell. Rechnungen	11 337	32
1 100	—		Zu 6% Zinsen für die Prioritäts-Actien	82 320	.	—	33
16 602	—	—	Tantième für die Direktion	12 673	Zu Neubauten	44 633	34
—	—	857	Zuschuß zum Kranken-Unterstützungs-Verein der Werkstätten-Arbeiter	114	.	—	35
28 578	—	in Art. 250	Zur Bezahlung von Zinsen und Provision / Auf die Betr.-Rechnung pro 1864 übertragen	118 249 / 200 000	Zahlung von Zinsen an den Staat auf dessen Forderung	249 272	36
58 663	—	—	.	—	.	—	37
—	—	in Art. 250	Tantième für den Verwaltungsrath	2451	Zinsenzahl. an die L. A. priv. Südbahn	12 500	38
—	86 306	4572	Tantième an den Verwaltungsrath	11 657	Zuschuß zur Krankenkasse	402	39
31 144	—	286	Tantième des Verwaltungsraths	2045	.	—	40
300 867	200 000	18 242	Tantième an die Direktions-Mitglieder	28 000	Dem Reservefonds überwiesen	11 456	41
—	—	—	.	—	.	—	42
9758	541 000	1000	Extradividende des Staates	651 022	Zinsen für Vorschüsse, Tantièmen, Beitrag zum Dombau	234 344	43
30 000	—	—	Auf die Betr.-Rechnung pro 1864 übertragen	974	.	—	44
—	—	5000	Entschädigung an die Postverwaltung	15 000	Dem Baufonds überwiesen	46 815	45
1800	—	2200	Für Neubauten (öffentliche Abtritte)	1173*	Für Bahnerneuerung	11 870*	46
30 516	—	—	.	—	.	—	47
166 814	—	2000	Zu Kommunal-Einkommen-Steuern	5116	.	—	48
49 000	—	—	Zuschuß z. Deckung der der Steinalten [illegible] zugesicherten Rente von 3%	22 562	Auf die Betr.-Rechn. pro 1864 übertr.	56	49a
—	—		An die Hauptkasse der Magdeburg-Halberstädter Eisenbahn-Gesellschaft abgeliefert	16 671	.	—	-b
3000	75 750	600	Zu Gratifikationen	1000	.	—	50
10 875	52 125	800	Auf die Betr.-Rechnung pro 1864 übertragen	1219	.	—	51
29 540	—	—	.	—	.	—	52
2400	21 000	—	Dem Betriebe pro 1864 überwiesen	198	.	—	53
9229	—	—	Statutarisch verwendet	26 088	.	—	54
—	37 300	1000	Auf die Betr.-Rechnung pro 1864 übertragen	734	.	—	55
		26 141	Zum Pensions- u. Unterstützungsfonds der Diener	24 643	.	—	56
50	22 500	—	Auf die Betr.-Rechnung pro 1864 übertragen	2500	.	—	57
—	79 015	5714	.	—	.	—	58a
—	—	—	Zur Rückerstattung an die Staatskasse	3181	.	—	-b
500	343 922	5353	Dem Baufonds der Cöln-Crefelder Bahn überwiesen / Reservirt pro 1864	13 211 / 52 625	Zu Kommunalsteuern, Tantièmen x.	51 979	59
19 000	—	—	Tantième an die Verwalt.-Räthe und Oberbeamten	110 000	Zu einer Extra-Reserve	1 820 791	60
—	—	—	.	—	.	—	61
1100	48 511	22 845	Zur Arbeiter-Krankenkasse / Zur Einlösung verfallener Coupons	286 / 43	Zur Einlage in den Amortisationsfonds	1714*	62
—	—	—	.	—	.	—	63
6000	[illegible]	in Art. 250	Zu Ergänzungsbauten	20 822	Reservirt zur Eisenbahnsteuer pro 1863	64 125	64
42 146	—	2400	Auf die Betr.-Rechnung pro 1864 übertragen	639	.	—	65

30

(Forts.) III. Finanz-Ergebnisse.

I. Staatsbahnen.	266	267	268		269	270	271	272		273
	D. Reservefonds.					E. Erneuerungsfonds.				
	Bestand am Schlusse des Jahres 1862. Thlr.	Einlage u. sonstige Einnahmen pro 1863. Thlr.	Ausgegeben im Betriebs-Jahr 1863 a. für Bahnanlagen (Schienen, Gebäude u.) Thlr.	Ausgegeben im Betriebs-Jahr 1863 b. für Betriebsmittel. Thlr.	Bestand am Schlusse des Jahres 1863. Thlr.	Bestand am Schlusse des Jahres 1862. Thlr.	Einlage u. sonstige Einnahmen pro 1863. Thlr.	Ausgegeben im Betriebs-Jahr 1863 a. für Bahnanlagen (Schienen, Gebäude u.) Thlr.	Ausgegeben im Betriebs-Jahr 1863 b. für Betriebsmittel. Thlr.	Bestand am Schlusse des Jahres 1863. Thlr.
1 Badische	—	—	—	—	—	—	—	—	—	—
2 Bayerische (u. gepacht. Zwgb.)	—	—	—		—	—	—	—	—	—
3 Braunschweigische	50 000	—	—	—	50 000	408 617	127 108	97 842	155 347	282 536
4 Hannoversche	—	—	—	—	—	—	—	—	—	—
5 Main-Neckar	—	—	—	—	—	—	—	—	—	—
6 Main-Weser	—	—	—	—	—	—	—	—	—	—
7 Nassauische	—	—	—	—	—	—	6616		6616	—
8 Preuß. Niederschles.-Märk.	—*	2693	1841	852	—	—*	287 483	187 634	99 849	—
9 " Ostbahn	—*	—	—	—	—	—*	—	—	—	—
10 " Saarbrücker (u. Trier)	—*	—	—	—	—	—*	—	—	—	—
11 " Westfälische	—	—	—	—	—	—	—	—	—	—
12 Sächsische östliche										
a. Sächsisch-Böhmische										
b. Sächsisch-Schlesische										
c. Tharandt-Freiberger										
13 Sächsische westliche	—	—	—	—	—	2 158 152	1 165 391	767 208	174 181	2 382 094
a. Niedererzgebirgische										
b. Obererzgebirgische										
c. Sächsisch-Bayerische										
14 Württembergische	—	—	—	—	—	—	—	—	—	—
II. Privatbahnen										
a) unter Staatsverwaltg.										
15 Aach.-Düss. Ruhrorter a. Aach.-Düssel.	31 025	8975	957	1169	37 874	108 130	116 338	35 051	84 817	104 600
b. Ruhrort-Crf.	6486	3782	2761	2152	5355	84 551	66 538	25 680	53 346	72 063
16 Bergisch-Märkische	119 811	42 253	16 500*	9562*	115 781	208 751	469 985	219 082*	132 964*	326 065
17 a. Löbau-Zittauer	—	—		—	—	—	—	—	—	—
b. Zittau-Reichenberger	—	—	—	—	—		—	—	—	—
18 a. Oberschlesische	28 183	14 383	4383	in Spl. 148a	38 183	1 432 099	600 000	137 496	{563 517 / 6000*}	1 295 647
b. Breslau-Posen-Glogauer	—	—	—	—	—	255 348	195 000	86 454	182 202	181 692
19 Stargard-Posener	20 000	125	125*	—	20 000	398 358	183 750	98 354	{217 523 / 2000*}	264 226
20 Rhein-Nahe-E.	—	—	—	—	—	—	—	—	—	—
21 Wilhelms-Bahn	367 924	295 743	222 375	180 575	260 717	—*	—	—	—	—
b) in Privatverwaltung.										
22 Aachen-Mastrichter	4236	—	—	—	4236	7899	—	—	—	7899
23 Alberts-Bahn	—	—	—	—	—	—	—	—	—	—
24 a. Altona-Kieler	336 071	35 445	2622	12 000*	356 894	—	—	—	—	—
b. Rendsburg-Neumünster	—	—	—	—	—	—	—	—	—	—
25 Aussig-Teplitzer	24 018	4627	—	—	28 645	58 647	7148		—	65 795
26 Bayerische Ostbahnen	17 143*	17 143	—	—	34 286		—	—	—	—
27 Berlin-Anhaltische	50 000	—	—	—	50 000	464 210	355 522	115 675	164 497	539 560
28 a. Berlin-Hamburger	837 385	449 226	359 194	—	927 417*	—*	—	—	—	—
b. Hamburg-Bergedorfer	—	—	—	—	—	—	—	—	—	—
29 Berlin-Potsdam-Magdebg.	500 000	—	—	—	500 000	—	—	—	—	—

(Forts.) III. Finanz-Ergebnisse.

Nr.	II. Privatbahnen. (Forts.)	266	267	268		269	270	271	272		273
		D. Reservefonds.					E. Erneuerungsfonds.				
		Bestand am Schlusse des Jahres 1862. Thlr.	Einlage u. sonstige Einnahmen pro 1863. Thlr.	Ausgegeben im Betriebs-Jahre 1863 a. für Bahnanlagen (* Zinsen, Coursverlust u.) Thlr.	b. für Betriebsmittel. Thlr.	Bestand am Schlusse des Jahres 1863. Thlr.	Bestand am Schlusse des Jahres 1862. Thlr.	Einlage u. sonstige Einnahmen pro 1863. Thlr.	Ausgegeben im Betriebs-Jahre 1863 a. für Bahnanlagen (* Zinsen, Coursverlust u.) Thlr.	b. für Betriebsmittel. Thlr.	Bestand am Schlusse des Jahres 1863. Thlr.
30	Berlin-Stettiner										
	a. Berlin-Stettin-Stargard	54 798	48 651	19 721	—	83 728	812 818	303 826	106 248*	140 868*	959 528
	b. Starg.-Cöslin-Colberg	133 350	—	—	—	133 350	227 134	153 344	18 186*	34 934*	327 358
31	Böhmische Westbahn	—	—	—	—	—	—	—		—	—
32	Breslau-Schweidnitz-Freib.	20 000	—	—	—	20 000	254 015	197 172	175 980	36 575	238 632
33	Brünn-Rossitzer	34 100	1100	1080	1299	32 821	—*	—	—	—	—
34	Buschtěhrader {a. Locom.-B. b. Pferde-B.}	78 302*	57 304	44 633	—	90 973	—	—	—	—	—
35	Frankfurt-Hanauer	13 646	602	—	—	14 245	—	21 744*	21 744	—	—
36	Galizische Carl-Ludwig-B.	156 694	40 725	—	—	197 419	—	—	—	—	—
37	Glückstadt-Elmshorner	1996	5863	—	—	7859	—	—	—	—	—
38	Graz-Köflacher	6718	309	—	—	7027	7413	301	6601	—	1113
39	Hessische Ludwigs-E.	223 643	52	—	—	223 695	77 931	99 884	—	47 709	130 106
40	Homburger	8638	3144	—	—	11 782	—	—	—	—	—
41	Kaiser Ferdinands Nordb.	1 600 499	468 303	—	365 194	1 703 608	470 056	213 020	196 715	—	486 361
42	Kaiserin Elisabeth {a. Locom.-Bahn	—	—	—	—	—	—	—	—	—	—
	b. Pferde-Bahn}	—	—	—	—	—	—	—	—	—	
43	Köln-Mindener (u. Gießener)	100 000*	11 235	2582	8653	100 000	1 542 344	847 758	681 478	200 270	1 508 359
44	Kurf. Friedr. Wilh. Nordb.	103 072	31 750	57 087	—	77 735	—	—	—	—	—
45	Leipzig-Dresdener	500 000	—	—	—	500 000	—	—	—	—	—
46	Ludwigs-E. (Nürnb.-Fürth)	—	1783*	—	—	1783	—*	—	—	—	—
47	Lübeck-Büchener	120 039	34 556	10 342	6754	137 499	—*	—	—	—	—
48	Magdb.-Cöthen-Halle-Leipz.	252 500	192 713	60 338	135 264	249 611	—	—	—	—	—
49	a. Magdeburg-Halberstädter	507 050	49 000	—	—	556 050	—	—	—	—	—
	b. Cöthen-Bernburger	—	—	—	—	—	—	—	—	—	—
50	Magdeburg-Wittenbergesche	320 000	3000	15 000*	—	308 000	90 122	100 560	45 021	49 655	96 006
51	Mecklenburgische	17 592*	19 047*	38 118*	—	—*	138 924	52 128	—	29 706	167 310
52	Mohacs-Fünfkirchener	—	—	—	—	—	194 094	29 540	—	—	223 634
53	Neisse-Brieger	12 000*	2880	3663	—	11 217	20 547*	27 611	10 742	6353	31 063
54	Niederländische Rhein-E.	5117	9729	—	—	14 846	—	—	—	—	—
55	Niederschlesische Zweigbahn	38 921	1075	990*	—	39 006	88 350	41 014	11 891	13 218 458*	103 806
56	a. Oesterreich. nördliche b. Oesterreich. südöstliche c. Gun.-Rm.-Szönyer	903 383	—	40 822	—	862 511	—	—	—	—	—
57	Oppeln-Tarnowitzer	5100	2075	—	—	7775	72 934	25 783	12 560	6132*	80 025
58	a. Pfälzische Ludwigsbahn	461 214	—	—	—	461 214	84 017	72 130	41 524	16 000	48 623
	b. Pfälzische Maximiliansb.	—	—	—	—	—	—	—	—	—	—
59	Rheinische	73 631	20 059	1628	871	100 191	6[illegible]0 466	377 338	60 236	50 894	945 674
60	a. Südbahn, Oesterreichische b. Lombardische c. Venetianische u. Südtirol	1 188 657	184 787	—	—	1 373 444	—	—	—	—	
61	Süd-Norddeutsche	—	—	—	—	—	—	—	—	—	—
62	Taunus-Bahn	79 609	14 399	—	—	94 066	118 193	54 249	8589	31 148	132 705
63	Theiß-Bahn	—	—	—	—	—	—	—	—	—	—
64	Thüringische	40 885	45 000	16	68 930	16 939	378 186	300 845	135 365	159 240	384 426
65	Werra-E.	149 730	45 133	13 932	—	180 931	—	—	—	—	—

IV. Vergleichung des Verkehrs

	274		275		276		277	
	Betriebs-Bahnlänge		Personen		Güter		Einnah-	
			im Betriebsjahre 1863					
I. Staatsbahnen.	a. 1863 (nach Rol. 12)	b. gegen 1862 mehr.	a. mehr.	b. weniger.	a. mehr.	b. weniger.	a. mehr.	b. weniger.
	Meilen				Ctr.	Ctr.	Thlr.	Thlr.
1 Badische	68,44	15,14	1 560 768	—	3 445 455	—	460 832	—
2 Bayerische (u. gep. Zweigb.)	165,44	8,45	672 303	—	2 342 142*	—	10 085*	—
3 Braunschweigische	26,42	—	65 959	—	1 706 200	—	—	14 703
4 Hannoversche	117,44	5,93*	174 432	—	2 529 940	—	138 406	—
5 Main-Neckar	11,43	—	63 301	—	—	144 234	64 687*	—
6 Main-Weser	26,19	—	64 106	—	605 533	—	109 311	—
7 Nassauische	—*	—	—	—	—	—	—	—
8 Preuß. Niederschles.-Märk.	51,47	—	250 232	—	1 387 128	—	—	91 073*
9 " Ostbahn	109,32	2,93	196 474	—	2 714 376	—	527 832	—
10 " Saarbrücker (u. Trier)	19,25	0,03	70 181	—	1 932 510	—	100 073	—
11 " Westfälische	27,10	—	—	608	568 693	—	536	—
12 Sächsische östliche								
a. Sächsisch-Böhmische	8,42	—	84 767	—	—	224 981	—	38 552
b. Sächsisch-Schlesische	13,33	—	53 594	—	571 225	—	32 460	—
c. Tharandt-Freiberger	3,11*	2,15	—*	—	—	—	—	—
13 Sächsische westliche								
a. Niedererzgebirgische	18,40	—	55 604	—	1 308 049	—	94 766	—
b. Obererzgebirgische	6,10	—	19 209	—	2 813 131	—	23 812	—
c. Sächsisch-Bayerische	21,01	—	81 823	—	2 702 360	—	196 012	—
14 Württembergische	64,44	8,19	677 239	—	884 473	—	171 888	—
II. Privatbahnen								
a) unter Staatsverwaltg.								
15 Aach.-Düss.-Ruhrorter a. Aach.-Düsseld.	11,17	—	62 969	—	928 304	—	28 646	
b. Ruhrort-Cref.	5,001	—	31 571	—	748 325		25 721	—
16 Bergisch-Märkische	47,41*	0,47*	—*	—	—*	—	528 703*	—
17 a. Löbau-Zittauer	4,31	—	6176	—	50 543	—	—	1822
b. Zittau-Reichenberger	3,55	—	—	15 208	79 745	—	5297	—
18 a. Oberschlesische	33,72	0,8	194 039		4 389 447	—	60 413*	—
b. Breslau-Posen-Glogauer	27,41	·	61 307	—	235 361	—	—	34 011
19 Stargard-Posener	22,43	—	68 225	—	—	608 031	—	103 591*
20 Rhein-Nahe-E.	16,47	—	87 368	—	1 185 416	—	88 081	—
21 Wilhelmsbahn	23,44	—	37 559		923 618	—	54 144	—
b) in Privatverwaltung.								
22 Aachen-Mastrichter	12,00	—	24 591	—	596 614	—	33 250	—
23 Albertsbahn	5,11	—	33 082	—	832 903	—	22 659	—
24 a. Altona-Kieler	14,44	—	46 715	—	414 766	—	81 929	—
b. Rendsburg-Neumünster	4,43	—	10 717	—	117 057	—	19 360	—
25 Aussig-Teplitzer	2,41	—	—	1760	671 931	—	30 874	—
26 Bayerische Ostbahnen	60,98	—	102 555	—	894 328	—	62 488	—
27 Berlin-Anhaltische	47,10	—	123 516	—	1 596 850	—	235 581	—
28 a. Berlin-Hamburger	39,40	—	155 375	—	180 589	—	218 157	
b. Hamburg-Bergedorfer	[illegible]		[illegible]		[illegible]	—	23 040	—
29 Berlin-Potsdam-Magdebrg.	19,537	—	159 613	—	411 901	—	33 026*	—

278		279		280		281		282		283		
und Ertrages mit dem Vorjahre.												
…me		Ausgabe				Ueberschuß				Dividende		
pro Meile Bahnlänge		a.	b.	pro Meile Bahnlänge		a.	b.	pro Meile Bahnlänge		1863	im	
a. mehr.	b. weniger.	mehr.	weniger.	a. mehr.	b. weniger.	mehr.	weniger.	a. mehr.	a. weniger.	(nach Krieger Mitth.)	Vorjahre.	
Thlr.	Thlr.	Thlr.	Thlr.	Thlr.	Thlr.	Thlr.	Thlr.	Thlr.	Thlr.	Proc.	Proc.	
—	6500	310 744	—	—	917	150 088	—	—	5653	—	—	1
169	—	190 211	—	1275	—	—	150 126	—	1106	—	—	2
—	553	—	50 383	—	1493	35 650	—	1340	—	—	—	3
—	627	234 362	—	970	—	—	75 956	—	1797	—	—	4
5567	—	46 959*	—	4041	—	17 728	—	1520	—	—	—	5
4111	—	60 592	—	2279	—	45 719	—	1532	—	—	—	6
—	—	—	—	—	—	—	—	—	—	—	—	7
—	1761	—	79 985	—	1549	—	11 088	—	215	—	—	8
3052	—	346 859	—	2771	—	180 943	—	1209	—	—	—	9
5089	—	63 327	—	3211	—	36 746	—	1877	—	—	—	10
20	—	21 586	—	796	—	—	21 142	—	763	—	—	11
—	4447	37 639	—	4341	—	—	76 191	—	8755	—	—	12a
2300	—	209 345	—	15 450	—	—	178 885	—	13 054	—	—	- b
—	—	—	—	—	—	—	—	—	—	—	—	- c
5127	—	40 756	—	2206	—	54 010	—	2921	—	—	—	13a
3904	—	35 629	—	5641	—	—	11 617	—	1937	—	—	- b
5164	—	119 852	—	4992	—	76 160	—	3172	—	—	—	- c
—	5106	72 269	—	—	2324	99 119	—	—	2782	—	—	14
2596	—	4964	—	431	—	23 682	—	2072	—	2,78	2,14	15a
4601	—	7698	—	1375	—	18 023	—	3216	—	5	4⅓	- b
6476	—	87 916	—	—	312	440 757	—	6790	—	6⅔	6⅓ u. 4,5*	16
—	403	1707	—	379	—	—	3529	—	752	—	—	17a
1197	—	4435	—	1254	—	812	—	226	—	—	—	- b
—	13	141 177*	—	3660	—	—	60 764*	—	3679	10⅔	10 11/12	18a
—	1222	29 416*	—	1056	—	—	63 425	—	2279	—	—	- b
—	4677	3744*	—	166	—	—	107 336*	—	4743	4⅔	6	19
500	—	31 823	—	1957	—	56 261	—	3512	—	—	—	20
2201	—	14 250	—	809	—	39 864	—	1609	—	1⅓	⅔	21
294												
1631	—	48 030*	—	3022	—	—	15 380	—	1241	—	—	22
5618	—	30 278	—	5625	—		7619	—	1491	2⅔	2	23
4192	—	18 633	—	1323	—	63 296	—	4495	—	10	9⅔	24a
17136	—	7810	—	1601	—	11 347	—	2501	—	10	7⅔	- b
3698	—	5771	—	2385	—	25 103	—	10 373	—	7⅔	6	25
4978	—	73 267	—	1219	—	—	10 779	—	180	5	3	26
6257	—	92 569	—	1053	—	142 352	—	3004	—	9⅔	8⅔	27
11927	—	126 474	—	3159	—	121 663	—	3069	—	6,075	5,075	28a
1090	—	11 723	—	5009	—	11 323	—	5118	—	8⅔	7⅔	- b
	—	62 997*	—	3224	—	—	29 071*	—	1531	14	14	29
												31

IV. Vergleichung des Verkehrs

II. Privatbahnen. (Forts.)	274 Betriebs-Bahnlänge a. 1863 (nach Col. 1D.) Meilen	274 b. gegen 1862 mehr. Meilen	275 Personen im Betriebsjahre 1863 a. mehr.	275 b. weniger.	276 Güter im Betriebsjahre 1863 a. mehr. Ztr.	276 b. weniger. Ztr.	277 Einnahme a. mehr. Thlr.	277 b. weniger. Thlr.
30 Berlin-Stettiner								
a. Berlin-Stettin-Stargard	22,49	—	161 367		487 337	—	157 617	—
b. Stargard-Cöslin-Colberg	22,66	—	49 408	—	395 210	—	53 959	—
31 Böhmische Westbahn	26,33	9,11	122 007	—	1 090 025	—	889 195	—
32 Breslau-Schweidnitz-Freib.	22,375	—	131 113	—	654 499	—	55 161*	—
33 Brünn-Rossitzer	3,75	0,22	968	—	—	267 891	—	6517
34 Buschtěhrader a. Locom.-B.	3,04	—	—	2534	251 609	—	33 558	—
b. Pferde-B.	7,66	—	8240	—	—	887 169*	—	21 661*
35 Frankfurt-Hanauer	5,66	—	49 756	—	115 330	—	4921	—
36 Galizische Carl-Ludwig-B.	46,61	—	10 841	—	63 100	—	42 853	—
37 Glückstadt-Elmshorner	4,10	—	8630	—	62 267	—	2701	—
38 Graz-Köflacher	5,31	—	—	5328	—	377 215	—	30 083
39 Hessische Ludwigs-E.	24,19	3,15	297 797	—	590 749	—	317 441	—
40 Homburger	2,41	—	—	4015	43 596	—	1414	—
41 Kaiser Ferdinands Nordb.	80,34	—	—	50 569	—	2 753 470*	—	385 924*
42 Kaiserin Elisabeth a. Locomot.-B.	56,43	—	66 533	—	—	710 603	—	301 970
b. Pferde-B.	17,37	—	995	—	—	61 201	—	82 279
43 Köln-Mindener (u. Giessener)	68,49	—	148 310	—	11 375 115	—	487 317*	—
44 Kurf. Friedr. Wilh. Nordb.	19,61	—	21 948	—	156 059	—	—	16 478*
45 Leipzig-Dresdener	16,13	—	118 783	—	938 903	—	142 918	—
46 Ludwigs-E. (Nürnb.-Fürth)	0,8	—	52 676	—	—	021 997**	—	1093
47 Lübeck-Büchener	6,50	—	11 733	—	236 403	—	20 580	—
48 Magdeb.-Cöth.-Halle-Leipz.	19,36	—	114 541	—	2 234 074	—	104 310	—
49 a. Magdeburg-Halberstädter	11,69	1,19	131 054	—	888 960	—	14 972*	—
b. Cöthen-Bernburger	4,0	—	6461	—	427 410	—	18 610	—
50 Magdeburg-Wittenbergesche	14,1	—	—	21 427	399 510	—	73 669	—
51 Mecklenburgische	19,37	—	16 296	—	47 858	—	27 398	—
52 Mohacs-Fünfkirchener	8,00	—	—	2069	621 241*	—	—	13 157*
53 Neisse-Brieger	6,10	—	43 507	—	—	21 634	—	3609*
54 Niederländische Rhein-E.	23,84	—	53 583	—	1 185 138	—	161 070	—
55 Niederschlesische Zweigbahn	9,50	—	18 537	—	—	102 056	6244	—
56 a. Oesterr. nördliche	62,31	—	147 855	—	—	328 279	—	608 412
b. Oesterr. südöstliche	92,15	—	—	99 738	—	1 397 067	—	703 395
c. Wien-Neu-Szönyer	20,93	—	30 552	—	—	1 437 700	—	235 378
57 Oppeln-Tarnowitzer	10,19	—	22 052	—	—	6656	6991*	—
58 a. Pfälzische Ludwigsbahn	19,61	—	50 953	—	1 147 854	—	13 423	—
b. Pfälzische Maximiliansb.	0,114	—	24 004	—	—	533 904	—	33 658
59 Rheinische	46,84	7,03	426 653	—	1 276 530	—	161 103	—
60 a. Südbahn, Oesterreichische	153,01	16,77	105 875	—	—	1 539 136	—	1 367 702
b. Nordtiroler	9,15	—	25 716	—	148 893	—	5410	—
c. Venetianische u. Südtirol.	69,54	—	—	24 956	—	623 667	—	206 766
61 Süd-Norddeutsche	26,16	—	3018	—	337 757	—	—	8415*
62 Taunus-Bahn	6,13	0,24	—	86 893	—	230 975		125 512
63 Theiß-Bahn	77,31	—	—	44 134	—	432 961	—	177 714
64 Thüringische	37,34	—	59 979	—	275 383	—	49 654*	—
65 Werra-E.	22,44	—	20 355	—	408 916	—	44 887	—

278		279				280		281		282	283	

und Ertrages mit dem Vorjahre.

…me pro Meile Bahnlänge a. mehr. Thlr.	…me pro Meile Bahnlänge b. weniger. Thlr.	Ausgabe a. mehr. Thlr.	Ausgabe b. weniger. Thlr.	Ausgabe pro Meile Bahnlänge a. mehr. Thlr.	Ausgabe pro Meile Bahnlänge b. weniger. Thlr.	Ueberschuß a. mehr. Thlr.	Ueberschuß b. weniger. Thlr.	Ueberschuß pro Meile Bahnlänge a. mehr. Thlr.	Ueberschuß pro Meile Bahnlänge a. weniger. Thlr.	Dividende 1863 Proc.	Dividende im Vorjahre. Proc.	
7006	—	60 539	—	2972	—	90 778	—	4037	—	8⅓	7⅓	30a
2367	—	—	24 535*	—	1077*	78 514	—	3144	—	—	—	- b
—	365	179 375	—	1750	—	122 820	—	—	2115	—	—	31
2530	—	61 154*	—	2067	—	—	2973	—	137	7½	8	32
—	5536	63*	—	—	1665*	—	8640*	—	4165*	—	1	33
8739	—	—	252	—	66	33 810	—	5905	—	10	9,81	34
—	2523*	2674	—	414	—	—	24 355	—	3237			
901	—	5260	—	964	—	—	339	—	63	5½	3½	35
916	—	—	50 819	—	1727	123 702	—	2643	—	5,55	7½	36
600	—	—	10 172	—	2261	12 873	—	2561	—	—	—	37
—	5666	—	14 580	—	2746	—	15 503	—	2920	3	5	38
92	—	84 860	—	—	153	132 575	—	245	—	7	7½	39
557	—	—	907	—	378	2321	—	963	—	6,50	6,4	40
—	4057	—	354 707*	—	4115	28 783	—	359	—	11,44	12,49	41
—	5304	—	149 495	—	2626	—	152 475	—	2675	—	—	42a
—	3009	—	21 658	—	1247	—	30 612	—	1702	—	—	- b
6344	—	178 703*	—	2591	—	258 613	—	3753	—	12¹¹⁄₁₂	12⅔	43
—	535	—	23 550*	—	1211	7402	—	376	—	3⅚	3½	44
9616	—	11 668	—	706	—	131 250	—	7810	—	20	18	45
—	1306	—	9933*	—	12 416	8840	—	11 068	—	15	15	46
406	—	2?107	—	386	—	19 523	—	2046	—	3,3	3,2	47
958	—	62 071	—	3366	—	42 236	—	2162	—	17	17	48
—	16 168	42 013*	—	—	2012	—	27 041	—	13 656	22½	25½	49a
963	—	14 611	—	3653	—	3999	—	1000	—	—	—	- b
6153	—	21 780	—	1522	—	51 889	—	3630	—	3	1⅚	50
1421	—	11 110	—	576	—	16 288	—	845	—	2,1	2,333	51
—	105	—	6459	—	700	—	6698	—	920	—	—	52
—	54	4918	—	796	—	—	6527*	—	1350	4½	4½	53
801	—	27 681	—	1191	—	133 389	—	5740	—	6,33	5,41	54
657	—	9360	—	955	—	—	3115	—	326	2½	2¹¹⁄₁₂	55
—	9761	—	176 836	—	3838	—	431 576	—	6926	5	5	56
—	7633	—	491 105	—	5320	—	212 290	—	2301			
—	11 244	—	82 907		3961	—	252 431	—	7253			
69	—	3876	—	383	—	3115*	—	305	—	2½	2½	57
90	—	7766	—	395	—	5657	—	258	—	9	9	58a
—	5419	—	7485	—	1284	—	26 203	—	4215	4,331	4,33	- b
—	5165	29 708	—	—	3139	131 335	—	—	5026	6	6	59
—	15 755	—	479 993	—	6569	—	907 709	—	12 166	5	9,1	60a
56	—	—	3682	—	375	9092	—	833	—			- b
—	2873	—	135 411	—	1947	—	71 ?352	—	1026			- c
—	321	—	3475*	—	133	—	41 ?40*	—	155	—	—	61
—	10 550	—	15 260	—	6515	—	110 252	—	23 735	6½	9½	62
—	2299	—	81 604	—	1065	—	96 110	—	1213	—	—	63
1253	—	55 684*	—	1419.8	—	—	6000*	—	161	7,44	7,44	64
1043	—	15 290	—	876	—	29 597	—	1307	—	2,44	2,51	65

Abschnitt E.

Außergewöhnliche Ereignisse beim Eisenbahn-Betriebe.

I. Staatsbahnen.	284							285	286		287		288		289		290	
	I. Unfälle a) bei fahrenden Zügen																	
	Die Unfälle im Betriebsjahre 1863, bei denen Personen beschädigt oder getödtet wurden, sind veranlaßt durch:							Zusammen.	Bei diesen Unfällen (Kol. 284) wurden unverschuldet									
	a. Zusammenstoßen der Züge	b. Entgleisung	c. unrichtige Stellung der Weichen	d. zu schnelles Einfahren in die Bahnhöfe	e. Schneewehe	f. sonstige Ursachen.			Reisende		Bahn-Beamte und Arbeiter		Dritte Personen		Zusammen Personen		a. [illegible]	
	Anzahl der Unfälle.						Anz. Unfälle		beschädigt	getödtet	beschäd.	getödt.	beschäd.	getödt.	beschäd.	getödtet	beschäd.	getödt.
1 Badische	—	—	·	—	—	......		·									–	2
2 Bayerische (u. gepacht. Zwgb.)	—	—	—	—	—	......	–									–	–	–
3 Braunschweigische	—	—	—	—	—	......	—	–	—							—	—	
4 Hannoversche	—	—		1	—	......		1	4			1			4	1	—	
5 Main-Neckar	—	—		—		......		—								—	·	
6 Main-Weser	—	—	—			......		—							—	—	–	—
7 Nassauische	—	—		—	—	[illegible]	1	1				1	—		—	1	—	·
8 Preuß. Niederschles.-Märk.	—	2	–	—		......	—	2			1	1			1	1	—	–
9 " Ostbahn	—	—	—		—	......				—						—	—	
10 " Saarbrücker (u. Trier)	1	—				......		1	1	–	—				1	—	—	—
11 " Westfälische	—	—	—		–	......	—	–	–							—	—	1
12 Sächsische östliche																		
a. Sächsisch-Böhmische		—	—	—	–	......	—	–		—			–	–	—	—	—	
b. Sächsisch-Schlesische		—	—	—	—	durch Herzbruch an einer Weiche	1	1				1				1	—	–
c. Tharandt-Freiberger	—	—	–			......		—		—					–	—		–
13 Sächsische westliche																		
a. Niedererzgebirgische	—	1	—	–	—	......	–	1	—	—		1		–	—	1	—	—
b. Obererzgebirgische	—	—		–	—	......	—									–	—	–
c. Sächsisch-Bayerische	..		—		—	......	—	—						–	...	–	—	—
14 Württembergische	1*	1	1	–	—	[illegible]	1	4			3	1			3	1	2	2
II. Privatbahnen																		
a) unter Staatsverwaltg.																		
15 Aach.-Düss. (a. Aach.-Düssel.																	—	—
Ruhrorter (b. Ruhrort-Crf.								—										—
16 Bergisch-Märkische																	—	–
17 a. Löbau-Zittauer											—							—
b. Zittau-Reichenberger			–														·	—
18 a. Oberschlesische	1							1			1				1			—
b. Breslau-Posen-Glogauer		–			—												..	—
19 Stargard-Posener		–															..	—
20 Rhein-Nahe-E.		1						1			1				1			—
21 Wilhelms-Bahn		—																—
b) in Privatverwaltung.																		
22 Aachen-Mastrichter																		—
23 Alberts-Bahn																		—
24 a. Altona-Kieler																		–
b. Rendsburg-Neumünster																		—
25 Aussig-Teplitzer																		
26 Bayerische Ostbahnen																		
27 Berlin-Anhaltische																		
28 a. Berlin-Hamburger																		
b. Hamburg-Bergedorfer																		-
29 Berlin-Potsdam-Magdebg.			1			......	3	4		1	2			1	2	2		

290					291								292							293		
(incl. ihres Aufenthalts auf den Bahnhöfen). Außerdem wurden (unabhängig von den Unfällen ad Kol. 284) durch eigene Schuld der Betreffenen																						
Reisende					Bahnbeamte und Arbeiter								Dritte Personen							Zusammen Personen		
b. durch eigenmächtiges Oeffnen der Wagenthüren		c. durch sonstige Ursachen			a. durch Unvorsichtigkeit bei Handhabung der Fuhrwerke		b. durch unvorsichtiges Betreten der Bahn		c. durch sonstige Ursachen			a. durch unbefugtes oder unvorsichtiges Betreten der Bahn		b. durch Passiren der Geleise in fahrplanmäßiger Weise		c. durch sonstige Ursachen					
verletzt	getödtet		verl.	get.	verletzt	getödtet	verletzt	getödtet		verl.	get.	verletzt	getödtet	verletzt	getödtet		verl.	get.	verletzt	getödtet	Nr.
—		. . . . . .				—			. . . . . .	—			1		1	. . . . . .	—	—	—	4	1
—	1	. . . . . .			3	8	1		Zusammenstöße, Entgleisungen mit einfahrenden Zügen	1	1	2	7	—	1	. . . . . .	—	—	7	18	2
—	—	. . . . . .			1	2	—	—	. . . . . .	—	—	—	—	—	—	. . . . . .	—	—	1	2	3
—	—	. . . . . .			1				. . . . . .	—		—	2	—	3	. . . . . .	—	—	1	5	4
—	—	. . . . . .							. . . . . .	—	—	—	—	—	—	. . . . . .	—	—	—	—	5
—	—	. . . . . .			2*				. . . . . .	—	—	—	—	—	—	. . . . . .	—	—	2	—	6
—	—	. . . . . .				—			. . . . . .	—	—	—	—	—	—	. . . . . .	—	—	—	—	7
—	—	. . . . . .			2	6			. . . . . .	—	—		2	—	1	. . . . . .	—	—	2	9	8
—	—	. . . . . .			1	1		3	. . . . . .	—			—	—	—	. . . . . .	—	—	1	4	9
—	—	. . . . . .			2	1			. . . . . .	—		—	—	—	—	. . . . . .	—	—	2	1	10
	—	. . . . . .		—	—	—		1	. . . . . .	—	—		1	—	—	. . . . . .	—	—	—	3	11
		. . . . . .			1		—		durch Herabfallen beim Ablösen eines auf d. Bahn ... geladenen Wagens	—	1	—		—	—	. . . . . .	—		1	1	12a
		. . . . . .		—	1				. . . . . .	—		—			4	. . . . . .	—	—	1	4	12b
		. . . . . .			—				durch Herabfallen v. Wagen	1		—				. . . . . .			1	—	12c
		. . . . . .		—					. . . . . .	—	—	—	—	1	—	. . . . . .	—	—	1	—	13a
		. . . . . .							. . . . . .	—				—	—	. . . . . .	—	—	—		13b
		. . . . . .		—	—	1			. . . . . .	—				1	2	. . . . . .	—	—	1	3	13c
durch Hinausstürzen aus dem Wagenfenster			1		4	5	1	2	. . . . . .	—	—	1	1	—	1	durch Ueberschreiten der Bahn bei nicht geschlossener Barrière	1		10	12	14
		. . . . .							. . . . .	—	—					. . . . . .			—	—	15a
		. . . . .							. . . . .		—	—	—			. . . . . .	—			—	15b
		. . . . .			4	7		2	durch eine über das Geleise hängende Telegraphenleitung	1		1	3			. . . . . .			6	12	16
		. . . . .							. . . . .	—	—	—	—			. . . . . .	—				17a
		. . . . .							. . . . .							. . . . . .					17b
		. . . . .			1		1	1	. . . . .		—		2		1	. . . . . .			2	4	18a
		. . . . .			1	1			. . . . .					—	2	. . . . . .	—		1	3	18b
		. . . . .			1				. . . . .		—				—	. . . . . .	—	—	1		19
		. . . . .							. . . . .							. . . . . .				—	20
		. . . . .							. . . . .	—						. . . . . .					21
																		—			22
									. . . . .												23
									. . . . .						1					1	24a
									. . . . .					—	—			—			24b
									. . . . .					—	—		—	—			25
					1		1		. . . .	1								—	2	1	26
									. . . .					1	—			—		1	27
					1				.					1	1				1	2	28
							1	1		.						. .	—		2	3	29

Privatbahnen. (Forts.)	284							285	286		287		288		289		290	
	I. Unfälle a) bei fahrenden Zügen																	
	Die Unfälle im Betriebsjahre 1863, bei denen Personen beschädigt oder getödtet wurden, sind veranlaßt durch:							Zusammen.	Bei diesen Unfällen (Kol. 284) wurden unverschuldet									
	a. Zusammenstoß von Zügen.	b. Entgleisung.	c. unrichtige Stellung der Weichen.	d. zu schnelles Einfahren in die Bahnhöfe.	e. [illegible]	f. sonstige Ursachen.			Reisende		Bahn-Beamte und Arbeiter		Dritte Personen		Zusammen Personen		a. durch Unvorsichtigkeit beim Einsteigen und Verlassen der Züge	
	Anzahl der Unfälle.						Anz.	Unfälle.	beschädigt	getödtet	beschäd.	getödt.	beschäd.	getödt.	beschäd.	getödtet	beschäd.	getödt.
30 Berlin-Stettiner																		
a. Berlin-Stettin-Stargard	—	—	—	—	—	. . . . . .	—	—	—	—	—	—	—	—	—	—	—	—
b. Stargard-Cöslin-Colberg	—	—	—	—	—	. . . . . .	—	—	—	—	—	—	—	—	—	—	—	—
31 Böhmische Westbahn	—	—	—	—	—	. . . . . .	—	—	—	—	—	—	—	—	—	—	—	—
32 Breslau-Schweidnitz-Freib.	—	1		—	—	. . . . . .		1	—	—	1	—	—	—	1	—		
33 Brünn-Rossitzer	—	—	—	—	—	. . . . . .	—	—	—	—	—	—	—	—	—	—	—	—
34 Buschtěhrader a. Locom.-B.	—	—	—	—	—	. . . . . .	—	—	—	—	—	—	—	—	—	—	—	—
34 Buschtěhrader b. Pferde-B.	—	—	—	—	—	. . . . . .	—	—	—	—	—	—	—	—	—	—	—	
35 Frankfurt-Hanauer	—	—	—	—	—	. . . . . .	—	—	—	—	—	—	—	—	—	—	—	—
36 Galizische Carl-Ludwig-B.	—	—	—	—	—	. . . . . .	—	—	—	—	—	—	—	—	—	—	—	—
37 Glückstadt-Elmshorner	—	—	—	—	—	. . . . . .	—	—	—	—	—	—	—	—	—	—	—	
38 Graz-Köflacher	—	—	—	—	—	d. Selbstbewegung e. Wagens	1	1	3	—	—	—	—	—	3	—	—	
39 Hessische Ludwigs-E.	—	—	1	—	—	. . . . . .	—	1	2	—	2	1	—	—	4	1	—	—
40 Homburger	—	—	—	—	—	. . . . . .	—	—	—	—	—	—	—	—	—	—	—	—
41 Kaiser Ferdinands Nordb.	—	1	—	—	—	. . . . . .		1	—	—	1	—	—	—	1	—	—	—
42 Kaiserin Elisabeth a. Locom.-Bahn	—	—	—	—	—	. . . . . .	—	—	—	—	—	1	—	—	—	1	—	—
42 Kaiserin Elisabeth b. Pferde-Bahn	—	—	—	—	—	. . . . . .	—	—	—	—	—	—	—	—	—	—	—	—
43 Köln-Mindener (u. Gießener)	1	—	—	—	—	[illegible]	1	2	3	—	9	2	—	—	12	2	—	—
44 Kurf. Friedr. Wilh. Nordb.	—	—	—	—	—	. . . . . .	—	—	—	—	—	—	—	—	—	—	—	
45 Leipzig-Dresdener	—	—	—	—	—	. . . . . .	—	—	—	—	—	—	—	—	—	—	—	—
46 Ludwigs-E. (Nürnb.-Fürth)	—	—	—	—	—	. . . . . .	—	—	—	—	—	—	—	—	—	—	—	—
47 Lübeck-Büchener	—	—	—	—	—	. . . . . .	—	—	—	—	—	—	—	—	—	—	—	
48 Magdeb.-Cöth.-Halle-Leipz.	1	—	—	—	—	. . . . . .	—	1	—	—	3	—	—	—	3	—	—	—
49 a. Magdeburg-Halberstädter	—	—	—	—	—	. . . . . .	—	—	—	—	—	—	—	—	—	—	—	—
b. Cöthen-Bernburger	—	—	—	—	—	. . . . . .	—	—	—	—	—	—	—	—	—	—	—	—
50 Magdeburg-Wittenbergesche	—	—	—	—	—	. . . . . .	—	—	—	—	—	—	—	—	—	—	—	—
51 Mecklenburgische	—	—	—	—	—	. . . . . .	—	—	—	—	—	—	—	—	—	—	—	—
52 Mohacs-Fünfkirchener	—	—	—	—	—	. . . . . .	—	—	—	—	—	—	—	—	—	—	—	—
53 Neisse-Brieger	—	—	—	—	—	. . . . . .	—	—	—	—	—	—	—	—	—	—	—	—
54 Niederländische Rhein-E.	—	—	—	—	—	. . . . . .	—	—	—	—	1	—	—	—	1	—	—	—
55 Niederschlesische Zweigbahn	—	—	—	—	—	. . . . . .	—	—	—	—	—	—	—	—	—	—	—	—
56 a. Oesterreich. nördliche	—	—	—	—	—	. . . . . .	—	—	—	—	—	—	—	—	—	—	2	—
b. Oesterreich. südöstliche	—	—	—	—	—	. . . . . .	—	—	—	—	—	—	—	—	—	—	—	
c. Wien-Neu-Szönyer	—	—	—	—	—	. . . . . .		—	—	—	—	—	—	—	—	—	—	—
57 Oppeln-Tarnowitzer	—	—	—	—	—	. . . . . .	—	—	—	—	—	—	—	—	—	—	—	—
58 a. Pfälzische Ludwigsbahn	—	—	—	—	—	. . . . . .	—	—	—	—	—	—	—	—	—	—	—	
b. Pfälzische Maximiliansb.	—	—	—	—	—	. . . . . .	—	—	—	—	—	—	—	—	—	—	—	—
59 Rheinische	1	—	—	—	—	. . . . . .		1	—	—	2	—	—	—	2	—	—	1
60 a. Südbahn, Oesterreichische	—	—	—	—	—	. . . . . .	—	—	—	—	—	—	—	—	—	—	3	4
b. Nordtiroler	—	—	—	—	—	. . . . . .	—	—	—	—	—	—	—	—	—	—	—	—
c. Venetianische u. Südtirol.	—	—	—	—	—	. . . . . .	—	—	—	—	—	—	—	—	—	—	1	
61 Süd-Norddeutsche	—	—	—	—	—	. . . . . .		—	—	—	—	—	—	—	—	—	—	—
62 Taunus-Bahn	—	—	—	—	—	. . . . . .		—	—	—	—	—	—	—	—	—	—	
63 Theiß-Bahn	—	—	—	—	—	. . . . . .	—	—	—	—	—	—	—	—	—	—	—	
64 Thüringische	—	—	—	—	—	. . . . . .		—	—	—	—	—	—	—	—	—	1	
65 Werra-E.		—	—	—	—	. . . . . .	—		—	—	—	—	—	—	—	—	—	

290		291			292			293		
(incl. ihres Aufenthalts auf den Bahnhöfen).										
Außerdem wurden (unabhängig von den Unfällen ad Kol. 284) durch eigene Schuld der Betreffenen										
Reisende		Bahnbeamte und Arbeiter			Dritte Personen			Zusammen Personen		
b. durch eigenmächtiges Oeffnen der Wagenthüren	c. durch sonstige Ursachen	a. durch Unvorsichtigkeit bei Handhabung des Dienstes	b. durch unvorsichtiges Betreten der Bahn	c. durch sonstige Ursachen	a. durch unbefugtes oder unvorsichtiges Betreten der Bahn	b. durch Betreten der Geleise im Selbstmordversuch	c. durch sonstige Ursachen	getödtet	verletzt	
								—	—	30 a
								—	—	- b
		2				1		2	1	31
			1 1		2 4			3	5	32
								—	—	33
										34 a
								—	—	- b
								—	—	35
		1	2		1			1	3	36
									-	37
										38
					1	1			2	39
			1						1	40
			2 1	durch Mißhandlung während der Fahrt	1, 2	6 3		2	13	41
		1			1	1		2	1	42 a
										- b
										43
										44
		2	1	b. Unvorsichtigkeit beim Verlassen des Zuges	1			2	2	45
										46
				1					1	47
		2		Anfahren . . . 1	1	2		5	2	48
					1			2	-	49 a
										- b
										50
										51
										52
							2		2	53
										54
										55
durch Zugsunfall	1 1	5 1	2			1	1	5	13	56 a
[illegible]	1 2	1	1	2	3	4	1	9	7	- b
										- c
										57
		2							2	58 a
										- b
	1	1		[illegible] 1	2	3	2	4	10	59
	2	1	2		1	6	3	11	16	60 a
										- b
	2	1	1 1	2	1	1		8	3	- c
	1				2	1		3	1	61
						1		—	1	62
	1	1	1		1	3		2	5	63
						6	7	2	13	64
			1				5	—	3	65

I. Staatsbahnen.	294 (Forts.) I. Unfälle a) bei fahrenden Zügen (incl. ihres Aufenthalts auf den Bahnhöfen). Die Unfälle, bei denen Personen nicht verletzt, aber die Fahrzeuge erheblich beschädigt wurden, sind veranlaßt durch: a. Zusammenstoßen [illegible]	b. Entgleisung.	c. [illegible]	d. [illegible]	e. Aus anderen Ursachen	f. [illegible]	g. sonstige Ursachen.		295 zusammen.	296 Bei diesen Unfällen (Kol. 294) wurden zerstört oder stark beschädigt: a. Lokomotiven.	b. Tender.	c. Personenwagen.	d. Lastwagen (u. Gepäckwagen).	e. sonstige Fahrzeuge.	
	Anzahl der Unfälle.									Anzahl.					
1 Badische	—	—	—	—	—	—	. . . . . .		—	—	—	—	—	. . . . . .	
2 Bayerische (u. gepacht. Zwgb.)	—	1	—	—	—	—	. . . . . .		1				3	. . . . . .	
3 Braunschweigische	—	1	1	—	—	—	. . . . . .		2		—	—	4	. . . . . .	
4 Hannoversche	—	—	—	—	—	—	. . . . . .		—	2	—		9	. . . . . .	
5 Main-Neckar	—	—	—	—	—	—	. . . . . .		—					. . . . . .	
6 Main-Weser	—	—	—	—	—	—	. . . . . .						—	. . . . . .	
7 Nassauische	—	—	—	—	—		. . . . . .		—		—	—	—	. . . . . .	
8 Preuß. Niederschles.-Märk.	—	—	—	1	—	1	Zerreißen d. Kuppelung	3	5	2	—		17	. . . . . .	
9 " Ostbahn	—	—	1	1	—	—	. . . . . .		2	1	—	—	2	. . . . . .	
10 " Saarbrücken (u. Trier)	—	—	—	—	—	—	. . . . . .				—	—	—	. . . . . .	
11 " Westfälische	—	—	—	—	—	—	. . . . . .						—	. . . . . .	
12 Sächsische östliche															
a. Sächsisch-Böhmische	—	—	—	—	—	—	. . . . . .		—		—		—	. . . . . .	
b. Sächsisch-Schlesische	—	—	—	—	—	—	Trennung eines Zuges	1	1	1	1	4	7	. . . . . .	
c. Tharandt-Freiberger	—	—	—	—	—	—	. . . . . .			—	—		—	. . . . . .	
13 Sächsische westliche															
a. Niedererzgebirgische	—	—	—	—	—	—	. . . . . .		—		—	—	2	. . . . . .	
b. Obererzgebirgische	—	1	—	—	—	—	. . . . . .		1	—		—	1	. . . . . .	
c. Sächsisch-Bayerische	1	1	—	—	—	—	durch Brand	1	3	—	—		4	. . . . . .	
14 Württembergische	1	3	2	—	1	2	durch Sandsteinbruch [illegible]	1, 1	11	9	1	1	24	Postwagen	2
II. Privatbahnen															
a) unter Staatsverwaltg.															
15 Aach.-Düss.-Ruhrorter {a. Aach.-Düssel.	—	—	—	—	—	—	. . . . . .		—	—	—			. . . . . .	
{b. Ruhrort-Crf.	—	—	—	—	—	—	. . . . . .		—	—	—	—	—	. . . . . .	
16 Bergisch-Märkische	—	4	—	—	—	1	. . . . . .		5	1	—		10	. . . . . .	
17 a. Löbau-Zittauer	—	—	—	—	—	—	. . . . . .		—	—		—	—	. . . . . .	
b. Zittau-Reichenberger	—	—	—	—	—	—	. . . . . .			—	—		—	. . . . . .	
18 a. Oberschlesische	—	—	—	—	—	—	. . . . . .		—	—	—	—	—	. . . . . .	
b. Breslau-Posen-Glogauer	—	—	—	—	—	—	. . . . . .		—	—	—		—	. . . . . .	
19 Stargard-Posener	—	—	—	—	—	—	. . . . . .			—	—	—	—	. . . . . .	
20 Rhein-Nahe-E.	—	—	—	—	—	—	. . . . . .	—	—	—	—	—	—	. . . . . .	
21 Wilhelms-Bahn	—	—	—	1	—	—	. . . . . .		1				2	. . . . . .	
b) in Privatverwaltung.															
22 Aachen-Mastrichter	—			—					—			—	—	. . . . .	
23 Alberts-Bahn		—	—	—	—	—		—	—	—	—	—	—	. . . . .	
24 a. Altona-Kieler	—	—		—	—	—			—	—	—			. . . . .	
b. Rendsburg-Neumünster	—		—	—	—								—	. . . . .	
25 Aussig-Teplitzer	—	—	—	—	—	—					—			. . . . .	
26 Bayerische Ostbahnen	—	1	—	—	—	—			1				1	. . . . .	
27 Berlin-Anhaltische	—	—		—	—									. . . . .	
28 a. Berlin-Hamburger	—	—		—		—									
b. Hamburg-Bergedorfer															
29 Berlin-Potsdam-Magdebg.		—	—	—		—			—	—			—		

(Forts.) I. Unfälle a) bei fahrenden Zügen (incl. ihres Aufenthaltes auf den Bahnhöfen).

Privatbahnen. (Forts.)	294 Die Unfälle, bei denen Personen nicht verletzt, aber die Fahrzeuge erheblich beschädigt wurden, sind veranlaßt durch: a. Zusammenstoß zweier Züge	b. Entgleisung	c. unrichtige Stellung der Weichen	d. [illegible]	e. Achsbrüche	f. Anfahren d. Züge an [illegible] Wagen	g. sonstige Ursachen	Anz.	295 zusammen	296 Bei diesen Unfällen (Col. 294) wurden zerstört oder stark beschädigt: a. Locomotiven	b. Tender	c. Personenwagen	d. Lastwagen	e. sonstige Fahrzeuge
	Anzahl der Unfälle.							Anz.	Anzahl.	Anzahl.				
30 Berlin-Stettiner														
a. Berlin-Stettin-Stargard	—	—	—	—	—	—	. . . . . .	—	—	—	—	—	—	. . . . . .
b. Stargard-Cöslin-Colberg	—	—	—	—	—	—	. . . . . .	—	—	—	—	—	—	. . . . . .
31 Böhmische Westbahn	.	—	—	—	—	1	(durch Bewegung d. Wagen in Folge Sturmes)	2	3	1	1	—	4	. . . . . .
32 Breslau-Schweidnitz-Freib.	2	—	—	—	—	—	. . . . . .	—	2	1	1	—		. . . . . .
33 Brünn-Rossitzer	—	—	—	—	—	—	. . . . . .	—	—	—	—	—	—	. . . . . .
34 Busztěhrader a. Locom.-B.	—	1	—	—	—	—	. . . . . .	—	1	—	—	—	4	. . . . . .
b. Pferde-B.	—	—	—	—	—	—	. . . . . .	—	—	—	—	—	—	. . . . . .
35 Frankfurt-Hanauer	—	—	—	—	—	—	. . . . . .	—	—	—	—	—	—	. . . . . .
36 Galizische Carl-Ludwig-B.	—	2	1	—	—	—	(Entleeren von Theilen aus einem Fahrzeuge während der Fahrt)	1	4	—	—	—	4	. . . . . .
37 Glückstadt-Elmshorner	—	—	—	—	—	—	. . . . . .	—	—	—	—	—	—	. . . . . .
38 Graz-Köflacher	—	—	—	—	—	—	. . . . . .	—	—	—	—	—	—	. . . . . .
39 Hessische Ludwigs-E.	—	—	—	—	—	—	. . . . . .	—	—	—	—	—	—	. . . . . .
40 Homburger	—	—	—	—	—	—	. . . . . .	—	—	—	—	—	—	. . . . . .
41 Kaiser Ferdinands Nordb.	4	6	—	—	—	—	. . . . . .	—	10	6	-	3	16	. . . . . .
42 Kaiserin Elisabeth a. Locom.-Bahn	—	—	—	—	—	—	. . . . . .	—	—	—	—	—	—	. . . . . .
b. Pferde-Bahn	—	—	—	—	—	—	. . . . . .	—	—	—	—	—	—	. . . . . .
43 Cöln-Mindener (u. Gießener)		—	—	—	1	1	. . . . . .	—	2	1	1	2	14	. . . . . .
44 Kurf. Friedr. Wilh. Nordb.		—	—	—	—	—	. . . . . .	—	—	—	—	—	—	. . . . . .
45 Leipzig-Dresdener		—	—	—	—	—	. . . . . .	—	—	—	—	—	—	. . . . . .
46 Ludwigs-E. (Nürnb. Fürth)		—	—	—	—	—	. . . . . .	—	—	—	—	—	—	. . . . . .
47 Lübeck-Büchener		—	—	—	—	—	. . . . . .	—	—	—	—	—	—	. . . . . .
48 Magdeb.-Cöth.-Halle-Leipz.	—	—	—	—	—	—	. . . . . .	—	—	—	—	—	—	. . . . . .
49 a. Magdeburg-Halberstädter	1		1	—	1		. . . . . .	—	3	—	—	—	—	. . . . . .
b. Cöthen-Bernburger		—	—				. . . . . .	—	—	—	—	—	—	. . . . . .
50 Magdeburg-Wittenberger		—	—				. . . . . .	—	—	—	—	—	—	. . . . . .
51 Mecklenburgische		—	—				. . . . . .	—	—	—	—	—	—	. . . . . .
52 Mohács-Fünfkirchner	1	—					. . . . . .	—	1	—	—	—	1	. . . . . .
53 Neisse-Brieger		—	—	—			. . . . . .	—	—	—	—	—	—	. . . . . .
54 Niederländische Rhein-E.	1	—	—	—			. . . . . .	—	1	1	—	—	—	. . . . . .
55 Niederschlesische Zweigbahn	1	—	—		—		([illegible])	1	2	1	—	—	6	. . . . . .
56 a. Oesterreich. nördliche	1	—	—	—	—		. . . . . .	—	1	—	—	—	—	. . . . . .
b. Oesterreich. südliche	—	1					. . . . . .		1	—			—	. . . . . .
c. Wien-Neu-Szőny							. . . . . .							. . . . . .
57 Oppeln-Tarnowitzer				—			. . . . . .				—	—	—	. . . . . .
58 a. Pfälzische Ludwigsbahn							. . . . . .	—			—	—	—	. . . . . .
b. Pfälzische Maximiliansb.							. . . . . .			—	—		—	. . . . . .
59 Rheinische	1	—					. . . . . .	—	—	—		—	—	. . . . . .
60 a. Südbahn, Oesterreichische	2	14					. . . . . .		1	2	1	—	7	. . . . . .
b. Karstrecke			1	11			(durch Achsbruch; d. Herabfallen v. Theilen v. Wagen; d. Brand von Zündungen)	[illegible]	43	-	—	—	—	. . . . . .
c. Venetianische u. Südtirol	1	—					. . . . . .	—	—	—	—	—	—	1
61 Süd-Norddeutsche			1		1		. . . . . .	—	3	1	1	3	15	. . . . . .
62 Taunus-Bahn			—				. . . . . .		—	—	—	—	—	. . . . . .
63 Theiß-Bahn					—		. . . . . .	—	—	—	—	—	—	. . . . . .
64 Thüringische							. . . . . .	—	—	—	—	—	—	. . . . . .
65 Werra-B.		1					. . . . . .	—		1	—	—	2	. . . . . .

(Fortf.) I. Unfälle b) auf den Bahnhöfen,

I. Staatsbahnen.	297: Die Unfälle im Betriebsjahre 1863, bei denen Personen (ohne eigene Schuld) beschädigt oder getödtet wurden, sind veranlaßt durch: a. Rangiren der Züge. Anz.	b. sonstige Ursachen.	Anz.	298: Zusammen Anfälle	299: Bei diesen Unfällen (Sp. 297) wurden unverschuldet: Reisende verl.	get.	300: Bahnbeamte und Arbeiter verl.	get.	301: Dritte Personen verl.	get.	302: Zusammen Personen verl.	get.	303: Außerdem wurden (unabhängig von Bahnbeamten und …): Reisende verl.	get.	304: a. verl.	get.	b. verl.	get.	c. verl.	get.	d. verl.	get.	e. verl.	get.
1 Badische															1			2		1		1	—	
2 Bayerische (u. gepacht. Zwgb.)															—					—			—	—
3 Braunschweigische	1	durch Entladen von Wagen	1	2			2				2										2			
4 Hannoversche	3		1	4			4	1	2		6	1			—		5	1			2	—	—	
5 Main-Neckar	—												—						—	—	—			
6 Main-Weser	—																					—	—	
7 Nassauische	—																		—		—			
8 Preuß. Niederschles.-Märk.	1	[illegible]	1	2				2				2			1			1			—	—		
9 Ostbahn	—		—														2				—			
10 Saarbrücker (u. Trier)	—		—	—											1		1	1	1		—	—	—	
11 Westfälische																			1		—	—	—	
12 Sächsische östliche																								
a. Sächsisch-Böhmische			—																		—	—	—	
b. Sächsisch-Schlesische			—														1				1	1	—	—
c. Tharandt-Freiberger																					—		—	
13 Sächsische westliche																								
a. Niedererzgebirgische	—																					—		
b. Obererzgebirgische																							—	
c. Sächsisch-Bayerische																	1			—				
14 Württembergische	1	[illegible]	1	2				1	1		1	1												
II. Privatbahnen																								
a) unter Staatsverwaltg.																								
15 Aach.-Düss.-Ruhrorter a. Aach.-Düsseld.																		1			—			—
b. Ruhrort-Cref.																		1			—			—
16 Bergisch-Märkische																	2	3	1	1	—			—
17 a. Löbau-Zittauer																					—			—
b. Zittau-Reichenberger																						—		
18 a. Oberschlesische																	5	3	1	1		1		
b. Breslau-Posen-Glogauer																	1	2			—	1		
19 Stargard-Posener																	1				1	—		
20 Rhein-Nahe E.																		1						
21 Wilhelms-Bahn	2			2												1				1			—	
b) in Privatverwaltung.																								
22 Aachen-Mastrichter																								
23 Alberts-Bahn																								
24 a. Altona-Kieler																								
b. Rendsburg-Neumünster																								
25 Aussig-Teplitzer																					2			
26 Bayerische Ostbahnen	1			1													1							
27 Berlin-Anhaltische																					6			1
28 a. Berlin-Hamburger			—																					
b. Hamburg-Bergedorfer																								1
29 Berlin-Potsdam-Magdebg.															1		1				1			

304 | 305 | 306 | 307 | 308

auf der Bahn und bei nicht im Gange befindlichen Zügen.

den Unfällen ad Art. 297) durch eigene Schuld der Betreffenen: Arbeiter f. durch sonstige Ursachen	Dritte Personen a. bei d. unbefugten oder verbotswidrigen Betreten der Bahn, der Bahnhöfe oder Geleise	Dritte Personen b. durch sonstige Ursachen	Zusammen Personen beschädigt	Zusammen Personen getötet	Die Unfälle, bei denen Personen nicht verletzt, aber die Fahrzeuge erheblich beschädigt wurden, sind veranlaßt durch: a. Rangieren der Züge	b. Anfahren der Züge an stillstehende Wagen	c. Entgleisung	d. unrichtiges Stellen der Weichen	e. Achsbrüche	f. sonstige Ursachen	Anz.	Zusammen Anz.	
					Anzahl der Unfälle								
. . . . . .		. . . .	1	4	—					. . . . . .	—	—	1
. . . . . . —		. . . . —			—			—		. . . . . .	—	—	2
. . . . . .		. . . . .	2		3	-	4	2		durch Sturm gegen einen auf der Bahn befindl. leeren Wagen	1	10	3
. . . . . .	1	. . . . . .	7	2	—		—	—		. . . . . .	—		4
. . . . . .		. . . . . . —						-		. . . . . .	—		5
. . . . . .		. . . . . .			—			-		. . . . . .	—	—	6
. . . . . . —		. . . . . .			-					. . . . . .	—	—	7
. . . . . .		. . . .	1	1	1	1		—		. . . . . .	—	2	8
. . . . . .	1	. . . . . . —	2	1		—		-		. . . . . .	—	—	9
. . . . . .			3	1						. . . . . .	—	—	10
. 3		1 —	5			-		—		. . . . . .	—	—	11
. . . . . .											—	—	12 a
. . . . . . —			2	1							—	—	- b
. . . . . .								—			—	—	- c
. . . . . .		. .										—	13 a
. . . . . .		.									—		- b
. . . . . .		.	1								—	—	- c
. . . . . . —		.			3				—		—	3	14
							1					1	15 a
. . .		.	1				1			. . . . . .		1	- b
. . . . —		.	1							durch Blitzschlag; Sturm; ...		9	16
/		3	5		23	2				. . . . . .			17 a
										. . . .	—		- b
. . . — — 1													18 a
. . . .		7	5										- b
		1	3									—	19
		2	1										20
			2										21
													22
											—		23
												—	24 a
												—	- b
		2											25
1 1		1	1										26
		8	4										27
1		1	1										28
2 1		1 7			1							1	29

(Forts.) I. Unfälle b) auf den Bahnhöfen,

Privatbahnen. (Forts.)	297			298	299		300		301		302		303		304									
	Die Unfälle im Betriebsjahre 1863, bei denen Personen (ohne eigene Schuld) beschädigt oder getödtet wurden, sind veranlaßt durch:				Bei diesen Unfällen (K. 297) wurden unverschuldet:										Außerdem wurden (unabhängig von Bahnbeamte u.)									
	a. Rangiren der Züge	b. sonstige Ursachen		Zusammen	Reisende		Bahnbeamte und Arbeiter		Dritte Personen		Zusammen Personen		Reisende		a.		b.		c.		d.		e.	
	Anz.		Anz.	Unfälle	beschäd.	get.	beschäd.	get.	beschäd.	get.	beschäd.	get.	beschäd.	get.	beschäd.	get.	beschäd.	get.	beschäd.	get.	beschäd.	get.	beschäd.	get.
30 Berlin-Stettiner																								
a. Berlin-Stettin-Stargard			—	—									--		—				—	1	5	—	2	—
b. Stargard-Cöslin-Colberg	-		—	—														-	—	-	2	—	—	—
31 Böhmische Westbahn	—		—	—									.			—	—	—	—	—	—	—	—	—
32 Breslau-Schweidnitz-Freib.	1		—	1											1								1	—
33 Brünn-Rossitzer				—											-		—		—	—	-	-	-	-
34 Buschtiehrader a. Locom.-B.	—		—	-											-		-		—	-	—	—	—	—
b. Pferde-B.	—		—	—												-			—	—	—	—	—	—
35 Frankfurt-Hanauer	1		--	1											—		—	1	—		-	-	-	-
36 Galizische Carl-Ludwig-B.	-		—	—												—	1	-	—	-			3	-
37 Glückstadt-Elmshorner	—		—	—													--		—			—	—	—
38 Graz-Köflacher	—		-	—													—		-	-	1	1	—	—
39 Hessische Ludwigs-E.	—		—												-	1		2	—	2	5	—	—	-
40 Homburger	--																		—		-	—	—	—
41 Kaiser Ferdinands Nordb.	2	Platzen ein. Siederohrs	1	3			3	1			3	1	—			2	6	3	1	1	1		—	—
42 Kaiserin Elisabeth a. Locom.-Bahn	4		2	6											—		2	2	- -		1	—	—	-
b. Pferde-Bahn	—														-	—	-	—	—		—	—	—	—
43 Köln-Mindener (u. Gießener)	-	[illegible]	1	1			1	2			1	2		-	—	1	6	6	1	2	5	5	—	—
44 Kurf. Friedr. Wilh. Nordb.	-		—	—														—	—	—	—	-	—	-
45 Leipzig-Dresdener	—		—										-			—	1	—	—	1	—	—	—	—
46 Ludwigs-E. (Nürnb.-Fürth)	1		—	1			1				1					—	—	-		-	-	—	—	—
47 Lübeck-Büchener	-		—	—													—	—	-		—	—	—	—
48 Magdeb.-Cöth.-Halle-Leipz.	—		—	—											2		5	1	1	-	—	—	2	—
49 a. Magdeburg-Halberstädter	—		—	—									—		1	—	2	1	..	—	1	—	—	—
b. Cöthen-Bernburger	-		—	—													-	—	—	—	—	—	—	-
50 Magdeburg-Wittenbergesche	—		—	—												—	1	-	—	1	—	—	—	—
51 Mecklenburgische	--		—	—											—	—	-	—	—	—	-	-	—	—
52 Mohacs-Fünfkirchener	—		—	—									-	—	—	—		—	—	—	1	—	—	—
53 Neisse-Brieger	—		—	—									—			-	-		-		—	—	—	—
54 Niederländische Rhein-E.	—		--	—											-	—	2		2	—	1	-	—	—
55 Niederschlesische Zweigbahn	—		—	—										-	—	—		—	—	—		—	—	—
56 a. Oesterreich. nördliche	—		—	—										—		-	3	—	1	—	4	.	--	—
b. Oesterreich. südöstliche	—		-	—										—	—	1	3	1	—	-	2	...	1	—
c. Wien-Neu-Szönyer			-	—												--	--		—	-	-	—	1	—
57 Oppeln-Tarnowitzer			—	—									—	-	-	—		—	—	-	1	—	—	-
58 a. Pfälzische Ludwigsbahn			—	—										-	—			-	—					—
b. Pfälzische Maximiliansb.	—		-	—														--	-					-
59 Rheinische	—		-	—									-		-		—		—		—	—	--	
60 a. Südbahn, Oesterreichische				—											1	2	5		1	2	--	5	...	-
b. Nordtiroler	—		--	—											—	--				--	-	—	-	
c. Venetianische u. Südtirol.	--		—	—			1				1					--	1			--	—	.	2	
61 Süd-Norddeutsche	--			--											--		1	-	—		—	--		
62 Taunus-Bahn															-	-	-	—			-	—	—	
63 Theiß-Bahn	—			—											1	-	1	-	-	1				
64 Thüringische																	1	-	—	-	-	-	--	
65 Werra-E.				-													-	—	-	--	--	1	--	

304			305					306		307							308	
auf der Bahn und bei nicht im Gange befindlichen Zügen.																		
den Unfällen ad Art. 207) durch eigene Schuld der Betreffenen										Die Unfälle, bei denen Personen nicht verletzt, aber die Fahrzeuge erheblich beschädigt wurden, sind veranlaßt durch:								
Arbeiter f.			Dritte Personen					Zusammen Personen		a. Rangiren der Züge.	b. Anfahren der Züge an still-stehende Wagen.	c. Entgleisung.	d. unrichtiges Stellen der Weichen.	e. Achsbrüche.	f.		Zusammen	
durch sonstige Ursachen			a. [illegible]		b. durch sonstige Ursachen										sonstige Ursachen.			
	verl.	get.	verl.	get.		verl.	get.	verl.	get.	Anzahl der Unfälle.						Anz.	Anz.	
· · · · ·			1		· · · · · ·			7	2			—			· · · · · ·	—	—	30 a
Auf nicht aufgeklärte Weise . .	1				· · · · · ·			2	1	—		—			· · · · · ·	—	—	- b
· · · · · ·		—			· · · · · ·						—	—	—	-	· · · · · ·	—	—	31
· · · · · ·		-			· · · · · ·			2		-		—	—		· · · · · ·	—	—	32
· · ·					· · · · · ·							—	—		· · · · · ·	—	—	33
· · · · ·			1		· · · · · ·				1			—	—		· · · · · ·	—	—	34 a
· · · · ·					· · · · · ·				-				—		· · · · · ·	—	—	- b
· · · · ·					· · · · · ·				1			—		—	· · · · · ·	—	—	35
· · · · ·					· · · · · ·			4			1		-		durch [illegible] v. Wagen / durch [illegible] der Züge	1 / [illegible]	4	36
· · · ·					· · · · · ·				-						· · · · · ·	—	—	37
· · · ·					· · · · · ·			1	1						· · · · · ·	—	—	38
· · · · ·					· · · · · ·			5	5					—	· · · · · ·	—	—	39
durch [illegible] von Pferden	1				· · · · · ·				-		—				· · · · · ·	—	—	40
· · · · ·					· · · · · ·			9	6	-		2	8	—	· · · · · ·	—	10	41
· · · · ·					· · · · · ·			3	2	1	2		2		· · · · · ·	1	6	42 a
· · · ·					· · · · · ·						—	—			· · · · · ·	-	-	- b
· · · ·	4	12	2		[illegible]	2		18	26						· · · · · ·	—	—	43
· · · ·					· · · · ·				-		—				· · · · · ·	-	—	44
· · · ·					· · · · ·			1	1			-			· · · · · ·	—	—	45
· · · · ·					· · · · ·										· · · · · ·	—	—	46
· · · · ·					· · · · ·						-				· · · · · ·	—	—	47
· · · · ·												—			· · · · · ·		—	48
· · · · ·	1							11	1			8			· · · · · ·		8	49 a
· · · · ·								1	1						· · · · · ·			- b
· · · · ·															· · · · ·	-		50
· · · · ·	1							1	1						· · · · · ·			51
· · · · ·									1						· · · · · ·	- -	—	52
· · · · ·								1										53
· ·					· · · ·										· · · · · ·	—		54
· · · · ·					· · ·			5							· · · · ·			55
· · · · ·					· · · ·			8						1	· · · · · ·		--	56 a
· · · · ·					· · · ·			6	2						· · · · · ·		—	- b
· · · · ·					· · · ·			1							· · · · · ·			- c
· · · · ·					· · ·			1							· · · ·	—		57
· · · · ·					· ·										· · · ·	-		58 a
· · · · ·					·										· · · · ·		--	- b
· · · · ·	1	1			·			1	1						· · · · · ·	-	—	59
· · · · ·	2	1			·			9	10	11	4		2	8	durch Sturm .	1	26	60 a
· · · · ·															· · · · · ·			- b
· · · · ·	2							3			1			3	· · · · · ·		4	- c
· · · · ·								3							· · · · · ·	—		61
· · · · ·															· · · · · ·	—	—	62
· · · · ·		1						2	2						· · · · · ·	—		63
· · · · ·								1							· · · · · ·	—	-	64
									1						· · · · · ·	—	—	65

I. Staatsbahnen.	309 (Forts.) I. Unfälle. Bei diesen Unfällen (Kol. 307) wurden zerstört oder stark beschädigt: a. Lokomotiven.	b. Tender.	c. Personenwagen.	d. Lastwagen (u. Gepäckwagen).	e. sonstige Fahrzeuge.	310 II. Achsbrüche. von ... bis Ende 1862.	311 In den früheren Jahren bei Lokomotiven.	312 bei Tendern.	313 a. bei eigenen Personenwagen.	313 b. bei fremden Personenwagen.	314 a. bei eigenen Lastwagen.	314 b. bei fremden Lastwagen.	315 Im Betr.-Jahre bei Lokomotiven.	316 bei Tendern.	317 a. bei eigenen Personenwagen.	317 b. bei fremden Personenwagen.
	Anzahl.						Anzahl der Achsbrüche.						Anzahl der Achs-			
1 Badische	—	—	—	—	—	1840	6	5	2*	—	189*	—	—	—	—	—
2 Bayerische (u. gepacht. Zwgb.)	—	—	—	—	—	1845	—*	—	—	—	120*	—	—	4	—	—
3 Braunschweigische	—	—	1	17	—	1857	1	—	1	—	6	—	—	—	—	—
4 Hannoversche	—	—	—	—	—	1847	6	10	7	—	96	—	—	—	—	—
5 Main-Neckar	—	—	—	—	—	1846	—	4	3	—	16	—	—	—	—	—
6 Main-Weser	—	—	—	—	—	1850	—	2	6	—	14	12	—	—	—	—
7 Nassauische	—	—	—	—	—	1863	—	—	—	—	—	—	—	—	—	
8 Preuß. Niederschles.-Märk.	1	—	—	2	—	1850	13	1	5	—	100	—	1*	—	—	—
9 „ Ostbahn	—	—	—	—	—	1854	5	1	1	—	2	—	3	—	—	—
10 „ Saarbrücker (u. Trier)	—	—	—	—	—	1852	1	1	—	—	—	20	—	1	—	—
11 „ Westfälische	—	—	—	—	—	1850	1	—	3	—	20	—	—	—	—	—
12 Sächsische östliche																
a. Sächsisch-Böhmische	—	—	—	—	—	1849	1	1	—	—	—	—	—	—	—	—
b. Sächsisch-Schlesische	—	—	—	—	—	1847	—	8	9	—	16	—		—	—	—
c. Tharandt-Freiberger	—	—	—	—	—	—	—	—	—	—	—	—	—	—	—	—
13 Sächsische westliche																
a. Niedererzgebirgische	—	—	—	—	—	1847	—	3	2	—	16	—	—	—	—	—
b. Obererzgebirgische	—	—	—	—	—	1858	—	—	—	—	1	—	—	—	—	—
c. Sächsisch-Bayerische	—	—	—	—	—	1843	1	1	1	—	35	—	—	2	—	—
14 Württembergische	—	—	—	7	—	1854	9	6	3		22	—	—	1	—	—
II. Privatbahnen																
a) unter Staatsverwaltg.																
15 Aach.-Düss. Ruhrorter a. Aach.-Düssel.	—	—	—	—	—	1853	2	2	1	—	19	—	—	—	—	—
b. Ruhrort-Crf.	—	—	—	—	—											
16 Bergisch-Märkische	2	2	2	27		1841	6	3	14	—	55	—	—	—	—	—
17 a. Löbau-Zittauer	—	—	—		—	1848	—	4	1	—	4	—	—		—	—
b. Zittau-Reichenberger	—	—	—	—		1859	—	—	—	—	—	—		—	—	—
18 a. Oberschlesische	—	—	—	—	—	1842	2	—	—	—	108	2	—	—	—	—
b. Breslau-Posen-Glogauer	—	—	—	—	—	—	—	—	—	—	—	—	—	—	—	—
19 Stargard-Posener	—	—	—	—	—	1848	—	—	1		4	—		—	—	—
20 Rhein-Nahe-E.	—	—	—	—		1861	—	—	—	—	—	1	—	—	—	—
21 Wilhelms-Bahn	—	—	—	—	—	1846	5	—	1	—	9	1	—			—
b) in Privatverwaltung.																
22 Aachen-Mastrichter	—	—	—	—		1854	—	—	—	—		3	—	—	—	
23 Alberts-Bahn	—	—	—	—	—	1855	—	—	—		20	—			—	
24 a. Altona-Kieler	—	—	—	—	—	1844	2	1	6	—	32	—	—	—	—	
b. Rendsburg-Neumünster		—	—	—		—	—	—	—		—		—	—	—	
25 Aussig-Teplitzer	—	—	—	—		—	—	—	—	—	—	—	—	—	—	
26 Bayerische Ostbahnen	—	—	—	—		1858		1	—	—	—	1		—	—	
27 Berlin-Anhaltische	—	—	—	—	—	1841	12	—	6	—	45			—	1	
28 a. Berlin-Hamburger b. Hamburg-Bergedorfer	—	—	—	—		1848	7	1			48	28	—	—		
29 Berlin-Potsdam-Magdebg.		—	—	1		1858	12	2		—	12	—	—		—	

318		319	320	321	322	
1863 a. bei eigenen	b. bei fremden	Zusammen bis Ende 1863	**Achsbrüche.**	Die Achsbrüche (Col. 319) haben stattgefunden in einem Zeitraume von Jahren:	Durchschnittlich kommen auf ein Jahr	
Lastwagenbrüche.		Achsbr.	Die Achsbrüche sind vorzugsweise vorgekommen:		Achsbr.	
—	—	202	bei Güterwagen mit eisernen Achsen von 5¹/₄" Durchmesser in der Nabe	23	8,78	1
13	—	146	bei Wagen, deren Achsen 45 bis 80 Ctr. Tragkraft hatten	19	7,68	2
—	—	8	bei 4rädrigen Transportwagen-Achsen von geschmiedetem Eisen und 3³/₄—4¹/₂" Durchmesser	7	1,14	3
5	—	121	bei Lastwagen	16	7,73	4
5	—	28	bei 4rädr. Güterwagen mit eisernen Achsen, welche in der Nabe (Bruchstelle) 3" 8"' stark waren	18	1,56	5
—	3	37	bei Lastwagen-Achsen unter 4¹/₂" im Durchmesser	14	2,5	6
—	1	1	bei einem Güterwagen	1	1,0	7
—	—	126	bei Lastwagen mit Patent-Bündelachsen	14	8,57	8
—	—	12	bei Schnellzugs-Locomotiven nach Crampton'schen System, mit Blindachsen von Feinkorneisen u. 5" Durchm.	10	1,20	9
1	6	30	bei Mobilenwagen	12	2,50	10
—	—	24	bei offenen Güterwagen	13	1,85	11
—		2	bei einer eisernen Maschinen-Vorderachse v. 6¹/₁₆" u. einer eisernen Tenderachse v. 3¹/₂" Durchm.	15	0,13	12a
—		33	bei eisernen Tenderachsen v. 4¹³/₁₆" u. dergl. Personen- u. Güterwagen-Achsen v. 3³/₄" Durchm.	17	1,94	- b
—			. . . .	—	—	- c
—		21	bei eisernen Güterwagen-Achsen von verschiedenen Dimensionen	16	1,31	13a
		1	bei einer eisernen Achse von 3¹/₂" Stärke in der Nabe	6	0,17	- b
		40	bei 4rädr. Transportwagen mit Achsen von gehämmertem Eisen und 3¹/₂" Stärke in der Nabe	21	1,90	- c
		14	bei den zu den ältesten Anschaffungen gehörenden 4rädr. Lastwagen mit schmiedeeisernen Achsen	9	4,49	14
—		25	bei bedeckten Güterwagen mit Achsen von gewalztem Eisen	11	2,27	15
		82	bei Personenwagen und 4rädrigen Güterwagen; die Achsen waren theils Patent-Bündelachsen, theils von geschmiedetem Feinkorneisen	23	3,57	16
		9	bei eisernen Tenderachsen von 3¹/₂ u. 3³/₄" u. dergl. Lastwagenachsen v. 3¹/₁₆ u. 4¹/₂" Durchm.	15	0,60	17a
			. . . .			- b
—		112	bei 6rädr. mit englischen Bordachsen versehenen Fahrzeugen mit 3¹/₂" Durchm. an der Schenkelnabe	22	5,09	18a
—		—	. . . .	—	—	- b
		6	bei Lastwagen mit Patent-Bündelachsen von 2³/₄—3¹/₂" Durchmesser	15	0,40	19
		1	bei Lastwagen	3	0,33	20
—		16	bei Güterwagen mit Patent-Bündelachsen von 3³/₄—4" Durchmesser	18	0,89	21
		3	bei Güterwagen mit Patent-Bündelachsen	10	0,30	22
		32	bei den für die Zweigbahnen bestimmten Kohlenwagen mit 3¹/₂" starken Achsen von Walzeisen u. harten Lagern	9	3,56	23
—		41*	bei 6rädr. Personen- u. bei 4-, 6-, u. 8rädr. Güterwagen mit Achsen von [illegible]—4" Durchm. mit kurzen Naben	20	2,05	24a
—			. . . .	—	—	- b
2		2	bei Lastwagen mit Hohlachsen	1	2,0	25
—		2	bei einer Tender- und einer Güterwagen-Achse	5	0,40	26
—		64	bei Krummachsen von Locomotiven u. 6rädrigen Güterwagen mit Patent-Bündelachsen von 3¹/₂" Durchmesser	22	2,91	27
1		85*	bei 4- und 6rädrigen Güterwagen mit Patent-Bündelachsen	16	5,31	28
—		26	bei Locomotiven und bei Lastwagen mit Patent-Bündelachsen	8	3,25	29

Privatbahnen. (Forts.)	309 (Forts.) I. Unfälle. Bei diesen Unfällen (Kol. 307) wurden zerstört oder stark beschädigt: a. Lokomotiven.	b. Tender.	c. Personenwagen.	d. Lastwagen.	e. sonstige Fahrzeuge.	310 II. Achsbrüche. von … bis Ende 1862.	311 In den früheren Jahren bei Lokomotiven.	312 bei Tendern.	313 a. bei eigenen Personenwagen.	313 b. bei fremden Personenwagen.	314 a. bei eigenen Lastwagen.	314 b. bei fremden Lastwagen.	315 Im Betr.-Jahre bei Lokomotiven.	316 bei Tendern.	317 a. bei eigenen Personenwagen.	317 b. bei fremden Personenwagen.
	Anzahl.				Anz.		Anzahl der Achsbrüche.						Anzahl der Achs-			
30 Berlin-Stettiner																
a. Berlin-Stettin-Stargard		—	—	—	. . . . . . —	1842	4	—	2	—	21	—	—	—		
b. Stargard-Cöslin-Colberg	—	—		—	. . . . . . —	—	—	—	—	—	—	—	—	—		
31 Böhmische Westbahn	—	—	—	—	. . . . . . —	—	—	—	—	—	—	—	—	—		
32 Breslau-Schweidnitz-Freib.	—	—	—	—	. . . . . . —	1852	1	—	—	—	57	—	—	—		
33 Brünn-Rossitzer	—	—	—	—	. . . . . . —	—	—	—	—	—	—	—	—	—	—	—
34 Buschtehrader a. Locom.-B.	—	—	—	—	. . . . . . —	—	—	—	—	—	—	—	—	—	—	—
b. Pferde-B.	—	—	—	—	. . . . . . —	—	—	—	—	—	—	—	—	—	—	—
35 Frankfurt-Hanauer	—	—	—	—	. . . . . . —	1848	—	—	1	—	—	6	—	—	—	
36 Galizische Carl-Ludwig-B.	—	—	—	5	. . . . . .	1859	—	4	—	—	10	—	—	—	—	—
37 Glückstadt-Elmshorner	—	—	—	—	. . . . . .	—	—	—	—	—	—	—	—	—	—	—
38 Graz-Köflacher	—	—	—	—	. . . . . .	1860	—	—	—	—	1	1	—	—	—	—
39 Hessische Ludwigs-E.	—	—	—	—	. . . . . .	1860	—	—	—	—	—	2	—	—	—	—
40 Homburger	—	—	—	—	. . . . . .	—	—	—	—	—	—	—	—	—	—	
41 Kaiser Ferdinands Nordb.	—	—	—	6	. . . . . .	1857	in Kolonne 314a				170*	i. K. 314a	5	6	—	1
42 Kaiserin Elisabeth a. Locom.-Bahn	8	—	11	—	. . . . . . —	1859	—	—	—	—	8	—	—	—	—	—
b. Pferde-Bahn	—	—	—	—	. . . . . .	1861	—	—	10	—	714	—	—	—	8	—
43 Köln-Mindener (u. Gießener)	—	—	—	1	. . . . . .	1846	2	9	1	2	30	15	—	1	—	—
44 Kurf. Friedr. Wilh. Nordb.	—	—	—	—	. . . . . .	1848	—	2	—	3	3	5	—	—	—	—
45 Leipzig-Dresdener	—	—	—	—	. . . . . .	1849	5	3	2	—	30	—	2	—	—	—
46 Ludwigs-E. (Nürnb.-Fürth)	—	—	—	—	. . . . . .	1836	6	2	4	—	—	—	—	—	—	—
47 Lübeck-Büchener	—	—	—	—	. . . . . .	1851	—	—	3	—	25	2	—	—	—	—
48 Magdeb.-Cöth.-Halle-Leipz.	—	—	—	—	. . . . . .	1854	4	—	—	—	—	2	1	1	—	—
49 a. Magdeburg-Halberstädter	—*	—*	—	—	. . . . . . —	1855	1	—	—	—	7	—	—	—	—	—
b. Cöthen-Bernburger	—	—	—	—	. . . . . . —	1857	1	—	—	—	1	—	2	—	—	—
50 Magdeburg-Wittenbergesche	—	—	—	—	. . . . . . —	1849	—	1	2	—	5	—	—	—	—	—
51 Mecklenburgische	—	—	—	—	. . . . . . —	1847	—	—	—	—	21	—	—	—	—	—
52 Mohacs-Fünfkirchener	—	—	—	—	. . . . . . —	—	—	—	—	—	—	—	—	—	—	—
53 Neisse-Brieger	—	—	—	—	. . . . . . —	—	—	—			—	—	—	—	—	—
54 Niederländische Rhein-E.	—	—	—	—	. . . . . . —	1855	6	—	—	—	6	—	—	—	—	—
55 Niederschlesische Zweigbahn	—	—	—	—	. . . . . .	1847	—		—	—	12	—	—	—	—	—
56 a. Oesterreich. nördliche	—	—	—	—	. . . . . .	1856	10	22	1	—	51	3	2	5	1	1
b. Oesterreich. südöstliche	—	—	—	—	. . . . . .	1856	3	5	4	—	106	2	—	1	—	
c. Wien-Neu-Szönyer	—	—	—	—	. . . . . .	1856	2	1	2	—	41	—	—	—	—	—
57 Oppeln-Tarnowitzer		—	—	—	. . . . . .	—	—	—	—	—	—	—	—	—	—	—
58 a. Pfälzische Ludwigsbahn		—	—	—	. . . . . .	1859			2	—	25	—	—	—	—	—
b. Pfälzische Maximiliansb.	—	—	—	—	. . . . . .	1863	—	—	—	—	—	—	—	—	—	—
59 Rheinische	—	—	—	—	. . . . . .	1850	7	1	1	—	13	2	—	—	—	—
60 a. Südbahn, Oesterreichische	—	—	—	—	. . . . . .	1857	24	24	i. K. 314a		424*	i. K. 314a	10	2	—	—
b. Nordtiroler	—	—	—	—	. . . . . .	—	—	—	—	—	—	—	—	—	—	
c. Venetianische u. Südtirol.	—	—	1	3	. . . . . .	1843	16	—	7	—	22	—	2	—	—	
61 Süd-Norddeutsche	—	—	—	—	. . . . . .	1859	1	—	—	—	—	3	—	—	—	—
62 Taunus-Bahn		—		—	. . . . . .	1840	19	4	3	—	20	—	—	—	—	
63 Theiß-Bahn	—	—		—	. . . . . .	1858	—	—	1	—	4	6	—		—	
64 Thüringische		—	—	—	. . . . . .	1846	6	12	12*	2	38*	14	—	1	—	
65 Werra-E.	—	—	—	—	. . . . . .	1859	—	1	—	—	—	2	—	—	—	

Achsbrüche.

318 1863 a. bei eigenen Lastwagen-brüche	318 1863 b. bei fremden Lastwagen-brüche	319 Zusammen bis Ende 1863 Achsbr.	320 Die Achsbrüche sind vorzugsweise vorgekommen:	321 Die Achsbrüche (Kol. 319) haben stattgefunden in einem Zeitraume von Jahren:	322 Durchschnittlich kommen auf ein Jahr Achsbr.	
—	—	27	bei Güterwagen mit Patent-Bündelachsen von 3⅛ bis 3½" Durchmesser in der Nabe	21	1,29	30a
—	—	—	. . . .	—	—	-b
—	—	—	. . . .	—	—	31
1	—	59	bei Lastwagen mit schmiedeisernen Achsen von 3½" Stärke in der Nabe	12	4,92	32
—	—	—	. . . .	—	—	33
—	1	1	bei einem Kohlenwagen mit Hohlachsen	1	1,0	34a
—	—	—	. . . .	—	—	-b
—	—	7	bei Lastwagen	15	0,47	35
—	1	15	bei 4rädrigen Güterwagen mit englischen Hohlachsen von 4" Nabenstärke	5	3,0	36
—	—	—	. . . .	—	—	37
—	—	2	bei einem Kohlenwagen mit Hohlachsen und einem Kohlenwagen mit cylindrischen Achsen von 4½" Durchm.	4	0,50	38
—	—	2	bei einem offenen und einem bedeckten Güterwagen	4	0,50	39
34	—	—	. . . .	—	—	40
1	—	225	bei 4rädrigen offenen Kohlenwagen mit schmiedeisernen Achsen von 4" Stärke	7	32,14	41
240	—	9	bei Lastwagen	5	1,80	42a
3	3	972	bei Lastwagen	3	324,0	-b
—	2	68	bei einer Achse von gewalztem Eisen am Tender einer Rangirmaschine, bei eisernen Bündel- und Gußstahlachsen an 4- und 6rädrigen Güter- und Kentilienwagen	18	3,77	43
—	—	15	bei offenen Güterwagen mit eisernen Achsen von 3½" Nabenstärke	16	0,94	44
—	—	48	bei Lastwagen	15	3,20	45
3	—	12	bei Kurbelachsen der Lokomotiven	28	0,43	46
1	—	33	bei Güterwagen mit Achsen von gehärtetem Gußstahl und 3½" im Durchmesser	12	2,75	47
—	—	9	bei Lokomotiv-Achsen	10	0,90	48
—	—	8	bei Lastwagen mit schmiedeisernen Achsen von 3½" im Durchmesser	9	0,89	49a
—	—	4	bei Lokomotiven	7	0,57	-b
—	—	8	bei Lastwagen mit Hohlachsen von 3½ und 3¾" Nabenstärke	15	0,53	50
—	—	21	bei Güterwagen mit eisernen Achsen von 3½" (engl.) im Durchmesser	17	1,24	51
—	—	—	. . . .	—	—	52
1		—	. . . .	—	—	53
—	—	13	bei Lastwagen	9	1,44	54
5	1	12	bei offenen 4- und 6rädrigen Güterwagen mit 3½ und 3¾" starken Patent-Bündelachsen	17	0,71	55
12	1	106	bei Lastwagen mit Hohlachsen	8	13,25	56a
1	—	134	bei Lastwagen mit Hohlachsen	8	16,75	-b
—	—	47	bei Lastwagen mit Hohlachsen	8	5,88	-c
3	—	—	. . . .	—	—	57
1	—	30	bei Lastwagen mit Achsen von gewöhnlichem Gußeisen, mit Lagerkasten von Metall und Kompositionsfutter, und mit Leitschmier-Einrichtung	5	6,0	58a
2	—	1	bei einem Kohlenwagen	1	1,0	-b
5	—	26	bei Kramm-Achsen der Lokomotiven und bei 3½" starken Achsen der Lastwagen	14	1,86	59
—	—	189	bei Wagenachsen aus den Jahren 1847, 1850 und 1851 mit Stummeln von 2½ Zoll	7	69,14	60a
—	—	—	. . . .	—	—	-b
1	1	47	bei Güterwagen	—	—	-c
2		6	bei Lastwagen	5	1,20	61
		48	bei Kurbelachsen der Lokomotiven und bei Lastwagen mit schmiedeisernen Achsen von 3¾" Nabenstärke	24	2,0	62
—	—	11	bei bedeckten Lastwagen mit cylindrischen Achsen aus Schmiedeeisen, abgedreht und gewalzt, welche zwischen den Rädern 5" und in der Nabenöffnung 3½" Durchmesser hatten	6	1,83	63
—	—	85	bei Güterwagen mit Bündelachsen von 3½" Stärke	17	5,0	64
		3	bei Lastwagen	5	0,60	65

I. Staatsbahnen.	323 III. Schienenbrüche. In den früheren Jahren (seit dem Bestehen d. Bahn) a. bei Stahlschienen.	323 b. bei breitbasigen.	324 Im Betr.-Jahre 1863 a. bei Stahlschienen.	324 b. bei breitbasigen.	325 Zusammen bis Ende 1863	326 Gewicht der gebrochenen Schienen pro laufenden Fuß	327 IV. Verkehrs-Störungen im Betriebs-Jahre 1863. Dieselben sind veranlaßt durch: Einsturz von Tunnels	328 Dammrutschung	329 Schneefall	330 Wasserfluthen	331 Sonstige Ereignisse	331	332 Dauer der Unterbrechung
	Anzahl der Brüche.		Anzahl der Brüche.		Schienen.	Pfd.	Anzahl der Verkehrs-Störungen.						Tage.
1 Badische	—	11		9	20	23,5	—				. . .		
2 Bayerische (u. gepacht. Zwgb.)	—	181	—	—	181	14—20			—		. . .	—	—
3 Braunschweigische	—	—	—	—		—		—	—		. . .	—	—
4 Hannoversche	—	81		5	86	20,83		—	—	—	. . .		—
5 Main-Neckar	—	—	—	—	—	—			—	—	. . .	—	
6 Main-Weser	—	6			6	20,24	—		—		. . .		
7. Nassauische	—	—	—	—	—	—	—	—	—	—	. . .		
8 Preuß. Niederschles.-Märk.	—	254		20	274	20,8—22,9			—	—	. . .		
9 " Ostbahn	—	1		—	1	20,75	—		—		Entgleisung v. Wagen	1	1
10 " Saarbrücker (u. Trier)	13	8			21	24 u. 24 ½		—	—		. . .	—	
11 " Westfälische					—			—	—	—	. . .	—	
12 Sächsische östliche													
a. Sächsisch-Böhmische		107		3	110	14 u. 16	—		—	—	. . .		
b. Sächsisch-Schlesische		30		3	33	16 u. 17				—	. . .	—	
c. Tharandt-Freiberger			—	—	—	—	—	—	—	—	. . .		—
13 Sächsische westliche													
a. Niedererzgebirgische	6	5	—	—	11	15—16	—	—	—	—	. . .	—	—
b. Obererzgebirgische									—	—	. . .	—	—
c. Sächsisch-Bayerische	20	61		9	90	11 u. 16	—	—		—	. . .	—	—
14 Württembergische	—			—	—		—	1	—		. . .	—	18
II. Privatbahnen													
a) unter Staatsverwaltg.													
15 Aach.-Düss. a. Aach.-Düssel.	—				—			—			. . .	—	
Ruhrorter b. Ruhrort-Cref.	—	—						—	—		. . .	—	
16 Bergisch-Märkische	128				128	20					. . .	—	
17 a. Löbau-Zittauer		2			2	17					. . .		
b. Zittau-Reichenberger				—		—		—			. . .		
18 a. Oberschlesische	17	24		1	42	16,8 resp. 20,6	—	—			. . .	—	—
b. Breslau-Posen-Glogauer		7		—	7	20,12	—				. . .	—	—
19 Stargard-Posener											. . .		
20 Rhein-Nahe-E.					—	—					. . .	—	
21 Wilhelms-Bahn	—	56		3	59	22					. . .	—	
b) in Privatverwaltung.													
22 Aachen-Mastrichter		—				—	—				. . .	—	—
23 Alberts-Bahn		—	—		—	—					. . .	—	
24 a. Altona-Kieler		12		1	13	17,16					. . .		
b. Rendsburg-Neumünster		—						—			. . .	—	
25 Aussig-Teplitzer		—									. . .		
26 Bayerische Ostbahnen							—			—	. . .	—	
27 Berlin-Anhaltische	8	2			10	18,7—19,5		—		—	. . .	—	
28 a. Berlin-Hamburger b. Hamburg-Bergedorfer		1			1	20,61							
29 Berlin-Potsdam-Magdebg.	32	1			33	17,44—20,[illegible]					. . .	—	

II. Privatbahnen. (Forts.)	323 a. bei Stuhlschienen	323 b. bei breitbasigen	324 a. bei Stuhlschienen	324 b. bei breitbasigen	325	326	327	328	329	330	331	332
	III. Schienenbrüche.						IV. Verkehrs-Störungen im Betriebs-Jahre 1863.					
	In den früheren Jahren (seit dem Bestehen d. Bahn)		Im Betr.-Jahre 1863		Zusammen bis Ende 1863	Gewicht der gebrochenen Schienen pro laufenden Fuß	Dieselben sind veranlaßt durch: Einsturz von Dammwerken	Dammrutschung	Schneefall	Wasserfluthen	sonstige Ereignisse	Dauer der Unterbrechung
	Anzahl der Brüche		Anzahl der Brüche		Schienenbr.	Z.-Pfd.	Anzahl der Verkehrs-Störungen					Tage
30 Berlin-Stettiner												
a. Berlin-Stettin-Stargard		31	—	1	32	15,xx—22,x	—			—	...	—
b. Stargard-Cöslin-Colberg		86	—	1	87	23	—		—	—	...	—
31 Böhmische Westbahn	—	—	—	—	—	—	—			—	...	—
32 Breslau-Schweidnitz-Freib.	—	—	—	—	—	—	—	—		—	...	—
33 Brünn-Rossitzer	—	—	—	—	—	—	—	—		—	...	—
34 Buschtěhrader a. Locom.-B.	—	—	—	—	—	—	—		—	—	...	—
b. Pferde-B.		—		—	—	—	—		—	—	...	—
35 Frankfurt-Hanauer		—		—	—	—	—			—	...	—
36 Galizische Carl-Ludwig-B.	—	—	—	—	—	—	—	—	—	—	...	—
37 Glückstadt-Elmshorner		—	—	—	—	—	—	—	—	—	...	—
38 Graz-Köflacher		—	—	—	—	—	—	—	—	—	...	—
39 Hessische Ludwigs-E.	—	—	—	—	—	—	—	—	—	—	...	—
40 Homburger	—	—	—	—	—	—	—	—	—	—	...	—
41 Kaiser Ferdinands Nordb.	81[illegible]	8	—	—	826	12,xx resp. 23	—	—	—	—	...	—
42 Kaiserin Elisabeth a. Locomot.-B.	—	—	—	—	—	—	—	—	—	—	...	—
b. Pferde-B.	—	—	—	—	—	—	—	—	3	—	...	—
43 Köln-Mindener (u. Gießener)	[illegible]	94		6	101	20—24	—	—	—	—	...	—
44 Kurf. Friedr. Wilh. Nordb.	—	—		—		—	—	—	—	—		—
45 Leipzig-Dresdener	3[illegible]	—	—	—	33	13	—	—	—	—		
46 Ludwigs-E. (Nürnb.-Fürth)	10[illegible]	—	—	—	104	9,x	—	—	—	—	...	—
47 Lübeck-Büchener	—	1	—	—	1	21,x	—	—	—	—	...	—
48 Magdeb.-Cöth.-Halle-Leipz.	—	—	—	—	—	—	—	—	—	—	...	—
49 a. Magdeburg-Halberstädter	3	4	—	—	7	20,xx resp. 15,xx	—	—	—	—	...	—
b. Cöthen-Bernburger	—	—	—	—	—		—	—	—	—	...	—
50 Magdeburg-Wittenberge'sche	—	—		—	—	—	—	—	—	—	...	—
51 Mecklenburgische	28	—	1	—	29	15,xx u. 18,xx	—	—	—		...	—
52 Mohacs-Fünfkirchener		—	—	—	—	—	—	—	—	—	...	—
53 Neisse-Brieger	—	—	—	—	—	—	—	—	—	—	...	—
54 Niederländische Rhein-E.	—	—	—	—	—	—	—	—	—	—	...	—
55 Niederschlesische Zweigbahn	—	9	—	—	9	18	—	—	—	—	...	—
56 a. Oesterr. nördliche	1707	47	—	12	1766	[illegible] u. 23,xx	—	—	—	—	...	—
b. Oesterr. südöstliche	—	31		1	32	22[illegible]	—	1	—		...	4*
c. Wien-Neu-Szőnyer	—	5	—	1	6	2[illegible],24	—	—	—	—		—
57 Oppeln-Tarnowitzer	—	—	—	—	—	—	—	—	—	—	...	—
58 a. Pfälzische Ludwigsbahn	—	—	—	—	—	—	—		—	—	...	—
b. Pfälzische Maximiliansb.	—	—	—	—	—	—	—	—	—	—		—
59 Rheinische	—*	—		3	3	22,x		—	—	—	...	—
60 a. Südbahn, Oesterreichische	—*	—	—	3	3	23	—	—	—	—	...	—
b. [illegible]	—	—	—	1	1	22,x	—	—	—	—	...	—
c. Venetianische u. Südtirol.	—	—	—	—	—	—	—		—	—	...	—
61 Süd-Norddeutsche	—	10	—	3	13	22,x	—	—	—	—		—
62 Taunus-Bahn	29	—	—		29	18,x		—	—			—
63 Theiß-Bahn	—	44	—	—	44	22,x	—	—	—	—	...	—
64 Thüringische		44	—	1	45	17—20	—	—	—	—	...	—
65 Werra-E.	—	—		—	—	—	—	—	—	—	...	—

Abschnitt F.

Uebersicht der angestellten Beamten und beschäftigt gewesenen Arbeiter.

Die betreffenden Nachrichten sind in der Statistik pro 1859 enthalten.

Abschnitt G.

Stand der Beamten-Pensions- und Unterstützungs-Kasse.

I. Staatsbahnen.	333	334	335	336	337	338	339	340	
	Einnahme pro 1863.								
	Bestand am Schlusse des Jahres 1862.	Zinsen.	Einlagen der Betheiligten.	Zuschuß aus Gesellschafts- oder Staatsfonds.	Coursgewinn von Werthpapieren.	Außerordentliche Einnahmen (Strafgelder, Geschenke ꝛc.).	Ueberhaupt.	Pensionen a. an Beamte.	Pensionen b. an Wittwen.
	Thlr	Thlr	Thlr	Thlr	Thlr	Thlr	Thlr	Thlr	Thlr
1 Badische	—*	—	—	—	—		—	—	—
2 Bayerische (u. gepacht. Zwgb.)	397 023	22 319	44 974	11 429		4835	83 557	13 259	10 889
3 Braunschweigische	60 740	2103	24 098		928		27 129	113	785
4 Hannoversche	—	—	—			—		—	
5 Main-Neckar	7367	260	—	382	—	601	1243	—	—
6 Main-Weser	—*	—	—		—		—	—	
7 Nassauische	—*	—	—	—		—	—	—	
8 Preuß. Niederschles.-Märk.	240 300	14 021	24 671	6363*	—	843	45 998	8651	8030
9 " Ostbahn	240 134	in Col. 338	19 952	13 080	in Col. 338	52 783	85 815	506	1726
10 " Saarbrücker (u. Trier)	47 100	2185	8306	2233	212	67	13 003	18	395
11 " Westfälische	112 129	4596	8206	3270*	156	191	16 417	326	570
12 Sächsische östliche a. Sächsisch-Böhmische, b. Sächsisch-Schlesische, c. Tharandt-Freiberger; 13 Sächsische westliche a. Niedererzgebirgische, b. Obererzgebirgische, c. Sächsisch-Bayerische	224 142	9434	13 361	7413		1733	31 881	1398	5461
14 Württembergische	114 665	5448	13 619	1143	—	1067	21 777	538	471
II. Privatbahnen									
a) unter Staatsverwaltg.									
15 Aach.-Düss.-Ruhrorter a. Aach.-Düssel.	94 741*	4199	6539	2550	50	1532	11 870	1181	1071
15 b. Ruhrort-Cref.	20 695	949	1839	850	—	414	4052	430	—
16 Bergisch-Märkische	189 805*	7778	21 014	5616	—	3957	38 365	794	1989
	23 678	1002	1907	2340	17	—	5266	—	—
17 a. Löbau-Zittauer	—*	—	—	—	—	—	—	—	—
b. Zittau-Reichenberger	—*	—			—			—	—
18 a. Oberschlesische, b. Breslau-Posen-Glogauer	284 763	12 151	18 075	7560	—	400	38 186	7273	5811
19 Stargard-Posener	69 121	3238	4356	3300	—	—	10 894	1398	1365
20 Rhein-Nahe-E.	27 186	1389	5368	2437	28	916	10 138	144	250
21 Wilhelms-Bahn	72 022	3221	3786	3000	621	130	10 758	873	630
b) in Privatverwaltung.									
22 Aachen-Mastrichter	84		—	72	—	130	202	—	
23 Alberts-Bahn	1503*	50	—	—	—	101	151	—	—
24 a. Altona-Kieler	53 640	3086	1708	1500	—	1454	7748	1012	2138
b. Rendsburg-Neumünster	8475	864	267	—	—	126	1257		212*
25 Aussig-Teplitzer	14 135	1143	1138	725	20	—	3026	—	36
26 Bayerische Ostbahnen	80 268	4386	9411	14 343	—	1501	29 731	128	345
27 Berlin-Anhaltische	184 240	8007	15 330	5687	950	553	30 527	3236	1504
28 a. Berlin-Hamburger	254 267	12 483	9571	5000	251	3212	30 517	1423	3510
b. Hamburg-Bergedorfer	—	—	—	—	—	—	—	—	—
29 Berlin-Potsdam-Magdebg.	58 693	2657	6475	1600	179	—	10 911	4981	1667

341	342	343	344	345	346	347	348	349	350		351	352	
Ausgabe pro 1868.									Im Jahre 1868 erhielten:				
									Pensionen				
Kinder-Erziehungs-Gelder.	Temporaire Unterstützungen.	Zurück erstattete Beiträge.	Courtage bei Werthpapieren.	Arzt-, Verpflegungs- u. Beerdigungs-Kosten, Honorar für Aerzte u. dergl.	Sonstige Ausgaben (als Druck- u. Schreibkosten etc.).	Ueberhaupt.	Bestand der Kasse ultimo 1868.	Zahl der Betheiligten.	a. invalide Beamte.	b. Beamten-Wittwen.	Erziehungsgelder.	temporaire Unterstützungen.	
Thlr.	Thlr.	Thlr.	Thlr.	Thlr.	Thlr.	Thlr.	Thlr.		Personen		Kinder	Pers.	
							–				–	–	1
incl. [illegible]	10811	2731	–	6799	249	44 738	135 812	5760	101	633	in Sol. [illegible]	853	2
374	8667*		–	4542		14 481	73 388	7010	4	64	42	2164	3
– –		–									–	–	4
	382	–				382	8228					22	5
–			–						–		–	–	6
			– –				—			–	–	–	7
2230		3564	1218		277	24 183	362 115	1871	110	174	205	–	8
1040	150	3550	in Sol. [illegible]	in Sol. [illegible]	41 150	48 182	277 767	2051	16	53	90	5	9
284	20	3297	232		1	4247	53 856	600	1	10	22	4	10
710	–	654	602			2862	125 684	821	11	21	76		11
265	317	1201	854		105	9748	246 305	2471	37	172	36	12	12 u. 13
202	106	568			15	1923	131 312	1091	9	30	63	6	14
822 983	2010 120	116		320 54		5101	101 207 21 027	406 130	12 2	22	87		15
	1289	26		3 1		729 5058	223 112 28 913	1493 77	11 –	42	83		16
						1							17 a
													– b
1405 349 20	1506	565	500	2		16 718	2 406 231	1744	71	130	171	2	18
107 8		170	245	24		3637	78 378	302	15	30	36	1	19
[illegible]	2514	116		111		3072	31 252	563	1	7	6		20
	156			9		1658	81 112	367	12	16	28		21
			285			286	–						22
61							165 4						23
			84	3		3358	58 030*	377	11	57	15	3	24 a
	171		—	7		6400	9012*	excl. 57					– b
70						356	17 125	excl. 80		1			25
16				3		5017	109 152	2500	5	13		4	26
327	250	393	777	361		673 259	208 428	1072	35	16	2		27
				477		57 257	279 047	1080	24	104	14		28 a
94													– b
	326		14	12		7225	62 379	6101	60	51	16		29

Privatbahnen. (Forts.)	333 Bestand am Schlusse des Jahres 1862.	334 Einnahme pro 1863. Zinsen.	335 Einlagen der Betheiligten.	336 Zuschuß aus Gesellschafts- oder Staatsfonds.	337 Coursgewinn von Werthpapieren.	338 Außerordentliche Einnahmen (Strafgelder, Geschenke rc.).	339 Ueberhaupt.	340 Pensionen a. an Beamte.	b. an Witwen.
	Thlr.	Thlr.	Thlr.	Thlr.	Thlr.	Thlr.	Thlr.	Thlr.	Thlr.
30 Berlin-Stettiner									
a. Berlin-Stettin	141 844	6443	9630	2169		265	18 507	2087	217
b. Stettin-Stargard	12 143	549	1012	600	—	108	2269	322	29
c. Stargard-Cöslin-Colberg	20 650	924	4566	2736	—	236	8462	—	
31 Böhmische Westbahn	4134	337	8248	—	—	234	8819	—	834
32 Breslau-Schweidnitz-Freib.	59 385	2573	4128	4000	—	1140	11 841	1659	1095
33 Brünn-Rossitzer	—*	—	—	—	—	—	—	—	—
34 Buschtěhrader a. Locom.-B. b. Pferde-B.	34 059	2749	1053	759	—	117	4678	874	1292
35 Frankfurt-Hanauer	12 757	669	1159	3429	—	399	5656	58	248
36 Galizische Carl-Ludwig-B.	99 079	5537	12 950	6607	1615	594	27 303	—	179
37 Glückstadt-Elmshorner	*	3	225	332	—	105	665	—	—
38 Graz-Köflacher	1180	115	958	667		96	1836	—	—
39 Hessische Ludwigs-E.	36 819	1772	4554	4571		980	11 877	—	288
40 Homburger	—	—	—	—	—	—	—	—	—
41 Kaiser Ferdinands Nordb.	819 981	40 500	34 917	16 666	—	1460	93 543	7155	9685
42 Kaiserin Elisabeth a. Locom.-Bahn b. Pferde-Bahn	121 623	6075	11 689	11 689	2900	1593	33 946		514
43 Köln-Mindener (u. Gießener)	295 890	14 791	23 301	8710	1126	3520	51 448	1493	232
44 Kurf. Friedr. Wilh. Nordb.	76 584	3401	3910	2972	2	695	10 980	483	1021
45 Leipzig-Dresdener	120 699	6223	5395	5000	—	658	17 276	1658	3697
46 Ludwigs-E. (Nürnb.-Fürth)	1872	85		229	—	—	314	—	—*
47 Lübeck-Büchener	19 690	768	803	—	—	386	1957	—	135
48 Magdeb.-Cöth.-Halle-Leipz.	114 341	6164	5260	1000	152	1833	14 409	6439	4223
49 a. Magdeburg-Halberstädter	44 397	3106	2420	—	—	1670	7196	1003	637
b. Cöthen-Bernburger	—*	—	—	—	—	—	—	—	—
50 Magdeburg-Wittenbergesche	59 801	2700	2007	600	—	1479	6786	241	569
51 Mecklenburgische	48 997	2227	1173	800	—	1718	5918	66	118
52 Mohacs-Fünfkirchener	—*	—	—	—	—	—	—	—	—
53 Neisse-Brieger	13 774	577	767	600	303	32	2279	270	139
54 Niederländische Rhein-E.	5930*	299	—	—	—	189	488	—	—
55 Niederschlesische Zweigbahn	23 401	988	1281	1000	—	62	3331	91	—
56 a. Oesterreich. nördliche b. Oesterreich. südöstliche c. Wien-Neu-Szönyer	763 279	35 366	52 815	26 141	817	347	115 486	6000	6642
57 Oppeln-Tarnowitzer	11 131	482	1691	353	189	27	2742	36	52
58 a. Pfälzische Ludwigsbahn b. Pfälzische Maximiliansb.	93 572	5311	10010	6286		305	21 912	585	3357
59 Rheinische	104 311	5548	11 909	5353	—	7017	29 827	1578	2241
60 a. Südbahn, Oesterreichische b. Nordtiroler c. Venetianische u. Südtirol.	107 333	6951	60 204	48 352	2911	742	119 160	—	32
61 Süd-Norddeutsche	34 013	2137	4663	—	9522	—	16 322	800	—
62 Taunus-Bahn	42 056	1744	1482	2285	—	413	5924	2163	1790
63 Theiß-Bahn	119 952	6165	9267	—	in Pos. 338	5364	20 796	—	532
64 Thüringische	167 347	7195	7423	6000	1373	1082	23 072	1280	1549
65 Werra-E.	23 902	1231	2914	2400	240	428	7213	—	148

341	342	343	344	345	346	347	348	349	350		351	352	
Ausgabe pro 1863.									Im Jahre 1863 erhielten:				
									Pensionen				
Kinder-Erziehungs-Gelder.	Temporaire Unterstützungen.	Zurückerstattete Beiträge.	Coursverlust bei Werthpapieren.	Kur-, Verpflegungs- u. Beerdigungskosten, Honorar für Aerzte u. dergl.	Sonstige Ausgaben (als Druck- u. Schreibkosten rc.).	Ueberhaupt.	Bestand der Kasse ultimo 1863.	Zahl der Betheiligten.	a. invalide Beamte.	b. Beamten-Wittwen.	Erziehungsgelder.	temporaire Unterstützungen.	
Thlr.	Thlr.	Thlr.	Thlr.	Thlr.	Thlr.	Thlr.	Thlr.		Personen		Kinder	Pers.	
—	—	3444	5028	—	48	13 084	147 067	476	12	34	—	—	30a
—	—	415	—	—	30	796	13 616	72	3	1	—	—	- b
—	—	3244	—	—	50	3294	23 818	305	—	—	—	—	- c
—	—	964	—	—	—	1798	11 155	299	—	—	—	—	31
i. Rol. 3406	185	113	—	—	436	3428	67 798	ca. 550	28	30	31	—	32
—	—	—	—	—	—	—	—	—	—	—	—	—	33
316	—	—	—	—	—	2482	36 255	166	21	13	27	—	34
—	—	—	—	—	—	306	18 107	150	1	6	—	—	35
—	264	101	—	—	—	544	123 838	810	—	2	—	5	36
—	—	—	—	7	11	18	647	58	—	—	—	—	37
—	—	—	—	—	—	—	3016	61	—	—	—	—	38
—	—	—	166	—	—	454	48 242	615		11	—	—	39
1815	—	—	—	—	—	—	—	—	—	—	—	—	40
—	—	1802	—	—	—	20 457	893 067	1703	44	103	38	—	41
—	—	1436	—	—	—	1950	133 619	400	—	4	—	—	42
190	1047	—	—	a Rol. 11?	2921	15 320	332 018	2015	35	21	13	656	43
2167	85	—	—	—	—	1514	86 060	451	9	43	—	—	44
—	—	1610	—	—	3	7772	130 196	558	16	111	183	2	45
41	—	—	—	14	—	14	2172	—	—	—	—	—	46
—	—	—	11	—	9	20	21 447	121	—	5	2	—	47
i. Rol. 3406	—	65	—	—	54	10 781	117 972	611	76	74	—	—	48
—	—	498	128	—	798	8974	47 619	274	26	19	7	—	49a
—	—	—	—	—	—	—	—	—	—	—	—	—	- b
28	62	—	702	—	2	1576	65 011	235	4	11	2	10	50
—	—	—	—	—	34	246	54 669	102	1	4	3	—	51
17	—	—	—	—	—	—	—	—	—	—	—	—	52
—	—	86	—	247	35	794	15 259	91	4	6	4	—	53
—	36	—	—	—	—	205	6213	—	—	—	—	2	54
	16	155	12	—	30	304	26 428	163	4	—	—	1	55
12	769	5834	—	3128	517	22 899	853 436	1607	34	54	—	5	56
	—	165	—	—	6	271	136 022	158	1	1	1	—	57
214	66		—	—	45	4536	1109 [illegible]	769	7	55	—	21	58
	58	118	—	2004	365	7153	126 985	1562	38	61	7	—	59
		2291	—	—	—	2323	224 170	circa 1200	—	1	—	—	60
		507	—	—	—	1307	48 938	394	1	—	—	—	61
	402	—	—	—	—	3953	41 027	170	18	37	—	—	62
60	—	—	—	—	—	984	130 814	730	—	4	—	5	63
—	—	390		—	150	8415	187 004	8226	16	37	4	—	64
	—	124	72	—	33	3877	30 738	384	—	2	—	—	65

Statistische Berichte

und

Erläuterungen zu den Tabellen

für das

Betriebs-Jahr 1863.

I. Staatsbahnen.

1. Großherzogl. Badische Staats-Eisenbahnen.

I. Das Bahngebiet der Badischen Staatsbahnen umfaßte ult. 1863

1. die Hauptbahn von Mannheim über Heidelberg, Bruchsal, Carlsruhe, Oos, Appenweier, Offenburg, Freiburg, Basel, Waldshut und Schaffhausen nach Constanz von	55,01	Meilen,
2. die Zweigbahnen a) von Heidelberg nach Mosbach	7,03	„
b) von Durlach über Pforzheim nach Mühlacker	5,76	„
c) von Carlsruhe nach Maxau	1,88	„
d) von Oos nach Baden (gen. Baden-Baden)	0,33	„
e) von Appenweier nach Kehl (Mitte der Rheinbrücke)	1,14	„
f) von Basel (ebenfalls Mitte der Rheinbrücke) nach Schopfheim	2,03	„
g) die Hafenbahn von Mannheim nach dem Rheinhafen, welche aber nur zum Gütertransport benutzt wird, von	0,17	„
zusammen	74,10	Meilen.

Die Strecke Pforzheim-Mühlacker von 1,44 Meilen (in 2b miteinbegriffen) wurde am 1. Juni und die Strecke Waldshut-Constanz von 11,14 Meilen am 15. Juni 1863 eröffnet.

Mit Rücksicht hierauf beträgt der mittlere Jahresdurchschnitt aller im Betriebe gewesenen Bahnstrecken 68,44 M.

II. Eigenthums-Verhältnisse. Die Zweigbahnen von Basel nach Schopfheim und von Carlsruhe nach Maxau sind von Privatunternehmern gebaut, die Verwaltung und der Betrieb derselben aber vom Staate übernommen, welcher sich auch bei beiden Bahnen das Ankaufsrecht vorbehalten hat.

III. Ueber die Mitbenutzung der zweigeleisigen Strecke Friedrichsfeld-Mannheim seitens der Main-Neckar-Eisenbahn, sowie über die

IV. Beamten-Pensionskasse enthält der Jahrgang 1862 der Statistik (S. 1) und die vorhergehenden Jahrgänge spezielle Mittheilungen. Veränderungen hierin sind im Jahre 1863 nicht eingetreten.

V. Erläuterungen zu den Tabellen:

zu Kol. 2b. Von diesen 10 Mitgliedern fungiren 3 für die Postverwaltung.

„ „ 70–74 u. 217. Der Eisenbahn-Telegraph bildet einen Bestandtheil des Großherzogl. Staats-Telegraphen und wird zugleich mit diesem unterhalten. Es besteht jedoch nur längs der Badischen Staats-Eisenbahnen behufs des Bahndienstes je eine Leitung. Von den in Kol. 74 angegebenen 69 Stationen befördern nur 10 ausschließlich Bahndepeschen, die übrigen 59 auch Privatdepeschen.

„ „ 109d. Hierin ist auch die Ladungsfähigkeit der 8 Post-Packwagen (efr. Kol. 107b) enthalten.

„ „ 122. Die von den Material- und Arbeitszügen zurückgelegten 4470 Meilen sind hier nicht aufgenommen worden, weil für dieselben Bezahlung nicht geleistet ist.

zu Kol. 168—170. In den hier aufgeführten Summen ist auch das Gewicht der beförderten Eisenbahn- und sonstigen Fahrzeuge enthalten.

„ „ 170, 180e u. 184e. Die hier gemachten Angaben beziehen sich nicht nur auf Kohlen und Coaks, sondern auch auf die in Wagenladungen zur Beförderung gekommenen Güter.

„ „ 177b. Dies ist das Gewicht der beförderten Hunde.

„ „ 185. Ausschließlich der frachtfrei beförderten Dienstgüter hat jeder Zoll-Ctr. Gut 10,44 M. durchfahren.

„ „ 202. Hierin ist auch die Einnahme für die beförderten Eisenbahn- und sonstigen Fahrzeuge enthalten (cfr. Erläuterung zu Kol. 168—170).

„ „ 313 u. 314. Die hier notirten Achsbrüche sind die bei eigenen und fremden Wagen vorgekommenen.

„ „ 333—352. Wegen der Pensionskasse ist ad IV. dieses Berichts resp. S. 1 der Statistik pro 1862 das Nähere enthalten.

2. Königl. Bayerische Staats-Eisenbahnen.

I. **Rechnungs-Periode.** Das Rechnungs- und Betriebsjahr umfaßt nicht die Periode des Kalenderjahres, sondern beginnt mit dem 1. Oktober. Die vorliegenden statistischen Notizen beziehen sich auf den Zeitraum vom 1. Oktober 1862 bis ult. September 1863.

II. Das Bahngebiet der Bayerischen Staatsbahnen umfaßte am Schlusse des Betriebsjahres 18⁶²/₆₃ folgende Linien:

A. die Ludwigs-Südnordbahn von Lindau über Augsburg, Nürnberg und Hof bis zur Bayerisch-Sächsischen Grenze . . . . . 74,85 Meilen
nebst der an die Werra-Eisenbahn-Gesellschaft verpachteten Verbindungsbahn von Lichtenfels bis zur Herzogl. Sächsischen Grenze bei Ebersdorf (1,05 M.) und von da bis Coburg 2,72 Meil.
Von der Hauptbahn ist die Strecke von Hof bis zur Königl. Sächsischen Grenze . . . 1,53 „
an die Königl. Sächsische Staats-Eisenbahn-Verwaltung verpachtet, also im eigenen Betriebe . 73,32 Meilen;

B. die Ludwigs-Westbahn von Bamberg über Würzburg bis zur Kurhessischen Grenze bei Kahl . . . . . 27,41 Meilen,
von welcher die Strecke von Aschaffenburg bis zur Bayerisch-Hessischen Grenze bei Kahl von . . . . . 2,30 „
an die Frankfurt-Hanauer Eisenbahn-Gesellschaft verpachtet ist; es verbleiben mithin im eigenen Betriebe . . . . . 25,11 „

C. die Maximiliansbahn, und zwar:
1) die Hauptbahn von Ulm über Augsburg, München und Rosenheim bis zur Landesgrenze bei Salzburg . . . . . 40,0 Meilen
nebst der von der Königl. Württembergischen Staats-Eisenbahn-Verwaltung gepachteten Strecke von der Mitte der Donaubrücke (Landesgrenze) bis in den Bahnhof zu Ulm . . . . . 0,17 „
und der von der Gesellschaft der Kaiserin Elisabeth-Bahn gepachteten Strecke von der Landesgrenze bei Salzburghofen bis Salzburg . . . . . 0,74 „
zusammen 40,91 Meilen
2) die Zweigbahn von Rosenheim bis zur Tiroler Grenze bei Kufstein 4,23 Meilen
nebst der von der Oesterreichischen Südbahn-Gesellschaft gepachteten Strecke von der Landesgrenze bei Kiefersfelden bis Kufstein . . . . . 0,30 „
4,53 „
überhaupt 45,44 „

Hierzu kommt noch die am 1. Oktober 1862 eröffnete Strecke von der Fürther Kreuzung bis Fürth . . . . . 0,875 „

Die Betriebslänge der Bayerischen Staatsbahnen beträgt mithin . . . . . 144,655 Meilen.

Außerdem sind gepachtet die Zweigbahnen
a) Neuenmarkt-Bayreuth . . . . . 2,750 Meilen,
b) Pasing-Starnberg . . . . . 2,764 „
c) Gunzenhausen-Ansbach . . . . . 3,518 „
d) Hochstadt-Gundelsdorf nebst deren am 1. März 1863 eröffneten Fortsetzung bis Stockheim . . . . . 3,841 „
e) Holzkirchen-Miesbach . . . . . 2,303 „
f) die Illerbahn (Neu-Ulm-Kempten) . . . . . 11,894 „
von welcher die Strecke Neu-Ulm-Memmingen (6,660 M.) am 12. Oktober resp. 1. November 1862 und die Strecke Memmingen-Kempten (4,634 M.) am 1. Juni 1863 dem Betriebe übergeben wurde.
zusammen . . . . . 25,540 „

Mithin Gesammt-Betriebslänge . . 170,195 Meilen.

Der mittlere Jahresdurchschnitt aller im Betriebe gewesenen Linien berechnet sich mit Rücksicht auf die Eröffnungszeiten der Strecken Gundelsdorf-Stockheim und der Illerbahn (Neu-Ulm-Kempten) auf . . . . 165,84 Meilen.

III. **Pachtverhältnisse.** Für die gepachteten Bahnstrecken wird an Pachtzins jährlich gezahlt:

1) für die Neuenmarkt-Bayreuther 55 000 Fl. (5 Proc. von 1 100 000 Fl. Baukapital) . . = 31 429 Thlr.,
2) für die Pasing-Starnberger 50 000 Fl. (5 Proc. von 1 000 000 Fl. Baukapital . . . = 28 571 „
3) für die Gunzenhausen-Ansbacher 70 080 Fl. (pptr. 4½ Proc. von 1 560 000 Fl. Baukapital) = 40 046 „
4) für die Hochstadt-Gundelsdorf-Stockheimer (77 500 Fl. (5 Proc. von 1 550 000 Fl. Baukapital) . . . . = 44 286 „
5) für die Holzkirchen-Miesbacher 50 000 Fl. (5 Proc. von 1 000 000 Fl. Baukapital) . . = 28 571 „
6) für die Iller-Bahn (Neu-Ulm-Kempten) 175 000 Fl. (5 Proc. von 3 500 000 Fl. Baukapital) = 100 000 „
7) für die Strecke von der Mitte der Donaubrücke bis Ulm (siehe oben ad C. 1) 22 310 Fl. (4 Proc. von 557 705 Fl. Baukapital) . . . . = 12 749 „
8) für die Strecke von Salzburghofen bis Salzburg 2 Proc. von dem vorläufig ermittelten Baukapitale von 1 813 830 Fl.

In dem oben aufgeführten Pachtzinse der Bahnen ad 1 bis 6 sind gleichzeitig ½ Proc. zur Amortisation resp. Erwerbung derselben in das Eigenthum des Staats mitenthalten, wodurch das Baukapital der Neuenmarkt-Bayreuther Bahn im Jahre 1899, der Pasing-Starnberger im Jahre 1909, der Gunzenhausen-Ansbacher im Jahre 1912, der Hochstadt-Stockheimer im Jahre 1918, der Holzkirchen-Miesbacher im Jahre 1914 und der Iller-Bahn im Jahre 1915 amortisirt wird und die resp. Bahnen erworben werden.

Für die verpachteten Bahnstrecken erhält die Königl. Bayerische Staats-Eisenbahn-Verwaltung jährlich an Pacht:

1) von der Werra-Eisenbahn-Gesellschaft für die Strecke von Lichtenfels bis an die Herzogl. Sächsische Grenze und für die für Rechnung jener Gesellschaft gebaute Strecke von der Grenze bis Coburg (2 465 662 Fl. Baukapital) 63 428 Thlr.
2) für die Strecke von Hof bis zur Königl. Sächsischen Grenze von der Königl. Sächsischen Staats-Eisenbahn-Verwaltung 42 745 Fl. (4 Proc. von 1 068 630 Fl. Baukapital) . . . . . . = 24 426 „
3) für die Strecke von Aschaffenburg bis zur Bayerisch-Hessischen Landesgrenze bei Kahl 32 215 Fl. (und zwar 3 Proc. von 1 044 957 Fl. und 1½ Proc. von 32 215 Fl. Baukapital von der Frankfurt-Hanauer, und 1½ Proc. von 32 215 Fl. Baukapital von der Hessischen Ludwigs-Eisenbahn-Gesellschaft) . . . . = 18 466 „

IV. **Beamten-Pensionskasse.** Für das niedere Personal der sämmtlichen Königl. Bayerischen Verkehrs-Anstalten (Eisenbahnen, Post, Telegraphie, Ludwigskanal-, Donau- und Bodensee-Dampfschifffahrt) besteht eine gemeinschaftliche Pensions- und Unterstützungskasse, worüber die Tabellen in Kol. 333—352 das Nähere enthalten.

Die Pensionen der übrigen, nicht zur Klasse des niederen Personals gehörigen Angestellten werden aus den Bahn-Erträgnissen bestritten und sind unter den laufenden Betriebs-Ausgaben aufgeführt.

V. **Erläuterungen zu den Tabellen:**

zu Kol. 2. Von den hier aufgeführten Mitgliedern der General-Direktion fungiren ausschließlich für die Eisenbahnen 4 Räthe und 1 Assessor, während der General-Direktor und die übrigen Mitglieder für die vereinigten Verkehrs-Anstalten, als: Eisenbahnen, Post, Telegraphie und Dampfschifffahrt angestellt sind.

„ „ 34, 38 u. 39. Statt der Schwellen sind auf der Strecke Fürther Kreuzung-Fürth Granitwürfel verwendet.

„ „ 86 u. 87. Hiervon kommen auf die Hauptbahn Lindau-Hof (74,₈₈ M.) 33 439 582 Thlr., pro Meile 446 741 Thlr. und pro Kilometer Bahnlänge 59 312 Thlr.; auf die verpachtete Strecke von Lichtenfels bis zur Herzogl. Sächsischen Grenze bei Ebersdorf (1,₀₅ M.) 700 961 Thlr., pro Meile Bahnlänge 667 582 Thlr. und pro Kilometer 88 633 Thlr.

„ „ 109c. Dies ist die Gesammtladungs-Fähigkeit der Pferdewagen.

„ „ 111 u. 112. Die größte zulässige (Netto-)Belastung einer Güterwagen-Achse beträgt:
bei Wagen von 200 Ctrn. Tragkraft mit Achsen von 3,₄₄" Durchmesser (in der Nabe) 175 Z.-Ctr.
„ „ „ 180 „ „ „ „ „ 3,₄₄" „ „ „ „ 150 „
bei allen übrigen Wagen, deren Achsen 2,₉₃" Durchmesser (in der Nabe) haben, . 70 „

„ „ 119. Dies sind die Anschaffungskosten der Bahnpostwagen.

„ „ 121g. Hierin sind auch die von den Lokomotiven als vorgelegte Reservemaschinen zurückgelegten Meilen enthalten.

„ „ 122. Die von Material- und Arbeitszügen zurückgelegten Meilen sind hier nicht aufgenommen.

„ „ 123 u. 124. Die Zahl der beförderten Züge nach den verschiedenen Gattungen und der in denselben befindlichen Wagen-Achsen kann nicht angegeben werden, weil die Bayerischen Staats- und die gepachteten Zweigbahnen ein Netz verschiedener, in der Frequenz sehr von einander abweichender Bahnstrecken bilden.

„ „ 129b. Dies sind Nußkohlen.

„ „ 132. Die hier gemachten Angaben beziehen sich auf Braunkohlen gemischt mit Preßtorf.

Außerdem wurden noch Nußkohlen gemischt mit Preßtorf gefeuert; das zufällige Mischungsverhältniß war 5,₆₁ Ctr. Preßtorf auf 1 Ctr. Kohlen. Verbraucht wurden bei 2879 Nutzmeilen 1151 Z.-Ctr. Kohlen.

„ „ 133. Zur Feuerung der Lokomotiven wurden außer Stichtorf auch Preßtorf verwendet und bei 35 354 Nutzmeilen 182 537 Z.-Ctr. Preßtorf verbraucht.

„ „ 134. Die hier gemachten Angaben beziehen sich auf Torf, gemischt mit Nußkohlen.

Ferner wurden ohne bestimmtes Mischungs-Verhältniß gefeuert:

1) Stichtorf, gemischt mit Preßtorf.

Das zufällige Mischungs-Verhältniß war 5,71 Z.-Ctr. Preßtorf auf 1 Klftr. Stichtorf. Verbraucht wurden bei 29 185 Nutzmeilen 2746 Klafter.

2) Stichtorf, gemischt mit Preßtorf und Kohlen.

Zufälliges Mischungs-Verhältniß: 0,99 Ctr. Preßtorf und 0,34 Ctr. Kohlen auf 1 Klftr. Stichtorf. Der Verbrauch bei 5133 Meilen betrug 1032 Klftr. Stichtorf.

zu Col. 129c—135. Der Brennmaterial-Verbrauch der verschiedenen Maschinen-Gattungen pro Nutz- und Achsmeile (ein- und ausschließlich der Anheizungen und des Reservedienstes) ist aus nachstehender Tabelle ersichtlich:

Klasse der Maschinen	Lieferung der Maschinen	Verbrauch an:	Maaß oder Gewicht.	Verbrauch pro Nutzmeile brutto.	Nutzmeile netto.	Achsmeile brutto.	Achsmeile netto.
A.	I.	Nußkohlen	Z.-Pfd.	124,540	90,788	4,196	3,197
		Stichtorf und . . .	Cbff.	9,626	6,884	0,893	0,255
		Nußkohlen	Z.-Pfd.	71,497	45,956	2,935	1,656
A.	II.	Nußkohlen	„	133,705	85,787	5,366	3,405
A.	III.	Die Lokomotiven dieser Klasse wurden nur zum Stationsdienst verwendet.					
A.	IV.	Stichtorf	Cbff.	26,775	18,840	0,669	0,626
		Stichtorf und . . .	„	20,016	18,579	0,873	0,776
		Preßtorf	Z.-Pfd.	4,443	4,447	0,181	0,187
		Stichtorf und . . .	Cbff.	19,917	17,030	0,802	0,587
		Nußkohlen	Z.-Pfd.	6,966	6,333	0,839	0,204
A.	V.	Stichtorf	Cbff.	16,809	14,330	0,706	0,605
		Stichtorf und . . .	„	17,490	15,934	0,647	0,586
		Preßtorf	Z.-Pfd.	12,917	11,366	0,442	0,408
		Nußkohlen	„	130,355	106,049	5,650	4,675
		Stichtorf und . . .	Cbff.	15,616	13,402	0,626	0,662
		Nußkohlen	Z.-Pfd.	15,907	12,311	0,332	0,675
		Stichtorf, ...	Cbff.	16,676	14,507	0,563	0,640
		Preßtorf und . . .	Z.-Pfd.	3,374	3,375	0,113	0,113
		Nußkohlen	„	11,717	10,369	0,375	0,366
B.	I.	Nußkohlen	„	183,030	122,900	4,991	3,396
B.	II.	Stichtorf	Cbff.	28,014	19,876	0,334	0,337
		Nußkohlen	Z.-Pfd.	214,107	165,566	3,157	2,436
		Stichtorf und . . .	Cbff.	24,197	16,707	0,365	0,195
		Nußkohlen	Z.-Pfd.	62,439	45,335	0,775	0,533
B.	III.	Stichtorf	Cbff.	21,870	18,501	0,352	0,297
		Nußkohlen	Z.-Pfd.	207,753	173,858	2,016	1,677
B.	IV.	Nußkohlen	„	260,099	207,350	2,889	2,355
B.	V.	Stichtorf	Cbff.	25,302	20,804	0,450	0,350
		Preßtorf	Z.-Pfd.	500,676	338,347	7,767	6,305
		Stichtorf und . . .	Cbff.	20,601	17,019	0,307	0,307
		Preßtorf	Z.-Pfd.	120,372	93,372	2,336	1,575
		Nußkohlen	„	224,037	185,762	2,941	2,164
		Stichtorf und . . .	Cbff.	24,661	20,565	0,407	0,336
		Nußkohlen	Z.-Pfd.	18,166	12,364	0,296	0,207
		Preßtorf und . . .	„	219,705	198,555	5,027	5,225
		Nußkohlen	„	40,470	35,033	1,073	0,863
		Stichtorf, ...	Cbff.	24,635	22,031	0,367	0,350
		Preßtorf und . . .	Z.-Pfd.	31,314	24,371	0,488	0,370
		Nußkohlen	„	4,497	4,497	0,070	0,070
C.	I.	Nußkohlen	„	397,502	171,505	10,937	4,719
C.	II.	Preßtorf	„	626,441	573,972	8,360	7,970
		Nußkohlen	„	322,437	263,493	3,410	2,836
		Braunkohlen . . .	„	526,095	440,744	8,137	6,566
		Preßtorf und . . .	„	235,112	198,970	3,329	2,614
		Braunkohlen . . .	„	299,424	243,567	4,335	3,417

Anmerkung. Die durch Klammern verbundenen Brennmaterial-Quantitäten wurden im Gemenge verbraucht; ein bestimmtes Mischungs-Verhältniß kann jedoch nicht angegeben werden.

„ „ 150. Dies sind die von sämmtlichen eigenen und fremden Wagen durchlaufenen Achsmeilen. Wie viel davon auf die Personen-, Gepäck- und Güter- ꝛc. Wagen kommen, kann nicht angegeben werden, weil Notizen hierüber nicht vorliegen.

„ „ 162a. Hierin sind auch die im direkten Verkehre abgegangenen Personen enthalten.

zu Kol. 164b. Freigewicht beim Reisegepäck wird nur im direkten Verkehr mit Norddeutschland, Frankreich ꝛc., im inneren Verkehre der Bayerischen Staatsbahnen dagegen nicht gewährt.

„ „ 168 u. 169. Hierin ist auch das Gewicht der beförderten Eisenbahn- und sonstigen Fahrzeuge (cfr. Kol. 175b u. c) enthalten.

„ „ 173a. Der für diese Betriebsdienst- und Baugüter entfallende Betrag von 70 043 Thlrn. wurde nur in Vormerkung genommen und ist in Kol. 202a als vereinnahmt nicht aufgeführt.

„ „ 176b. Außerdem sind noch 115 Wagen aus Oesterreich nach Frankreich transitirtes Kleinvieh befördert worden.

„ „ 211 — 258. Die hier gemachten Angaben beziehen sich auf sämmtliche unter der Königl. Bayerischen Staats-Eisenbahn-Verwaltung stehenden Staats- und Privat-Eisenbahnen (siehe ad II dieses Berichts).

Mit Ausschluß dieser Privatbahnen (Kol. 11b der Tabellen), also nach Abzug der in Kol. 210 mitenthaltenen Einnahme von 106 321 Thlrn. für die verpachteten Strecken, sowie von 254 786 Thlrn. Zins für die gepachteten Bahnen (Kol. 253), berechnen sich die Finanz-Ergebnisse ad Kol. 211—258, welche lediglich auf 143,10 Meilen Staats-Eisenbahnen Bezug haben, wie folgt:

ad Kol. 211.	Summe aller Einnahmen	8 179 343 Thlr.
„ „ 212.	Durchschnittlich a) pro Meile Bahnlänge	57 158 „
	„ Kilometer Bahnlänge	7589 „
	b) pro Nutzmeile	10,41 „
„ „ 254.	Summe aller Ausgaben	4 166 711 „
„ „ 255.	Durchschnittlich a) pro Meile Bahnlänge	29 117 „
	„ Kilometer Bahnlänge	3866 „
	b) pro Nutzmeile	5,41 „
„ „ 258.	Der Ueberschuß beträgt: a) überhaupt	4 012 632 „
	b) pro Meile Bahnlänge	28 041 „
	„ Kilometer Bahnlänge	3723 „

„ „ 216. Hierin sind auch die Unterhaltungskosten der Speiseeinrichtungen enthalten.

„ „ 222. Ebenso hier die Kosten für Ablösung der Bahnwärter zur Nachtzeit und an Sonn- und Feiertagen.

„ „ 224. Desgl. hier die Kosten für Beleuchtung der optischen Signale.

„ „ 225. Außer dieser Summe sind noch 149 327 Thlr. Ausgaben für Hochbauten, Geleisevermehrungen u. s. w. gemacht worden, welche aber — als dem Betriebsfonds fremd — in Kol. 214 ꝛc. und hier nicht enthalten sind.

„ „ 237. Dies sind Ausgaben für Reservestücke ꝛc.

„ „ 238. Hierin sind auch die Beleuchtungskosten der Stationen mitenthalten.

„ „ 243. Außerdem sind noch 556 612 Thlr. für Vermehrung der Betriebsmittel, des Inventars in den Werkstätten u. s. w. verausgabt worden, welche aber — weil sie dem Betriebsfonds fremd sind — hier nicht aufgenommen werden können.

„ „ 250. In dieser Summe sind auch die gezahlten Pensionen, Alimentationen und der Zuschuß zum Unterstützungsfonds mitenthalten.

„ „ 258a. Mit Hinzurechnung des gegen das Vorjahr sich ergebenden Material-Mehr-Vorraths von 289 297 Thlrn. und der für Beförderung der Betriebsdienst- und Baugüter vorgemerkten 70 043 Thlr. (siehe Erl. zu Kol. 173a) würde sich der Ueberschuß um 359 340 Thlr. erhöhen.

„ „ 258c. Das Gesammt-Anlage-Kapital der Königl. Bayerischen Staats- und unter Staats-Verwaltung stehenden Privat-Eisenbahnen (einschließlich der für Rechnung der Werra-Eisenbahn gebauten Strecke von der Grenze bei Ebersdorf bis Coburg) beträgt . . 134 485 957 Fl. = 76 849 118 Thlr.
Rechnet man hiervon das Anlage-Kapital der verpachteten
Bahnstrecken (siehe ad II dieses Berichts), welches . . 4 611 464 Fl. = 2 635 122 „
beträgt ab, so verbleiben . . . . 129 874 493 Fl. = 74 213 996 Thlr.,
welche der Berechnung des in Kol. 258c aufgeführten Procentsatzes, dem für die Staatsbahnen resultirenden Ueberschusse von 4 012 632 Thlrn. gegenüber (siehe Erl. zu Kol. 211 ꝛc.), zu Grunde gelegt sind. Mit Hinzurechnung der in der Erläuterung zu Kol. 258a erwähnten 359 340 Thlr. würde sich das Gesammt-Anlage-Kapital zu 5,89 Proc. verzinst haben.

„ „ 276a. Die Gewichtszunahme gegenüber der Minder-Einnahme ist das Ergebniß:

1) der unterm 1. Juli 1862 eingetretenen Aufhebung der Normalgewichte für Körnerfrüchte, Hölzer, Steine u. dergl. m., welche durchschnittlich 8 Proc. unter dem wirklichen Gewichte fixirt waren und an deren Stelle die ordentliche Verwiegung trat;

2) der gleichzeitigen Zurücknahme des Freigewichts von 10 Ctr. auf 80 Ctr. Kohlen oder von 12,5 Proc., unter Ermäßigung des Einheitssatzes von 0,3 Kr. auf 0,275 Kr.;

3) der Vermehrung der Wagenladungsgüter, insbesondere der Einführung der Klasse A. nach dem Vorgange der Konkurrenzbahnen;

4) der Eröffnung der Illerbahn, welche die Fracht-Einnahmen auf alle Transporte der südlich Kaufbeuern gelegenen Stationen im Verkehr mit Württemberg, Baden und dem Niederrhein nicht unwesentlich verringerte;

5) der Leitung des Böhmisch-Tirolischen Verkehrs via Furth i. W. und Pilsen über die kürzere Strecke via München statt wie bisher über Salzburg.

zu Kol. 277a—282b. Diese Vergleichung des Ertrages mit dem Vorjahre bezieht sich lediglich auf die Staatsbahnlinien, welche ult. 1863 eine Ausdehnung von 143,1 Meilen gegen 142,[illegible] Meilen im Vorjahre hatten (siehe Kol. 274). Mit Einschluß der gepachteten Zweigbahnen stellt sich die Mehr-Einnahme auf 48 998 Thlr.

„ „ 311—314. Die in den früheren Jahren an den Betriebsmitteln vorgekommenen Achsbrüche sind nur summarisch bekannt und deshalb in Kol. 314a aufgeführt.

3. Herzogl. Braunschweigische Staats-Eisenbahnen.

I. Das Bahngebiet ist gegen das Vorjahr unverändert geblieben und umfaßt:

1) die Hauptbahn von der Braunschweig-Hannoverschen Grenze über Braunschweig und Wolfenbüttel bis Oschersleben . . . . . 11,64 Meilen,

2) die Zweigbahnen a) von Wolfenbüttel über Börßum nach Harzburg . . . . . 4,41 „

b) von Börßum nach Kreiensen (Südbahn) . . . . . 8,05 „

c) von Jerxheim nach Helmstedt (Schöninger Bahn) . . . . . 2,31 „

zusammen 26,41 Meilen.

II. Die Betriebsmittel wurden im Jahre 1863 um 1 Personenwagen (sechsrädrig), 39 bedeckte und 53 offene vierrädrige Güterwagen vermehrt.

III. Erläuterungen zu den Tabellen:

zu Kol. 15a. Von der Hauptbahn wurde die Strecke bis Wolfenbüttel am 1. Dezember 1838 und von da bis Oschersleben am 16. Juli 1843 eröffnet; von den Zweigbahnen wurden eröffnet: a) Wolfenbüttel-Harzburg zuerst am 22. August 1840 und auf der ganzen Bahn am 31. Oktober 1841, b) Börßum-Kreiensen am 5. August 1856 und c) Jerxheim-Helmstedt am 20. Juli 1858.

„ „ 16. Auf der Hauptbahn und der Zweigbahn Börßum-Kreiensen hat der Bahndamm eine Kronenbreite von 24,1 Fuß.

„ „ 32, 33, 40 u. 41. Hierüber sind in den letzten Jahren keine Notizen gesammelt worden.

„ „ 71. Von den beiden Leitungen dient eine zur Fortpflanzung der electrischen Glockensignale; auf der Strecke zwischen Braunschweig und Wolfenbüttel sind 4 Leitungen vorhanden.

„ „ 96d u. 100d. Außer den hier aufgeführten Wagen besitzt die Verwaltung noch gemeinschaftlich mit der Königl. Hannoverschen und der Köln-Mindener Verwaltung 30 Courierzug-Personenwagen, 12 Personenwagen mit Postcoupés und 27 Gepäckwagen, sämmtlich sechsrädrig. Der Braunschweigische Antheil an diesen Wagen ist 15/44 und beträgt 44 210 Thlr.

„ „ 121e. Dies sind die vor Extrazügen zurückgelegten Meilen.

„ „ 130c. Zur Feuerung der Lokomotiven sind 139 941 Ctr. Coaks und 222 716 Ctr. Steinkohlen, überhaupt brutto 362 659 Ctr. und netto 270 087 Ctr. verbraucht worden.

„ „ 177b. Dies ist das Gewicht der in Kol. 165 aufgeführten Hunde.

„ „ 216. Hierin sind auch die Unterhaltungskosten der Wasserstationen enthalten.

„ „ 229 u. 231. Dies sind die Kosten der verbrauchten Schmier- und Putzmaterialien, die für das Schmieren und Putzen gezahlten Arbeitslöhne sind in den Kolonnen 236a—c mitenthalten.

„ „ 233. Hierin sind auch die Beleuchtungskosten der Telegraphen und Bahnhöfe enthalten.

„ „ 242. Ebenso enthält diese Summe die Differenz zwischen gezahlter und empfangener Wagenmiethe.

„ „ 260—265. Der Ueberschuß beträgt überhaupt . . . . . 968 547 Thlr.

Hierzu treten noch: der Uebertrag aus der Betriebsrechnung pro 1862 mit . . . 755 889 „

und die Erstattungen des Extra-Baufonds (Erneuerungsfonds) von . . . . . 27 835 „

zusammen 1 752 271 Thlr.,

welche Summe wie folgt verwendet ist:

a) für Neubaugegenstände . . . . . 99 238 Thlr.

b) Zuschuß zum Erneuerungsfonds . . . . . 127 108 „

c) an die Staatskasse abgeliefert . . . . . 394 925 „

d) auf die Betriebsrechnung pro 1864 übertragen . . . . . 1 131 000 „

Summe wie oben 1 752 271 Thlr.

„ „ 342. In dieser Summe sind auch die gezahlten Kranken- und Sterbegelder enthalten.

4. Königl. Hannoversche Staats-Eisenbahnen.

I. Rechnungs-Periode. Das Rechnungs- und Betriebsjahr umfaßt nicht die Periode des Kalenderjahres, sondern beginnt mit dem 1. Juli. Die vorliegenden statistischen Notizen beziehen sich auf den Zeitraum vom 1. Juli 1862 bis ult. Juni 1863.

II. Das Bahngebiet der Hannoverschen Staatsbahnen umfaßte am Schlusse des Betriebsjahres 1863 folgende Linien:

1) von Hannover bis zur Braunschweigischen Grenze und von Hannover bis zur Schaumburg-Lippeschen Grenze 13,55 Meilen,

2) Lehne-Osnabrück 6,[illegible] M. und Preuß. Grenze bei Salzbergen bis Emden 17,[illegible] M., zus. . . . 24,14 „

3) Lehrte-Celle-Uelzen-Lüneburg-Harburg . . . . . 20,45 „

zu übertragen 58,14 Meilen.

übertragen 58,18 Meilen.

4) Wunstorf-Verden-Bremen-Geestemünde . . . . 21,43 „
mit der am 8. Dezember 1862 dem Betriebe übergebenen Zweigbahn Burg-Lesum-Vegesack . 0,19 „

Die 0,33 M. lange Zweigbahn Geestemünde-Bremerhafen wurde am 23. Januar 1863 für den Güterverkehr eröffnet; dieselbe ist deshalb in den vorliegenden statistischen Notizen unberücksichtigt geblieben.

5) Hannover-Nordstemmen-Kreiensen-Kassel . . . . 22,09 „
mit der Zweigbahn Nordstemmen-Hildesheim-Lehrte . . . . 4,64 „

zusammen 107,33 Meilen

à 7532 Meter = 109,17 Hannoversche Meilen à 7420 Meter.

Außerdem sind folgende Strecken gepachtet:

a) von der Grenze bei Bückeburg bis Minden . . . . 0,37 M.
b) von Minden bis Löhne. (Diese Strecke gehört zur Köln-Mindener Bahn und wird von Hannover nur mitbenutzt.) . . . . 2,77 „ } 3,14 „
von der Köln-Mindener Eisenbahn-Gesellschaft;

c) von Osnabrück bis Rheine 6,18 Meilen und von Rheine bis zur Landesgrenze bei Salzbergen 0,76 Meilen, zusammen . . . . 6,94 „
von der Preußen resp. der Westfälischen Staatsbahn-Verwaltung.

Daher Gesammt-Betriebslänge 117,41 Meilen

à 7532 Meter = 119,39 Hannoversche Meilen à 7420 Meter.

Der mittlere Jahresdurchschnitt beträgt mit Rücksicht auf die am 8. Dezember 1862 eröffnete Zweigbahn Burg-Lesum-Vegesack . . . . 117,66 Meilen = 886,10 Kilometer.

Von der Betriebslänge der 117,41 Meilen liegen circa 21 Meilen in den Nachbarstaaten.

III. **Auswärtige Bahnstrecken.** Welchen Staaten die außerhalb Hannovers belegenen, aber im Hannoverschen Betriebe stehenden Bahnstrecken angehören, ist in der Statistik pro 1860 S. 5 mitgetheilt. Dort sind auch die Pachtverhältnisse und die Abrechnungen mit den Eigenthümern dieser Strecken erläutert.

Veränderungen sind in diesen Verhältnissen nicht eingetreten. Die Herauszahlungen an die Eigenthümer haben pro 1863 betragen:

an Kurhessen für die Strecke von der Grenze bis Hasste . . . . 109 845 Thlr.
und für den Reservefonds dieser Strecke . . . . 2188 „
an Schaumburg-Lippe für die Strecke von der Grenze bis Bückeburg . . . . 202 212 „
und für den Reservefonds dieser Strecke . . . . 5310 „
an die Köln-Mindener Eisenbahn-Gesellschaft für die Strecke von der Lippeschen Grenze bis Minden 20 050 Thlr. und für die Mitbenutzung von Minden-Löhne 40 000 Thlr., zusammen . . . 60 050 „
an Preußen für die Strecke Osnabrück-Rheine-Grenze bei Salzbergen . . . . 118 865 „
an Bremen für die gemeinschaftlich gebaute Bahn Wunstorf-Bremen . . . . 165 813 „

zusammen 664 283 Thlr.

Die Strecke Bremen-Geestemünde (Bremerhafen) und die Zweigbahn Burg-Lesum-Vegesack wurden im Betriebsjahre $18^{62}/_{63}$ für Rechnung des Baufonds betrieben.

IV. Die Betriebsmittel wurden im Jahre 1863 um 45 bedeckte und 18 offene Güterwagen vermehrt.

V. **Erläuterungen zu den Tabellen:**

zu Kol. 10 u. 12. Die Differenz zwischen der hier angegebenen Bahn- resp. Betriebslänge gegen diejenigen der Vorjahre besteht darin, daß jenen Angaben die Hannoversche Meile (à 7420 Meter) zu Grunde gelegt ist.

„ „ 40 u. 41. Die hier gemachten Angaben beziehen sich auf die präparirten Schwellen.

„ „ 48. Dies sind sämmtliche Steigungen bis 1 : 600, wogegen

„ „ 50. die hier aufgeführte Summe sämmtliche Steigungen von $\frac{1}{400}$ — [illegible] enthält.

„ „ 64, 66 u. 67. Die hier aufgeführten Curven liegen in Radien von im Durchschnitte 496,4 Ruthen, 186,15 resp. 111,4 Ruthen.

„ „ 77—85. Die Vertheilung des Anlage-Kapitals auf die einzelnen Bautitel kann nicht stattfinden, da das Anlage-Kapital der gepachteten Bahnstrecken nur summarisch bekannt ist.

„ „ 86 u. 87. Hierin ist auch das Anlage-Kapital der gepachteten Bahnstrecken enthalten, weshalb die Durchschnittssummen (Kol. 87) nach der Betriebslänge von 107,33 + 10,08 = 117,41 Meilen = 887,36 Kilometer berechnet worden sind.

„ „ 100a u. 100d. Außer den hier aufgeführten Wagen besitzt die Hannoversche Verwaltung noch gemeinschaftlich mit den Köln-Mindener und Braunschweigischen Verwaltungen 30 Personenwagen, 12 Post- und Personenwagen und 27 Gepäckwagen. Der Hannoversche Antheil an diesen Wagen ist etwa $\frac{1}{4}$ ($\frac{11}{41}$) und beträgt 49 876 Thlr.

„ „ 114a u. 115a. In diesen Summen sind die vorstehenden 49 876 Thlr. (35 943 resp. 13 933 Thlr.) mitenthalten.

„ „ 123c u. 124c. Die Hannoverschen Bahnen bilden ein Netz verschiedener, in der Frequenz sehr von einander abweichender Bahnstrecken; es ist daher die Zahl der abgelassenen Züge und der in denselben befindlichen Wagenachsen nur summarisch bekannt.

zu Kol. 136. Bei Berechnung der Menge des Brennmaterials pro Achsmeile sind 200 Ctr. Torf = 100 Ctr. Steinkohlen = 100 Ctr. Coaks gerechnet worden.

„ „ 147c. Die gemeinschaftlichen Verbands-Personenwagen (siehe Erl. zu Kol. 96d) legten auf der Hannoverschen Staats-E. 250 224 Achsm., die gemeinschaftlichen Verbands-Gepäckwagen 195 796 Achsm. und Preuß. Postwagen 63 072 Achsm. zurück. Diese Achsmeilen sind hierin mitenthalten, weil eine Trennung der von den fremden Personen-, Gepäck- und Güterwagen auf der Hannoverschen Staats-E. zurückgelegten Achsmeilen überhaupt nicht vorgesehen ist.

„ „ 150a. Mit Bezug auf vorstehende Bemerkung haben hier auch die von den eigenen und fremden Personen- und Gepäckwagen zurückgelegten Achsmeilen aufgenommen werden müssen.

„ „ 176. Außerdem sind noch 2003 Wagenladungen Pferde und 8070 Wagenladungen Rindvieh ꝛc. befördert worden.

„ „ 178c. Die von den Personen zu ermäßigten Fahrpreisen zurückgelegten Personenmeilen werden nicht notirt.

„ „ 181. Hierin sind auch die von dem Reisegepäck zurückgelegten Centnermeilen enthalten.

„ „ 210, 211 u. 254. Zu diesen Summen sind auch die Einnahmen und Ausgaben des gesammten Telegraphen-Verkehrs enthalten, weil sich diejenigen des Eisenbahn-Telegraphen-Dienstes von denen des Staats-Telegraphen-Dienstes nicht trennen lassen. Die Brutto-Einnahme des Telegraphen-Dienstes hat 89 573 Thlr. und die Ausgaben, abgesehen von den allgemeinen Verwaltungskosten, 45 709 Thlr. betragen.

„ „ 219. Hierin sind auch die Unterhaltungskosten der optischen Telegraphen enthalten.

„ „ 220. Desgl. hier die Beleuchtungskosten derselben und diejenigen der Bahnwärterhäuser.

„ „ 234. Ebenso sind in dieser Summe 15 488 Thlr. Kosten der An- und Abfuhr der Güter von und nach den Bahnhöfen enthalten.

„ „ 235. Dies sind die Beiträge zu den Kosten der verschiedenen Eisenbahn-Verbände, welchen Hannover angehört.

„ „ 239. Um die Uebereinstimmung mit der Betriebsrechnung erhalten zu können, sind hier nur 2844 Thlr. als verausgabt und in Kol. 210 48 000 Thlr. als vereinnahmt aufgeführt. Die wirklich gezahlte resp. empfangene Wagenmiethe ist in den Kol. 154 u. 155 ersichtlich gemacht.

„ „ 260a. Die Verzinsung der Eisenbahn-Anleihen erforderte (mit Ausschluß der Strecke Bremen-Geestemünde [Bremerhafen] und der Zweigbahn Burg-Lesum-Vegesack, deren Anlage-Kapital noch aus dem Baufonds verzinst wurde) . . . . 1 342 827 Thlr.
Werden diese, sowie der Ueberschuß der Bremen-Geestebahn, welcher in den Baufonds geflossen ist, mit . . . . 29 371 „
und die Herauszahlungen an die fremden Eigenthümer (siehe ad III. d. Berichts) von 664 283 „
zusammen 2 036 481 Thlr.
von dem in Kol. 258a aufgeführten Betriebs-Ueberschusse von . . . . . . 2 798 365 „
in Abzug gebracht, so ergiebt sich ein Reingewinn von . . . . 761 884 Thlrn.

„ „ 274b. Der mittlere Jahresdurchschnitt der im Jahre 1863/64 im Betriebe gewesenen Eisenbahnen beträgt nach Kol. 12 . . . . 117,44 Meilen,
im Vorjahre betrug derselbe . . . . 112,35 „
(= 114,03 Hannoversche Meilen), mithin pro 1863 mehr . . . . 5,09 Meilen.

5. Main-Neckar-Eisenbahn.

I. **Verbindungsbahn Friedrichsfeld-Mannheim.** Von der zur Großherzogl. Badischen Staatsbahn gehörigen zweigeleisigen Strecke Friedrichsfeld-Mannheim (1,24 M.) wird das eine Geleise ausschließlich von der Badischen Staatsbahn, das andere dagegen als Verbindungsbahn mit der Main-Neckar-Bahn benutzt und nur durch das Transportmaterial der letzteren Bahn befahren. Die Main-Neckar-Bahnverwaltung erhält für die von ihr verwendeten Maschinen und Wagen nebst Fahrpersonal jährlich eine entsprechende Vergütigung von der Großherzogl. Badischen Eisenbahn-Verwaltung, wogegen letztere die Einnahmen aus dem Personen- und Güterverkehre dieser Strecke bezieht.

II. **Erläuterungen zu den Tabellen:**

zu Kol. 71. Außerdem geht der aus 4 Drähten bestehende Staats-Telegraph längs der Eisenbahn.

„ „ 92, 97b, 99a, 101b, 103b u. 110. Diesen Durchschnittsberechnungen ist die Länge der eigenen Bahn von 11,47 M. und diejenige der Verbindungsbahn Friedrichsfeld-Mannheim von 1,24 M. (siehe oben ad I) zu Grunde gelegt, weil letztere ebenfalls von den Transportmitteln der Main-Neckar-E. befahren wird.

„ „ 164b. Freigewicht wird nur im direkten Verkehr mit dem Mitteldeutschen und Westdeutschen Verbande, der Französischen Ostbahn und den Oesterreichischen Bahnen zu 50 resp. 60 Pfd. gewährt; dasselbe wird aber nicht besonders notirt.

„ „ 175c. Außerdem wurden noch 27 Leichen befördert.

zu Kol. 177. Das Gewicht der nach Stückzahl und in Wagenladungen beförderten Thiere wird nicht besonders notirt.

„ „ 201b. Dies ist die Gesammt-Einnahme für alle beförderten Eilgüter, Frachtgüter der Normal- und ermäßigten Klasse, Kohlen und Coaks, Eisenbahn- und sonstigen Fahrzeuge im Binnen- und direkten Verkehre. Eine spezielle Beantwortung der Fragen Kol. 199, 201—203 u. 205 kann nicht stattfinden, weil die Buchführung der Main-Neckar-E. nach den vorliegenden Tabellen nicht eingerichtet ist.

„ „ 240. Es sind hier nicht nur die gezahlten Entschädigungen für abhanden gekommene oder beschädigte Güter, sondern auch die gewährten Frachtermäßigungen aufgeführt worden.

„ „ 277a u. 279a. Hierbei ist jedoch zu berücksichtigen, daß sowohl die Einnahmen als die Ausgaben für ver- resp. gemiethete Wagen in den correspondirenden Angaben des Vorjahres (Kol. 186 u. 215) nicht mit zur Erscheinung gebracht, vielmehr beim direkten Güterverkehre abgerechnet worden sind.

6. Main-Weser-Bahn.

I. Ueber die Organisation der **Verwaltung**, ihre Geschäftsleitung des Westdeutschen Eisenbahn-Verbandes, über die mit der Kurfürst Friedrich Wilhelms Nordbahn gemeinschaftliche Strecke Kassel-Guntershausen (1,81 Meilen) nebst den Werkstätten und dem Materialien-Magazin in Kassel, sowie über die Verbindungsbahn zwischen der Main-Weser- und Main-Neckar-Bahn in Frankfurt a. M., die Personen- und Güter-Abfertigung der Homburger Eisenbahn auf dem Main-Weser-Bahnhofe zu Frankfurt a. M. und die Personen-Abfertigung der Köln-Gießener Bahn auf dem Main-Weser-Bahnhofe zu Gießen, enthalten die Jahrgänge 1862 und 1860 der Statistik (S. 8 resp. 7) und die vorhergehenden Jahrgänge spezielle Mittheilungen.

II. **Bahn-Anlagen.** Von dem Sieg-Rheinischen Bergwerks- und Hüttenvereine zu Köln und von Eberhard Hösch und Söhne zu Düren wurden 1 810 893 Z.-Pfd. = 831 564 Fuß neue Schienen zu den Fahrgeleisen für den Betrag von 60 237 Thlrn. und zu diesen Schienen von denselben Fabriken 5005 Paar Laschen = 85 435 Z.-Pfd. für 3054 Thlr. (franco bis zur Bahn) bezogen. Mit den angeschafften Schienen wurden, wie in früheren Jahren, in zusammenhängenden Strecken altes Geleis ausgewechselt und die dabei gewonnenen noch brauchbaren alten Schienen in Reserve genommen, um nach Bedarf zur Unterhaltung der verbliebenen alten Geleisstrecken verwendet zu werden. Außerdem wurden zu Weichen 227 460 Z.-Pfd. = 10 234 Fuß Puddelstahlschienen von Eberhard Hösch u. Söhne in Düren für den Betrag von 10 387⅔ Thlrn. (franco bis zur Bahn) bezogen.

Da zu der gewöhnlichen Bahn-Unterhaltung jährlich etwa 34 200 Fuß Schienen erforderlich sind, für welche eine Ausgabe von 23 680 Thlrn. den Jahres-Ausgaben zur Last stehen würde, so sind die Bahn-Unterhaltungskosten, welchen in Ermangelung eines Reservefonds für die verwendeten Schienen 74 418 Thlr. zur Last gestellt sind, wesentlich zu hoch belastet.

Bis zum Schlusse des Jahres 1863 wurden als unbrauchbar aus den Geleisen 31,16 Proc. Schienen entfernt, also pro Jahr (13,37 Jahre) 2,33 Proc.

Für den Ankauf von Schwellen stehen 37 701⅔ Thlr. in definitiver Ausgabe. Dieser Betrag entspricht der Ausgabe für die im Laufe des Jahres erforderlich gewesene Auswechselung von 10,5 Proc. und ist, wie der für Schienen verausgabte, höher, als er nach gleichmäßiger Vertheilung derartiger Ausgaben, wie dieses ein Reservefonds gestattet, sein würde. Bis jetzt sind 61,31 Proc. Schwellen, jährlich 8,24 Proc. ausgewechselt.

Außerdem wurden auf Kosten der Bahnunterhaltung Geleis-Verlängerungen auf mehreren Stationen x. ausgeführt.

III. **Betriebsmittel** sind im Jahre 1863 nicht angeschafft worden und steht deshalb nur eine Restzahlung von 270 Thlrn. für Anschaffung von Wagen in Ausgabe.

IV. **Verkehrs-Verbindungen.** Hierüber, wie über Benutzung der Personenwagen in den Schnellzügen, enthalten die vorhergehenden Jahrgänge der Statistik spezielle Mittheilungen. Veränderungen sind nur insofern eingetreten, als direkte Verkehrs-Beziehungen mit der Hessischen Ludwigsbahn eröffnet worden sind.

V. **Verkehr und Ertrag.** Im Jahre 1863 wurden 64 106 Personen = 8,5 Proc. mehr befördert und 33 393 Thlr. = 5,36 Proc. mehr für Personenbeförderung eingenommen, als im Vorjahre. Güter wurden 605 633 Z.-Ctr. = 11,08 Proc. mehr befördert und für Güterbeförderung 35 640 Thlr. = 4,04 Proc. mehr eingenommen als im Jahre 1862.

Im Uebrigen wird auf Kol. 275—283 der Tabellen Bezug genommen.

VI. **Ausnutzung der Transportmittel.** Auf jede Güterwagen-Achse kam pro Meile

eine Belastung von 28,47 Z.-Ctrn. und eine Einnahme von 10,01 Sgr. im Jahre 1863,
„ „ „ 27,74 „ „ „ „ „ 10,02 „ „ „ 1862
und „ „ „ 27,56 „ „ „ „ „ 10,33 „ „ „ 1861.

Da die leer gelaufenen Wagen = 17,74 Proc. der beladenen betrugen, der Verkehr in der Richtung nach Frankfurt denjenigen in der umgekehrten Richtung aber um 23,94 Proc. übersteigt, so sind viele Wagen mit nur theilweiser Belastung zurückgeschickt.

Außerdem muß bei der geringen Ausnutzung der Tragkraft — 45,1 Proc. — berücksichtigt werden, daß der Transport der Einzelgüter zu dem der Rohprodukte (in Wagenladungen) sich wie 62,16 : 37,84 verhält.

VII. **Erläuterungen zu den Tabellen:**

zu Kol. 13. Bei Berechnung der Tarife, bei Abtheilung der Bahn (von 0,01 zu 0,01 Meilen) und in allen sonstigen Beziehungen wird die geographische Meile, deren die Bahn 27 enthält, zu Grunde gelegt.

Von dieser Bahnlänge kommen auf Kurhessen	18,[illegible] Meilen,
auf Großherzogthum Hessen	8,[illegible] „
auf die freie Stadt Frankfurt	0,[illegible] „
zusammen	27 Meilen.

zu Kol. 29, 30 u. 31. Die hier gemachten Angaben beziehen sich auf die bei dem Bau verwendeten Schienen. Für die Bahn-Unterhaltung werden Schienen eines besseren Profils verwendet, wovon der laufende Fuß 21,4 Pfd. wiegt.

„ „ 72. Hiervon sind 24 Zeiger-Apparate nach Kramerschem und 9 Schreibapparate nach Morseschem Systeme.

„ „ 86. Von dem Baukapitale, welches in den Voranschlägen zu 15 428 000 Thlrn. berechnet war, sind bis ult. 1863 . . . 14 021 169 Thlr. verwendet.

Der Bau der Bahn ist insoweit nicht beendet, als noch Stationsbauten unvollendet und Wärterwohnungen auf größeren Strecken der Bahn auszuführen sind. Ebenso ist noch das nunmehr in Ausführung kommende zweite Geleise von Guntershausen bis Frankfurt a. M. herzustellen; die Kosten dafür sind jedoch unter der früheren Anschlagssumme nicht enthalten.

„ „ 90. Von den hier aufgeführten Summen sind 607 189 Thlr. zur Vermehrung der Betriebsmittel und 140 239 Thlr. zu Meliorationen der Bahn verwendet.

„ „ 96b. Hierunter befindet sich ein Salonwagen, welcher bei Berechnung der Sitzplätze (Kol. 98 u. 99) ausgeschlossen ist.

„ „ 100b. Außerdem besitzt die Verwaltung noch einen Antheil an den gemeinschaftlichen 18 sechsrädrigen Packmeisterwagen des Mitteldeutschen Eisenbahn-Verbandes.

„ „ 122. Der Dienst der Lokomotiven auf der Verbindungsbahn zu Frankfurt a. M., sowie der Rangirdienst auf den Bahnhöfen, zusammen 13 229 Stunden, ist hierunter nicht mitenthalten. Ebenso ist der Verbrauch bei diesen Leistungen — 13 229 Z.-Ctr. Steinkohlen — und die Ausgabe für dieselben mit 3327 Thlrn. in den Ausgaben ad Kol. 129, 135 u. 137 nicht, dagegen in Kol. 228 enthalten.

„ „ 140. Die Post stellt in einigen Zügen ihre eigenen Wagen ein, deren Achsmeilen hier angegeben sind. In anderen Zügen wird ihr Seitens der Verwaltung der Raum eines ganzen oder halben Wagens gestellt; die auf diese Weise zurückgelegten 22 209 Achsmeilen sind in Kol. 141 mitenthalten.

„ „ 163. Hierin sind 2507 Ctr. Gepäck von Auswanderern enthalten.

„ „ 164. Freigepäck wird gewährt im Verkehr des Mitteldeutschen und Westdeutschen Verbandes, im Verkehr mit der Niederländischen Rhein-Eisenbahn, der Bergisch-Märkischen und verschiedenen Stationen der Köln-Gießener Bahn, nicht aber in dem inneren Verkehre und den Verkehren mit der Main-Neckar-, der Taunus- und Hessischen Ludwigsbahn, der Nassauischen Staatsbahn und den nahe gelegenen Stationen der Köln-Gießener Bahn. Bei Benutzung der III. Wagenklasse im innern Verkehr wird indessen pro Person eine Traglast frei befördert.

„ „ 167, 180b, 184b u. 190b. Die ad Kol. 140 erläuterte Einrichtung gestattet die Notirung rc. der Postgüter nicht.

„ „ 170, 180e, 184e, 190e u. 203. Zu dem Tarifsatze der Kohlen und Coaks wurden auch Erze und Steine befördert; in den angegebenen Zahlen sind diese sämmtlichen Gegenstände enthalten, desgleichen im Ertrage.

„ „ 173. Außerdem wurden in besonderen Materialzügen 33 640 Achsmeilen beladener Wagen gefördert, wobei pro Achse eine Belastung von 50 Ctrn. anzunehmen ist.

„ „ 175b. Dies sind 6 Lokomotiven und 6 Tender, außerdem wurden 170 Achsen Eisenbahn-Wagen befördert.

„ „ 213. Hierin sind auch die Gehalte der Weichenwärter, Hülfswärter und ständigen Arbeiter enthalten.

„ „ 214. Durch die nach 14 jährigem Betriebe eingetretene starke Abnutzung der Oberbau-Materialien, deren Kosten (in Ermangelung eines Reservefonds) den laufenden Ausgaben zur Last fallen, ist dieser Titel erheblich gesteigert (siehe ad II dieses Berichts).

„ „ 236. Hierin sind auch die Kosten für den Umbau einzelner Maschinen, Einziehen neuer Feuerbuchsen, überhaupt (in Ermangelung eines Reservefonds) alle für Reparaturen, Erneuerung, Reserve rc. verausgabten Beträge enthalten.

„ „ 291a. Die Verletzungen waren nicht erheblich. Beide Personen sind nach kurzer Zeit wieder in den Dienst eingetreten.

„ „ 333—352. Eine Pensionskasse besteht nicht, die Beamten unterliegen vielmehr der für die Staatsdiener in den verschiedenen betheiligten Staatsgebieten geltenden Pensions-Vorschriften. Dagegen besteht eine auf volle Gegenseitigkeit gegründete Sterbekasse unter den Beamten, Dienern und Arbeitern der Bahn.

7. Herzogl. Nassauische Staats-Eisenbahn.

I. Das Bahngebiet der Nassauischen Staatsbahn umfaßt:

a) die Hauptbahn von Wiesbaden über Ober-Lahnstein nach Wetzlar	24,[illegible] Meilen,
b) die Verbindungsbahn mit der Taunusbahn von	0,[illegible] „
zusammen	25,[illegible] Meilen.

Die Strecke Weilburg-Wetzlar von 3,[illegible] Meilen wurde am 10. Januar 1863 dem Betriebe übergeben, weshalb sich der mittlere Jahresdurchschnitt aller ult. 1863 im Betriebe gewesenen Strecken auf . . 24,[illegible] Meilen berechnet.

Die 4,11 Meilen lange Strecke Wiesbaden-Rüdesheim war früher Eigenthum der Nassauischen Rhein- und Lahn-Eisenbahn-Gesellschaft, wurde aber durch Vertrag vom 18. April 1861 von der Herzogl. Nassauischen Landes-Regierung käuflich erworben.

II. **Trajekt-Anstalt** zwischen Rüdesheim und Bingerbrück verbindet die Herzogl. Nassauische mit der Rhein-Nahe-Eisenbahn. Eine gleiche Anstalt bei Oberlahnstein verband die Nassauische St.-E. mit der Station Kapellen der Rheinischen Eisenbahn, wurde aber aufgehoben, nachdem am 3. Juni 1864 die feste Rheinbrücke zwischen Koblenz und Oberlahnstein dem Betriebe übergeben worden war.

III. **Bahn-Anlagen.** Im Jahre 1863 wurde der Ausbau der Strecke Wiesbaden-Rüdesheim fortgesetzt, namentlich sind die Bahnhofs-Geleise von 5 Stationen umgebaut und erweitert worden.

Im Bahnhofe Mosbach-Biebrich wurde ein neues Stationsgebäude, eine Lokomotiv-Remise, sowie ein Wasserhaus und Materialien-Magazin erbaut. Außerdem wurde die Verbindung eines Eisenhüttenwerks an der Lahn mit der Eisenbahn hergestellt.

IV. **Industrielle Anlagen.** Die vorkommenden Reparaturen an Maschinen und Wagen werden in eigener Regie in der Central-Werkstätte zu Limburg und den in Mosbach und Oberlahnstein bestehenden Nebenwerkstätten ausgeführt.

V. **Betriebsmittel.** Der Maschinenpark wurde im Jahre 1863 um 6 Güterzug-Maschinen und der Wagenpark um 6 Personenwagen, 28 bedeckte und 50 offene Güterwagen vermehrt.

VI. **Verkehrs-Verbindungen.** Direkte Personen- und Gepäckbeförderung finden statt zwischen Stationen der Nassauischen E. und denjenigen der

a) Taunus-E.,
b) Main-Neckar-E.
c) Großherzogl. Badischen Staats-E.
d) Saarbrücker und Rhein-Nahe-E.E.,
e) Französischen Ostbahn,
f) Wilhelm-Luxemburger E.,
g) Rheinischen E.,
h) Bergisch-Märkischen E.,
i) Aachen-Düsseldorf-Ruhrorter E.,
k) Französischen Nordbahn,
l) Belgischen Staatsbahnen,
m) den Stationen Dover und London,
n) Köln-Gießener E.,
o) des Mitteldeutschen Verbandes
und
p) des Westdeutschen Verbandes.

Direkter Güterverkehr findet statt zwischen Stationen der Nassauischen Eisenbahn und denjenigen der

a) Taunus-E.,
b) Saarbrücker und Rhein-Nahe-E. E.,
c) Frankfurt-Hanauer E.,
d) Main-Neckar-E.,
e) Rheinischen E.,
f) Köln-Mindener und Köln-Gießener E.E.
und
g) des Westdeutschen Verbandes.

Außerdem findet Transitverkehr zwischen der Taunusbahn einerseits und der Saarbrücker (u. Trier-), Rhein-Nahe- und Rheinischen Eisenbahn andererseits statt.

VII. **Erläuterungen zu den Tabellen:**

zu Kol. 15. Die Betriebseröffnung der einzelnen Bahnstrecken fand in nachstehender Reihenfolge statt:

am 11. August 1856 Wiesbaden-Rüdesheim,
„ 1. Juli 1858 Lahnstein-Ems,
„ 9. Juli 1860 Ems-Nassau,
„ 22. Februar 1862 Rüdesheim-Lahnstein,
am 5. Juli 1862 Nassau-Limburg,
„ 14. Oktober 1862 Limburg-Weilburg
und
„ 10. Januar 1863 Weilburg-Wetzlar.

„ „ 24a. Hierunter befinden sich 127 Uebergänge für Fußgänger.

„ „ 33b u. c. Diese Auswechselungen haben ausschließlich auf der schon im Jahre 1856 eröffneten Strecke Wiesbaden-Rüdesheim stattgefunden.

„ „ 40. Hierbei ist die älteste Strecke, Wiesbaden-Rüdesheim, auf welcher die Schwellen fast durchgängig während der Jahre 1861, 1862 u. 1863 zur Auswechselung gekommen sind, nicht berücksichtigt.

„ „ 77—86. Eine Vertheilung des Anlage-Kapitals auf die einzelnen Bautitel kann nicht stattfinden, weil der Bahnbau noch nicht vollendet ist. Die in Kol. 86 aufgeführte Summe ist die bis ult. 1863 verausgabte.

Die ganzen Baukosten werden voraussichtlich, einschließlich der Kaufsumme für die Bahnstrecke Wiesbaden-Rüdesheim, jedoch ausschließlich der Kosten der Trajekt-Anstalten, 17 471 000 Thlr. überhaupt, 696 611 Thlr. pro Meile und 92 498 Thlr. pro Kilometer Bahnlänge betragen.

„ „ 107. Die Postgüter werden gegen eine jährliche Entrichtung von 15 362 Thlrn. (siehe Kol. 200) in eigens dazu bestimmten Wagen befördert. Das Gewicht derselben ist deshalb nur annähernd bekannt.

„ „ 180, 181, 184, 185, 190 u. 191. Die Verwaltung der Herzogl. Nassauischen Staats-E. konnte für diese Kolonnen die betreffenden Notizen nicht liefern, hat aber für die folgenden Jahrgänge der Statistik die Einsendung der bezüglichen Materialien zugesagt.

„ „ 274—283. Eine Vergleichung des Verkehrs und Ertrages mit dem Vorjahre kann nicht stattfinden, weil die Bahn zum ersten Male in die Deutsche Eisenbahn-Statistik aufgenommen worden ist, sich auch in ihrer gegenwärtigen Ausdehnung erst ein Jahr im Betriebe befindet.

„ „ 333—352. Ult. 1863 war die Pensions- und Unterstützungskasse für die Beamten der Nassauischen Bahn erst in der Bildung begriffen.

8. Königl. Preuß. Niederschlesisch-Märkische Eisenbahn.

I. Ueber das Bahngebiet der Niederschlesisch-Märkischen Eisenbahn und die Verwaltung der, in die vorliegenden Tabellen nicht aufgenommenen Verbindungsbahn zu Berlin enthält der Jahrgang 1862 der Statistik S. 10 und die vorhergehenden Jahrgänge das Nähere. Veränderungen hiergegen sind im Jahre 1863 nicht vorgekommen.

II. **Bahn-Anlagen.**

1) **Geleise.** Im Jahre 1863 sind 24 435,75 lfde. Ruthn. Geleise und 39 757 Stück Schwellen ausgewechselt worden.

2) **Stationsbauten.** In Berlin wurde im Jahre 1863 der Schuppen für ankommende Güter durch einen Anbau vergrößert und durch einen Anbau an den Ankunfts-Perron ein Empfangszimmer für Allerhöchste Herrschaften hergestellt. Auf den Stationen Cöpenick, Erkner, Finkenheerd, Guben und Sommerfeld wurden die Stationsgebäude durch einen massiven Anbau vergrößert. In Cöpenick wurden 2 massive Beamten-Familienhäuser (für je 6 Familien) nebst Stallgebäude erbaut, in Fürstenwalde in Stelle des alten ein neuer Güterschuppen und in Frankfurt a. O. aus dem Wagenrevisions-Schuppen ein Lokomotiv-Schuppen erbaut.

Außerdem wurden auf mehreren anderen Stationen Erneuerungen und Verbesserungen ausgeführt.

3) **Bahn-Telegraph.** Auf der Strecke Berlin-Breslau wurde eine dritte Telegraphen-Leitung angelegt, welche in die Stationen Berlin, Frankfurt, Soran, Kohlfurt, Liegnitz und Breslau eingeführt und mit Morseschen Apparaten versehen ist.

III. **Industrielle Anlagen.** Zur Selbstproduktion des Coaks sind 2 Coaks-Brennereien, eine zu Breslau mit 72 Oefen und eine zu Finkenheerd mit 54 Oefen, vorhanden. Dieselben sind jedoch seit dem Jahre 1858 nicht mehr im Betriebe gewesen, weil die Lokomotiven hauptsächlich mit unvercoakten Stücken-Steinkohlen geheizt werden und der außerdem verwendete Coaks anderweitig angekauft wird.

Die zur Unterhaltung der Maschinen und Wagen nöthigen Arbeiten ꝛc. werden in der Central-Werkstatt zu Frankfurt a. O. und den Neben-Werkstätten zu Berlin, Breslau, Soran, Görlitz und Liegnitz ausgeführt.

In diesen Werkstätten waren im Jahre 1863 durchschnittlich 810 Arbeiter beschäftigt, denen 192 767 Thlr. Lohn gezahlt wurde. Der Werth der darin verarbeiteten Materialien beträgt im Jahre 1863 zusammen 264 951 Thlr.

IV. Die **Versicherungen** für Reisegepäck, Equipagen, Vieh und Güter finden nach den Bestimmungen des Betriebs-Reglements statt. Die Garantie trägt die Bahn selbst und hat sie ihrerseits keine Versicherungen mit Versicherungs-Gesellschaften geschlossen.

V. **Verkehr und Ertrag.** Im Jahre 1863 haben die Einnahmen aus dem Personenverkehre 79 416 Thlr. mehr betragen als im Vorjahre. An Gütern wurden zwar 1 387 128 Z.-Ctr. mehr befördert, aber 173 503 Thlr. weniger eingenommen als im Jahre 1862.

Diese Verminderung der Einnahme hat theils in der erfolgten Herabsetzung des Kohlentarifs und in der Versetzung verschiedener Güter in geringere Tarifklassen, theils darin seinen Grund, daß mehr Güter in den niedrigen Tarifklassen befördert worden sind.

VI. Außer der **Beamten-Pensions-Kasse** (Kolonne 333—352 der Tabellen) besteht noch eine Beamten-Sterbekasse mit 2182 Betheiligten und einem Bestande von 15 712 Thlrn. ult. 1863.

VII. **Erläuterungen zu den Tabellen:**

zu Kol. 2. Die Vermehrung der Mitglieder der Königl. Direktion auf drei erfolgte am 8. September 1863 durch Hinzutreten eines Verwaltungs-Mitgliedes.

Außerdem fungirt in Stelle des am 11. November 1863 verstorbenen Syndicus ein Hülfsarbeiter (Regierungs-Assessor) gegen 2 Thlr. täglicher Diäten.

„ „ 72a. Hiervon sind 60 Apparate nach Kramerschem und 27 Apparate nach Morseschem Systeme.

„ „ 74. Hierunter sind 31 Stationen, welche zur Annahme von Privat-Depeschen berechtigt sind.

„ „ 76. Das Anlage-Kapital besteht:

a) in Stamm-Actien		10 000 000 Thlr.
b) „ Prioritäts-Actien zum Ankauf der früheren Berlin-Frankfurter Bahn		4 175 000 „
c) „ Prioritäts-Obligationen		6 800 000 „
Summe des concessionirten Anlage-Kapitals		20 975 000 Thlr.
Davon sind an die General-Staatskasse abgeführt		25 „
mithin verwendet		20 974 975 Thlr.
Aus Staatsfonds sind bis ult. 1863 überwiesen		
a) zum Bau des zweiten Geleises	5 160 000 Thlr.	
b) zu baulichen Erweiterungen	1 572 000 „	
c) zur Vermehrung der Transportmittel	1 018 274 „	
zusammen	7 750 274 Thlr.,	
wovon ult. 1863 noch Bestand waren	43 478 „	
verbleiben		7 706 796 „
Ferner sind aus den Betriebs-Ueberschüssen in den Jahren 1852 bis 1863 zur Erweiterung und Vervollständigung der Anlagen, sowie zur Vermehrung der Betriebsmittel verwendet		3 999 475 „
Summe des bis ult. 1863 verwendeten Anlage-Kapitals		32 681 246 Thlr.

„ „ 83. Dies sind die Anlage-Kosten der Central-Werkstatt zu Frankfurt a. O.

„ „ 85. Hierin sind 1 414 173 Thlr. für den Ankauf der Berlin-Frankfurter Bahn mitenthalten.

„ „ 88b. Dies sind die in der Erläuterung zu Kol. 76 erwähnten Prioritäts-Actien.

zu Kol. 90a u. b. Diese Beträge sind in den in Kol. 77—86 aufgeführten Summen bereits mitenthalten (siehe Erläuterung zu Kol. 76).

„ „ 93. Von den 159 Lokomotiven sind 73 Stück gekuppelt und 86 ungekuppelt, erstere sind sämmtlich mit Expansion, 47 Stück davon noch mit Kondensation versehen. Von den ungekuppelten 86 Maschinen sind 78 Stück mit Expansion, 8 Stück ohne Expansion, 1 Lokomotive mit und die übrigen 85 Stück ohne Kondensation versehen.

„ „ 100a. Diese 22 Gepäckwagen werden nur bei Güterzügen benutzt.

„ „ 121e. Die Lokomotiven haben als vorgelegte Reservemaschinen 30 483 Meilen zurückgelegt, welche in den Kol. 121a—c mitenthalten sind.

„ „ 128a u. 130c. Hierunter befindet sich auch das beim Reserve- und Rangirdienst verbrauchte Brennmaterial. Der Brennstoff-Verbrauch pro Nutzmeile beträgt: brutto 183,210 Z.-Pfd. und netto 142,757 Z.-Pfd. Coaks, indem hier sowohl wie

bei Kol. 135 die Tonne Steinkohlen (360 Z.-Pfd.) = 330 Z.-Pfd. Coaks gerechnet worden ist.

zu Kol. 137. Hierin sind 30 568 Thlr. Selbstkosten für den Transport der Brennmaterialien auf der eigenen Bahn enthalten. Mit Ausschluß derselben betragen die Kosten der verbrauchten Brennmaterialien pro Nutzmeile 12,56 Sgr. und pro Achsmeile 2,41 Pf.

„ „ 140. Die Postwagen, welche Eigenthum der Postverwaltung sind, haben auf der eigenen Bahn 450 818 Achsm. und auf fremden Bahnen 57 852 Achsm. zurückgelegt. Die Postwagen fremder Bahnen legten auf der Niederschlesisch-Märkischen Eisenbahn 10 726 Achsmeilen zurück, so daß die Anzahl der von den eigenen und fremden Postwagen auf der eigenen und auf fremden Bahnen zurückgelegten Achsmeilen 519 396 beträgt.

„ „ 146. Hierin sind die Achsmeilen der Postwagen nicht aufgenommen.

„ „ 151. Ebenso hier die auf fremden Bahnen zurückgelegten 57 852 Achsmeilen der Postwagen.

„ „ 171b. Hierunter sind auch die im durchbrochenen Verkehr (von Bahn zu Bahn) beförderten Güter enthalten.

„ „ 220. In dieser Summe sind auch die Kosten für Heizung, Erleuchtung und Reinigung der Empfangszimmer, der Stations-Büreaus, sowie für Erleuchtung und Reinigung der Bahn und der Bahnhöfe mitenthalten.

„ „ 262. Von den der Amortisation unterliegenden Stamm-Actien im ursprünglichen

Betrage von		10 000 000 Thlrn.
sind vom Staate übernommen ¼ mit	1 437 500 Thlrn.	
und bis ult. 1863 amortisirt	964 700 „	2 402 200 „
Es verbleiben noch zur Verzinsung und Amortisation		7 597 800 Thlr.
für welche im Jahre 1863 gezahlt wurden: a) an Zinsen		305 588 Thlr.
b) „ Amortisationsbeträgen .		83 800 „
zusammen		389 388 Thlr.

„ „ 268 rc. u. 270 rc. Besondere Reserve- und Erneuerungsfonds giebt es bei der Königl. Niederschlesisch-Märkischen Eisenbahn nicht. Es sind hier aber diejenigen, aus den Betriebs-Ueberschüssen entnommenen Ausgaben, welche in Folge von Elementar- oder Betriebs-Unfällen und diejenigen, welche für Ersatz von Schienen und Auswechselung von Schwellen, sowie für größere Ersatzstücke an Lokomotiven und Wagen entstanden sind, in den Kol. 268 u. 272 aufgeführt worden.

„ „ 277b. Die Minder-Einnahme gegenüber der gestiegenen Frequenz ist ad V. dieses Berichts erläutert worden.

„ „ 315. Der hier aufgeführte Achsbruch kam beim Rangiren vor.

„ „ 336. Dies ist der Zuschuß, welchen der Staat jährlich mit 120 Thlrn. pro Meile Bahnlänge zur Pensionskasse leistet; derselbe beträgt für die Hauptbahn 6200 Thlr. und für die Berliner Verbindungsbahn 163 Thlr.

9. Königl. Preußische Ostbahn.

I. Das Bahngebiet der Preuß. Ostbahn ist gegen das Vorjahr unverändert geblieben. Dasselbe umfaßt:

1) die Hauptbahn von Frankfurt a. O. über Bromberg, Dirschau und Königsberg i. Pr. bis zur Russischen Grenze bei Eydtkuhnen . . . . 96,11 Meilen,

2) die Zweigbahnen:

a) von Bromberg über Thorn nach Otloczyn . . . . 8,15 „

b) von Dirschau nach Danzig . . . . 4,14 „

zusammen 108,40 Meilen;

3) die Verbindungsbahnen:

a) zwischen dem Grenzbahnhof Eydtkuhnen und dem Russischen Grenzbahnhofe Wirballen . . 0,16 Meilen,

b) zwischen dem Grenzbahnhof Otloczyn und dem Russisch-Polnischen Grenzbahnhofe Alexandrowo, welche Strecke gemeinschaftlich mit der Warschau-Bromberger Bahn benutzt wird . . 0,77 „

überhaupt 109,33 Meilen.

II. **Bahnanlagen.**

1. **Bahnkörper.** Auf den consolidirten Bahnstrecken erfolgte die Ueberfüllung der Schwellen mit gesiebtem, staubfreiem Kies. Bis zum Schlusse des Jahres 1863 waren ca. 70 000 Rthn. überfüllt.

   Die Arbeiten für die Anlage des zweiten Geleises auf der Strecke Driesen-Filehne wurden fortgesetzt und auf den Strecken Cüstrin-Zantoch und Elbing-Braunsberg in Angriff genommen.

   Eine größere Anzahl hölzerner, verfaulter Brücken und Durchlässe unter den Parallelwegen und Wege-Uebergangsrampen wurde massiv hergestellt.

2. **Oberbau.** Im Jahre 1863 wurden 15 940 lfde. Ruthen Schienen und 106 300 Stück Schwellen ausgewechselt. Die schadhaften Schienen werden seit dem Jahre 1859 durch Aufschweißen neuer Kopfplattentheile wieder brauchbar gemacht. Im Ganzen sind 10 368 Schienen bis ult. 1863 in dieser Weise reparirt.

3. **Stationsbauten.** Auf dem Bahnhofe Kreuz ist die im Vorjahre in Angriff genommene, aus Eisen construirte mit gewelltem Zinkblech und Rohglas gedeckte Perronhalle vor der Ostbahnseite des Empfangsgebäudes beendigt worden. Dieselbe ist 210 Fuß lang und 28 Fuß breit. Der darunter befindliche Perron wurde asphaltirt.

   Ebenso ist der Perron vor dem Empfangsgebäude zu Bromberg und der nach Osten zu gelegene Theil desselben in einer Ausdehnung von 830 Fuß mit gewelltem Zinkblech und Rohglas auf eiserner Dachconstruction überdeckt und der überdachte Theil des Perrons vor dem Empfangsgebäude auf einer Betonunterlage asphaltirt worden.

   Auf Bahnhof Thorn wurde ein zweiter 129 Fuß langer und 38 Fuß tiefer Güterschuppen erbaut.

III. An **Neben-Anlagen** besitzt die Ostbahn eine Maschinenbau-Anstalt und eine Cementfabrik in Dirschau, sowie eine Ziegelei in Aniebau bei Dirschau.

IV. **Erläuterungen zu den Tabellen:**

zu Kol. 15. Die Betriebs-Eröffnung der einzelnen Bahnstrecken war folgende:

am 27. Juli 1851 Kreuz-Bromberg,
" 6. August 1852 Bromberg-Danzig,
" 19. Oktober " Marienburg-Braunsberg,
" 2. August 1853 Braunsberg-Königsberg,
" 12. Oktober 1857 Dirschau-Marienburg (einschließlich der Weichsel- und Nogatbrücken),
am 12. Oktober 1857 Frankfurt a. O.-Kreuz,
" 6. Juni 1860 Königsberg-Stallupönen,
" 15. August 1860 Stallupönen-Eydtkuhnen,
" 24. Oktober 1861 Bromberg-Thorn,
" 4. Dezember 1862 Thorn-Otloczyn.

" " 19, incl. der vorhandenen Durchlässe.

" " 31. Zur Unterhaltung des Oberbaues werden nach einem für die Ostbahn besonders festgestellten Profil 5 Zoll hohe Schienen mit einem Gewichte von 23 Pfd. pro laufenden Fuß beschafft.

" " 33. Durchschnittlich sind die Schienen (schwere und leichte) bis 11,67 Proc. bis jetzt erneuert worden.

" " 79f. Von dieser Summe kommen auf den Bau der Weichsel- und Nogatbrücken bei Dirschau 5 080 948 Thlr.

" " 87. Ausschließlich des in vorstehender Erläuterung erwähnten Baukapitals der Weichsel- und Nogatbrücken beträgt das Anlage-Kapital 353 443 Thlr. pro Meile und 46 926 Thlr. pro Kilometer Bahnlänge.

" " 96d. Außerdem sind noch 2 sechsrädrige Salonwagen für Reisen fürstlicher Personen vorhanden.

" " 123d. Die Anzahl der abgelassenen Material- und Arbeitszüge ist nicht notirt worden.

" " 164b. Das gewährte Freigewicht wird nicht besonders gebucht.

" " 167, 180b, 184b und 190b. Das auf der Hauptbahn und der Zweigbahn Dirschau-Danzig beförderte Postgut wird nicht besonders notirt, da für deren Beförderung Seitens der Postverwaltung ein Pauschquantum gezahlt wird.

Von den hier aufgeführten 1163 Z.-Ctrn. Postgüter sind 856 Ctr. im Jahre 1862 auf der Strecke Königsberg-Eydtkuhnen befördert worden, deren Fracht jedoch erst im Jahre 1863 zur Vereinnahmung gekommen ist. Diese 856 Ctr. legten 8016 Centnermeilen zurück, jeder Z.-Ctr. durchfuhr durchschnittlich 9,36 Meilen und brachte 11,54 Pfge. pro Centner und Meile ein. Die übrigen 307 Z.-Ctr. wurden auf der Strecke Bromberg-Otloczyn-Alexandrowo befördert. Dieselben legten 1998 Centnermeilen zurück, jeder Z.-Centner durchfuhr durchschnittlich 6,51 Meilen und vereinnahmt wurden pro Centner und Meile 12,61 Pfge.

" " 177b. Dies ist das Gewicht der beförderten Hunde.

" " 200. Diese Summe zerfällt in 8578 Thlr. Pauschquantum, 257 Thlr. Fracht für die im Jahre 1862 auf der Strecke Königsberg-Eydtkuhnen beförderten 856 Ctr. und 69 Thlr. Fracht für die auf der Strecke Bromberg-Otloczyn-Alexandrowo beförderten 307 Ctr. Postgüter (cfr. Erl. zu Kol. 167).

" " 258e. Nach Abzug des Baukapitals der Weichsel- und Nogatbrücken von 5 080 948 Thlrn. (cfr. Erläuterung zu Kol. 79f) würde sich das verbleibende Anlage-Kapital der Ostbahn von 38 641 890 Thlrn. mit 6,34 Proc. verzinst haben.

" " 266 rc. u. 270 rc. Ein besonderer Reserve- und Erneuerungsfonds besteht nicht, sondern es werden die bezüglichen Ausgaben aus den laufenden Betriebs-Einnahmen bestritten. Wären dergleichen Fonds vorhanden, so würden die betreffenden Ausgaben betragen haben:

a) beim Reservefonds

für Bahnanlagen (Kol. 268a) 1109 Thlr., für Betriebsmittel (Kol. 268b) 4476 Thlr.,

b) beim Erneuerungsfonds

für Bahnanlagen (Kol. 272a) 350 314 Thlr., für Betriebsmittel (Kol. 272b) 70 093 Thlr.

Ferner würden aus dem Ergänzungsfonds (bei Privatbahnen in dem Erneuerungsfonds enthalten) 117 800 Thlr. für Bahnanlagen rc. gezahlt worden sein.

10. Königl. Preuß. Saarbrücker Eisenbahn.

I. Ueber die **Verwaltung** der Saarbrücker und Saarbrücken-Trier-Eisenbahnen, sowie über die Betriebsleitung der angrenzenden Rhein-Nahe-Eisenbahn durch die „Königl. Preuß. Eisenbahn-Direktion zu Saarbrücken“ ist das Nähere in dem Jahrgange 1861 der Statistik S. 10 enthalten. Veränderungen hiergegen sind im Jahre 1863 nicht vorgekommen.

II. Das **Bahngebiet** ist gegen das Vorjahr unverändert geblieben und umfaßt folgende Linien:

1) die Hauptbahn

a) von der Bayerischen Grenze bei Bexbach über St. Johann-Saarbrücken nach der Französischen Grenze bei Forbach . . . . 4,70 Meilen,

b) vom Bahnhofe St. Johann-Saarbrücken über Saarlouis, Merzig und Conz nach Trier . 11,40 „
mit der Abzweigung von Conz nach der Luxemburgischen Grenze bei Wasserbillig . . . 0,68 „

zusammen 16,78 Meilen,

2) die Zweigbahnen

a) nach der Grube „Heinitz“ und deren Förderungsschächten, Dechenschächte genannt, nach den Gruben: Friedrichsthal, Altenwald, Sulzbach, Dudweiler und „von der Heydt“, deren Gesammtlänge einschließlich einer zweiten Verbindung der Zweigbahn in das Burbachthal nach der Grube von der Heydt mit dem nach der Französischen Grenze führenden Theile der Saarbrücker E. . . . . 2,0 „
betrug;

b) die am 6. November 1862 eröffnete Zweigbahn nach dem Ziehwald-Stollen der Steinkohlengrube „König“ bei Neunkirchen . . . . 0,04 „

c) nach der Steinkohlengrube „Kronprinz Friedrich Wilhelm“ bei Griesborn . . . . . . 0,22 „

überhaupt 18,41 Meilen.

Hierzu kommt noch die von der Französischen Ostbahn-Verwaltung gepachtete Strecke von der Französischen Grenze bis Forbach . . . . 0,84 „

Mithin Gesammt-Betriebslänge 19,25 Meilen.

III. **Bahn-Anlagen.** Auf der Strecke Saarbrücken-Neunkirchen wurde mit der im Vorjahre begonnenen Auswechselung der 4“ und 4½“ hohen Schienen gegen 5 zöllige auf das Kräftigste fortgefahren; es wurden circa 2800 lfde. Rthn. Geleise mit neuen Schienen versehen und im Zusammenhange hiermit 37 Weichen neu gelegt. In gleicher Weise ist die Auswechselung der Schwellen und der Bettung in sehr ausgedehnter Weise vorgenommen.

Die bisherigen, aus festem, wasserhaltigen Gestein bestehenden Bankette des Bettungskoffers sind entfernt und durch Kies ersetzt, auch die Schwellen selbst mit Kies überdeckt.

Das Geleise der Zweigbahn nach der Grube Heinitz ist umgebaut worden und hierbei die Bettung durchweg erneuert, wobei die Kohlenlösche mit Vortheil benutzt wurde.

Auf den übrigen Bahnstrecken sind ausgedehnte Unterhaltungs-Arbeiten ausgeführt.

Die bereits hergestellte in den Kurven von 90° Radius bis 5 Zoll betragende stärkere Ueberhöhung des äußeren Schienenstranges hat sich bewährt. Um jedoch jeder Spurerweiterung vorzubeugen, ist es nothwendig geworden, die Mitte der äußeren Schienen durch Unterlagsplatten unverrückbar zu befestigen.

IV. An **Betriebsmitteln** wurden angeschafft und in Betrieb gestellt: 4 Lokomotiven und 150 vierrädrige Coakswagen.

V. Außer der **Beamten-Pensionskasse**, worüber das Nähere in Kol. 333—352 der Tabellen enthalten ist, besteht noch eine aus laufenden Beiträgen der Betheiligten gebildete Krankenkasse, welche bei Erkrankungen unentgeldliche ärztliche Hülfe, Arznei und den Arbeitern ein mäßiges Pflegegeld gewährt. Diese Kasse hatte ult. 1863 einen Bestand von 18 992 Thlrn. und nahmen an derselben ca. 460 Beamte und 990 Arbeiter Theil.

VI. **Erläuterungen zu den Tabellen:**

zu Kol. 15. Die Betriebseröffnung der einzelnen Bahnstrecken fand in nachstehender Reihenfolge statt:

am 15. September 1850 ein Theil und am 16. November 1850 die ganze Strecke Bexbach-Forbach (Saarbrücker E.)	am 16. Dezember 1858 Saarbrücken-Merzig, „ 26. Mai 1860 Merzig-Trier und „ 29. August 1861 Conz-Wasserbillig.

„ „ 32 u. 40. Auf der Saarbrücker E. (Bexbach-Forbach) liegen die Schienen und Schwellen 11 Jahre und auf der Saarbrücken-Trier E. 4½ Jahre.

„ „ 33. Ueber die Erneuerung der Schienen in den Jahren 1853 und 1854 sind Notizen nicht vorhanden.

In den Jahren 1855—1858 betrug die durchschnittliche Geleislänge 28 480 Rthn. (= 37 973 Stück), ausgewechselt wurden 1640 Stück Schienen . . . . = 4,32 Proc.

Im Jahre 1859 betrug die Geleislänge 42 720 Rthn. (= 56 972 Stück) ausgewechselt wurden 1423 Stück . . . . = 2,50 „

Im Jahre 1860 betrug die Geleislänge 60 541 Rthn. (= 80 721 Stück), ausgewechselt wurden 2081 Stück . . . . = 3,61 „

In den Jahren 1861 u. 1862 betrug die Geleislänge 64 024 Rthn. (= 85 365 Stück), ausgewechselt wurden 11 188 Stück . . . . = 13,11 „

Im Jahre 1863 betrug die Geleislänge 64 722 Rthn. (= 86 296 Stück), ausgewechselt wurden 4852 Stück . . . . = 5,61 „

Der gesammte Procentsatz der Erneuerung der Schienen in den Jahren 1855 bis 1863 beträgt mithin . . . . 29,14 Proc.

zu Kol. 41. Ueber die Erneuerung der Schwellen in den Jahren 1853 und 1854 sind Notizen ebenfalls nicht vorhanden.

Auf den in der vorstehenden Erläuterung bereits genannten Geleislängen waren vorhanden:
in den Jahren 1855—1858 . . 111 072 Stck., ausgewechselt wurden 3458 Stck = 3,11 Proc.
im Jahre 1859 . . 165 789 Stück, ausgewechselt wurden 3799 Stück . . = 2,30 „
in den Jahren 1860—1863 waren durchschnittlich vorhanden 229 030 Stück, ausgewechselt wurden 40 419 Stück . . . . = 17,65 „
Der gesammte Procentsatz der Erneuerung der Schwellen in den Jahren 1855 bis 1863 beträgt mithin . . . . 23,06 Proc.

„ „ 53, 61 u. 69. Es beträgt

	auf der Hauptbahn	auf der Zweigbahn
die stärkste Steigung	1 : 100	1 : 72
der stärkste Fall	1 : 100	1 : 60
der kleinste Radius der Curven	90 Rthn.	80 Rthn.

„ „ 81b. Hierin sind auch die Anlage-Kosten der Wärterbuden mitenthalten.

„ „ 167. Das Gewicht der beförderten Postgüter wird nicht notirt. Für deren Beförderung zahlt die Postverwaltung ein Pauschquantum (cfr. Kol. 200).

„ „ 170a u. b. Die hier aufgeführten Kohlen sind aus den Saargruben gefördert. Die außerdem zur Beförderung gekommenen Kohlen und Coaks sind in Kol. 169c enthalten.

„ „ 266 zc. u. 270 zc. Ein Reserve- resp. Erneuerungsfonds besteht nicht, es würden aber, wenn dergl. Fonds vorhanden wären, die Ausgaben betragen haben:

1) für Erneuerung der Bahnanlagen (Schienen, Schwellen u. s. w.)
a) aus dem Reservefonds . . . . 2375 Thlr.
b) aus dem Erneuerungsfonds . . . . 103 301 „
zusammen 105 676 Thlr.

2) für Erneuerung der Betriebsmittel
a) aus dem Reservefonds . . . . 920 Thlr.
b) aus dem Erneuerungsfonds . . . . 11 436 „
zusammen . . . . 12 356 Thlr.
Ueberhaupt 118 032 Thlr.

11. Königl. Preuß. Westfälische Eisenbahn.

I. **Bahngebiet.** Die Westfälische Eisenbahn umfaßt folgende, theils vom Staate, theils von Actien-Gesellschaften zu verschiedenen Zeiten ausgeführte und erst später vereinigte Bahnen:

a) die frühere Köln-Minden-Thüringer Verbindungs-Eisenbahn von der Preußisch-Kurhessischen Grenze bei Warburg bis Hamm . . . . 17,93 Meilen,
b) die frühere Münster-Hammer Eisenbahn von Hamm bis Münster . . . . 4,61 „
c) die Bahnstrecke von Münster bis Rheine . . . . 5,17 „
zusammen 27,71 Meilen.

Der Betrieb auf der Strecke von Warburg bis zur Kurhessischen Grenze . . . . 0,61 „
ist an die Direktion der Kurfürst Friedrich Wilhelms Nordbahn verpachtet, und stehen daher im eigenen Betriebe . . . . 27,10 Meilen.

Außerdem ist von der Bahnlinie Emden-Rheine-Löhne die zum größten Theile auf Preußischem Gebiete belegene und . . . . 7,08 Meilen lange Strecke von der Preußisch-Hannoverschen Grenze bei Salzbergen bis nach Osnabrück von der Königl. Direktion der Westfälischen Eisenbahn aus Staatsmitteln gebaut, der Betrieb auf derselben aber der Königl. Hannoverschen General-Direktion der Eisenbahnen und Telegraphen pachtweise überlassen worden.

II. **Bahn-Anlagen.**

a) **Planum und Oberbau.** Zwischen Willebadessen und Bnke wurde zum Schutz gegen eine Bergabrutschung eine Steinpack-Futtermauer aufgeführt. Auf der Strecke Paderborn-Hamm wurden auf den meisten eisernen Brücken die Bohlenbeläge und zum Theil auch die Schwellenbalken erneuert.

Auf dem Bahnhof Warburg wurde ein neues Rangirgeleis hergestellt und in Soest der vergrößerte Lokomotivschuppen durch neue Geleisstränge mit dem Rangirgeleise in Verbindung gebracht.

b) **Stationsbauten.** Auf den Bahnhöfen Paderborn und Soest wurden Centesimalwaagen aufgestellt. In Soest ist außerdem ein Kohlenschuppen errichtet und in Paderborn ein Getreide-Magazin mit den Bahnhofsgeleisen in Verbindung gebracht.

III. **Betriebsmittel.** Im Jahre 1863 sind 9 Lokomotiven neu beschafft. Von den früher ausrangirten resp. als Fördermaschinen für den Tunnelbau bei Altenbeken verwendeten Lokomotiven sind 2 Stück für die Materialien-Transporte dieses Tunnelbaues wieder hergestellt worden. 30 Maschinen wurden mit Schutzdächern versehen.

IV. **Neue Bahnlinien.** Die Arbeiten auf der Altenbeken-Holzmindener Eisenbahn, welche am 10. September 1861 begonnen wurden, sind soweit vollendet worden, daß die Bahnstrecke von Altenbeken bis Höxter am 1. Oktober 1864 dem öffentlichen Verkehr übergeben werden konnte.

V. **Verkehrs-Verbindungen.** Der Ostfriesisch-Rheinische und Ostfriesisch-Thüringische Eisenbahn-Verband, denen die Westfälische Bahn angehörte, sind mit dem früheren Rheinisch-Bergischen Verbande unter der Bezeichnung „Westfälischer Eisenbahn-Verband" in einen Verband verschmolzen worden. Die Direktion der Westfälischen Eisenbahn steht diesem Verbande als geschäftsführende Direktion vor. Außer diesem Verbande gehört die Bahn noch dem Rheinisch-Thüringischen Eisenbahn-Verbande an. In beiden Verbänden werden Personen, Gepäck, Frachtgüter, Vieh und sonstige Transportgegenstände bei gegenseitigem Wagenübergange direkt expedirt.

VI. Außer der Beamten-Pensions-Kasse (Kol. 333—352 der Tabellen) bestanden noch 2 Krankenkassen, und zwar:

a) eine Betriebs-Krankenkasse für gering besoldete Bahnbeamte,

b) eine Werkstätten-Krankenkasse für Werkstätten-Arbeiter.

Zu denselben gehörten Ende 1863 im Ganzen 1121 Theilnehmer, welche einen Jahresbeitrag von 3329 Thlrn. zahlten.

Der Kassenbestand belief sich am Jahresschlusse auf 6525 Thlr. in Werthpapieren.

VII. Erläuterungen zu den Tabellen:

zu Kol. 10. Wegen des außerdem zur Westfälischen Eisenbahn gehörigen Theiles der Bahnstrecke Emden-Rheine-Löhne siehe ad I dieses Berichts.

" " 33c—e u. 41. Hierüber fehlen die statistischen Notizen.

" " 140. Außerdem sind von den Postwagen auf fremden Bahnen 179 222 Achsmeilen zurückgelegt.

" " 211. Von der Soll-Einnahme, welche 1 038 519 Thlr. beträgt, sind 1870 Thlr. Defecte in Abzug gebracht und deshalb hier nur die Ist-Einnahme mit 1 036 649 Thlrn. verzeichnet.

" " 214. Hierunter sind 55 111 Thlr. enthalten, welche für Ergänzungen und Erneuerungen verwendet sind.

" " 217. Desgleichen hier 455 Thlr.

" " 218. Ebenso hier 6283 Thlr.

" " 258. Bei Ermittelung des Ueberschusses sind die Mehrausgaben bei der Restverwaltung und die Einnahmen an Defekten mit in Rechnung gezogen.

" " 336. Dies ist der Zuschuß, welchen der Staat jährlich mit 120 Thlrn. pro Meile Bahnlänge zur Pensionskasse beisteuert.

12. Königl. Sächsische östliche Staats-Eisenbahnen.

I. Verwaltung. Die Sächsisch-Böhmische, Sächsisch-Schlesische und Tharandt-Freiberger Staats-Eisenbahnen bilden die Königl. Sächsischen östlichen Staatsbahnen und stehen unter einer Verwaltung, „der Königl. Staats-Eisenbahn-Direktion zu Dresden."

Diese Direktion leitet auch den Betrieb der angrenzenden Löbau-Zittauer und Zittau-Reichenberger Privatbahnen.

II. Die Verbindungsbahn in Dresden verbindet die Sächsisch-Böhmische Staatsbahn mit der Albertsbahn, der Leipzig-Dresdener Gesellschafts- und der Sächsisch-Schlesischen Staatsbahn.

III. Die Betriebsmittel der östlichen Staatsbahnen (Sächsisch-Böhmische, Sächsisch-Schlesische und Tharandt-Freiberger) sind in einen Maschinen- und Wagenpark vereinigt. Außer den in Kol. 91 aufgeführten wurden im Jahre 1863 noch 6 Lokomotiven der Löbau-Zittauer und Zittau-Reichenberger Privatbahnen benutzt. Die von denselben zurückgelegten Meilen sind in Kol. 121 u. 122 mitenthalten.

Die Gepäckwagen werden von den Güterwagen nicht getrennt geführt, es sind daher die bezüglichen Angaben Kol. 100 seqq. unter denen der Güterwagen Kol. 102 seqq. mitinbegriffen.

Ebenso werden die Achsmeilen der Post- u. Gepäckwagen nicht besonders notirt, dieselben sind ebenfalls unter denen der Güterwagen enthalten.

IV. Erneuerungsfonds. — Für die sämmtlichen Königl. Sächsischen Staats-Eisenbahnen besteht ein Erneuerungsfonds, aus welchem bestritten werden: die Kosten für Ersatzleistung abgängiger ganzer Transportmittel, an Lokomotiven, Tendern und Wagen aller Art, es mag der Abgang Folge natürlicher Abnutzung sein oder durch Zerstörung bei Unfällen herbeigeführt werden; — für Erneuerung einzelner Stücke, und zwar bei den Lokomotiven und Tendern die Feuerkasten, Siederöhren, Cylinder, Achsen, Räder, Bandagen, Tragfedern, Kessel, Rauchkammern, Wasserkasten, Tendergestelle; bei den Personenwagen das Untergestelle des Kastens, der Polsterung und Ausstattung der Coupé's, der Achsen, Räder, Bandagen und Federn, gleichviel ob bei völliger oder bei Erneuerung in einzelnen Theilen, als Schwellen, Kopfstücken, Oberschwellen, Deckenbezügen; bei den Lastwagen ebenfalls die vorbemerkten einzelnen Theile, soweit sie bei den Lastwagen vorkommen und der Bodenbeläge, wenn selbige ganz zu erneuern sind; — ferner die Kosten für die zur Geleis-Unterhaltung verwendeten Schienen, Laschen, Schraubenbolzen, Unterlagsplatten und Nägel, der Weichen und der Schwellen nebst Imprägnirungskosten, bei Stuhlschienen der Stühlchen, Dübel und Schließen.

Die Einnahmen dieses Fonds bestehen aus bestimmten Abnutzungs-Procenten, den Erlösen für Materialien abgängig gewordener Betriebsmittel und abgenutzter Oberbau-Materialien, sowie den Zinsen der werbend angelegten Bestände.

In den statistischen Nachrichten werden die für Erneuerung des Oberbaues verwendeten, dem Erneuerungsfonds entnommenen Beträge in Kol. 214 mit zur Erscheinung gebracht, dergestalt, daß von der vollen Ausgabe vorerst noch die Erlöse von dem gewonnenen alten Oberbau-Material verrechnet werden und nur der verbleibende Rest als wirkliche Ausgabe betrachtet wird. In Kol. 263b erscheinen nur diejenigen Beträge, welche nach Abzug der Ausgaben dem Erneuerungsfonds von den berechneten Einnahmen noch zukommen, dagegen in Kol. 271 und 272 die vollen Einlagen und Erlöse von den abgängig gewordenen Betriebsmitteln und abgenutzten Oberbau-Materialien, sowie die vollen Ausgaben für Erneuerung derselben.

Die Verwaltung des Erneuerungsfonds geschieht von einer Kasse bei dem Königl. Sächs. Finanz-Ministerium.

V. Die Beamten-Pensions- und Unterstützungskassen sämmtlicher Königl. Sächsischen Staats- und der unter Staatsverwaltung stehenden Privat-Eisenbahnen (Löbau-Zittauer und Zittau-Reichenberger), sowie des Staats-Telegraphen

Instituts sind in eine einzige, unter dem Namen „Unterstützungs-Kasse für das bei den Königl. Sächsischen Staats-Eisenbahnen und dem Staats-Telegraphen-Institut angestellte Personal" vereinigt. Diese Kasse wird gegenwärtig von der Staats-Eisenbahn-Direktion zu Dresden verwaltet.

a) Sächsisch-Böhmische Staatsbahn.

I. **Bahngebiet.** Die Bahnstrecke von der Sächsisch-Böhmischen Grenze bis Bodenbach (1,44 Meilen) ist Eigenthum der K. K. priv. Oesterreichischen Staats-Eisenbahn-Gesellschaft und wird von der Königl. Sächsischen Staats-Eisenbahn-Verwaltung pachtweise benutzt.

II. **Erläuterungen zu den Tabellen:**

zu Kol. 33e. Statt der Schienenstühle finden Unterlagsplatten Anwendung.

„ „ 123a. Hierunter sind 3174 Züge mitenthalten, welche auf der Verbindungsbahn zwischen Alt- und Neustadt Dresden befördert worden sind.

„ „ 130b u. 132b. Die Anzahl der in Mischung von Steinkohlen mit Coaks und Braunkohlen mit Steinkohlen zurückgelegten Nutzmeilen läßt sich nicht angeben, da das hier (in Kol. 130c u. 132c) und das in Kol. 128 angegebene Feuerungsmaterial durchgängig in verschiedener Mischung zur Verwendung gekommen ist.

„ „ 161. Außerdem sind noch Personen mit Extrazügen befördert worden, von denen aber nicht die Anzahl, sondern nur die Einnahme notirt wird.

„ „ 167, 180b, 184b, 190b u. 200. Die Postgüter werden nicht besonders notirt, da die befördernde Bahn eine Staatsbahn ist und deshalb gegenseitige Abrechnung nicht stattfindet.

„ „ 170. Kohlen und Coaks werden in den Registern nicht getrennt geführt, sondern es sind dieselben unter den Gütern der ermäßigten Klasse enthalten.

„ „ 173. Die hier aufgeführten Betriebsdienst- und Baugüter sind mit besonderen Zügen für die Selbstkosten befördert worden; die mit den gewöhnlichen Zügen zum Transport kommenden Betriebsdienst- und Baugüter sind frachtfrei und werden nicht notirt.

„ „ 177a. Ebenso wird das Gewicht der nach Stückzahl beförderten Thiere nicht notirt.

„ „ 193 u. 194a. Dies sind die Einnahmen für die mit Extrazügen beförderten Personen (cfr. Erl. zu Kol. 161).

„ „ 222. Dies sind die Kosten der außergewöhnlichen Schneebeseitigung, da diejenigen für gewöhnliche Fälle sich von den übrigen Bahnunterhaltungs-Kosten nicht trennen lassen.

„ „ 229—232. Hier haben nur die Kosten für die verwendeten Materialien aufgenommen werden können, da die bezüglichen Löhne von denen für übrige Bahnhofsarbeiten nicht zu trennen sind.

b) Sächsisch-Schlesische Staatsbahn.

I. **Bahngebiet.** Von der Sächsisch-Schlesischen Staatsbahn liegen 1,37 Meilen (von der Sächsisch Preußischen Grenze bis Görlitz) im Königreiche Preußen. Diese Bahnstrecke ist aber ebenfalls Eigenthum der Königl. Sächsischen Staats-Eisenbahn-Verwaltung.

II. **Erläuterungen zu den Tabellen:**

zu Kol. 33e. Dieser Procentsatz bezieht sich auf die Unterlagsplatten, welche statt der Schienenstühle zur Anwendung kommen.

„ „ 161. Außerdem sind noch Personen mit Extrazügen befördert worden, von denen aber nicht die Anzahl, sondern nur die Einnahme notirt wird.

„ „ 167, 180b, 184b, 190b u. 200. Die Postgüter werden nicht besonders notirt, da die befördernde Bahn eine Staatsbahn ist und deshalb gegenseitige Abrechnung nicht stattfindet.

„ „ 170. Kohlen und Coaks werden in den Registern nicht getrennt geführt, sondern es sind dieselben unter den Gütern der ermäßigten Klasse mitenthalten.

„ „ 173. Die hier aufgeführten Betriebsdienst- und Baugüter sind mit besonderen Zügen für die Selbstkosten befördert worden; die mit den gewöhnlichen Zügen zum Transport kommenden Betriebsdienst- und Baugüter sind frachtfrei und werden nicht notirt.

„ „ 177a. Ebenso wird das Gewicht der nach Stückzahl beförderten Thiere nicht notirt.

„ „ 193 u. 194a. Dies ist die Einnahme für die mit Extrazügen beförderten Personen (cfr. Erl. zu Kol. 161).

„ „ 214, 258 u. 263b. Dem Erneuerungsfonds sind zwar an Abnutzungsprocenten 140 763 Thlr. berechnet worden, es ist jedoch dieser Betrag zur Erneuerung des Oberbaues nicht ausreichend gewesen, vielmehr haben hierzu noch 73 611 Thlr. aus den Beständen dieses Fonds verwendet werden müssen, die in der Summe Kol. 214 mitenthalten sind.

Wären nur die erstgenannten 140 763 Thlr. zur Verwendung gekommen, so berechnete sich der Ueberschuß zu 584 156 Thlrn., d. i. pro Meile Bahnlänge 43 110 Thlr., pro Kilometer 5724 Thlr. und 7,15 Proc. des Gesammt-Anlage-Kapitals.

„ „ 229—232. Hier haben nur die Kosten für die verwendeten Materialien aufgenommen werden können, da die bezüglichen Löhne von denen für übrige Bahnhofsarbeiten sich nicht scheiden lassen.

c) Tharandt-Freiberger Staatsbahn.

Erläuterungen, zu den Tabellen:

zu Kol. 161. Außerdem sind noch Personen mit Extrazügen befördert worden, von welchen aber nicht die Anzahl, sondern nur die Einnahme notirt wird.

" " 167, 180b, 184b, 190b u. 200. Die Postgüter werden nicht besonders notirt, da die befördernde Bahn eine Staatsbahn ist und deshalb gegenseitige Abrechnung nicht stattfindet.

" " 170. Kohlen und Coaks werden in den Registern nicht getrennt geführt, sondern es sind dieselben unter den Gütern der ermäßigten Klasse mitenthalten.

" " 173. Die hier aufgeführten Betriebsdienst- und Baugüter sind mit besonderen Zügen für die Selbstkosten befördert worden; die mit den gewöhnlichen Zügen zum Transport kommenden Betriebsdienst- und Baugüter sind frachtfrei und werden nicht notirt.

" " 177a. Das Gewicht der nach Stückzahl beförderten Thiere wird nicht notirt.

" " 193 u. 194a. Dies ist die Einnahme für die mit Extrazügen beförderten Personen (cfr. Erl. zu Kol. 161).

" " 229—232. Hier haben nur die Kosten für die verwendeten Materialien aufgenommen werden können, da die bezüglichen Löhne von denen für übrige Bahnhofsarbeiten sich nicht trennen lassen.

" " 274—283. Eine Vergleichung des Verkehrs und Ertrages mit dem Vorjahre kann nicht stattfinden, weil die Bahn in ihrer gegenwärtigen Ausdehnung erst ein volles Jahr im Betriebe ist. Im Jahre 1862 war dieselbe 4⅔ Monate im Betriebe.

13. Königl. Sächsische westliche Staats-Eisenbahnen.

I. **Verwaltung.** Die Niedererzgebirgische, Obererzgebirgische und Sächsisch-Bayerische Staatsbahnen bilden die Königl. Sächsischen westlichen Staatsbahnen und stehen unter einer Verwaltung, der „Königl. Staats-Eisenbahn-Direktion zu Leipzig".

II. Die **Verbindungsbahn** in Leipzig verbindet die Sächsisch-Bayerische Staatsbahn mit der Leipzig-Dresdener, Magdeburg-Leipziger und Berlin-Anhaltischen Bahn. Es findet auf dieser Verbindungsbahn Personen-Beförderung aber nicht statt.

III. Die **Betriebsmittel** der westlichen Staatsbahnen (Niedererzgebirgische, Obererzgebirgische und Sächsisch-Bayerische) sind in einen Maschinen- und Wagenpark vereinigt. Außerdem werden 2 Tender-Lokomotiven, 150 vierrädrige offene Güterwagen und 1 Arbeitswagen, welche Eigenthum der Chemnitz-Würschnitzer Eisenbahn-Gesellschaft sind, von der Staats-Eisenbahn-Verwaltung vertragsweise benutzt.

Diese Maschinen und Wagen sind in Kol. 91d, 102a u. 104a mitaufgenommen, die Anschaffungskosten derselben aber in Kol. 113, 116 u. 117 nicht. Es ist deshalb bei den Durchschnittsberechnungen Kol. 113b u. 116b, sowie bei 114b die Strecke Wüstenbrand-Lugau von 1,41 M. (Chemnitz-Würschnitzer E.) außer Ansatz geblieben.

Sodann wurden im Jahre 1863 außer den in Kol. 102 aufgeführten noch 10 Stück vierrädrige bedeckte und 90 Stück vierrädrige offene Güterwagen von der im Bau begriffenen Chemnitz-Annaberger Staatsbahn benutzt; die von denselben zurückgelegten Achsmeilen sind in Kol. 143 mitaufgeführt.

Die Gepäckwagen werden von den Güterwagen nicht getrennt geführt, es sind daher die bezüglichen Angaben Kol. 100 2c. unter denen der Güterwagen Kol. 102 2c. mitbegriffen.

Ebenso werden die Achsmeilen der Post- und Gepäckwagen nicht besonders notirt, dieselben sind ebenfalls unter denjenigen der Güterwagen enthalten.

IV. Ueber den **Erneuerungsfonds** und die **Beamten-Pensionskasse**, beide gemeinschaftlich für alle Sächsischen Staatsbahnen, ist das Nähere in dem Berichte der östlichen Staatsbahnen mitgetheilt.

a. Niedererzgebirgische Staatsbahn.

I. Das **Bahngebiet** ist gegen das Vorjahr unverändert geblieben und besteht aus der früheren Chemnitz-Riesaer Staatsbahn von . . . . 8,19 Meilen,
und deren Fortsetzung nach Zwickau und Gößnitz von . . . . 8,84 "
Außerdem ist seit dem 15. November 1858 die von Wüstenbrand nach Lugau führende, auf Kosten einer Actien-Gesellschaft gebaute s. g. „Chemnitz-Würschnitzer" Eisenbahn . . . . 1,41 "
von der Königl. Sächsischen Staats-Eisenbahn-Verwaltung vorläufig auf 20 Jahre pachtweise übernommen. zusammen 18,44 Meilen.

II. **Erläuterungen zu den Tabellen:**

zu Kol. 16. Nur der Bahndamm der Flügelbahn Schönbörnchen-Gößnitz hat eine Kronenbreite von 14 Fuß.

" " 33 u. 41. Auf der gepachteten Bahn von Wüstenbrand nach Lugau beträgt die Erneuerung
1,18 Proc. bei den schweren Schienen,
5,03 Proc. bei den Nägeln und
47,94 Proc. bei den Schwellen.

" " 86. Von diesem Anlage-Kapitale kommen

auf die frühere Chemnitz-Riesaer Staatsbahn	7 268 407	Thlr.
auf deren Fortsetzung nach Zwickau und Gößnitz	4 830 671	„
auf die Vervollständigung der Bahn-Anlagen	799 212	„
zusammen	12 898 290	Thlr.

Die frühere Chemnitz-Riesaer Staats-Eisenbahn war ursprünglich Eigenthum einer Actien-Gesellschaft, wurde aber vor Beendigung des Baues vom Staate angekauft. Das für Erwerbung dieser Bahn, deren Vollendung und die nöthige Ausrüstung derselben vom Staate bis Ende 1863 verwendete

Kapital beträgt	5 489 211	Thlr.
Werden die für den Bau der Strecken Chemnitz-Zwickau-Gößnitz aufgewendeten	4 830 671	„
und die auf Vervollständigung der Bahnanlagen verausgabten	799 212	„
hinzugerechnet, so ergeben sich	11 119 094	Thlr.,

welche aus Staatsmitteln bis zum Schlusse des Jahres 1863 auf die Niedererzgebirgische Staatsbahn überhaupt verwendet worden sind.

zu Kol. 123c u. 124c. Auf der gepachteten Bahn (Wüstenbrand-Lugau) sind im Jahre 1863 außer den hier aufgeführten Zügen 1290 Güter- und gemischte Züge mit durchschnittlich 84 Achsen abgelassen worden.

„ „ 161. Außerdem sind noch Personen mit Extrazügen befördert worden, von denen aber nicht die Anzahl, sondern nur die Einnahme notirt wird.

„ „ 167, 180b, 184b, 190b u. 200. Die Postgüter werden nicht besonders notirt, da die befördernde Bahn eine Staatsbahn ist und deshalb gegenseitige Abrechnung nicht stattfindet.

„ „ 170. Kohlen und Coaks werden in den Registern nicht getrennt geführt, dieselben sind unter den Gütern der ermäßigten Klasse enthalten.

„ „ 173. Die hier aufgeführten Betriebsdienst- und Baugüter sind in besonderen Zügen für die Selbstkosten befördert worden; gelangen dergleichen Güter mit den gewöhnlichen Zügen zum Transport, so sind dieselben frachtfrei und werden nicht notirt.

„ „ 177a. Das Gewicht der nach Stückzahl beförderten Thiere wird ebenfalls nicht notirt.

„ „ 193 u. 194a. Dies sind die Einnahmen für die mit Extrazügen beförderten Personen (cfr. Erl. zu Kol. 161).

„ „ 222. Diese 64 Thlr. sind die Kosten der außergewöhnlichen Schneebeseitigung, da diejenigen für gewöhnliches Reinigen der Bahn vom Schnee sich von den übrigen Bahn-Unterhaltungskosten nicht trennen lassen.

„ „ 229—232. Hier haben nur die Kosten für die verwendeten Materialien aufgenommen werden können, da die bezüglichen Löhne von denen für übrige Bahnhofs-Arbeiten nicht ausgeschieden werden konnten.

„ „ 258c. Der erste Procentsatz berechnet sich nach dem wirklich verwendeten Anlage-Kapitale von 12 898 290 Thlrn. und der zweite nach der vom Staate aufgewendeten Summe von 11 119 094 Thlrn. (cfr. Erl. zu 86).

b. Obererzgebirgische Staatsbahn.

Erläuterungen zu den Tabellen:

zu Kol. 16. Nur der Bahndamm der Strecke von Zwickau nach den Steinkohlenwerken bei Bockwa ꝛc. hat eine Kronenbreite von 25 Fuß.

„ „ 161. Außerdem sind noch Personen mit Extrazügen befördert worden, von denen aber nicht die Anzahl, sondern nur die Einnahme notirt wird.

„ „ 167, 180b, 184b, 190b u. 200. Die Postgüter werden nicht notirt, da die befördernde Bahn eine Staatsbahn ist und deshalb eine gegenseitige Abrechnung nicht stattfindet.

„ „ 170. Kohlen und Coaks werden in den Registern nicht getrennt geführt, dieselben sind unter den Gütern der ermäßigten Klasse enthalten.

„ „ 173. Die hier aufgeführten Betriebsdienst- und Baugüter sind in besonderen Zügen für die Selbstkosten befördert worden; gelangen dergleichen Güter mit den gewöhnlichen Zügen zum Transport, so sind dieselben frachtfrei und werden nicht notirt.

„ „ 177a. Das Gewicht der nach Stückzahl beförderten Thiere wird ebenfalls nicht notirt.

„ „ 185. Diese geringe Durchschnittszahl wird dadurch begründet, daß die früher zur Sächsisch-Bayerischen Staatsbahn gehörige Kohlenbahn von Zwickau nach den Steinkohlenwerken bei Bockwa ꝛc. jetzt einen Theil der Obererzgebirgischen Staatsbahn bildet und der Hauptverkehr derselben auf der gedachten, circa ½ Meilen langen Strecke stattfindet.

„ „ 193 u. 194a. Dies sind die Einnahmen für die mit Extrazügen beförderten Personen (cfr. Erl. zu Kol. 161).

„ „ 229—232. Hier haben nur die Kosten für die verwendeten Materialien aufgenommen werden können, weil die bezüglichen Löhne von denen für übrige Bahnhofs-Arbeiten sich nicht trennen lassen.

c. Sächsisch-Bayerische Staatsbahn.

I. **Bahngebiet.** Die Bahnstrecke von der Sächsisch-Bayerischen Grenze bis Hof (1,11 Meilen) ist Eigenthum der Königl. Bayerischen Staats-Regierung und wird von der Königl. Sächsischen Staats-Eisenbahn-Verwaltung pachtweise benutzt.

II. Erläuterungen zu den Tabellen:

zu Kol. 2. Das als unbesoldet aufgeführte Mitglied der Direktion ist ein Assessor, welcher nur zu gewissen Verhandlungen zugezogen wird und dafür eine jährliche Entschädigung von 120 Thlrn. erhält.

„ „ 13. In den Tarifen wird die Bahnlänge auf 23,3 Meilen für den Personenverkehr und auf 23,9 Meilen für den Güterverkehr angenommen.

„ „ 21d. Dieser Viaduct besteht aus 4 Etagen, der andere dagegen aus 2 Etagen.

„ „ 123 u. 124. Es wurden abgelassen

zwischen Leipzig und Hof 730 Courier- und Schnellzüge mit durchschnittlich . . . 18 Achsen,
zwischen Leipzig und Zwickau 2920 Personenzüge mit durchschnittlich . . . . . . 34 „
2600 Güter- und gemischte Züge mit durchschnittlich . 136 „
90 Material- und Arbeitszüge mit durchschnittlich . 44 „
zwischen Zwickau und Hof 2920 Personenzüge mit durchschnittlich . . . . 27 „
6205 Güter- und gemischte Züge mit durchschnittlich . . 69 „
30 Material- und Arbeitszüge mit durchschnittlich . . 29 „

„ „ 161. Außerdem sind noch Personen mit Extrazügen befördert worden, von denen aber nicht die Anzahl, sondern nur die Einnahme notirt wird.

„ „ 167, 180b, 184b, 190b u. 200. Die Postgüter werden nicht besonders notirt, da die befördernde Bahn eine Staatsbahn ist und deshalb gegenseitige Abrechnung nicht stattfindet.

„ „ 170. Kohlen und Coaks werden in den Registern nicht getrennt geführt, dieselben sind unter den Gütern der ermäßigten Klasse mitenthalten.

„ „ 173. Die hier aufgeführten Betriebsdienst- und Baugüter sind mit besonderen Zügen für die Selbstkosten befördert worden; gelangen dergleichen Güter mit den gewöhnlichen Zügen zum Transport, so sind dieselben frachtfrei und werden nicht notirt.

„ „ 177a. Das Gewicht der nach Stückzahl beförderten Thiere wird ebenfalls nicht notirt.

„ „ 193 u. 194. Dies sind die Einnahmen für die mit Extrazügen beförderten Personen (cfr. Erl. zu Kol. 161).

„ „ 222. Diese 755 Thlr. repräsentiren die Kosten der außergewöhnlichen Schneebeseitigung, weil diejenigen für gewöhnliches Reinigen der Bahn vom Schnee sich von den übrigen Bahn-Unterhaltungskosten nicht trennen lassen.

„ „ 229—232. Hier haben nur die Kosten für die verwendeten Materialien aufgenommen werden können, weil die bezüglichen Löhne von denen für übrige Bahnhofs-Arbeiten sich nicht scheiden lassen.

14. Königl. Württembergische Staats-Eisenbahn.

I. **Rechnungs-Periode.** Das Rechnungs- und Betriebsjahr ist nicht übereinstimmend mit dem Kalenderjahre, sondern umfaßt die Zeit vom 1. Juli bis ult. Juni. Die vorliegenden statistischen Notizen beziehen sich auf den Zeitraum vom 1. Juli 1862 bis ult. Juni 1863.

II. **Organisation der Verwaltung.** Den Betrieb und die Verwaltung der Württembergischen Staats-Eisenbahnen leitet die „Königl. Eisenbahn-Direktion", welche außer dem Direktor aus 4 administrativen, 4 technischen und 1 merkantilischen Mitgliede besteht. Die letzteren 5 sind zugleich Mitglieder „der Eisenbahn-Bau-Kommission", einer eigenen für die Beaufsichtigung und Leitung des Neubaues von Eisenbahnen eingesetzten Behörde. Von diesen letztern beziehen 3 ihren Gehalt ausschließlich aus der Baukasse.

Die Eisenbahn-Direktion hat zu ihrer Unterstützung einen Betriebs-Inspektor, welcher mit der Ueberwachung des Fahr- und Abfertigungsdienstes im Einzelnen betraut ist.

Für die Betriebsleitung und Verwaltung der Telegraphen besteht die „Königliche Telegraphen-Direktion". Die einer kollegialischen Berathung bedürfenden Geschäfte derselben werden aber gemeinschaftlich mit der Eisenbahn-Direktion behandelt.

III. Das **Bahngebiet** der Württembergischen Staatsbahnen umfaßt:

1) die Hauptbahn von Bruchsal über Bietigheim, Stuttgart, Cannstatt, Plochingen, Ulm und Bieberach nach Friedrichshafen . . . . 36,55 Meilen
2) die Zweigbahnen a) von Bietigheim über Heilbronn nach Hall . . . . 11,02 „
b) von Cannstatt über Aalen nach Wasseralfingen . . . . 9,82 „
c) von Plochingen über Reutlingen nach Rottenburg . . . . 7,92 „
zusammen 65,31 Meil.

Hiervon liegen 2,1 Meilen auf Großherzogl. Badischem Gebiete.

Von der sub 2a aufgeführten Zweigbahn wurde die Strecke Heilbronn-Hall (7,1 Meil.) am 4. August 1862 dem Betriebe übergeben, war somit nur 331 Tage im Betriebe. Hiernach ergiebt sich ein mittlerer Jahresdurchschnitt von . . . . 64,61 Meil.

IV. **Bahn-Anlagen.** Es haben Erweiterungen mehrerer Bahnhöfe, sowohl in Betreff der Gebäude als auch hinsichtlich der Geleise und der Einrichtung von Bodenwaagen auf solcher bedürftigen Stationen stattgefunden. Außerdem wurden Vorbereitungen zu einer beträchtlichen Erweiterung des Stuttgarter Bahnhofs getroffen.

V. Das **Benutzungs-Verhältniß** der verschiedenen Wagenklassen im Jahre $18^{62}/_{63}$ war folgendes:

	bei gewöhnlichen Zügen	bei Schnellzügen	überhaupt
I. Klasse	0,49 Proc.	8,55 Proc.	1,10 Proc.
II. „	15,99 „	91,45 „	19,94 „
III. „	83,49 „	— „	78,96 „
	100 Proc.	100 Proc.	100 Proc.

VI. **Beamten-Pensions- und Unterstützungskasse.** Die höheren Beamten der Eisenbahn-Verwaltung participiren an der allgemeinen Pensions-Anstalt für die Staatsdiener und deren Hinterbliebene. Für die übrigen Bediensteten, die nicht Staatsdiener sind, besteht seit 1845 eine Unterstützungskasse gemeinschaftlich mit der Bodensee-Dampfschifffahrts-, Post- und Telegraphen-Verwaltung, an welcher die sämmtlichen niederen Bediensteten Theil zu nehmen verpflichtet sind.

VII. **Erläuterungen zu den Tabellen:**

zu Kol. 2a. Dies unbesoldete Mitglied ist das merkantilische.

„ „ 71—74. Es sind hier nur die längs der Bahn bestehenden Leitungen, Apparate und Stationen aufgenommen. Außerdem bestehen noch mehrere Leitungen, die theilweise gleichfalls Eisenbahnstationen verbinden und daher immerhin von Bedeutung für den Bahnbetrieb sind.

„ „ 102a. Hierunter sind 120 zum Langholztransport eingerichtete Wagen.

„ „ 104a u. 109d. Die hier aufgeführten Wagen sind nicht zum Maschinentransport eingerichtet, sondern nur zum Materialientransport auf kürzere Strecken. Dieselben haben durchschnittlich 20 Centner Tragkraft pro Achse.

„ „ 108c. Diese Wagen sind als Pferdestallwagen eingerichtet. Zum Vieh- und Equipagentransport überhaupt ist die Mehrzahl der Güterwagen geeignet.

„ „ 111. Die größte überhaupt zulässige Belastung einer Achse beträgt 146 Ctr.; dienstlich, d. h. ohne der Conventionalstrafe wegen Wagenüberlastung zu verfallen, sind 105 Ctr. erlaubt.

„ „ 120. Diese Summe stellt die Anschaffungskosten der Postwagen dar, welche von der Eisenbahn-Verwaltung zu liefern sind.

„ „ 121c. Unter der hier angegebenen Meilenzahl sind auch die Leistungen der Maschinen bei Voraus- und Nachzügen begriffen, welche von einzelnen Stationsvorständen angeordnet werden können.

„ „ 123b. In dieser Anzahl sind 601 Extrazüge einbegriffen.

„ „ 167 u. 200. Für die Beförderung der fahrenden Postbureaus, der Posteffecten ꝛc. erhält die Bahn von der Postverwaltung eine Aversional-Entschädigung, welche in Kol. 200 aufgeführt ist.

„ „ 217. Die Unterhaltungskosten der Telegraphen sind unbekannt, da, wie oben angeführt, für dieselben eine eigene getrennte Verwaltung besteht.

„ „ 233. In dieser Summe sind auch die Kosten für Heizung der Wagen enthalten.

„ „ 239. Dies ist die Differenz zwischen gezahlter und empfangener Wagenmiethe; die gezahlte Wagenmiethe betrug 55 765 Thlr.

„ „ 284a. Dieser Unfall fand durch Zusammenstoß zweier Maschinen statt.

IIa. Privatbahnen

unter Staatsverwaltung.

15. Aachen-Düsseldorf-Ruhrorter Eisenbahn.

Unter dieser Bezeichnung werden zwei verschiedene Bahnen verstanden, nämlich die Aachen-Düsseldorfer und die Ruhrort-Crefelder. Dieselben sind Eigenthum zweier Actiengesellschaften, werden aber seit dem Jahre 1850 vom Staate verwaltet, und zwar durch die „Königl. Preuß. Direktion der Aachen-Düsseldorf-Ruhrorter Eisenbahn."

Das Nähere ist in der Statistik pro 1860 S. 18 und den vorhergehenden Jahrgängen mitgetheilt.

a. Aachen-Düsseldorfer Eisenbahn.

I. **Besitzverhältnisse.** Die Strecke Aachen-Richterich-Kohlscheidt und die Kohlenzweigbahn Kohlscheidt-Kämpchen (720 Ruthen) sind gemeinschaftliches Eigenthum der Aachen-Düsseldorfer und Aachen-Mastrichter Eisenbahn-Gesellschaften.

II. Die **Betriebsmittel** sind gemeinschaftliches Eigenthum beider Gesellschaften, und zwar zu ¹/₃ der Aachen-Düsseldorfer und zu ²/₃ der Ruhrort-Crefelder E. Ausgeschlossen hiervon sind die den Rheintraject vermittelnden Dampfschiffe und Hebewerke.

Im Jahre 1863 wurden angeschafft und in Betrieb gestellt: 2 gekuppelte Güterzug-Maschinen mit Tendern und 63 vierrädrige offene Güterwagen à 200 Ctr. Ladefähigkeit; dagegen wurden ausrangirt: eine Personenzug-Maschine und 8 vierrädrige offene Güterwagen.

III. **Verkehr und Ertrag.** Im Jahre 1863 wurden 62 969 Personen oder 6,1 Proc. und 928 304 Ctr. Güter (mit Einschluß der tarifirten Baugüter aber 921 068 Ctr. oder 14 Proc. tarifirte Güter) mehr befördert als im Vorjahre. Die Einnahme aus dem Personenverkehre ist um 10 301 Thlr. oder 4,6 Proc., die aus dem Güterverkehre um 20 876 Thlr. oder 7,14 Proc., die Gesammt-Einnahme jedoch nur um 28 646 Thlr. oder 4,04 Proc. größer gewesen als im Jahre 1862, da der Viehtransport einen Ausfall von 2500 Thlrn. ergab. Bei den Betriebs-Ausgaben wurde gegen 1862 eine Ersparniß von 1,01 Proc. erzielt.

In Folge dieser günstigen Resultate war ein Staatszuschuß zur Deckung der garantirten 3½ Proc. Zinsen der Stamm-Actien von nur noch 31 942 Thlrn. erforderlich, also um 22 517 Thlr. oder 41 Proc. weniger als im Vorjahre.

Das Jahr 1863 hat demnach unter den 11 Jahren seit der Eröffnung des Betriebes das günstigste Resultat geliefert.

IV. **Beamten-Pensionskasse.** Es bestehen für die Aachen-Düsseldorfer und Ruhrort-Crefelder E.

1) eine gemeinschaftliche Pensions- und Unterstützungskasse für sämmtliche nicht definitiv angestellte Beamte, welche ult. 1863 einen Bestand von 104 207 Thlrn. und 406 Theilnehmer hatte;

2) ein gemeinschaftlicher Pensionsfonds für definitiv angestellte Beamte, mit einem Bestande von 24 027 Thlrn. ult. 1863 und 130 Theilnehmern.

V. **Erläuterungen zu den Tabellen:**

zu Kol. 2b. Hierunter befindet sich ein Hülfsarbeiter.

„ „ 122. Es wurden von den gemeinschaftlichen Lokomotiven zurückgelegt:

a) auf der Aachen-Düsseldorfer E.	54 782 Nutzmeilen
b) auf der Ruhrort-Crefelder E.	27 928 „
zusammen	82 710 Nutzmeilen,

welche den Berechnungen Kol. 125b, 127c, 129c und 137b zu Grunde gelegt sind.

Ferner haben Lokomotiven der Rheinischen Eisenbahn-Gesellschaft auf der Aachen-Düsseldorfer E., und zwar auf der Strecke zwischen Neuß und Obercassel, 5951 Nutzmeilen vor Personenzügen zurückgelegt.

Den Durchschnittsberechnungen Kol. 212b, 244a und 255b sind deshalb 54 782 + 5951 = 60 733 Nutzmeilen zu Grunde gelegt worden.

„ „ 125 u. 127. Zum Anheizen der Lokomotiven werden Reiserwellen und Coaks verwendet; die Reiserwellen sind nach ihrem cubischen Inhalte auf Holz reducirt.

„ „ 136. Dies ist der Durchschnittspreis für eine Reiserwelle.

„ „ 151a. Von den hier aufgeführten Achsmeilen sind auf der Aachen-Düsseldorfer E. 2 021 976 und auf der Ruhrort-Crefelder 1 287 697 Achsmeilen zurückgelegt worden.

„ „ 206a. Diese 2376 Thlr. sind für die beförderten 200 Stück Luxuspferde eingenommen; die Einnahme für die beförderten Koppelpferde ist in Kol. 205b mitenthalten.

„ „ 262. Zur Verzinsung der mit 3½ Proc. garantirten Stamm-Actien waren 108 058 Thlr. = 2,70 Proc. vorhanden. Der Rest von 31 942 Thlrn. = 0,80 Proc. wurde durch Staatszuschuß gedeckt, welcher im Vorjahre 54 458 Thlr. oder 1,36 Proc. betragen hat.

„ „ 333—352. Die mit 94 741 Thlrn. beginnende Zeile bezieht sich auf die oben unter Nr. IV. 1 näher bezeichnete Pensions- und Unterstützungskasse für die nicht definitiv angestellten Beamten, und die mit 20 695 Thlrn. beginnende Zeile auf den ebendaselbst ad 2 bezeichneten Pensionsfonds für die definitiv angestellten Beamten der Aachen-Düsseldorfer und Ruhrort-Crefelder Eisenbahn.

b. Ruhrort-Crefelder Eisenbahn.

I. Die **Betriebsmittel** und die Beamten-Pensions- rc. Kassen sind mit der Aachen-Düsseldorfer E. gemeinschaftlich. Das Nähere hierüber ist in dem Berichte derselben ad II resp. IV ersichtlich.

II. **Verkehr und Ertrag.** Die Verkehrs-Verhältnisse haben sich im Jahre 1863 abermals wesentlich gehoben. Der Personen-Verkehr weist gegen das Vorjahr eine Zunahme um 23 571 Reisende oder 5,7 Proc. und eine Mehreinnahme von 1281 Thlrn. oder 4,3 Proc. nach. Im Güterverkehre stieg die Frequenz um 748 325 Ctr. (mit Einschluß der tarifirten Baugüter aber um 750 540 Ctr. oder 13,7 Proc.) und die Einnahme um 21 920 Thlr. oder 8,4 Proc. gegen 1862. An Vieh wurden 2100 Stück oder 6 Proc. mehr befördert, welche eine Mehr-Einnahme von 402 Thlrn. brachten.

Die Gesammt-Einnahmen (excl. 73 Thlr. Ueberträge früherer Jahre) überstiegen die des Vorjahres um 25 721 Thlr. oder 6,49 Proc., während die Ausgaben nur 39,11 Proc. der Einnahmen, im Jahre 1862 dagegen 39,11 Proc. derselben betrugen. Es konnten deshalb nach Deckung des Reserve- und Erneuerungsfonds gemäß der neueren, höheren Anforderungen 5 Proc. Dividende, der höchsten bis jetzt, vertheilt werden.

III. Erläuterungen zu den Tabellen:

zu Kol. 83. Hier sind die Anlagekosten der Trajekt-Anstalt bei Ruhrort aufgeführt. Ueber dieselbe, resp. über die an beiden Ufern des Rheins erbauten hydraulischen Hebewerke sind in der Statistik pro 1856 S. 2 ad II nähere Mittheilungen enthalten.

„ „ 206a. Dies ist die Einnahme für die beförderten 15 Stück Luxuspferde, diejenige für Koppelpferde ist in Kol. 206b mitenthalten.

„ „ 207. Hierin sind 70 161 Thlr. Einnahmen der Trajekt-Anstalt bei Ruhrort enthalten.

„ „ 234. Hiervon kommen auf Güterverladung 5746 Thlr. und auf die An- u. Abfuhr der Güter 1177 Thlr.

„ „ 235. Dies sind die Kosten des Rhein-Trajekts.

16. Bergisch-Märkische Eisenbahn.

I. **Verwaltung.** Die Bergisch-Märkische Eisenbahn ist Eigenthum einer Actien-Gesellschaft; die Verwaltung derselben ist für immer dem Staat übertragen und wird von der „Königl. Eisenbahn-Direktion zu Elberfeld" geführt. Neben der Direktion fungirt eine aus 12 Mitgliedern und ebensoviel Stellvertretern gebildete Deputation der Actionaire, welche in den wichtigeren Angelegenheiten mit ihrem Gutachten gehört wird und von der die Rechnungen geprüft und dechargirt werden.

II. **Bahngebiet.** Das Bergisch-Märkische Eisenbahn-Unternehmen hat durch Erwerbung der Prinz-Wilhelm-Eisenbahn, Vollendung der Verbindungsbahn zwischen der Letzteren und der Dortmund-Witten-Duisburger Linie bei Steele, sowie durch die Fertigstellung der Zweigbahn Steele-Dahlhausen eine weitere Ausdehnung erfahren und umfaßte am Schlusse des Jahres 1863

1) die Bergisch-Märkische Bahn mit den Strecken Düsseldorf-Elberfeld-Dortmund, Dortmund-Soest, Vohwinkel-Steele und Dortmund-Duisburg mit den Zweigbahnen Witten-Langendreer, Mühlheim-Oberhausen, Langendreer-Laer, Steele-Dahlhausen und von Duisburg nach dem Rhein-Ruhr-Kanal resp. den Etablissements im Hochfelde;

2) die Ruhr-Sieg-Bahn mit den Strecken Hagen-Siegen und Herdecke-Einhaus.

Die Betriebslänge dieser Strecken betrug:

von Düsseldorf	bis Dortmund	11,94	Meilen,
„ Dortmund	„ Soest	7,16	„
„ Dortmund	„ Duisburg	7,94	„
„ Witten	„ Langendreer	0,10	„
„ Langendreer	„ Laer	0,41	„
„ Mülheim	„ Oberhausen	0,89	„
„ Steele	„ Dahlhausen	0,53	„
„ Duisburg nach dem Rhein-Ruhr-Kanal und den Etablissements im Hochfelde		0,56	„
„ Steele	bis Vohwinkel	4,41	„
„ Hagen	„ Siegen	14,10	„
„ Herdecke	„ Einhaus	0,77	„
	zusammen	47,19	Meilen.

Davon sind auf der Strecke Steele-Vohwinkel vom 1. Januar bis ult. Mai 4,37 Meilen, vom 1. Juni bis ult. Dezember 4,41 Meilen, die Zweigbahn Steele-Dahlhausen (0,53 M.) dagegen seit 21. September 1863 im Betriebe gewesen. Es beträgt daher der mittlere Jahresdurchschnitt aller Linien . . . . 47,01 Meilen.

III. **Vertheilung der gemeinschaftlichen Ausgaben.** Die Kosten der Bahnverwaltung werden von vorne herein für die Bergisch-Märkische und Ruhr-Sieg-Bahn getrennt gehalten, die Kosten der Transport-Verwaltung nach Verhältniß der durchlaufenen Lokomotiv- und Wagen-Achsmeilen repartirt, die Kosten der Central-Verwaltung aber nach Verhältniß der Bahnlänge getragen.

IV. **Betriebsmittel.** Im Jahre 1863 sind beschafft resp. durch die Erwerbung der Prinz-Wilhelm-Eisenbahn übernommen: 23 Lokomotiven, 21 Personenwagen mit 1302 Plätzen, ferner 11 Gepäckwagen, 75 bedeckte Güterwagen à 150 Ctr., 22 offene Viehwagen à 100 Ctr., 356 offene Güterwagen à 100 Ctr., 162 offene Güterwagen à 200 Ctr., überhaupt 626 Gepäck- und Güterwagen mit einer Ladungsfähigkeit von 82 490 Centnern.

V. **Beamten-Pensionskasse.** Es bestehen:

1) eine von der Königl. Direktion unter Mitwirkung eines aus 5 Mitgliedern bestehenden Curatoriums verwaltete Pensions- und Unterstützungs-Kasse für sämmtliche nicht definitiv angestellte Beamte, welche ult. 1863 einen Bestand von 223 112 Thlrn. und 1493 Theilnehmer hatte;

2) eine in gleicher Weise verwaltete Pensions-Kasse für die definitiv angestellten Beamten, welche ult. 1863 einen Bestand von 28 943 Thlrn. und 77 Theilnehmer hatte.

Beide Kassen sind in den Tabellen Kol. 333 bis 352 aufgeführt.

3) für die Beamten, welche weniger als 500 Thlr. Gehalt beziehen, sowie für die ständigen Arbeiter eine von dem Curatorium der Pensions- und Unterstützungskasse verwaltete Kranken- und Unterstützungs-Kasse, welche ult. 1863 einen Bestand von 11 558 Thlrn. hatte und zu welcher 1422 Beamte und 469 Arbeiter gehörten.

Die früher für die Beamten und Arbeiter der Prinz-Wilhelm-Eisenbahn bestandene Krankenkasse ist mit der ad 3 erwähnten vereinigt worden.

VI. **Erläuterungen zu den Tabellen:**

zu Kol. 13. In den Tarifen wird die Bahnlänge für den Personenverkehr auf 45,61 Meilen und für den Güterverkehr auf 47,17 Meilen angenommen, weil auf der Zweigbahn Herdecke-Einhaus (0,55 Meilen), Langendreer-Laer (0,41 M.), Duisburg-Hochfeld (0,36 M.) und Steele-Dahlhausen (0,33 M.) ein Personenverkehr nicht stattfindet.

„ „ 15. Die Betriebs-Eröffnung der einzelnen Bahnstrecken fand in nachstehender Weise statt:

1) Düsseldorf-Elberfeld-Dortmund.

am 20. Dezember 1838 Düsseldorf-Erkrath,

„ 10. April 1841 Erkrath-Vohwinkel,

„ 3. Septbr. 1841 Vohwinkel-Elberfeld, und zwar für den Personenverkehr, für den Güterverkehr dagegen Anfangs Dezember 1841.

„ 9. Oktober 1847 Elberfeld-Schwelm für den Personenverkehr,

„ 20. Dezbr. 1848 Schwelm-Dortmund für den Güter- und

„ 9. März 1849 für den Personen-Verkehr.

2) Vohwinkel-Steele.

„ 1. Dezember 1847

„ 1. Juni 1863 die Verbindungsb. mit Dortmund-Duisburg bei Steele.

3) Dortmund-Soest

am 9. Juli 1855.

4) Ruhr-Sieg-Eisenbahn.

„ 21. März 1859 Hagen-Letmathe,

am 16. Juli 1860 Letmathe-Altena und Herdecke-Einhaus,

„ 6. August 1861 Altena-Siegen.

5) Dortmund-Witten-Duisburg.

im Januar 1859 Duisburg-Rhein-Ruhr-Kanal im Hochfeld (auf welcher Strecke die Köln-Mindener Bahn den Betrieb bis 1. Mai 1862 bewirkte),

am 1. Februar 1860 Dortmund-Dorstfeld-Germania (ein Theil der Strecke Dortmund-Langendreer),

„ 26. Oktober 1860 Witten-Bochum-Engelsburg,

„ 1. März 1862 Bochum-Oberhausen,

„ 1. Mai 1862 Mülheim-Duisburg,

„ 4. Oktober 1862 Dortmund-Langendreer und Langendreer-Laer,

„ 21. Septbr. 1863 Steele-Dahlhausen.

„ „ 32, 33, 40 u. 41. Die Zahl der Jahre, seit denen die Schienen und Schwellen liegen und die Procentsätze, bis zu welchem Theile dieselben bis jetzt erneuert sind, lassen sich nur für die einzelnen Strecken der Bergisch-Märkischen Eisenbahn angeben und sind in nachstehender Tabelle aufgeführt:

	Strecke					
	Düsseldorf-Dortmund I. Geleise.	Elberfeld-Dortmund II. Geleise.	Dortmund-Soest.	Witten-Duisburg u. s. w.	Steele-Vohwinkel.	Hagen-Siegen.
„ „ 32. Zahl der Jahre, seit denen die Schienen durchschnittlich liegen .	18	5	8½	3	16 die leichten Stuhlschienen, 3½ d. schwer. Schienen.	3
„ „ 33. Proceutsatz, bis zu welchem Theile						
a) die schweren Schienen . . .	155 (a und b)	40	27	1,47	9,48	Waren noch garantiepflichtig.
b) „ leichten Schienen . . .				—	65,05	
c) „ Schienenstühle				—	71,05	
d) „ Stoßverbindungen (Laschen)	...	...	16,2	—	65,05	0,04
e) „ Nägel	53	35	12	0,03	97,17 für die leicht. Stuhlsch. u. 7,40 für die Schienen des Normalprof.	1,50
bis jetzt erneuert sind.						
„ „ 40. Zahl der Jahre, seit denen die Schwellen durchschnittlich liegen .	18	5	8½	3	16	3
„ „ 41. Procentsatz, bis zu welchem Theile die Schwellen bis jetzt erneuert sind	62	22	10	—	64,2	0,24

Die Schienen auf den Bahnstrecken

a) Düsseldorf-Dortmund I. Geleise

b) Elberfeld-Dortmund II. Geleise

c) Steele-Vohwinkel

sind nicht sämmtlich in Folge vollständiger Abnutzung erneuert worden, es wurden vielmehr auf der Strecke

ad a) die ursprünglich gelegten leichteren Schienen sämmtlich

ad b) die in einzelnen Bahnstrecken eingelegten Schienen eines symmetrischen Profils theilweise, ad c) die beim Bau zur Verwendung gekommenen Stuhl- und symmetrischen Schienen zum größten Theil

durch Schienen eines schwereren Profils (Normal-Profil) ersetzt und die noch brauchbaren in den Nebengeleisen auf den Bahnhöfen wieder verwendet.

Mit Rücksicht hierauf ist ein Procentsatz für die Erneuerung der Stoßverbindungen auf den Strecken a und b nicht ausgeworfen, da der Wechsel der Schienenprofile auch einen Wechsel der im Uebrigen noch brauchbaren Stoßverbindungen zur Folge gehabt hat.

zu Kol. 74. Hiervon sind 3 Hülfsstationen.

„ „ 89. Die Stamm-Actien sind vom Staate nicht garantirt, dagegen hat derselbe eine Zins-Garantie auf Höhe von 3½ Proc. für das Anlage-Kapital der Ruhr-Sieg-Bahn im Nominalbetrage von 18 000 000 Thlrn. 3½ procentiger Prioritäts-Obligationen III Serie (in Kol. 88c mitenthalten) übernommen.

„ „ 96. Außer den hier aufgeführten Wagen besitzt die Verwaltung noch einen Antheil an 6 Personenwagen I. und II. Klasse des Rheinisch-Thüringischen Verbandes.

„ „ 100b. Hierin sind 8 combinirte Post- und Gepäckwagen enthalten.

„ „ 128a. Diese 785 Ctr. Coals wurden zum Anheizen und beim Stationiren verwendet.

„ „ 144 u. 145. Besondere Arbeitswagen sind nicht vorhanden, die in Kol. 145 aufgeführten 152 870 Achsmeilen sind vielmehr ebenfalls von den Güterwagen, wenn auch in Arbeitszügen, zurückgelegt.

Bei Feststellung der Leistungen pro Achse (Kol. 144) sind diese Achsmeilen nicht berücksichtigt.

„ „ 147b. Hiervon kommen 35 497 Achsmeilen auf Gepäck- und 253 429 Achsmeilen auf Postwagen.

„ „ 148b—151b, 180, 198, 209, 212, 226, 252, 255 u. 258b. Diesen Durchschnittsberechnungen ist die durchschnittlich im Betriebe gewesene Bahnlänge von 47,01 Meilen oder 354,10 Kilometern zum Grunde gelegt worden, welche sich für den Personenverkehr (Kol. 148, 149, 180a und 198) auf 45,55 Meilen oder 343,21 Kilometer reducirt (siehe Erläuterung zu Kol. 13).

„ „ 195. Diese 2618 Thlr. sind extraordinäre Einnahmen.

„ „ 229, 231 u. 232. Dies sind die Kosten der verbrauchten Schmier- und Putzmaterialien, die für das Schmieren und Putzen gezahlten Arbeitslöhne sind dagegen in Kol. 227 mitenthalten.

„ „ 268 u. 272. Außer den hier aufgeführten Ausgaben sind gezahlt resp. geleistet worden:

1) aus dem Reservefonds:

a) Entschädigung für die bei Unfällen beschädigten Güter	195 Thlr.
b) für Vorarbeiten zur Herstellung neuer Bahnlinien	2312 „
c) an sonstigen Ausgaben	17 714 „
zusammen	20 221 Thlr.

2) aus dem Erneuerungsfonds:

an Rechnungsvergütigungen	25 Thlr.

„ „ 274.

Ende 1863 waren im Betriebe	47,42 Meilen, durchschnittlich	47,01 Meilen,
„ 1862 incl. Prinz-Wilhelm-E.	46,93 „ „	43,57 „
mithin 1863 mehr . .	0,49 Meilen, durchschnittlich	3,44 Meilen.

„ „ 275 u. 276. Eine Vergleichung der im Jahre 1863 beförderten Personen und Güter mit den Resultaten Vorjahrs ist unzuverlässig und würde zu unrichtigen Schlüssen führen, nicht nur, weil die Dortmund-Duisburger Bahn auf den Strecken Bochum-Oberhausen, Mülheim-Duisburg mit der Hochfeldbahn, Dortmund-Langendreer und Langendreer-Laer nur successive in Betrieb genommen ist, sondern namentlich, weil die mit dem 1. Januar 1863 in das Bergisch-Märkische Unternehmen aufgenommene Prinz-Wilhelm-E. bis dahin getrennt verwaltet wurde und die für diese früher nachgewiesenen Resultate, soweit sie den Uebergangs- und den transitirenden Verkehr betreffen, in den Ergebnissen des Bergisch-Märkischen Unternehmens mitenthalten sind.

Die Kol. 275 u. 276 sind daher unausgefüllt geblieben.

„ „ 277. Nicht minder bedeutungslos bleibt eine Vergleichung der erzielten, für die einzelnen Bahnen allerdings getrennt gehaltenen Erträge. Lassen sich diese auch für die nunmehr vereinigten Strecken ermitteln, und ist es auch möglich, die auf der Dortmund-Duisburger Linie in den einzelnen Monaten erzielten Einnahmen annähernd auf eine Jahres-Einnahme zurückzuführen, so ist doch durch den Hinzutritt der Prinz-Wilhelm-E., namentlich nach Herstellung ihrer Verbindung mit der Dortmund-Duisburger Bahn, eine wesentliche Umgestaltung der Verkehrs-Verhältnisse herbeigeführt, aus welcher sich für die Durchschnittsberechnungen der von den Personen und Gütern zurückgelegten Meilen, der Erträge pro Person und Meile, sowie pro Centner und Meile so erhebliche Abweichungen herleiten, daß eine Gegenüberstellung mit den Ergebnissen der Vorjahre nur zu irrigen Auffassungen Veranlassung geben würde.

„ „ 283. Im Jahre 1862 wurden für die Bergisch-Märkischen Stamm-Actien (Litr. A) 6½ Proc., für die inzwischen umgetauschten Stamm-Actien Litt. B (Dortmund-Soester) 4 Proc. und für die nunmehr gleichfalls eingelösten resp. umgetauschten Prinz-Wilhelm-Actien gar keine Dividende gezahlt.

„ „ 333—352. Die mit 189 805 Thlrn. beginnende Zeile bezieht sich auf die oben unter Nr. V. 1 näher bezeichnete Pensions- und Unterstützungs-Kasse für die nicht definitiv angestellten Beamten und die mit 23 678 Thlrn. beginnende Zeile auf die ad 2 bezeichnete Pensionskasse für die definitiv im Staats-Eisenbahndienste angestellten Beamten.

17a. Löbau-Zittauer Eisenbahn.

I. **Verwaltung.** Der Betrieb der Löbau-Zittauer Eisenbahn, welche Eigenthum einer Actien-Gesellschaft ist, wird von der „Königl. Staats-Eisenbahn-Direktion zu Dresden" geleitet.

Die Gesellschaft wird durch das aus 3 Mitgliedern bestehende Direktorium, welches auch für die Zittau-Reichenberger Eisenbahn fungirt, vertreten und steht diesem ein aus 9 Gesellschafts-Mitgliedern bestehender Ausschuß berathend und beaufsichtigend zur Seite.

II. **Erläuterungen zu den Tabellen:**

zu Kol. 2. Die Zahl und die Gehalte ꝛc. der Mitglieder der Direktion sind bei den Sächsischen östlichen Staatsbahnen aufgeführt.

„ „ 33 u. 41. Diese Angaben gelten nur für die Erneuerungen in den Jahren 1855 bis incl. 1863, da die in den früheren Jahren stattgefundenen nicht notirt worden sind.

„ „ 161. Außerdem sind noch Personen mit Extrazügen befördert worden, von welchen aber nicht die Anzahl, sondern nur die Einnahme notirt wird.

„ „ 170. Kohlen und Coaks werden in den Registern nicht getrennt geführt, dieselben sind unter den Gütern der ermäßigten Klasse mitenthalten.

„ „ 173. Die hier aufgeführten Betriebsdienst- und Baugüter sind mit besonderen Zügen für die Selbstkosten befördert worden; die mit den gewöhnlichen Zügen zum Transport kommenden dergl. Güter sind frachtfrei und werden nicht notirt.

„ „ 177a. Ebenso wird das Gewicht der nach Stückzahl beförderten Thiere nicht notirt.

„ „ 193 u. 194a. Dies sind die Einnahmen für die mit Extrazügen beförderten Personen (cfr. Erläuterung zu Kol. 161).

„ „ 229—232. Hier haben nur die Kosten für die verwendeten Materialien aufgenommen werden können, weil die bezüglichen Löhne von denen für übrige Bahnhofsarbeiten sich nicht trennen lassen.

„ „ 333—352. Die Beamten-Pensions- ꝛc. Kasse ist mit derjenigen für die Angestellten der Sächsischen Staatsbahnen vereinigt und enthält der Bericht der Sächsischen östlichen Staatsbahnen unter Nr. V das Nähere hierüber.

17b. Zittau-Reichenberger Eisenbahn.

I. **Verwaltung.** Die mit 0,41 Meilen im Königreich Sachsen und mit 2,90 Meilen im Königreich Böhmen liegende Zittau-Reichenberger Eisenbahn ist Eigenthum einer Actien-Gesellschaft, der Betrieb wird aber von der „Königl. Staats-Eisenbahn-Direktion zu Dresden" vertragsweise geleitet.

Die Gesellschaft wird durch das aus 3 Mitgliedern bestehende Direktorium, welches zugleich auch für die Löbau-Zittauer Eisenbahn fungirt, vertreten und steht diesem ein aus 9 Gesellschafts-Mitgliedern bestehender Ausschuß berathend und beaufsichtigend zur Seite.

II. **Erläuterungen zu den Tabellen:**

zu Kol. 2. Die Zahl und die Gehalte ꝛc. der Mitglieder der Direktion sind bei den Sächsischen östlichen Staatsbahnen aufgeführt.

„ „ 170. Kohlen und Coaks werden in den Registern nicht getrennt geführt, dieselben sind unter den Gütern der ermäßigten Klasse mitenthalten.

„ „ 173. Die hier aufgeführten Betriebsdienst- und Baugüter sind mit besonderen Zügen für die Selbstkosten befördert worden; die mit den gewöhnlichen Zügen zum Transport kommenden dergleichen Güter sind frachtfrei und werden nicht notirt.

„ „ 177a. Das Gewicht der nach Stückzahl beförderten Thiere wird nicht notirt.

„ „ 222. Dies sind die Kosten der außergewöhnlichen Schneebeseitigung, weil diejenigen für gewöhnliches Reinigen der Bahn vom Schnee sich von den übrigen Bahn-Unterhaltungskosten nicht scheiden lassen.

„ „ 229—232. Hier haben nur die Kosten für die verwendeten Materialien aufgenommen werden können, da die bezüglichen Löhne von denen für übrige Bahnhofs-Arbeiten nicht zu trennen sind.

„ „ 333—352. Die Beamten-Pensions- ꝛc. Kasse ist mit derjenigen für die Angestellten der Sächsischen Staatsbahnen vereinigt und enthält der Bericht der Sächsischen östlichen Staatsbahnen unter Nr. V. das Nähere hierüber.

18a. Oberschlesische Eisenbahn.

I. Das Bahngebiet der Oberschlesischen Eisenbahn wurde durch die am 16. März 1863 erfolgte Inbetriebsetzung der 0,5 Meilen langen Bahnstrecke Neuberun Oswiecim erweitert und umfaßte ult. 1863:

1) die Hauptbahn von Breslau nach Myslowitz . . . . . . 26,06 Meilen
und von Myslowitz nach Slupna (Landesgrenze) 0,71
zusammen 26,77 Meilen,

2) folgende Zweigbahnen:
a) von Zabrze nach der Coaksanstalt und den Schächten der „Königin Louise-Grube" (nach der erfolgten Veräußerung eines Theils derselben) . . . 0,17 Meilen
b) von Gleiwitz nach der Gleiwitzer Hütte . . . . . 0,13 „
c) „ Kattowitz nach der „Emanuelsegen-Grube" und „Idahütte" . . . 1,10 „
d) „ Morgenroth nach der „Karl-Emanuel-Grube" . . . . 0,39 „
e) „ Myslowitz über Neuberun nach Oswiecim . . . . 3,04 „
f) „ Schoppinitz (bei Kattowitz) nach der Landesgrenze bei Sosnowice . . 0,44 „
g) „ Morgenroth nach Tarnowitz . . . . . . 2,31 „
h) „ Kattowitz nach „Karolinen-Grube" (Hohenlohe-Hütte) mit einer Abzweigung von 0,07 M. nach der Maschinen-Bau-Anstalt . . . . . 0,70 „
i) von Schwientochlowitz nach Königshütte . . . . . 0,35 „
zusammen . . . . . 9,06 „
Ueberhaupt 35,83 Meilen.

Außer den vorstehend aufgeführten Zweigbahnen besteht noch eine von Kunigunden-Weiche (zwischen Kattowitz und Myslowitz) nach der Louisenglück-Grube von . . . . 0,37 „
welche sich seit dem 1. November 1861 im Betriebe befindet.

Die Kosten des Baues dieser Bahn sind zwar auch von der Oberschlesischen Eisenbahn-Gesellschaft bestritten worden, die Gewerkschaft der Louisenglück-Grube hat dieselben jedoch vertragsmäßig binnen 10 Jahren zu amortisiren; nach vollendeter Amortisation erlangt die Gewerkschaft das Eigenthum der Bahnanlage, mit Ausnahme des Grund und Bodens, welcher Eigenthum der Eisenbahn-Gesellschaft verbleibt.

Von den vorstehend aufgeführten Bahnstrecken sind verpachtet:

die Strecke Myslowitz-Slupna (Landesgrenze) an die Kaiser Ferdinands Nordbahn und
die Zweigbahn von Kattowitz nach Emanuelsegen-Grube und Idahütte an die Wilhelmsbahn

Diese sowohl, wie die nicht betriebene Zweigbahn nach der Kattowitzer Maschinenbau-Anstalt von 0,07 M. (ad 2h dieses Berichtes mitenthalten) und

3) die schmalspurigen Zweigbahnen im Oberschlesischen Bergwerks- und Hüttenreviere in einer Ausdehnung von . . . . 12 Meilen
sind in den vorliegenden statistischen Notizen nur bei Kol. 76 berücksichtigt.

Den Fahrbetrieb zwischen den Endstationen Neuberun und Oswiecim (dem Grenzbahnhofe der Kaiser Ferdinands Nordbahn) vermitteln die Bahnzüge der Oberschlesischen Bahn, denjenigen zwischen Kattowitz und Sosnowice (dem Grenzbahnhofe der Warschau-Wiener Bahn) die Bahnzüge der letzteren.

Auf den schmalspurigen Zweigbahnen ist das gesammte mit Pferden betriebene Fahrgeschäft einem Unternehmer pachtweise überlassen. Das Beförderungs-Quantum, vorherrschend in Steinkohlen, Galmei und Eisenerz bestehend, umfaßte 10 738 407 Z.-Ctr. mit 13 779 089 Centnermeilen und einer Einnahme von 69 873 Thlrn.

II. Ueber die Verwaltung der Oberschlesischen Eisenbahn und die Betriebsleitung der Stargard-Posener Eisenbahn enthält der Jahrgang 1862 der Statistik Seite 25, sowie die vorhergehenden Jahrgänge das Nähere. Veränderungen hiergegen sind im Jahre 1863 nicht eingetreten.

III. Industrielle Anlagen. Die Oberschlesische Eisenbahn-Gesellschaft besitzt eine aus 194 Dulait'schen und 20 Kuppel-Oefen bestehende Coaks-Anstalt in Zabrze nebst einem damit verbundenen Kohlenquetschwerke und einer Chamottfabrik. Die Anlagekosten von 42 Oefen nebst Zubehör werden vertragsmäßig von der Königl. Niederschlesisch-Märkischen Eisenbahn verzinst und amortisirt.

Im Jahre 1863 waren 112 Dulait'sche und 20 Kuppel-Oefen im Betriebe. Vercoakt wurden und zum Anwärmen der Oefen verbraucht: 95 888 Ctr. Stück- und 805 571 Ctr. Kleinkohlen, zusammen 901 459 Ctr. Steinkohlen, und damit 432 817 Ctr. Stück-Coaks und 38 870 Ctr. Klein-Coaks gewonnen.

Hiervon wurden abgesetzt 1050 Ctr. Stück-Coaks und 12 072 Ctr. Klein-Coaks für eigene Zwecke der Verwaltung, sowie 431 944 Ctr. Stück-Coaks und 26 804 Ctr. Klein-Coaks an Fremde.

In der Chamottfabrik wurden 55 563 Stück Chamottsteine größeren und 46 590 Stück gewöhnlichen Formats hergestellt, 12 395 Stück der letzteren Sorte für eigene Zwecke der Bahnverwaltung abgegeben und 20 865 Stück der ersteren und 55 563 Stück der letzteren Sorte an Fremde verkauft.

Aus dem Verkaufe des Coaks ist ein Gewinn von 3204 Thlrn. und aus dem Verkaufe der Chamottsteine ein Gewinn von 480 Thlrn., jedoch ohne Inbetrachtnahme der Verzinsung und Amortisation des Anlage-Kapitals, erzielt worden.

IV. **Beamten-Pensions-Kasse.** Außer der, für im Staatsdienste nicht definitiv angestellte Beamte bestehenden Pensions- und Unterstützungs-Kasse, worüber das Nähere in Kol. 333—352 der Tabellen enthalten ist, besteht noch eine Pensionskasse für definitiv im Staatsdienste angestellte Beamte, welche ult. 1863 einen Bestand von 30 207 Thlrn. und 369 Theilnehmer hatte.

Ferner bestehen noch eine Unterstützungs-Kasse für die Werkstätten-Arbeiter mit einem Bestande von 4001 Thlrn. ult. 1863 und eine Kranken- und Unterstützungs-Kasse für die Fabrikarbeiter mit einem Bestande von 9517 Thlrn. ult. 1863 und 1034 Theilnehmern.

V. **Erläuterungen zu den Tabellen:**

zu Kol. 12. Von den hier aufgeführten 33,73 Meilen werden für den Personenverkehr benutzt:

1) die Hauptbahn Breslau-Myslowitz-Oswiecim . . . . 29,10 Meilen
2) die Zweigbahnen a) von Schoppinitz nach der Grenze bei Sosnowice . . . . 0,24 „
b) von Morgenroth nach Tarnowitz . . . . 2,31 „
c) von Schwientochlowitz nach Königshütte . . . . 0,39 „
zusammen 32,04 Meilen.

Auf den Zweigbahnen 1) von Zabrze nach der Coaks-Anstalt . . 0,17 Meilen
2) „ Gleiwitz nach der Gleiwitzer Hütte. 0,17 „
3) „ Morgenroth nach der Carl-Emanuel-Grube . . . . 0,39 „
4) von Kattowitz nach der Carolinen-Grube 0,63 „
5) „ der Kunigunden-Weiche nach der Louisenglücks-Grube . . . . 0,33 „
zusammen 1,69 „

findet dagegen nur Güterverkehr statt.

„ „ 13. In den Tarifen wird die Bahnlänge für den Personenverkehr auf 34,2 M. und für den Güter-Verkehr auf 33,7 M. angenommen. Dem Personengeld-Tarife liegt in der Hauptsache noch ein älterer Meilenzeiger zum Grunde, in welchem die einzelnen Strecken, wie folgt, abgerundet sind:

1) die Hauptbahn Breslau-Myslowitz-Oswiecim auf . . . . 30,5 Meilen,
2) die Zweigbahnen a) Schoppinitz nach der Grenze bei Sosnowice auf . . . . 0,2 „
b) von Morgenroth nach Tarnowitz auf. . . . . 2,5 „
c) von Schwientochlowitz nach Königshütte auf. . . . . . 1,0 „
Summe wie oben 34,2 Meilen.

„ „ 22a. Die Gesammtlänge aller Dämme kann nicht angegeben werden.

„ „ 33b. Die ursprünglich eingelegten 14,03 Pfd. schweren Brückschienen sind mit einer durchschnittlichen Dauer von 10,55 Jahren ganz ausgewechselt, von den 16,43 Pfd. schweren Vignolschienen dagegen 86,17 Proc.

„ „ 40 u. 41. Zu diesen Angaben fehlt das erforderliche Material aus den früheren Jahren.

„ „ 42—69. Die hier gemachten Angaben beziehen sich nur auf die 29,10 Meilen lange Hauptbahn Breslau-Myslowitz-Oswiecim. Die Neigungs-Verhältnisse, geraden Strecken und Curven der Zweigbahnen sind aus nachstehender Zusammenstellung ersichtlich:

	Bezeichnung der Zweigbahnen							
	1. von Zabrze nach der Coaks-anstalt.	2. nach d. Gleiwitzer Hütte.	3. Morgenroth-Carl-Emanuel-grube.	4. Schoppinitz bis zur Grenze.	5. Morgenroth-Tarnowitz.	6. Kattowitz-Carolinen-grube.	7. Schwientochlowitz-Königshütte.	8. Kunigunden-Weiche nach der Louisenglücks-grube.
Kol. 42, Länge der horizontalen Strecken Rth.	100	19	82	131	1609	487	232	426
43, das Steigen beträgt im Ganzen Fuß	24,20	—	61,70	—	209,00	77,34	54,40	10,50
„ 44, das Fallen beträgt im Ganzen „	4,44	22,35	15,10	22,47	211,60	7,90	6,34	13,0
„ 45, Länge der geraden Strecken . Rth.	68	80	374	200	2638	402	282	408
Länge der Strecken mit Steigung								
„ 48, von 1/1000 bis 1/500 . . . . . „	—	—	—	—	—	—	—	100
„ 49, „ 1/500 „ 1/300 . . . . . „	—	—	54	—	—	—	—	—
„ 50, „ 1/300 „ 1/100 . . . . . „	55	—	—	—	792	63	10	—
„ 51, „ 1/100 „ 1/50 . . . . . „	200	—	298	—	823	424	310	75
„ 53, die stärkste Steigung beträgt .	1:100	—	1:60	—	1:60	1:64	1:75	1:100
Länge der Strecken mit Fall								
„ 55, von 1/1100 bis 1/500 . . . Rth.	—	30	—	—	—	—	—	—
„ 57, „ 1/500 „ 1/300 . . . . . „	—	10	—	—	—	—	—	—
„ 58, „ 1/300 „ 1/100 . . . . . „	21	10	190	340	460	125	106	147
„ 59, „ 1/100 „ 1/50 . . . . . „	—	170	50	—	934	—	—	—
„ 61. Der stärkste Fall auf der Bahn beträgt	1:150	1:96	1:80	1:180	1:60	1:200	1:200	1:136
Länge der Strecken in Curven								
„ 66, von 400 bis 200 Rth. Radius Rth.	—	—	—	271	1600	76	84	—
„ 67, „ 200 „ 100 „ „ „	74	159	—	—	—	224	—	—
„ 68, „ 100 Rth. Radius u. weniger „	234	—	300	—	380	397	322	340
„ 69. Der kleinste Radius der Curven beträgt . . . . „	80	125	50	300	100	100	100	100

zu Kol. 76. Diese Summe bezieht sich auf sämmtliche Unternehmungen der Oberschlesischen Eisenbahn-Gesellschaft, mit Ausschluß der Breslau-Posen-Glogauer Eisenbahn.

„ „ 77. Hierin sind auch die Verwaltungskosten während der Bauzeit enthalten.

„ „ 80 u. 87. Die hier aufgeführten Summen beziehen sich auf das zum Bau der Hauptbahn und der Zweigbahnen (siehe ad I. 2 dieses Berichts), mit Ausschluß der schmalspurigen, verwendete Anlage-Kapital. Das für die letzteren — einschließlich der Baukosten der Maschinenbau-Anstalt zu Kattowitz im Betrage von 195 211 Thlrn. — verwendete Anlage-Kapital beträgt 3 388 241 Thlr. und pro Meile Bahnlänge (12 Meilen) 282 353 Thlr.

„ „ 97b, 99a, 101b, 114b, 115b, 148b u. 149b. Diesen Durchschnittsberechnungen sind mit Bezug auf die Bemerkung zu Kol. 12 die für den Personenverkehr benutzten 32,04 M. der Oberschlesischen E. und 27,44 M. der Breslau-Posen-Glogauer E. = 59,48 M. oder 451,07 Kilometer zu Grunde gelegt worden.

„ „ 122 u. 151a. Hiervon kommen:

auf die Oberschlesische Eisenbahn	256 059 Nutzm. und	18 073 328 Achsmeilen
und auf die Breslau-Posen-Glogauer E. . . .	103 084 „ „	5 229 810 „

„ „ 173b. Außerdem sind noch 797 446 Centner (1 697 853 Centnermeilen) Erd- und Kiesmasse zur Unterhaltung des Bahnkörpers frachtfrei befördert worden.

„ „ 180f. Dies sind die von den tarifirten Betriebsdienst- und Baugütern (cfr. Kol. 173a) zurückgelegten Centnermeilen. Die 199 186 Centner frachtfrei beförderte Betriebsdienst- ꝛc. Güter haben 1 885 042 Centnermeilen und jeder Centner durchschnittlich 9,46 Meilen zurückgelegt.

„ „ 186a u. 198. Diesen Durchschnittsberechnungen liegt ebenfalls die für den Personenverkehr benutzte Bahnlänge von 32,04 Meilen zu Grunde.

„ „ 200—205. Dem in Kol. 258a nachgewiesenen Ueberschusse von . . . . 2 628 285 Thlrn.
treten noch hinzu: der Uebertrag aus dem Vorjahre mit . . . . 1439 „
und der Ueberschuß aus dem Betriebe der schmalspurigen Zweigbahnen mit . . 43 607
so daß hier (in Kol. 200—205) . . . . 2 673 331 Thlr.
als verwendet nachgewiesen sind.

„ „ 272b. Diese 6880 Thlr. repräsentiren einen Coursverlust beim Ankauf von Werthpapieren.

„ „ 277a u. 281a. Bei Vergleichung der Einnahme und des Ueberschusses pro 1863 mit den correspondirenden Titeln des Vorjahres sind die in den Summen ad Kol. 186, 187 und 233 der Statistik pro 1862 mitenthaltenen 1636 Thlr. Bestände und Reste früherer Jahre unberücksichtigt geblieben, so daß sich nach Abzug derselben die wirklichen Einnahmen des Jahres 1862 auf 3 822 952 Thlr. und der Ueberschuß auf 2 628 285 Thlr. stellen.

„ „ 279a. Aus dem Reserve- resp. Erneuerungsfonds sind bestritten worden: im Jahre 1862 . . 4995 Thlr. resp. 132 869 Thlr., im Jahre 1863 dagegen 4383 Thlr. resp. 731 343 Thlr.

Die bedeutende Mehrausgabe aus dem Erneuerungsfonds ist durch Anschaffung von Betriebsmitteln entstanden.

18b. Breslau-Posen-Glogauer Eisenbahn.

I. Die Verwaltung dieser Bahn, welche einen Theil des Unternehmens der Oberschlesischen Eisenbahn-Gesellschaft bildet, führt die Königl. Direktion der Oberschlesischen Eisenbahn. Das Nähere hierüber, sowie über die Seitens des Staats übernommene Zins-Garantie des in dem Unternehmen verwendeten Anlage-Kapitals ist in dem Jahrgange 1862 der Statistik S. 26, sowie in den früheren Jahrgängen enthalten. Veränderungen hiergegen sind im Jahre 1863 nicht vorgekommen.

II. Erläuterungen zu den Tabellen:

zu Kol. 86. Das bis ult. 1863 verwendete Anlage-Kapital beträgt . . . . 12 461 622 Thlr.

Die Bahn wurde von der Zeit ihrer Eröffnung (am 29. Oktober 1856) bis ult. 1857 für Rechnung des Baufonds betrieben. Es sind deshalb von vorstehendem Kapitale in Abzug zu bringen: die Betriebs-Ueberschüsse ult. 1856 mit . . . . 34 328 Thlr.
und ult. 1857 mit . . . . 269 363 „
zusammen mit . . . . 303 691 „
so daß das wirklich verbrauchte Anlage-Kapital sich nur auf . . 12 157 931 Thlr.
beläuft, wie hier angegeben ist.

„ „ 173b. Außerdem sind noch 314 856 Centner (854 150 Centnermeilen) Erd- und Kiesmasse zur Unterhaltung des Bahnkörpers frachtfrei befördert worden.

„ „ 180f. Dies sind die von den tarifirten Betriebsdienst- und Baugütern (cfr. Kol. 173a) zurückgelegten Centnermeilen. Die 38 278 Ctr. frachtfrei beförderte Betriebsdienst- und Baugüter haben 456 456 Centnermeilen zurückgelegt; durchschnittlich hat jeder Centner derselben 11,92 Meilen durchfahren.

zu Kol. 279a. Aus dem Reserve- resp. Erneuerungsfonds sind bestritten worden: im Jahre 1862 . . 738 Thlr. resp. 102 872 Thlr., im Jahre 1863 dagegen aus dem Reservefonds nichts, und aus dem Erneuerungsfonds 268 740 Thlr. Die bedeutende Mehrausgabe des letztern Fonds ist durch Anschaffung neuer Betriebsmittel entstanden.

19. Stargard-Posener-Eisenbahn.

I. **Verwaltung.** Die Stargard-Posener Eisenbahn, welche Eigenthum der gleichnamigen Eisenbahn-Gesellschaft ist, wird für Rechnung der letzteren vom Staate durch die „Königl. Direktion der Oberschlesischen Eisenbahn" verwaltet, welche auch die Gesellschaft nach Außen hin vertritt, während der Staats-Verwaltung gegenüber die Gesellschaft durch einen aus 5 Mitgliedern bestehenden Verwaltungsrath repräsentirt wird, welcher in wichtigen Angelegenheiten mit seinem Beirathe zu hören ist.

II. Außer der **Beamten-Pensionskasse** (Kol. 333–352 der Tabellen) besteht noch eine Beamten-Sterbekasse mit einem Bestande von 1313 Thlrn. ult. 1863 und 744 Theilnehmern.

III. **Erläuterungen zu den Tabellen:**

zu Kol. 40 u. 41. Hierüber können Angaben nicht gemacht werden, weil die betr. Materialien nicht vorhanden sind. Die bei dem Bau der Bahn eingelegten Schwellen sind fast sämmtlich (90 Proc. ppr.) ausgewechselt.

" " 137. In dieser Summe sind auch 2585 Thlr. Kohlenprämien und 1170 Thlr. für Heizen der Wasserstationen enthalten.

" " 173b. Außerdem sind noch 573 652 Centner (1 680 502 Centnermeilen) Erd- und Kiesmasse zur Unterhaltung des Bahnkörpers frachtfrei befördert worden.

" " 180f. Dies sind die von den tarifirten Betriebsdienst- und Baugütern (cfr. Kol. 173a) zurückgelegten Centnermeilen. Die 150 153 Ctr. frachtfrei beförderten Betriebsdienst- und Baugüter haben 2 240 203 Centnermeilen zurückgelegt; durchschnittlich hat jeder Z.-Ctr. derselben 14,92 Meilen durchfahren.

" " 268a. Dies sind die Kosten für Wiederherstellung eines, durch einen Kettenbruch des Ober-Netze-Krahns bei Kreuz beschädigten Oberkahns.

" " 272b. Diese 2000 Thlr. repräsentiren einen Coursverlust beim Ankauf von Werthpapieren.

" " 277b u. 281b. Bei Vergleichung der Einnahmen und des Ueberschusses pro 1863 mit den correspondirenden Titeln des Vorjahrs sind die in den Summen Kol. 185, 187 u. 233 der Statistik pro 1862 mitenthaltenen 819 Thlr. Bestände und Reste früherer Jahre unberücksichtigt geblieben, so daß sich nach Abzug derselben die wirklichen Einnahmen des Jahres 1862 auf 983 826 Thlr. und der Ueberschuß auf 614 345 Thlr. stellen.

" " 279a. Aus dem Reserve- resp. Erneuerungsfonds sind bestritten worden: im Jahre 1862 . . . . 1 resp. 81 683 Thlr., im Jahre 1863 dagegen 125 resp 315 877 Thlr. Die bedeutende Mehrausgabe aus dem Erneuerungsfonds ist durch die Anschaffung neuer Wagen entstanden.

20. Rhein-Nahe-Eisenbahn.

I. **Verwaltung.** Die Rhein-Nahe-Eisenbahn ist Eigenthum einer Actien-Gesellschaft und wird für deren Rechnung vom Staate, welcher auch den Bau ausgeführt hat, durch die „Königl. Preußische Eisenbahn-Direktion zu Saarbrücken" verwaltet. Die Interessen der Gesellschaft werden der Königl. Direktion gegenüber durch einen aus 7 Mitgliedern bestehenden Verwaltungsrath vertreten.

II. Ueber die Trajekt-Anstalt zwischen Bingerbrück und Rüdesheim, sowie über die zum Betriebe derselben gehörenden, mit der Herzogl. Nassauischen Staats-Eisenbahn gemeinschaftlichen beiden eisernen Dampfschiffe ꝛc. ist in dem Jahrgange 1862 der Statistik S. 27 das Nähere enthalten.

Im Jahre 1863 wurde der zu dieser Trajekt-Anstalt gehörige Hafen bei Bingerbrück vollendet, die Vorrichtungen zum Beladen von Schiffen sind dem Bedürfnisse entsprechend hergestellt, und es bleibt nur noch die für den Schiffsverkehr und die Nutzbarmachung der Hafenanlage erforderliche Regulirung des linken Rhein-Armes an der Mäuse-thurm-Insel resp. die Herstellung eines geeigneten Schifffahrtsweges in diesem Rhein-Arme auszuführen, wozu die Einleitungen bereits getroffen sind.

III. **Bahn-Anlagen.** Auf dem Bahnhofe Neunkirchen wurde auf gemeinschaftliche Kosten der Rhein-Nahe- und Saarbrücker Eisenbahnen ein definitives Empfangsgebäude erbaut. Ferner wurden verschiedene Tunnelstrecken ausgemauert und auf verschiedenen Bahnhöfen die Nebengeleise um zusammen 517 laufende Ruthen und 18 neue Weichen vermehrt.

IV. Außer der **Pensionskasse** für die nicht definitiv im Staatsdienste angestellten Beamten, worüber das Nähere in Kol. 333–352 der Tabellen enthalten ist, besteht noch ein Pensionsfonds für die definitiv angestellten Beamten, welcher ult. 1863 einen Bestand von 4226 Thlrn. und 72 Theilnehmer hatte.

Ferner besteht ein aus laufenden Beiträgen der Betheiligten gebildeter Krankenfonds, welcher bei Erkrankungen unentgeldlich ärztliche Hülfe, sowie Arznei und den Arbeitern in Stelle des Tagelohns ein mäßiges Pflegegeld gewährt. Diese Kasse hatte ult. 1863 einen Bestand von 2062 Thlrn. und nahmen an derselben ca. 297 Beamte und gegen 400 Arbeiter Theil.

V. Erläuterungen zu den Tabellen:

zu Kol. 81b. Hierin sind auch die Anlagekosten der Wärterbuden und
„ „ 82. hier die der Haltestellen mitenthalten.
„ „ 89. Die Stamm-Actien sind vom Staate nicht garantirt, dagegen 6 000 000 Thlr. Prioritäts-Obligationen I. und 2 250 000 Thlr. Prioritäts-Obligationen II. Emission mit 4½ Proc.
„ „ 107. Die hier aufgeführten Dampfschiffe und Schalden gehören zur einen Hälfte der Rhein-Nahe-Eisenbahn-Gesellschaft und zur andern Hälfte der Herzogl. Nassauischen Staats-Eisenbahn-Verwaltung.
„ „ 119. Diese Summe repräsentirt den Antheil an den Anschaffungskosten der mit der Herzogl. Nassauischen Staats-Eisenbahn-Verwaltung gemeinschaftlichen Dampfschiffe und Schalden, sowie die Anschaffungskosten des Ausgleichungswagens rc., welcher Eigenthum der Rhein-Nahe-E.-G. ist.
„ „ 197. Hierin sind 1160 Thlr. und
„ „ 208. in dieser Summe 6308 Thlr. Einnahmen der Trajekt-Anstalt zu Bingerbrück enthalten.
„ „ 200a. Außerdem waren zur Verzinsung der Anleihen noch 128 128 Thlr. erforderlich, welche der Staat in Folge der von ihm übernommenen Zins-Garantie zuschießen mußte. Im Vorjahre betrug der Staatszuschuß 173 406 Thlr.

21. Wilhelms-Bahn.

I. Verwaltung. Die Wilhelms-Bahn-Gesellschaft überließ durch Vertrag vom 22. April 1857 die Verwaltung der Bahn dem Staate, welcher sie der „Königl. Preuß. Direktion der Wilhelms-Bahn" übertrug. Diese hat in wichtigen Angelegenheiten den aus 6 wirklichen und 3 stellvertretenden Mitgliedern bestehenden Verwaltungsrath der Gesellschaft mit seinem Beirathe zu hören.

II. Das Bahngebiet der Wilhelms-Bahn ist unverändert geblieben; dasselbe umfaßt:

1) die Hauptbahn Cosel-Ratibor-Preußische Grenze . . . 7,13 Meilen
und die von der Kaiser Ferdinands Nordbahn gepachtete Strecke von der Preuß. Grenze bis Oderberg . . . 0,44 Meilen
2) die Zweigbahnen a) Ratibor-Leobschütz . . . 5,05 „
b) Rendza-Nicolai-Idahütte . . . 9,90 „
nebst der von der Oberschlesischen Bahnverwaltung gepachteten Strecke Kattowitz-Idahütte-Emanuelssegen . . . 1,44 „
zusammen 23,44 Meilen.

III. Neue Bahnlinien. Die Vorarbeiten für den Bau einer Zweigbahn in das Lagiser Kohlenrevier sind im Wesentlichen beendigt. Der Bau derselben soll im Jahre 1864 vollendet werden.

Außerdem wird beabsichtigt, eine Bahn von Leobschütz nach Neisse und von Neisse nach Frankenstein zum Anschlusse an die Breslau-Schweidnitz-Freiburger E. zu bauen. Die Vorarbeiten für die erste Strecke sind bereits gefertigt, mit Herstellung der Vorarbeiten für die letztere Strecke ist die Direktion der Wilhelms-Bahn beauftragt worden.

IV. Außer der Beamten-Pensionskasse für die nicht definitiv angestellten Beamten, worüber das Nähere in Kol. 333 bis 352 der Tabellen enthalten ist, besteht noch ein Pensionsfonds für die definitiv angestellten Beamten, welcher ult. 1863 mit einem Bestande von 13 513 Thlrn. abschloß und 16 Theilnehmer hatte.

Ferner bestehen noch:

1) eine Arbeiter-Krankenkasse mit einem Bestande von 1714 Thlrn. ult. 1863 und 244 Betheiligten;
2) eine Beamten-Krankenkasse mit einem Bestande von 1025 Thlrn. ult. 1863 und 351 Betheiligten;
3) eine Beamten-Sterbekasse mit einem Bestande von 386 Thlrn. ult. 1863 und 374 Betheiligten.

V. Erläuterungen zu den Tabellen:

zu Kol. 15a. Von der Hauptbahn wurde die erste Strecke am 1. Januar 1846 und die ganze Bahn am 1. September 1848 eröffnet.

Die Zweigbahnen wurden auf den Strecken Ratibor-Leobschütz und Rendza-Orzesche am 1. Oktober 1856, Orzesche-Nicolai am 30. Dezember 1856 und Nicolai-Idahütte resp. Kattowitz am 20. Dezember 1858 eröffnet.

„ „ 167. Das Gewicht der beförderten Postgüter wird nicht notirt, weil für deren Beförderung ein Pauschquantum (cfr. Kol. 200) gezahlt wird.
„ „ 270—273. Ein Erneuerungsfonds ist nicht vorhanden, weil der Reservefonds den Zweck desselben miterfüllt.

IIb. Privatbahnen

in eigener Verwaltung.

22. Aachen-Mastrichter Eisenbahn.

I. Die Verwaltung wird von zwei Direktionen geführt, von denen eine ihren Sitz in Aachen, die andere in Mastricht hat. Beide Direktionen treten als eine gemeinschaftliche für diejenigen Gegenstände zusammen, die nach den Statuten ihrem Beschlusse vorbehalten sind. Der Spezial-Direktor fungirt bei beiden Direktionen.

II. Besitzverhältnisse. Die Aachen-Mastrichter und Aachen-Düsseldorfer Eisenbahnen laufen von Aachen bis Richterich (0,15 Meilen) auf einem Bahnkörper. Diese Strecke, sowie die 780 Ruthen lange Strecke Richterich-Kohlscheidt (auf der Linie Aachen-Düsseldorf) und die 720 Ruthen lange Kohlenzweigbahn Kohlscheidt-Kämpchen sind gemeinschaftliches Eigenthum der Aachen-Mastrichter und Aachen-Düsseldorfer Eisenbahn-Gesellschaften.

III. Bahngebiet. Die Gesellschaft, deren Bahn von Aachen über Mastricht bis Hasselt . . . . 8,49 Meilen führt, hat die anschließende Strecke von Hasselt bis Landen . . . . 3,11 „
von der Gesellschaft Mackenzie & Comp. gegen 50% der Bruttoeinnahme gepachtet und im Betriebe. 12,60 Meilen.

IV. Bahn-Anlagen. Im Betriebsjahre 1863 wurden 3378 lfde. Rth. Schienen, 7558 Querschwellen und 131 Weichenschwellen ausgewechselt.

V. Erläuterungen zu den Tabellen:

Zu Pos. 2e. Die Direktions-Mitglieder beziehen keinen Gehalt, sondern eine Tantième aus dem Reinertrage nach Maßgabe der zur Vertheilung kommenden Dividende.

„ „ 4. Von den 10 Mitgliedern der Kontrol-Kommission wohnen 5 auf Preußischem und 5 auf Niederländischem Gebiete.

„ „ 19a, 20, 22–24. Von diesen Bauten sind 4 massive Brücken, 13 Durchlässe, 700 Ruthen Dämme, 621 Ruthen Einschnitte, 8 Wege-Ueberführungen und 2 Durchfahrten auf der gemeinschaftlichen Strecke Aachen-Richterich gelegen.

„ „ 26. Das zweite Geleise ist vorhanden auf den Strecken

Aachen-Richterich . . .	1530 Ruthen und
Richterich-Kohlscheidt . .	780 „
zusammen	2310 Ruthen,

und zwar gemeinschaftlich mit der Aachen-Düsseldorfer Bahn.

„ „ 27. Von den Bahnhofs-, Ausweichungs- und sonstigen Nebengeleisen liegen

zu Aachen (Marschierthor)	94 Ruthen
von Aachen (Templerbend) bis Landen .	7892
ferner gemeinschaftlich mit der Aachen-Düsseldorfer Bahn Zweigbahn Kohlscheid-Kämpchen	720 „
zusammen	8706 Ruthen.

„ „ 28. Die Schienen liegen auf der Strecke Aachen-Mastricht 11, auf jener Mastricht-Hasselt 8 und Hasselt-Landen theilweise 7 und theilweise 6 Jahre.

„ „ 33. Das Präpariren der Schwellen mit Creosot hat erst im Jahre 1862 begonnen. Früher sind [illegible] nur probeweise mit Schwefelbarium präparirt und auch bereits ausgewechselt worden.

„ „ 36. Hiervon sind 45 Flügel- und 31 kleine Telegraphen. Von den ersteren stehen 8 auf der gemeinschaftlichen Strecke Aachen-Richterich.

„ „ 77–86. Die Vertheilung des Anlage-Kapitals auf die einzelnen Titel resp. die genaue Angabe der Baukosten kann erst erfolgen, wenn die Rechnungen über die mit der Aachen-Düsseldorfer Eisenbahn-Gesellschaft gemeinschaftlich ausgeführten Baustrecken und [illegible] festgestellt sind und gegenseitige Abrechnung stattgefunden hat.

Von dem Anlage-Kapitale kommen demnächst noch diejenigen im Wege des Prozesses festzustellenden Beträge in Abzug, welche die Aachen-Düsseldorfer Eisenbahn-Gesellschaft in Folge jener Abrechnung der Aachen-Mastrichter Eisenbahn-Gesellschaft zu erstatten hat.

„ „ 128 u. 130. Zur Feuerung der Lokomotiven wurde eine Mischung von Coaks, Briquetten und Steinkohlen, und zwar 825 Ctr. Coaks, 45 760 Ctr. Briquetten und 26 645 Ctr. Kohlen zusammen 73 230 Ctr. verbraucht. Davon wurden zum Anheizen, Stationiren und Rangiren 17 469 Ctr. und zum Fahrdienste 55 761 Ctr. verwendet. Der Durchschnittspreis dieses Brennmaterials betrug 6 Sgr. 7 Pf. pro Ctr.

„ „ 130a. Dies ist der Durchschnittspreis pro 100 Z.-Pfd. Briquetten.

„ „ 210. Hierin sind 17 108 Thlr. Reinertrag der Steinkohlengrube bei Kirchrath enthalten.

„ „ 279. Diese Mehrausgabe ist dadurch entstanden, daß für die Unterhaltung der Bahn an Schienen und Schwellen

. . . .	19 990 Thlr.
und für die Unterhaltung der Betriebsmittel an Gußstahlbandagen und Erneuerung der am längsten im Betrieb befindlichen Lokomotiven	27 123 „
zusammen	47 113 „

mehr verausgabt worden sind, als im Jahre 1862.

23. Alberts-Bahn.

I. Das Bahngebiet der Alberts-Bahn umfaßt:

a) die Hauptbahn Dresden-Tharandt . . . . 1,91 Meilen

b) mehrere nach Kohlenschächten ꝛc. führende Zweigbahnen in einer Gesammtlänge von . . . . . 3,20 „

zusammen 5,11 Meil.

Auf den Zweigbahnen findet Personenverkehr nicht statt.

Die Hauptbahn ist durch ein Geleise mit der Sächsisch-Böhmischen Staatsbahn und dadurch mit den in Dresden einmündenden Sächsisch-Schlesischen Staats- und Leipzig-Dresdener Privat-Eisenbahnen verbunden.

In Tharandt schließt sich die Tharandt-Freiberger Staatsbahn an, mit welcher direkter Personen- und Güterverkehr stattfindet.

II. Erläuterungen zu den Tabellen:

zu Kol. 2b. Die Direktoren beziehen außer ihrem Gehalte noch eine Tantième nach Höhe der zur Vertheilung kommenden Dividende.

„ „ 5. Hierin sind 300 Thlr. garantirte Tantième mitinbegriffen.

„ „ 90a. Diese, aus den Betriebs-Ueberschüssen zur Erweiterung und Vervollständigung des Unternehmens verausgabten, hier aufgeführten 140 337 Thlr. sind in dem verwendeten Anlage-Kapitale (Kol. 86) mitenthalten.

„ „ 97b, 99a, 148b u. 198. Diesen Durchschnittsberechnungen ist die Länge der Hauptbahn von 1,91 M. zu Grunde gelegt worden, da nur auf dieser Personenverkehr stattfindet.

„ „ 102b. Hierunter befindet sich ein Postwagen.

„ „ 170a. Bei Berechnung des Gewichts der in Tonnen beförderten Kohlen und Coaks sind pro Tonne Kohlen 4 Centner und pro Tonne Coaks 2 Centner als Norm angenommen worden.

„ „ 176. Außer den hier notirten Thieren sind noch 6 Wagenladungen Pferde und 112 Wagenladungen Rind- und anderes Vieh befördert worden.

„ „ 177. Das Gewicht der nach Stückzahl beförderten Thiere wird nicht notirt.

„ „ 186a. Dieser Durchschnittsberechnung ist die Tariflänge der Hauptbahn von 2,0 Meilen zu Grunde gelegt worden, weil nur auf dieser Personen befördert werden.

„ „ 229 u. 231. Dies sind die Kosten der verbrauchten Schmier- und Putzmaterialien.

„ „ 233. In dieser Summe sind auch die Kosten der Beleuchtung der Bahn und Bahnhöfe enthalten.

„ „ 242. Ebenso hier die an die Sächsisch-Böhmische Staatsbahn gezahlte Ueberführungsfracht für die im direkten Verkehre von und nach der Albertsbahn transportirten Güter.

„ „ 333—352. Eine Beamten-Pensionskasse besteht zur Zeit noch nicht. Die hier notirten Beträge bilden einen vorläufigen Fonds zu einer später zu errichtenden derartigen Kasse, welcher außerdem beim definitiven Inslebentreten ein Beitrag von 250 Thlrn. Seitens der Gesellschaft bewilligt worden ist.

24a. Altona-Kieler Eisenbahn.

I. **Betrieb fremder Bahnen.** Die Direktion der Altona-Kieler Eisenbahn-Gesellschaft hat im Jahre 1863 nur den ökonomischen Betrieb auf der Rendsburg-Neumünsterschen und Glückstadt-Elmshorner Bahn geleitet, während der technische Betrieb dieser Bahnen von der Direktion jeder Gesellschaft selbst geführt ist.

II. **Bahn-Anlagen.** Auf der Strecke zwischen Elmshorn und Horst wurde im Jahre 1863 in einer Ausdehnung von 1 Meile das zweite Geleise gelegt.

III. **Neue Bahnlinien.** Im Laufe des Jahres 1863 wurden die Vorarbeiten für den Bau einer Eisenbahn von Neumünster über Plön und Eutin nach Neustadt mit einer Abzweigung von Plön nach Kiel in einer Ausdehnung von zusammen 11,5 M. begonnen. Die Baugenehmigung erfolgte theils im Jahre 1863, theils im Jahre 1864, so daß der Bau in letzterem Jahre in Angriff genommen werden konnte.

Außerdem befand sich noch im Jahre 1863 die Hamburg-Altonaer Verbindungsbahn von 0,6 M. im Stadium der Vorarbeiten; dieselbe wurde ebenfalls im Jahre 1864 in baulichen Angriff genommen.

Die Rendsburg-Neumünstersche Eisenbahn wurde durch Vertrag vom 31. Dezember 1863 käuflich erworben, die Uebergabe erfolgte am 1. Januar 1864, seit welchem Tage dieselbe einen integrirenden Theil des Unternehmens der Altona-Kieler E.-G. bildet.

IV. Erläuterungen zu den Tabellen:

zu Kol. 5. Der ausführende Direktor ist zugleich Mitglied der Direktion und deshalb in Kol. 2b mitaufgeführt.

„ „ 79. Das für den Bahnkörper verwendete Anlage-Kapital ist nur summarisch bekannt; es kann deshalb eine Vertheilung desselben auf die einzelnen Unter-Abtheilungen nicht stattfinden.

„ „ 81b. Die Anlage-Kosten des electromagnetischen Telegraphen betragen 8838 Thlr. und sind aus dem Reservefonds (siehe Kol. 90) bestritten worden.

„ „ 90a. Von dieser Summe sind 392 439 Thlr. aus dem Reservefonds entnommen worden, der Ueberrest von 85 608 Thlrn. besteht in Agiogewinn bei verkauften Stamm-Actien.

„ „ 90b. Ebenso sind die hier aufgeführten 14 614 Thlr. aus dem Reservefonds entnommen worden.

„ „ 168, 180c, 184e, 190c u. 201. Die hier gemachten Angaben beziehen sich nur auf die Frachtgüter der Normalklasse. Die sperrigen Güter resp. die Einnahmen für dieselben sind unter den Eilgütern Kol. 166 ꝛc. und 190 mitaufgeführt.

zu Kol. 268b. Diese 12 000 Thlr. sind auf die im Jahre 1855 zur Vergrößerung der Betriebslokalitäten und Vermehrung der Betriebsmittel gemachte Anleihe zurückgezahlt worden.

„ „ 319. Der letzte Achsbruch an Wagen ist im Jahre 1855 vorgekommen.

„ „ 348. In dieser Summe sind 12 333 Thlr. mitenthalten, welche als besonderer Depositionsfonds von der Direktion der Altona-Kieler Eisenbahn-Gesellschaft verwaltet werden.

24b. Rendsburg-Neumünstersche Eisenbahn.

I. **Verwaltung und Besitzwechsel.** Den ökonomischen Betrieb auf der Rendsburg-Neumünsterschen Bahn leitete im Jahre 1863 — wie in den Vorjahren — die Direktion der Altona-Kieler Eisenbahn-Gesellschaft, während der technische Betrieb von der Direktion der Rendsburg-Neumünsterschen E.-G. selbst geführt wurde.

Durch Vertrag vom 31. Dezember 1863 wurde die Rendsburg-Neumünstersche Eisenbahn von der Altona-Kieler Eisenbahn-Gesellschaft käuflich erworben. Die Uebergabe erfolgte am 1. Januar 1864, seit welchem Tage die Rendsburg-Neumünstersche Eisenbahn einen integrirenden Theil des Unternehmens der Altona-Kieler Eisenbahn-Gesellschaft bildet.

II. **Erläuterungen zu den Tabellen:**

zu Kol. 18b. Dies sind zwei eiserne Drehbrücken in Verbindung mit hölzernen Jochbrücken.

„ „ 120. Hier sind die Anschaffungskosten der beiden Postwagen aufgeführt worden.

„ „ 146. Von den hier aufgeführten Achsmeilen sind 90 920 auf der eigenen Bahn, 75 674 Achsmeilen auf der Altona-Kieler und Glückstadt-Elmshorner E. und 120 567 Achsmeilen auf der Südschleswigschen E. zurückgelegt worden.

„ „ 162—207. Für diese Kolonnen können die statistischen Notizen theilweise gar nicht, resp. nicht spezieller angegeben werden, weil die Rendsburg-Neumünstersche Eisenbahn-Gesellschaft gleich nach erfolgter Uebergabe der Bahn an die Altona-Kieler Eisenbahn-Gesellschaft sich aufgelöst hat und der jetzigen Eigenthümerin der Bahn die erforderlichen Materialien nicht zu Gebote stehen.

„ „ 224. Hierin ist der an die Verwaltungen der Altona-Kieler und Südschleswigschen Eisenbahnen gezahlte Antheil an den Kosten der Unterhaltung rc. der mit denselben gemeinschaftlichen Bahnhöfe zu Neumünster und Rendsburg mitenthalten.

„ „ 340b. Dies ist der an die Altona-Kieler Eisenbahn-Gesellschaft gezahlte Beitrag zu den Pensionen der früher im Dienste beider Bahnen pensionirten Beamten und deren Wittwen.

„ „ 348. Dieser Bestand wurde, nachdem die Rendsburg-Neumünstersche Eisenbahn-Gesellschaft sich aufgelöst hatte, an die Unterstützungskasse für die Angestellten der Altona-Kieler Eisenb.-Gesellschaft ausgehändigt.

25. Aussig-Teplitzer Eisenbahn.

I. **Verwaltung.** Der Verwaltungsrath der Gesellschaft, welchem die obere Leitung obliegt, hat mit der speziellen Führung der Geschäfte eine aus 2 Mitgliedern bestehende Direktion betraut. Das eine Mitglied hat die allgemeine Administration zu führen und die Gesellschaft in amtlichen und privatrechtlichen Angelegenheiten zu vertreten, das andere Mitglied den Eisenbahn- und kommerziellen Betrieb zu leiten.

II. **Bahn-Anlagen.** Im Jahre 1863 wurden bei Herbitz und Karbitz mehrere nach Kohlenschächten führende Abzweigungen fertig gestellt. Ebenso wird in Folge eines von der Staatsregierung bei Aussig beabsichtigten Hafenbaues eine Verlängerung der Elbschleppbahn um ca. 450 Klafter zur Ausführung gelangen, durch welche nicht nur eine bequemere Einladung der Kohlen in die Schiffe erzielt, sondern auch die an der bisherigen Schleppbahn für die Entladung von Kohlen angelegte Sturzvorrichtung, deren Benutzung der enge Raum bisher unthunlich machte, ihrem Zwecke zugeführt wird.

III. Der **Wagenpark** wurde durch den Ankauf von 50 Kohlenwagen vermehrt; auch ist beschlossen worden, eine gleiche Anzahl in den eigenen Werkstätten zu bauen.

IV. Außer der **Beamten-Pensions-Kasse** (Kol. 331—352 der Tabellen) besteht noch eine aus den Beiträgen der Betheiligten gebildete Kranken-Unterstützungskasse der Diener und Tagearbeiter, welche bei Erkrankungen freien Arzt, freie Medizin und ein mäßiges Pflegegeld gewährt. Ultimo 1863 schloß diese Kasse mit einem Bestande von 1432 Thlrn. ab.

V. **Erläuterungen zu den Tabellen:**

zu Kol. 10. Außerdem sind noch mehrere nach Kohlenschächten führende Abzweigungen vorhanden, welche aber nur als eine Verlängerung der Bahnhofsgeleise anzusehen sind.

„ „ 27. Hierin sind auch die Geleise der vorstehend erwähnten Abzweigungen enthalten.

„ „ 85. Ebenso hier die Anlagekosten derselben.

„ „ 87. Das für die Kohlenzweigbahnen verwendete Anlage-Kapital ist hier außer Ansatz geblieben.

„ „ 169a u. 172. Hierin sind 939 Ctr. Equipagen und 1584 Ctr. befördertes Vieh mitenthalten.

„ „ 175a u. 176a. Sowohl von den Equipagen als den Thieren wird nur das betr. Gewicht notirt; dasselbe ist in Kol. 169a mitenthalten.

„ „ 203a. Hierin sind auch die Einnahmen für die beförderten Equipagen und Thiere enthalten.

„ „ 221. Dies sind die Feuerversicherungs-Prämien für die versicherten Gebäude und Betriebsmittel.

„ „ 238. Hierin sind die Kosten der Beleuchtung der Bahnhöfe und Signale enthalten.

zu Kol. 260b. Hiervon kommen auf die Amortisation der Actien 3500 Thlr. und auf die Amortisation der Prioritäts-Obligationen 2500 Thlr.

„ „ 261. Diese Summe repräsentirt die gezahlten Steuern und die Zinsen-Coupons-Stempel der Prioritäts-Obligationen und Actien.

26. Bayerische Ostbahnen.

I. **Rechnungs-Periode.** Das Rechnungs- und Betriebsjahr umfaßt nicht die Periode des Kalenderjahres, sondern beginnt mit dem 1. Oktober. Die vorliegenden statistischen Notizen beziehen sich auf den Zeitraum vom 1. Oktober 1862 bis ult. September 1863.

II. **Bahngebiet.** Das Unternehmen der Bayerischen Ostbahnen umfaßte am Schlusse des Betriebsjahres 1863

1) die Hauptbahn München-Regensburg-Nürnberg . . . . . 38,7 Meilen,
2) die Zweigbahnen a) Geiselhöring-Straubing-Passau 12,5
und Passau-Landesgrenze . . . . . 0,20 M.,
welche an die Kaiserin-Elisabeth-Bahn verpachtet sind.
b) Schwandorf-Cham-Furth i. W. 9,0
und Furth-Landesgrenze . . . . . 0,90 M.,
welche an die Böhmische Westbahn verpachtet sind.

zusammen 60,2 Meilen,

auf welche sich die vorliegenden statistischen Notizen beziehen.

Im Betriebsjahre 1863/1864 wurden folgende Strecken dem Betriebe übergeben:

a) am 1. Oktober 1863 von Schwandorf resp. Irrenlohe nach Weiden . . . . . 5,5 Meilen
b) am 30. November 1863 von Weiden nach Bayreuth . . . . . 7,17 „
und c) am 15. August 1864 von Weiden nach Mitterteich . . . . . 5,27 „

Die Strecke von Mitterteich bis zur Landesgrenze bei Eger (1,5 M.) befand sich ult. 1864 noch im Bau.

III. Außer der **Beamten-Pensionskasse**, worüber das Nähere in Kol. 333—352 der Tabellen enthalten ist, besteht noch eine „Unterstützungskasse" für die Arbeiter und Bediensteten, welche ult. 1863 mit einem Bestande von 21 608 Thlrn. abschloß.

IV. **Erläuterungen zu den Tabellen:**

zu Kol. 33 u. 41. Ueber die bis jetzt stattgehabte Erneuerung der Schienen etc. und Schwellen, welche seit den Jahren 1858 resp. 1861 liegen, kann eine zuverlässige Angabe zur Zeit nicht gemacht werden.

„ „ 85. Hierin sind 214 384 Thlr. Kosten der Betriebs- und 103 267 Thlr. Kosten der Werkstätten-Einrichtung, sowie eine Reserve für nachträgliche Bauten von 479 233 Thlrn. mitenthalten.

„ „ 109a. Hierin ist die Ladungsfähigkeit der 18 vierrädrigen Bahnpostwagen mitenthalten (cfr. Kol. 107).

„ „ 115a. Ebenso hier deren Anschaffungskosten.

„ „ 138 u. 148. Hierin sind auch die von den Gepäckwagen zurückgelegten Achsmeilen enthalten, weshalb

„ „ 139. dieser Durchschnittsberechnung die Anzahl der Achsen unter den Personenwagen und diejenige unter den Gepäckwagen zu Grunde gelegt worden ist.

„ „ 167 u. 177. Das Gewicht der beförderten Postgüter und Thiere wird nicht notirt.

„ „ 210. In dieser Summe sind enthalten: 33 770 Thlr. Zins für verpachtete Bahnstrecken (cfr. ad II 2 dieses Berichts), 30 649 Thlr. Wagenmiethe und 152 305 Thlr. Differenz zwischen gezahlten und empfangenen „Ersätzen anderer Bahnverwaltungen aus dem direkten Güterverkehre." Der Rest zerfällt in Einnahmen für Werkstatts-Arbeiten, verkaufte Maschinen, Geräthe und dergl. mehr.

„ „ 211 u. 254. Werden die empfangenen „Ersätze anderer Bahnverwaltungen aus dem direkten Güterverkehre" in Einnahme und die hinausvergüteten in Ausgabe gestellt, wie dies nach den Rechnungs-Normen der Bayerischen Ostbahnen stattfindet, so stellt sich die Gesammt-Einnahme

in Kol. 211 auf . . . . . 2 277 617 Thlr.
Kol. 212 a) durchschnittlich pro Meile Bahnlänge . . . . . 37 834 „
pro Kilometer Bahnlänge 5023
b) pro Nutzmeile . . . . . 8,28 „
und die Ausgaben — Kol. 254 überhaupt auf 887 230
„ 255 a) durchschnittlich pro Meile Bahnlänge 14 738
Kilometer Bahnlänge. 1957
b) pro Nutzmeile . . . . . 3,22 „

„ „ 220. Dies sind die Kosten der Beleuchtung der Bahnhöfe.

„ „ 242. Hier sind die nicht auf die Transportkräfte verwendeten Kosten für Brenn-, Schmier- und Putz- etc. Materialien aufgenommen worden.

„ „ 295. Außer dem Reservefonds, aus welchem die Kosten für Ergänzung und Erneuerung der Bahnanlage und Betriebsmittel bestritten werden, besteht noch ein Versicherungsfonds gegen Beschädigung an Mobilien durch Brand oder sonstige Unglücksfälle, welcher ult. 1863 mit einem Bestande von 17 600 Thlrn. abschloß.

27. Berlin-Anhaltische Eisenbahn.

I. **Das Bahngebiet** der Berlin-Anhaltischen Eisenbahn ist gegen das Vorjahr unverändert geblieben. Dasselbe umfaßt:

die Hauptbahn Berlin-Wittenberg-Bitterfeld-Halle	21,78	Meilen,
die Zweigbahnen a) Wittenberg-Dessau-Cöthen	7,66	"
b) Jüterbog-Röderau (einschließlich 0,22 M. Geleise zur Verbindung mit der Leipzig-Dresdener Eisenbahn)	10,60	"
c) Dessau-Bitterfeld	3,27	"
d) Bitterfeld-Leipzig (einschließlich der Verbindungsbahn zum Anschlusse an die Königl. Sächsische Staats-Eisenbahn)	4,29	"
zusammen	47,60	Meilen.

Von der Hauptbahn ist die Strecke von Berlin bis Wittenberg doppelgeleisig.

II. **Betrieb fremder Bahnen.** Die Direktion der Berlin-Anhaltischen Eisenbahn-Gesellschaft hat den Betrieb der am 1. November 1863 eröffneten, von Roßlau nach Zerbst führenden Herzogl. Anhaltischen Leopoldsbahn von 1,14 M. auf 15 Jahre kontraktlich übernommen. Die Bahn ist Eigenthum des Herzogthums Anhalt.

Vom 1. November bis 31. Dezember 1863 legten die Lokomotiven 640 Nutzmeilen zurück. Befördert wurden 6596 Personen und 28 998 Ctr. Güter. Für erstere wurden 1624 Thlr. und für letztere 609 Thlr. eingenommen. Die Ausgaben betrugen 730 Thlr. für die Bahnverwaltung und 2133 Thlr. für die Transportverwaltung.

III. **Bahnanlagen.** Die Bahnhöfe Berlin, Luckenwalde und Jüterbog wurden im Betriebsjahre 1863 bedeutend erweitert, um den in stetem Wachsen begriffenen Verkehr bewältigen zu können.

Auch wurde in Berlin ein neues dreistöckiges Administrationsgebäude aufgeführt, dessen untere Etage miethsweise von der Königl. Postverwaltung benutzt wird.

IV. **Telegraphen.** Den bisherigen 31 Telegraphen-Stationen der Berlin-Anhaltischen Eisenbahn ist die Station Zerbst der Herzogl. Anhaltischen Leopoldsbahn hinzugetreten. Im Jahre 1863 wurden auf diesen 32 Stationen aufgegeben: 193 kostenfreie Staats-Depeschen und 5750 Privatdepeschen, für welche 1521 Thlr. 4 Sgr. netto eingenommen sind.

V. **Betriebsmittel.** Der Wagenpark ist im Laufe des Jahres 1863 durch Anschaffung von 1 sechsrädrigen Salonwagen, 4 sechsrädrigen Personenwagen I. und II. Klasse, 4 sechsrädrigen Personenwagen III. Klasse, 4* vierrädrigen Personenwagen II. und III. Klasse, 25 vierrädrigen offenen und 30 vierrädrigen bedeckten Lastwagen, 2 Bahnmeister-Streckenwagen und 2 Bahnhofswagen vermehrt worden.

VI. **Erläuterungen zu den Tabellen:**

zu Kol. 15a. Die Betriebs-Eröffnung der einzelnen Bahnstrecken fand in nachstehender Reihenfolge statt:

a) ältere Linien

am 1. September 1840 Cöthen-Dessau,
" 1. Juli 1841 Berlin-Jüterbog,
" 18. Aug. " Dessau-Coswig,
" 28. " " Coswig-Wittenberg,
" 10. Sept. " Wittenberg-Jüterbog,
am 1. Juli 1848 Jüterbog-Herzberg,
" 1. Okt. " Herzberg-Röderau;

b) neuere Linien

" 17. August 1857 Dessau-Bitterfeld,
" 1. Febr. 1859 Bitterfeld-Halle und Leipzig,
" 3. August " Wittenberg-Bitterfeld.

" " 33. Ein bestimmter Procentsatz ist bei der großen Verschiedenheit der Profile ꝛc. nicht sicher anzugeben.

" " 104a. Dies sind 59 Erdtransport- und 66 Bahnmeisterwagen. Außerdem sind noch 25 Bahnhofswagen vorhanden.

" " 122. Diese 640 Nutzmeilen sind in der Zeit vom 1. November bis ult. Dezember 1863 auf der Herzogl. Anhaltischen Leopoldsbahn zurückgelegt worden (siehe ad II dieses Berichts).

" " 161 u. 172. Dies sind die vom 1. November bis ult. Dezember 1863 auf der Leopoldsbahn beförderten Personen und Güter.

" " 197. 208 u. 211. Die hier aufgeführten Summen sind die Einnahmen der Leopoldsbahn.

" " 216. In dieser Summe sind auch die Ausgaben für Neubauten enthalten.

" " 225, 243 u. 254. Diese Summen repräsentiren die Ausgaben für die Leopoldsbahn.

" " 233. Hierin sind auch die Kosten der Beleuchtung der Bahn, Bahnhöfe ꝛc. mitenthalten.

" " 235. Dies sind die Kosten der An- und Abfuhr der Güter.

" " 239. Hier ist die Differenz zwischen gezahlter und empfangener Wagenmiethe angegeben.

28a. Berlin-Hamburger Eisenbahn.

I. **Organisation der Verwaltung.** Außer der Direktion, welche ihren Sitz in Berlin hat, besteht noch eine Direktions-Deputation in Hamburg, deren Geschäfte ein dorthin abgeordnetes Mitglied der Direktion versieht.

II. **Bahngebiet.** Durch die Berlin-Hamburger Eisenbahn-Gesellschaft sind erbaut:

a) die Hauptbahn von Berlin bis Bergedorf	35,85	Meilen]
b) die Zweigbahn von Büchen bis Lauenburg	1,72	"
zusammen	37,57	Meilen.
Außerdem hat dieselbe die von der Hamburg-Bergedorfer Eisenbahn-Gesellschaft erbaute Bahn von Bergedorf bis Hamburg pachtweise übernommen	2,29	"
Im ungetheilten Betriebe der Berlin-Hamburger Eisenbahn-Verwaltung befinden sich also	39,86	Meilen.

Sämmtliche in den vorliegenden Tabellen unter „Berlin-Hamburger" Eisenbahn aufgeführten statistischen Notizen (ausschließlich der Kol. 76—89, hinsichtlich deren auf die betreffende nachfolgende Erläuterung verwiesen wird) beziehen sich auf die vorgenannten, im Betriebe vereinigten drei Bahnstrecken.

III. **Bahn-Anlagen.** Im Jahre 1863 wurde die Stecknitzbrücke bei Lauenburg von 49' Weite umgebaut. Dieselbe erhielt statt der früheren Längenträger aus Holz schmiedeeiserne, auf den vorhandenen massiven Stirnpfeilern ruhende Gitterträger.

Von Büchen bis Schwarzenbeck wurde in einer Länge von 5200 Ruthen das zweite Geleise vollendet; diese sowohl, als 2036 lfde. Ruthen altes Geleis erhielten Schienen des Neubau-Profils von 4⁷⁄₁₂" Höhe.

Für den Betrieb der Elbtraject-Anstalt bei Lauenburg wurde eine stehende Dampfmaschine mit Seiltrommel aufgestellt und ein Maschinen- und Kesselhaus erbaut. Ferner wurde eine hölzerne Einsteighalle und ein Landungsgerüst hergestellt, sowie die schiefe Ebene mit einem schmiedeeisernen Landungswagen versehen. Die Inbetriebsetzung der Anstalt war im Jahre 1863 noch nicht erfolgt.

Ferner wurden auf der Strecke Büchen-Lauenburg 6 neue Wärterbuden erbaut und mit electrischen Läutewerken versehen. 32 Stück hölzerne optische Telegraphen wurden entfernt und durch eiserne ersetzt. Vom Lauenburger Bahnhofe wurde eine unterirdische Telegraphenleitung durch die Elbe nach Station Hohnstorff (der Hannoverschen Bahn) gelegt.

Auf 3 Stationen wurde je ein Spritzenhaus erbaut und am Bahnhofe Berlin 105 Ruthen Bewährungsmauer ausgeführt.

IV. **Industrielle Anlagen.** Die Gesellschaft besitzt 3 Reparatur-Werkstätten zu Berlin, Wittenberge und Hamburg, 2 Coaksbrennereien mit zusammen 44 Oefen zu Wittenberge und Bergedorf und eine Schwellen-Tränkanstalt zu Berlin.

V. **Einführung neuer Einrichtungen.** Die IV. Wagenklasse, welche seit dem 15. Mai 1862 auf der Bahnstrecke zwischen Berlin und Wittenberge eingeführt war, ist seit dem 15. Juni 1863 auch auf der Strecke Wittenberge-Hamburg in Anwendung gekommen.

VI. **Erläuterungen zu den Tabellen:**

zu Kol. 5. Der Vorsitzende der Direction ist zugleich Ober-Ingenieur und Betriebs-Director.

„ „ 20. Hiervon sind 218 Durchlässe unter 10 Fuß Weite und 320 Seitendurchlässe.

„ „ 30. Diese leichteren Schienen werden nach und nach durch die in Kol. 31 bezeichneten schweren Schienen ersetzt; von letzteren liegen bereits 50612,11 lfde. Ruthen.

„ „ 70 u. 71. Von den 2 Telegraphenleitungen der Gesellschaft verbindet die ältere nach Siemens und Halske'schem Systeme sämmtliche einzelne Stationen unter sich, während die neuere nach Morse'schem Systeme zur directen Verbindung der Hauptstationen dient.

„ „ 72a. Von den 57 im Betrieb befindlichen Sprech-Apparaten sind 47 nach Siemens, 10 nach Morse construirt. Außerdem sind 8 Siemens'sche und 1 Morse'scher Sprechapparat als Reserve und 15 portative Siemens'sche Apparate vorhanden.

„ „ 73. Außerdem sind noch 70 Ruthen Kabelleitung vorhanden.

„ „ 75. Von diesen Telegraphen sind 216 von Eisen und 58 von Holz.

„ „ 76—88. Die gegen das concessionirte Anlage-Kapital (Kol. 76) weniger verwendeten 102 448 Thlr. sind als Bestand des Baufonds vorhanden.

Das Anlage-Kapital (Kol. 76—88) ist in der Weise angegeben, wie es von der Berlin-Hamburger Eisenbahn-Gesellschaft für die durch dieselbe erbauten 37,17 Meilen (Kol. 10) verwendet worden ist. Für die im Betriebe vereinigten 39,44 Meilen (siehe ad II dieses Berichts), also einschließlich der gepachteten Hamburg Bergedorfer Bahn, beträgt das Gesammt-Anlage-Kapital:

Kol. 76.	Im Ganzen concessionirt	16 298 000 Thlr.
„ 77.	Vorarbeiten	927 036 Thlr.
„ 78.	Grunderwerb	1 457 731 „
„ 79a.	Erdarbeiten	2 025 709 „
b.	Böschungen und Futtermauern	237 026 „
c.	Einfriedigungen	64 861 „
d.	Wegeübergänge	55 196 „
e u. f.	Brücken (kleine und große)	1 614 751 „
„ 80.	Oberbau	4 230 338 „
„ 81.	Telegraphen (optische und electromagnetische)	108 457 „
„ 82.	Bahnhöfe und Wärterhäuser	2 474 532 „
„ 84.	Betriebsmittel	1 581 084 „
„ 85.	Insgemein	1 417 571 „
„ 86.	Summe des verwendeten Anlage-Kapitals	16 195 552 Thlr.
„ 87.	pro Meile Bahnlänge	408 360 „
„ „	pro Kilometer „	54 216 „
„ 88a.	Stamm-Actien	9 548 000 „
„ 88c.	Prioritäts-Obligationen	6 750 000 „

„ „ 90. Aus den Betriebs-Ueberschüssen sind verwendet:

	bis Ende 1862.	pro 1863.
a) zur Ergänzung der Betriebsmittel	1 620 190 Thlr.	120 173 Thlr.
b) zur Erweiterung der Bahnanlagen, Neubau von Gebäuden, Beschaffung von Werkzeugen, für eiserne optische Telegraphen, Perrons, Drehscheiben ꝛc.	330 218 „	87 633 „
zusammen	1 950 408 Thlr.	207 806 Thlr.

zu Kol. 108c. Zum Transport von Equipagen werden, da besondere Wagen hierzu nicht vorhanden sind, Güterwagen verwendet; es ist deshalb nur die Gesammtladungsfähigkeit der Viehwagen hier angegeben worden.

„ „ 123c. Einschließlich 1578 gemischten Zügen auf der 1,12 M. langen Büchen-Lauenburger Zweigbahn.

„ „ 124c. Die durchschnittliche Anzahl der Wagenachsen betrug bei Güterzügen 97 Achsen und bei gemischten Zügen 41 Achsen.

„ „ 135. Bei Berechnung des Brennmaterial-Verbrauchs pro Achsmeile sind ein Scheffel Steinkohlen = 64 Z.-Pfd. Coaks (4 Scheffel Steinkohlen = 1 Tonne = 3⅓ Ctr.) und eine Tonne Braunkohlen = 3 Z.-Ctr. = 80 Z.-Pfd. Coaks gerechnet worden.

„ „ 167. Das Gewicht der beförderten Postgüter wird nicht notirt, weil für die Beförderung derselben eine Aversional-Summe gezahlt wird (cfr. Kol. 200).

„ „ 170b. Hierin sind 5603 Hunde enthalten.

„ „ 233. Hierin sind auch die Beleuchtungskosten der Wartezimmer, Perrons, Bahnhöfe, Vorplätze ꝛc. enthalten.

„ „ 234. Diese Summe enthält die Löhne der Bodenarbeiter, sowie die Kosten der An- und Abfuhr der Güter, soweit letztere in den Frachtsätzen miterhoben, die Leistungen also durch die Bahnverwaltung bewirkt werden.

„ „ 235. Die hier aufgeführte Summe enthält die Löhne für Wagenschieben, Wasserpumpen und ähnliche Arbeiten auf den Bahnhöfen.

„ „ 253. Dies ist der Pachtzins für die Hamburg-Bergedorfer Bahnstrecke und die fortlaufende Vergütigung an die Magdeburg-Wittenbergesche Eisenbahn-Gesellschaft für den Bau der Elbbrücke bei Wittenberge.

„ „ 261. Der Betrag der Eisenbahnsteuer (42 500 Thlr.) ist statutenmäßig zur Amortisation der Stamm-Actien Littr. B. verwendet und in Kol. 260b mitenthalten.

„ „ 262a. An Dividende sind gezahlt: für die Stamm-Actien Littr. A. von 5 000 000 Thlrn. 7½ Proc., für die Stamm-Actien Littr. B. von 3 000 000 Thlrn. 6⅔ Proc., durchschnittlich also 6,875 Proc.

„ „ 269. Außerdem sind Material-Bestände im Werthe von 111 621 Thlrn. vorhanden, einschließlich deren das Vermögen des Reservefonds am Jahresschlusse 1 039 038 Thlr. betrug.

„ „ 270—273. Ein besonderer Erneuerungsfonds ist nicht vorhanden, da der Zweck desselben durch ausreichende Verwendungen aus den Betriebs-Einnahmen (vergl. Kol. 90) erfüllt wird.

„ „ 319. Außerdem erlitten die Berlin-Hamburger Wagen auf fremden Bahnen bis ult. 1857 . . 20 Achsbrüche, von 1858—1863 aber keinen Achsbruch.

28b. Hamburg-Bergedorfer Eisenbahn.

I. **Verwaltung.** Die Hamburg-Bergedorfer Eisenbahn ist an die Berlin-Hamburger Eisenbahn-Gesellschaft auf unbestimmte Zeit verpachtet. Die Direktion dieser Gesellschaft leitet den Betrieb und ertheilt der Hamburg-Bergedorfer Eisenbahn-Gesellschaft vierteljährlich genaue Berechnungen der Betriebs-Resultate.

Im Uebrigen wird auf die ausführlichen Mittheilungen in den Jahrgängen 1858 und 1859 der Statistik (S. 31 resp. 42) verwiesen.

II. **Verkehr und Ertrag.** Auf der Hamburg-Bergedorfer Eisenbahn sind von den regulären Transporten der Berlin-Hamburger Eisenbahn im Jahre 1863 befördert worden: 382 729 Personen, 6 769 353 Z.-Ctr. Frachtgüter u. s. w., wie dies in Kol. 156—176 der Tabellen unter „Hamburg-Bergedorf" näher angegeben ist.

Die in Kol. 193—208 aufgeführten Brutto-Einnahmen für diese Transporte (nach Vorwegnahme der Kosten für An- und Abfuhr, Auf- und Abladen, Brücken- und Schleusengeld u. s. w.) haben betragen:

	auf der Strecke Hamburg-Bergedorf
für Personen-Beförderung	80 970 Thlr.
„ Reisegepäck	2140 „
„ Eil- und Frachtgüter	107 256 „
„ Equipagen	186 „
„ Vieh-Transporte	13 194 „
Extraordinaria	5496 „
für Beförderung der Posten	5164 „
zusammen	220 406 Thlr.

Davon hat die Hamburg-Bergedorfer Eisenbahn-Gesellschaft als kontraktlichen Betriebs-Einnahme-Antheil 110 203 Thlr. erhalten. Die übrigen, der Berlin-Hamburger Eisenbahn-Gesellschaft für den Betrieb verbliebenen 110 203 Thlr. sind in den Kol. 225 und 243 (33 767 + 76 436 Thlr.) als Betriebs-Ausgaben aufgeführt.

Außer jenem Betriebs-Antheile hat die Hamburg-Bergedorfer Eisenbahn-Gesellschaft 130 270 Mark Banko (65 701 Thlr.) Zinsen für die Bahnhöfe (in Kol. 201 mitenthalten) von der Berlin-Hamburger E.-G. empfangen.

III. **Erläuterungen zu den Tabellen.** Die unter „Berlin-Hamburger" Eisenbahn in den Tabellen aufgeführten Notizen der Betriebs-Resultate umfassen, wie ad II des betreffenden Berichts angegeben, gleichzeitig die Strecke Hamburg-Bergedorf. Um den Verkehr und Ertrag derselben ersichtlich zu machen, sind die speziell auf die Strecke Hamburg-Bergedorf bezüglichen Notizen in den Tabellen (Kol. 156—209 u. 225, 226, 243 u. 274—276) besonders aufgeführt, zur Unterscheidung von den Berlin-Hamburger Notizen (unter denen dieselben mitenthalten sind) aber durch kleineren Zahlendruck dargestellt. Alle übrigen, ausschließlich das Hamburg-Bergedorfer Unternehmen betreffende Notizen (Kol. 1—15, 76—88, 210—212, 251—262 u. 277—283) sind mit den gewöhnlichen Ziffern gedruckt.

Zu Kol. 196. Hierin sind 6490 Thlr extraordinäre Einnahmen enthalten.
„ „ 210. Dies sind die von der Berlin-Hamburger Eisenbahn-Gesellschaft für die Bahnhöfe empfangenen Zinsen (siehe ad II dieses Berichts) nebst anderweitig eingenommenen 74 Thlrn.
„ „ 259. In dieser Summe sind 114 Thlr. Zuschuß aus den Einnahmen des Jahres 1864 enthalten.
„ „ 260—262. Die Zinsen, Dividenden, Amortisations-Beträge und Eisenbahn-Steuern werden in Banko-Mark bezahlt, deren Betrag hier zum Durchschnitts-Course der Einnahmen auf Thlr. reducirt ist.

29. Berlin-Potsdam-Magdeburger Eisenbahn.

I. **Bahn-Anlagen.** Im Jahre 1863 wurde in Berlin, an der Ecke der Graben- und Köthener Straße, ein neuer massiver Lokomotiv-Schuppen in Form eines halben Polygons, welcher zur Aufstellung von 13 Lokomotiven Raum bietet, errichtet. An denselben schließt sich ein 62 Fuß hoher Eckthurm, welcher in der ersten und zweiten Etage Raum für Werkführer, Lokomotivführer, Putzer ꝛc., sowie in der dritten Etage ein Wasserbassin enthält. In der Nähe dieses Schuppens ist ein neuer massiver Kohlenschuppen hergestellt.

II. **Erläuterungen zu den Tabellen:**

zu Kol. 15b. Die Elbbrücken bei Magdeburg wurden am 19. August 1848 dem Betriebe übergeben.
„ „ 277—282. Bei Vergleichung der Finanz-Ergebnisse mit denjenigen des Vorjahres sind die in Kol. 210, 211, 239 u. 254 aufgeführten Summen um die an fremde Verwaltungen gezahlte Wagenmiethe von 93 720 Thlrn. gekürzt worden, weil die correspondirenden Summen Kol. 186, 187, 215 u. 229 der Statistik pro 1862 diese Einnahmen resp. Ausgaben nicht enthalten. Es reduciren sich hiernach die Einnahmen des Jahres 1863 auf 2080227 Thlr. und die Ausgaben auf 815014 Thlr.
Ebenso sind von den Ausgaben des Jahres 1862 die unter denselben mitverrechneten „Abgaben, Lasten und Renten, einschließlich der Magdeburger Bahnhofsrente", im Betrage von 7915 Thlrn. in Abzug gebracht worden, weil dieselben als eigentliche Betriebs-Ausgaben nicht anzusehen sind. Hiernach reducirt sich die Gesammtausgabe des Vorjahres auf 752 017 Thlr., während der Ueberschuß, von welchem diese „Abgaben" ꝛc. zu verwenden gewesen wären, wie dies im Jahre 1863 geschehen ist, sich auf 1 308 184 Thlr. erhöht.

30. Berlin-Stettiner Eisenbahn.

I. **Bahngebiet.** Das Unternehmen der Berlin-Stettiner Eisenbahn-Gesellschaft umfaßt die Bahnstrecken

Berlin-Stettin (17,55 M.)-Stargard		22,89 Meilen
und Stargard-Belgard-Cöslin	18,01 M.	22,20 „
mit der Zweigbahn Belgard-Colberg	4,19 „	
Auf diese		45,09 Meilen

beziehen sich die vorliegenden statistischen Notizen.

Außerdem wurden von der im Bau begriffenen Vorpommerschen Eisenbahn die Strecken

Angermünde-Anclam	13,02 M.
Pasewalk-Stettin	5,67 „

am 16. März 1863 und

die Strecke Anclam-Stralsund	8,44 „
mit der Zweigbahn Züssow-Wolgast	2,37 „

am 1. November 1863 eröffnet. Seit diesem Tage ist die ganze Vorpommersche Bahn in einer Ausdehnung von . . . 30,47 Meilen im Betriebe. Dieselbe konnte jedoch in die vorliegende Statistik nicht aufgenommen werden, weil der theilweise Betrieb bis ult. 1863 für Rechnung des Baufonds geführt wurde und weil das Baukapital noch nicht angegeben werden kann.

Die Betriebsleitung der Berlin-Stettiner Eisenbahn-Gesellschaft erstreckt sich nunmehr auf eine Gesammtlänge von . . . 75,16 Meilen.

II. **Vertheilung der gemeinschaftlichen Ausgaben.** Die Kosten der gemeinsamen allgemeinen Verwaltung werden auf die vorgenannten Bahnen nach Verhältniß der Bahnlängen vertheilt, für das Jahr 1863 ist die Vorpommersche jedoch hiervon noch ausgeschlossen worden. An den Kosten für die Bahnverwaltung auf den gemeinschaftlichen Bahnhöfen Stargard, Stettin und Angermünde participiren die dort zusammenlaufenden Bahnen nach festgestellten Verhältnißzahlen. Die Kosten für die Transportverwaltung werden nach Abschluß der Ausgaben auf die drei Bahnen, wovon die Vorpommersche im Jahre 1863 jedoch ebenfalls ausgeschlossen ist, nach Verhältniß der durchlaufenen Lokomotiv- und Wagen-Achsmeilen vertheilt, mit Ausschluß der Kosten für die Erneuerung der Transportmittel.

III. **Bahn-Anlagen.**

a. Berlin-Stettin-Stargard.

Die Strecke von Stettin bis Angermünde (9,14 M.) ist mit einem zweiten Geleise versehen, zu welchem Zwecke die Brücken, Wegeüberführungen und der Bahnkörper erweitert werden mußten. Außerdem sind die Geleise auf den Bahnhöfen um 2263,5 lfde. Rth. erweitert worden. Auf Bahnhof Stettin ist ein Lokomotivschuppen mit 7 Lokomotivständen hergestellt.

Die optischen Signalvorrichtungen sind abweichend von den früheren neu hergestellt und bestehen aus zwei, auf einem 30 bis 40 Fuß hohen Ständer durch Zugdrähte von unten stellbaren Flügeln. Als Nachtsignale werden weiß verglaste Laternen aufgezogen, vor welche behufs Herstellung eines rothen Lichtes rothe Glasscheiben durch Zugdrähte gestellt werden können.

An den Enden der Bahnhöfe sind dergleichen größere Signalvorrichtungen aufgestellt, welche auf ein vom Perron ausgegebenes optisches Signal umgestellt werden.

Die End- und Hauptstationen der Bahn sind außer den Telegraphen-Zeiger-Apparaten mit Morse'schen Telegraphen-Apparaten versehen worden, welche durch eine neue Drahtleitung verbunden worden sind.

b. Stargard-Cöslin-Colberg.

Vom Bahnhofe Colberg nach dem dortigen Hafen wird ein Schienengeleise gelegt. Auf Bahnhof Cöslin ist Gasbeleuchtung eingerichtet, deren Versorgung mit Gas die dortige städtische Gasbereitungsanstalt bewirkt.

Die Güterschuppen auf den Bahnhöfen Naugerin und Schivelbein sind vergrößert worden.

Die optischen Signalvorrichtungen und der elektrische Telegraph sind in derselben Weise umgeändert resp. erweitert, wie auf der Berlin-Stettin-Stargarder Bahn.

IV. Betriebsmittel. Für die Berlin-Stettin-Stargarder Bahn sind neu beschafft: 2 Lokomotiven, 10 Personenwagen IV. Klasse, 19 eiserne Kohlenwagen; 4 Güterwagen sind aus alten ausrangirten hergestellt worden; 3 Lokomotiven, 1 Personenwagen III. Klasse und 3 Güterwagen sind ausrangirt.

Für die Stargard-Cöslin-Colberger Bahn sind neu beschafft: 6 Personenwagen IV. Klasse und 14 eiserne Kohlenwagen. Die Tragfähigkeit der Güterwagen ist nominell erhöht worden.

V. Einführung neuer Einrichtungen. Die IV. Wagenklasse, welche bisher nur auf den Strecken Belgard-Cöslin und Belgard-Colberg vertreten war, ist seit dem 1. Juli 1863 auf allen drei Bahnen in ihrer ganzen Länge eingeführt worden.

VI. Neue Bahnlinien. Die Berlin-Stettiner Eisenbahn-Gesellschaft ist Seitens der Staats-Regierung im Dezember 1863 zum Bau einer Zweigbahn von Neustadt E. W. nach Wriezen a. O. = 3½ Meilen ermächtigt.

Das Bauproject ist bereits vom Königl. Ministerium genehmigt, auch sind die erforderlichen Geldmittel beschafft, der Bau wird jedoch erst nach Abschluß der schwebenden Verhandlungen über die unentgeltliche Hergabe der erforderlichen Grundflächen Seitens der landräthlichen Kreise beginnen.

Der Bahnhof Stettin genügt hinsichtlich seiner Dimensionen nicht mehr für den gegenwärtigen Verkehr, und da seine Lage eine genügende Erweiterung nicht gestattet und um zugleich das umständliche Ein- und Ablaufen der Züge in der Richtung nach Stargard zu beseitigen, ist ein Project zur Geltung gekommen, nach welchem die Berlin-Stettiner Bahn vom Ende des Bahnhofs Stettin über zwei Oderarme geführt und am jenseitigen Ufer ein besonderer Bahnhof für den Güterverkehr angelegt werden soll, von welchem ab die Bahn weiter bis in die gegenwärtig vorhandene Stettin-Stargarder Bahn geführt wird. Die Länge dieses neuen Bahntheiles beträgt ca. 600 Rth. Dieses Project wird nach Beendigung des noch schwebenden Grunderwerbes unverzüglich zur Ausführung kommen.

VII. Leistungen der Transportmittel. Auf der Berlin-Stettin-Stargarder Bahn haben die Lokomotiven pro Nutzmeile 819 Ctr. Personen- und Gütergewicht und 3873 Ctr. Bruttogewicht befördert; von den bewegten Sitzplätzen der Personenwagen sind 27,3 Procent besetzt gewesen; die Gepäck- und Güterwagen sind mit 51,5 Proc. der Ladungsfähigkeit belastet gewesen.

Auf der Stargard-Cöslin-Colberger Bahn haben die Lokomotiven pro Nutzmeile 389 Ctr. Personen- und Gütergewicht und 1961 Ctr. Bruttogewicht befördert; von den bewegten Sitzplätzen der Personenwagen sind 22,1 Proc. besetzt gewesen; die bewegten Gepäck- und Güterwagen sind mit 24,1 Proc. ihrer Tragfähigkeit belastet gewesen.

VIII. Beamten-Pensionskasse. — Für die Beamten der Strecke Stettin-Stargard, welche bis 1. Januar 1860 an die Stargard-Posener Eisenbahn-Gesellschaft verpachtet war, besteht eine besondere Pensionskasse (Kol. 323—332 der Tabellen), da die von der früheren Verwaltung angestellten Beamten mit ihren bis dahin erworbenen Pensions-Ansprüchen von der Berlin-Stettiner Eisenbahn-Gesellschaft übernommen werden sind.

IX. Erläuterungen zu den Tabellen:

a. Berlin-Stettin-Stargard.

zu Kol. 813. Die Kosten für das zweite Geleise von Berlin bis Angermünde sind noch nicht zum Baukapital gerechnet, weil sie noch nicht festgestellt sind.

Der Betrag von 1 013 328 Thlrn., um welchen die Ausgaben für die Bahnanlagen das concessionirte Anlagekapital übersteigen, ist gedeckt:

1) aus dem Reservefonds mit	403 554 Thlr.
2) " " Ergänzungsbaufonds mit	609 774 "
	1 013 328 Thlr.

Letzterer hat seine Einnahme geschöpft:

a) aus der Amortisation eines Anlage-Kapitals von 500 000 Thlrn.	13 132 "
b) durch Gewinn beim Actienverkauf	172 844 "
c) aus dem Ueberschuß bei Benutzung der Bahn während der Bauzeit	96 427 "
d) aus Conventionalstrafen	10 550 "
e) Zinsen	42 252 "
f) für verkaufte Material, Pächte, Erstattungen 2c.	277 249 "
	612 454 Thlr.
hiervon ab der Bestand ult. 1863 mit	2 680 "
bleiben obige Ausgaben	609 774 Thlr.

zu Kol. 119. Hiervon kommen 7226 Thlr. auf sonstige Transportmittel und 24 192 Thlr. auf in Reserve befindliche Achsen.

" " 210. In dieser Einnahme befinden sich unter andern 8071 Thlr., welche in Folge der Repartition der Kosten für die Transportverwaltung die Hinterpommersche Bahn an die Hauptbahn für die Unterhaltung der Transportmittel zu zahlen hat; ferner 1145 Thlr., welche aus dem Reservebaufonds behufs Bestreitung der Ausgaben für Unterhaltung der Transportmittel entnommen sind, da der hierfür vom Betriebe zu zahlende Betrag nicht ausreichte; auch 1547 Thlr. Ueberschuß aus dem telegraphischen Depeschenverkehr.

" " 227—235 u. 238—242. Hier sind nicht die wirklichen Ausgaben während des Betriebsjahres aufgeführt, sondern die Beträge, welche sich in Folge der Repartition der Ausgaben für die Transportverwaltung der Hauptbahn und der Hinterpommerschen Bahn pro rata der Achsmeilen ergeben.

" " 229. Dies sind die Kosten für das Material; das Arbeitslohn ist in Kol. 227 mitenthalten.

" " 250. Hierin ist auch der Beitrag zur Pensionskasse (2760 Thlr.) enthalten.

" " 263b. Eine Einlage in den Erneuerungsfonds (Reservebaufonds) hat nicht stattgehabt, im Gegentheil sind 1145 Thlr. aus demselben als Zuschuß zu den Beschaffungskosten der Transportmittel entnommen.

" " 265c. Dies ist ein an die Königl. Postverwaltung zurückgezahlter Vorschuß, welchen dieselbe in früheren Jahren behufs Erbauung eines Postgebäudes gemacht hat und welcher in jährlichen Raten erstattet wird.

" " 272. Diese Ausgaben sind bereits in den Betriebs-Ausgaben Kol. 225 u. 243 enthalten.

h. Stargard-Cöslin-Colberg.

" " 89. Nicht Stammactien, sondern die Prioritäts-Obligationen (Kol. 88e) sind vom Staate mit 3½ Proc. garantirt. Außerdem wird aus den Ueberschüssen der Berlin-Stettin-Stargarder Bahn ½ Proc. gedeckt, so daß die Verzinsung der Obligationen 4 Procent beträgt.

" " 210. In dieser Einnahme sind 1547 Thlr. Ueberschuß aus dem telegraphischen Depeschenverkehr enthalten.

" " 227—235 u. 238—242. Hier sind nicht die wirklichen Ausgaben während des Betriebsjahres aufgeführt, sondern die Beträge, welche sich in Folge der Repartition der Ausgaben für die Transportverwaltung der Hinterpommerschen Bahn und der Hauptbahn pro rata der Achsmeilen ergeben.

" " 229. Dies sind die Kosten für das Material; das Arbeitslohn ist in Kol. 227 mitenthalten.

" " 242. In diesem Betrage sind 8071 Thlr. enthalten, welche der Betrieb an die Hauptbahn in Folge Repartition der Kosten für Reparatur der Transportmittel hat zahlen müssen.

" " 250. Hierin ist auch der Beitrag zur Pensionskasse (2756 Thlr.) enthalten.

" " 272. Diese Ausgaben sind bereits unter den Betriebsausgaben Kol. 225 u. 243 aufgeführt.

" " 279 u. 280. Die geringere Ausgabe gegen das Vorjahr ist dadurch entstanden, daß im Vorjahre die Einlage in den Reservebaufonds in die Betriebsausgaben aufgenommen worden ist, während dieselbe in der vorliegenden Statistik als aus dem Ueberschusse bestritten aufgeführt ist.

31. Böhmische Westbahn.

I. Das Bahngebiet der Böhmischen Westbahn umfaßt:

a) die Hauptbahn von Prag über Pilsen bis an die Bayerische Landesgrenze südlich Taus . . . 24,43 Meilen
nebst der von der Bayerischen Ostbahn-Verwaltung gegen 4½ Proc. des Bau-Kapitals gepachteten Strecke von der Landesgrenze bis Furth am Walde . . . . 0,49 "

b) die Zweigbahn von Chrast nach Radnitz . . . . 1,39 "

zusammen 26,31 Meilen.

Die Zweigbahn wurde am 2. April 1863 dem Verkehre übergeben und war bis zum Jahresschlusse nur 9 Monate im Betriebe; der mittlere Jahresdurchschnitt der im Jahre 1863 im Betriebe gewesenen Bahnstrecken beträgt daher 26,22 Meilen.

II. Außer der Beamten-Pensionskasse, worüber die Kol. 333—352 der Tabellen das Nähere ergeben, besteht noch eine Krankenkasse, welche bei Krankheitsfällen freien Arzt, freie Medizin, während der Dauer der Krankheit ein mäßiges Pflegegeld und bei Todesfällen den Hinterbliebenen einen Beerdigungskosten-Beitrag von 10 Fl. Oe. W. gewährt.

Diese Kasse hatte ult. 1863 einen Bestand von 2500 Thlrn.

III. Erläuterungen zu den Tabellen:

zu Kol. 77—85. Die hier aufgeführten Posten sind dem Kostenveranschlage entnommen und daher nur annähernd richtig. Genau können dieselben nicht angegeben werden, da die vollständige Herstellung der Bahn nebst Lieferung der Betriebsmittel x. für die Summe von 16 000 000 Thlrn. einem Unternehmer in Entreprise gegeben worden ist.

" " 86. Dies ist das dem Bau-Unternehmer gezahlte Kapital.

" " 89. Nicht nur die Stamm-Actien, sondern das Gesammt-Anlage-Kapital ist vom Staate mit 5,9 Proc. garantirt.

" " 115a. In dieser Summe sind auch die Kosten für Anschaffung der beiden vierrädrigen Postwagen (Kol. 107a) enthalten.

zu Kol. 142. Hierin sind auch die von 2 vierrädrigen Postwagen zurückgelegten Achsmeilen mitbegriffen.

" " 163. In dieser Centnerzahl ist auch das Gewicht von beförderten 37 Equipagen, 38 Pferden und 370 Hunden mitenthalten.

" " 169 u. 172. Ebenso hier das Gewicht von 76 Equipagen und die in Kol. 177a aufgeführten 44 720 Ctr. beförderte Thiere.

" " 261. Der Ueberschuß wurde ganz zur Verzinsung des Anlage-Kapitals verwendet, reichte jedoch hierzu nicht aus. Den fehlenden Betrag hat die Staatskasse zugeschossen.

32. Breslau-Schweidnitz-Freiburger Eisenbahn.

I. Bahn-Anlagen. Es wurden im Jahre 1863 auf der Strecke Breslau-Freiburg der letzte noch mit 4½" hohen Schienen versehen gewesene Theil mit 5" hohen Schienen umgelegt, zu welchem Zwecke 4054,7 Ruthen Schienengeleis ausgewechselt worden sind. Ferner wurden die sämmtlichen Geleise mit Kies ausgefüllt und die Entwässerung der Kiesbettung durch Anlage von Sickerkanälen bewirkt.

Zur Erneuerung der Schwellen wurden im Jahre 1863 . 38 408 Stück 8' lange eichene Schwellen verbraucht.

II. Die Betriebsmittel wurden um 100 vierrädrige offene Lastwagen vermehrt und durch Einziehung von Gußstahl-Achsen die Ladungsfähigkeit der Wagen erhöht.

III. Erläuterungen zu den Tabellen:

zu Kol. 2a. Außerdem gehören noch 3 stellvertretende Mitglieder zum Direktorium.

" " 5. Der Betriebs-Direktor bezieht neben seinem Gehalte eine Tantième von ½ Proc. des über 5 Proc. betragenden Reingewinns.

" " 76 u. 80. Die gegen das concessionirte Anlage-Kapital mehr verwendeten 66 150 Thlr. sind durch die während der Bauzeit erzielten Einnahmen von . . . . 53 336 Thlrn.
und durch Verwendungen aus den Betriebs-Ueberschüssen (siehe Kol. 90) im Betrage von . . . . 12 814 "
gedeckt worden. zusammen 66 150 Thlr.

" " 91. Außerdem waren noch 2 außer Betrieb gesetzte Lokomotiven vorhanden.
Von den hier aufgeführten Lokomotiven haben 2 Stück erst vom 1. Januar 1864 ab Dienst gethan.

" " 121f. Dies sind hauptsächlich die von Extrazügen zurückgelegten Meilen.

" " 277a. An dieser Mehr-Einnahme participirt der Personenverkehr mit 28 387 Thlrn. und der Güterverkehr mit 31 147 Thlrn. Die Einnahmen „aus sonstigen Quellen" haben dagegen 1353 Thlr. weniger betragen als im Jahre 1862.

" " 279a. Von der Mehr-Ausgabe entfallen auf die allgemeine Verwaltung 4485 Thlr., auf die Bahn-Verwaltung 2041 Thlr. und auf die Transport-Verwaltung 34 628 Thlr. Was den letzteren Titel anbelangt, so erforderten die Unterhaltung der Maschinen 4525 Thlr. und die Unterhaltung und Neubeschaffung von Wagen 15 128 Thlr. mehr als die correspondirenden Posten des Vorjahres.

33. Brünn-Rossitzer Eisenbahn.

I. Rechnungs-Periode. Das Rechnungs- und Betriebsjahr umfaßt nicht die Periode des Kalenderjahres, sondern beginnt mit dem 1. April. Die vorliegenden statistischen Notizen beziehen sich auf den Zeitraum vom 1. April 1863 bis ult. März 1864.

II. Das Bahngebiet umfaßt die Hauptbahn von Brünn nach Rossitz und Zeegen-Gottes von 3,10 Meilen und die Kohlenzweigbahn von Zeegen-Gottes nach dem Simsonschachte der Gewerkschaft Zbeschau von 0,45 Meilen. Letztere wurde am 10. August 1862 dem Betriebe übergeben.

III. Erläuterungen zu den Tabellen:

zu Kol. 13. Die hier angegebene Tariflänge bezieht sich nur auf die Hauptbahn Brünn-Zeegen-Gottes, weil die Zweigbahn nur zum Kohlentransport dient, für welchen ohne Unterschied der Tarifsatz ab Zeegen-Gottes in Anwendung kommt.

" " 77—85. Eine Vertheilung des Anlage-Kapitals auf die einzelnen Bautitel kann nicht stattfinden, weil das Anlage-Kapital der Zweigbahn Zeegen-Gottes-Simsonschacht nur summarisch bekannt ist.

" " 125. Zur Feuerung der Lokomotiven auf den Gebirgsstrecken wurde außer Kohlen auch Holz verwendet, um eine schnellere Dampferzeugung zu erzielen. Dies verbrauchte Quantum Holz ist hierin mitenthalten, woraus folgt, daß der Verbrauch pro Nutzmeile höher ist als bei den übrigen Vereinsbahnen.

" " 129b u. c. Auf der Kohlenzweigbahn ist eine Steigung von 1 : 38 in einer Länge von 1200 Klaftern. Hieraus erklärt sich auch der große Brennmaterial-Verbrauch pro Nutzmeile.

" " 169 u. 172. Hierin ist auch das Gewicht der beförderten Thiere (siehe Kol. 177) enthalten, und zwar
a) im Binnenverkehre beförderte . . . . 1495 Ctr.
b) " directen Verkehre aufgegebene . . . . 1646 "
und c) " directen Verkehre angekommene . . . . 140 "
zusammen . 3281 Ctr.

zu Kol. 261. Diese Summe repräsentirt die bezahlten Steuern, Stempel, Taxen u. s. w.

„ „ 270—273. Ein besonderer Erneuerungsfonds ist nicht vorhanden, da der Reservefonds den Zweck desselben miterfüllt.

„ „ 279a, 280b, 281b u. 282a. Mit Einschluß der Steuern, Stempel und Taxen ꝛc. betragen die Ausgaben pro 1863 . . . . 101 398 Thlr. und pro M. Bahnl. 27 039 Thlr.

Diejenigen des Vorjahrs betragen . . 101 335 „ „ „ „ „ 28 707 „

mithin pro 1863 mehr . . 63 Thlr. und pro M. Bahnl. 1668 Thlr. weniger.

Demgemäß reducirt sich der Ueberschuß pro 1863 auf . . . . 103 541 Thlr. u. pro M. Bahnl. auf 27 611 Thlr.

und gegen denjenig. pro 1862 verglichen . 8640 „ „ „ „ „ „ 4168 „ weniger.

„ „ 333—352. Eine Beamten-Pensionskasse besteht zur Zeit noch nicht, dieselbe ist vielmehr in der Bildung begriffen. Dagegen ist ein Kranken-Unterstützungsfonds für die Unterbeamten und die bei der Bahn beschäftigten Arbeiter vorhanden, welcher ult. März 1863 (dem Schlusse des Betriebsjahres) mit einem Bestande von 1193 Thlrn. abschloß.

34. Buschtěhrader Eisenbahn.

I. Das Bahngebiet der Buschtěhrader Eisenbahn umfaßte ult. 1863

1) die Lokomotivbahn Kralup-Kladno von . . . . 3,45 Meilen,
welche mit der Pferdebahn Prag-Lana durch den beiderseitigen Anschluß an einen Theil der Kladno-Kutschitzer Erzbahn unter Mitbenutzung dieser Strecke verbunden ist. Die Länge der beiden Anschlüsse beträgt 0,10 Meilen und die gemeinschaftlich benutzte Strecke der Kladno-Kutschitzer-Bahn 0,41 „
zusammen 3,86 Meilen;

2) die Pferdebahn Prag-Lana, und zwar:

a) die Strecke Prag-Wejhybka von . . . . 3,24 Meilen,
welche in dem Zeitraume vom 1. August bis ult. Oktober 1863 in eine Lokomotivbahn umgebaut und am 4. November 1863 dem Betriebe übergeben worden ist;

b) die gegenwärtig noch mit Pferden betriebene Strecke Wejhybka-Lana resp. Pine von 4,20 „ 7,44 „
Ueberhaupt 11,30 Meilen.

Während des Umbaues war der Betrieb auf der Strecke Prag-Wejhybka sistirt.

II. Die Betriebsmittel der Lokomotivbahn Kralup-Kladno werden nach dem erfolgten Umbaue der Strecke Prag-Wejhybka in eine Lokomotivbahn auch auf dieser Strecke benutzt. Die Angaben in Kol. 91—155 in den Tabellen beziehen sich also auf die 3,86 + 3,24 = 7,10 Meilen langen Lokomotivbahnstrecken Kralup-Kladno u. Wejhybka (Kladno)-Prag.

III. Beamten-Pensionskasse. Außer dieser, für die Lokomotiv- und Pferdebahn gemeinschaftlichen Kasse, worüber das Nähere in Kol. 333—352 der Tabellen enthalten ist, besteht noch ein Handwerker-Unterstützungsfonds, welcher am Schlusse des Jahres 1863 mit einem Bestande von [illegible] Thlrn. abschloß.

IV. Erläuterungen zu den Tabellen:

a) Lokomotivbahn Kralup-Kladno.

zu Kol. 11b. Dies ist die der Prager Eisen-Industrie-Gesellschaft gehörige Strecke der Kladno-Kutschitzer Bahn, welche gegen Tragung der Hälfte der Unterhaltungskosten von der Buschtěhrader Eisenbahn-Gesellschaft mitbenutzt wird, wogegen die genannte Industrie-Gesellschaft unter gleichen Verhältnissen auch Seitenarme der Buschtěhrader Bahn benutzt.

„ „ 76. In Folge des am 18. Februar 1863 von der General-Versammlung der Actionäre beschlossenen Umbaues der Pferdebahnstrecke Prag-Wejhybka in eine Lokomotiv-Eisenbahn wurde eine zweite Emission von 480 Stück Actien im Betrage von 168 000 Thlr. veranlaßt.

„ „ 91-155. Diese Angaben beziehen sich auf die beiden Strecken Kralup-Kladno und Wejhybka (Kladno)-Prag von zus. 7,10 Meilen, da seit dem vollendeten Umbau der Pferdebahnstrecke Wejhybka-Prag in eine Lokomotivbahn sowohl Maschinen, als Personen- und Güterwagen auf der ganzen Lokomotivbahnstrecke Kralup-Kladno-Wejhybka-Prag verkehren.

„ „ 280. Diese Summe ist zur Amortisation von Stamm-Actien verwendet.

„ „ 286. Die Differenz zwischen dem hier vorgetragenen und dem in der Statistik pro 1862 angegebenen Bestande besteht darin, daß der Bestand dieses Fonds ult. 1861 nicht 116 690, sondern . 45 918 Thlr. betrug. Hierzu die Einnahmen pro 1862 mit . . . . 70 771 „
sind 116 689 Thlr.
davon ab die Ausgaben mit . . . . 38 387 „
verbleibt Bestand 78 302 Thlr.,
wie hier vorgetragen.

b) Pferdebahn.

zu Kol. 10. Diese Angaben beziehen sich auf die im Jahre 1863 in eine Lokomotivbahn umgebaute Strecke Prag-Weihybla (siehe ad I dieses Berichts).

„ „ 16—69. Desgl. die hier gemachten Angaben.

„ „ 91—155. Die Lokomotiven und Wagen, deren Anschaffungskosten und Leistungen ꝛc. auf der seit dem 4. November 1863 mit Lokomotiven betriebenen Strecke Prag-Weihybla sind unter denjenigen der Lokomotivbahn-Strecke Kralup-Kladno enthalten (siehe Erläuterung zu Kol. 91—155 der Lokomotivbahn Kralup-Kladno).

„ „ 96—120. Es beziehen sich deshalb diese Angaben nur auf die Pferdebahn-Strecke Weihybla-Lana resp. Bine von 4,28 Meilen.

„ „ 159, 178 ꝛc. Die IV. Wagenklasse wurde erst bei Betriebs-Eröffnung der umgebauten Strecke Prag-Weihybla im Monat November, und zwar nur für diese Strecke eingeführt; die Anzahl der in der IV. Wagenklasse beförderten Personen bezieht sich also nur auf die Monate November u. Dezember 1863.

„ „ 235. Dies sind die Unterhaltungskosten der Zugpferde.

„ „ 276b, 277b u. 278b. Diese Differenz hat ihren Grund in der 3 monatlichen Einstellung des Betriebes auf der Strecke Prag-Weihybla während des Umbaues derselben.

35. Frankfurt-Hanauer Eisenbahn.

I. Das Bahngebiet der Frankfurt-Hanauer Eisenbahn-Gesellschaft umfaßt die Strecke von Frankfurt a. M. über Hanau bis zur Kurhessisch-Bayerischen Landesgrenze bei Kahl von . . . . 3,33 Meilen

Außerdem hat die Gesellschaft die Strecke von der Grenze bei Kahl bis Aschaffenburg . . . 2,11 „

von der Königl. Bayerischen Staats-Eisenbahn-Verwaltung gepachtet und im Betriebe . . . . 5,44 Meilen.

II. Die 0,8 Meilen lange Verbindungsbahn in Frankfurt a. M., welche Eigenthum der freien Stadt Frankfurt ist und die daselbst einmündenden Eisenbahnen (Frankfurt-Hanauer, Hessische Ludwigsb., Homburger, Main-Neckar-, Main-Weser-, Offenbacher und Taunus-Bahn) unter einander verbindet, steht unter der Betriebsleitung der Frankfurt-Hanauer Eisenbahn-Gesellschaft.

Für die Ueberführung der Güter von dem Bahnhofe der einen Bahn nach demjenigen einer andern, resp. nach dem Mainhafen und dem Zollhofe und vice versa erhält die Frankfurt-Hanauer Eisenbahn-Gesellschaft einen Antheil an den Frachtsätzen.

Im Jahre 1863 wurden auf dieser Verbindungsbahn, auf welcher Personenverkehr nicht stattfindet, 816 069 Ctr. Güter zwischen den Bahnhöfen unter einander, 433 688 Ctr. zwischen diesen und dem Mainhafen, sowie 115 555 Ctr. gratis nach dem Zollhofe, zusammen 1 365 312 Z.-Ctr. Güter befördert. Es wurden auf derselben 1506 Nutzmeilen und 63 952 Achsmeilen zurückgelegt. Die Einnahmen betrugen 5300 Thlr. Die Ausgaben, und zwar diejenigen für Besorgung des Fahrdienstes, da die Kosten der Unterhaltung und Beaufsichtigung der Bahn von der Eigenthümerin bestritten werden, betragen mit Rücksicht darauf, daß derselbe durch eine Reserve-Maschine bewirkt wird, deren Unterhaltungskosten zu ⅓ dem Material zur Last fällt und deshalb nicht strenge ausgeschieden werden können, ca. 3370 Thlr.

Die auf der Verbindungsbahn zurückgelegten Nutzmeilen und das dabei verbrauchte Brennmaterial sind in Kol. 122, 129 und 129, die Einnahmen in Kol. 210—212 und die Ausgaben in Kol. 243, 244 und 255 der Tabellen miteinbegriffen, die auf derselben zurückgelegten Achsmeilen und die beförderten Güter in Kol. 150 und 151 resp. 168 bis 172 ꝛc. aber nicht.

III. Außer der Beamten-Pensionskasse, worüber das Nähere in Kol. 323—352 der Tabellen enthalten ist, besteht ein auf Gegenseitigkeit der dabei Betheiligten am 1. Januar 1861 gegründeter Kranken-Unterstützungs-Verein für Werkstätten-Arbeiter, welcher ult. 1863 mit einem Bestande von 230 Thlrn. abschloß.

IV. Erläuterungen zu den Tabellen:

zu Kol. 16—69. Diese Angaben betreffen nur die eigene Bahn von Frankfurt a. M. bis zur Kurhessisch-Bayerischen Landesgrenze bei Kahl.

„ „ 96d. Außerdem sind noch zwei Galawagen für fürstliche Personen vorhanden.

„ „ 122. Von den hier aufgeführten Nutzmeilen sind 29 329 auf der Hauptbahn und 1506 Nutzmeilen auf der Frankfurter Verbindungsbahn zurückgelegt worden.

„ „ 129b u. c u. 135. Der Gesammt-Verbrauch an Coaks und Kohlen hat betragen: auf der Hauptbahn 46 757 Ctr. und auf der Verbindungsbahn 4550 Ctr.; der Durchschnittsverbrauch a) pro Nutzmeile für Erstere 159,5 Z.-Pfd. und für Letztere 304,3 Z.-Pfd., b) pro Achsmeile 4,34 resp. 7,00 Z.-Pfd.

„ „ 151a. Einschließlich der auf der Verbindungsbahn zurückgelegten Achsmeilen würde deren Gesammtzahl 1 082 038 betragen.

„ „ 170. Hierunter befinden sich auch die im Verkehr mit der Nassauischen Staatsbahn in Klasse C tarifirten 19 277 Z.-Ctr. Güter, als: Düngemittel, Baumaterialien u. s. w.

„ „ 210. Hierin sind 5300 Thlr. Einnahmen der Verbindungsbahn mitenthalten (siehe ad II dieses Berichtes).

zu Kol. 213. Dies sind nur die Besoldungen des Bahn-Ingenieurs und 4 Aufseher. Wegen der Besoldungen der übrigen Bahnbeamten siehe Erläuterung zu Kol. 227.

„ „ 216. Hierin sind auch die Unterhaltungskosten der Mobilien und Bahnhöfe enthalten.

„ „ 227. Die hier aufgeführte Summe enthält die Besoldungen des ständigen Personals für den Stations-, Expeditions- und Fahrdienst, sowie für die Bahnbewachung (Bahn- und Weichen-Wärter rc.)

von zusammen	40 334 Thlrn.
die Ausgaben für das Aushülfe-Personal, Ersatz für Kranke rc.	1389 „
Dienstkleidung des gesammten Personals	1603 „
Antheil an den Kosten für den gemeinschaftlichen Stationsdienst in Aschaffenburg	2571 „
und die Besoldungskosten des technischen Personals zur Leitung und Bedienung der mechanischen Reparatur-Werkstätte von	2391 „
zusammen	48 288 Thlr.

„ „ 230a. Diese Summe repräsentirt die Kosten der Instandhaltung der Einrichtungen der mechanischen Reparatur-Werkstätte, der Feuerung und Beleuchtung derselben.

„ „ 239. Hier hat nur die Differenz zwischen gezahlter und empfangener Wagenmiethe aufgeführt werden können.

„ „ 256. Mit Rücksicht auf das in den Erläuterungen zu Kol. 213 und 227 Gesagte, sind diese Procentsätze zu Vergleichungen mit andern Bahnen nicht geeignet.

„ „ 259 u. 271. Diese, von der Hessischen Ludwigs-Eisenbahn-Gesellschaft zurückerstatteten Summen sind für Veränderungen von Bahnanlagen verausgabt worden, welche die Eröffnung der neuen Linie der Hessischen Ludwigsbahn nothwendig machte.

36. Galizische Carl-Ludwig-Bahn.

I. Das Bahngebiet der Galizischen Carl-Ludwig-Bahn umfaßt folgende Strecken:

1) die Hauptbahn Krakau-Tarnow-Rzeszow-Przemysl-Lemberg	45,55 Meilen,
(nicht 45,11 Meilen, wie in der Statistik pro 1861 irrthümlich angegeben ist.)	
2) die Zweigbahnen a) Bierzanow-Wieliczka	0,73 „
b) Podleze-Niepolomice	0,63 „
zusammen	46,91 Meilen.

II. Bahn-Anlagen. Mit dem Umbau der bisherigen hölzernen Brücken über die Weichsel bei Krakau und den Dunajec bei Bogumilowice wurde im Jahre 1863 vorgegangen. Beide Brücken erhalten Eisen-Konstruktionen nach Schifflorn's System.

III. Betriebsmittel. Es wurden im Betriebsjahre 1863 angeschafft: 1 Lokomotive, 6 Tender, 1 Salonwagen, 6 vierrädrige Post-Conducteur- und Gepäckwagen, 78 vierrädrige bedeckte Lastwagen, 20 vierrädrige Vieh- und 4 vierrädrige Kohlenwagen;
dagegen zurückgestellt: 2 Lokomotiven und 2 Tender.

IV. Erläuterungen zu den Tabellen:

zu Kol. 76 u. 88c. Die hier (in Kol. 76) aufgeführte Summe repräsentirt das Actien-Kapital der Gesellschaft. Dieselbe hat ferner beschlossen, mit Genehmigung des Staats eine Prioritäts-Anleihe in Höhe von 10 000 000 Thlrn. aufzunehmen, von welcher ult. 1863 die in Kol. 88c. aufgeführten 2 661 000 Thlr. emittirt waren.

Außerdem schuldete die Gesellschaft dem Staate auf den Kaufpreis der Strecke Krakau-Rzeszow von 9 761 445 Thlrn. ult. 1863 die Summe von 8 300 070 Thlrn.

„ „ 100, 101, 109a. Einschließlich der Post-Conducteur-Wagen.

„ „ 116. Diese Summe umfaßt die Anschaffungskosten sämmtlicher Lastwagen (Gepäck-, Post-, Güter-, Equipage- und Viehwagen).

„ „ 126 u. 129. Zur Feuerung der Lokomotiven wurden 11 211,5 Klftr. Holz und 254 738 Z.-Ctr. Kohlen verbraucht. Wieviel Brennstoffe bei den einzelnen Zuggattungen verbraucht wurden, ist aus nachstehender Tabelle ersichtlich:

Gattung der Züge.	Durchschnittliche Belastung. Z.-Ctr.	Brennstoff-Verbrauch auf Kohlen reducirt. pro Meile Z.-Pfd.	für je 1000 Centnermeilen Z.-Pfd.
Personen	1364	182	133
Gemischte	3018	225	75
Last-	6969	440	63
Material-	2444	498	204
Bei sonstigen Fahrten	—	300	—

„ „ 163. Außerdem wurden noch 1038 Z.-Ctr. Militair-Gepäck befördert.

zu Kol. 169 u. 172. Hierin ist auch das Gewicht der beförderten Thiere enthalten. Davon sind

a) im Binnenverkehre aufgegeben (und angekommen)	46 270 Z.-Ctr.	
b) im direkten Verkehre aufgegeben	765 268 „	
c) „ „ „ angekommen	1243 „	
	zusammen	812 781 Z.-Ctr.,

wie in Kol. 177a angegeben.

„ „ 195. In dieser Summe ist die Einnahme für die beförderten 1038 Z.-Ctr. Militair-Gepäck, 2 Militair-Fahrzeuge und 316 Militair-Pferde, sowie diejenige für die mit Personenzügen beförderten 17 Equipagen, 43 Pferde und 425 Hunde enthalten.

„ „ 202. Ebenso enthalten diese Summen die Einnahmen für die mit Güterzügen beförderten 306 Equipagen, 1 Eisenbahn- und 45 sonstige Fahrzeuge, 2185 Pferde und 282 310 Stück Rind- u. Vieh. (cfr. Kol. 175 u. 176).

„ „ 220. Hierin sind auch die Kosten für Beleuchtung und Reinigung der Bahnhöfe und Wärterlokale enthalten.

„ „ 229. Dies sind die Kosten der verbrauchten Beleuchtungs-, Schmier- und Putzmaterialien.

„ „ 230. Hierin sind auch die Löhnungen der Lokomotivheizer enthalten.

„ „ 231. Diese Summe repräsentirt die Kosten der verbrauchten Schmier- und Putzmaterialien; die für das Schmieren verausgabten Beträge sind in Kol. 227 enthalten.

„ „ 232. In dieser Summe sind die Löhne der Wagenschieber enthalten.

„ „ 259. Hiervon kommen 103 504 Thlr. auf unvertheilte Betriebs-Ueberschüsse des Jahres 1858.

„ „ 264b. Diese Summe ist für Amortisation von 66 Stamm-Actien gezahlt worden.

37. Glückstadt-Elmshorner Eisenbahn.

I. Verwaltung. Die Direktion der Glückstadt-Elmshorner Eisenbahn-Gesellschaft hat seit dem 1. Januar 1863 den Betrieb der Bahn, welchen bis dahin die Direktion der Altona-Kieler Eisenbahn-Gesellschaft leitete, übernommen. Mit der letzteren sind aber noch gemeinschaftlich: das Zugbegleitungs-Personal mit den nöthigen Utensilien, das Schmieren und Putzen der Wagen und das Abrechnungs-Büreau.

Der Bahnhof zu Elmshorn, welcher Eigenthum der Altona-Kieler Eisenbahn-Gesellschaft ist, wird mit derselben gemeinschaftlich benutzt.

II. Erläuterungen zu den Tabellen:

zu Kol. 16. Auf der Strecke Elmshorn-Glückstadt ist der Bahndamm 20 Fuß und auf der Strecke Glückstadt-Itzehoe 14 Fuß breit.

„ „ 152 u. 153. Es können hierüber keine Angaben gemacht werden, weil die Transportmittel am 1. Januar 1863 im gebrauchten Zustande von der Altona-Kieler Eisenbahn-Gesellschaft übernommen worden sind.

„ „ 250. Hierin ist der Antheil an den Kosten des mit der Altona-Kieler Eisenbahn-Gesellschaft gemeinschaftlichen Abrechnungsbüreau's enthalten.

„ „ 321. Die Pensionskasse für die Beamten der Glückstadt-Elmshorner E.-G. ist erst am 1. Januar 1863 bei Uebernahme des eigenen Betriebes gegründet; bis dahin war dieselbe gemeinschaftlich mit der Pensionskasse für die Beamten der Altona-Kieler Eisenbahn-Gesellschaft.

38. Graz-Köflacher Eisenbahn.

I. Anderweitige Besitzungen der Gesellschaft. Als integrirender Theil des Eisenbahn-Unternehmens gehören noch mehrere Kohlenbergwerke bei Voitsberg und Köflach, sowie die von den größeren Revieren nach den Stationen angelegten und für Pferdebetrieb eingerichteten Kohlenbahnen zum Eigenthum der Graz-Köflacher Eisenbahn-Gesellschaft.

II. Erläuterungen zu den Tabellen:

zu Kol. 76. Das hier aufgeführte concessionirte Anlage-Kapital bezieht sich nicht nur auf die Eisenbahn, sondern auch auf die übrigen Besitzungen der Gesellschaft (cfr. ad I dieses Berichts).

„ „ 88a. Von den hier aufgeführten Stamm-Actien sind 11 638 Stück zum Nominalwerthe von 1 551 733 Thlrn. ausgegeben, 2819 Stück zum Nominalwerthe von 375 867 Thlrn. befinden sich im Besitze der Gesellschaft und der Rest ist noch nicht ausgefertigt.

„ „ 91a, 94, 101a, 102a u. 105. Eigenthümlich besitzt die Gesellschaft 2 sechsrädrige Lokomotiven, 2 Tender, 12 Personenwagen, 1 Gepäck- (Kammer-), 13 Plateau- und 36 Kohlenwagen; die übrigen 5 Lokomotiven, 5 Tender, 2 Postwagen (in Kol. 100 mitenthalten) mit 440 Z.-Ctr. Ladungsfähigkeit, 4 achträdrige Güterwagen und 55 vierrädrige Kohlenwagen mit einer Gesammtladungsfähigkeit von 11 880 Z.-Ctrn. sind von der K. K. priv. Südbahn-Gesellschaft gepachtet.

„ „ 113 u. 116. Die hier gemachten Angaben beziehen sich auf die der Gesellschaft eigenthümlich gehörigen Betriebsmittel.

„ „ 156. Die erste Wagenklasse wurde gegen den Schluß des Jahres (im November 1863) eingeführt.

„ „ 157. Die beförderten Passagiere werden nicht besonders notirt.

zu Kol. 168a. Hierin ist auch das Gewicht der beförderten Thiere (cfr. Kol. 177a) enthalten.

„ „ 250. Hierin sind 667 Thlr. Zuschuß zum Pensionsfonds miteuthalten.

„ „ 262. Diese Dividende ist auf die ausgegebenen 11 638 Stamm-Actien = 1 551 733 Thlr. gezahlt worden, die übrigen im Besitze der Gesellschaft befindlichen Actien (cfr. Erläuterung zu Kol. 88a) sind ohne Dividenden-Genuß.

39. Hessische Ludwigs-Eisenbahn.

I. Das Bahngebiet der Hessischen Ludwigs-Eisenbahn besteht aus nachstehenden Strecken, welche sich im Centralbahnhofe Mainz vereinigen:

1) der Rhein-Bahn a) von Mainz über Oppenheim nach Worms resp. der Landesgrenze	6,19	Meilen
b) von Mainz über Ingelheim nach Bingen	4,26	
2) der Main-Rhein-Bahn von Mainz über Darmstadt nach Aschaffenburg	9,21	„
3) der am 8. Januar 1863 eröffneten Main-Bahn von Mainz (Bischofsheim) nach Frankfurt (Einmündung in die Main-Neckar-E.)	3,54	
nebst der mit der Main-Neckar-E. gemeinschaftlich benutzten Strecke von der Einmündung in dieselbe bis Frankfurt	0,39	„
zusammen	24,89	Meilen

oder 183,43 Kilometer.

II. **Bahn-Anlagen.** Auf der Strecke Mainz-Worms wurden in den Stationen Osthofen und Oppenheim zwei Brückenwaagen aufgestellt. Die Strecke Mainz-Bingen wurde im Jahr 1863 ihrem Ausbau wesentlich entgegengeführt. Die Arbeiten am Raimundi-Thore zu Mainz wurden vollendet und die Erbauung einer definitiven Zugbrücke über die Einfahrt des Winterhafens statt der bisherigen provisorischen hölzernen Drehbrücke begonnen. Diese Ausführung erstreckte sich vorerst auf das landseitige freie Geleise und waren die Widerlagmauern dafür bis zum Schlusse des Jahres nahezu vollendet.

Ferner wurden die Einschnitte im Budenheimer und Heidesheimer Walde, die Arbeiten an den Stationsgebäuden Mombach und Heidesheim vollendet und der Bau des definitiven Stationshauses in Bingen in Angriff genommen. Auch wurde in letzterer Station eine plangehende Schiebebühne gelegt, der Verladekrahn versetzt und die Bahnhofs-Einfriedigung vollendet.

Das zweite Geleise wurde von Gau-Algesheim bis zur Kohlenstation vor dem Raimundi-Thore bei Mainz weiter geführt, so daß dasselbe gegen Ende 1863 auf der ganzen Strecke bis Bingen befahren werden konnte.

Zum Unterbaue dieses Geleises wurden theils Kalksteine, theils Kies verwendet.

Auf der Strecke Mainz-Aschaffenburg wurde in Groß-Gerau ein Wartelocal aufgeführt und zur Erleichterung des Rangirens der Güterzüge im Bahnhofe Darmstadt ein drittes Geleise und in Dieburg ein Ausweichegeleise gelegt.

Die aus dem Vorjahre noch rückständigen Arbeiten auf der Strecke Bischofsheim-Frankfurt wurden im Jahre 1863 vollendet, insbesondere die Brücken über den Buderbach und über den Bruchgraben und der Viaduct über die Mörfelder Straße am Riedhofe, sowie die Stationsgebäude in Rüsselsheim, Raunheim und Kelsterbach. Die Station Bischofsheim, woselbst das Stationsgebäude fertig gestellt wurde, ward zur Rangirstation für die Güterzüge eingerichtet und mit den erforderlichen Geleisen und einer Schiebebühne versehen.

Endlich wurde die Erbauung der Bahnwärterhäuser vorgenommen und 15 theils vollendet, theils unter Dach gebracht.

Was die Rheinbrücke und deren Nebenwerke anbetrifft, so wurden im Jahre 1863 die linksseitigen Widerlager (Brückenkopf) und die Thürme bis auf die ganze Höhe aufgeführt, die Tambours zu beiden Seiten der Bahn mit Dächern versehen und darin 2 Bahnwärter-Wohnungen eingerichtet.

Von Nebenwerken wurden auf der linken Rheinseite die Böschungen der Brückenauffahrt hergestellt, planirt und der Theil des Dammes zwischen der s. g. Anlage und dem Brückenkopfe zweispurig gemacht.

Zur Erweiterung des Centralbahnhofes Mainz wurden die Anschüttungen nach dem Rheine hinaus fortgesetzt und die Lagerräume vergrößert. Durch Acquisition von 220 000 □Fuß Festungsterrain gelang es, die Lokalitäten für Lokomotiven zu vergrößern und wurde demnächst eine Lokomotivremise für 14 Maschinen und eine 15 Maschinen fassende Reparaturhalle hergestellt.

In Folge der vorgenommenen Anschüttungen konnte sich der Bahnhof so ausdehnen, daß nunmehr eine unmittelbare Verbindung mit der Schifffahrt hergestellt ist.

III. **Betriebsmittel.** Der gesteigerte Verkehr machte die Bestellung von 8 Personenzugs-Maschinen, 2 Güterzugs-Maschinen, 6 Personenwagen I. und II. Klasse und 50 offenen Güterwagen, die zum Theil bereits im Jahre 1863 geliefert wurden, nothwendig; außerdem wurden in der Hauptwerkstätte 8 alte 6rädrige Personenwagen in 4rädrige mit eisernen Langschwellen umgebaut.

IV. **Neue Bahnlinien.** Im Frühjahre 1863 waren die Vorarbeiten für die Linie Worms-Alzey soweit fertig, daß dieselben der Großherzoglichen Staatsregierung zur Genehmigung vorgelegt werden konnten. Nachdem letztere am 13. Juni 1863 erfolgt war, wurden die Arbeiten begonnen und derart beschleunigt, daß bereits Ende 1863 die ganze Linie bis Alzey in einer Ausdehnung von 3,42 geographischen Meilen abgesteckt und nivellirt war.

Die erste Strecke der Bahn, von Worms bis Monsheim (1,34 M.), wurde im folgenden Betriebsjahre, am 3. Dez. 1864, dem Betriebe übergeben.

V. **Erläuterungen zu den Tabellen:**

zu Kol. 15. Die Betriebs-Eröffnung der einzelnen Bahnlinien fand in nachstehender Reihenfolge statt:

am 23. März 1853 Mainz-Oppenheim, | am 7. August 1853 Oppenheim-Osthofen,

am 24. August 1853 Osthofen-Worms,
„ 23. November 1853 Worms-Landesgrenze,
„ 1. August 1858 Mainz-Darmstadt,
„ 2. Dez. 1858 Darmstadt-Aschaffenburg,
am 17. Oktober 1859 Mainz-Bingen,
„ 27. Dezember 1859 Bingen-Bingerbrück und
„ 3. Januar 1863 Mainz (Bischofsheim)-Frankfurt a. M.

zu Kol. 30. Die Schienen der älteren Bahnstrecke von Mainz nach Worms wiegen 20,7 Pfd. pro laufenden Fuß. Auf den übrigen Bahnstrecken haben dieselben ein Gewicht von 21,3 Pfd. pro laufenden Fuß. Das Geleise auf der Rheinbrücke und den Auffahrten zu derselben wurde von Puddelstahl-Schienen von Funcke und Elbers in Hagen hergestellt.

Die leichten Schienen liegen nur in Seitengeleisen und Wagenhallen.

„ „ 32 u. 33. Bei dem angeführten Procentsatze von ausgewechselten Schienen ist nur die ältere Bahnstrecke Mainz-Worms berücksichtigt; die übrigen neuen Strecken konnten nicht in Betracht gezogen werden, weil auf denselben bis jetzt nur sehr wenige Schienen ausgewechselt wurden.

„ „ 40 u. 41. Ebenso ist bei dem hier angeführten Procentsatze nur die Strecke Mainz-Worms berücksichtigt. Auf dieser und der Strecke Mainz-Bingen liegen nur leicht imprägnirte eichene Schwellen, auf der Mainz-Aschaffenburger Linie dergleichen und 20 000 Stück creosotirte kieferne, und auf der Strecke Bischofsheim-Frankfurt a. M. zum größten Theile imprägnirte Eichen- und Kiefern-Schwellen.

„ „ 70. Außer den auf allen Stationen befindlichen Fardely'schen Apparaten ist die Linie Mainz-Frankfurt noch mit 6 Stöhr'schen Relations-Apparaten versehen.

„ „ 71 u. 73. Die Anzahl der elektromagnetischen Telegraphen-Leitungen auf den einzelnen Strecken ist folgende:
a) Strecke Mainz-Worms 1 Draht (von Mainz bis Bodenheim 2),
b) „ Mainz-Bingen 2 Drähte,
c) „ Mainz-Aschaffenburg 1 Draht,
d) „ Mainz-Frankfurt 2 Drähte (bis Bischofsheim 4).

„ „ 72b. Elektromagnetische Läutewerke sind eingerichtet von Mainz bis Bodenheim und von Mainz bis Bischofsheim, außerdem in dem Gebiet der Städte Mainz und Bingen.

„ „ 91d. Diese beiden Lokomotiven sind in gebrauchtem Zustande von der Kurfürst Friedrich Wilhelms Nordbahn-Verwaltung angekauft und in eigener Werkstätte in Tendermaschinen umgebaut worden.

„ „ 100ee. Hierin sind auch die Postwagen enthalten, welche die Bahnverwaltung zu liefern hat.

„ „ 101ee. Ebenso hier die Ladungsfähigkeit derselben.

„ „ 122. Die Zahl der im Jahre 1863 täglich abgelassenen Züge war folgende:
auf der Strecke Mainz-Worms . 13 Personen- und 4 Güterzüge,
„ „ „ Mainz-Bingen . 16 „ „ 6 „
„ „ „ Mainz-Aschaffenburg 16 „ „ 4 „
„ „ „ Mainz-Frankfurt . 19 „ „ 4 „

„ „ 221. Hierin sind auch die Beleuchtungskosten der Wärterlokale ꝛc. enthalten.

„ „ 228. Desgl. für die Verladekosten der Kohlen auf die Tender, sowie die Feuerungskosten der speciellen Rangir- und Materialzug-Maschinen und des Schleppdampfschiffes „Rhein." Für die Kosten der Materialzüge wird durch die Baukasse Ersatz geleistet.

„ „ 229. Ebenso enthält diese Summe auch die Kosten der Beleuchtung der Betriebslokale ꝛc.

40. Homburger Eisenbahn.

I. Bahn-Anlagen. In Frankfurt a. M. werden der Bahnhof und die Stationsgebäude der Main-Weser-Bahn von der Homburger Eisenbahn-Gesellschaft mitbenutzt.

II. Erläuterungen zu den Tabellen:

zu Kol. 24. Die Mitglieder des Verwaltungsraths erhalten statutenmäßig eine Tantième von 5 Proc. des Reingewinns. Im Betriebsjahre 1863 belief sich dieselbe auf 2045 Thlr.

„ „ 33 u. 41. Die Erneuerung der Schienen ꝛc. und Schwellen ist bei dem kurzen Bestehen der Bahn zu unbedeutend, weshalb hier keine Angaben gemacht werden können.

„ „ 224. Dies ist die Vergütungssumme für Mitbenutzung des Main-Weser-Bahnhofs in Frankfurt a. M.

„ „ 262. Auf die zur Vertheilung kommende Dividende hat nur die Hälfte der in Kol. 88a aufgeführten Stamm-Actien im Betrage von 800000 Gulden = 457 1[illegible] Thlrn. Anspruch, indem durch Vermittlung der Landgräflich Hessischen Regierung die andere Hälfte des Actien-Kapitals von 800000 Gulden an dem Ertrage der Eisenbahn bis 1. April 1866 nicht Theil nimmt. Aus diesem Grunde sind den Actien der letztgedachten 800000 Gulden auch keine Dividenden-Coupons beigegeben.

41. Kaiser Ferdinands-Nordbahn.

I. Das Bahngebiet ist gegen die Vorjahre unverändert geblieben. Dasselbe umfaßt die Linie von Wien nach Krakau mit den mit den Zweigbahnen eine Ausdehnung von . . . . 80,17 Meilen,
wovon die Strecke von Oderberg bis zur Preußischen Grenze bei Annaberg von . . . . 0,13 „
an die Preußische Wilhelmsbahn-Verwaltung verpachtet ist.

Es befinden sich daher im eigenen Betriebe . . 80,04 Meilen.

II. **Bahn-Anlagen.** Mit dem Umbaue des Wiener Bahnhofes wurde im Jahre 1863 fortgefahren und auf mehreren Stationen Neubauten ausgeführt.

III. **Betriebsmittel.** Von den ult. 1862 vorhandenen Lokomotiven wurden im Jahre 1863 zwei ausrangirt, dagegen 3 neue Maschinen angeschafft und in Betrieb gestellt. Außerdem wurden für die Kohlenbahn von Mährisch-Ostrau nach den Kohlengruben im Ostrauer Grubenreviere, welche im Jahre 1863 für Lokomotiv-Betrieb eingerichtet wurde, 4 neue Lokomotiven angeschafft.

Der Wagenpark wurde um 4 achträdrige Plateauwagen und 36 vierrädrige Kohlenwagen vermehrt.

IV. **Neue Bahnlinien.** Im Laufe des Jahres 1863 wurden die Vorarbeiten zur Verlängerung der Wien-Stockerauer Linie bis Budweis mit einer Abzweigung nach Znaim begonnen.

V. **Erläuterungen zu den Tabellen:**

zu Kol. 121b. Außerdem wurden auf der Wiener Verbindungsbahn 1130 M. und auf der Ostrauer Kohlenbahn 3974 Meilen von den Lokomotiven zurückgelegt.

„ „ 160 u. 172. Die hier aufgeführten Summen enthalten auch das Gewicht der im Güterverkehre beförderten Thiere (siehe Kol. 177). Hiervon sind 678 307 Z.-Ctr. im Binnenverkehre befördert, 126 097 Ctr. sind im direkten Verkehre angekommen, 1 415 330 Ctr. im direkten Verkehre abgegangen und 88 330 Ctr. im Durchgangs-Verkehre befördert.

„ „ 200. Dies ist das für Beförderung der Postgüter Seitens der Staatsregierung gezahlte Pauschquantum.

„ „ 210. Hierin sind 59 811 Thlr. Reinertrag der Kohlengruben und der Kohlenbahn nach dem Ostrauer Grubenreviere enthalten.

„ „ 232. Die hier aufgeführte Summe enthält auch die an die Wagenschieber gezahlten Löhne.

„ „ 235. Dies sind die Unterhaltungskosten der Wasserstationen.

„ „ 236d. Ebenso sind hier die Reparaturkosten der Achsen und Räder aufgeführt.

„ „ 261. Diese Summe repräsentirt die Einkommen-, Erwerb-, Grund- und Häusersteuer, sowie Stempel und Taxen.

„ „ 276b. Wird das Gewicht der im Jahre 1862 beförderten Thiere den Gütern der ermäßigten Klasse hinzugerechnet, wie solches in den vorliegenden Notizen der Fall ist (cfr. Erl. zu Kol. 160), so sind im Vorjahre 35 438 010 Z.-Ctr. Güter befördert worden. Im Jahre 1863 betrug das Transport-Quantum (Kol. 172) 32 684 540 Z.-Ctr., also 2 753 470 Z.-Ctr. weniger.

„ „ 277b u. 279b. Bei Vergleichung der Einnahmen und Ausgaben des Jahres 1863 mit denjenigen des Vorjahres sind die in Kol. 188 der Statistik pro 1862 mitenthaltenen Ueberträge früherer Jahre außer Ansatz geblieben, wogegen sich die Ausgaben des Vorjahres um 20 916 Thlr. Wagenmiethe erhöhen, weil im Jahre 1863 die volle und nicht, wie im Vorjahre, die Differenz zwischen gezahlter und empfangener Wagenmiethe in Rechnung gestellt ist.

„ „ 314a. Die Zahl der in den Jahren 1857 bis Ende 1862 stattgefundenen Achsbrüche beträgt nicht 201, wie in der Statistik pro 1862 irrthümlich angegeben, sondern 179 und ist hier summarisch aufgeführt.

42. Kaiserin Elisabeth-Bahn.

I. Das Bahngebiet der Kaiserin Elisabeth-Bahn ist gegen das Vorjahr unverändert geblieben. Dasselbe umfaßt:

1) die Hauptbahn von Wien über Linz bis zur Bayerischen Grenze bei Salzburg		42,35 Meilen,
wovon die Strecke von Salzburg bis zur Grenze		0,75 „
an die Königl. Bayerische Staats-Eisenbahn-Verwaltung verpachtet ist, verbleiben im eigenen Betriebe		41,60 Meilen.
2) die Verbindungsbahn Penzig-Hetzendorf		0,78 „
3) die Flügelbahn von Wels bis zur Bayerischen Grenze bei Passau	10,57 M.	
nebst der von der Bayerischen Ostbahn-Gesellschaft gepachteten Strecke von der Landesgrenze bis Passau	0,21 „	10,78 „
zusammen		53,16 Meilen.
4) die schmalspurige Zweigbahn Lambach-Gmunden		3,27 „
Die vorstehend ad 1—4 aufgeführten Linien von		56,43 Meilen
werden mit Lokomotiven betrieben und sind in den Tabellen unter „Lokomotiv-Bahn" aufgeführt.		
5) die Pferdebahn Linz-Budweis		17,87 „
Gesammtlänge aller Bahnlinien		74,30 Meilen.

II. Die **Lambach-Gmundener Zweigbahn**, welche eine Spurweite von 3 Fuß 6 Zoll Oesterr. Maaß hat, wird mit 14 kleinen Tender-Lokomotiven, 30 Personenwagen mit 495 Sitzplätzen, 10 Gepäckwagen und 340 vierrädrigen Güterwagen betrieben.

III. Außer der **Beamten-Pensionskasse**, worüber das Nähere in Kol. 333—352 der Tabellen enthalten ist, besteht noch eine Kranken- und Unterstützungskasse für die Beamten und Arbeiter der Gesellschaft, welche ult. 1863 mit einem Bestande von 19 101 Thlrn. abschloß.

IV. Erläuterungen zu den Tabellen:

a) Lokomotivbahn.

zu Kol. 61. Dieser Fall, in einer Länge von 60,44 Rthn., befindet sich zwischen Engelhof und Gmunden.

„ „ 76. Concessionirt ist das am Schlusse eines jeden Jahres als verwendet nachgewiesene Anlage-Kapital, auf welches sich auch die Zins-Garantie des Staats bezieht. Die Feststellung desselben pro 1863 war noch nicht beendet, weshalb dasselbe nicht angegeben werden kann.

„ „ 77. Hiervon kommen 190 628 Thlr. auf Vorarbeiten und 660 433 Thlr. auf den an die erste Oesterr. Eisenbahn-Gesellschaft gezahlten Kaufpreis für die Lambach-Gmundener Zweigbahn.

„ „ 89. Die Zins-Garantie des Staats erstreckt sich nicht nur auf die Stamm-Actien, sondern auf das gesammte concessionirte Anlage-Kapital (siehe Erläuterung zu Kol. 76).

„ „ 91d u. e, 96d, 98c, 100d u. 102g. Hierunter befinden sich die Lokomotiven und Wagen der Lambach-Gmundener Zweigbahn (siehe ad II dieses Berichts).

„ „ 113—116. Dies sind die Anschaffungskosten der Lokomotiven und Wagen (einschließlich der Reservestücke) für die Hauptbahn, diejenigen der Lambach-Gmundener Zweigbahn können nicht angegeben werden, da hierüber die erforderlichen Notizen fehlen.

„ „ 169a—e u. 172. Hierin ist auch das Gewicht der beförderten Thiere enthalten, von welchem 307 598 Z.-Ctr. auf den Binnen- und 10 071 Z.-Ctr. auf den direkten Verkehr kommen (cfr. Kol. 177).

„ „ 175 u. 176. Dies sind die mit Güterzügen beförderten Equipagen und Pferde. Außerdem sind befördert worden:

a) mit Personenzügen (mit dem Reisegepäck zugleich aufgegeben) 106 Equipagen und 334 Pferde, sowie 3 Militair-Fahrzeuge und 16 Militair-Pferde;

b) mit Eilgütern (als solche) 2 Leichen, 16 Wagen und 52 Pferde.

„ „ 195. Hierin ist auch die Einnahme für die in vorstehender Erläuterung erwähnten, mit Personenzügen beförderten Equipagen und Pferde enthalten.

„ „ 199. Ebenso hier die Einnahme für die als Eilgut aufgegebenen Equipagen und Pferde.

„ „ 217. Diese Summe enthält auch die Besoldungen der Telegraphisten und Telegraphenwärter von zusammen 5074 Thlr. und 6241 Thlr. Kosten der Beleuchtung der Signallaternen längs der Bahn.

„ „ 229—232. Die hier aufgeführten Summen sind die Kosten der verbrauchten Beleuchtungs-, Schmier- und Putzmaterialien. Die für das Schmieren, Putzen und Reinigen der Lokomotiven und Wagen gezahlten Beträge sind in Kol. 227 enthalten.

„ „ 235. Diese Summe repräsentirt die Kosten der Erhaltung der Magazins-Requisiten, des Deckzeuges, der Kraniche, Brückenwaagen ꝛc., die Kosten des Speisewassers, als: Löhnungen der Dampfpumpenwärter und Wasserschöpfer, Erhaltung der Pumpwerke, Röhrenleitungen, Reservoirs, Heizkessel, Wasserkraniche u. s. w., sowie die Kosten der Heizung, Beleuchtung und Reinigung der Heizhäuser, ferner die Kosten der Dampfmaschinen zum Betriebe der Werkstätten und die Erhaltungskosten der Kommunikationen, Hülfsmaschinen und Werkzeuge, sowie endlich 6161 Thlr. Pferdemiethe, welche für Beförderung der Güter zwischen der Stadt und dem Bahnhofe Gmunden gezahlt sind.

„ „ 241. incl. der Kosten der Heizung und Beleuchtung der Betriebslokale.

„ „ 242. Dies sind hauptsächlich Kosten für Erhaltung der Einrichtungen, Laternen ꝛc., Löhnungen der Lampisten, Beleuchtung der Stationen ꝛc.

„ „ 260—265. Der Ueberschuß wurde zur Entrichtung der Steuern, und, soweit er dazu ausreichte, zur Verzinsung des Gesammt-Anlage-Kapitals verwendet. Den fehlenden Zinsenbetrag mußte der Staat, welcher das Gesammt-Anlage-Kapital mit 5,2 Proc. garantirt hat, zuschießen.

„ „ 261. Diese Summe repräsentirt die Einkommen-, Erwerb-, Grund- und Häusersteuer, sowie Stempel und Taxen.

b) Pferdebahn.

„ „ 77—85. Das Anlage-Kapital kann nach den einzelnen Bautiteln nicht angegeben werden, weil die Bahn von der „ersten Oesterreichischen Eisenbahn-Gesellschaft“ erbaut ist und der jetzigen Eigenthümerin die erforderlichen Notizen fehlen.

„ „ 86. Dies ist der von der jetzigen Eigenthümerin der Bahn an die Erbauerin derselben gezahlte Kaufpreis.

„ „ 91e. Den Zugdienst auf der Bahn verrichteten 420 Pferde.

„ „ 102e. Hiervon sind 25 Bauholz- und 4 Fourage-Wagen.

„ „ 114—120. Die Anschaffungskosten der Wagen können nicht angegeben werden, weil der jetzigen Eigenthümerin der Bahn die erforderlichen Notizen fehlen.

„ „ 123b. Außerdem wurden noch Spazierfahrten zwischen Urfahr und St. Magdalena gemacht, deren Anzahl aber nicht notirt ist.

„ „ 222. Hierin sind auch die Erhaltungskosten der Schneepflüge enthalten.

„ „ 227. Ebenso hier die Löhnungen der Kutscher und Transportknechte.

„ „ 235. Von dieser Summe kommen:

a) auf die Fütterungskosten der Pferde	80 378 Thlr.
b) auf Kurkosten für erkrankte Pferde und Honorare der Thierärzte	1775 "
c) auf Miethe für fremde Pferde	5239 "
d) " " " Stallungen, Futterböden &c., Kosten der Futtersäcke, Stall-Utensilien, Beleuchtung der Ställe und Kosten des Einstreustrohes nach Abzug des Erlöses für den gewonnenen Dünger	2217 "
e) auf Erhaltung der Pferdegeschirre, Kosten des Hufbeschlages, der Bespannungs-Utensilien und der Straßenfuhrwerke	15 623 "
f) auf Erhaltung der Magazins-Requisiten, des Deckzeuges und der Werkzeuge . .	6111 "
g) auf Kosten der Beleuchtung der Stationen &c.	885 "
zusammen	112 528 Thlr.

zu Kol. 237. Dies sind die Kosten für den Ankauf neuer Pferde, nach Abzug des Erlöses für die verkauften.

" " 242. Dies ist der Brückenzoll über die Donau bei Linz.

43. Köln-Mindener (und Gießener) Eisenbahn.

I. Das Bahngebiet der Köln-Mindener Eisenbahn-Gesellschaft ist gegen das Vorjahr unverändert geblieben. Dasselbe umfaßt

A. 1) die Hauptbahn von Deutz (Köln) über Düsseldorf, Oberhausen und Hamm nach Minden	34,07 Meilen
und von Minden bis zur Schaumburg-Lippeschen Grenze . . . . 0,13 M., welche an die Königl. Hannoversche Eisenbahn-Verwaltung verpachtet sind;	
2) die Zweigbahnen a) von Duisburg nach dem Duisburger Hafen	0,37 "
b) " Oberhausen nach Ruhrort	1,78 "
c) " Oberhausen nach Emmerich	8,07 "
und von Emmerich bis zur Niederländischen Grenze . . 1,34 M., welche an die Niederländ. Rhein-Eisenbahn-Gesellschaft verpachtet sind.	
zusammen	44,29 Meilen.
B. Die Bahn von Deutz (Köln) über Betzdorf nach Gießen	22,07 "
mit der Zweigbahn von Betzdorf nach Siegen	2,78 "
Mithin Gesammt-Betriebslänge	68,67 Meilen.

Außerdem gehört zum Unternehmen der Köln-Mindener Eisenbahn-Gesellschaft der für Rechnung der Köln-Gießener Bahn geführte Betrieb und die Unterhaltung der festen Rheinbrücke und der Schiffbrücke bei Köln.

II. **Bahnanlagen.**

1) **Geleise.** Zur Umgehung des Bahnhofes zu Düsseldorf (Kopfstation) für durchgehende Züge ist eine doppelgeleisige 651,4 Ruthen lange Verbindungsbahn zwischen Karlshof und Wehrhahnen angelegt und am 1. Dezember 1863 dem Betriebe übergeben worden.

Behufs Entlastung der Station Oberhausen wurde die Bahnstrecke Oberhausen-Berge Borbeck mit der Oberhausen-Arnheimer Zweigbahn durch ein 203 Ruthen langes Bahngeleise verbunden. Eine fernere 1073 Ruthen lange Verbindungsbahn nach der Ruhrorter Zweigbahn war noch im Bau begriffen.

Durch diese Neuanlagen, sowie durch weitere Vervollständigung der Geleise in verschiedenen Bahnhöfen hat sich die Gesammtlänge der Schienengeleise um 1,46 Meilen vergrößert, so daß am Jahresschluß 138,44 Meilen Bahngeleise vorhanden waren.

2) **Telegraphie.** Dem Privat-Depeschen-Verkehre waren 47 Stationen eröffnet, durch welche im Laufe des Jahres 1863 13 238 Depeschen mit einem Ertrage von 4213 Thlrn. 6 Sgr. befördert wurden. Die Zahl der Eisenbahn-Dienst-Depeschen belief sich auf 519 086 Stück.

III. Die **Betriebsmittel** wurden um 13 Güterzugmaschinen, eine Schnellzugmaschine, 23 Personenwagen, 2 Gepäckwagen, 50 Koulissenwagen und 310 offene Lastwagen vermehrt. Außerdem wurden 4 alte ausrangirte Maschinen durch 4 neue ersetzt.

Fast an allen Maschinen sind Schutzdächer für die Lokomotivführer angebracht worden.

IV. **Verkehrs-Verbindungen.** In Folge der Betriebs-Eröffnung der Nassauischen Staatsbahn resp. des Anschlusses derselben an die Köln-Gießener Bahn bei Wetzlar wurden verschiedene neue direkte Verkehre mit einzelnen Stationen in's Leben gerufen, sowie auch der die Strecke Wetzlar-Gießen transitirende direkte Verkehr zwischen Herzoglich Nassauischen mit Stationen der Main-Weser-Bahn und des Mitteldeutschen Verbandes eingerichtet.

Ferner kam ein die Bahnstrecke Emmerich-Deutz (Köln) transitirender direkter Güterverkehr zwischen den Stationen der Niederländischen Rhein-Eisenbahn Amsterdam und Rotterdam einerseits und Basel und Waldshut andererseits, sowie von und nach denselben Niederländischen Stationen, nach und von der Königl. Bayerischen Staatsbahn, der Bayerischen Ostbahn und der Kaiserin Elisabeth-Bahn zur Ausführung.

V. **Erläuterungen zu den Tabellen:**

zu Kol. 15b. Von der Hauptbahn Deutz-Minden wurde die letzte Strecke am 15. Oktober 1847, die Zweigbahn Oberhausen-Niederländische Grenze am 20. Oktober 1856 und von der Köln-Gießener Bahn die letzte Strecke am 12. Januar 1862 eröffnet.

" " 19b. Hierunter sind 10 eiserne Röhrendurchlässe enthalten.

" " 22a. Die angegebene Länge umfaßt die Dämme von 3' Höhe. Außerdem enthält der Bahnkörper 45 305 laufende Ruthen Terrain-Ausgleichungen bis zu 3' Höhe oder 3' Tiefe und 3082 laufende Ruthen Anschnitte an Berglehnen.

zu Kol. 33a u. b. Auf der Köln-Mindener Bahn sind im ersten und zweiten Bahngeleise bei einer durchschnittlichen Betriebszeit von 12,44 Jahren 74 Proc. und in den Bahnhofs- und Nebengeleisen bei einer durchschnittlichen Betriebszeit von 11,47 Jahren 55,37 Proc. Schienen ausgewechselt worden. Die durchschnittliche Dauer derselben berechnet sich hiernach für erstere auf 17 Jahre und für letztere auf 21 Jahre.

" " 37. Auf der Köln-Mindener Bahn beträgt die gewöhnliche Stärke der Bettung 0,66—0,75 Fuß und auf der Köln-Gießener Bahn 1,33 Fuß.

" " 41. Die bei Betriebs-Eröffnung der Köln-Mindener Bahn im Jahre 1847 eingelegt gewesenen Schwellen waren eichene nicht präparirte, von welchen bis jetzt 99,47 Proc. oder im Durchschnitt pro Jahr 5,304 Proc. ausgewechselt worden sind.

Von den zur Auswechselung und Anlage neuer Geleise verwendeten präparirten Schwellen wurden durchschnittlich pro Jahr erneuert:

a) mit Kreosot präparirte:

1) eichene 0,430 Proc. 2) buchene 0,012 Proc. 3) kieferne 0,002 Proc.

b) mit Schwefelbaryum präparirte:

1) eichene 0,044 Proc. 2) buchene 9,242 Proc. 3) kieferne 8,249 Proc.

c) mit Zinkchlorid präparirte:

buchene 4,241 Proc.

Auf der Köln-Gießener Bahn hat eine Erneuerung der Schwellen bis jetzt nicht stattgefunden.

" " 72a. Hierunter befinden sich 39 portative Sprech-Apparate für Zugführer.

" " 73b. Außerdem sind noch 4 Leitungen zwischen Deutz und Köln angelegt, welche eine Gesammtlänge von 1490 Ruthen haben.

" " 86 u. 87. Von dieser Summe sind noch die extraordinären Einnahmen mit 1 765 507 Thlrn. in Abzug zu bringen, wodurch sich das wirklich verwendete Anlage-Kapital auf 59 795 211 Thlr., pro Meile Bahnlänge auf 842 103 Thlr. und pro Kilometer auf 111 803 Thlr. stellt.

" " 96d, 98e u. 100d. Außerdem besitzt die Gesellschaft gemeinschaftlich mit der Königl. Hannoverschen und der Herzogl. Braunschweigischen Bahnverwaltung 12 kombinirte Personen-Postwagen, 36 Kourierzug-Personenwagen und 27 Gepäckwagen, an deren Beschaffungskosten die Gesellschaft mit 145 632 Thlrn. betheiligt ist. Die Personenwagen enthalten 288 Sitzplätze erster und 1344 Sitzplätze zweiter Klasse. Die Gepäckwagen besitzen eine Tragfähigkeit von 3240 Ctrn. Sämmtliche Wagen sind sechsrädrig. Für dieselben sind 312 Gußstahlachsen vorhanden.

" " 108. Die Gesammtzahl der Achsen beträgt 13 759 Stück. Darunter 5973 eiserne und 7786 stählerne.

" " 147a u. b. Hierunter sind 495 665 Achsmeilen der gemeinschaftlichen Personenwagen und 364 929 Achsmeilen der gemeinschaftlichen Gepäckwagen enthalten.

" " 167 u. 200. Für die Beförderung der Postgüter wird Seitens der Königl. Postverwaltung eine Aversional-Entschädigung gezahlt, weshalb besondere Gewichts-Ermittelungen nicht mehr stattfinden.

" " 206a. Diese Summe enthält nur die Einnahmen für die mit Personenzügen beförderten Luxus- und Militair-Pferde. Der Ertrag aus der Beförderung der Koppelpferde, welche nur mit Güterzügen erfolgt, ist in Kol. 206b enthalten.

" " 210. In dieser Summe sind enthalten: 81 945 Thlr. Miethe für die verpachteten Bahnstrecken und 71 470½ Thlr. Einnahme aus dem Betriebe der festen Rheinbrücke und der Schiffbrücke.

" " 214. Hierin sind die aus dem Reserve- und Erneuerungsfonds bestrittenen Ausgaben mit 526 Thlrn. 15 Sgr. resp. 406 231 Thlr. 29 Sgr. enthalten.

" " 225 u. 226. Nach Abzug der aus dem Reserve- und Erneuerungsfonds gezahlten Beträge von zusammen 406 758 Thlr. 14 Sgr. stellen sich die Betriebs-Ausgaben für die Bahnverwaltung auf 990 083 Thlr. oder pro Meile Bahnlänge auf 14 371 Thlr. und pro Kilometer auf 1908 Thlr.

" " 236a. Von den hier aufgeführten Ausgaben wurden

833 Thlr. 12 Sgr. 11 Pfge. aus dem Reservefonds und

115 673 " 14 " 5 " aus dem Erneuerungsfonds bestritten.

zus. 116 506 Thlr. 27 Sgr. 4 Pfge.

" " 236c. Desgl. hier 5580 Thlr. 8 Sgr. — Pfge. aus dem Reservefonds und

48 561 " 12 " 9 " aus dem Erneuerungsfonds

zus. 54 141 Thlr. 20 Sgr. 9 Pfge.

" " 236d. Hier sind die Kosten für Unterhaltung und Wiederherstellung der Lokomotiv- und Wagenschuppen, der Wasserstationsgebäude, der Wasserhebungsmaschinen, der Werkstattsgebäude, der Arbeitsmaschinen und Werkzeuge aufgenommen.

" " 242. In dieser Summe sind ebenfalls 4294 Thlr. 10 Sgr. 10 Pfge. enthalten, welche aus dem Reservefonds gezahlt wurden.

" " 243 u. 244. Nach Abzug der aus dem Reserve- und Erneuerungsfonds gezahlten Beträge von zusammen 174 942 Thlr. ergiebt sich eine Betriebsausgabe für die Transportverwaltung von 1 961 945 Thlr. oder pro Nutzmeile von 3,17 Thlr. und pro Achsmeile von 2,04 Sgr.

zu Kol. 245. Die Mitglieder der Direktion und des Administrations-Rathes beziehen von dem Ueberschusse, welchen der Reinertrag nach Abzug der Actienzinsen ergiebt, eine Tantième.

„ „ 250. Hierunter befinden sich 25 470 Thlr. Kommunalsteuern.

„ „ 254 u. 255. Werden von dieser Summe die aus dem Reserve- und Erneuerungsfonds gezahlten Beträge von 466 758 Thlrn. und 174 942 Thlrn. (siehe Erläuterung zu Kol. 225 und 243) in Abzug gebracht, so stellen sich die wirklichen Betriebs-Ausgaben auf . . . . 3 080 454 Thlr.
oder pro Meile Bahnlänge auf . . . . 44 713 „
„ Kilometer . . . . 5936 „
und „ Nutzmeile auf . . . . 4,99 „

„ „ 256 u. 257. Von vorstehenden 3 080 454 Thlrn. Betriebs-Ausgaben kommen auf die Bahnverwaltung 32,14 Proc., auf die Transportverwaltung 63,69 Proc. und auf die allgemeine Verwaltung 4,17 Proc. Jene Ausgaben betragen 30,14 Proc. der Brutto-Einnahme.

„ „ 258a. Der hier nachgewiesene Ueberschuß ist die Differenz zwischen der Summe aller Einnahmen (Kol. 211) und den wirklichen Betriebs-Ausgaben (siehe Bemerkung zu Kol. 254).

„ „ 258c. Dieser Procentsatz ist nach dem in Kol. 86 aufgeführten Anlage-Kapitale von 61 560 718 Thlrn. berechnet worden. Das wirklich verwendete Anlage-Kapital von 59 795 211 Thlrn. (siehe Erläuterung zu Kol. 86) hat sich zu 7,21 Proc. verzinst.

„ „ 260a. Zur vollständigen Verzinsung der Anleihen waren außerdem noch 548 402 Thlr. erforderlich, welche der Staat als Zuschuß zur Verzinsung des Anlage-Kapitals der Köln-Gießener Bahn und der Kölner Rheinbrücke aus dem Garantiefonds zu leisten hatte.

„ „ 266 ꝛc. Der Reservefonds dient nur zur Bestreitung der durch außerordentliche, nicht vorherzusehende Fälle verursachten Ausgaben.

„ „ 277a. Die Mehr-Einnahme resultirt aus dem Güterverkehre, der in allen Tarifklassen eine erfreuliche Steigerung erfahren hat. Die Einnahme aus dem Personenverkehre ist ungeachtet der Frequenzzunahme von 4,19 Proc., welche vorwiegend in den niedriger tarifirten Wagenklassen stattgefunden, um 0,69 Proc. hinter der Einnahme des Vorjahres zurückgeblieben.

„ „ 279a. Diese Mehr-Ausgabe bezieht sich nur auf die wirklichen Betriebs-Ausgaben (siehe Erläuterung zu Kol. 254).

„ „ 342. Hierin sind Kur-, Verpflegungs- und Beerdigungskosten, sowie Honorar für Aerzte mitenthalten.

„ „ 343. Beiträge werden reglementsmäßig nicht zurückerstattet.

44. Kurfürst Friedrich Wilhelms Nordbahn.

I. Ueber die Organisation der Verwaltung, ihre Geschäftsleitung des Rheinisch-Thüringischen Eisenbahn-Verbandes, über die mit der Main-Weser-Bahn gemeinschaftliche Strecke Kassel-Guntershausen (1,95 M.) und die Werkstätte nebst Materialien-Magazin in Kassel enthalten der Jahrgang 1860 der Statistik (S. 45) und die vorhergehenden Jahrgänge der Statistik spezielle Mittheilungen.

Veränderungen sind hierbei nicht eingetreten.

II. Das Bahngebiet besteht aus der Hauptbahn Gerstungen-Guntershausen-Grenze bei Haueda . . 17,0 Meilen
und der Zweigbahn Hümme-Carlshafen (Carlsbahn) . . . . 2,30 „
Außer diesen . . . . 19,30 Meilen
hat die Gesellschaft die Strecke von der Kurhessischen Grenze bei Haueda bis Warburg . . . . 0,61 „
von der Westfälischen Staats-Eisenbahn-Verwaltung gegen 50 Proc. der Brutto-Einnahme gepachtet
und im Betriebe . . . . 19,91 Meilen.

III. Erläuterungen zu den Tabellen:

zu Kol. 96d u. 100d. Außer den hier aufgeführten Wagen besitzt die Verwaltung noch einen Antheil an 6 Personenwagen des Rheinisch-Thüringischen Verbandes und an 18 sechsrädrigen Badmeisterwagen des Mitteldeutschen Verbandes.

„ „ 167. Für den Transport der Posteffekten wird der Raum eines ganzen, beziehungsweise eines halben Wagens zur Disposition gestellt, weshalb die transportirten Postgüter nach ihrem Gewichte nicht bekannt sind.

„ „ 173. Die Betriebsdienst- und Baugüter werden nicht notirt.

„ „ 176. Außerdem wurden noch 676 Achsladungen Pferde und 1134 Achsladungen Rindvieh ꝛc. befördert.

„ „ 277b u. 279b. Bei Vergleichung der Einnahmen und Ausgaben des Jahres 1863 gegen diejenigen des Vorjahres sind die in Kol. 210 u. 211 mitenthaltenen 30 713 Thlr. Einnahmen für vermiethete Wagen (cfr. Kol. 155) sowohl bei den Einnahmen, als den Ausgaben außer Ansatz gelassen, weil in den betreffenden Ausgaben des Vorjahres nur die Differenz zwischen gezahlter und empfangener Wagenmiethe (cfr. Kol. 215 der Statistik pro 1862) aufgeführt ist.

45. Leipzig-Dresdener Eisenbahn.

I. Das Bahngebiet besteht aus der von Leipzig über Riesa nach Dresden führenden Hauptbahn von 15,33 Meilen und der Zweigbahn von Coswig nach Meißen . . . . 1,20 „

zusammen 16,53 Meilen.

Außerdem besitzt die Gesellschaft die Bahnstrecke von Leipzig bis zur Sächsisch-Preußischen Grenze von 1,54 M., welche an die Magdeburg-Leipziger Eisenbahn-Gesellschaft gegen 50 Proc. der Brutto-Einnahme verpachtet ist.

II. Erläuterungen zu den Tabellen:

zu Kol. 5. Außerdem erhält der Bevollmächtigte eine Tantième von ½ Proc. des zur Vertheilung an die Actionaire kommenden Reingewinnes, welche pro 1863 . . 2127 Thlr. betrug.

„ „ 26. Diese 30 534 Ruthen zweites Geleise liegen auf der Hauptbahn, die Zweigbahn Coswig-Meißen ist eingeleisig.

„ „ 41. Dieser Procentsatz bezieht sich auf das Betriebs-Jahr 1863. Zur Angabe des Procentsatzes über die seit Eröffnung der Bahn erfolgte Erneuerung der Schwellen fehlen die betreffenden Notizen.

„ „ 77—81. Eine speziellere Beantwortung dieser Kolonnen ist deshalb nicht möglich, weil bei dem Brande des Verwaltungsgebäudes im Jahre 1857 sämmtliche hierzu erforderliche Notizen vernichtet worden sind.

„ „ 88c. Hierunter befinden sich 500 000 Thlr. in Kassenscheinen.

„ „ 108a. Hiervon kommen auf die Wagen 159 Achsen, auf die Lokomotiven 46 und auf die Tender 27 Achsen.

„ „ 177b. Dies ist das Gewicht der in Wagenladungen beförderten 37 666 Stück Gänse.

„ „ 210. Hierin sind 49 056 Thlr. Pachtzins für die Bahnstrecke von Leipzig bis zur Preußischen Grenze mitenthalten.

„ „ 221. Desgl. hier die Gewerbesteuer.

„ „ 233. Desgl. hier die Beleuchtungskosten der Bahnhöfe, der Bahn u. s. w.

„ „ 259. Der im Vorjahre verbliebene Bestand von 13 757 Thlrn. ist zufolge Beschlusses der General-Versammlung der Actionaire dem Baufonds überwiesen worden.

46. Ludwigs-Eisenbahn (Nürnberg-Fürth).

I. Der Betrieb der Ludwigs-Eisenbahn-Gesellschaft erstreckt sich seit dem 1. Oktober 1862 nur auf den Verkehr zwischen Nürnberg und Fürth, da mit der an diesem Tage erloschenen Konzession der Kreuzungsdienst auf die Königl. Bayerische Staatsbahn übergegangen ist.

II. Erläuterungen zu den Tabellen:

zu Kol. 87. Da die Bahn nur 0,8 Meilen lang ist, so kann hier auch nur das auf diese Bahnlänge verwendete Gesammt-Anlage-Kapital angegeben werden.

„ „ 88c. Von dem Gesammt-Anlage-Kapitale bestanden außer den in Kol. 88a aufgeführten 101 143 Thlrn. noch 22 857 Thlr. in Prioritäts-Obligationen. Diese Anleihe, welche schon nach Ablauf des ersten Betriebsjahres zur Vergrößerung des Wagenparks und zur Anschaffung einer zweiten Lokomotive erforderlich war, ist jetzt vollständig getilgt, und zwar aus den laufenden Betriebs-Einnahmen. Die Gesellschaft ist somit schuldenfrei.

„ „ 260. Dies sind die Summen, mit welchen der letzte Rest der eben erwähnten Schuld getilgt wurde.

„ „ 265 u. 270. Nach altem Herkommen werden die Ausgaben für Bahn-Erneuerung und Neubauten aus den Betriebs-Ueberschüssen des laufenden Jahres bestritten. Ein Erneuerungsfonds besteht nicht.

„ „ 267. Die Einlagen in den Reservefonds haben überhaupt 1868 Thlr. betragen. Davon sind jedoch für Verlust beim Ankauf von Werthpapieren 85 Thlr. in Abzug gebracht und der sich hiernach ergebende Rest von 1783 Thlrn. als wirkliche Einnahme hier eingetragen worden.

„ „ 276b. Die sehr bedeutende Minderung im Güterverkehr beruht darin, daß die Ludwigs-Eisenbahn den Güterdienst zwischen der Bayerischen Staatsbahn und der Stadt Fürth seit dem 1. Oktober 1862 nicht mehr vermittelt.

„ „ 279b. Diese bedeutende Minderung der Ausgabe gegen die des Vorjahres besteht in der Ausscheidung der jetzt in Kol. 265 erscheinenden Kosten für Bahn-Erneuerung und Neubauten, welche im Vorjahre in den Ausgaben für die Bahnverwaltung mitenthalten waren.

47. Lübeck-Büchener Eisenbahn.

I. **Neue Bahnlinien.** Wie bereits im vorjährigen statistischen Berichte angegeben, befindet sich die Bahn von Lübeck über Oldesloe und Wandsbeck nach Hamburg seit dem 16. März resp. 8. April 1863 im Bau.

Von den Erdarbeiten, welche an 4 Unternehmer verdungen sind, waren bis zum Jahresschlusse trotz der ungünstigen Witterung und des schweren Thonbodens der meistens tiefen Einschnitte 185 000 Schachtruthen (47 Proc. des Anschlages) bewegt. Das Planum wurde mit Ausschluß der Regulirungsarbeiten auf 3,8 Meilen hergestellt und alle größeren Brücken in Angriff genommen. Bei den meisten Brücken gelang es vor Eintritt des Winters die Fundamentirungen zu vollenden und das Mauerwerk bis über den Hochwasserstand zu führen.

Die zur Ueber- und Unterführung der Straßen und Wege erforderlichen Bauten wurden theils ausgeführt, theils in Angriff genommen.

Auch wurden die für den Hamburger Güterbahnhof erforderlichen Bauten, die Kanalbrücken und Güterschuppen in Angriff genommen. Die Projekte zu den übrigen Bahnhöfen ꝛc. lagen noch den betreffenden Regierungen vor.

Um die Schwellen mit Chlorzink zu tränken, wurde in der Nähe Lübecks neben der Bahn eine Imprägnir-Anstalt errichtet.

II. **Erläuterungen zu den Tabellen:**

zu Kol. 238. Hierin sind auch die Kosten für Heizung und Reinigung der übrigen Bahnhofslokale, Reinigung der Perrons, Bahnzüge, Bahnhöfe und Vorplätze, sowie die Coaksdeputate für die Beamten der Transport-Verwaltung enthalten.

„ „ 270—273. Ein Erneuerungsfonds ist nicht vorhanden, da der Reservefonds den Zweck desselben miterfüllt.

48. Magdeburg-Cöthen-Halle-Leipziger Eisenbahn.

I. **Das Bahngebiet** der Magdeburg-Leipziger Eisenbahn-Gesellschaft ist gegen das Vorjahr unverändert geblieben. Dasselbe umfaßt:

a) die Hauptbahn von Magdeburg über Cöthen und Halle bis zur Preußisch-Sächsischen Grenze		14,23 Meilen,
b) die Zweigbahn von Schönebeck nach Staßfurt	2,96 Meilen,	
mit der Abzweigung nach dem Kohlenschachte Lödderburg	0,63 „	
zusammen		3,59 „
und die Abzweigungen nach den Königl. Salinen von zusammen	0,60 Meilen,	
auf welchen aber Personen-Beförderung nicht stattfindet, da dieselben eigentlich nur in einer Verlängerung der Bahnhofsgeleise bestehen.		
Außer den vorstehenden, von der Magdeburg-Leipziger E.-G. gebauten		17,82 Meilen,
hat dieselbe die Strecke von der Preußischen Grenze bis Leipzig		1,54 „
von der Leipzig-Dresdener Eisenbahn-Kompagnie gegen 50 Proc. der Brutto-Einnahme gepachtet und im Betriebe		19,36 Meilen.

Ferner hat die Gesellschaft den Betrieb folgender Zweigbahnen, welche auf Kosten der Grubenbesitzer angelegt sind und von diesen unterhalten werden, übernommen. Diese Abzweigungen führen nach den Gruben „Gottes Segen“ bei Mühlingen 0,70 M., Gute Hoffnung daselbst 0,17 M., Alexander Carl daselbst 0,18 M., Maria bei Atzendorf 0,23 M., Carl bei Förderstedt 0,25 M., Albertine daselbst 0,14 M. und nach der Hauswaldschen Fabrik bei Eickendorf 0,03 M.; ferner nach den Salinen Schönebeck und Staßfurt, dem Gradirwerk Elmen und der Station Eggersdorf, welche Königl. Geleise sind, mit 0,45 M., zusammen 2,17 Meilen.

II. **Neue Bahnlinien.** Die Vorarbeiten für den Bau der Eisenbahn von Halle über Nordhausen nach Heiligenstadt und von da nach Kassel wurden im Jahre 1863 fortgesetzt, waren jedoch am Schlusse desselben noch nicht vollständig zum Abschluß gebracht. Für die im Preußischen Gebiete belegene Strecke waren dieselben größtentheils beendet und wurde deshalb auf der Strecke Halle-Nordhausen mit der Grunderwerbung begonnen.

Die Bahn wird eine Ausdehnung von 29,11 Meilen erhalten.

III. Außer der **Beamten-Pensionskasse** (Kol. 333—352 der Tabellen) besteht noch ein „Waisen-Unterstützungsfonds“, welcher ult. 1863 einen Bestand von 13 310 Thlrn. hatte.

IV. **Erläuterungen zu den Tabellen:**

zu Kol. 32 u. 33. Die schweren Schienen sind seit dem Jahre 1850 nach und nach eingelegt und wird hiermit fortgefahren, weshalb ein bestimmter Procentsatz der bis jetzt stattgefundenen Erneuerung nicht angegeben werden kann. Leichte Schienen lagen im Jahre 1863 noch auf einer Strecke von ⅓ der ganzen Bahnlänge.

„ „ 41. Der Verbrauch an Schwellen ist in den letzten 6 Jahren ziemlich constant gewesen und berechnet sich nach der ermittelten durchschnittlichen Dauer von 12—14 Jahren. Wegen mehrfach vorgekommener Umbauten kann die Frage: bis zu welchem Procentsatz die Schwellen bis jetzt erneuert sind nicht direkt beantwortet werden.

„ „ 220. Dies sind die Kosten der Heizung der Dienstlokale, Vorwärmer, Wärterbuden, Deputate ꝛc.

„ „ 243. Diese 54 803 Thlr. sind die erstatteten Kosten für den Transport nach und von den Bahnhöfen. Dieselben sind sowohl bei den Durchschnittsberechnungen Kol. 244, als auch bei Berechnung der Procentsätze Kol. 256 außer Ansatz gelassen.

49a. Magdeburg-Halberstädter Eisenbahn.

I. **Bahngebiet und Betrieb.** Das Bahngebiet der Magdeburg-Halberstädter E.-G. umfaßte im Jahre 1863 die Strecke von Magdeburg über Halberstadt nach Thale von . . . . 11,49 Meilen.

Den Betrieb leitet vertragsmäßig das Directorium der Berlin-Potsdam-Magdeburger Eisenbahn-Gesellschaft. Dagegen übernahm das Directorium der Magdeburg-Halberstädter Eisenbahn-Gesellschaft am 1. Januar 1863 den Betrieb der 4 Meilen langen Cöthen-Bernburger Eisenbahn, welcher bis dahin von der Herzogl. Anhalt-Dessauischen Staats-Regierung verwaltet wurde. Später, im November 1863, wurde die Cöthen-Bernburger Eisenbahn von der Magdeburg-Halberstädter Eisenbahn-Gesellschaft käuflich erworben. Den Betrieb derselben leitet ein besonderes Organ, die „Verwaltung der Cöthen-Bernburger Eisenbahn", derselbe soll aber später mit dem Betriebe der Magdeburg-Halberstädter-Eisenbahn vereinigt werden.

Durch Vertrag vom 3. Februar und 11. März, Allerhöchst bestätigt am 28. September 1863, wurde auch die Magdeburg-Wittenbergesche Eisenbahn von der Magdeburg-Halberstädter Eisenbahn-Gesellschaft käuflich erworben. Die Uebergabe erfolgte am 2. November 1863, an welchem Tage auch der Betrieb der Bahn einem besonderen Organe, der „Verwaltung der Magdeburg-Wittenbergeschen Eisenbahn" übertragen wurde.

II. **Neue Bahnlinien.** Durch Cabinetsordre vom 13. April 1864 wurde der Bau einer Eisenbahn von Bernburg über Aschersleben nach Wegeleben, von Aschersleben nach Halle und von Halberstadt nach einem Punkte der Braunschweigischen Harzbahn zum Anschlusse an die Kreiensensche Bahn, sowie der Bau von Zweigbahnen von Staßfurt nach Güsten, von Aschersleben nach Ballenstedt und von Derenburg nach Wernigerode genehmigt.

Der Bau der Bahn von Bernburg nach Wegeleben und der Zweigbahn Staßfurt-Güsten wurde im Jahre 1864 in Angriff genommen.

III. **Erläuterungen zu den Tabellen:**

zu Kol. 5. Der Betriebs-Director der Berlin-Potsdam-Magdeburger E. fungirt gleichzeitig für die Magdeburg-Halberstädter Bahn.

„ „ 15b. Am 15. Juli 1843 wurde die Strecke Magdeburg-Halberstadt und am 2. Juli 1862 die Strecke Halberstadt-Thale eröffnet.

„ „ 16. Auf der Strecke Magdeburg-Aschersleben hat der Bahndamm eine Kronenbreite von 24 Fuß und auf der Strecke Aschersleben-Thale 15 Fuß.

„ „ 260a. Zur Verzinsung der Anleihen waren erforderlich:

für 700 000 Thlr. 4 procentiger Prioritäts-Anleihen .	26 520 Thlr.
„ 2 500 000 „ 4½ „ Anleihen	112 500 „
zusammen	139 020 Thlr.
Hiervon sind in Abzug zu bringen die von den ausgeliehenen Kapitalien vereinnahmten Zinsen von	57 296 „
Es verbleiben mithin	81 724 Thlr.,

welche zur Verzinsung der Anleihen aus dem Ueberschusse gedeckt werden mußten.

„ „ 277a u. 279a. Bei Vergleichung der Einnahmen und Ausgaben des Jahres 1863 mit denjenigen des Vorjahrs sind die an fremde Verwaltungen gezahlten Wagenmiethen von 62 982 Thlrn. (Kol. 239) sowohl von den Einnahmen als den Ausgaben in Abzug gebracht worden, weil in den correspondirenden Angaben des Vorjahrs die betreffende Summe von vorneherein außer Ansatz geblieben ist. Hiernach reduciren sich die Gesammt-Einnahmen des Jahres 1863 auf 1 069 243 Thlr. überhaupt u. 86 334 Thlr. pro Meile Bahnlänge und die Gesammt-Ausgaben auf 395 630 Thlr. überhaupt und 33 843 Thlr. pro Meile Bahnlänge.

„ „ 298a u. b. Bei den Unfällen ad Kol. 294b, d u. f wurden einige Lokomotiven und Tender unerheblich beschädigt.

„ „ 308a u. b. Ebenso hier bei den Unfällen ad Kol. 307c.

49b. Cöthen-Bernburger Eisenbahn.

I. **Besitzwechsel und Verwaltung.** Nachdem die Magdeburg-Halberstädter Eisenbahn-Gesellschaft bereits am 1. Januar 1863 den Betrieb der Cöthen-Bernburger Eisenbahn übernommen hatte, wurde im November 1863 zwischen dem Directorium der Magdeburg-Halberstädter Eisenbahn-Gesellschaft, der Anhalt-Dessauischen Staatsregierung und dem Directorium der Cöthen-Bernburger Eisenbahn-Gesellschaft ein Vertrag abgeschlossen, wonach die Cöthen-Bernburger E. mit allem Zubehör in den Besitz der Magdeburg-Halberstädter E.-G. überging. Die Cöthen-Bernburger Eisenbahn-Gesellschaft löste sich demnach auf.

Den Betrieb der Bahn leitet ein besonderes Organ, die „Verwaltung der Cöthen-Bernburger Eisenbahn," derselbe soll aber mit der Magdeburg-Halberstädter Eisenbahn vereinigt werden, sobald die Bahn von Bernburg bis Wegeleben vollendet ist.

II. **Erläuterungen zu den Tabellen:**

zu Kol. 13. In den Tarifen wird die Bahnlänge für den Personenverkehr auf 2,75 Meilen und für den Güterverkehr auf 4 Meilen angenommen.

„ „ 77—85. Eine Vertheilung des Anlage-Kapitals auf die einzelnen Bautitel kann nicht stattfinden, weil der Bau ursprünglich von einer Privat-Gesellschaft ausgeführt worden ist und die zu den betreffenden Angaben erforderlichen Materialien nicht vorhanden sind.

zu Kol. 86 u. 87. Diese beiden Summen beziehen sich nur auf die 2,15 Meilen lange Hauptbahn; zur Angabe des für die Kohlenzweigbahnen verwendeten Anlage-Kapitals fehlen die erforderlichen Notizen.

„ „ 97b, 99a, 114b, 148b, 186a u. 198. Diesen Durchschnittsberechnungen ist die Länge der Hauptbahn von 2,15 Meilen = 20,113 Kilometern zu Grunde gelegt worden, weil nur auf dieser Personenbeförderung stattfindet.

„ „ 214. Diese bedeutende Ausgabe — gegenüber der correspondirenden des Vorjahrs — ist durch die Erneuerung von 300 Rthn. Oberbau entstanden.

„ „ 258c. Mit Bezug auf die Bemerkung zu Kol. 86 u. 87 kann die Verzinsung des Anlage-Kapitals nicht angegeben werden.

„ „ 262. Dies ist die an die Inhaber von Stamm-Actien gezahlte Rente von 2½ Proc.

„ „ 333—352. Eine Beamten-Pensionskasse war ult. 1863 nicht vorhanden, es wurden aber die Wittwen verstorbener Beamten aus der Herzogl. Anhaltischen Staatskasse erhalten. Mit der Uebergabe der Bahn übernahm die Magdeburg-Halberstädter E.-G. diese Verpflichtung und im Jahre 1864 wurden die Beamten 2c. der Cöthen-Bernburger Eisenbahn in die Pensions- 2c. Kasse der Beamten der Magdeburg-Halberstädter Eisenbahn aufgenommen.

50. Magdeburg-Wittenbergesche Eisenbahn.

I. **Besitzwechsel und Verwaltung.** Mittelst Vertrages vom 3. Februar und 11. März 1863, Allerhöchst bestätigt am 28. November ejsd. a., ist die Magdeburg-Wittenbergesche Eisenbahn am 2. November 1863 in den Besitz der Magdeburg-Halberstädter Eisenbahn-Gesellschaft übergegangen. Letztere hat die Verwaltung dieser Bahn einem aus 3 Mitgliedern bestehenden besonderen Organe, welches die Firma führt: „Verwaltung der Magdeburg-Wittenbergeschen Eisenbahn" vom 2. November 1863 ab übertragen.

In Folge dieser Fusion hat sich die Magdeburg-Wittenbergesche Eisenbahn-Gesellschaft aufgelöst.

II. Die Gesellschaft besitzt eine **Coaksbrennerei** mit 10 Oefen, welche sich in Wittenberge befindet.

III. **Erläuterungen zu den Tabellen:**

zu Kol. 10. Zu der eigentlichen Bahnlänge von 14,24 Meilen kommt noch die Verbindungsbahn in Magdeburg mit 157,3 Ruthen (= 0,079 Meilen) Länge.

„ „ 13. In den Tarifen für den innern Verkehr wird die Länge der Bahn rund auf 15 Meilen angenommen.

„ „ 77. Dies sind die Kosten für beschaffte Baugeräthe 2c.

„ „ 81b. Hierin sind die Anlage-Kosten der Wärterbuden enthalten.

„ „ 123c. Hierunter befinden sich 761 Extrazüge.

„ „ 213. In dieser Summe sind 16 344 Thlr. Löhne der Hülfswärter und Bahnarbeiter enthalten.

„ „ 221. Desgl. hier 3247 Thlr. Abgaben, Lasten und Renten.

„ „ 268a. Diese Summe ist dem Erneuerungsfonds überwiesen worden.

51. Mecklenburgische Eisenbahn.

I. Ueber die **Organisation der Verwaltung** enthält der Jahrgang 1862 der Statistik S. 51 spezielle Mittheilungen. Veränderungen hiergegen sind im Jahre 1863 nicht eingetreten.

II. **Erläuterungen zu den Tabellen:**

zu Kol. 2c. Das Gehalt des Spezial-Directors, sowie das des technischen Betriebs-Directors beträgt 2800 Thlr. (incl. 300 Thlr. Mieths-Entschädigung). Außerdem bezieht Ersterer 200 Thlr. und Letzterer 350 Thlr. Reisekosten-Entschädigung. Die drei übrigen Mitglieder der Direktion sind nicht Beamte, sondern aus den Actionairen gewählt und erhalten an Entschädigung: der Vorsitzende 500 Thlr. und die übrigen beiden Mitglieder je 300 Thlr.

„ „ 5. Die obersten ausführenden Beamten, der Spezial-Director und der Betriebs-Director, sind Mitglieder der Direktion und als solche in Kol. 2b mitaufgeführt.

„ „ 30. Es ist hier der Durchschnitt des Gewichts der auf freier Bahn liegenden Schienen gewählt worden. Nach Vollendung der Bahn im Jahre 1850 bestand dieselbe

a) aus breitbasigen Schienen von W. Bird & Comp., deren Gewicht 18,5 Pfd. pro Rheinl. Fuß beträgt, und

b) aus Stuhlschienen von Bölckow & Vaughan, deren Gewicht 17,1 Pfd. pro Rheinl. Fuß beträgt.

Die Erneuerung der Schienen geschieht durch breitbasige aus den Fabriken von Bölckow & Vaughan und Losh, Wilson & Bell. Das Gewicht derselben beträgt 22,5 Pfd. pro Rheinl. Fuß.

„ „ 88c. Von diesen 1 948 000 Thlrn. bestehen 1 600 000 Thlr. in Prioritäts-Obligationen und 348 000 Thlr. in Schuldverschreibungen zweiter Priorität.

„ „ 100c. Hierunter befinden sich 4 combinirte Post- und Gepäckwagen, welche zu ½ Eigenthum der Großherzogl. Mecklenburgischen Postverwaltung sind.

zu Kol. 113. Die Anschaffungskosten der Transportmittel sind mit 625 107 Thlrn. aus dem Anlage-Kapitale und mit 172 939 Thlrn. aus dem Erneuerungsfonds entnommen. Wieviel davon auf die Lokomotiven, Personen-, Gepäck- und Güterwagen kommen, kann nicht angegeben werden, weil hierüber keine Notizen vorliegen.

„ „ 152a. Diese Meilenzahl ist seit dem Jahre 1855, von wo ab die Leistungen der Achsen notirt sind, zurückgelegt.

„ „ 164. Jedem Reisenden wird ein Gepäck-Freigewicht von 50 Z.-Pfd. gewährt, dasselbe aber nicht besonders notirt.

„ „ 167, 180b u. 184b. Das Gewicht der beförderten Postgüter kann nicht angegeben werden. Nach dem mit der Großherzogl. Postverwaltung abgeschlossenen Vertrage wird für die Beförderung derselben eine Aversional-Entschädigung gezahlt.

„ „ 180d u. 184d. Weil für Kohlen und Coaks eine besondere Tarifklasse nicht existirt, dieselben vielmehr zu den Frachtgütern der ermäßigten Klasse gehören, so sind auch die von denselben zurückgelegten Centnermeilen ꝛc. hierin mitenthalten.

„ „ 260—269. Der Bestand des Reservefonds betrug am Schlusse des Jahres 1862 . . 17 592 Thlr.
Vereinnahmt wurden im Jahre 1863 . . . . 19 047 „
zusammen 36 639 Thlr.
Dagegen wurden für Bahn-Anlagen ausgegeben . . . . 38 118 Thlr.
und es mußten, weil die Ausgaben größer waren als die Einnahmen, ... 1479 „
aus dem Erneuerungsfonds vorschußweise gedeckt werden.

52. Mohacs-Fünfkirchener Eisenbahn.

I. **Rechnungs-Periode.** Das Rechnungs- und Betriebsjahr ist nicht mit dem Kalenderjahre identisch, sondern beginnt mit dem 1. Dezember. Die vorliegenden statistischen Notizen beziehen sich auf den Zeitraum vom 1. Dezember 1862 bis ult. November 1863.

II. **Organisation der Verwaltung.** Die Mohacs-Fünfkirchener Eisenbahn, ein integrirender Theil des Eigenthums der „ersten K. K. priv. Donau-Dampfschifffahrt-Gesellschaft", steht unter der Leitung der Direktion dieser Transport-Anstalt, welche ihren Sitz in Wien hat. Zur Ausübung und Ueberwachung des Betriebes, sowie zur Führung der sämmtlichen Verrechnungen, ist in Fünfkirchen eine Bahn-Betriebsleitung eingesetzt.

Zwischen der Bahn und den Schiffen der Gesellschaft findet ein direkter Verkehr statt.

III. **Bahngebiet.** Die Bahn beginnt bei den Kohlengruben der Gesellschaft unweit Fünfkirchen und geht von da ab als Gebirgsbahn auf 0,15 Meilen Länge bis Ueszög. Diese Bahnstrecke dient fast ausschließlich für den Kohlentransport. Die weitere 7,33 Meilen lange Strecke von Ueszög über Villany nach Mohacs wird für Beförderung von Personen und Frachten aller Art benutzt. Die Verbindung zwischen Ueszög und Fünfkirchen wird durch Omnibus vermittelt.

IV. **Erläuterungen zu den Tabellen:**

zu Kol. 76 u. 88. Die Höhe des für die Mohacs-Fünfkirchener Eisenbahn concessionirten Anlage-Kapitals kann nicht angegeben werden, weil dasselbe in dem, der Eigenthümerin derselben, der ersten K. K. priv. Donau-Dampfschifffahrt-Gesellschaft für ihre sämmtlichen Unternehmungen (Dampfschifffahrt, Eisenbahn, Kohlengruben ꝛc.) concessionirten Kapitale enthalten ist.

Es ist deshalb das bis ult. 1863 verwendete Anlage-Kapital hier angegeben worden, welches in Folge Abschreibung von zu Grunde gegangenen Inventar-Gegenständen 128 Thlr. weniger beträgt als im Vorjahre.

„ „ 127b u. c. Die bei dem Anheizen, Stationiren und bei Leerfahrten verbrauchten Quantitäten Coaks werden nicht besonders notirt, weshalb hier keine Angaben gemacht werden können.

„ „ 135. Zur Ermittelung des Brennstoff-Verbrauchs pro Achsmeile wurde das verwendete Holz seinem Brennwerthe nach auf Coaks reducirt. Die hier aufgeführten 4,661 Z.-Pfd. repräsentiren das pro Achsmeile verbrauchte Quantum Coaks.

„ „ 136b. Bei dem Umstande, daß die Erzeugung von Coaks in den gesellschaftlichen Bergwerken eine ausgedehntere wurde, hat mit Beginn des Betriebsjahres 1863 eine Herabsetzung des Preises von 12 Sgr. auf 8 Sgr. pro Z.-Ctr. Coaks stattgefunden.

„ „ 260a. Dies sind die Zinsen, welche nach den Rechnungs-Normen der Bahn auf das verwendete Anlage-Kapital (Kol. 86) gezahlt worden sind.

„ „ 276a. In Folge der im Banate eingetretenen Mißernte, von welcher die Distrikte an der rechten Seite der Donau nicht berührt wurden, sind im Jahre 1863 an Frachtgütern der ermäßigten Klasse, darunter namentlich Getreide, Mehl und Hülsenfrüchte, 367 496 Z.-Ctr. gegen 161 789 Z.-Ctr. im Jahre 1862 befördert worden. An Kohlen und Coaks wurden 409 995 Z.-Ctr. mehr befördert als im Vorjahre.

„ „ 277b. Trotz der bedeutenden Mehrbeförderung im Güterverkehre gegen das Vorjahr resultirt die hier aufgeführte geringere Einnahme, welche namentlich durch die Herabsetzung des Kohlenfrachtsatzes auf 1½ Kr. pro Centner und Meile herbeigeführt wurde.

zu Kol. 333—352. Eine Pensions- und Unterstützungskasse für die Beamten der Eisenbahn ist nicht vorhanden, dieselben gehören vielmehr dem für die sämmtlichen Beamten der Donau-Dampfschifffahrt-Gesellschaft bestehenden Pensionsfonds an, über welchen das Nähere in der Statistik pro 1862 S. 52 enthalten ist.

53. Neisse-Brieger Eisenbahn.

I. **Bahngebiet.** Die Bahn läuft von Brieg aus 690 Rth. = ... 0,33 Meilen auf dem Bahnkörper der Oberschlesischen Eisenbahn und geht dann als selbstständige Bahn über Grottkau nach Neisse. Die Entfernung vom Abzweigungspunkte bis Neisse beträgt . . . . 5,83 "

die ganze Betriebslänge also 6,16 Meilen.

Die vorgedachten 0,33 Meilen sind in den Tabellen (Kol. 11b) als „gepachtet" aufgeführt; für deren Mitbenutzung wird an die Oberschlesische Bahnverwaltung jährlich eine Vergütigung gezahlt.

II. **Bahnanlagen.**

1) **Geleise.** Mit der im Jahre 1861 begonnenen Reparatur der als unbrauchbar ausgewechselten Schienen, welche durch Aufschweißen neuer Kopfplattentheile und Reparatur an den Enden wieder brauchbar gemacht wurden, ward fortgefahren, weil sich das Resultat der im Jahre 1861 begonnenen Verwendung solcher, in dieser Weise reparirten Schienen als ein sehr günstiges bezeichnen läßt.

2) **Einfriedigungen.** Im Betriebsjahre 1863 sind als zukünftiger Ersatz der Holzbarrièren 5000 Stück Maulbeerpflanzen neu gepflanzt worden; ult. 1863 waren ca. 13 500 lfde. Fuß dergleichen Hecken angelegt.

III. **Erläuterungen zu den Tabellen:**

zu Kol. 2a. Außer den hier aufgeführten gehören noch 6 stellvertretende Mitglieder zum Direktorium.

" " 5. Die Leitung des Betriebes und der Bauten ist dem Betriebs-Direktor und Ober-Ingenieur der Oppeln-Tarnowitzer Eisenbahn übertragen, welcher hierfür eine Remuneration von 300 Thlrn. jährlich erhält.

" " 100b. Die hier aufgeführten Post- und Gepäckwagen gehören dem Königl. Post-Fiscus und werden von der Eisenbahn-Verwaltung mitbenutzt.

" " 167, 180b, 184b u. 190b. Das Gewicht der beförderten Postgüter ist nicht bekannt. Für die Beförderung derselben zahlt die Postverwaltung eine Aversionalsumme.

" " 220. Die Durchschnittskosten der Bahnverwaltung pro Meile resp. Kilometer sind nach der eigenen Bahnlänge von 5,83 Meilen resp. 43,91 Kilometern berechnet, weil die „gepachtete" Strecke von der Oberschlesischen Verwaltung unterhalten wird.

" " 231. Hierin sind auch die Ausgaben für das Wagenschieben enthalten.

" " 253. Dies ist die an die Oberschlesische Verwaltung gezahlte Rente von dem Baukapitale des Bahnhofes Brieg und der Bahn-Anschlußstrecke an denselben (siehe oben ad I).

" " 266 u. 270. Der Reservefonds, welcher ult. 1862 mit einem Bestande von 32 547 Thlrn. abschloß, ist auf Veranlassung des Königl. Preuß. Handels-Ministeriums in zwei Abtheilungen getheilt worden:

a) den „Fonds für unvorhergesehene, durch ungewöhnliche Umstände veranlaßte Ausgaben" (Reservefonds),

b) den „Fonds für Erneuerungs-Ausgaben" (Erneuerungs-Fonds).

Dem Fonds ad a sind von dem obigen Bestande 12 000 Thlr. und dem Fonds ad b 20 547 Thlr. überwiesen worden, welche hier vorgetragen sind.

" " 277b u. 281b. Bei Vergleichung der Einnahme und des Ueberschusses mit dem Vorjahre sind die in der Statistik pro 1862 Kol. 186 u. 187 mitenthaltenen 477 Thlr. Ueberschüsse früherer Jahre unberücksichtigt geblieben.

54. Niederländische Rhein-Eisenbahn.

I. **Rechnungs-Periode.** Das Rechnungs- und Betriebsjahr umfaßt nicht die Periode des Kalenderjahres, sondern beginnt mit dem 1. Mai. Die vorliegenden statistischen Notizen beziehen sich auf den Zeitraum vom 1. Mai 1862 bis ult. April 1863.

II. **Das Bahngebiet,** welches gegen die Vorjahre unverändert geblieben ist, umfaßt die Strecken:

von Amsterdam über Utrecht und Arnheim bis an die Preuß. Grenze bei Emmerich . . 14,66 Meilen
und von Utrecht nach Rotterdam . . . . 7,04 "

zusammen 21,70 Meilen,

ferner die von der Köln-Mindener Eisenbahn-Gesellschaft erbaute und gegen 5 Proc. des Anlagekapitals gepachtete Strecke von der Preuß. Grenze bis Emmerich . . . . 1,84 "

überhaupt 23,54 Meilen.

III. **Erläuterungen zu den Tabellen:**

zu Kol. 15. Die Betriebs-Eröffnung der einzelnen Bahnstrecken war folgende:

am 28. Dezember 1843 Amsterdam-Utrecht,	am 21. Mai 1855 Utrecht-Gouda,
" 17. Juli 1844 Utrecht-Driebergen,	" 30. Juli " Gouda-Rotterdam und
" 15. März 1845 Driebergen-Veenendaal,	" 15. Februar 1856 Arnheim-Emmerich.
" 16. Mai " Veenendaal-Arnheim,	

zu Kol. 78—85. Es können hier nur annähernde Angaben gemacht werden, weil die Bahnstrecke Amsterdam-Arnheim ursprünglich vom Staate erbaut, später aber von der Gesellschaft übernommen wurde und dieser die betreffenden Notizen fehlen.

„ „ 89. Dies sind nicht Stamm-Actien, sondern die Prioritäts-Obligationen, deren Zinsen zu 4½ Procent von Sr. Majestät dem Könige der Niederlande Wilhelm I. aus Seinem Privatschatze garantirt worden sind.

„ „ 98d. Außerdem ist noch ein Königl. Salonwagen vorhanden, welcher bei Angabe der Sitzplätze (Kol. 98) unberücksichtigt geblieben ist.

„ „ 121g. Hierin sind auch die beim Rangiren der Züge zurückgelegten Meilen mitenthalten.

„ „ 129b. Zur Feuerung der Lokomotiven werden Coaks und Steinkohlen verwendet; das verbrauchte Quantum Coaks ist aber unbedeutend und deshalb hier mitaufgeführt.

„ „ 195. Diese 24 402 Thlr. repräsentiren die Neben-Einnahmen aus dem Personenverkehre.

„ „ 234. Hierin sind auch die gezahlten Entschädigungen im Güter-Verkehre enthalten.

„ „ 262. Diese Dividende ist auf das bis ult. 1863 eingezahlte Actien-Kapital von 11 665 000 Thlrn. vertheilt worden. Die nicht ausgegebenen Actien sind ohne Dividenden-Genuß.

„ „ 333—352. Eine Beamten-Pensionskasse besteht nicht; die hier gemachten Angaben beziehen sich vielmehr auf eine Unterstützungskasse.

55. Niederschlesische Zweigbahn.

I. **Bahn-Anlagen.** Auf der Haltestelle Quaritz sind ein Gepäckschuppen und ein hölzerner Perron, beide baufällig, durch neue Anlagen ersetzt worden. Auf dem Bahnhofe Sagan wurde ein baufälliger Güterschuppen abgebrochen und das Material zu einem Wärterhause verwendet.

II. **Telegraphen.** Die electrische Telegraphenleitung wurde um 15 Läutewerke und die dazu gehörigen massiven Häuser vermehrt.

Mit dem Bahntelegraphen wurden im Jahre 1863 befördert:

2288 Privat- und 33 Staatsdepeschen mit zusammen 43 973 Worten und einer Einnahme von 603 Thlrn. 11 Sgr. 3 Pf.

gegen

1865 Privat- und 91 Staats-Depeschen mit zusammen 39 189 Worten und einer Einnahme von 580 Thlrn. 23 Sgr. 8 Pf. im Jahre 1862.

III. **Verkehrs-Verbindungen.** Mit der Breslau-Posen-Glogauer, Niederschlesisch-Märkischen, Sächsisch-Schlesischen und Leipzig-Dresdener Bahn findet ein direkter Personen- und Güterverkehr, mit der Stargard-Posener Bahn aber nur ein direkter Güterverkehr statt.

IV. **Versicherungswesen.** Sämmtliche Güter in den Schuppen und auf der Fahrt, sowie sämmtliche Gebäude und Betriebsmittel sind bei der Schlesischen Feuerversicherungs-Gesellschaft versichert.

V. **Erläuterungen zu den Tabellen:**

zu Kol. 5. Außerdem erhält der hier aufgeführte Beamte eine Wohnungs-Entschädigung von 250 Thlrn.

„ „ 234. Hierin sind auch die Löhne der Wagenschieber und Bahnhofs-Arbeiter enthalten.

„ „ 268a. Von dieser Summe kommen auf die Anlage von Läutewerken und der Häuser dazu 960 Thlr.

„ „ 272b. Diese 458 Thlr. bilden einen Coursverlust beim Ankauf von Werthpapieren.

56. Oesterreichische nördliche, südöstliche und Wien-Neu-Szönyer Eisenbahn.

I. Das **Bahngebiet** umfaßt folgende Linien:

a) Die nördliche Staats-Eisenbahn von Brünn und Olmütz über Böhmisch-Trubau, Pardubitz und Prag bis zur Böhmisch-Sächsischen Grenze jenseits Bodenbach . . . . 63,91 Meilen,

Davon ist die Strecke von Bodenbach bis zur Grenze . . . . 1,60 „

an die Königl. Sächsische Staats-Eisenbahn-Verwaltung verpachtet, daher im eigenen Betriebe 62,31 Meilen.

b) Die südöstliche Staats-Eisenbahn von Marchegg über Pesth, Czegled, Szegedin und Temesvar bis Bazias an der Donau . . . . 86,61 Meilen

nebst der von Jassenova abzweigenden Bergwerksbahn nach Oravicza . . . 5,54 „

zusammen . . . . . . 92,15 „

Die Fortsetzung von Oravicza nach Steyerdorf resp. Lißova und Kraßova von 4,37 Meil. wurde Mitte November 1863 dem Betriebe übergeben und kommt deshalb bei den vorliegenden statistischen Notizen nicht in Betracht.

c) Die Wien-Neu-Szönyer Eisenbahn . . . . 20,93 „

Gesammtlänge aller Bahnlinien 175,34 Meilen

à 7532 Meter = 174,15 Oesterr. Meilen à 7586 Meter.

II. **Anderweitige Besitzungen der Gesellschaft.** Außer den vorstehend bezeichneten Eisenbahnlinien sind noch verschiedene Berg- und Hüttenwerke und Domainen in Böhmen und im Banate, die Maschinenfabrik, das Amtsgebäude Nr. $\frac{42 \text{ alt}}{7 \text{ neu}}$ und das Waaren-Magazin Nr. $\frac{387 \text{ alt}}{31 \text{ neu}}$ in Wien in das Eigenthum der Gesellschaft übergegangen. Auch hat dieselbe seit Juli 1859 zur Hebung des Verkehrs auf der südöstlichen Linie eine Dampfschifffahrts-Verbindung zwischen den

Uferstädten Bazias, Semlin, Belgrad und Widdin in einer Entfernung von 13,[illegible] Meilen stromaufwärts und 21,[illegible] Meilen stromabwärts mit 4 Dampfschiffen von 60 Pferdekraft, 17 eisernen Schlepp- und 43 sonstigen Schiffen in's Leben gerufen.

III. Das Anlage-Kapital für das gesammte Unternehmen, sowohl die Eisenbahnen, als auch Bergwerke und sonstigen Besitzungen der Gesellschaft, ist auf Höhe von 400 000 000 Francs = 106 666 666 Thlrn. concessionirt. Davon bestehen in Stamm-Actien 53 333 333 Thlr. und in Prioritäts-Obligationen 53 333 333 Thlr.

Die von der Staats-Verwaltung der Gesellschaft gewährleistete Jahresrente von 5,2 Proc. erstreckt sich auf ein Kapital von 52 920 598 Thlrn.

Die Stamm-Actien je zu 200 Fl. Oestr. Währ. Silber (den Gulden zu 2,50 Francs gerechnet) werden vom Januar 1858 angefangen durch jährliche Verloosung einer bestimmten Anzahl innerhalb 90 Jahren getilgt.

Die Emission der Prioritäts-Obligationen, jede zu 200 Fl. Oestr. Währung = 500 Francs, ist derart festgesetzt, daß der Nennwerth derselben mit 3 Proc. verzinst wird. Diese Obligationen wurden ursprünglich mit 275 Francs = 110 Fl. Oestr. Währ. in Silber, später aber nach den jeweiligen Börsenkursen ausgegeben und werden gleich den Stamm-Actien in 90 Jahren durch Verloosung mit ihrem Nennwerthe eingelöst, haben aber an der auf die Stamm-Actien entfallenden Dividende keinen Antheil.

Ende 1863 stellt sich die Berechnung des gesammten Anlage-Kapitals zum Kurse von 118 397 282 Thlrn., wovon 61 847 228 Thlr. auf die Stamm-Actien und 56 550 054 Thlr. auf die bis ult. 1863 ausgegebenen Prioritäts-Obligationen kommen, wie folgt:

1) Werth der im Betriebe befindlichen Eisenbahnen:		
a) der nördlichen Linie	38 625 793	Thlr.
b) der südöstlichen Linie (einschließlich der Bergwerksbahn von Oravicza nach Steyerdorf resp. der Anina)	42 009 695	„
c) der Wien-Neu-Szönyer Linie	9 953 376	„
zusammen	90 588 864	Thlr.
2) Werth der am 31. Dezember 1863 vorräthigen Bau- und Betriebsmaterialien	4 580 719	„
3) Werth der Berg- und Hüttenwerke, Domainen und Fabriken nebst Inventar	20 549 436	„
4) Werth der für die Dampfschifffahrt angeschafften Dampf- und Schleppschiffe rc.	341 432	„
5) Werth der übrigen Realitäten	849 469	„
6) Cassa-Debitoren abzüglich der Creditoren	1 487 362	„
Ueberhaupt	118 397 282	Thlr.

IV. Bahn-Anlagen.

1. Die Geleise wurden erweitert: auf der nördlichen Linie in den Stationen Böhmisch-Trübau und Prag, auf der südöstlichen Linie in den Stationen Steinbruch, Czegled, Körös, Felegyhaza, Kisterek, Hatzfeld, Moravitza, Jassenova, Bazias und Oravicza.
2. Brücken. Mehrere hölzerne Brücken auf der südöstlichen und Wien-Neu-Szönyer Linie wurden durch eiserne ersetzt.
3. Stationsbauten. Auf der nördlichen Linie wurden in Raitz zwei neue Gebäude, das eine für den Personenverkehr und das andere für den Güterverkehr hergestellt; in Böhmisch-Trübau wurden eine Lokomotiv-Remise, eine Werkstätte für die Wagen- und Maschinenmontirung und in Bodenbach ein Gebäude für den Zoll- und Polizeidienst erbaut.

V. Betriebsmittel. Eine Vermehrung der Betriebsmittel war im Jahre 1863 nicht nothwendig, nur wurden 8 neue Lokomotiven für eben so viele alte verkaufte angefertigt.

Für die Steyerdorfer Bahn wurde eine Lokomotive mit 10 Triebrädern und zwei selbstständig beweglichen, durch Kuppelung mit einander verbundenen Gestellen neu konstruirt, die auf der Londoner Weltausstellung die Ehren-Medaille erhalten hat.

VI. Außer der Beamten-Pensionskasse, worüber in Kol. 333—352 der vorliegenden Tabellen das Nähere enthalten, besteht bei der Oesterreichischen Staats-E.-G. noch eine Kasse für Pension und Unterstützung ihrer Diener und Arbeiter unter dem Titel: „Provisions- und Unterstützungs-Institut für Diener und Arbeiter der K. K. priv. Oesterreichischen Staats-E.-G.“, welche ult. 1863 mit einem Bestande von 405 788 Thlrn. abschloß.

VII. Erläuterungen zu den Tabellen:

Südöstliche und Wien-Neu-Szönyer Linie.

zu Kol. 16. Die Kronenbreite des Bahndamms beträgt: von Marchegg bis Czegled (40 Meilen) 14,[illegible] Fuß, von Czegled bis Jassenova (43 Meilen) 24,[illegible] Fuß, von Oravicza nach Bazias (8,5 Meilen) 12,[illegible] Fuß und auf der Wien-Neu-Szönyer Linie von Wien bis Raab (16 Meilen) 24,[illegible] Fuß und von Raab bis Neu-Szöny (4,[illegible] Meilen) 12,[illegible] Fuß.

Alle 3 Linien.

„ „ 76. Das concessionirte Anlage-Kapital beträgt nicht, wie früher angegeben, 112 000 000 Thlr., sondern 106 666 666 Thlr.

„ „ 77—85. Eine Vertheilung des Anlage-Kapitals auf die einzelnen Bautitel kann (mit Ausnahme der Betriebsmittel) nicht stattfinden, da die Bahnen bereits im vollendeten Zustande für eine runde Summe übernommen worden sind.

zu Kol. 119. Diese Summe enthält die Anschaffungskosten für Untergestelle, Omnibus- und Correspondenzwagen, Militair-Einrichtungs-Gegenstände, Wagen-Signallaternen, Wagenkuppeln, Wärmflaschen, Theerdecken und Fruchtsäcke.

„ „ 103, 175a u. c u. 176. Außerdem wurden noch befördert

mit Militair-Transporten:

2921 Ctr. Gepäck, 177 Wagen u. Kanonen und 2386 Pferde auf der nördlichen Linie,
6406 „ „ 27 „ „ „ „ 2635 „ „ „ südöstlichen Linie und
3358 „ „ 50 „ „ „ „ 1120 „ „ „ Wien-Neu-Szönyer Linie,

mit Extrazügen:

193 Ctr. Gepäck, 13 Equipagen und 80 Pferde auf der nördlichen Linie,
587 „ „ 1 „ „ 2 „ „ „ südöstlichen Linie und
150 „ „ 10 „ „ 137 „ „ „ Wien-Neu-Szönyer Linie.

„ „ 192, 193 u. 194. Die Summen enthalten auch die Einnahmen für die vorstehend aufgeführten, mit Militair- und Extrazügen beförderten Gepäckstücke, Wagen ɩc., Equipagen und Pferde.

Die Gesammt-Einnahmen für die mit Militair-Transporten beförderten Mannschaften, Gepäck ɩc. betragen: bei der nördlichen Linie 102 373 Thlr., bei der südöstlichen 143 213 Thlr. und bei der Wien-Neu-Szönyer Linie 21 607 Thlr.; diejenigen für die mit Extrazügen beförderten Personen, Gepäck ɩc. bei der nördlichen Linie 4915 Thlr., bei der südöstlichen 6079 Thlr. und bei der Wien-Neu-Szönyer Linie 1620 Thlr.

„ „ 219. Hierin sind auch die Ausrüstungskosten der Züge, Stationen, Bahnwächter, Oberbau-Arbeiter ɩc. enthalten.

„ „ 220. Die Heizung der Wärterhäuser haben die Bahnwärter auf eigene Kosten zu bestreiten.

Nördliche Linie.

„ „ 221. Diese Summe umfaßt die für alle 3 Linien gezahlte Feuerversicherungs-Prämie.

Alle 3 Linien.

„ „ 228. Außer den Kosten des Brennmaterials sammt Aufladung sind auch die Gehalte der Führer und Heizer hierin mitenthalten.

„ „ 229. Hierin sind auch die Ausgaben für Beleuchtung der Bahn enthalten.

„ „ 238. Ebenso hier die Kosten der Beleuchtung der Stationen und Heizhäuser.

„ „ 240—250. Die hier aufgeführten Ausgaben lassen sich noch den einzelnen Linien getrennt nicht richtig nachweisen.

„ „ 250. Diese Summe enthält auch die Kosten für die Erhaltung und Erneuerung der Einrichtungsstücke, der Verwaltungs-Lokalitäten, Miethszinse, Unterstützungen, Wohlthätigkeitsspenden und verschiedene allgemeine Unkosten.

„ „ 258a. Dem Ueberschusse aller 3 Linien von 3 316 579 Thlrn., 2 910 606 Thlrn. und 413 444 Thlrn. = 6 640 629 Thlr.

treten noch hinzu die Ueberschüsse aus dem Betriebe der Maschinenfabrik, der	
Bergwerke und Domainen von	448 368 „
und aus dem Zinsen-Gewinn- und Verlust-Conto	155 828 „
Diese	7 244 825 Thlr.,
sowie die in Kol. 259 aufgeführten	184 651 „

Bestände früherer Jahre sind in den Kol. 260—265 als verwendet nachgewiesen.

„ „ 260b. Von dieser Summe kommen auf die Amortisation der Prioritäts-Obligationen 203 157 Thlr. und auf die Amortisation der Stamm-Actien 50 240 Thlr.

Südöstliche Linie.

„ „ 332. Durch die in Kol. 328 notirte Felsabrutschung wurde der Personenverkehr nicht unterbrochen, der Güterverkehr dagegen erlitt eine Unterbrechung von 4 Tagen.

57. Oppeln-Tarnowitzer Eisenbahn.

I. **Verwaltung.** Die Direktion der Oppeln-Tarnowitzer Eisenbahn-Gesellschaft hat ihren Sitz in Breslau; die spezielle Verwaltung der Bahn und der Hauptkasse befinden sich in Oppeln unter der Leitung eines Betriebs-Direktors, der zugleich Ober-Ingenieur ist und das Amt eines Spezial-Direktors mitverwaltet.

II. Die **Betriebsmittel** sind um vier 6rädrige Kohlenwagen à 45 Tonnen Ladefähigkeit und zwei bedeckte 6rädrige Güterwagen à 150 Ctr. Tragfähigkeit vermehrt worden. Alle 6 Wagen wurden in der eigenen Werkstatt erbaut.

III. **Verkehrs-Verbindungen.** Es finden statt: direkte Personen- und Gepäck-Beförderung mit der Oberschlesischen Eisenbahn und direkter Güter-Verkehr mit der ebengenannten und der Breslau-Posen-Glogauer Eisenbahn.

IV. **Versicherungswesen.** Sowohl die Gebäulichkeiten der Bahn, als auch die Lokomotiven, Tender und Personenwagen, sowie die Frachtgüter auf den Wagen, in den Güterschuppen und frei auf den Bahnhöfen, sind gegen Feuersgefahr für eine angemessene Prämie nach der Höhe ihres Werths bei der Versicherungsgesellschaft „Deutscher Phönix“ versichert.

V. **Neue Bahnlinien.** Im Laufe des Jahres 1863 sind in Folge der Beschlüsse der außerordentlichen General-Versammlung der Actionäre vom 20. Januar dess. J. die technischen Vorarbeiten für die Strecke Breslau-Oels-Namslau-Kreuzburg-Kolonowska ausgeführt und der Staatsregierung überreicht worden. Diese hat der Oppeln-Tarnowitzer E.-G. nicht nur die Concession für diese Linie, sondern auch für die Bahnverlängerungen im Bergrevier, deren Fortsetzung bis Emanuelssegen und von da über Paprotzau nach Mittel Laziol zum Anschluß an die Wilhelmsbahn, sowie von Paprotzau über Pleß bis Dziedit zum Anschluß an die Kaiser Ferdinands Nordbahn und deren Zweigbahn Dziedit-Bielitz-Biala (Anfangspunkt einer Bahn nach Ungarn durch den Paß von Saybusch) in Aussicht gestellt, sofern die Gesellschaft die erforderlichen Geldmittel nachweist.

VI. Außer der **Beamten-Pensionskasse**, worüber die Kol. 333—352 das Nähere enthalten, ist noch eine Arbeiter-Krankenkasse vorhanden, welche am Schlusse des Jahres 1863 einen Bestand von 2057 Thlrn. hatte.

VII. **Erläuterungen zu den Tabellen:**

zu Kol. 20. Die Durchlässe haben 2—8 Fuß lichte Weite.

„ „ 31. Diese Schienen befinden sich nur in Nebengeleisen bei der Werkstätte, den Wagenschuppen und solchen Bahnhofs-Ladegeleisen, welche gar nicht oder nur ausnahmsweise mit Lokomotiven befahren werden.

„ „ 41. Die Erneuerung der Schwellen in diesem Umfange war durch das Vorhandensein einer nicht unerheblichen Anzahl fichtener, vom Bau der Bahn her, erforderlich. Zur Verlegung derselben war die Eisenbahn-Gesellschaft genöthigt, um die ihr bei Erwerbung von Waldterrain zugefallenen, nicht unbedeutenden Quantitäten Holz angemessen zu verwerthen.

„ „ 72. Von diesen 8 Sprech-Apparaten sind 5 in die Leitung eingeschaltet und 3 dienen zum Ersatz schadhaft gewordener. Außerdem besitzt die Gesellschaft noch 3 Stück transportable Sprech-Apparate, welche in den Zügen mitgeführt werden.

„ „ 81a. Hierin sind auch die Anlage-Kosten der Wärterbuden, Wärter-Wohnhäuser und Abtheilungszeichen enthalten.

„ „ 96. Hierunter befindet sich ein Salonwagen, welcher zu Bahnbereisungen und bei außerordentlichen Gelegenheiten benutzt wird.

„ „ 98 u. 99. In diesen Angaben sind die Plätze des Salonwagens außer Berechnung gelassen.

„ „ 221. Dies sind die gezahlten Prämien für Versicherungen der Gebäulichkeiten excl. der Werkstatt-Anlage. Für Versicherung der Lokomotiven und Wagen wurden 125 Thlr., für die der Güter 10 Thlr. und für die der Werkstatt-Anlage 49 Thlr. gezahlt.

„ „ 272b. Hiervon kommen auf Erneuerung der Lokomotiven 5028 Thlr. und auf Erneuerung der Wagen 1109 Thlr.

„ „ 277 u. 281. Bei Vergleichung der Einnahme und des Ueberschusses mit dem Vorjahre sind die in Kol. 186 u. 233a der Statistik pro 1862 mitenthaltenen 949 Thlr. Ueberträge aus dem Jahre 1861 außer Ansatz geblieben.

58a. Pfälzische Ludwigsbahn.

I. **Rechnungs-Periode.** Das Rechnungs- und Betriebsjahr umfaßt nicht die Periode des Kalenderjahres, sondern beginnt mit dem 1. Oktober. Die vorliegenden statistischen Notizen beziehen sich auf den Zeitraum vom 1 Oktober 1862 bis ult. September 1863.

II. **Organisation der Verwaltung.** Mit der Verwaltung der Pfälzischen Ludwigsbahn ist die Betriebsleitung und Verwaltung der Pfälzischen Maximiliansbahn vereinigt. Das Nähere hierüber ist in dem Jahrgang 1862 der Statistik S. 55 und den vorhergehenden Jahrgängen enthalten. Veränderungen hiergegen sind im Jahre 1863 nicht eingetreten.

III. **Das Bahngebiet** besteht aus

1) der Hauptbahn von der Preußischen Grenze bei Bexbach über Ludwigshafen bis Worms	17,0	Meilen,
2) den Zweigbahnen a) von Schifferstadt nach Speyer	1,31	„
b) von Homburg nach Zweibrücken	1,16	„
zusammen	19,47	Meilen

à 7532 Meter (= 20,0 Meilen à 7408 Meter).

IV. **Neue Bahnlinien.** Die Bahn von Speyer nach Germersheim von 1,83 Meilen wurde im folgenden Jahre, am 14. März 1864 dem Betriebe übergeben; die Zweigbahnen von Homburg nach St. Ingbert und von Neustadt nach Dürkheim befinden sich noch im Bau.

V. **Erläuterungen zu den Tabellen:**

zu Kol. 32 u. 40. Auf dem durchgehenden Hauptgeleise liegen die Schienen resp. Schwellen 15 Jahre und auf dem zweiten Geleise 7 Jahre.

58b. Pfälzische Maximiliansbahn.

I. **Rechnungsperiode.** Das Rechnungs- und Betriebsjahr beginnt, wie bei der Pfälzischen Ludwigsbahn, mit dem 1. Oktober. Die vorliegenden statistischen Notizen beziehen sich auf den Zeitraum vom 1. Oktober 1862 bis ult. September 1863.

II. Die Verwaltung und Betriebsleitung der Maximiliansbahn ist mit derjenigen der Pfälzischen Ludwigsbahn vereinigt, worüber dort unter Nr. II resp. in dem Jahrgange 1862 der Statistik S. 55 das Nähere mitgetheilt ist.

III. Neue Bahnlinien. Die im Jahr 1863 noch im Bau begriffene Zweigbahn von Winden nach dem Rheine bei Maximiliansau von 2,16 Meilen wurde am 14. März 1864 dem Betriebe übergeben.

IV. Erläuterungen zu den Tabellen:

zu Kol. 242. In dieser Summe sind 4219 Thlr. Vergütigung an die Französische Ostbahn-Gesellschaft für Benutzung des Bahnhofes Weißenburg, 4169 Thlr. Vergütigung für die Mitbenutzung der Bahnstrecke von der Bayerischen Grenze bis Weißenburg und 3959 Thlr. Antheil an den Betriebskosten auf der Station Weißenburg mitenthalten.

59. Rheinische Eisenbahn.

I. Das Bahngebiet der Rheinischen Eisenbahn-Gesellschaft umfaßte ult. 1863 folgende Strecken:

a) Köln-Aachen-Herbesthal	11,34 Meilen
b) Köln-Bonn-Koblenz-Bingen	20,60 „
c) Köln-Crefeld	7,05 „
zusammen	38,99 Meilen.
Hiervon ab die in allen 3 Linien berechnete Kölner Stadtbahn von 2 × 0,15 =	0,30 „
verbleiben	38,69 Meilen.
d) Crefeld-Cleve, am 5. März 1863 eröffnet	8,50 „
zusammen	47,19 Meilen.
Hierzu die in und bei Köln im Betriebe befindlichen Strecken der älteren Bahnen Köln-Bonn und Köln-Herbesthal von ihrem Nullpunkte ab bis zum Anschlusse an die neueren Bahnen mit 182 + 817 lfde. Rthn. =	0,30 „
Mithin Gesammt-Betriebslänge	47,49 Meilen,

für welche sich mit Rücksicht auf die Eröffnungszeit der Strecke Crefeld-Cleve ein mittlerer Jahresdurchschnitt von . . . 46,14 Meilen berechnet.

Von den im Bau begriffenen Strecken wurden im folgenden Betriebs-Jahre (1864) eröffnet:

1) am 1. März Herbesthal-Eupen . . . 0,7 Meilen,
2) am 3. Juni Coblenz-Oberlahnstein mit der festen Rheinbrücke bei Koblenz . . . 1,84 „
und 3) am 6. Oktober 1864 Düren-Euskirchen . . . 4,04 „

II. Bahnanlagen.

1) Geleise. Auf der Strecke Köln-Herbesthal wurden 1736 laufende Ruthen Geleise, aus Stuhlschienen bestehend, gegen 20füßige 5 Zoll hohe Schienen des Neubau-Profils mit Laschenverbindung ausgewechselt und 992 laufende Ruthen Geleise, aus 4½ Zoll hohen Vignolschienen bestehend, durch 20füßige Neubau-Schienen ersetzt.

In Station Neuß erhielten die Neben-Geleise einen Zuwachs um 344 lfde. Rthn. Geleise und 9 Weichen.

2) Stationsbauten. Der Tunnel „Kammereck" wurde um 15 Rthn. auf der Oberseite verlängert.

Auf dem Ehrenfelde bei Köln (d. i. zwischen der dortigen Gas-Anstalt und der Venloer Str.) wurde eine Güterhaltestelle angelegt. Dieselbe ist 124 Rthn. lang, 17,4 Rthn. breit und umfaßt einen Flächenraum von 1552 □Rthn. Ferner wurde auf der Central-Güter-Station Köln eine Rangir-Anlage neu erbaut, welche 595 Rthn. Geleise, 6 Drehscheiben und 1 Centesimalwaage enthält. Auch wurde daselbst ein Schuppen zum Reinigen der im Betriebe befindlichen Personenwagen von ca. 350 Fuß Länge und 58 Fuß Tiefe aus Holz und ein Lokomotivhaus für 10 Stände mit einer 38füßigen Drehscheibe neu erbaut. Letzteres ist 60 Fuß tief, hat eine mittlere Länge von 174 Fuß und ist aus Holz aufgeführt.

An der Central-Reparaturwerkstätte zu Nippes wurde außer anderweitigen Ergänzungen und Erweiterungen ein offener Schuppen von 46 Fuß Tiefe und 61 Fuß Länge zur Fabrikation von Weichen neu erbaut und eine Centesimalwaage von 600 Ctrn. Tragfähigkeit aufgestellt.

Zwischen Coblenz und Bingerbrück wurden 7 Bahnwärterhäuser erbaut und in Sechtem und Roisdorf Güterabfertigungs-Anlagen, bestehend in Laderampen und Güterschuppen, sowie einige Weichen und Geleise-Verbindungen hergerichtet.

III. An Betriebsmitteln wurden im Jahre 1863 angeschafft und dem Betriebe übergeben: 6 Personenzug-, 2 Güterzug- und 6 Tender-Maschinen, 5 vierrädrige Gepäckwagen, 50 bedeckte und 200 offene Güterwagen mit einer Ladefähigkeit von 52 000 Ctrn., wogegen 1 Maschine außer Dienst gesetzt wurde.

IV. Neue Bahnlinien. Die Strecken Cleve-Zevenaar und Euskirchen-Mecherních befinden sich im Bau, die Strecke Mecherních-Call, auf welcher bedeutende Schwierigkeiten zu bewältigen sind, soll erst nach Beendigung der zuletzt erwähnten Strecke, spätestens im Frühjahr 1865 in Angriff genommen werden.

Die Concession zur Erbauung der Zweigbahn Osterrath-Essen ist ertheilt, die Vorarbeiten beendigt und dem Ministerium zur Feststellung vorgelegt.

V. Erläuterungen zu den Tabellen:

zu Kol. 2a. Außerdem gehören 6 stellvertretende Mitglieder zur Direktion.

„ „ 76—86. Die hier angegebenen Summen beziehen sich nur auf die bereits im Betriebe befindlichen Strecken von 47,49 Meilen (cfr. ad I dieses Berichts).

„ „ 69. Die Stamm-Actien sind nicht garantirt, dagegen die Zinsen von 1 250 000 Thlrn. Prioritäts-Obligationen mit 3½ Proc.

zu Kol. 121g. Hierin sind die beim Rangiren der Züge zurückgelegten Meilen mitenthalten, wobei 1 Stunde Rangirdienst gleich 2 Meilen gerechnet worden ist.

„ „ 122. Von den Lokomotiven der Rheinischen Eisenbahn sind die hier aufgeführten . 313 775 Nutzmeilen zurückgelegt worden.

Hierzu kommen die von Lokomotiven der Belgischen Staatsbahn bei Beförderung sämmtlicher Züge zwischen Ronheide und Herbesthal zurückgelegten 13 747 „

zusammen 327 522 Nutzmeilen.

Rechnet man hiervon die in Kol. 121f vor Material- und Arbeitszügen zurückgelegten . . . . . . 5555 Meilen

ab, weil dieselben nur zu Zwecken des Neubaues abgelassen sind und die Kosten derselben aus dem Baufonds bestritten werden, so verbleiben . . . 321 967 Nutzmeilen, welche im Jahre 1863 auf der Rheinischen Eisenbahn zurückgelegt worden sind.

Bei allen Durchschnittsberechnungen, welche auf Verbrauch ꝛc. Bezug haben, sind 313 775 Nutzmeilen, bei allen auf Verkehrs-Verhältnisse ꝛc. bezüglichen dagegen 321 967 Nutzmeilen zu Grunde gelegt worden.

Die von Belgischen Lokomotiven zwischen Ronheide und Herbesthal zurückgelegten 13 747 Nutzmeilen sind in Kol. 122 besonders ersichtlich gemacht.

„ „ 125. Das zum Anheizen der Lokomotiven verwendete Holz besteht in sog. Reiserwellen, welche stückweise berechnet werden. Verbraucht wurden 72 741 Stück überhaupt und pro Nutzmeile 0,23 Stück.

„ „ 136a. Dies ist der Durchschnittspreis pro Reiserwelle.

„ „ 137a. Die Kosten des verbrauchten Brennmaterials vor Material- und Arbeitszügen sind hier nicht aufgenommen worden, weshalb der Durchschnittsberechnung „pro Nutzmeile“ (Kol. 137b) nicht 313 775, sondern 308 320 Nutzmeilen zu Grunde gelegt sind.

„ „ 235. Dies ist die an die Belgische Staats-Eisenbahn-Verwaltung für Beförderung der Züge zwischen Ronheide und Herbesthal gezahlte Vergütigung.

„ „ 242. Die Ausgaben für Wagenmiethe und die Entschädigungen im Güterverkehr sind in Kol. 239 und 240 ihrem Betrage nach richtig angegeben. In Wirklichkeit werden diese Ausgaben aber, und zwar die ersteren aus den Einnahmen für Wagenmiethe und letztere aus den Prämien für höhere Werthversicherungen bestritten und von den betreffenden Einnahmen in Abzug gebracht.

Zur Erzielung einer richtigen Summe der Ausgaben für die Transport-Verwaltung ist deshalb hier nur die Differenz von 51 241 Thlrn. angesetzt. Effectiv würden die sonstigen Ausgaben aber 51 241 + 21 383 + 2000 = 74 723 Thlr. betragen.

In dieser Summe sind hauptsächlich enthalten: die Kosten für Unterhaltung und Bedienung der Wasserhebe-Maschinen, Unterhaltung der Lokomotiv- und Wagenschuppen, Unterhaltung und Erneuerung der Arbeitsmaschinen, Werkzeuge, Geräthe ꝛc. in den Werkstätten und die Löhne an die Arbeiter.

„ „ 250. Hierin sind 3165 Thlr. Kosten des Geldverkehrs mit den Bankhäusern enthalten.

„ „ 323. Die bei den Schienen leichten Profils vorgekommenen Schienenbrüche sind nicht notirt.

60. Bahnen der Oesterreichischen Südbahn-Gesellschaft.

I. Das Bahngebiet der Oesterreichischen Südbahn-Gesellschaft umfaßte ult. 1863 folgende Linien:

A. 1) die Südbahn Wien-Triest . . . . . . 76,19 Meilen
mit den Zweigbahnen: Mödling-Laxenburg . . . . . . 0,61 „
und Wr. Neustadt-Oedenburg . . . . . . 4,24 „
81,03 Meilen.

2) deren Flügelbahnen:
a) Steinbrück-Sissek . . . . . . 16,11 „
b) Marburg-Klagenfurt 16,11 M., welche am 1. Juni 1863 dem Betriebe übergeben wurde, im Jahre 1863 aber noch für Rechnung des Baufonds betrieben ist. Dieselbe ist deshalb in die vorliegenden statistischen Tabellen nicht aufgenommen.

3) die Ungarischen Flügelbahnen:
a) Pragerhof-Kanizsa-Ofen . . . . . . 43,31 „
b) Stuhlweissenburg-Neu-Szöny . . . . . . 10,57 „
zusammen 153,04 Meilen.

B. Die Nordtiroler Bahn von der Bayerischen Grenze bei Kufstein bis Innsbruck . 10,01 M.,
wovon die Strecke von der Grenze bis Kufstein . . . . . . 0,26 „
an die Bayerische Staats-Eisenbahn-Verwaltung verpachtet ist, mithin im eigenen Betriebe . . . . . . 9,75 „

C. 1) Die Südtiroler Bahn Verona-Botzen . . . . . . 19,90 M.
2) Die Venetianische Bahn von Nabresina über Padua und Verona nach Peschiera resp. der Landesgrenze . . . . . . 44,22 M.,
wovon die Strecke von Peschiera bis zur Grenze . . . . . . 1,06 „
sich im Betriebe der Lombardischen Verwaltung befindet: es verbleiben mithin . . . . . . 43,16 „
im eigenen Betriebe.
zu übertragen 63,06 M. 162,79 Meilen.

	übertragen 63,44 M.	162,93 Meilen
3) die Zweigbahnen a) Mestre-Venedig	. . . . . 1,17 „	
b) Verona-Mantua	. . . . . 4,17 „	
	zusammen	69,34 „
	Gesammtlänge aller Bahnlinien	232,31 Meilen.

Im Bau befanden sich ult. 1863 folgende Strecken:

a) Klagenfurth-Villach (5 M.), welche am 30. Mai 1864 dem Betriebe übergeben wurde;

b) Agram-Carlstadt (6 M.), c) Oedenburg-Kanizsa (22 M.), d) Botzen-Innsbruck (16,5 M.), e) Mantua-Borgoforte (2,4 M.), f) Padua-Rovigo (5,9 M.).

a. Südbahn.

I. Bahn-Anlagen.

1) **Bahnkörper.** Die Dammanschüttungen an Stelle der schadhaft gewesenen 3 großen Viadukte bei Pößnitz und Blankenstein wurden im Jahre 1863 vollständig beendet.

2) **Brücken.** Bei 231 Brücken und Durchlässen, worunter 9 große Brücken mit bedeutenden Spannweiten, über die Mur, Mürz, Sann und Laibach sind die in den Vorjahren begonnenen Rekonstruktions-Arbeiten im Jahre 1863 beendet, die alten Holzkonstruktionen sind durch Eisenkonstruktionen ersetzt.

3) **Oberbau.** Mit der Verbesserung und Erneuerung des Oberbaues wurde auch im Jahre 1863 fortgefahren und auf einer Strecke von mehreren Meilen das zweite Geleise gelegt.

4) **Stations-Anlagen.** Am Bahnhofe in Wien wurde im Jahre 1863 ein neues Materialien-Magazin erbaut und die Umgestaltungen und theilweisen Erweiterungen der Stationen Baden, Vöslau, Gloggnitz, Mürzzuschlag, Steinbrück und Nabresina vollendet. Am Triester Bahnhofe wurde ein Getreide-Magazin und in Marburg 12 Arbeiterhäuser erbaut.

II. Erläuterungen zu den Tabellen:

zu Kol. 71. Auf einer Strecke von 5 Meilen befindet sich eine Telegraphen-Leitung, auf 138 Meilen 2 Leitungen und auf 25 Meilen 3 Leitungen.

„ „ 76. Diese 100 000 000 Thlr. sind das für das ganze Unternehmen der Gesellschaft (einschließlich der in der Lombardei und in Central-Italien belegenen Linien) concessionirte Anlage-Kapital in Stamm-Actien; der durch Anleihen aufzubringende Theil desselben ist concessionsmäßig nicht beschränkt.

„ „ 77—87. Das verwendete Anlage-Kapital kann nicht angegeben werden, weil die Gesellschaft fertige Linien übernommen hat, über deren Baukosten ihr die erforderlichen Notizen fehlen. Das von der Gesellschaft verwendete Kapital zum Ausbau der sämmtlichen vom Staate übernommenen Linien, einschließlich der Lombardischen von 58,2 M. und der Central-Italienischen von 35,3 Meilen, der Kaufpreis für die Lombardisch-Venetianischen Linien, sowie die bereits geleisteten Ratenzahlungen auf den Kaufpreis der Südbahn betrugen ult. 1863 . . . 194 805 047 Thlr. gegen 174 318 447 Thlr. im Vorjahre.

„ „ 88c. Diese Summe repräsentirt den Geldbetrag der bis ult. 1863 ausgegebenen Prioritäts-Obligationen.

„ „ 89. Nicht nur die Stamm-Actien, sondern das ganze verwendete Anlage-Kapital der einzelnen Gruppen des Bahnnetzes ist vom Staate mit 5,2 Proc. garantirt.

„ „ 140. Hierin sind auch die von den als Postwagen benutzten Gepäckwagen zurückgelegten Achsmeilen enthalten.

„ „ 142. Die Leistungen der als Postwagen benutzten Gepäckwagen sind hierbei berücksichtigt worden.

„ „ 246—251. Die hier aufgeführten Summen enthalten die Ausgaben der Betriebs-Direction und der administrativen Centralleitung.

„ „ 258a. Dem Betriebs-Ueberschusse aller 3 Bahnlinien von 6 850 392 + 109 905 + 1 643 130 Thlrn. = 8 603 427 Thlrn.

treten noch hinzu die Betriebs-Ueberschüsse der nicht zum Vereine gehörigen Linien	
in der Lombardei und in Central-Italien von	1 388 094 „
an Zinsen und nachträglichen Einnahmen aus früheren Jahren . .	366 320 „
und „an Zinsen zu Lasten des Bau-Kapitals“	2 388 611 „
so daß der Ueberschuß pro 1863	12 746 452 Thlr.
beträgt. Diese, sowie die in Kol. 259 aufgeführte Extra-Reserve von . .	2 677 534 „
überhaupt	15 423 986 „

sind in den Kol. 260—265 als verwendet nachgewiesen.

„ „ 287—288c. Mit Bezug auf die Bemerkung zu Kol. 77—87 kann die Verzinsung des Anlage-Kapitals nicht angegeben werden.

„ „ 324a. Die in den früheren Jahren an den Wagen vorgekommenen Achsbrüche sind nur summarisch bekannt und deshalb hier aufgenommen worden.

„ „ 332—334a. Die in den früheren Jahren stattgefundenen Schienenbrüche sind dagegen nicht bekannt.

b. Nordtiroler Eisenbahn.

Erläuterungen zu den Tabellen:

zu Kol. 22 im Hinweis sind 1380 Rthn. wirkliche Einschnitte und 2317 Rthn. Vergleichnen.

zu Kol. 96d. Hierunter befinden sich 1 Hof- und 1 Salonwagen, welche bei Angabe der Sitzplätze (Kol. 98) unberücksichtigt geblieben sind.

c. Venetianische und Südtiroler Eisenbahn.

Erläuterungen zu den Tabellen:

zu Kol. 246—251. Diese Summen enthalten die Ausgaben der Direktion und der administrativen Centralleitung.

61. Süd-Norddeutsche Verbindungsbahn.

Erläuterungen zu den Tabellen:

zu Kol. 88b. Dies ist der Antheil an dem Eisenbahn-Lotterie-Anlehen der K. K. priv. Oesterreichischen Kredit-Anstalt für Handel und Gewerbe, wofür die Eisenbahn-Gesellschaft ein Papier nicht emittirte, da für diese Summe Loose der Kredit-Anstalt bestehen.

„ „ 89. Es sind vom Staate mit 5,2 Proc. garantirt 10 500 000 Thlr. Stamm-Actien und 2 100 000 Thlr. Lotterie-Anlehen, zusammen 12 600 000 Thlr.

„ „ 169 u. 172. Hierin ist auch das Gewicht der beförderten Thiere (vergl. Kol. 177a u. b) enthalten, und zwar

a) 6581 Ctr. im Binnenverkehre befördert,
b) 8853 „ im direkten Verkehre abgesandt und
c) 24 122 „ im direkten Verkehre angekommen,

zusammen 39 556 Ctr., wie in Kol. 177 angegeben.

„ „ 261. Diese Summe repräsentirt die Erwerb-, Einkommen-, Grund-, Hausklassen- und Hauszinssteuer, sowie Gemeinde-Umlagen.

„ „ 262. Von dem Ueberschusse verblieben zur Verzinsung der Stamm-Actien nur 61 343 Thlr. (ca. 0,588 Proc.), in Folge dessen der Staat 388 657 Thlr. auf Grund der von ihm übernommenen Zins-Garantie zugeschossen hat.

„ „ 277b, 279b u. 281b. Werden von der Gesammt-Einnahme des Jahres 1862 von . 720 709 Thlrn.
die „restituirten Gebühren und gegebenen Bonifikationen" von . . . . . . 22 394 „
(siehe Kol. 216 der Stat. pro 1862) in Abzug gebracht, so verbleiben . . . 698 315 Thlr.;
Die Einnahmen des Jahres 1863 betragen nach Vorwegnahme der Bonifikationen ɾc. 689 900 „
mithin pro 1863 weniger . . 8415 Thlr.

Ebenso reduciren sich die Ausgaben des Jahres 1862 um die vorerwähnten 22 394 Thlr. und betragen demnach nur . . . . 449 146 Thlr.,
wogegen sich diejenigen des Jahres 1863 um die in Kol. 261 aufgeführten Steuern, also um 36 285 Thlr. erhöhen, nämlich auf . . . . 445 671 „
Die Ausgaben betragen im Jahre 1863 also weniger 3475 Thlr.

Der Ueberschuß pro 1862 betrug . . . . 249 169 Thlr.
derjenige pro 1863 . . . 280 514 - 36 285 Thlr. = ... 244 229 „
im Jahre 1863 also weniger 4940 Thlr.

62. Taunus-Eisenbahn.

I. Das Bahngebiet der Taunus-Eisenbahn hat sich im Jahre 1863 insofern gegen die Vorjahre verändert, als von dem Verwaltungsrathe der Gesellschaft unterm 4. August 1863 die Höchst-Sodener Zweigbahn käuflich erworben wurde. Der Betrieb der Gesellschaft erstreckt sich seitdem auf

a) die Hauptbahn Frankfurt a. M.-Castel(Mainz)-Wiesbaden . . . . 5,58 Meilen
mit der Abzweigung Castel-Biebrich . . . . 0,27 „
b) die Zweigbahn Höchst-Soden . . . . 0,44 „
zusammen 6,72 Meilen.

II. Erläuterungen zu den Tabellen:

zu Kol. 2c. Die Mitglieder des Verwaltungsraths beziehen keinen Gehalt, sondern nur bei Geschäften außerhalb ihres Wohnortes Diäten.

„ „ 16. Auf der Biebricher Zweigbahn hat der Bahndamm eine Kronenbreite von 12,77 Fuß, auf der Höchst-Sodener Zweigbahn 14,34 Fuß und auf der Hauptbahn Frankfurt a. M.-Wiesbaden 23,22 Fuß.

„ „ 33. Mit Rücksicht darauf, daß in einigen Geleisen noch Schienen aus dem Jahre 1839 liegen, in anderen dagegen solche, welche nach der wiederholt erfolgten Auswechselung erst im Jahre 1863 gelegt worden sind, kann der Procentsatz, bis zu welchem Theile die Erneuerung bis jetzt stattgefunden hat, mit Bestimmtheit nicht angegeben werden.

„ „ 41. Ebenso hier, wobei noch bemerkt wird, daß die Schwellen des ersten Geleises bereits sämmtlich erneuert sind und die zweite Erneuerung derselben bereits im Gange ist.

zu Kol. 85. Von dieser Summe kommen

a) auf Ingenieurkosten, Gratifikation an den Erbauer der Bahn ꝛc.	77 247	Thlr.
b) auf Büreau- und Verwaltungskosten	24 813	„
c) auf Unkosten des Geldverkehrs	8469	„
zusammen	110 529	Thlr.

„ „ 86. Einschließlich der Kaufsumme für die Höchst-Sodener Zweigbahn und der bis ult. 1863 theilweise aus den Betriebs-Ueberschüssen entnommenen Summen beträgt das verwendete Anlage-Kapital 3 035 514 Thlr.

In den früheren Jahrgängen der Statistik waren an dieser Stelle nur diejenigen Summen aufgeführt, mit welchen das Bahnbau-Konto (excl. der aus den Betriebs-Ueberschüssen entnommenen Beträge) am Jahresschlusse abgeschlossen hatte.

„ „ 88c. Prioritäts-Obligationen sind nicht ausgegeben worden, dagegen bestehen folgende Anleihen:

1) eine zu 3½ Proc. verzinsliche von	285 714 Thlrn.	(500 000 Fl. Rh.)
2) „ „ 4 „ „ „	342 857 „	(600 000 „ „)
zusammen	628 571 Thlr.	(1 100 000 Fl. Rh.)

Von diesen Anleihen waren bis ult. 1863 durch Rückzahlung getilgt:

a) von der Anleihe à 285 714 Thlrn. . . . . . . 75 420 Thlr.

b) „ „ „ à 342 857 „ . . . . 3429 „

Die bis ult. 1862 bestandene dritte Anleihe von 114 286 Thlrn. (200 000 Fl.) ist durch die ad 2 aufgeführte von 342 857 Thlrn. getilgt worden. Letztere ist auf die Höhe von 685 714 Thlr. (1 200 000 Fl.) festgesetzt, es waren aber bis ult. 1863 nur 312 857 Thlr. begeben.

„ „ 117. Die vorhandenen Arbeitswagen sind alte Wagen ohne Inventarwerth.

„ „ 119. Die in Kol. 107 aufgeführten Transportmittel sind aus zweiter Hand angekauft und ist deshalb die Angabe ihres Kostenbetrages ohne Werth.

„ „ 123b u. c. Es wurden im Jahre 1863 . . 5055 Personen- und gemischte Züge und 736 Güterzüge abgelassen, wobei

„ „ 124. die durchschnittliche Anzahl der Wagen-Achsen 26,7 Achsen betrug.

„ „ 129b. Hierin ist auch der ganz unbedeutende Verbrauch an Coaks mitenthalten.

„ „ 160. Kinder unter 10 Jahren und Militairs in Uniform werden in allen Wagenklassen zum halben Fahrpreise befördert; es ist deshalb die Anzahl der zu ermäßigten Fahrpreisen beförderten Personen in den verschiedenen Klassen (Kol. 156—158) enthalten.

„ „ 170. Hierin sind auch andere in dieselbe Kathegorie gehörende Güter enthalten.

„ „ 192c. Dies sind die Einnahmen für die mit Extrazügen beförderten Personen.

„ „ 210. Hierin sind 4039 Thlr. Einnahmen der Trajekt-Anstalt zwischen Castel und Mainz enthalten.

„ „ 220. Ebenso hier die Kosten der Beleuchtung der Bahn.

„ „ 228. In dieser Summe sind enthalten: 3224 Thlr. Kosten für die Unterhaltung der zum Betriebe der Biebricher Zweigbahn verwendeten Pferde, Geschirre u. s. w., sowie 14 633 Thlr. Kosten der Trajekt-Anstalt zwischen Castel und Mainz.

„ „ 261. Die im Herzogthum Nassau zu entrichtende Gewerbesteuer pro 1863 betrug 11 050 Thlr.; dieselbe ist durch die im Vorjahre hierzu reservirte Summe gedeckt worden.

„ „ 265c. Der Amortisationsfonds, welcher ult. 1863 mit einem Bestande von 28 000 Thlrn. abschloß, hat den Zweck: bei dem Erlöschen der Konzession einen Ersatz für etwaigen Minderwerth der Bahn bei Uebergang derselben auf den Staat nach und nach zu schaffen.

63. Theiß-Eisenbahn.

I. Das Bahngebiet der Theiß-Eisenbahn ist gegen das Vorjahr unverändert geblieben. Dasselbe umfaßt

1) die Hauptbahn von Czegléd über Szolnok, Debreczin und Miskolcz nach Kaschau	49,22	Meilen
2) die Flügelbahnen a) von dem Abzweigungspunkte bei Szolnok nach Arad	18,83	„
b) von Püspök-Ladany nach Großwardein	9,06	„
zusammen	77,11	Meilen.

Die seit dem Jahre 1847 im Betriebe befindliche Strecke Czegléd-Szolnok (3,[illegible] Meilen) wurde von der Oesterreichischen Staats-Eisenbahn-Gesellschaft, zu deren südöstlichen Linie sie gehörte, für den Preis von 941 594 Thlrn. käuflich erworben und ging am 23. November 1857 in den eigenthümlichen Besitz und die Verwaltung der Theiß-Eisenbahn-Gesellschaft über.

II. Außer der Beamtenpensionskasse, worüber das Nähere in Kol. 333—352 der Tabellen enthalten ist, besteht noch eine Krankenkasse für die Bediensteten der Gesellschaft, welche ult. 1863 mit einem Bestande von 13 421 Thlrn. abschloß.

III. Erläuterungen zu den Tabellen:

zu Kol. 33b. Der Procentsatz, bis zu welchem Theile die leichten Schienen bis jetzt erneuert sind, kann nicht angegeben werden, weil hierüber Notizen nicht vorhanden sind.

„ „ 77. Hierunter sind sowohl die für die Strecke Czegled-Szolnok als Kaufpreis gezahlten 941 504 Thlr., als auch 3 666 304 Thlr. erstattete Bau-Auslagen an den Staat, welche derselbe für die Strecken Szolnok-Debreczin und Püspök-Ladany-Großwardein bestritten hatte, mitenthalten.

„ „ 88c. Hiervon sind 10 500 000 Thlr. eine bis zum Jahre 1888 zu tilgende Prioritätsschuld und 10 500 000 Thlr. eine in 66 Jahren zu tilgende Lotterie-Anleihe.

„ „ 89. Nicht nur die Stamm-Actien, sondern das Gesammt-Anlage-Kapital ist vom Staate mit 5,2 Proc. garantirt.

„ „ 106a. Hierin ist die Ladungsfähigkeit der in Kol. 107a aufgeführten 21 vierrädrigen Postwagen von zusammen 1280 Z.-Ctrn. mitenthalten.

„ „ 115a. Ebenso hier die Anschaffungskosten der 21 Postwagen, weil dieselben von der Bahnverwaltung gestellt werden.

„ „ 126. Zur Feuerung der Lokomotiven werden Holz und Braunkohlen verwendet. Von letzteren sind 89 558 Centner verbraucht, welche nach ihrem Heizeffekt auf Holz reducirt und in Kol. 126b mitenthalten sind.

„ „ 169 u. 172. Hierin ist auch das Gewicht der beförderten Thiere von zusammen 583 988 Z.-Ctrn. (cfr. Kol. 177) mitenthalten.

„ „ 195. Die Einnahmen für die im Personenverkehre beförderten 14 Equipagen, 21 Militair-Fahrzeuge, 657 Militair- und 99 sonstige Pferde sind hierin mitenthalten.

„ „ 200 205. Der Ueberschuß wurde zur Entrichtung der Eisenbahnsteuer und, soweit er dazu ausreichte, zur Verzinsung des Gesammt-Anlage-Kapitals verwendet. Der Ueberrest der nicht gedeckten Zinsen wurde von der Staatskasse vorschußweise geleistet.

64. Thüringische Eisenbahn.

I. **Bahngebiet.** Das Unternehmen der Thüringischen Eisenbahn-Gesellschaft umfaßt:

1) die Hauptbahn Halle-Erfurt-Eisenach-Gerstungen von	25,16	Meilen
2) die Zweigbahnen a) Corbetha-Leipzig von	4,18	„
b) Weißenfels-Gera von	7,92	„
zusammen	37,26	Meilen.

II. **Betrieb fremder Bahnen.** Die Direction der Thüringischen Eisenbahn-Gesellschaft hat auf Grund eines mit dem Verwaltungsrathe der Werra-Eisenbahn-Gesellschaft abgeschlossenen, zunächst bis Ende des Jahres 1870 laufenden Vertrages auch den Betrieb der Werra-Eisenbahn zu leiten.

III. **Bahnanlagen.**

1) Geleise. Die Schienenstränge der Bahn wurden im Jahre 1863 beträchtlich vermehrt, indem nicht allein auf der 1½ Meilen langen Strecke Herleshausen-Gerstungen das zweite Geleise gebaut, sondern auch auf den Stationen Leipzig, Merseburg, Apolda, Weimar und Gerstungen die Anlage neuer resp. eine Verlängerung alter Geleise vorgenommen wurde.

2) Stationsbauten. Auf Station Sulza wurde ein Güterschuppen erbaut und eine Dampfmaschine zur Beschaffung des Lokomotiv-Speisewassers aufgestellt.

Das Stationsgebäude in Apolda, welches im Jahre 1862 an der westlichen Seite einen Anbau erhalten hatte, wurde im Jahre 1863 durch einen gleichen Anbau an der östlichen Seite noch weiter vergrößert.

Auf der Station Weimar ist das Güter-Expeditionslocal und in Fröttstedt das Stationsgebäude erweitert worden. Auf Station Erfurt wurde der Bau eines neuen Lokomotivschuppens in Angriff genommen und der alte Lokomotivschuppen nebst Wasserstation umgebaut. An der Haltestelle Wettergrube der Weißenfels-Geraer Zweigbahn wurde ein kleines Empfangsgebäude errichtet, am Bahnhofe bei Dietendorf ein Beamten-Wohnhaus und auf der Strecke zwischen Gotha und Fröttstedt ein ähnliches zu Bahnmeister- und Wärterwohnungen bestimmtes Gebäude erbaut.

Ferner wurden zur sicheren Controlirung des Gewichts der in ganzen Wagenladungen zur Aufgabe kommenden Güter auf den Stationen Halle, Erfurt, Dietendorf, Eisenach, Kötschau, Teuchern und Gera große Brückenwaagen aufgestellt und auf den Stationen Halle, Weißenfels und Erfurt die Herstellung von Hebekrahnen angeordnet

IV. **Betriebsmittel.** Im Jahre 1863 wurden 10 neue Lokomotiven angeschafft, wogegen eine Maschine, in Folge einer Dampfkessel-Explosion, abgängig geworden ist, so daß am Jahresschlusse 75 Lokomotiven vorhanden waren

Die Zahl der Güterwagen wurde durch den in der eigenen Werkstätte bewirkten Neubau um 25 Stück bedeckte Wagen zu je 200 Ctr. Tragfähigkeit vermehrt und die Herstellung von weiteren 75 Wagen vorbereitet.

V. **Neue Bahnlinien.** Zur Verbindung der Station Erfurt mit dem Steinsalzbergwerk bei Ilversgehofen ist der Bau einer Zweigbahn für Rechnung der Königlichen Regierung Seitens der Thüringischen Eisenbahn-Gesellschaft übernommen und so rasch gefördert worden, daß noch vor Jahresschluß auf der ¾ Meilen langen Strecke die erste Probefahrt stattfinden konnte.

VI. Erläuterungen zu den Tabellen:

zu Kol. 4. Die drei Kommissare der bei dem Unternehmen betheiligten Staats-Regierungen von Preußen, Sachsen-Weimar und Sachsen-Coburg-Gotha sind sowohl Mitglieder der Direktion, als auch des Verwaltungsraths und deshalb in der Mitgliederzahl des Letzteren nochmals mitaufgeführt.

„ „ 17. Die Tunnels sind nur Durchgänge durch den Hauptwall der Festung Erfurt.

„ „ 32 u. 40. Das erste Geleise der Stammbahn liegt seit 17 Jahren, während das zweite Geleise auf mehreren Strecken, sowie das Geleise der Zweigbahnen später gelegt und theilweise noch ganz neu ist.

Die Benutzungszeit beträgt im Durchschnitt 13 Jahre, während das bisher ausgewechselte Material meistens länger als 13 Jahre in der Bahn gelegen hat. Beim ersten Bahnbau wurden theils breitbasige niedrige Schienen von 17 Zoll-Pfd. Gewicht pro laufenden Fuß, theils breitbasige hohe Schienen von 20—21 Zoll-Pfd. pro laufenden Fuß angewendet. Die in den Jahren 1855 bis 1857 gebauten Geleise sind dagegen aus schweren Schienen von ca. 22 Z.-Pfd. pro Fuß und die seit dem Jahre 1858 neu hinzugekommenen Geleise meist durchgängig aus Schienen des s. g. Normal-Profils von nahezu 23 Z.-Pfd. pro lfdn. Fuß hergestellt worden. Die Schienen der letzteren Profile liegen im Durchschnitt erst 6 Jahre in den Geleisen und haben Erneuerungen in Folge Abnutzung noch nicht stattgefunden. Das aus Schienen des ersten, leichten Profils gebaute Geleis ist in den Jahren 1858—1860, mit Ausnahme von 4000 Ruthen Geleis auf den Bahnhöfen, umgebaut worden, weil es mit Rücksicht auf die in Betrieb gesetzten schweren Lokomotiven zu schwach erschien.

Dagegen liegen von den Schienen des 2. Profils gegenwärtig noch ca 79 Proc. in den Geleisen.

Ueberhaupt berechnet sich die Erneuerung der leichten Schienen auf 79,55 Proc., die Erneuerung der Schienen des 2. Profils auf 21,15 Proc. und die Erneuerung der Schienen aller 4 Profile im Durchschnitt auf 22,53 Proc.

Die beim ersten Bahnbau eingelegten kiefernen Schwellen haben nur eine Dauer von 8 bis 9 Jahren gezeigt, während von den zuerst eingelegten guten eichenen Schwellen am Ende des Jahres 1863 noch ca. 20 Proc. in den Geleisen vorhanden, also erst gegen 80 Proc. ausgewechselt waren. Mit Rücksicht darauf, daß ein großer Theil der Geleise erst in den letzten 6 Jahren neu gebaut worden ist, berechnet sich der Procentsatz der Erneuerung vom ganzen Quantum nur auf 54,01 Proc. im Durchschnitt.

„ „ 83. Außer den aus der Betriebskasse zur Vervollständigung der Bahnanlagen ꝛc. verausgabten Summen, sind bis zum Schlusse des Jahres 1862 noch 204 591 Thlr. und im Jahre 1863 fernere 68 930 Thlr., zusammen also 273 521 Thlr. zur Vermehrung der Transportmittel aus dem Reservefonds verwendet worden.

„ „ 91. Von den hier aufgeführten Lokomotiven haben 2 Stück nur Probefahrten gemacht, so daß 74 Stück im Dienste wirklich thätig gewesen sind, wovon jedoch eine Lokomotive im Laufe des Jahres abgängig wurde.

„ „ 96 u. 100. Außer den hier aufgeführten Wagen besitzt die Gesellschaft noch einen Eigenthums-Antheil an 6 Personenwagen des Rheinisch-Thüringischen und an 18 Gepäckwagen des Mitteldeutschen Verbandes.

„ „ 167. Die Postverwaltung zahlt für die Beförderung nicht postzwangspflichtiger Güter eine Aversionalsumme, welche von 5 zu 5 Jahren neu festgestellt wird. Die Zahlung pro 1863 richtete sich nach dem Umfang der Beförderungen des Vorjahres und ist deshalb auch das transportirte Quantum wie pro 1862 angenommen worden.

„ „ 214. Von der hier aufgeführten Summe wurden dem Erneuerungsfonds für Erneuerung der Oberbaumaterialien 135 700 Thlr. überwiesen.

„ „ 234. In dieser Summe sind 42 483 Thlr. Kosten für die An- und Abfuhr der Güter enthalten.

„ „ 236. Von den hier aufgeführten Summen sind dem Erneuerungsfonds 46 000 Thlr. für Erneuerungen an den Lokomotiven und 58 300 Thlr. für Erneuerungen an den Wagen überwiesen worden.

„ „ 238. Diese Summe enthält auch die Kosten der Beleuchtung der Betriebslokale.

„ „ 250. Hierin sind 5850 Thlr. Zuschuß zum Pensionsfonds und 150 Thlr. Zuschuß zum Waisenfonds enthalten.

„ „ 260. Ebenso hier die Kosten der Einlösung der Zinscoupons.

„ „ 261. Die hier eingetragene Steuersumme von 63 625 Thlrn. bezieht sich auf das Jahr 1862. Dieselbe wird erst nach dem Abschlusse der Betriebsrechnung festgesetzt und abgeführt, aus welchem Grunde sie erst im folgenden Betriebsjahre zur Verrechnung kommt.

„ „ 277—282. Bei Vergleichung der Finanz-Ergebnisse des Jahres 1863 mit denen des Vorjahres ist die zur Bezahlung der Eisenbahnsteuer reservirte Summe von 65 626 Thlrn. (siehe Kol. 259), correspondirend mit den Ueberträgen der früheren Jahre, mit zur Berechnung gezogen.

„ „ [illegible] u. 314a. An den Wagen der Thüringischen Bahn ist seit 6 Jahren ein Achsbruch nicht vorgekommen.

65. Werra-Eisenbahn.

I. **Organisation der Verwaltung.** Die Werra-Eisenbahn-Gesellschaft hat ihr Domizil in Meiningen und wird durch einen aus 12 Mitgliedern bestehenden Verwaltungsrath vertreten. Den Betrieb der Bahn hat jedoch die Direktion der Thüringischen Eisenbahn-Gesellschaft in Folge eines zunächst bis zum Schlusse des Jahres 1870 laufenden Vertrages zu leiten.

II. Das Bahngebiet der Werra-Eisenbahn besteht aus der Hauptbahn von Eisenach über Meiningen bis Coburg

	17,49	Meilen
und der Zweigbahn von Coburg nach Sonneberg	2,44	"
zusammen	19,93	Meilen.
Außerdem hat die Gesellschaft die auf Rechnung der Königl. Bayerischen Regierung gebaute Strecke Coburg-Lichtenfels von	2,51	"
pachtweise übernommen. Die Verwaltung erstreckt sich daher auf ein Bahngebiet von	22,44	Meilen.

III. **Bahn-Anlagen.** Es wurden im Jahre 1863 die Güterschuppen der Stationen Wernshausen und Eisfeld vergrößert und der Bau einer Reparatur-Werkstätte auf dem Bahnhofe Meiningen in Angriff genommen.

IV. **Erläuterungen zu den Tabellen:**

zu Kol. 41. Der Procentsatz, bis zu welchem Theile die Schwellen bis jetzt erneuert sind, beträgt bei den kiefernen Schwellen 10,44 und bei den eichenen 1,20 Proc.

" " 75. Als optische Telegraphen dienen Korbscheiben und Laternen.

" " 89. Nicht nur die Stamm-Actien, sondern ein Anlage-Kapital von 8 000 000 Thlrn. sind mit 4 Proc. garantirt. Diese Garantie ist aber auf 10 Jahre (von 1859 ab) beschränkt.

" " 146. Hierin sind die Leistungen der Postwagen zwar mitenthalten, dieselben sind jedoch nicht Eigenthum der Bahn, sondern der Postverwaltung.

" " 164b. Im Lokalverkehr wird Freigewicht nicht gewährt; das angegebene Quantum bezieht sich lediglich auf den direkten Verkehr mit anderen Bahnen.

" " 167. Eine Notirung des Gewichts der Postgüter findet nicht mehr statt, weil die Postverwaltung für deren Beförderung eine Aversionalsumme zahlt.

" " 234. Hierin sind auch die Kosten der An- und Abfuhr der Güter mitenthalten.

" " 238. Diese Summe enthält auch die Kosten der Beleuchtung der Betriebslokale.

" " 260—265. Der Betriebs-Ueberschuß reichte zur Verzinsung des von den betheiligten Staats-Regierungen garantirten Anlage-Kapitals (cfr. Erläuterung zu Kol. 89) nicht aus, vielmehr mußten dieselben noch 128 063 Thlr. zuschießen, so daß in Kol. 260—265 die Summe von 340 958 Thlrn. als verwendet nachgewiesen ist.

www.ingramcontent.com/pod-product-compliance
Lightning Source LLC
Chambersburg PA
CBHW031821230426
43669CB00009B/1212
* 9 7 8 3 7 4 3 3 6 4 5 3 0 *